***ACCESO GRATIS** a la Lectura en la Nube*

Para visualizar el libro electrónico en la nube de lectura envíe junto a su nombre y apellidos una fotografía del código de barras situado en la contraportada del libro y otra del ticket de compra a la dirección:

ebooktirant@tirant.com

En un máximo de 72 horas laborales le enviaremos el código de acceso con sus instrucciones.

La visualización del libro en **NUBE DE LECTURA** excluye los usos bibliotecarios y públicos que puedan poner el archivo electrónico a disposición de una comunidad de lectores. Se permite tan solo un uso individual y privado

CURSO BÁSICO DE DERECHO DEL TRABAJO Y DE LA SEGURIDAD SOCIAL

21.ª Edición

COMITÉ CIENTÍFICO DE LA EDITORIAL TIRANT LO BLANCH

CURSO BÁSICO DE DERECHO DEL TRABAJO Y DE LA SEGURIDAD SOCIAL

21.ª Edición

FRANCISCO PÉREZ DE LOS COBOS ORIHUEL *(Dir.)*
Catedrático de Derecho del Trabajo y de la Seguridad Social
Universidad Complutense de Madrid

NURIA GARCÍA PIÑEIRO
Profesora Titular de Derecho del Trabajo y de la Seguridad Social
Universidad Complutense de Madrid

ÁNGEL JURADO SEGOVIA *(Coord.)*
Profesor Titular de Derecho del Trabajo y de la Seguridad Social
Universidad Complutense de Madrid

MAGDALENA LLOMPART BENNÀSSAR
Profesora Titular de Derecho del Trabajo y de la Seguridad Social
Universidad de las Islas Baleares

ERIK MONREAL BRINGSVAERD
Catedrático de Derecho del Trabajo y de la Seguridad Social
Universidad de las Islas Baleares

JAVIER THIBAULT ARANDA
Profesor Titular de Derecho del Trabajo y de la Seguridad Social
Universidad Complutense de Madrid

tirant lo blanch
Valencia, 2025

En caso de erratas y actualizaciones, la Editorial Tirant lo Blanch publicará la pertinente corrección en la página web www.tirant.com.

© TIRANT LO BLANCH
EDITA: TIRANT LO BLANCH
C/ Artes Gráficas, 14 - 46010 - Valencia
TELFS.: 96/361 00 48 - 50
FAX: 96/369 41 51
Email: tlb@tirant.com
www.tirant.com
Librería virtual: www.tirant.es
DEPÓSITO LEGAL: V-3013-2025
ISBN: 979-13-7010-957-8
MAQUETA: Innovatext

Si tiene alguna queja o sugerencia, envíenos un mail a: *atencioncliente@tirant.com*. En caso de no ser atendida su sugerencia, por favor, lea en *www.tirant.net/index.php/empresa/politicas-de-empresa* nuestro procedimiento de quejas.

Responsabilidad Social Corporativa: http://www.tirant.net/Docs/RSCTirant.pdf

Índice

Lección 3ª

La aplicación e interpretación de las normas laborales

Lección 4ª

Libertad sindical

Lección 5ª

Representación y participación en la empresa

Lección 6ª

La negociación colectiva

Lección 7ª

El derecho de huelga

Lección 8ª

El cierre patronal. El conflicto colectivo

Lección 9ª

El contrato de trabajo: el trabajador

Lección 10ª

El contrato de trabajo: el empresario

Lección 11ª

Contratación laboral

Lección 12ª

La prestación laboral: determinación y modificación

Lección 13ª

Tiempo de trabajo y descansos

Lección 14ª

La prestación salarial

Lección 15ª

Otros derechos y deberes laborales

Lección 16ª

Interrupción y suspensión del contrato

Lección 17ª

La extinción del contrato de trabajo

Lección 18ª

Derecho de la Seguridad Social

Abreviaturas

AAPP:	Administraciones Públicas
AEDTSS:	Asociación Española de Derecho del Trabajo y de la Seguridad Social
AGE:	Administración General del Estado
ap.:	apartado
art.:	artículo
ASAC-VI:	Acuerdo sobre Solución Autónoma de Conflictos de 26 de noviembre de 2020
ATEP:	Accidente de Trabajo y Enfermedad Profesional
CA (CCAA):	Comunidad(es) Autónoma(s)
CC:	Código civil
CCNCC:	Comisión Consultiva Nacional de Convenios Colectivos
Cco:	Código de Comercio
CE:	Constitución Española
CNAE:	Clasificación Nacional de Actividades Económicas
CP:	Código Penal
D (A, D, F, T):	Disposición (Adicional, Derogatoria, Final, Transitoria)
EBEP:	Estatuto Básico del Empleado Público (RDLeg. 5/2015, de 30 de octubre)
EEE:	Espacio Económico Europeo
ERE:	Expediente de Regulación de Empleo
ERTE:	Expediente de Regulación Temporal de Empleo
ESS:	Empleo y Seguridad Social (Ministerio)
ET:	Estatuto de los Trabajadores (RDLeg. 2/2015, de 23 de octubre)
ETOP (causas):	Económicas, técnicas, organizativas y de producción (causas)
ETT:	Empresa de Trabajo Temporal
EU:	Empresa Usuaria
IPREM:	Indicador Público de Renta de Efectos Múltiples
ITSS:	Inspección de Trabajo y Seguridad Social
LC:	RDLeg. 1/2020, de 5 de mayo, por el que se aprueba el TR de la Ley Concursal
LCSP:	Ley de Contratos del Sector Público (Ley 9/2017, de 8 de noviembre)
LE:	Ley de Empleo (Ley 3/2023, de 28 de febrero)

LEC:	Ley de Enjuiciamiento Civil (Ley 1/2000, de 1 de enero)
LETA:	Ley del Estatuto del Trabajo Autónomo (Ley 20/2007, de 11 de julio)
LETT:	Ley de Empresas de Trabajo Temporal (Ley 14/1994, de 1 de junio)
LGDPD:	Ley General de Derechos de las Personas con discapacidad y de su inclusión social (RDLeg. 1/2013, de 29 de noviembre)
LGSS:	Ley General de Seguridad Social (RDLeg. 8/2015, de 30 de octubre)
LIMV:	Ley por la que establece el Ingreso Mínimo Vital (Ley 19/2021, de 20 de diciembre)
LIT:	Ley de Ordenación del Sistema de Inspección de Trabajo y Seguridad Social (Ley 23/2015, de 21 de julio)
LITND:	Ley 15/2022, de 12 de julio, integral para la Igualdad de Trato y No Discriminación
LISOS:	Ley sobre Infracciones y Sanciones en el Orden Social (Real Decreto Legislativo 5/2000, de 4 de agosto)
LOE:	Ley sobre Derechos y Libertades de los Extranjeros y su integración social en España (Ley Orgánica 4/2000, de 11 de enero)
LOCFP:	Ley de Cualificaciones y Formación Profesional (Ley Orgánica 5/2002, de 14 junio)
LOI:	Ley Orgánica para la Igualdad (Ley Orgánica 3/2007, de 22 de marzo, para la igualdad efectiva de mujeres y hombres)
LOLS:	Ley Orgánica de Libertad Sindical (Ley 11/1985, de 2 de agosto)
LOPDP:	Ley Orgánica de Protección de Datos Personales y garantía de los derechos digitales (Ley 3/2018, de 5 de diciembre)
LOTC:	Ley Orgánica del Tribunal Constitucional (Ley 2/1979, de 3 de octubre)
LPAC:	Ley 39/2015, de 1 de octubre, de Procedimiento Administrativo Común de las Administraciones Públicas
LPGE:	Ley de Presupuestos Generales del Estado (para el año 2023: Ley 31/2022, de 23 de diciembre)
LPRL:	Ley de Prevención de Riesgos Laborales (Ley 31/1995, de 8 de noviembre)
LRJS	Ley 36/2011, de 10 de octubre, reguladora de la Jurisdicción Social

LRSSC: Ley Reguladora de la Subcontratación en el Sector de la Construcción (Ley 32/2006, de 18 de octubre)
LTD: Ley de Trabajo a Distancia (Ley 10/2021, de 9 de julio)
MCSS: Mutua Colaboradora con la Seguridad Social
MISSM: Ministerio de Inclusión, Seguridad Social y Migraciones
MITES: Ministerio de Trabajo y Economía Social
OIT: Organización Internacional del Trabajo
OM: Orden Ministerial
Orden TES: Orden Ministerio Trabajo y Economía Social
Orden ISM: Orden Ministerio de Inclusión, Seguridad Social y Migraciones
Orden TMS, ESS, TAS, TIN: Órdenes de los anteriores Ministerios de Trabajo, Migraciones y Seguridad Social, de Empleo y Seguridad Social, de Trabajo y Asuntos Sociales, de Trabajo e Inmigración
RD: Real Decreto
RDL: Real Decreto-Ley
RDLeg.: Real Decreto Legislativo
RDLRT: Real Decreto-Ley de Relaciones de Trabajo, de 4 de marzo de 1976
rec. Recurso
REORTE: Reglamento de Elecciones a Órganos de Representación de los Trabajadores en las Empresas (RD 1844/1994, de 9 de septiembre)
RGPD: Reglamento (UE) 2016/679, relativo a la protección de las personas físicas en lo que respecta al tratamiento de datos personales
RLOE: Reglamento de la Ley Orgánica 4/200, de 11 de enero, sobre derechos y libertades de los extranjeros en España y su integración social (RD. 1155/2024, de 19 de noviembre).
Roj: Repositorio Oficial de Jurisprudencia (en el buscador Cendoj el nº va precedido de la identificación del Tribunal: por ejemplo: STS o ATS)
RPDC: Reglamento de los procedimientos de despido colectivo y de suspensión de contratos y reducción de jornada (RD 1483/2012, de 29 de octubre)
SMI: Salario Mínimo Interprofesional
SEPE: Servicio Público de Empleo Estatal
SMR: Sindicato más representativo
SR: Sindicato representativo
TC (ATC, DTC, STC): Tribunal Constitucional (Auto, Declaración, Sentencia del TC)

TEDH (STEDH)	Tribunal Europeo de Derechos Humanos (Sentencia del Tribunal Europeo de Derechos Humanos)
TGSS	Tesorería General de la Seguridad Social
TR:	Texto Refundido
TRADE:	Trabajador (o Trabajo) Autónomo Dependiente Económicamente
TRLC:	Texto Refundido de la Ley Concursal (RDLeg. 1/2020, de 5 de mayo)
TS (STS):	Tribunal Supremo (Sentencia del TS)
TSJ (STSJ):	Tribunal Superior de Justicia (Sentencia del TSJ)
TJUE (STJUE, STGUE):	Tribunal de Justicia de la Unión Europea, integrado por Tribunal de Justicia (TJ) y Tribunal General (TG) (Sentencia del TJ, del TG)
TFUE:	Tratado de Funcionamiento de la Unión Europea
TUE:	Tratado de la Unión Europea

Prólogo a la vigésimo primera edición

No es habitual que un “manual”, que quiere ser, como el diccionario de la RAE lo define, un “libro que compendia lo más sustancial de una disciplina” y que debe caracterizarse por ser “fácil de entender”, aparezca provisto de un prólogo. De hecho, este “Curso básico de Derecho del trabajo y de la Seguridad Social”, que nació con el propósito de ser un manual accesible y llega ahora a su vigésima primera edición, nunca lo ha tenido. Pero concurre este año una circunstancia que hace estas palabras preliminares necesarias y obligadas: los dos principales autores del mismo, quienes lo concibieron como tal y a los que se deben sus rasgos definitorios, los profesores Ramírez Martínez y García Ortega, han decidido abandonar la empresa y han querido, además, en muestra de extraordinaria generosidad, no darla por finiquitada sino ceder el testigo.

Persuadidos del valor de este texto, que por su claridad, precisión y concisión ha sabido ganarse el favor de los alumnos, el grupo de profesores que hemos asumido con ilusión el testigo y elaborado esta vigésimo primera edición, queremos manifestarles nuestra gratitud y declarar, como muestra de reconocimiento, nuestro firme propósito de mantener los rasgos que ellos imprimieron en el texto.

Los autores

Lección 1ª

Introducción

1. EL OBJETO DEL DERECHO DEL TRABAJO

En una primera aproximación, el Derecho del Trabajo, como rama autónoma del Ordenamiento jurídico, nace para regular el trabajo humano cuando, como consecuencia de los cambios socioeconómicos derivados de la revolución industrial, la prestación de este para otros —el llamado trabajo asalariado— se generaliza.

Esta circunstancia histórica explica que la determinación del ámbito de aplicación de nuestra disciplina haya sido desde el principio problemática y que lo siga siendo a día de hoy. Las primeras normas laborales tenían por destinatarios a los "obreros", "operarios". "asalariados", "proletarios", empleados", etc. Pero, como veremos, la formulación del contrato de trabajo supuso el abandono de esta perspectiva "de clase" en favor de una construcción técnico-jurídica acabada y novedosa, que se reclamaba heredera del Derecho romano. En efecto, el contrato de trabajo se formuló revisitando una clásica distinción del Derecho romano que diferenciaba entre la *locatio conductio operarum* (arrendamiento de servicios) y la *locatio conductio operis* (arrendamiento de obras), de suerte que vino a entenderse que el nuevo contrato era heredero directo de la primera y, por consiguiente, tenía por objeto el trabajo prestado para otro a cambio de un precio en régimen de subordinación, es decir, sometido al poder de dirección, organización y control de quien lo recibe (BARASSI). Así entendido, el contrato de trabajo se convertirá en el centro de imputación de nuestra disciplina y determinará su ámbito de aplicación: estarán sometidos al Derecho del Trabajo los titulares de un contrato de trabajo.

El Estatuto de los Trabajadores, norma capital del Derecho del Trabajo español, asume claramente este planteamiento en el precepto que lo abre, pues su art. 1.1 delimita su ámbito de aplicación en los términos siguientes: "Esta ley será de aplicación a los trabajadores que voluntariamente presten sus servicios retribuidos por cuenta ajena y dentro del ámbito de organización y dirección de otra persona, física o jurídica, denominada empleador o empresario". El trabajo del que se ocupa nuestra disciplina es, por tanto, el trabajo que una persona (trabajador) presta por cuenta de otra (empleador o empresario), bajo el poder de dirección de esta última y a cambio de un salario.

Las notas caracterizadoras del contrato de trabajo (voluntariedad, retribución, subordinación o dependencia y ajenidad), que aparecen expresamente recogidas en el texto legal citado, serán analizadas con más detalle al estudiar el contrato de trabajo (ver lección 9ª). Baste señalar ahora que las dos notas tipificadoras del Derecho del Trabajo son la subordinación o dependencia y la ajenidad. La primera consiste en trabajar "dentro del ámbito de organización y dirección de otra persona", con sujeción a su poder de dirección y disciplinario. La segunda supone la no asunción de los riesgos de la empresa por el trabajador, así como la apropiación de los frutos del trabajo por el trabajador.

El que el contrato de trabajo así concebido haya sido y siga hoy siendo el eje que determina el ámbito de aplicación del Derecho del Trabajo ha producido sendos efectos. De un lado, ha "desobrerizado" la disciplina, el que inicialmente surgió como un "derecho de clase" pronto adquirió dimensión general y en la actualidad se aplica tanto en la industria como en los servicios o el sector primario y tanto al obrero como al alto directivo. De otro lado, la flexibilidad inherente a la noción de contrato de trabajo ha permitido y propiciado su progresiva extensión: actividades como la del servicio doméstico o la de los abogados que prestan sus servicios en despachos que hasta hace unas décadas quedaban excluidas de la protección del Derecho del Trabajo, hoy forman parte del mismo. Esta extensión, sin embargo, se ha llevado a menudo a cabo a través de "relaciones laborales especiales" (art. 2 ET), cuya regulación se aparta en mayor o menos medida, dependiendo de la actividad regulada, de la laboral común.

Con todo, la división entre el trabajo subordinado, que es objeto de la protección del Derecho del Trabajo, del que no lo es, que queda excluido de la misma, tiene importantísimas consecuencias, pues las normas laborales imponen numerosas obligaciones a las empresas, a las que hay que sumar las contempladas en la legislación de Seguridad Social y existe, además, una jurisdicción especializada ("el orden social de la jurisdicción") que conoce de la resolución de los conflictos laborales. Todo este conjunto de normas e instituciones constituye, en efecto, un extraordinario instrumento de tutela para los trabajadores, del que quedan excluidos los que no son considerados tales.

Las graves consecuencias de esta radical distinción, la existencia de situaciones de "huída" fraudulenta del Derecho del Trabajo y las transformaciones tecnológicas y productivas, que están provocando la exponencial difusión de realidades laborales nuevas, como por ejemplo el trabajo para plataformas digitales, han vuelto a poner en el centro del debate público la cuestión de la adecuación de la categoría del "trabajo subordinado" para delimitar el ámbito de aplicación del Derecho del Trabajo. ¿Puede el Derecho del Trabajo seguir limitando su ámbito de aplicación al trabajo subordinado y por cuenta ajena? Se aduce, con razón, que las consecuencias de la dicotomía trabajo subordinado/ trabajo autónomo son muy drásticas, que los incentivos para eludir la normativa laboral son grandes y que hay trabajo autónomo prestado en condiciones de vulnerabilidad que merecería mayor protección. El legislador español ha atendido a esta realidad regulando la figura del "trabajador autónomamente dependiente" (TRADE) en la Ley del Estatuto del Trabajo Autónomo (LETA). Son TRADE, de acuerdo con el art. 11 de esta Ley, los que trabajan de forma habitual para un "cliente", del que dependen por percibir de él, al menos, el 75% de sus ingresos por rendimientos de trabajo y de actividades económicas y profesionales, aparte de otras condiciones (no tener a su cargo trabajadores por cuenta ajena, etc). La LETA extiende a estos trabajadores algunas de las reglas e instituciones típicas del Derecho del Trabajo, tales como la negociación colectiva – acuerdos de interés profesional-, la jornada de trabajo, la causalidad para la extinción del contrato y la sujeción de sus controversias al orden jurisdiccional social. Pero la figura ha sido vista con recelo por los sindicatos y los tribunales laborales, y, en todo caso, ha alcanzado una implantación menor. Más ambiciosa es la propuesta doctrinal de quienes pretenden que nuestra disciplina trascienda los márgenes del trabajo subordinado para regular cualesquiera prestaciones de trabajo (TREU-PERULLI), pues ciertamente supondría una profunda reconfiguración de la misma.

Aunque las normas laborales tienen a los trabajadores subordinados como destinatarios naturales, algunas de ellas extienden su ámbito de aplicación más allá. Es el caso de la Ley Orgánica de Libertad Sindical (LOLS) y de la Ley de Prevención de Riesgos Laborales (LPRL), que expresamente prevén su aplicación a los funcionarios públicos, que sin embargo están excluidos del ámbito de aplicación del Estatuto de los Trabajadores (art. 1.3 ET).

2. NACIMIENTO Y DESARROLLO DEL DERECHO DEL TRABAJO

La manera mejor de entender la significación y singularidad del Derecho del Trabajo como rama autónoma del Ordenamiento jurídico es detenerse en el estudio de su proceso de formación, analizando las causas que determinaron su nacimiento y la peculiar conformación de su estructura.

2.1. *La revolución industrial*

El presupuesto sociológico que está en la base del nacimiento del Derecho del Trabajo es la generalización del trabajo asalariado, resultado de la radical transformación experimentada por la sociedad europea durante la segunda mitad del s. XVIII y el s. XIX conocida con el nombre de "revolución industrial".

La primera y principal consecuencia derivada de la revolución industrial será el cambio en la titularidad de los medios de producción y la disociación del trabajo y del capital. Si antes trabajo y capital estaban unidos en la persona del artesano, el nuevo modo de producción fabril, exige grandes acumulaciones de capital e inversiones en maquinaria, lo que se provoca la definitiva separación del trabajador de los medios de producción. El trabajador, que carece de los medios de producción, en adelante, para obtener los ingresos que le permitan mantenerse y mantener a su familia, va verse compelido a vender su fuerza de trabajo a cambio de un salario.

Este cambio en la titularidad de los medios de producción tiene significativas consecuencias. Por lo pronto, cambia completamente la forma de organización del trabajo. El taller artesano y la manufactura dejan paso a la fábrica en la que el trabajo se organiza conforme a los principios de división, especialización y jerarquización, con cuya aplicación se pretende aumentar la producción y reducir los costos. Esta forma de organización del trabajo, fundamento de la producción en masa, constituye, sin embargo, una fuente de alienación para el trabajador, que, a cambio de un salario, a menudo misérrimo, se ve sometido al "orden disciplinario de la producción" (FOUCAULT). Pero este cambio produce también una profunda modificación en la estructura de la población trabajadora. Gran número de artesanos, incapaces de acumular el capital requerido para hacerse fabricantes, se ven forzados a convertirse en asalariados. Hueste que vendrá, asimismo, engrosada por la enorme inmigración de campesinos que abandonaron el campo para buscar suerte en las nuevas ciudades industriales.

2.2. *El "Derecho individualista del trabajo"*

Como suele suceder, la primera regulación jurídica de esta nueva realidad que fue el trabajo asalariado hubo que hallarla en el derecho vigente, en el Derecho común o civil, que impregnado del dogma de la libertad no estaba preparado para atenderla.

Así, entre nosotros, hubo que echar mano de la parca regulación del arrendamiento de servicios contenida en el Código Civil (1888), para dar cobertura jurídica al trabajo asalariado. El arrendamiento de servicios, en palabras del Código, es un contrato en virtud del cual "una de las partes se obliga a prestar a la otra un servicio por un precio cierto" (art. 1544). El trabajo, por tanto, objeto del mismo se presta libremente —la libertad es inherente a la idea de contrato—, por cuenta ajena —en favor de la contraparte— y a título oneroso —por "precio cierto"—.

La formulación del arrendamiento de servicios contenida en el Código Civil regula el trabajo por cuenta ajena sobre la base de dos principios liberales fundamentales: el principio de libertad de trabajo y el principio de autonomía de la voluntad. El principio de libertad de trabajo rige la constitución y la extinción de la relación contractual. La relación jurídica nace del consentimiento de las partes, que libremente establecen su duración, con la única limitación de la prohibición del contrato de servicios vitalicio (art 1583) por considerarlo un remedo de la esclavitud. Patrono y trabajador podían desistir del contrato en cualquier momento si este tenía una duración indefinida y al cumplimiento del término si su duración era determinada (art. 1586). El principio de autonomía de la voluntad, por su parte, rige el grueso de la relación contractual, pues las pobres previsiones legales dejaban al acuerdo entre los contratantes la determinación de los aspectos fundamentales de la relación establecida: el precio de los servicios, el tiempo de trabajo, el modo de la prestación y las restantes condiciones de trabajo.

Pero si el régimen jurídico del trabajo asalariado respondía a los postulados liberales, el "orden liberal" se blindó asimismo mediante la represión del asociacionismo obrero. La plena confianza depositada en el libre juego de la oferta y la demanda para determinar el precio del trabajo y regular sus condiciones, condujo en buena lógica a la represión sindical: comoquiera que la función del sindicato era precisamente la de interferir en el libre juego de la oferta y la demanda, forzando al alza la negociación del salario y de las demás condiciones de trabajo se le reprimió. Y al menos en una primera etapa, se le reprimió duramente, utilizando ampliamente el recurso a la legislación penal. Así, por ejemplo, en Inglaterra, las Combinations Acts de 1799 y 1800 reprimieron la sindicación de trabajadores como delito de conspiración. La Ley Le Chapelier de 1791, en Francia, prohibió "todo tipo de corporación de ciudadanos de igual categoría y profesión" y posteriormente el Código Penal de 1810 las tipificó como delito. Entre nosotros, el Código Penal de 1848 castigó con las penas de "arresto mayor y multa de 10 a 100 duros" a "los que se coligaren con el fin de encarecer o abaratar abusivamente el precio del trabajo o regular sus condiciones".

2.3. *La "cuestión social"*

El amplio juego de la libertad jurídico formal de contratación reconocida por las leyes civiles unida a la represión del asociacionismo obrero produjeron efectos sociales deletéreos. La libertad formal lo fue materialmente solo para la parte económicamente más fuerte que pudo imponer a su antojo las condiciones contractuales a la contraparte, que debía aceptarlas o engrosar las filas de desempleados. El resultado es conocido: explotación intensiva de las clases trabajadoras, a las que se sometió a durísimas condiciones de trabajo y de vida. En la fábrica, jornadas de trabajo extenuantes, bajos salarios, deplorables condiciones de seguridad e higiene, inestabilidad en el empleo, explotación de la mano de obra femenina e infantil y truck system o pago mediante vales a canjear en establecimientos del propio empresario. Y fuera de ella: aglomeración en suburbios, casas miserables y promiscuas, desprotección frente al accidente, la enfermedad o la vejez, y altos índices de mortalidad obrera e invalidez.

Pues bien, simplificando, pero sin faltar a la verdad, puede afirmarse que el Derecho del Trabajo es resultado de un proceso de reacción frente a estos postulados que definieron "el Derecho individualista del trabajo" (BORRAJO). Así frente al dogma de la autonomía contractual en la regulación de la relación de trabajo se postula la intervención del Estado para tutelar al trabajador como contratante débil, primero limitando mediante leyes especiales la aplicación al contrato de arrendamiento de servicios del Derecho común ,y luego dando carta de naturaleza a un nuevo contrato, el contrato de trabajo, que se separa del Derecho Común y parte en su formulación de la consideración de dos circunstancias: que en el contrato de trabajo queda personalmente implicada la persona del trabajador y que este cuando contrata es un contratante débil, que necesita del salario para mantenerse y mantener a su familia. Frente a la represión del asociacionismo obrero se abre paso la idea de que solo si el trabajador se organiza colectivamente tiene poder para negociar en pie de igualdad con el empresario y, por consiguiente, primero se tolera el asociacionismo obrero, para más tarde reconocer plenamente el derecho de asociación sindical y los mecanismos de actuación típicos del movimiento sindical, a los que se otorga reconocimiento jurídico: el derecho de negociación colectiva y el derecho de huelga.

En la conquista que es el Derecho del Trabajo, un papel histórico fundamental corresponde al movimiento obrero. La situación de explotación a la que el sistema sometía a las clases trabajadoras y la extraordinaria importancia que estas tenían en la producción industrial en masa, pronto las hizo conscientes de su fuerza y de la necesidad de agruparse para conquistar sus reivindicaciones. La primera resistencia obrera fue preconsciente y espontánea: encajan aquí las organizaciones de carácter mutualista, que se caracterizaron por constituir fondos comunes para atender a los riesgos sociales, y el movimiento ludita, que hará de la destrucción de máquinas el objeto de su lucha. La segunda fue consciente, organizada y tuvo carácter revolucionario, es decir, la protagonizaron organizaciones obreras que se movilizaron contra el orden burgués —modo de producción capitalista y sistema de clases sociales— con el propósito de sustituir totalmente el sistema del trabajo asalariado. Nacieron así los sindicatos obreros, que inspirados en ideologías distintas —el anarquismo y el socialismo— mantuvieron diferentes líneas de actuación: la anarquista más beligerante y revolucionaria, rechazando cualquier colaboración con el Estado y postulando la revolución total mediante la huelga general revolucionaria, la socialista más posibilista y pragmática, que no rehúye la colaboración con el Estado —asume incluso el ejercicio de funciones públicas— y acepta de buen grado los frutos legislativos de las acciones reformistas de los poderes públicos .

Pero examinemos sintéticamente las dos líneas de actuación que confluyen en el nacimiento de nuestra disciplina.

2.4. El intervencionismo del Estado en la regulación del trabajo

La presión del movimiento obrero y el paulatino cambio de actitud de los partidos políticos representantes de las clases dominantes, que vieron en el reformismo la mejor garantía de conservación del statu quo, hizo que poco a poco se fuera abandonando el dogma del abstencionismo del estado y se produjera la intervención de este en las relaciones laborales, limitando el omnímodo poder del empresario en la determinación de las condiciones de trabajo. En palabras de LACORDAIRE: “Entre el fuerte y el débil, la libertad oprime, la ley libera”.

Este intervencionismo fue, en una primera etapa, tímido y excepcional. Es la etapa de las llamadas “leyes de fábricas”, que establecieron condiciones mínimas de trabajo en las fábricas, con la finalidad de proteger a grupos de trabajadores más vulnerables (mujeres y menores) y de impedir las condiciones de explotación particularmente odiosas (trabajos peligrosos, jornadas excesivas, ausencia de descansos, etc.). Estas condiciones mínimas venían a limitar el juego de la autonomía contractual, que seguía rigiendo el grueso de la relación contractual.

El paso de esta "legislación del trabajo" al "Derecho del Trabajo" supone un salto cualitativo que vendrá dado por la regulación del contrato de trabajo, como estructura jurídica autónoma y núcleo de un Derecho nuevo, distinto del Derecho civil. Un contrato en el que, a diferencia de lo que ocurría con el arrendamiento de servicio, el peso de las normas imperativas, limitadoras de la autonomía contractual, es muy grande, pues se extiende al conjunto de los derechos y obligaciones de las partes y a los diversos estadios de la vida de la relación contractual. "El Derecho del trabajo —ha escrito RADBRUCH— constituye una reacción contra el espíritu del Derecho civil. Este reconoce solo personas, sujetos jurídicos iguales por ambas partes; y nada sabe del trabajador situado en una posición de inferioridad frente al empresario. Nada sabe tampoco de la solidaridad del proletariado, que compensa o nivela esa inferioridad del poder del obrero individual frente al patrono, ni de las grandes asociaciones profesionales".

El contrato de trabajo va, además, a convertirse —ya lo hemos adelantado— en centro de imputación de todo un nuevo bloque normativo: el Derecho del Trabajo, que se aplica a los sujetos del contrato de trabajo.

2.5. El reconocimiento del fenómeno sindical

La respuesta del ordenamiento jurídico del Estado al fenómeno sindical ha variado a lo largo de la historia. Pedagógicamente suele hablarse de tres etapas o fases -de prohibición, tolerancia y reconocimiento-, fases que desembocan en el reconocimiento pleno del movimiento sindical y de sus instrumentos de actuación típicos. Enel bien entendido de que la evolución no siempre ha sido lineal y que ha habido a veces saltos hacia atrás —de los que nuestra historia política es buen ejemplo— que han alterado lo que parecía una evolución lógica, se mantiene aquí la periodización clásica:

La etapa de prohibición. La represión de movimiento sindical fue uno de los postulados del Derecho individualista del trabajo, que prohibió e incluso sancionó penalmente el asociacionismo obrero (Vid supra).

La etapa de tolerancia. La fuerza del movimiento obrero y el afianzamiento de sus estructuras organizativas y el cambio de actitud de los partidos burgueses que entendieron que la vía de las reformas sociales y no la de la represión era la más ajustada a sus intereses, hizo que paulatinamente se produjera en los ordenamientos occidentales una despenalización de la constitución de sindicatos, que sin embargo no se tradujo en una plena libertad de acción sindical, pues esta durante mucho tiempo sufrió la represión pública. Entre nosotros, este periodo se corresponde con la Ley General de Asociaciones de 1887, que permitió que salieran a la luz los sindicatos.

La etapa de reconocimiento jurídico. La fase siguiente en la evolución es la del reconocimiento jurídico, la de la expresa legalización de las organizaciones sindicales que van a gozar en delante de la protección del ordenamiento jurídico. Tal acontece en el Reino Unido con la Trade Union Act de 1871 y en Francia con la Ley Waldeck-Rousseau de 1884. En nuestro país hubo que esperar hasta la Ley republicana de 8 de abril de 1932 para contar con una norma específica que se ocupara de las organizaciones profesionales.

El pleno reconocimiento jurídico del sindicato y del papel fundamental que le corresponde en la sociedad democrática se produce, al cabo, con la constitucionalización de los derechos sindicales. Una constitucionalización que hace del sindicato una pieza clave en la consecución de los fines del propio Estado y por eso concede a la libertad sindical rango de derecho fundamental, del que forman parte esencial los medios de acción sindicales típicos, esto es, la negociación colectiva y la huelga. La primera Constitución que en Europa presta reconocimiento al sindicato y a la libertad sindical es la de Weimar de 1919, cuya pauta será plenamente asumida por las constituciones modernas de la postguerra —la italiana de 1947, la Ley Fundamental de Bonn y la francesa de 1958— y alcanza a la Constitución española de 1978, que en su art. 7 asigna al sindicato el papel de "contribuir a la defensa y promoción de los intereses que le son propios".

3. LA EVOLUCIÓN DEL DERECHO DEL TRABAJO EN ESPAÑA

Con cierto retraso porque nuestro desarrollo industrial fue más tardío, el nacimiento del Derecho del trabajo en España sigue las pautas generales que hemos expuesto.

3.1. La primera legislación laboral (1873-1900)

Como en los ordenamientos de nuestro entorno, las primeras intervenciones legales del Estado en la regulación del trabajo en nuestro país tuvieron por propósito limitar las situaciones de explotación a las que estaban sometidos grupos de trabajadores especialmente vulnerables, específicamente menores y mujeres. Así, respecto de los primeros se dicta la Ley de 24 de julio de 1873 (Ley Benot), que prohibió el trabajo de los menores de 10 años y limitó la jornada de los menores de 15, la Ley de 26 de julio de 1878, que prohibió el trabajo de menores de 16 años en actividades peligrosas o que requieran "de equilibrio, fuerza o dislocación" en circos u otros espectáculos, y la Ley de 13 de marzo de 1900 que prohibió la admisión al trabajo de los menores de 10 años y determinados trabajos. Respecto de las segundas, esta última ley citada recogía un plazo de descanso por parto y reconocía el derecho a la interrupción de la jornada por lactancia, La Ley de 27 de febrero de 1912, conocida como la "ley de la silla", estableció el derecho de las empleadas en los establecimientos no fabriles a disponer de un asiento, y la Ley de 11 de julio de 1912, prohibió el trabajo nocturno de la mujer en talleres y fábricas.

A esta regulación especial, se sumarán pronto leyes y normas de alcance general en materia de condiciones de trabajo, en particular en materia de jornada y descansos y, en menor medida, de salarios. Las más importantes de estas normas fueron, por lo que a la jornada respecta, la Ley de 3 de marzo de 1904 sobre descanso dominical, que prohibió el trabajo en domingo, la Ley de 27 de diciembre de 1910, sobre jornada máxima del trabajo en las minas, La Ley de 4 de julio de 1918 que reguló la jornada en establecimientos mercantiles, el RD de 15 de marzo de 1918, que estableció la jornada de 8 horas en la construcción y, por fin, el RD de 3 de abril de 1919, de limitación de la jornada en 8 horas. En materia salarial, deben citarse la Ley de 12 de julio de 1906 sobre inembargabilidad del salario y el RD de 18 de julio de 1907, sobre el pago de salarios, que obligó a pagar el salario en moneda de curso legal y prohibió su abono en lugares de recreo, cantinas o tiendas.

Mención especial en este contexto merece la aprobación de Ley de Accidente de Trabajo de 30 de enero de 1900, que vino a dar carta de naturaleza al concepto de accidente de trabajo –hoy recogido en el art. 156. 1 LGSS-, basado en el principio de responsabilidad objetiva del empresario.

En el terreno colectivo, deben ser objeto de mención la Ley de 19 de mayo de 1908, que reguló los Tribunales Industriales y los Consejos de conciliación y Arbitraje industrial, que marcó el inicio de una institucionalización especializada de los conflictos laborales en nuestro país y la Ley de Huelgas de 27 de abril de 1909, que despenalizó la huelga: la huelga como tal dejó de ser delito para constituir un mero incumplimiento contractual susceptible, eso sí, de sanción empresarial.

Un elemento caracterizador de esta época y que tendría enorme repercusión en el desarrollo de la legislación laboral fue el denominado "intervencionismo científico", esto es, la creación de una serie de organismos administrativos a los que se encomendó la tarea de impulsarla y ordenarla. Primer exponente de este fenómeno fue la Comisión de Reformas Sociales (1883), que realizó importantes análisis sobre la situación de la clase obrera trabajadora en España. A la que sucedió el Instituto de Reformas Sociales (1903) cuya contribución sería decisiva para la promulgación de las principales leyes del período.

En el terreno institucional, se crean la Inspección de Trabajo (RD de 1 de marzo de 1906), el Instituto Nacional de Previsión (Ley de 27 de febrero de 1908), al que se atribuye la función de "difundir e inculcar la previsión popular, especialmente la realizada en forma de pensiones de retiro", y en 1920 el Ministerio de Trabajo (RD de 8 de mayo de 1920), cuya constitución comporta una significativa ampliación de la intervención de la Administración estatal en nuestro ámbito.

3.2. La dictadura de Primo de Rivera

En el plano sociolaboral, la Dictadura del general Primo de Rivera articuló una respuesta autoritaria a la "cuestión social", cuyos ejes fundamentales fueron dos: la promulgación del Código del Trabajo y la creación de la Organización Corporativa Nacional.

El Código de Trabajo, aprobado por RDL de 23 de agosto de 1926, constó de cuatro partes (contrato de trabajo, aprendizaje, accidentes de trabajo y tribunales industriales), por lo que en buena medida vino a ser refundición de leyes anteriores. Lo más relevante del mismo fué su Libro I que recoge la primera regulación sistemática del contrato de trabajo y contiene previsiones de gran interés: incluye la presunción de laboralidad, establece la prevalencia de las disposiciones legales y reglamentarias sobre la voluntad individual, prevé los pactos colectivos, regula la capacidad para contratar, la prescripción de las acciones, la causalidad del despido y la resolución del contrato por voluntad del trabajador.

La Organización Corporativa Nacional, se instituyó por RDL de 26 de noviembre de 1926, inspirada en su homóloga fascista. El eje de esta organización fue la institucionalización generalizada de los llamados "comités paritarios", organismos públicos de representación conjunta de trabajadores y empresarios, presididos por un presidente nombrado por el gobierno con voto dirimente, y que tenían por funciones las de determinar las condiciones de reglamentación del trabajo (salarios, horarios, descansos, etc.) y resolver los conflictos de trabajo que se produjeran. En la práctica la labor de estos comités vino a suplir la carencia de una negociación colectiva libre.

3.3. La II República

La legislación de la II República fue determinante para la consolidación del Derecho del Trabajo como un sistema jurídico autónomo dotado de sustantividad propia. La Constitución de 1931, que definía a España como "una República democrática de trabajadores de toda clase" (art. 1), reconocía la libertad sindical (art. 39) y anunciaba un programa legislativo en materia sociolaboral (art. 46), ya permitían intuirlo.

Los principales hitos legislativos de este período fueron los siguientes:

La Ley de Contrato de Trabajo de 21 de noviembre de 1931, norma de gran calidad técnica, que reguló sistemáticamente la institución: los derechos y obligaciones de las partes contratantes, el poder de dirección y control empresarial, así como las repercusiones del ejercicio de los derechos colectivos de los trabajadores sobre la misma, señaladamente el de huelga que reconoció. La ley preveía en su texto los convenios y pactos colectivos como instrumento regulador de las condiciones de trabajo, pero lo cierto es que estos experimentaron escaso desarrollo.

La Ley de Jurados Mixtos, de 27 de noviembre de 1931, que vino a dar continuidad al precedente de los Comités Paritarios, pues como aquellos legalmente vienen definidos como una "institución de derecho público encargada de regular la vida de la profesión y de ejercer funciones de conciliación y arbitraje". En realidad, las principales experiencias de reglamentación negociada de las condiciones de trabajo se produjeron a través de estos jurados mixtos, mediante los acuerdos alcanzados en su seno a tal fin a los que se denominó "bases de trabajo".

La Ley sobre Asociaciones profesionales de obreros y patronos, de 8 de abril de 1932, para la "defensa de los intereses de las clases respectivas" (art. 1), que vino a establecer una regulación singular de las asociaciones profesionales. Estas asociaciones gozaban de personalidad y se constituían libremente, sin más requisito formal que el registro de sus estatutos (art.8). Entre sus funciones, la ley preveía la de intervenir en la celebración de pactos y convenios colectivos de trabajo, ejercitar ante los Tribunales acciones legales, comparecer por medio de representantes ante los Tribunales Industriales y organismos mixtos encargados de la regulación e interpretación de las bases y contratos de trabajo, etc.

3.4. La dictadura franquista

El régimen del general Franco se prolongó cuarenta años, durante los cuales su modelo sociolaboral experimento cambios significativos, al socaire de la transformación socioeconómica del país. No obstante, dos rasgos definitorios se mantuvieron en el tiempo, a saber: la represión del sindicalismo libre y de sus medios de actuación, al que se sustituye por un sistema corporativo —los sindicatos verticales— al que se confía la colocación y la representación profesional, y por el intervencionismo de la Administración en la regulación de las condiciones de trabajo.

El nuevo Estado que surge de la guerra civil hace tabla rasa del sistema de relaciones laborales anterior: ilegaliza los partidos políticos y los sindicatos, a los que disuelve e incauta sus bienes; niega el conflicto industrial y considera delitos los actos "que perturben la normalidad de la producción" y, específicamente las "huelgas de obreros" (art. 222 Código Penal de 1944); implanta un sistema de representación corporativa, constituido por organizaciones profesionales por ramas de producción, a las que obligatoriamente se adscribían todos los trabajadores y empresarios; y asume como función propia y privativa la de regular las condiciones de trabajo, que ejerce el Ministerio de Trabajo. Corresponde, en efecto, al Ministerio de Trabajo la aprobación de las normas sectoriales reguladoras de las condiciones de trabajo, a las que denomina inicialmente "reglamentaciones de trabajo" y, a partir de los años sesenta "ordenanzas laborales".

En paralelo, la legislación laboral desempeña un importante papel de tutela del trabajador individual, que pretende compensar la ausencia de mecanismos de autotutela colectiva. En este ámbito, la producción normativa del régimen será incesante —desde la creación de las Magistraturas de Trabajo en 1938 hasta el Decreto 3090/1972 de política de empleo que reguló los expedientes de regulación de empleo por causas tecnológicas y económicas, pasando por el importante texto refundido de la Ley de Contrato de Trabajo de 1944— y se tradujo en una vigorosa afirmación del principio de estabilidad en el empleo. En esta misma línea tuteladora, mención específica merecen los significativos avances que se experimentaron en el ámbito de protección social: la creación de un sistema de Seguridad Social, basado en el principio de consideración conjunta de las contingencias, data del trienio 1963-1966 en el que se promulgan la Ley de Bases de la Seguridad Social y su texto articulado.

Desde mediados de los años cincuenta, atendiendo a factores diversos como los cambios socieconómicos operados, las necesidades del desarrollo y las de homologación internacional del régimen, el franquismo se abre a una evolución paulatina. Desde la óptica laboral, el cambio más sobresaliente, por cuanto supone la superación del monopolio regulador del Estado, viene dado por el reconocimiento de una singular negociación colectiva, pactada por las representaciones corporativas de los trabajadores y empresarios en el seno de la Organización Sindical. Adquieren así carta de naturaleza los llamados "convenios colectivos sindicales" (Ley de 24 de abril de 1958), a los que se atribuye eficacia normativa y cuya función será la de mejorar la regulación sectorial estatal.

En paralelo, se experimenta cierta relajación en el tratamiento de los conflictos colectivos. El Código Penal de 1965 despenaliza parcialmente la huelga y desde principios de los sesenta se suceden sin éxito —el movimiento obrero los ignoró— los intentos de establecer un sistema eficaz de conflictos. Por fin, en el año 1975, es decir, en las postrimerías del régimen, se aprueba el DL 5/1975, de 22 de mayo, de "legalización del recurso a la huelga", que reguló el ejercicio de la misma rodeado de cautelas y prevenciones. Aunque en paralelo a estos cambios se produjo algún relajo en la actitud represiva del régimen hacia el sindicalismo libre, *mutatis mutandi* los rasgos caracterizadores del modelo se mantuvieron hasta el final.

3.5. Un modelo democrático de relaciones laborales

Durante el período de transición hacia la democracia que se inicia con la muerte de Franco se lleva a cabo una operación de desguace del sistema sindical del régimen anterior y se sientan las bases de lo que será el modelo democrático de relaciones laborales. La recuperación de la libertad sindical se lleva a cabo mediante tres expedientes: la disolución del sindicato vertical (RDL 19/1976, de 8 de octubre) y la supresión de la sindicación obligatoria (RDL 31/1977, de 2 de junio), la ratificación por España de los Pactos Internacionales de Derechos Civiles y Políticos y de Derechos Económicos, Sociales y Culturales y de los Convenios n. 87 (libertad sindical) y 98 (negociación colectiva) de la OIT, y la aprobación de la Ley de 1 de abril de 1977, sobre regulación del derecho de asociación sindical que garantiza la "protección legal de la libertad de asociación sindical de los trabajadores y empresarios para la defensa de sus intereses", "en el ejercicio de las libertades propias de una sociedad democrática". Junto a esta ley, en parte vigente, data también de este período el importante RDL 17/1977, de relaciones de trabajo, que reconoció y reguló el derecho de huelga, junto al cierre patronal y el procedimiento de conflicto colectivo, y que, como veremos, sigue en buena medida en vigor.

La promulgación de la Constitución española de 1978 supuso la definitiva superación del régimen franquista y la instauración en nuestro país de un Estado social y democrático de Derecho, que proclama como valores superiores de su ordenamiento jurídico la libertad, la justicia la igualdad y el pluralismo político (art.1 CE). En nuestro ámbito, como en otros muchos, la entrada en vigor del texto constitucional representó un verdadero punto de inflexión, porque sentó las bases para la reconstrucción del sistema de relaciones laborales. No en el balde, nada menos que en su título Preliminar, en su art. 7 CE, se afirma el papel fundamental de "defensa y promoción de los intereses económicos y sociales que les son propios" que en el nuevo régimen va a corresponder a los sindicatos y asociaciones empresariales. En coherencia con esta declaración inicial, su articulado, que es resultado de un amplio consenso político, recoge las piezas claves del nuevo modelo de relaciones laborales: el art. 28 CE reconoce ampliamente los derechos de libertad sindical y de huelga, el art. 37 CE el de negociación colectiva y el de adoptar medidas de conflicto colectivo, el art. 35 CE afirma el deber de trabajar, el derecho al trabajo, a la libre elección de profesión u oficio, a la promoción a través del trabajo y a una remuneración suficiente, y previene que la Ley regule un estatuto de los trabajadores. Todo ello en el contexto de un sistema económico de libertad de empresa y en el marco de una economía de mercado (art. 38 CE).

La primera norma que desarrollaría estas previsiones constitucionales fue el Estatuto de los Trabajadores de 1980, que vino a dar carta de naturaleza al nuevo modelo laboral que el nuevo modelo político demandaba. Siguiendo la estela constitucional, el Estatuto fue también fruto de un amplio consenso político y, visto con distancia, vino a ser un pragmático e inteligente compromiso entre las exigencias constitucionales de reconocimiento de los derechos colectivos de los trabajadores, las primeras políticas de flexibilidad laboral —se aprueba en el contexto de la grave crisis económica del 76— y el reciclaje de buena parte de la legislación heredada del último franquismo (PEREZ DE LOS COBOS).

Un somero repaso a los contenidos de sus tres títulos permite identificar los términos de este compromiso:

Por lo que se refiere a la regulación individual de trabajo, el nuevo texto fue básicamente un reciclaje de la regulación previa, despojándola eso sí de elementos corporativistas, al que se añadió un escueto catálogo de derechos y deberes de los trabajadores. Las tímidas reformas materiales introducidas en la regulación del contrato de trabajo lo fueron en sentido liberalizador, pues, en general, se asumió la idea de que el reconocimiento de los derechos colectivos de los trabajadores debía compensarse menguando el "hipergarantismo" que en la regulación de la relación individual de trabajo caracterizó al último franquismo.

En la redacción del título II, relativo a la representación de los trabajadores en la empresa, se optó por incorporar al texto la representación unitaria anticipada durante la transición por el RD 3149/1977 sobre elección de representantes de los trabajadores en el seno de las empresas, esto es, las figuras de los comités de empresa y delegados de personal, a los que se reconocieron competencias para negociar convenios colectivos de empresa y ámbito inferior. La existencia de la representación sindical en la empresa se previó indirectamente, pero su regulación se pospuso al desarrollo del derecho de libertad sindical que se producirá más adelante con la Ley Orgánica 11/1985, de 2 de agosto de Libertad Sindical.

En lo que atañe al título III, relativo a la negociación colectiva, la opción de política del Derecho más destacable, amén del amplio reconocimiento de la autonomía colectiva y de la consiguiente retracción del intervencionismo del Estado que caracterizó al régimen anterior, fue el mantenimiento del modelo de convenio colectivo preconstitucional de eficacia normativa y erga omnes, para lo cual la ley hubo de regular la "mayor representatividad sindical", sirviéndose al efecto de la representación obtenida al elegir a los representantes unitarios. Desde estos presupuestos, el convenio colectivo se configuró como una auténtica ley profesional que obliga con fuerza normativa a todos los empresarios y trabajadores comprendidos dentro de su ámbito de aplicación.

Desde su entrada en vigor el Estatuto ha ocupado un lugar central en la regulación de nuestro sistema de relaciones laborales, del que ha sido y sigue siendo la norma básica que lo regula. En buena medida ello explica que, a lo largo de su vigencia, haya sido una norma incesantemente reformada. Prácticamente cada uno de los Gobiernos que desde entonces se han sucedido ha querido dejado su impronta en el Estatuto.

No es posible en estas páginas dar cuenta de las numerosísimas reformas que el Estatuto ha experimentado, por lo que nos limitaremos a dar cuenta de las dos que, a nuestro entender, han tenido mayor calado. Ambas fueron concebidas en el contexto de situaciones de crisis económicas profundas y ambas pretendieron dar respuesta a las mismas con recetas de carácter liberalizador. Ambas responden, en fin, a una preocupación básica que ha inspirado al legislador en los últimos decenios y que ha sido la de los efectos económicos de las normas laborales, tratando de compatibilizar las tutelas prestadas por éstas con la competitividad de las empresas y la viabilidad del sistema económico en su conjunto.

La primera gran reforma del Estatuto de los Trabajadores data de 1994 (Leyes 10/1994, de 19 de mayo, sobre medidas urgentes de fomento de la ocupación y 11/1994, de 19 de mayo, de reforma parcial del Estatuto de los Trabajadores y otras leyes laborales) y quiso dar respuesta a la situación económica y de empleo —el desempleo alcanzaba entonces la cota del 24,6%— que atravesaba el país. Fue una reforma singularmente profunda, tanto por el número de preceptos reformados como por el alcance de las reformas. La regulación de la relación individual de trabajo se liberalizó robusteciendo significativamente el poder de dirección del empresario. En concreto, el régimen jurídico de las instituciones que permiten la adaptación de la empresa a los cambios económicos y productivos se flexibilizó (movilidad funcional y geográfica, modificaciones sustanciales de condiciones de trabajo y despidos individuales por causas económicas, técnicas, organizativas o productivas) y se legalizaron las agencias privadas de colocación y las empresas de trabajo temporal. En paralelo, se reconfiguró el orden público laboral, deslegalizando la regulación de numerosas instituciones laborales, en particular la ordenación del salario y la distribución de la jornada, y encomendando su regulación a la negociación colectiva, por considerarla más dúctil y flexible. En palabras de SALA, la reforma supuso "menos ley, más convenio colectivo y algo más, pero no mucho más, contrato individual".

La segunda gran reforma estatutaria (RDL 3/2012, de 10 de febrero y Ley 3/2012, de 6 de julio de Medidas Urgentes para la Reforma del Mercado laboral) se produce en el contexto de la llamada Gran Recesión, como respuesta a las consecuencias económicas y sociales derivadas de la crisis de origen financiero de los años 2007/2008. Una crisis que se tradujo en un grave deterioro de las principales magnitudes económicas y que, como consecuencia de nuestra integración en la Unión Económica y Monetaria europea, debía necesariamente abordarse mediante el ajuste de precios y salarios. También esta reforma fue particularmente intensa, por cuanto se extendió a todas las secuencias de la relación laboral y a aspectos fundamentales del sistema de negociación colectiva, si bien no supuso una ruptura con el modelo previamente vigente, sino una profundización en líneas de reforma ya antes exploradas (GOERLICH). En efecto, la reforma revisita la regulación de la relación individual de trabajo, reordenando los contratos formativos y reforzando los mecanismos de flexibilidad interna (movilidad funcional y geográfica, modificación sustancial de las condiciones de trabajo, distribución irregular de la jornada, reducciones de jornada y suspensión de los contratos por causas empresariales) y externa (se suprime la autorización administrativa de los despidos colectivos, se flexibilizan las causas de despido y se abarata su coste). Por lo que se refiere a la negociación colectiva, incorpora una serie de mecanismos tendentes a mejorar su dinamismo y agilidad, señaladamente se reformula y amplía la institución del descuelgue, que permite apartarse de lo establecido en un convenio colectivo en vigor cuando concurren determinadas causas, se establece la prioridad aplicativa del convenio de empresa en determinadas materias y se fija un límite máximo a la ultraactividad del convenio colectivo denunciado y no renegociado.

Pese a que el cambio de ciclo político y la formación de gobierno por parte de la izquierda vino acompañada de llamativos anuncios de "derogación" de la reforma laboral del 2012, esta no se ha producido. Ello no obstante, se han sucedido desde entonces reformas que han modificado aspectos relevantes de su contenido. Así ha sido derogado el despido objetivo por absentismo (Ley 1/2020, de 15 de julio por la que se deroga el despido objetivo por faltas de asistencia al trabajo), se ha regulado pormenorizadamente el trabajo a distancia, enmendando la laxa regulación que contenía el art. 13 ET (Ley 10/2021 de 9 de julio, reguladora del trabajo a distancia) y en el año 2021, en el seno del diálogo social, se gestó una reforma laboral (RDL 32/2021, de medidas urgentes para la reforma laboral, la garantía de la estabilidad en el empleo y la transformación del mercado de trabajo), que corrigió algunos aspectos de aquella (se volvió a la ultraactividad *sine die* del convenio denunciado no renegociado y se limitó la prioridad aplicativa del convenio de empresa), desarrolló otros a la luz de la experiencia acumulada durante la pandemia (los llamados ERTES) y, sobre todo, llevó a efecto una profunda reforma de la contratación, que limitó significativamente las posibilidades de contratación temporal, reformuló los contratos formativos y potenció el contrato fijo-discontinuo.

4. LAS FUNCIONES DEL DERECHO DEL TRABAJO

El anterior sumario repaso a los orígenes del Derecho del Trabajo es un buen modo de aproximarse a la cuestión de las funciones de éste como rama autónoma del Ordenamiento jurídico, pues la historicidad del Derecho del Trabajo es, en buena medida, la de sus funciones, que han evolucionado con él.

No cabe duda de duda de que, en su origen, el Derecho del Trabajo es una conquista del movimiento obrero a la que la burguesía condesciende con más o menos pragmatismo, y que tiene por finalidad la tutela del trabajador en cuanto que sujeto personalmente implicado en la relación de trabajo y en cuanto que contratante débil. Como hemos visto, el libre juego del mercado de trabajo en la determinación del precio de trabajo y de las condiciones de desempeño del mismo produjo una intolerable situación de explotación de los asalariados, frente a la cual el Derecho del trabajo se erige como un dique llamado a impedirla o mitigarla. El Derecho del trabajo, en efecto, al establecer un conjunto de normas imperativas mínimas, viene a limitar y ordenar el juego de la autonomía contractual y a garantizar al trabajador un zócalo de derechos irrenunciables.

Esta función primigenia del Derecho del Trabajo sigue teniendo en nuestros días plena vigencia. El peso de las normas imperativas, limitadoras de la autonomía contractual, elaboradas desde el presupuesto de que el trabajador es un contratante débil, sigue siendo en nuestro Derecho importantísimo y sólo se ha reducido en las últimas décadas en favor de la autonomía colectiva, es decir, del papel regulador del convenio colectivo. Por su parte, la tutela de la persona del trabajador ha alcanzado su máxima expresión en la plena afirmación de los "derechos humanos en el trabajo" que han hecho suya las constituciones europeas. Este es seguramente el ámbito en el que en las últimas décadas la vocación "tuitiva" del Derecho del trabajo se ha desarrollado con mayor rigor.

Ello no obstante, como apuntábamos, la evolución experimentada por nuestra disciplina desde su nacimiento ha venido a matizar el alcance de esta función tuteladora. Pues cuando los ordenamientos laborales reconocen plenamente el fenómeno sindical y configuran en la ley misma un sistema de relaciones laborales, es decir, cuando prestan reconocimiento jurídico a las instituciones que tradicionalmente integran este sistema, a saber, la libertad sindical, la negociación colectiva, la huelga y el conflicto colectivo, cuyo ejercicio permite la autotutela, el Derecho del Trabajo pierde en parte su genética beligerancia y se convierte fundamentalmente en un marco de composición del conflicto de intereses que contrapone a empresarios y trabajadores. En efecto, reequilibrado el poder de las partes mediante el reconocimiento a los trabajadores de sus derechos colectivos, es sobre todo ejerciéndolos que estos tutelan sus intereses y obtienen la mejora de sus condiciones de trabajo. El Derecho del Trabajo se configura así en un marco, en buena medida neutral, que encauza y permite la composición del conflicto industrial.

El convenio colectivo, en tanto que pacto que formaliza los términos de composición del conflicto, es la manifestación más elocuente del carácter bifronte y transaccional propio de nuestra disciplina. En el convenio se concilian, en efecto, dos lógicas: la tuitiva y la productiva, pues si de una parte permite a los trabajadores mejorar sus condiciones de trabajo y sus niveles de vida, de otra permite al empresario regir la inserción del trabajo en la producción y utilizar la fuerza de trabajo de forma eficiente.

Cuando el Derecho del Trabajo desempeña eficazmente estas funciones, encauzando y permitiendo la composición del conflicto laboral, cumple un papel estabilizador del sistema político, económico y social de primer orden.

Lección 2ª

Fuentes del ordenamiento laboral

1. CONCEPTO Y ENUMERACIÓN DE LAS FUENTES

Fuentes "materiales" son los poderes sociales (el Estado, distintas organizaciones internacionales, organizaciones profesionales, etc.) que pueden establecer normas jurídicas. Fuentes "formales" son los instrumentos o formas a través de los cuales se establecen esas normas.

Como fuentes formales del ordenamiento laboral podemos enumerar: la Constitución, las normas internacionales y supranacionales, las leyes internas, los reglamentos, los convenios colectivos, la costumbre y los principios generales del derecho.

El art. 1.1 Código Civil considera como fuentes la ley, la costumbre y los principios generales del derecho.

Más detalladamente, el art. 3.1 ET dispone que "Los derechos y obligaciones concernientes a la relación laboral se regulan: *a)* Por las disposiciones legales y reglamentarias del Estado. *b)* Por los convenios colectivos. *c)* Por la voluntad de las partes, manifestada en el contrato de trabajo... *d)* Por los usos y costumbres locales y profesionales".

Es una enumeración incompleta, porque no se mencionan las normas internacionales y supranacionales. Y se incluye como fuente al contrato de trabajo, el cual tiene fuerza de ley entre las partes contratantes (art. 1091 CC), pero no crea derecho objetivo.

Lo importante es señalar las peculiaridades del Derecho del Trabajo. En primer lugar, aparece una fuente muy peculiar como son los convenios colectivos. En segundo lugar, la gran variedad de fuentes y su extensión. En tercer lugar, la naturaleza, normalmente imperativa mínima, de las normas laborales (ver Lección 3).

Por último, téngase en cuenta que las disposiciones del Código Civil se aplican supletoriamente (art. 4.3 CC).

2. LA CONSTITUCIÓN ESPAÑOLA DE 27 DE DICIEMBRE DE 1978

La CE, además de fuente de regulación suprema, se erige, en la línea de las Constituciones sociales del siglo XX (que se inicia con la Constitución política de los EEUU Mexicanos de 1917, o de Querétaro, art. 123; la del Imperio Alemán de 1919, o de Weimar, arts. 151-165), como primera norma de referencia, al establecer a través de muy diversos principios y derechos los pilares de nuestro sistema de relaciones laborales (además de económico-productivo). Partiendo de lo anterior, de la CE cabe analizar los siguientes aspectos.

2.1. Contenido laboral de la Constitución y su aplicabilidad

El contenido laboral de la CE se suele clasificar en los siguientes grupos.

A) En primer lugar, los derechos y libertades fundamentales. Son tales los enumerados en los arts. 14-29 CE. Entre los mismos, tienen un contenido laboral específico la libertad sindical y el derecho de huelga (art. 28). Pero otros derechos fundamentales "inespecíficos" pueden tener también gran repercusión en las relaciones laborales: igualdad y no discriminación (art. 14), libertad ideológica (art. 16), intimidad personal (art. 18), libertad de expresión y de información (art. 20), derecho de reunión (art. 21), aparte otros (como derecho a la tutela judicial efectiva, art. 24).

B) En segundo lugar, entre los derechos y libertades (no fundamentales) de los ciudadanos (arts. 30-38), tienen contenido específicamente laboral los arts. 35 y 37:

Según el art. 35, "todos los españoles tienen el deber de trabajar y el derecho al trabajo, a la libre elección de profesión u oficio, a la promoción a través del trabajo y a una remuneración suficiente para satisfacer sus necesidades y las de su familia, sin que en ningún caso pueda hacerse discriminación por razón de sexo" (ap. 1). Se prevé además que "La ley regulará un estatuto de los trabajadores" (ap. 2).

El art. 37, por su parte, reconoce el derecho a la negociación colectiva (ap. 1) y a la adopción de medidas de conflicto colectivo (ap. 2).

C) En tercer lugar, se establecen una serie de principios, tanto en el Capítulo III (arts. 39-52), como en los arts. 129 y 131.

En ese Capítulo III, se viene exigir a los poderes públicos que promuevan, garanticen o mantengan determinadas actuaciones: progreso social y económico, distribución de la renta, pleno empleo, estabilidad económica (art. 40.1); formación profesional, seguridad e higiene en el trabajo, descanso, limitación de la jornada, vacaciones retribuidas (art. 40.2); régimen público de Seguridad Social para todos los ciudadanos y libertad de regímenes complementarios (art. 41); derecho a la salud (art. 43), protección de los disminuidos (art. 49); protección de la tercera edad (art. 50), de los usuarios y consumidores (art. 51).

En cuanto a los llamados principios "asistemáticos" (por no figurar en el Cap. III), el art. 129 se refiere a la participación de los interesados en la Seguridad Social y otros organismos públicos (ap. 1), así como a la promoción eficaz de las distintas formas de participación en la empresa, al fomento de las sociedades cooperativas, y al acceso de los trabajadores a la propiedad de los medios de producción (ap. 2).

D) Conforme al art. 53 CE, los derechos y libertades fundamentales y los derechos y libertades de los ciudadanos tienen una aplicabilidad directa, mientras que los principios no la tienen.

Así, según el art. 53.1, los primeros "vinculan a todos los poderes públicos": poder legislativo, ejecutivo y judicial. Mientras que los principios "solo podrán ser alegados de acuerdo con lo que dispongan las leyes que los desarrollen" (art. 53.3).

De este modo, un derecho o libertad constitucional, fundamental o no, puede ser alegado ante un tribunal sin necesidad de un previo desarrollo legal. Así, si un delegado sindical en una empresa fuera despedido por razón de su condición de tal, el despido sería declarado nulo por un tribunal, aunque no existiera una ley que declarara esa consecuencia.

Pero, en la práctica, es normal y conveniente que los derechos y libertades constitucionales sean desarrollados por leyes. En algunos casos es casi imprescindible ese desarrollo legal. Así, por ejemplo, el derecho al trabajo (art. 35.1 CE) requiere casi necesariamente que una ley desarrolle sus distintos aspectos: uno de los aspectos del derecho al trabajo es el derecho a no ser desprovisto injustificadamente de un empleo, lo que exige regular las causas de extinción del contrato, las posibles indemnizaciones, etc., tal y como hace el ET.

Por el contrario, los principios constituyen disposiciones programáticas, no directamente aplicables y necesitadas de un desarrollo legal. Por ejemplo, la obligación de los poderes públicos de mantener un régimen público de Seguridad Social que garantice prestaciones suficientes ante situaciones de necesidad, especialmente en caso de desempleo (art. 41 CE). La aplicación de este principio requiere que una ley, como es la LGSS, concrete la situación legal de desempleo, los requisitos para obtener una prestación, la cuantía de la misma, etc.

E) En fin, conforme a la CE (art. 53.1 y 3) tanto los derechos y libertades como los principios se tienen que regular por leyes: hay una "reserva material" de ley. Al respecto, las leyes pueden establecer regulaciones muy diversas, más permisivas o más restrictivas: una ley puede reconocer más o menos derechos a los sindicatos, permitir con más o menos amplitud el ejercicio del derecho de huelga, establecer con mayores o menores exigencias una protección frente al desempleo. Son decisiones políticas del legislador, no controlables judicialmente ni por el Tribunal Constitucional.

Pero, en todo caso, la ley deberá respetar el "contenido esencial" de los derechos y libertades (art. 53.1 CE) (en el caso de los principios se suele hablar de respetar su "garantía institucional"). ¿Qué se entiende por contenido esencial? Según el TC, contenido esencial es lo que la sociedad en los Estados democráticos entiende como tal contenido, la imagen social del mismo. O, también, contenido esencial es el que permite alcanzar el fin u objetivo para el que se ha reconocido ese derecho.

Así, contenido esencial del derecho de huelga es que produzca solo la suspensión del contrato, sin dar lugar a sanción alguna; o lo que permita conseguir su fin, que es presionar al empresario (STC 11/1981, f.j. 10). De modo similar, la idea de "garantía institucional", aplicada, por ejemplo, a la exigencia de mantenimiento de un régimen público de Seguridad Social, debería llevar a mantener un sistema que asegure prestaciones (por desempleo, por incapacidad, por jubilación, etc.) más o menos equivalentes a las rentas de activo, siendo seguramente contrario a la visión que nuestra sociedad tiene de la Seguridad Social un sistema que se limitara a garantizar solamente unas rentas mínimas de subsistencia.

Aparte lo anterior, téngase en cuenta que conforme al art. 10.2 CE las normas de la misma relativas a los derechos, fundamentales y no, en ella reconocidos deben interpretarse conforme a la Declaración Universal de Derechos Humanos y a los tratados y acuerdos ratificados por España sobre las respectivas materias (ver STC 38/1981).

2.2. *La protección de los derechos y principios constitucionales*

Nuestro ordenamiento jurídico, comenzando por la propia Constitución, establece una serie de mecanismos judiciales para proteger los derechos y los principios reconocidos en la CE.

A) En primer lugar, el recurso de inconstitucionalidad (arts. 161-162 CE). Puede interponerse ante el TC frente a una ley que, en todo o en parte, sea contraria a la Constitución. Su objeto es declarar la nulidad total o parcial de esa ley.

Pero para interponer ese recurso solamente están legitimados algunos sujetos: el Presidente del Gobierno, el Defensor del Pueblo, 50 Diputados o Senadores, los órganos ejecutivos colegiados o las Asambleas de las CCAA.

Por ello también se prevé la llamada "cuestión de inconstitucionalidad" (art. 163 CE). Cuando un órgano judicial considere que una ley aplicable al caso y de cuya validez dependa el fallo, pueda ser contraria a la CE, no puede por sí mismo dejar de aplicarla, pero puede interponer ante el TC esa cuestión, con el mismo objeto de que el TC declare la nulidad total o parcial por inconstitucionalidad de esa ley.

B) En segundo lugar, el llamado "recurso de amparo" (arts. 53.2 y 161.1.b CE; arts. 41 y 43 LOTC). Se puede interponer ante el TC frente a las violaciones de los derechos y libertades fundamentales originadas por disposiciones, actos jurídicos, omisiones o simple vía de hecho "de los poderes públicos", no por los particulares. Por lo tanto, por ejemplo, una actuación empresarial o de un sindicato no puede, en sí misma, ser objeto de recurso de amparo.

Ahora bien, entre los poderes públicos se encuentran los órganos judiciales. Por lo tanto, también pueden dar lugar a este recurso los actos u omisiones de un órgano judicial, pero siempre que se cumplan algunos requisitos, y entre éstos que la violación del derecho o libertad "sea imputable de modo inmediato y directo a una acción u omisión del órgano judicial con independencia de los hechos que dieron lugar al proceso".

De este modo, por ejemplo, una decisión de un empresario que vulnere el derecho a la no discriminación o a la libertad sindical no es directamente recurrible en amparo, pero sí lo es la eventual sentencia de un tribunal que, ante una demanda frente al empresario, no tutele adecuadamente ese derecho.

C) En tercer lugar, igualmente solo en caso de vulneración de derechos fundamentales, el art. 53.2 CE prevé un recurso preferente y sumario ante los tribunales ordinarios.

En la LRJS (arts. 177-184) se contempla precisamente un proceso especial, preferente y sumario, de tutela de los derechos fundamentales y libertades públicas.

D) En fin, la citada LRJS prevé un proceso ordinario y diversas modalidades procesales (por despidos o sanciones, en materia de vacaciones, materia electoral, clasificación profesional, etc.) a través de los cuales se puede pretender la protección de cualquier derecho constitucional.

Pero conviene tener claro lo siguiente. Los tribunales laborales (los "órganos jurisdiccionales del orden social") conocen de la mayor parte de los conflictos que se produzcan en materia laboral o de Seguridad Social (art. 2 LRJS): entre otros, los conflictos entre empresarios y trabajadores como consecuencia del contrato de trabajo, en materia de Seguridad Social (incluida la protección por desempleo), en procesos de conflictos colectivos (ver lección 8ª), el ya señalado de tutela de los derechos fundamentales, impugnación de determinadas resoluciones administrativas de la autoridad laboral —como las recaídas en el ejercicio de la potestad sancionatoria en materia laboral y sindical—, etc. Incluso de conflictos que no son propiamente laborales (entre sociedades cooperativas de trabajo asociado y sus socios, sobre constitución y reconocimiento de la personalidad jurídica de las asociaciones empresariales, entre el trabajador autónomo económicamente dependiente y su cliente).

Al contrario, hay conflictos en materia laboral que corresponden a otros tribunales (civiles, penales, contencioso-administrativos). Así, determinadas materias quedan excluidas de la jurisdicción social (art. 3.letras a-h de la LRJS): entre otras, la tutela de los derechos de libertad sindical y de huelga relativa a los funcionarios públicos y personal estatutario, el establecimiento de garantías tendentes a asegurar el mantenimiento de los servicios esenciales en caso de huelga, los pactos o acuerdos concertados por las AAPP que sean de aplicación al personal funcionario o estatutario de los servicios de salud de manera exclusiva o conjunta con el personal laboral; aparte de ciertas materias de Seguridad Social (impugnaciones de actos administrativos relativos a inscripción de empresas, afiliación, altas o bajas, etc.) o las reclamaciones sobre responsabilidad patrimonial de entidades gestoras y servicios comunes de la Seguridad Social, o del Sistema Nacional de Salud y centros sanitarios concertados, por daños causados por o con ocasión de la asistencia sanitaria) o las reservadas por la LC a la jurisdicción del juez del concurso.

2.3. La cláusula derogatoria de la Constitución

Como se ha señalado antes, un tribunal no puede dejar de aplicar una ley aunque considere que es inconstitucional, si bien puede presentar una cuestión de inconstitucionalidad ante el TC.

Eso es absolutamente cierto si se trata de una ley posterior a la CE. Pero, si se trata de aplicar una ley anterior a la misma, cualquier tribunal puede dejar de aplicarla, en el caso o pleito específico que esté conociendo ese tribunal, si estima que es contraria a la CE Ello es así porque la D.D. apartado 3, de la propia CE ha derogado todas las leyes anteriores contrarias a la misma.

Naturalmente, se trataría de una inaplicación singular, para ese caso o pleito concreto: no por ello la ley quedaría anulada. Por consiguiente, otro tribunal podría aplicar esa ley en otro caso o pleito específico, si estima, por el contrario, que no es contraria a la CE. La anulación, total o parcial, de leyes inconstitucionales, anteriores o posteriores a la CE solo puede ser efectuada por el TC a través del recurso o la cuestión de inconstitucionalidad.

2.4. Algunos aspectos y principios generales de la Constitución

La CE contiene algunas disposiciones, de alcance general, que pueden tener singular relevancia en materia laboral.

A) En primer lugar, el art. 1 CE dispone que España se constituye en un Estado social y democrático de Derecho. Ese concepto (Estado "social") supone, entre otras cosas, que los derechos constitucionales no operan solamente en el terreno de lo público, sino también en las relaciones entre privados. A diferencia de las constituciones liberales, la nuestra tiene en cuenta que los derechos y libertades constitucionales pueden ser vulnerados no solo por los poderes públicos, sino también por poderes privados, frente a los que también se exige protección. Tienen, así, un valor "pluridireccional". Por ello, el art. 9.1 CE añade que no solo los poderes públicos sino también los ciudadanos están sujetos a la CE

Así, en palabras del TC, "la celebración de un contrato de trabajo no implica en modo alguno la privación para... el trabajador, de los derechos que la Constitución le reconoce como ciudadano" (STC 18/1984). Dicho en términos gráficos: el territorio del Reino de España incluye también a las empresas.

Pero, a su vez, el contrato de trabajo "modaliza" o "condiciona" el ejercicio de los derechos constitucionales, de acuerdo con el principio general de la buena fe (ver lección 15ª). Se trata, pues, de buscar un "equilibrio" entre los derechos de la persona y el derecho a la libertad de empresa, que también recoge la CE, de modo que los derechos constitucionales se modulen o condicionen solamente en la medida estrictamente imprescindible para el desenvolvimiento de la actividad empresarial.

En suma, no siendo absolutos o ilimitables los derechos constitucionales, éstos pueden quedar condicionados en el marco del contrato de trabajo. Pero, a su vez, esos condicionamientos o limitaciones no pueden ser absolutos. La doctrina constitucional exige, entonces, aplicar un principio de proporcionalidad de sacrificios (ver lección 15ª).

B) En segundo lugar, el art. 14 recoge los principios de igualdad ante la ley y de no discriminación por razón de nacimiento, raza, sexo, religión, opinión o cualquier otra condición o circunstancia de índole personal o social (entre las que la LITND ha incluido origen étnico, edad, discapacidad, orientación o identidad sexual, expresión de género, enfermedad o condición de salud, estado serológico y/o predisposición genética a sufrir patologías y trastornos, lengua y situación socioeconómica).

El principio de igualdad ("Los españoles son iguales ante la ley") supone que las normas (leyes, pero también reglamentos y, en el ordenamiento laboral, los convenios colectivos estatutarios) deben ser iguales para todos (igualdad en la ley), y, como veremos luego, deben aplicarse por igual a todos. El principio de no discriminación supone que los poderes públicos, pero también los particulares, no pueden dar un trato diferente por los motivos discriminatorios mencionados.

Pero, nuestra CE va más allá de ese principio de igualdad formal. En el art. 9.2 recoge el principio de igualdad real: los poderes públicos deben promover las condiciones para que la libertad y la igualdad sean reales y efectivas; deben remover los obstáculos que impidan o dificulten su plenitud y facilitar la participación de todos los ciudadanos en la vida política, económica, cultural y social. Casi idéntico al art. 3.2 de la Constitución italiana de 1948 —que se refiere a "todos los trabajadores"—, el cual se ha considerado el "núcleo rojo» de la misma.

En otras palabras: nuestra CE reconoce que en nuestra sociedad persisten desigualdades y se fija como objetivo o programa el conseguir una igualdad real, entendida como igualdad de oportunidades.

En este principio de progreso se inspiran, por ejemplo, las normas que establezcan, a favor de ciertos colectivos discriminados de hecho (mujeres, jóvenes, etc.), medidas de "acción afirmativa o positiva" (mal llamadas de "discriminación positiva"). Así, reservar ciertas modalidades contractuales promotoras de la estabilidad en el empleo o que contengan bonificaciones o subvenciones a favor de ciertos colectivos con dificultades para integrarse en el mercado laboral (ver, con más detalle, lección 11ª), o establecer ciertas medidas a favor de las trabajadoras víctimas de violencia de género o de violencia sexual.

La LITND, en su art. 2.2, admite que podrán establecerse diferencias de trato como medidas de acción positiva y, en su art. 7, las define como diferencias de trato orientadas a prevenir, eliminar y, en su caso, compensar cualquier forma de discriminación o desventaja en su dimensión colectiva o social.

C) En tercer lugar, en fin, junto a este principio progresista, la CE contiene, en su art. 9.3, un principio "conservador" o garantista: el de "irretroactividad de las disposiciones sancionadoras no favorables *o restrictivas de derechos*". Una disposición que restrinja derechos que antes se tenían no puede tener efectos retroactivos.

Pero, para evitar situaciones de inmovilismo, el TC interpreta ese principio del siguiente modo: una ley restrictiva de derechos no puede tener efectos retroactivos de grado máximo o de grado medio, pero sí puede tener efectos retroactivos de grado mínimo. Es decir, no puede tener incidencia sobre derechos ya perfeccionados, tanto respecto de los efectos que ya hayan producido (grado máximo) cuanto de los que vayan a producir en el futuro (grado medio); pero sí puede tener incidencia sobre meras expectativas de futuro (grado mínimo).

Se ve claramente en materia de pensiones de jubilación. Una ley no podría reducir la cuantía de la pensión de una persona ya jubilada, ni siquiera para después de la promulgación de esa ley. Pero podría perfectamente reducir la cuantía esperada por personas que aún no se hubieran jubilado. Sería una ley discutible, incluso perjudicial para las expectativas que se tuvieran, pero no sería inconstitucional (ver, como más recientes, las SSTC 49/2015 y 144/2015; el supuesto de ambas se refiere a la supresión de la actualización de una revalorización de pensiones por el RDL 28/2012).

Caso práctico: Principio de irretroactividad

El RDL 3/1983, de 20 de abril, y la Ley 9/1983, de 13 de julio, redujeron para algunos funcionarios públicos la base reguladora de pensiones reconocidas a partir de 1 de enero, aunque la reducción se aplicaría sólo desde su promulgación. ¿Se vulneró el principio de irretroactividad, qué recurso cabía plantear?

No cabía plantear recurso de amparo porque éste sólo está previsto respecto de los arts. 14-30 CE por su art. 53.2. Pero si cabía un recurso/cuestión de inconstitucionalidad (arts. 161-163) porque se produce una retroactividad restrictiva de grado medio, si bien no es factible respecto de pensiones reconocidas después del RDL (retroactividad en grado mínimo).

(Vid. STC 6/1983, de 24 de mayo)

3. LAS NORMAS INTERNACIONALES Y SUPRANACIONALES

La potestad de elaborar normas laborales no se limita desde largo tiempo al poder del Estado, sino que la comunidad internacional, en sus diversas configuraciones, crea también normas laborales. Un Derecho Social internacional o supranacional que, como ya se indicó en la lección anterior, adquieren particular importancia en un mundo globalizado para evitar un dumping social entre Estados, mediante condiciones laborales a la baja.

Sin detenernos en mayores honduras, se impone advertir la muy diversa eficacia de los textos internacionales: algunos suponen compromisos estrictamente políticos (Declaración de Derechos del Hombre, de 1948), pero otros implican obligaciones de informar (Pactos Internacionales de Derechos Económicos, Sociales y Culturales, y de Derechos Civiles y Políticos, ambos de la ONU, de 1966; Carta Social Europea, de 1961, revisada en 1996), o conllevan procedimientos judiciales con eventuales indemnizaciones (Convenio Europeo de Derechos Humanos), o tienen el mismo valor jurídico que Tratados que luego veremos (Carta de Derechos Fundamentales de la UE, de 2000-2007). A lo que se añaden, los acuerdos bilaterales o multilaterales en materia de emigración, o de Seguridad Social, como el Convenio Multilateral Iberoamericano de Seguridad Social o el Acuerdo sobre mano de obra entre el Reino de España y el Reino de Marruecos.

Eso sí, hay que realizar una nítida distinción entra las normas "internacionales", entendidas como aquellas que crean obligaciones para los Estados en virtud de su ratificación (como las emanadas de la ONU, la OIT o el Consejo de Europa); y las normas "supranacionales", que no requieren de ratificación, sino que obliga al ser aprobada por una organización internacional. Respecto de las primeras, la prestación del consentimiento del Estado para obligarse requiere generalmente la previa autorización de las Cortes Generales (art. 94 CE) y caso de que contenga estipulaciones contrarias a la CE la previa revisión del texto constitucional —lo que asegura su supremacía—, pasando a formar parte de nuestro ordenamiento una vez publicados en el boletín oficial. Las otras, en cambio, tienen efecto directo, como las normas del Derecho de la Unión Europea, que producen efectos desde su entrada en vigor (con algunos matices que luego se expondrán respecto de las Directivas).

Dicho esto, ya se señalaron en la lección anterior las dificultades que encuentra una legislación laboral internacional. Lo que ha llevado a experiencias de autoregulación por parte de las empresas multinacionales, para evitar el "daño reputacional", con resultados limitados, principalmente en el terreno del control de su aplicación. Fórmulas de hibridación entre instrumentos públicos y privados, como el Acuerdo sobre Incendios y Seguridad en la Construcción en Bangladesh —firmado por marcas de ropa y sindicatos tres semanas después del colapso del edificio Rana Plaza que mató a 1.134 trabajadores de la confección el 24 de abril de 2013—, que establece inspecciones de seguridad independientes, renovación de las instalaciones para que sean seguras, así como mecanismos de denuncia anónimos y capacitación para los trabajadores en materia de seguridad y salud[1].

3.1. La Organización Internacional del Trabajo

La OIT se creó por el Tratado de Versalles en 1919, tras la I Guerra Mundial. Integrada desde 1946 en la constelación de instituciones identificadas como del sistema de Naciones Unidas, se configura como una organización internacional especializada, con personalidad jurídica propia y que actúa conforme a un principio de especialización funcional.

Aparte su Constitución (ver el Preámbulo: "La paz universal y permanente solo puede basarse en la justicia social", etc.), la Declaración de Filadelfia sobre sus fines y objetivos, adoptada en 1944, reafirma sus principios fundamentales ("El trabajo no es una mercancía", "La libertad de expresión y de asociación es esencial para el progreso constante", "La pobreza, en cualquier lugar, constituye un peligro para la prosperidad de todos", etc.), en la creencia de que la promulgación de unos estándares laborales mínimos internacionales tendrá la virtualidad de garantizar la reducción de las desigualdades, una mayor cohesión social y la paz.

Una concepción internacional de tales condiciones y aspiraciones que explica que no se encuentre vinculada a un criterio de membresía selectiva o participación restringida (actualmente son 187 Estados Miembros). Con todo, la principal peculiaridad de la OIT radica en que no es una organización internacional meramente política, sino social, al tener sus órganos una composición tripartita: representantes gubernamentales, pero también sociales (de los empresarios y de los trabajadores).

Desde un punto de vista organizativo, está integrada por la Conferencia Internacional del Trabajo (que ha celebrado su 113ª reunión en junio de 2025), el Consejo de Administración y la Oficina Internacional del Trabajo.

---

1 Véase también, el "Acuerdo Marco Global" suscrito por el Grupo Inditex y la IndustriALL Global Union (2019), donde se definen los estándares mínimos de comportamiento ético y responsable que deben ser observados por los fabricantes y proveedores del Grupo Inditex.

Las competencias de la Conferencia Internacional del Trabajo abarcan desde la admisión de nuevos miembros hasta la elección y renovación del Consejo de Administración, la confección y adopción de los instrumentos jurídicos de la OIT y el seguimiento de su cumplimiento. Para ello actúa en cierto modo como una asamblea legislativa, donde la delegación de cada país está integrada por cuatro representantes: dos gubernamentales, uno laboral y otro empresarial. Los cuatro son nombrados por el gobierno de cada país, pero los dos sociales previo acuerdo con los sindicatos y asociaciones empresariales más representativos (cuando en un país hay varias organizaciones más representativas, funciona un sistema de rotación).

El Consejo de Administración (C. de A.) es el órgano ejecutivo, que coordina las actividades de la OIT, determina el orden del día y prepara el contenido de la Conferencia, estando integrado por 56 representantes: 28 gubernamentales (10 de los países de mayor importancia industrial, el resto elegido por los correspondientes delegados en la conferencia), 14 laborales y 14 empresariales. Además, hay 66 consejeros adjuntos.

La Oficina Internacional del Trabajo, constituye el secretariado permanente, además de asumir funciones de órgano técnico, de información, documentación estudio e investigación. Su Director General, el 11°, es Gilbert F. Houngbo, de Togo.

Aparte de otras funciones (estudio, información, etc.), interesa aquí la labor normativa de la OIT: se aprueban Convenios y Recomendaciones.

El procedimiento es común: Cuando el C. de A. incluye en el orden del día de una Conferencia una determinada materia, esa Conferencia decide si elaborar o no un Convenio (y/o una Recomendación). Si la decisión es favorable, elaborado un texto de Convenio y/o Recomendación, la siguiente Conferencia los podrá aprobar, en su caso, por mayoría cualificada (2/3 de los delegados presentes). Es frecuente aprobar ambos tipos de norma (el Convenio más genérico, la Recomendación más detallada).

Un Convenio de la OIT obliga solamente a los países que lo ratifiquen (aunque todos deben informar de por qué no lo han ratificado). En tal caso, el país ratificante está obligado a hacer lo necesario para aplicarlo. En el caso español, la ratificación y publicación en el BOE de un tratado o convenio supone que éste pasa a formar parte de nuestro ordenamiento interno (art. 96 CE) y resulta directamente aplicable. Ahora bien, puede ser que el Convenio no sea suficientemente concreto (no es "auto-ejecutivo"), en cuyo caso no surtirá efectos directos si no se desarrolla por una norma interna.

Caso práctico: Aplicación de Convenio OIT

Una empresa despide a un trabajador por la sustracción de productos propiedad de la empleadora. Dicho trabajador no tiene la condición de representante legal de los trabajadores ni es delegado sindical. Dicha sanción es conforme al régimen disciplinario establecido en el convenio colectivo de aplicación.

Nuestro ordenamiento interno (art. 55 ET) establece que cuando el trabajador fuera representante legal de los trabajadores o delegado sindical procederá la apertura de expediente contradictorio, en el que serán oídos, además del interesado, los restantes miembros de la representación a que perteneciere, si los hubiese, así como que si el trabajador estuviera afiliado a un sindicato y al empresario le constase, deberá dar audiencia previa a los delegados sindicales de la sección sindical correspondiente a dicho sindicato. A lo que se añade que por convenio colectivo podrán establecerse otras exigencias formales para el despido, lo que no sucede en este caso.

Según la STC 140/2018, de 20 de diciembre (FJ 6) "en aplicación de la prescripción contenida en el artículo 96 CE, cualquier juez ordinario puede desplazar la aplicación de una norma interna con rango de ley para aplicar de modo preferente la disposición contenida en un tratado internacional". En relación a lo anterior, STS 29 marzo 2022, recud. 2142/2020,

El Tribunal Supremo español ha resuelto que, aunque el art. 55 ET no lo exija, en virtud del art. 7 Convenio 158 OIT, no deberá darse por terminada la relación de trabajo de un trabajador por motivos relacionados con su conducta o su rendimiento antes de que se le haya ofrecido la posibilidad de defenderse de los cargos formulados contra él, a menos que no pueda pedirse razonablemente al empleador que le conceda esta posibilidad.

(STS 18 de noviembre 2024, rec. 4735/2023)

El control de la aplicación de los Convenios ratificados se lleva a cabo mediante la remisión por los Estados de informes o memorias anuales, y la actuación de una Comisión de Expertos y de una Comisión tripartita de la Conferencia. Además, los Estados miembros pueden formular "quejas" y las organizaciones empresariales y sindicales pueden formular "reclamaciones", ante el C. de A.

Por el contrario, las Recomendaciones obligan solamente a todos los países miembros a informar a la OIT sobre la situación en su normativa interna y las medidas que se piensan adoptar para adaptarla a lo recomendado.

A lo largo de su existencia, la CIT ha aprobado 191 Convenios (varios ya derogados) y 208 Recomendaciones. El último Convenio nº 191, de 2023, es sobre un entorno de trabajo seguro y saludable. La última Recomendación es la nº 208, de 2023, sobre los aprendizajes de calidad. El número de ratificaciones de Convenios varía muchísimo: desde solo 2 (nº 83 sobre normas de trabajo en territorios no metropolitanos) o 3 ratificaciones (nº 165 sobre seguridad social de la gente de mar), hasta 181 (nº 29 sobre trabajo forzoso) o 187 ratificaciones (nº 182 sobre las peores formas de trabajo infantil).

Algunos de estos convenios son especialmente importantes: números 87 y 98 (sobre libertad sindical y negociación colectiva), 29 y 105 (sobre trabajo forzoso), 100 y 111 (sobre igualdad de remuneración y no discriminación) y 138 y 182 (sobre edad mínima y trabajo infantil) y 187 (seguridad y salud). Porque la Declaración de la OIT sobre Principios y Derechos Fundamentales, adoptada en 1998, establece que todos los Estados miembros, independientemente de si han ratificado los convenios específicos, tienen un compromiso de respetar, promover y hacer realidad, de buena fe, los principios relativos a los derechos fundamentales en el trabajo. Estos principios se refieren a la libertad de asociación, la libertad sindical y la negociación colectiva, la eliminación del trabajo forzoso u obligatorio, la abolición del trabajo infantil y la eliminación de la discriminación en materia de ocupación o empleo y un entorno seguro y saludable. Conviene señalar también la importancia del Informe sobre "El trabajo decente" de 1999 (y que dio lugar a una de las últimas Recomendaciones, la nº 205, de 2017 sobre el empleo y trabajo decente para la paz y la resiliencia) y de la Declaración del Centenario de la OIT para el Futuro del Trabajo (2019).

3.2. La Unión Europea

Los Tratados. Tras la ratificación —por todos los Estados miembros— del Tratado de Lisboa de 2007 desaparece la dualidad entre Comunidad Europea y Unión Europea, y ésta queda regulada por dos Tratados ("derecho originario"): el Tratado de la Unión Europea y el Tratado de Funcionamiento de la Unión Europea, entrado ambos en vigor el 1 de diciembre de 2009. Actualmente, tras el Brexit, los Estados miembros son 27.

Sus antecedentes se encuentran en el Tratado de la Comunidad Económica Europea, posteriormente modificado por el Acta Única Europea (1986), el Tratado de Maastricht (1992), el Tratado de Ámsterdam (1997) y el Tratado de Niza (2001). El de Maastricht cambió la denominación por Comunidad Europea, al tiempo que se aprobó un Acuerdo relativo a la Política Social del que quedaba excluido el Reino Unido. El de Ámsterdam incorporó ese Acuerdo al propio TCE, vinculante para todos los Estados miembros.

El TUE fija los *valores* (art. 2) y los *objetivos* (art. 3.3) de la Unión. La cual dispone de *competencias,* normalmente compartidas, en diversos ámbitos, entre otros los de mercado interior (arts. 4.2.a, 26.2 y, por lo que se refiere a la libre circulación de trabajadores, arts. 45-48, todos del TFUE), política social (arts. 4.2.b y 151 y siguientes TFUE), empleo (arts. 2.3, 5.2 y 145-150 TFUE) y formación profesional (arts. 6.c y 166 TFUE).

Las principales **instituciones** de la UE son: El *Parlamento Europeo (representa a los ciudadanos de la UE y es elegido directamente por ellos)*, el *Consejo Europeo* (compuesto por los Jefes de Estado o de Gobierno, por su Presidente y por el Presidente de la Comisión), el *Consejo de la Unión Europea* (donde los ministros de los distintos Gobiernos se reúnen en distintas configuraciones dependiendo del tema que se vaya a tratar, como el Consejo EPSCO: Empleo, Política Social, Sanidad y Consumidores), la *Comisión Europea (es el principal órgano ejecutivo, encargado de gestionar las políticas y el presupuesto de la UE)*, el *Tribunal de Justicia de la UE* (que comprende el Tribunal de Justicia y el Tribunal General) y otras, así como órganos consultivos (alguno importante en materia social: el Comité Económico y Social Europeo).

La **función legislativa** se ejerce conjuntamente por el Parlamento (art. 14 TUE) y el Consejo de la Unión Europea (art. 16 TUE), aunque la Comisión juega un importante papel ya que los actos legislativos solo pueden adoptarse a propuesta de la Comisión, salvo cuando excepcionalmente los Tratados dispongan otra cosa (art. 17 TUE). Además, para modificar el contenido de la propuesta de la Comisión, el Consejo deberá decidir normalmente por unanimidad (art. 293 TFUE).

Así, mediante el denominado *"procedimiento legislativo ordinario"*[2] el Parlamento Europeo codecide normalmente junto con el Consejo sobre los

---

[2] El "procedimiento legislativo ordinario" (art. 294 TFUE) consiste en los siguientes pasos:

— La Comisión presenta una propuesta al Parlamento y al Consejo.

— En *primera lectura*, el Parlamento aprueba su posición y la transmite al Consejo. Si éste aprueba la posición del Parlamento, se adopta el acto. Si no la aprueba, adopta su posición en primera lectura y la transmite al Parlamento.

— En *segunda lectura*, en un plazo de tres meses, si el Parlamento adopta la posición del Consejo, el acto se considera adoptado. Si la rechaza por mayoría, el acto se considera no adoptado. Si propone enmiendas, por mayoría, el texto modificado se transmite al Consejo y a la Comisión.

— Si en un plazo de tres meses, a su vez en su *segunda lectura*, el Consejo por mayoría cualificada (pero por unanimidad sobre las enmiendas que hayan sido objeto de dictamen negativo por la Comisión) adopta todas las enmiendas, el acto se considera adoptado. Si no las aprueba todas, el Presidente del Parlamento convoca en un plazo de seis semanas al Comité de Conciliación.

— Este Comité, compuesto por miembros del Consejo o sus representantes y miembros del Parlamento en igual número, tiene por misión alcanzar en *conciliación*, en seis semanas, un acuerdo por mayoría cualificada de los primeros y por mayoría de los segundos sobre un texto conjunto basado en las posiciones de Parlamento y Consejo en sus segundas lecturas. Si en ese plazo no se llega a un texto conjunto, el acto se considera no adoptado.

actos legislativos a adoptar, pudiendo en último término rechazar la posición del Consejo o proponer enmiendas que, caso de no ser aprobadas por el Consejo y de no alcanzarse un acuerdo en conciliación entre ambas instituciones, suponen la no adopción del acto propuesto.

Para regulaciones en los ámbitos sociales que antes se han señalado, normalmente se sigue ese procedimiento legislativo ordinario[3], precedido de consultas al CES y en ocasiones al CR. Ello no obstante, en algunos ámbitos se mantiene la función meramente consultiva del Parlamento[4], incluso la simple información al mismo[5].

— En fin, si se aprueba un texto conjunto, ambas instituciones disponen de seis semanas para adoptar el acto, pronunciándose el Parlamento por mayoría de votos emitidos y el Consejo por mayoría cualificada. En su defecto, el acto se considera no adoptado.

Así, por ejemplo, el 7 de junio de 2022 se aprobó un texto conjunto sobre la propuesta de Directiva sobre salarios mínimos —COM (2020) 682 final— que quedó pendiente de aprobación por el Consejo y por el Parlamento, y, finalmente se aprobó como Directiva (UE) 2022/2041, de 19 de octubre.

3 Así sucede con la libre circulación de trabajadores (art. 46 TFUE), con la seguridad social de los trabajadores migrantes (art. 48 TFUE), con el derecho de establecimiento (art. 50 TFUE), con la libre circulación de servicios (art. 56 TFUE), con medidas de aproximación de legislaciones que tengan por objeto el establecimiento y funcionamiento del mercado interior (art. 114 TFUE), con medidas de fomento en el ámbito del empleo (art. 149 TFUE), con la aplicación del principio de igualdad de oportunidades y trato para hombres y mujeres (art. 157.3 TFUE), con el Fondo Social Europeo (art. 164 TFUE), con la política de formación profesional (art. 166.4 TFUE) y con los Fondos con finalidad estructural y el Fondo de Cohesión (art. 177 TFUE). Entre las últimas Directivas aprobadas por el Parlamento Europeo y el Consejo, cabe señalar la Directiva 2022/2041, de 19 de octubre de 2022, sobre unos salarios mínimos adecuados en la UE; o la Directiva 2023/970, de 10 de mayo de 2023, por la que se refuerza la aplicación del principio de igualdad de retribución entre hombres y mujeres.

4 Así sucede respecto de directivas de aproximación de legislaciones que incidan directamente en el establecimiento o funcionamiento del mercado interior (art. 115 TFUE), de las orientaciones sobre políticas de empleo (art. 148.2 TFUE), del Comité de Empleo (art. 150), de la política social en materias de seguridad social y protección social de los trabajadores, de su protección en caso de rescisión del contrato laboral, de la representación y defensa colectiva de los intereses de los trabajadores y empresarios y de condiciones de empleo de los nacionales de terceros países (art. 153.1. letras c, d, f y g TFUE; aunque, salvo en materia de seguridad y protección social, el Consejo puede decidir que se siga el procedimiento legislativo ordinario), y del Comité de Protección Social (art. 160 TFUE).

5 Conforme al art. 155.2 TFUE, cuando se alcance un acuerdo en el marco del diálogo entre los interlocutores sociales, se informará al Parlamento acerca de su aplicación por los propios interlocutores o mediante decisión del Consejo.

Los **instrumentos normativos** ("derecho derivado") son los siguientes (art. 288 TFUE):

A) *Reglamentos.* Disposiciones de carácter general, son obligatorios, directamente aplicables y publicados en el DOUE (serie L). Son propias y verdaderas leyes comunitarias. Téngase en cuenta que existen Reglamentos "delegados" y "de ejecución" (arts. 290-291 TFUE).

En materia laboral, se han adoptado respecto de la libre circulación de trabajadores y seguridad social de emigrantes. Asimismo, creando una Autoridad Laboral europea.

B) *Directivas.* Disposiciones de carácter general, son obligatorias, pero no directamente aplicables. Deben ser desarrolladas (transpuestas) por normas internas de los países miembros en el plazo previsto (normalmente, dos o tres años).

No obstante, su desarrollo se fuerza de los siguientes modos:

- Condena al Estado incumplidor, tras un recurso por incumplimiento ante el TJUE, al pago de una sanción o una multa coercitiva.
- Según el TJUE, una directiva no transpuesta en el plazo previsto tiene efectos directos si su contenido es suficientemente concreto, lo que conlleva la inaplicación de las normas internas contrarias a la Directiva y la exigencia de cumplimiento de las obligaciones que competan al Estado incumplidor; pero, aun teniendo un contenido concreto, no da lugar a obligaciones entre particulares, aunque es apreciable una evolución al respecto cuando se trata del principio de igualdad de trato (sobre eficacia Directivas, ver STJUE 15 enero 2014, Asunto AMS, C-176/2012, con amplia referencia a otras decisiones sobre la cuestión y STS 27 septiembre 2011, rec. 4146/2010). En efecto, en todo caso una Directiva no transpuesta o no transpuesta adecuadamente puede tener aplicación incluso a relaciones entre privados si regula un derecho fundamental (p.e., no discriminación), o si es posible una interpretación de la norma interna conforme a la misma.

En último término, si por falta de desarrollo de una Directiva se causan daños a particulares, se pueden exigir indemnizaciones al Estado incumplidor.

Caso práctico: Aplicación de Directivas

Una empresa española que ocupa a 3.100 trabajadores despide a 27 trabajadores de un centro que ocupa a 77, sin seguir el procedimiento de despido colectivo.

Nuestro ordenamiento interno (art. 51.1 ET) considera, entre otros, despido colectivo al que afecte en un período de 90 días a 10 trabajadores en "empresas" que ocupen menos de 100. La Directiva 98/59/CE de 20 de julio de 1998 (art.1) considera colectivo al despido que en ese período afecte a 20 trabajadores en un "centro de trabajo". ¿Un tribunal nacional debe calificar como colectivo ese despido?

Según la jurisprudencia comunitaria una Directiva no surte efecto directo sobre relaciones entre particulares, pero los tribunales nacionales deben interpretar el derecho interno de forma que se alcance el resultado pretendido por aquella, aunque sin llegar a una interpretación *contra legem*.

El Tribunal Supremo español considera que, aunque el art. 51.1 ET se refiere a la empresa, no excluye expresamente al centro de trabajo. Aparte otras razones, una interpretación teleológica lleva a presumir que el legislador nacional ha pretendido mejorar lo dispuesto en la Directiva (así, el despido sería colectivo en este caso si afectara a 30 o más trabajadores, aunque en ningún centro afectara a 10), pero no ha pretendido excluir la protección otorgada por la Directiva. El despido es colectivo y, por no haberse respetado el procedimiento previsto, nulo.

(Vid. STS 17 octubre 2016, rec. 36/2016; también STJUE 15 enero 13 mayo 2015, Asunto C-392/2013)

Las Directivas se han utilizado para la aproximación de las políticas sociales (despidos colectivos, insolvencia del empleador, transmisión de empresas, igualdad de trato, y un ya largo etc.). La posibilidad de aproximación ha ido creciendo. Originariamente, solo cabía adoptar Directivas de política social cuando ello fuera necesario para el funcionamiento del mercado común. Se amplió en 1986 (Acta Única) para la seguridad e higiene en el trabajo. Finalmente el Tratado de Maastricht y su Anexo de Política Social, optando por quedar fuera el Reino Unido y el Tratado de Ámsterdam de 1997, para todos, contemplaron ya una política social sin necesidad de justificación en el funcionamiento del mercado interior, mediante la cual se pueden adoptar disposiciones sociales (aunque se excluye alguna materia, como las remuneraciones o el derecho de huelga; y en otras se exige unanimidad, como en seguridad y protección social, rescisión del contrato, representación y defensa colectiva...) (ver arts. 151-156 TFUE).

Al mismo tiempo se ha reforzado el llamado "diálogo social". Antes de elaborar una propuesta normativa en política social, la Comisión consulta a los interlocutores sociales, quienes pueden decidir negociar sobre la materia en cuestión para llegar a un acuerdo. Si se llega a un acuerdo (Acuerdo Marco), este se puede aplicar mediante negociación colectiva en los Estados miembros o, lo que es más normal, mediante una Directiva que recoja en anexo el Acuerdo Marco. Si los interlocutores sociales no deciden negociar o no llegan a un acuerdo (en un plazo normalmente de 9 meses), se puede proceder a la tramitación directa de una Directiva. En resumen, la política social se somete a un "principio de subsidiariedad".

C) *Decisiones.* Actos obligatorios que pueden ser actos legislativos o no legislativos y que pueden tener uno más destinatarios específicos o carecer de destinatario específico (se han utilizado y utilizan en temas como el Fondo Social Europeo o los Fondos Estructurales, u otras[6]).

D) En fin, se utilizan otros actos normativos no obligatorios: *Recomendaciones, Dictámenes, Declaraciones de intención, Resoluciones.*

En cuanto al papel del **Tribunal de Justicia**, tienen especial interés las llamadas *"cuestiones prejudiciales"*. Si un tribunal nacional tiene que aplicar el derecho comunitario y tiene dudas (pero solo si las tiene) sobre la interpretación o aplicación del mismo, "puede" plantearlas ante el TJ. Incluso "debe" plantearlas, si frente a la decisión de ese tribunal ya no cabe recurso interno alguno[7]. De este modo, se pretende unificar la aplicación e interpretación del derecho comunitario en todos los países miembros.

En todo caso, los tribunales encargados de aplicar el derecho de la UE son los tribunales nacionales, debiendo, en caso de contradicción con la normativa nacional, aplicar el derecho de la UE (ver STJCE Asunto Simmenthal 9 marzo 1978, C-106/77 o Asunto Ford España 11 julio 1989, C-170/88).

3.3. El Consejo de Europa.

El **Consejo de Europa** es una organización intergubernamental, fundada por el Tratado de Londres de 5 de mayo de 1949 para promover la

---

6 Por ejemplo, la Decisión (UE) 2024/1018, de 25 de marzo de 2024, por la que se invita a los Estados miembros a que ratifiquen el Convenio nº 190, 2019, de la OIT sobre la violencia y el acoso.

7 Resulta contrario al derecho a un proceso con todas las garantías (art. 24.2 CE), dejar de aplicar una norma interna (tenga ésta rango de ley o no) sin plantear cuestión prejudicial ante el Tribunal de Justicia de la Unión Europea, cuando exista una «duda objetiva, clara y terminante» sobre esa supuesta contradicción (STC 232/2015). Tal duda objetiva puede derivar (i) del hecho de existir un criterio generalizado de los tribunales españoles acerca de la compatibilidad entre ambas normas, que el órgano judicial no desvirtúa mediante una motivación específica en la resolución impugnada en amparo; (ii) porque pese a haberse dictado una o más resoluciones por el Tribunal de Justicia de la Unión Europea referentes a dicha norma nacional, ninguna se ha pronunciado directamente sobre las cuestiones que ahora se suscitan; (iii) o bien por la conjunción de ambas circunstancias (STC 58/2004).

democracia y proteger los derechos humanos y el Estado de derecho en Europa y de la que en la actualidad forman parte 46 Estados europeos. La estructura orgánica fundamental del Consejo de Europa consta de un Comité de Ministros, que elabora Recomendaciones, y de una Asamblea Consultiva, que elabora Resoluciones. No son propiamente textos jurídicos que obliguen a los Estados, sino que estamos más bien ante orientaciones no vinculantes. Lo anterior sin perjuicio de que en el seno del Consejo se concluyen también tratados internacionales que se abren a la firma de los Estados miembros para su posterior ratificación

De entre los textos que emanan del Consejo de Europa se impone mencionar en primer lugar, el Convenio Europeo para la protección de los Derechos Humanos y de las Libertades Fundamentales, también conocido como Convenio de Roma (ratificado por España el 26 de septiembre de 1979), que, con la salvedad de la libertad sindical y la prohibición del trabajo forzoso, se centra en proteger derechos civiles y políticos. Para asegurar el respeto de su contenido, el propio Convenio crea el Tribunal Europeo de Derechos Humanos[8], donde se pueden presentar demandas individuales (individuo, grupo de individuos, ONGs) y demandas interestatales. Aparte de las decisiones sobre admisibilidad de la demanda, las sentencias pueden llevar a la adopción de medidas para ejecutarlas (reformas legislativas, medidas individuales) y a compensar el perjuicio sufrido por el demandante. El TEDH genera jurisprudencia, vinculante para los jueces nacionales (arts. 4bis y 5 LOPJ y art. 236.1 LRJS).

Por otra parte, hay que citar la Carta Social Europea, que también tiene naturaleza de tratado internacional, pero que, a diferencia del Convenio de Roma, se centra en proteger determinados derechos sociales y económicos: vivienda, salud, educación, protección jurídica y social, no discriminación, movimientos de personas y, por lo que aquí interesa, empleo[9]. Reconoce derechos individuales, como el derecho y la libertad de trabajo, el derecho el derecho a la orientación, formación y readaptación profesionales el derecho a obtener una retribución equitativa y a una remuneración igual por un trabajo de igual valor; derechos sindicales y colectivos,

---

8 Integrado por 46 miembros uno por Estado ratificante, elegidos por 9 años no renovables por la Asamblea Parlamentaria del Consejo de Europa sobre una terna presentada por cada Estado. Puede actuar mediante un juez único, mediante Comité de 3 jueces, y sobre todo mediante Sala de 7 jueces o Gran Sala de 15.

9 La ratificación por España de la Carta revisada de 1996 y de su Protocolo Adicional de procedimiento colectivo de 1995 se produjo finalmente el 29 de abril de 2021.

como la negociación colectiva o la sindicación; o incluso en materia de Seguridad Social.

Ahora bien, el órgano encargado de supervisar la adecuación de los ordenamientos nacionales de los países firmantes a la CSE no es el TEDH, sino un ente *creado ex profeso*: el Comité Europeo de Derechos Sociales (CEDS). Para ello realiza evaluaciones, basadas en los informes nacionales y observaciones de ONGs dotadas de estatuto consultivo, y adopta "conclusiones" acerca de si la situación nacional es conforme o no a la Carta. también puede adoptar "decisiones" en el caso de demandas colectivas (que pueden presentar organizaciones internacionales de empresarios y trabajadores, iguales organizaciones del país afectado y por ciertas ONGs internacionales, incluso nacionales). Sin embargo, ha de quedar claro que, a diferencia del TEDH, el CEDS no tiene carácter jurisdiccional, ni constituye una jurisprudencia vinculante para los tribunales españoles, dando lugar a lo más a "recomendaciones" del Consejo de Ministros al Estado afectado.

4. LAS LEYES

La CE (arts. 81 y sigs.) contempla cuatro tipos de normas con rango de ley: leyes ordinarias, leyes orgánicas, decretos leyes y decretos legislativos.

Las leyes ordinarias se aprueban por mayoría simple, por las Cortes Generales (Congreso de los Diputados y Senado). Téngase en cuenta que, en materia laboral, existe reserva de ley en muchas materias.

La regulación se debe hacer por Ley Orgánica cuando se trate, entre otras materias, de derechos fundamentales. En materia laboral, se trata de la libertad sindical y el derecho de huelga. Su aprobación requiere mayoría absoluta del Congreso, lo que da mayor consenso y mayor estabilidad a la regulación.

La aprobación, por el Gobierno, de un decreto-ley requiere una situación de urgente necesidad, lo que resulta controlable por el TC (ver STC 68/2007 y ATC 43/2014, también STC 243/2015, entre otras). Pero el decreto-ley no puede "afectar" a derechos y libertades constitucionales, fundamentales o no, lo que se entiende en el sentido de que no puede contener su regulación general ni limitar su contenido esencial. En materia laboral, a pesar de que, como se ha dicho, el real decreto-ley está concebido para situaciones excepcionales, se observa una utilización frecuente.

El decreto ley entra en vigor tras su aprobación por el Gobierno, aunque requiere su convalidación posterior por el Congreso. Además, es relativamente frecuente que, a continuación, se tramite la aprobación de una ley sobre la misma materia, lo que puede suponer la introducción de cambios, a veces importantes.

En fin, los decretos legislativos son normas igualmente con rango de ley, aprobados por el Gobierno en virtud de una autorización concedida por el Congreso. Se trata o bien de "textos articulados" (el Congreso aprueba una ley de bases que es desarrollada por el Gobierno) o bien de "textos refundidos" (se unifican en una sola varias leyes dispersas). Entre otras materias, no pueden regular materias reservadas a ley orgánica.

5. LOS REGLAMENTOS

5.1. Aspectos generales

Los reglamentos son como leyes "materiales" (al igual que una ley, regulan conductas: derechos y obligaciones), pero no son leyes "formales" (tienen un rango inferior a la ley).

La CE (art. 97) dispone que el Gobierno ejerce la potestad reglamentaria de acuerdo con la Constitución y las leyes. Por lo tanto, el Reglamento puede aprobarse por el Gobierno (Real Decreto) o por un Ministro (Orden ministerial).

En materia laboral, el papel del reglamento, aunque importante, está fuertemente limitado.

En primer lugar, en varias materias la propia CE exige una regulación por ley (reserva "material" de ley). Necesariamente la regulación tiene que hacerse por ley, no cabiendo que una ley delegue la regulación al reglamento. El papel del reglamento se limita a un desarrollo o aplicación técnica de la ley reguladora (ver STC 209/1987).

En segundo lugar, otras materias están de hecho reguladas por ley, por lo que su modificación requiere otra ley (reserva "formal" de ley). En tal caso, igualmente el papel del reglamento es el de desarrollar o aplicar técnicamente la ley.

En tercer lugar, en lo laboral, el art. 3.2 ET dispone que los reglamentos desarrollarán las leyes, sin que puedan establecer condiciones de trabajo distintas. Se cierra así el paso a reglamentos autónomos (incluso en materias no reservadas a la ley), y el papel del reglamento se limita (no puede establecer condiciones peores, pero tampoco mejores que las establecidas en las leyes).

No obstante lo último dicho, en algunos casos la propia ley amplía el papel del reglamento: así, el Gobierno está autorizado para la regulación de las relaciones laborales especiales (alta dirección, servicio doméstico, deportistas, etc.) (art. 2 ET); o está autorizado para la ampliación o reducción de la jornada de trabajo y la regulación de los descansos (arts. 34 y 37 ET); o queda autorizado para modificar lo que está regulado por ley (como la contratación temporal de discapacitados en fomento del empleo: DA 1ª Ley 43/2006).

En todo caso, existen, con los límites señalados, numerosos reglamentos laborales de carácter general (es decir, que afectan a cualquier sector de actividad), como la regulación de los contratos temporales (desarrollando el art. 15 ET) o de los contratos formativos (desarrollando el art. 11 ET) o del trabajo a tiempo parcial (desarrollando el art. 12 ET).

5.2. Reglamentos sectoriales

De modo similar, la DA 7ª ET autoriza al Gobierno a regular (mediante las denominadas doctrinalmente "ordenanzas de necesidad") las condiciones de trabajo en aquellos sectores de actividad y demarcaciones territoriales en los que no exista convenio colectivo ni sea factible extender a los mismos otro convenio colectivo (sobre extensión: ver lección 6ª). Se requiere previa consulta a los sindicatos y organizaciones empresariales. No se han utilizado hasta la fecha.

Las antiguas Reglamentaciones de Trabajo u Ordenanzas Laborales (aprobadas por el Ministerio de Trabajo, en virtud de una ley de 1942) quedaron derogadas tras la reforma laboral de 1994. Ello no obstante, algunas se siguen aplicando total o parcialmente, en virtud de lo dispuesto en un convenio colectivo o en un laudo arbitral. Pero, en tal caso, no se aplican como tales sino, realmente, como contenido del convenio o laudo que mantiene su aplicación.

5.3. Reglamentos de Régimen Interior

Fueron normas previstas en una normativa de 1961, con una confusa naturaleza (se adoptaban por el empresario, consultando-negociando ciertas materias con los representantes de los trabajadores, y eran aprobadas por la autoridad laboral). Tuvieron importancia hasta que se generalizó la negociación de convenios colectivos de empresa.

En cuanto tales Reglamentos, no han sido derogados (STS 11 mayo 2004, rec. 186/2003), al contrario que las Reglamentaciones antes señaladas. Por lo tanto, muy ocasionalmente resultarían en vigor y aplicables, si bien se podrían modificar: a) por convenio colectivo; b) por medio del procedimiento de modificación de condiciones de trabajo previsto en el art. 41 ET (ver lecc. 12ª). Lo que no cabe es la modificación unilateral por parte del empresario en aquellas materias en su momento negociadas-consultadas con los representantes del personal.

6. EL PODER NORMATIVO DE LAS COMUNIDADES AUTÓNOMAS

Las Comunidades Autónomas, en virtud de la Constitución y sus Estatutos de Autonomía, disponen de poder normativo en las materias que sean de su competencia. Pueden, pues, aprobar leyes y reglamentos; que no se sitúan en una relación jerárquica con las leyes y reglamentos estatales. La relación es de respectivas competencias, estatales o autonómicas.

Pero en materia laboral, precisamente, la competencia autonómica es muy reducida, aunque no inexistente. Conforme al art. 149.1.7ª CE, el Estado tiene competencia exclusiva sobre "la legislación laboral", aunque "sin perjuicio de su ejecución por los órganos de las Comunidades Autónomas" (p.e. para autorizar una ETT que en el momento de su constitución sólo tiene centros en la comunidad autónoma).

El TC ha entendido el término "legislación" en sentido material, esto es, en términos amplios, incluyendo no sólo las leyes sino también los reglamentos. Se trata de garantizar la uniformidad en la ordenación de la materia. Lo que no impide que las comunidades autónomas puedan dictar reglamentos para organizar su administración laboral o fijar los servicios mínimos en caso de huelga en los servicios esenciales para la comunidad autónoma.

Por el contrario, el TC ha hecho una interpretación restrictiva del término "laboral": es la regulación de las relaciones entre empresarios y trabajadores, y sus representantes. Y fuera de esta acepción literal las CCAA ostentan poder normativo, por ejemplo, en materia de política de empleo (que cabe encuadrar dentro de la competencia autonómica para el "fomento del desarrollo económico de la CA dentro de los objetivos marcados por la política económica nacional": art. 148.1.13ª CE; aunque el Estado tiene competencia exclusiva sobre las "bases y coordinación de la planificación general de la actividad económica", art. 149.1.13ª).

En consecuencia, habrá que estar caso por caso para delimitar las respectivas competencias. Así, la regulación de las modalidades contractuales, por ejemplo, es competencia del Estado. Pero el otorgamiento de subvenciones para determinadas contrataciones podrá ser también competencia autonómica, aunque lógicamente no bajo la forma de bonificaciones o reducciones en las cuotas a la Seguridad Social.

La jurisprudencia al respecto del TC (que tiene como función resolver los conflictos de competencia entre Estado y autonomías) es abundante (por todas, en materia de empleo, ver STC 22/2014; también, referida a empleo público, STC 99/2016).

7. LOS CONVENIOS COLECTIVOS

7.1. Concepto y función del convenio colectivo

Un convenio colectivo es un acuerdo o pacto entre, de un lado, un empresario o una(s) asociación(es) de empresarios y, de otro lado, unos representantes de los trabajadores con el objeto principal de regular las relaciones individuales entre los empresarios y los trabajadores incluidos en el ámbito del convenio.

Se trata, pues, de un contrato con función normativa. "Un híbrido, con cuerpo de contrato y alma de ley", en palabras de CARNELUTTI.

Como se ha expuesto en la lección anterior, la negociación colectiva aparece a finales del siglo XIX y se generaliza a lo largo del siglo XX. En España, sin embargo, no adquiere importancia sino en la segunda mitad del pasado siglo y muy particularmente a partir de su reconocimiento en la CE. Dicho esto, en muchos aspectos, la negociación colectiva ha sufrido grandes transformaciones.

En primer lugar, se ha extendido o ampliado su contenido: de ser pactos que regulaban solamente la jornada y los salarios (contratos "de tarifa"), han pasado a poder regular "materias de índole económica, laboral, sindical" (art. 85.1 ET). Ello no obstante, determinados contenidos resultan poco aptos para la negociación colectiva, por la dificultad para ejecutar judicialmente su aplicación en caso de incumplimiento empresarial (así sucede respecto de la política de empleo: el compromiso, por ejemplo, de efectuar unas determinadas inversiones empresariales difícilmente puede ejecutarse judicialmente). "La negociación colectiva puede mucho, pero no lo puede todo" (MANCINI).

En segundo lugar, cabe insistir en que se ha transformado significativamente la relación entre la ley y el convenio. La ley ya no se configura ya en muchos casos como norma mínima para la autonomía colectiva, sino que ha evolucionado hacia una mayor dispositividad (ver Lección 3). De ser un complemento de la ley (regulando temas no regulados por ella o mejorándola), el convenio ha pasado a sustituirla o incluso a poder modificarla (así, en nuestro ordenamiento, la ley deja en manos del convenio la fijación del precio de la hora extra o del incremento del trabajo nocturno, arts. 34 y 36 ET; o permite que el convenio modifique la regulación legal de la duración máxima del período de prueba, art. 14 ET).

En tercer lugar, la negociación colectiva ha adoptado muy diversas funcionalidades, dando lugar a productos de muy diversa naturaleza y objeto: desde los denominados convenios colectivos estatutarios, que son verdaderas normas jurídicas, hasta los convenios colectivos extraestatutarios, pasando por otro tipo de pactos y acuerdos colectivos. Convenios o acuerdos que normalmente regulan cuantas condiciones afecten al empleo y las relaciones laborales, pero que en ocasiones versan sobre materias concretas o se centran en la propia estructura de la negociación colectiva. A lo que se añaden acuerdos que se aplican en defecto de convenio colectivo y otros de reorganización productiva (aspecto que se desarrolla a continuación y en la Lección 6ª). Eso sí, no hay que confundir la negociación colectiva con el dialogo social y sus frutos, pues, aunque en la base está la negociación, en la concertación social interviene, además de las organizaciones representativas de empleadores y trabajadores, el Gobierno —o en respectivos ámbitos los gobiernos autonómicos—. Ver, por ejemplo, el Acuerdo tripartito sobre pensiones suscrito entre Gobierno, CC.OO., UGT, CEOE y CEPYME el 18 de septiembre de 2024, que precede al Real Decreto-ley 11/2024, de 23 de diciembre, para la mejora de la compatibilidad de la pensión de jubilación con el trabajo.

7.2. Eficacia de los convenios colectivos

En esta lección sobre fuentes, nos interesa especialmente la eficacia del convenio colectivo como fuente del ordenamiento laboral.

Hay que distinguir dos planos: su eficacia personal y su eficacia jurídica.

Desde el punto de vista de la eficacia personal, un convenio colectivo puede afectar a todos los empresarios y trabajadores incluidos en el ámbito de aplicación del convenio (por ejemplo, el convenio provincial de la construcción de la provincia de Valencia), independientemente de que esos empresarios y trabajadores estén afiliados o no a las organizaciones que hayan firmado el convenio. Se habla, entonces, de eficacia general (o "erga omnes"). Por el contrario, un convenio puede afectar solo a los empresarios y trabajadores afiliados a las organizaciones empresariales y sindicales que lo hubieran pactado: eficacia limitada.

Desde el punto de vista de su eficacia jurídica, un convenio puede tener eficacia jurídica normativa o contractual. La eficacia jurídica normativa de un convenio significa que su regulación se impone a las relaciones individuales afectadas, de modo que lo establecido por el mismo se aplicará a esas relaciones individuales, aunque empresario y trabajador no hayan previsto esa aplicación, y, asimismo, que las cláusulas del contrato individual contrarios al convenio serán nulas y se sustituirán por lo dispuesto en el mismo. Por el contrario, si el convenio tuviera solamente eficacia jurídica contractual, ello significaría que lo dispuesto en un contrato individual podría modificar lo dispuesto en el convenio, al tratarse de dos actos con el mismo valor, contractual.

7.3. Tipos de convenios en el ordenamiento español. Su eficacia

El art. 37.1 CE establece que "La ley garantizará el derecho a la negociación colectiva laboral entre los representantes de los trabajadores y empresarios, así como la fuerza vinculante de los convenios".

En desarrollo parcial de la CE, el ET (arts. 82 y siguientes) regula unos convenios colectivos que, por ello, reciben el nombre de "estatutarios" (o regulares). Su validez requiere cumplir los requisitos, de fondo y forma, establecidos en el ET. Son los más frecuentes.

Pero se admite, sobre todo por el TC, que también se pueden pactar convenios colectivos que no cumplan los requisitos fijados en el ET. Se trata de los llamados convenios colectivos "extraestatutarios" (o irregulares). Su importancia cuantitativa es menor, pero se producen, sobre todo, cuando las asociaciones empresariales o los sindicatos firmantes no cumplen el requisito estatutario de legitimación plena (mayoritaria) para pactarlos (ver lección 6ª).

¿Qué eficacia personal y qué eficacia jurídica tienen unos y otros? Hay que distinguir claramente esos dos aspectos o planos.

Por lo que respecta a los convenios estatutarios, tienen eficacia personal general y eficacia jurídica normativa. Tienen eficacia personal *erga omnes*: "obligan a todos los empresarios y trabajadores incluidos dentro de su ámbito de aplicación" (art. 82.3 ET). Y tienen eficacia normativa: en el contrato de trabajo no pueden "establecerse en perjuicio del trabajador condiciones menos favorables o contrarias a las disposiciones legales y convenios colectivos" (art. 3.1.c ET), y en caso de nulidad parcial del contrato de trabajo "éste permanecerá válido en lo restante, y se entenderá completado por los preceptos jurídicos adecuados" (art. 9.1 ET) conforme a lo dispuesto en ese art. 3.1 ET (ver SSTS 29 jun. y 26 jul. 1995, recs. 1992/1994 y 567/1994).

En cambio, la eficacia de los convenios extraestatutarios es menos clara, fundamentalmente su eficacia jurídica.

En primer lugar, su eficacia personal es en principio limitada. Solo obligan a los empresarios y trabajadores afiliados a las organizaciones empresariales y sindicales que lo hayan firmado (STS 22 en. 1994, rec. 3380/1992). Es decir, si un empresario estuviera afiliado a esa patronal, tendría que aplicarlo solamente a aquellos de sus trabajadores que estuvieran afiliados al sindicato o sindicatos que lo hubieran firmado. Sin embargo, si en efecto el empresario está obligado a aplicarlo, normalmente tenderá a aplicarlo voluntariamente a todos sus trabajadores. Más aún: la jurisprudencia considera que, si un trabajador o trabajadores solicitan la aplicación del mismo (adhesión individual), sería discriminatorio no aplicárselo con el argumento de que no está afiliado al sindicato firmante (STC 108/1989 y STS 8 jun. 1999, rec. 2070/1997). En todo caso, para ejercer la adhesión no se precisa que el convenio mismo la prevea.

En todo caso, la eficacia personal limitada de estos convenios conlleva que no puedan regular condiciones de trabajo o empleo con proyección general para todos los trabajadores de su ámbito, es decir, cuestiones que por su naturaleza tengan un alcance general (STS 13 nov. 2003, rec. 11/2003), ni cuestiones reservadas al convenio estatutario (STS 18 nov. 2003, rec. 4895/2002).

Más discutida es la eficacia jurídica de esos convenios extraestatutarios, pues, aunque en muchas ocasiones los tribunales afirman que tienen eficacia contractual, cuando el objeto del pleito es dilucidar la aplicación del convenio extraestatutario o del contrato individual contrario al mismo, aplican siempre el convenio por encima del contrato individual.

La falta de claridad en este punto viene fundamentalmente de que, como hemos visto, existen dos planos: el de la eficacia personal y el de la jurídica. Es cierto que, en principio, un convenio extraestatutario solo crea derechos y obligaciones para los afiliados (y, por tanto, no crea "derecho objetivo", no crea derecho para todos). Pero ello no impide que para esos afiliados tenga eficacia jurídica normativa: lo dispuesto en el convenio se impone sobre lo dispuesto en el contrato individual (lo que doctrinalmente se conoce como "eficacia real") (ver STC 58/1985). La abundantísima jurisprudencia que les niega eficacia normativa se refiere a casos en que no se plantea un conflicto entre el convenio extra-estatutario y el contrato individual (STS 2 marzo 2007, rec. 181/2005, un conflicto entre un convenio estatutario y otro extra-estatutario; STS 12 dic. 2006, rec. 21/2006, no vulneración de la libertad sindical al firmarse un convenio extra-estatutario con un sindicato minoritario).

En el derecho comparado lo normal es que todos los convenios tengan eficacia personal limitada. Pero asimismo se suele prever que el empresario, si está obligado como afiliado a la patronal a aplicar el convenio, lo aplique a todos sus trabajadores; y, asimismo, en algunos casos se contemplan procedimientos administrativos para dar eficacia general al convenio.

7.4. Los acuerdos de empresa

En distintos artículos del ET (arts. 22.1, 29.1, 34.2, 34.3, etc.) se prevé que "en defecto de convenio" se puedan regular ciertas cuestiones mediante "acuerdo entre la empresa y los representantes de los trabajadores".

¿Qué valor o eficacia tienen estos "acuerdos o pactos de empresa"? Se considera que tienen eficacia personal general y eficacia jurídica normativa. Lo primero, porque se pactan por los representantes de los trabajadores en la empresa (comités de empresa o delegados de personal, ver lección 5ª), los cuales representan a todo el personal o trabajadores de la misma. Lo segundo, porque precisamente se pactan en lugar de un convenio estatutario y, sobre todo, porque normalmente vienen a establecer una regulación que sustituye a la dispuesta con carácter general por la ley en determinadas materias (así, por ejemplo, en el art. 34 ET, el convenio —o, en su defecto, el acuerdo de empresa— establecen una jornada anual o una jornada diaria superior a nueve horas, en lugar de la jornada semanal o del límite legal de 9 horas fijados por la ley).

Igualmente, en el ET, se contemplan acuerdos referidos a la inaplicación de convenios colectivos (art. 82.3); o referidos a la adopción de ciertas decisiones empresariales de alcance colectivo en materia de traslados, modificaciones de condiciones de trabajo y suspensiones o despidos (arts. 40, 41, 47, 51).

7.5. Acuerdos conciliatorios y laudos arbitrales

Nuestro ordenamiento contiene distintos procedimientos para la solución de conflictos, sobre todo colectivos. Un típico conflicto es la falta de acuerdo en la negociación de un convenio.

Se trata de procedimientos o bien de conciliación-mediación, o bien de arbitraje. En la conciliación-mediación, la solución se alcanza gracias a la intervención de un conciliador-mediador, mediante acuerdo entre las partes en conflicto. En el arbitraje, la solución se alcanza mediante la decisión (laudo arbitral) de un árbitro. Hay que añadir que el arbitraje es normalmente aceptado voluntariamente por las partes en conflicto y solo excepcionalmente —en caso de huelgas que perjudiquen gravemente la economía nacional— el árbitro es impuesto obligatoriamente por el Gobierno (ver lecciones 7ª y 8ª), aunque las recientes reformas de 2010-2012 también promocionan —e incluso imponen— el arbitraje obligatorio en relación con la inaplicación o renovación de convenios colectivos (ver lección 6ª).

Por consiguiente, en el primer caso, el acuerdo alcanzado en conciliación es un convenio. Como tal, tendrá valor o eficacia de convenio estatutario o extraestatutario según se cumplan o no los requisitos de fondo (legitimación para negociarlo) y de forma (forma escrita, registro, depósito y publicación) exigidos para los convenios estatutarios.

En el caso de los laudos arbitrales voluntarios, de modo similar, el laudo tendrá valor de convenio estatutario o extraestatutario según que los que hayan nombrado al árbitro tengan o no legitimación para negociar un convenio estatutario y según se cumplan o no los requisitos de forma exigidos para los estatutarios. Queda sin aclarar expresamente el caso del laudo arbitral obligatorio para las huelgas gravemente perjudiciales para la economía nacional (art. 10.1 RDLRT), aunque normalmente se entiende que tiene valor estatutario: eficacia general y normativa.

Los acuerdos que pongan fin a una huelga "tienen la misma eficacia que lo acordado en Convenio Colectivo" (art. 8.2 RDLRT): tendrán la misma eficacia que un convenio estatutario si cumplen todos los requisitos exigidos por el ET (ver lección 6ª y 7ª) (STS 20 nov. 1999, rec. 4786/1998).

8. LA COSTUMBRE

Los usos sociales repetidos y considerados obligatorios (la costumbre) son fuente del derecho, tanto en el CC como en el ET.

Pero como fuente del derecho del trabajo, el valor de la costumbre es meramente residual. En efecto, según el art. 3, apartados 1.d y 4 ET: a) en primer lugar, solamente se admite como costumbre la local y profesional; b) en segundo lugar, incluso una costumbre local y profesional solamente se aplica en defecto de ley, reglamento, convenio o contrato de trabajo.

Cuestión distinta es que, en ocasiones, la propia ley integra la costumbre en su contenido ("llama" a la costumbre). En tal caso, la costumbre pasa a formar parte de la ley, con el valor que corresponda (así, por ejemplo, conforme a art. 49.1.d ET, el trabajador debe preavisar su dimisión con el plazo que señalen los convenios o la costumbre: luego, en defecto de convenio, se aplicará el plazo acostumbrado, sin que pueda ser contrariado por lo dispuesto en pacto individual).

9. LOS PRINCIPIOS GENERALES DEL DERECHO

Los principios generales del derecho (enumerados como fuentes por el art. 1.1 CC) vienen a ser normas caracterizadas por ser muy generales —en el supuesto de hecho o en la consecuencia jurídica— que cabe inducir de un ordenamiento escrito. Así, del conjunto de las normas laborales, cabe extraer, por ejemplo, la existencia de un principio de estabilidad en el empleo (porque se limitan los contratos temporales, porque la extinción del contrato debe tener una causa) o la existencia de un principio *"pro operario"*, el cual supondría que, en caso de duda sobre la interpretación de una norma, debe interpretarse en el sentido más favorable al trabajador (porque las normas laborales tienen la finalidad de tutelar al trabajador).

Hoy en día carecen en buena medida de interés como fuente distinta a las otras fuentes, porque normalmente los principios figuran ya en normas escritas (como el principio de norma más favorable o el principio de irrenunciabilidad de derechos); porque poco añaden a las normas escritas de las que se inducen (poco añade el principio de estabilidad a la regulación legal de los contratos temporales, de la extinción del contrato), o porque resultan principios dudosos (así, el principio "pro operario", ya que las normas laborales también protegen la libertad de empresa y su rentabilidad: movilidad geográfica, modificación de condiciones, suspensiones o despidos por causas económicas, técnicas, organizativas o productivas), o principios prácticamente inaplicables (de nuevo, el principio "pro operario": es raro que la norma no se pueda interpretar con los criterios legalmente previstos en el art. 3.1. CC: interpretación literal, sistemática, histórica o finalista).

10. LA JURISPRUDENCIA

La jurisprudencia o doctrina de los tribunales no es fuente del derecho. Los tribunales no crean "derecho objetivo", no establecen derechos y obligaciones, sino que se limitan a aplicar la ley (y los reglamentos, y los convenios) a casos concretos.

Esa labor de aplicación judicial de las normas es importante para el conflicto a resolver. Las normas (leyes, reglamentos, convenios) tienen un contenido general y abstracto, por lo que su aplicación e interpretación para el caso concreto es decisiva. Cabe decir, adaptando la frase de C. H. HUGHES, que para las partes en un conflicto concreto "la ley es lo que los jueces dicen que es la ley".

Ello es particularmente cierto en el caso del Derecho del Trabajo. Sobre todo, los convenios colectivos son elaborados en ocasiones por no expertos y su contenido es muchas veces deliberadamente confuso, precisamente para permitir alcanzar un acuerdo. Por ello, en buena medida la jurisprudencia laboral constituye el "derecho vivo del trabajo" (BORRAJO DACRUZ).

Pero, además de esa trascendencia general de la jurisprudencia, en determinados supuestos las decisiones de los tribunales revisten una importancia que va más allá del caso concreto que resuelven.

En primer lugar, la "jurisprudencia" (es decir, la "doctrina reiterada") del Tribunal Supremo "complementará el ordenamiento jurídico" (art. 1.6 CC). De este modo, una sentencia contraria a esa jurisprudencia puede, por ello, ser objeto de recurso de suplicación o de recurso de casación (ver lección 3ª).

En segundo lugar, el principio de igualdad formal ante la ley (art. 14 CE) supone también que la ley debe ser aplicada de modo igual en casos idénticos. Ahora bien, el alcance de este principio es limitado. Supone que un mismo tribunal vulnera el principio de igualdad si, en casos idénticos, lleva a cabo un cambio irreflexivo, arbitrario, aislado, ocasional o inesperado en la línea jurisprudencial mantenida hasta entonces. Pero distintos tribunales pueden aplicar de manera distinta la ley. E incluso un mismo tribunal puede realizar cambios razonados, razonables y con vocación de futuro.

En tercer lugar, al resolver recursos o cuestiones de inconstitucionalidad, puede suceder que el TC decida que una ley no es inconstitucional si se interpreta de una determinada manera. Esa interpretación, en cierto modo, se incorpora a la ley y vincula a los tribunales ordinarios.

Y, en cuarto lugar, el Derecho del Trabajo ofrece un tipo particular de sentencias. Se trata de las llamadas "sentencias colectivas", al resolver un proceso de conflicto colectivo (ver lección 8ª). Un proceso de conflicto colectivo tiene como objeto aplicar o interpretar una norma estatal, un convenio cualquiera que sea su eficacia, pactos o acuerdos de empresa, una decisión empresarial de carácter colectivo, una práctica de empresa o los acuerdos para un colectivo genérico de trabajadores susceptible de determinación individual.

Pues bien, la sentencia firme que se produzca en ese proceso produce "efectos de cosa juzgada" (art. 160.5 LRJS) sobre los procesos individuales pendientes de resolución o que puedan plantearse, que versen sobre idéntico objeto o relación de directa conexidad con aquél; de modo que la aplicación o interpretación dada por la sentencia colectiva debe ser seguida en la resolución del proceso individual (sobre el concepto de cosa juzgada, ver STS 25 oct. 2018, rec. 203/2017, en particular sobre su efecto positivo o prejudicial y sobre su efecto negativo o preclusivo).

Es más, conforme a ese art. 160.5LRJS, esos procesos individuales quedarán en suspenso durante la tramitación del proceso colectivo, aunque haya recaído sentencia de instancia y esté pendiente el recurso de suplicación y de casación.

Lección 3ª

La aplicación e interpretación de las normas laborales

1. CRITERIOS Y ÓRGANOS DE APLICACIÓN

Ante el conglomerado de fuentes que se acaba de exponer, la aplicación del Derecho del Trabajo pasa en primer lugar por determinar la norma que rige los hechos del caso, porque, aunque la situación normal es que se encuentre una norma aplicable a la cuestión, también puede suceder que se encuentren varias normas aplicables que se contradigan entre sí.

Por ello, el Derecho del Trabajo presenta una pluralidad de criterios y principios que procuran determinar cuál de entre todas las normas constituye el Derecho aplicable. Algunos son comunes a otras ramas, como el principio de jerarquía normativa o el de modernidad, mientras que otros, como se verá, son exclusivos del Derecho del Trabajo, como el principio de norma más favorable. Hay principios que regulan la relación entre normas concurrentes en el tiempo y otros se refieren a la sucesión de normas en el tiempo. A lo que se añaden los criterios de selección sobre la ley aplicable nacional o extranjera cuando concurre un elemento internacional en el empresario, el lugar de contratación, el lugar de ejecución, etc.

Unas reglas de ordenación y articulación de los distintos materiales normativos que no hay que confundir con los criterios de interpretación de las normas laborales, esto es, las pautas o métodos que se utilizan para determinar el significado y alcance de una norma legal. Nos referimos a los métodos o cánones de interpretación que el Código Civil impone al resto del Ordenamiento (gramatical, sistemática, histórica y finalista, así como más restrictivamente analógica y en equidad), y, aunque sea residual, el denominado principio "in dubio pro operario".

Unos principios de selección de la norma aplicable que también hay que distinguir de los principios que acotan el espacio de la autonomía privada o individual, esto es, que articulan la relación entre las normas laborales y el contrato trabajo, que, como ya se ha dicho, puede regular las condiciones de trabajo, siempre que no sean "menos favorables o contrarias" a las disposiciones legales y los convenios colectivos (art 3.1.c) ET). Nos referimos a los principios de condición más beneficiosa e indisponibilidad.

Finalmente, al margen de la aplicación de la norma en el día a día por quienes son sus destinatarios últimos, esto es, empresarios y trabajadores, hay que tener cuenta la función aplicativa que la ley atribuye a determinados órganos administrativos y judiciales especializados, entre los que destacan particularmente la Inspección de Trabajo y Seguridad Social y la Jurisdicción Social (al margen de otros que se verán en otras lecciones, como, por ejemplo, las comisiones paritarias de los convenios colectivos o los órganos de mediación y conciliación).

2. NATURALEZA DE LAS NORMAS

Sentado que las normas laborales se configuran históricamente como normas mínimas (ver Lección 1ª), es cierto también que con el tiempo su naturaleza ha evolucionado en muchos casos. En la actualidad las normas laborales contenidas en leyes, reglamentos o convenios revisten naturalezas diversas: absolutamente imperativas, mínimas, máximas, dispositivas.

Son normas absolutamente imperativas (o de "derecho necesario absoluto") las que no admiten modificación, ni en sentido peyorativo ni en sentido meliorativo para el trabajador. Por ejemplo, la prohibición de pacto para que las cargas fiscales y de Seguridad Social del trabajador no sean satisfechas por él (art. 22.1 ET).

Son normas mínimas (o de "derecho necesario relativo mínimo") las que no admiten peores condiciones de trabajo. Son la mayoría: como la que fija el salario mínimo, las vacaciones anuales, o la indemnización en caso de extinción del contrato, etc., que no impiden que se fije una retribución mayor, más días de vacaciones o una indemnización superior. Con ello no se deroga lo dispuesto en la norma laboral, sino que se está respectando lo que la misma dispone.

Son normas máximas (o de "derecho necesario relativo máximo") las que no admiten la fijación de mejores condiciones de trabajo. Un ejemplo: los límites a los incrementos salariales anuales de los trabajadores públicos, fijados en las leyes de presupuestos. Tampoco admiten mejoras para los empleados públicos las normas sobre tiempo retribuido para funciones sindicales y de representación, número de delegados sindicales, o dispensas totales de asistencia al trabajo (los "liberados").

Son normas dispositivas (o de "derecho dispositivo") las que admiten variaciones en cualquier sentido, a mejores o peores condiciones de trabajo. Cada vez hay más ejemplos: duración máxima del período de prueba, superación de la jornada diaria de 9 horas, etc. En estos supuestos, la ley se "dispositiviza" a favor del convenio colectivo (no del contrato individual).

3. RELACIONES ENTRE NORMAS VIGENTES AL MISMO TIEMPO

En caso de conflicto entre los preceptos de varias normas vigentes al mismo tiempo, el art. 3.3 ET da una aparente solución general: se aplicará lo más favorable para el trabajador apreciado en su conjunto (en cómputo anual si son conceptos cuantificables), aunque respetando siempre los mínimos de derecho necesario (lo que hace difícil una compensación en conjunto). Significa que una norma laboral prevalecerá frente a otra, sea de inferior, igual o superior rango, si su contenido es más favorable para el trabajador (con los matices y salvedades expuestos).

Pero lo cierto es que el juego del principio de norma más favorable es prácticamente inexistente, porque en verdad parte de un falso problema. Si analizamos caso por caso, resulta que, en verdad, la colisión entre normas laborales no se da o se resuelve en base a otros principios o reglas:

A) Entre normas internacionales y normas internas. Las normas internacionales o supranacionales laborales normalmente se configuran normalmente como mínimos (art. 19 CE OIT, art. 153.4 TFUE). Permiten expresamente establecer normas más favorables a nivel nacional o declaran que su promulgación o ratificación no es motivo para que se deroguen o inapliquen las disposiciones más favorables internas anteriores, con lo que no hay propiamente un conflicto.

En todo caso, de existir una contradicción entre la norma internacional y la norma interna, por ser la primera de derecho absoluto o máximo, el art. 96.1 CE dispone que "Los tratados internacionales válidamente celebrados, una vez publicados oficialmente en España, formarán parte del ordenamiento español. Sus disposiciones sólo podrán ser derogadas, modificadas o suspendidas en la forma prevista en los propios tratados o de acuerdo con las normas generales del Derecho internacional". Hay, pues, una prevalencia de la norma internacional sobre la nacional, la cual podrá, en el caso concreto, ser inaplicada por el juez o tribunal ordinario en lo que se denomina "control de convencionalidad" (ver art. 31 Ley 25/2014, de 28 noviembre, de Tratados y Acuerdos Internacionales; STC 140/2018, de 20 diciembre, f.j. 6º). Asimismo, téngase en cuenta que, conforme al art. 94.1 CE, "La prestación del consentimiento del Estado para obligarse por medio de tratados o convenios requerirá la previa autorización de las Cortes Generales en los siguientes casos: e) Tratados o convenios que supongan modificación o derogación de alguna ley o exijan medidas legislativas para su ejecución»

B) Entre leyes estatales no se puede hablar de colisión, dado que, como se desarrollará a continuación, la norma posterior deroga a la anterior; y entre normas estatales y autonómicas el conflicto se resuelve principalmente a través del principio de competencia (lección 2ª).

C) Entre ley y reglamento. Como ya se indicó (ver lección 2ª), el reglamento normalmente solo puede desarrollar la ley y no puede establecer condiciones de trabajo distintas, ni peores ni mejores. No se aplica lo más favorable, sino la ley, con "sujeción estricta al principio de jerarquía normativa" (art. 3.2 ET). En caso de contradicción debe primar la ley e inaplicarse el reglamento.

D) Entre ley (o reglamento) y convenio colectivo. Los convenios colectivos deben respetar lo dispuesto en las leyes (art. 85.1 ET). Partiendo de lo anterior, como se ha expuesto, el convenio no puede modificar en ningún sentido las normas legales absolutamente imperativas, puede mejorar los mínimos legales (aunque en este caso tampoco hay conflicto, en sentido propio, entre la norma legal que es un mínimo y el convenio que la mejora), no puede superar los máximos legales y puede modificar en cualquier sentido las normas legales dispositivas.

Por lo tanto, la norma aplicable no se determina propiamente en función del mayor favor, sino de la relación funcional que se establece entre la ley y el convenio colectivo:

- Relación de suplementariedad, cuando la ley establece un mínimo que el convenio colectivo debe respetar si entra a regular el particular. No hay una colisión sino una perfecta adecuación, en la medida en que el convenio colectivo mejora el mínimo legal (p.e. respecto de la duración de las vacaciones, art. 38.1 ET).
- Relación de complementariedad, cuando la ley establece las bases o principios generales de la regulación de una materia y se remite al convenio colectivo para su desarrollo o concreción (p.e. respecto del derecho a la promoción económica, art. 25.1 ET).
- Relación de supletoriedad, cuando la ley regula una materia, pero dando preferencia al convenio colectivo, al disponer que sólo se aplicará en el caso de que el convenio colectivo se abstenga de regular dicho aspecto (p.e. respecto de la duración del periodo de prueba, art. 14.1 ET).

- Relación de exclusión, cuando la ley no deja espacio alguno para la actuación de la negociación colectiva, no admitiendo ningún tipo de modificación por la norma inferior (p.e. cuando el art. 32 ET regula la preferencia de los créditos por salarios frente a otros créditos).

En ninguno de estos casos estamos ante un conflicto de normas, ni quedan, por ende, sometidos a aplicabilidad de la regla de la norma más favorable del art. 3.3 ET.

E) Entre convenios de distinto ámbito (por ejemplo, entre un convenio de sector y uno de empresa; entre un convenio de sector estatal y uno provincial). Se aplican las reglas del art. 84 ET para la concurrencia de convenios (ver lección 6ª), que en ningún caso suponen aplicar lo más favorable sino el convenio más antiguo o, entre convenios sectoriales y en determinadas materias el de ámbito territorial más específico; o el convenio de empresa en determinadas materias.

F) Entre ley (o reglamento, o convenio) y costumbre. Como ya se ha visto, la costumbre solamente se aplica en defecto de norma o incluso de contrato individual. Y si deja de ser subsidiaria, porque existe "recepción o remisión expresa" a la costumbre (art. 3.4 ET), tampoco existe colisión. Es decir, en ningún caso aplica el principio de norma más favorable.

4. RELACIONES ENTRE NORMAS SUCESIVAS EN EL TIEMPO

Como regla general un acto o hecho jurídico debe ser regido y juzgado por la ley vigente en el momento en que fue realizado (principio *"tempus regit actum"*). Por otra parte, como es sabido, las normas entran en vigor a los veinte días de su promulgación, salvo disposición en contrario (art. 2.1 CC) y las posteriores derogan a las anteriores. Derogación que alcanza a todo lo que expresamente disponga la norma posterior y a todo lo que en la anterior sea incompatible con la posterior (art. 2.2 CC). Es decir, la perdida de vigencia se produce, bien por la llegada del término previsto en la propia disposición, bien por derogación expresa o tácita por otra norma posterior. Por tanto, en caso de sucesión de normas:

- Se aplica la ley (o el reglamento) posterior.
- La ley (o el reglamento) anterior se sigue aplicando si no queda expresamente derogada o no es incompatible con lo dispuesto en la nueva.

En igual sentido, pero más radicalmente, en el caso de los convenios colectivos, el convenio que sucede a uno anterior "deroga en su integridad a este último, salvo los aspectos que expresamente se mantengan" (art. 86.4 ET). Lo que significa que el convenio anterior solamente se sigue aplicando si el nuevo lo mantiene en algún aspecto (cláusulas de garantía personal). Respecto de la perdida de vigencia, téngase en cuenta que mientras no se pacte un nuevo convenio, el anterior convenio, aunque ya esté denunciado, se sigue aplicando indefinidamente en su parte normativa (salvo que el propio convenio anterior disponga otra cosa) (art. 86.3 ET) (ver lección 6ª).

Por otra parte, es importante subrayar que nada obliga a que la norma posterior sea igual o mejor que la anterior. Puede ser peyorativa respecto de la anterior: no existe principio de "irregresividad" (es decir, obligación de respeto o mantenimiento de las condiciones más beneficiosas de la norma anterior).

Ahora bien, que no exista una prohibición de disminuir o eliminar los logros alcanzados en materia de protección laboral, no significa que no aplique el principio de "irretroactividad" de las normas restrictivas de derechos. Como es sabido, las normas no tendrán efecto retroactivo si no dispusieren lo contrario (art. 2.3 CC), pero además la uneva norma no puede restringir derechos o situaciones ya perfeccionadas por la norma anterior (art. 9.3 CE). Afirmación esta que podría resultar dudosa en el caso de los convenios colectivos, a la luz del art. 82.4 ET: "El Convenio colectivo que sucede a uno anterior puede disponer sobre los derechos reconocidos en aquél". Pero es claro que esta norma legal debe ser interpretada de acuerdo con la Constitución, en el sentido de que las condiciones pactadas posteriormente pueden ser inferiores a las del convenio que le preceden (ver lección 6ª). Como cualquier otra norma, los convenios colectivos pueden regular hacia el pasado (de hecho, es bastante habitual), pero la retroacción no puede afectar a situaciones de hecho producidas o desarrolladas con anterioridad si comporta una restricción de derechos individuales.

5. NORMA APLICABLE CUANDO CONCURRE UN ELEMENTO INTERNACIONAL

Cuando en una relación laboral incide un elemento internacional o extranjero, la determinación de qué normativa sea aplicable puede resultar complicada. Por ejemplo, cuando un trabajador español trabaja para una empresa inglesa, teniendo como sede habitual de su trabajo Holanda, pero realizando servicios en Alemania, Bélgica y Luxemburgo. ¿Procede aplicar la ley del lugar donde se celebró el contrato, donde tiene la sede la empresa, donde se ejecuta el trabajo o incluso otra? ¿Y a qué tribunal ha de acudir el trabajador o el empresario para resolver un conflicto laboral con esos elementos internacionales?

5.1. Ley aplicable al contrato de trabajo que presenta algún elemento de extranjería

Para determinar la legislación aplicable al contrato de trabajo cuando concurre un elemento de extranjería hay que tener en cuenta lo que dispone tanto la normativa nacional y como la normativa internacional o supranacional.

En nuestra normativa interna, hay que tener en cuenta lo dispuesto en los arts. 8.1 y 10.6 CC (se aplicará la ley a que las partes se hayan sometido expresamente, siempre que tenga alguna conexión con el contrato; en su defecto, la ley del lugar donde se presten los servicios; en todo caso, se aplican las leyes penales, las de policía y las de seguridad pública a todos los que se hallen en territorio español). Aparte, lo dispuesto en el art. 1.4. ET para los trabajadores españoles contratados en España al servicio de empresas españolas en el extranjero, declarando aplicable la legislación laboral española.

En cuanto a la normativa internacional, centrándonos en el contexto de los Estados miembros de la UE, el Reglamento (CE) nº 593/2008, sobre la ley aplicable a las obligaciones contractuales (llamado "Roma I", porque su antecedente fue un Convenio firmado en Roma; hay un "Roma II" para las obligaciones extracontractuales) parte igualmente de que los contratos se rigen, en su totalidad o parcialmente, por la ley elegida por las partes (art. 3.1), elección que se puede modificar (art. 3.2).

Específicamente para los contratos de trabajo, su art. 8.1 dispone que la elección no puede privar al trabajador de la protección que le aseguren las disposiciones imperativas (las "que no pueden excluirse mediante acuerdo") de la ley aplicable en caso de falta de elección (ver STJUE 15 dic. 2011, Asunto Voosgeerd, rec. C-384/2010). Esa ley sería:

a) la ley del país en el cual o, en su defecto, a partir del cual el trabajador realice su trabajo habitualmente; país habitual que no cambia cuando el trabajador realice con carácter temporal su trabajo en otro país (art. 8.2);

b) si no hay tal habitualidad, la del país en que se encuentre el establecimiento contratante (art. 8.3);

c) pero si el contrato presenta vínculos más estrechos con otro país, la ley de ese otro país (art. 8.4) (STJUE 12 sept. 2013, Asunto Schlecker, rec. C-64/2012).

Por último, conforme al art. 9, lo anterior no impide la aplicación de las leyes de policía del Estado del foro (que son las esenciales "para la salvaguardia de sus intereses").

5.2. Trabajadores desplazados temporalmente dentro de la UE o el Espacio Económico Europeo

Aparte lo anterior, la Ley 45/1999, de 29 noviembre (en desarrollo de la Directiva 96/71/CE, modificada por la Directiva 2018/957, transpuesta por el RDL 7/2021) regula el desplazamiento de trabajadores en el marco de una prestación de servicios transnacional en la UE o el EEE (sobre desplazamientos, ver lección 12ª). Su finalidad es evitar que empresas de un país, al desplazar temporalmente trabajadores a otro país, hagan competencia desleal a las empresas de este último aplicando condiciones de trabajo del país de origen menos gravosas que las del país de destino.

a) Se regula el supuesto de trabajadores desplazados temporalmente a España por sus empresas establecidas en la UE o en un Estado del EEE, ya sea en ejecución de un contrato entre la empresa y un cliente en España, ya sea para trabajar en un centro de la empresa o de una empresa del grupo en España, ya sea por una ETT extranjera para ser puesto a disposición de una empresa usuaria en España, incluido el supuesto de una persona trabajadora puesta a disposición de una usuaria y desplazada por esta a España (sobre ETTs, ver lección 10ª).

Respecto de ellos, la Ley determina qué condiciones de trabajo previstas por la normativa española (incluidos convenios y laudos) se les deben garantizar (las relativas a tiempo de trabajo, cuantía del salario, igualdad de trato y no discriminación, trabajo de menores, prevención de riesgos laborales, no discriminación de trabajadores temporales y a tiempo parcial, respecto de la intimidad y consideración debida a la dignidad, libre sindicación y derechos de huelga y reunión, condiciones de cesión de las personas trabajadoras, condiciones de alojamiento y dietas y reembolsos por gastos de viaje, alojamiento y manutención, y en su caso, los establecidos en la normativa sobre ETTs), salvo que sean menos favorables que las previstas en la normativa aplicable conforme a las reglas antes señaladas. Se establecen reglas específicas respecto de trabajadores desplazados a España por una ETT extranjera.

b) Se regula asimismo el supuesto de trabajadores desplazados temporalmente por sus empresas establecidas en España o por ETTs españolas, por los motivos antes indicados, a países de la UE o del EEE.

Respecto de ellos, se deberán respetar las condiciones de trabajo que en los países de destino se señalen por la normativa que en ellos desarrolle la Directiva 96/71/CE. Asimismo, hay reglas específicas para trabajadores desplazados por EETT españolas.

c) En fin, lo dispuesto por la Ley 45/1999 se aplicará también a empresas establecidas en terceros países que puedan prestar servicios en España.

5.3. Jurisdicción competente

Cuestión distinta es la de qué tribunales sean competentes para los conflictos derivados del contrato individual de trabajo "internacional". Al respecto, la competencia de los tribunales españoles la fija el art. 25 LOPJ. Pero para los países de la UE (salvo Dinamarca, para la que hay reglas distintas), rige el Reglamento n° 1.215/2012 de 12 diciembre 2012, el cual —como su antecesor n° 44/2001— concede muchas facilidades al trabajador para presentar una demanda (ver arts. 21-23). Puede demandar al empleador si está domiciliado en un país de la UE: a) o bien en ese país; b) o bien en el país en que haya desempeñado habitualmente sus servicios (o en el último país en que los haya desempeñado), o bien en el país en que esté o haya estado el establecimiento empleador. Si el empleador no está domiciliado en la UE puede el trabajador igualmente demandar en un país de la UE conforme a lo dicho en la letra b). El empleador solamente puede demandar al trabajador donde éste tenga habitualmente su domicilio. Se puede pactar otra jurisdicción, pero ese pacto solamente obliga si es posterior al litigio o abre al trabajador otras posibilidades.

Caso práctico: Jurisdicción nacional competente

Un trabajador (tripulante de cabina) extranjero, con permiso de residencia y trabajo en España, presta sus servicios para Ryanair, en primer lugar cedido por una ETT irlandesa y luego directamente mediante contrato celebrado en Dublín, contrato que dispone que la ley aplicable sería la irlandesa y la competencia la de los tribunales irlandeses. Los vuelos, en aeronaves matriculadas en Irlanda, tenían origen y destino en Gerona.

Es despedido por razones disciplinarias y recurre ante la jurisdicción española. El Juzgado de lo social se declara competente y declara procedente el despido. El TSJ confirma la sentencia. La empresa recurre ante el TS para que se declare no competente la jurisdicción española.

El TS considera competentes a los tribunales españoles en virtud de lo dispuesto en el art. 19.1 del Reglamento n° 44/2001, entonces vigente, conforme al cual el trabajador puede demandar "ante el tribunal del lugar en el que el trabajador desempeñare habitualmente su trabajo". El TS se apoya en la jurisprudencia comunitaria (STJUE 14 septiembre 2017, Asuntos C-186/16 y C-169/16), que lo interpreta como "lugar en el cual o a partir del cual el trabajador cumple de hecho lo esencial de sus obligaciones", rechaza que haya que asimilarlo a la nacionalidad de la aeronave y tiene en cuenta que la base de operaciones (los vuelos tenían origen y destino en Girona) constituye indicio para determinar el lugar de trabajo habitual.

(Vid. STS 24 enero 2019, rec. 3450/2015).

En la Ley 45/1999 sobre desplazamiento temporal de trabajadores, antes analizada, se establecen reglas específicas sobre competencia de los tribunales españoles, tanto para el supuesto de trabajadores desplazados a España por sus empresas, como para trabajadores desplazados a países de la UE o del EEE por sus empresas españolas (arts. 15 a 17).

6. LA INTERPRETACIÓN DE LAS NORMAS LABORALES

Una vez seleccionada la norma aplicable, es preciso interpretarla o, lo que es lo mismo, desvelar el sentido de sus palabras en relación con el supuesto concreto. Los criterios de interpretación de las normas laborales son, en principio, los generales contenidos en art. 3.1 CC, conforme al cual, "las normas se interpretarán según el sentido propio de las palabras, en relación con el contexto, los antecedentes históricos y legislativos, y la realidad social del tiempo en que han de ser aplicadas, atendiendo fundamentalmente al espíritu y finalidad de aquéllas".

En el Derecho del Trabajo, junto a los criterios de interpretación generales, rige el principio "in dubio pro operario", que, como el principio de norma más favorable, responde al carácter tuitivo del Derecho del Trabajo. Ahora bien, a diferencia de ese otro principio, el "in dubio pro operario" (que no aparece recogido en la legislación laboral) nos sitúa frente a la aplicación de una sola norma, no ante un conflicto de normas. El marco de actuación del principio "in dubio pro operario" es el de la interpretación jurídica. Una regla de hermenéutica jurídico-laboral, en virtud de la cual, entre dos o más sentidos de la norma, ha de escogerse aquél que resulte más conveniente para el trabajador

Dicho esto, en verdad, el "in dubio pro operario" tiene un estrecho margen de utilización, por cuanto requiere la concurrencia de dos condiciones o presupuestos básicos. Primero, que exista una "res dubia", esto es, duda u oscuridad en el texto de la norma aplicable, siendo el sentido de la norma unívoco y terminante no ha lugar para la invocación del principio de favor al trabajador (STS 10 noviembre 1995). Segundo, que la norma no se pueda interpretar con los criterios legalmente previstos en el art. 3.1. CC, lo que ciertamente es raro. Porque el principio "in dubio pro operario" no prevalece ni sustituye las pautas generales de interpretación (literal, sistemática, histórica o finalista), es decir, actúa como último criterio.

Finalmente, en el caso de los convenios colectivos, procede reseñar que, dada su singular naturaleza mixta (contrato con efectos normativos y norma de origen contractual), las reglas interpretativas de los contratos (arts. 1281 y ss. CC) vienen a auxiliar a las reglas de la interpretación normativa. En consecuencia, la interpretación de las cláusulas debe hacerse utilizando los siguientes criterios: la interpretación literal, atendiendo al sentido literal de sus cláusulas, salvo que sean contrarias a la intención evidente de las partes (arts. 3.1 y 1281 CC; STS 13 octubre 2004, rec. 185/2003); la interpretación sistemática, atribuyendo a las cláusulas dudosas el sentido que resulte del conjunto de todas (arts. 3.1 y 1285 CC); la interpretación histórica, atendiendo a los antecedentes históricos y a los actos de las partes negociadoras (arts. 3.1 y 1282 CC); y la interpretación finalista, atendiendo a la intención de las partes negociadoras (arts. 3.1, 1281 y 1283 CC). No cabrá la interpretación analógica para cubrir las lagunas del convenio colectivo aplicable (STS 9 abril 2002, rec. 1234/2001). Y los convenios colectivos deberán ser interpretados en su conjunto, no admitiéndose el "espigueo" (STS 4 junio 2008, rec. 1771/2007).

7. RELACIONES ENTRE NORMAS Y AUTONOMÍA INDIVIDUAL (I): LAS CONDICIONES MÁS BENEFICIOSAS CONTRACTUALES

7.1. La función reguladora del contrato de trabajo

Además de la función constitutiva, a través del contrato de trabajo las partes fijan el contenido de dicha relación. Insertan en el mismo cláusulas o pactos relativos a concretos aspectos del desenvolvimiento de la relación (jornada, salario, lugar de trabajo, etc.). Ahora bien, "sin que en ningún caso puedan establecerse en perjuicio del trabajador condiciones menos favorables o contrarias a las disposiciones legales y convenios colectivos" (art. 3.1.c) ET).

Es decir, en el contrato de trabajo no se pueden modificar las normas absolutamente imperativas, sólo se pueden mejorar los mínimos legales o convencionales y no se pueden superar los máximos legales o convencionales. En hipótesis cabría admitir que el contrato contuviera condiciones menos favorables o contrarias siempre que ello no fuera "en perjuicio del trabajador". Lo que supondría que la menor favorabilidad o la contrariedad de unas condiciones respecto de la ley o el convenio se compensara con otras condiciones más beneficiosas. Por ejemplo, compensar el pase de jornada continuada prevista en el convenio a jornada partida con un plus salarial y con la no obligación de trabajar el sábado por la mañana (pero precisamente el TC no ha admitido ese tipo de compensación: ver STC 105/1992).

Es más, para garantizar la "fuerza vinculante" de los convenios colectivos, la jurisprudencia del TC (SSTC 105/1992, 208/1993, 107/2000, 225/2001 y 238/2005) ha limitado el papel regulador de la autonomía individual. Así, no se admite que mediante una contratación individual "en masa" (o mediante una decisión unilateral del empresario de alcance masivo) se sustituya o soslaye la negociación colectiva: no se admite, por ejemplo, que masivamente se sustituya la jornada continuada por la partida (aunque ello suponga las compensaciones antes dichas), ni que —terminada la vigencia de un convenio e insuficientemente negociado el nuevo— se modifique el sistema salarial por otro (aunque ello suponga incrementos salariales), ni que se sustituya el sistema de jornada y salarial del convenio por otro distinto para los cuadros directivos (aunque ello pudiera suponer una mejora).

7.2. La condición más beneficiosa

Esa capacidad limitada de la autonomía individual para configurar las condiciones de trabajo, pero que permite introducir mejoras con respecto a las leyes y los convenios colectivos da nacimiento a las llamadas condiciones más beneficiosas. Nos referimos a mejoras sobre el ordenamiento legal o convencional aplicable en la empresa, que pueden afectar a un trabajador, a varios o incluso a toda la plantilla.

Dichas condiciones más beneficiosas se pueden pactar de manera expresa (por escrito o verbalmente) por el empresario y el trabajador. Pero también cabe que el empresario establezca de modo unilateral una mejora, que se entenderá aceptada tácitamente por el trabajador. Ahora bien, para que se produzca tal mejora unilateral tácita no basta con la mera actuación repetida o continuada por parte del empresario, sino que se requiere que este tenga la voluntad o intención de quedar obligado (línea jurisprudencial recogida en STS 4 febrero 2021, rec. 147/2019: un obsequio de Navidad como condición más beneficiosa).

Por lo tanto, pese a que el empresario realice una actuación repetida, puede no existir mejora o condición tácita si:

a) La actuación empresarial mejorando las condiciones de trabajo se debe a un error (el empresario, por ejemplo, paga más de lo exigido por el convenio, pero porque interpreta erróneamente el convenio; aunque no se admite un supuesto error que dura 50 años, STS 25 noviembre 2020, rec. 38/2019).

b) La actuación del empresario se debe a una pura benevolencia o tolerancia, sin intención de obligarse a mejorar (el empresario, por ejemplo, no obliga durante años a acudir al centro docente en el mes de julio, pero siempre establece en los contratos que el mes de vacaciones será solamente el de agosto).

Eso sí, el origen ha de ser en todo caso contractual. No existen las condiciones más beneficiosas de origen normativo. Las condiciones establecidas por los convenios colectivos no se contractualizan y, como se ha expuesto, no existe un principio de "irregresividad" o intangibilidad. Otra cosa es que la ley o el convenio posterior puedan mantener determinadas condiciones de la norma anterior para los trabajadores que venían disfrutando de las mismas (véase, p.e. la indemnización por despido improcedente para los trabajadores contratados antes del 12 de febrero de 2012 o las cláusulas de garantía personal en los convenios colectivos).

Pues bien, si se ha pactado expresamente o tácitamente una condición más beneficiosa (en materia retributiva o cualquier otra: jornada, vacaciones, etc.), esta resulta obligatoria y no puede ser luego suprimida unilateralmente por el empleador, ni siquiera si él se ha obligado unilateralmente. La concesión de la condición más beneficiosa es libre para el empresario, pero luego no podrá suprimirla sin más en base a esa misma libertad (salvo, claro está, que la mejora se hubiera establecido por un plazo determinado).

Ahora bien, que el empresario no pueda unilateralmente suprimir una condición más beneficiosa, no significa que no existan vías para suprimir o neutralizar esa mejora:

- En primer lugar, en hipótesis cabe la renuncia, aunque en la práctica normalmente será una transacción. Téngase en cuenta que la prohibición de disposición (art. 3.5 ET) no alcanza a los derechos reconocidos en contrato.
- En segundo lugar, cabe su modificación unilateral, por causa justificada, en los términos previstos en el art. 41 ET, es decir, por decisión de la empresa (incluso unilateral), pero con base en una circunstancia sobrevenida económica, organizativa,

técnica o de producción que produce un desajuste prestacional (sobre la modificación de condiciones de trabajo, ver lección 12ª).

- En fin, cabe su compensación o absorción (ver lección 14ª). Eso significa que la condición más beneficiosa pactada no se acumula a las mejoras que puedan experimentar la ley o el convenio, de modo que la diferencia favorable entre lo establecido por ley o convenio y lo pactado puede ir progresivamente desapareciendo. Si el convenio prevé un salario de 1.000 euros/mes y se ha pactado (expresa o tácitamente) un salario de 1.200, cuando el salario convencional aumente a 1.100, el trabajador seguirá cobrando los 1.200 pactados y no 1.300. En principio, los conceptos a compensar o absorber deben ser homogéneos con los absorbentes, salvo que el convenio que contempla estos últimos lo admita (ver, por todas, SSTS 10 enero 2017, rec. 518/2016, y 25 noviembre 2020, rec. 1673/2018).

Caso práctico: Condición más beneficiosa

Una empresa incluida en el ámbito de aplicación del Convenio Colectivo de Ámbito Estatal del Sector Contact Center, en cuyo art. 51 se reconoce el derecho al percibo de un plus extrasalarial de transporte por cada día efectivo de trabajo y según las condiciones previstas en el mismo, llegada de la pandemia por COVID19 siguió abonándolo a pesar de que los trabajadores pasaron a prestar servicio desde el domicilio. No obstante, tras nueve meses de percepción sin que existiera modificación alguna, se procede a la supresión unilateral por parte de la empresa.

Las organizaciones sindicales recurrentes consideran que estamos ante una condición más beneficiosa, al mantener el plus de transporte en un escenario sin desplazamiento, como una mejora que asume y acoge la empresa y que mantiene el tiempo y que, por tanto, hubiera requerido una modificación sustancial del art. 41 ET para su supresión.

El TS declara que "para la existencia de una condición más beneficiosa se requiere que ésta se haya adquirido y disfrutado en virtud de la consolidación del beneficio que se reclama por medio de una inequívoca voluntad empresarial de su concesión", "por lo que no basta la repetición o persistencia en el tiempo del disfrute, siendo necesaria la prueba de la existencia de esa voluntad de atribuir el derecho a los trabajadores". Y llega a la conclusión de que en este caso no se ha acreditado que hubiera una inequívoca voluntad empresarial de mantener la percepción de una prestación extrasalarial finalista cuando no se da el hecho causante del que deviene su pago, lo que se constata, además, por el escaso período de tiempo en el que se ha venido disfrutando (ocho meses).

Téngase en cuenta, por otra parte, que, "en tanto que la condición más beneficiosa exige un acto de voluntad constitutivo de su concesión ello implica que sean los demandantes a los que corresponda acreditar la condición más beneficiosa que demandan, ex art. 217.2 de la LEC" (STS de 7 de junio de 2022, rec. 77/2020)

(Vid. STS 11 de enero de 2024, Rec. 344/2021).

8. RELACIONES ENTRE NORMAS Y AUTONOMÍA INDIVIDUAL (II): INDISPONIBILIDAD DE DERECHOS

Como acabamos de ver, no se pueden pactar en perjuicio del trabajador condiciones menos favorables o contrarias a las dispuestas en leyes o convenios. Pero, además, para asegurar el efectivo disfrute de los derechos reconocidos en leyes y convenios, el art. 3.5 ET añade que el trabajador no puede "disponer" válidamente de los derechos reconocidos por disposiciones legales de derecho necesario, ni de los derechos reconocidos como indisponibles por convenios colectivos.

Esa regulación ha suscitado varias dudas interpretativas, que han tratado de ser resueltas por la jurisprudencia.

a) En primer lugar, se suscita la duda de si solamente se prohíbe la "renuncia" a los derechos sin contraprestación alguna, o si también se prohíbe la "transacción", es decir, la solución de un conflicto mediante mutuas concesiones sobre un derecho incierto. Ciertamente, una transacción puede encubrir una renuncia (al trabajador se le deben y reclama 1.000, pero, por necesidad, transige y acepta cobrar 100).

Buena parte de la doctrina, aun admitiendo que disponer es expresión más amplia que renunciar, ha estimado que lo único que se quiere prohibir es la renuncia. Ello parece chocar con la literalidad del art. 3.5 ET, siendo significativo el cambio de prohibición de la renuncia, en la antigua LCT, a prohibición de la disposición. Para otra doctrina, el cambio parece llevar a incluir en la prohibición también a la transacción de derechos

Lo cierto es que los tribunales aceptan la validez de transacciones o incluso renuncias compensadas. Así, cuando el trabajador acepta no cobrar una indemnización por traslado forzoso a cambio de que la empresa le destine a un nuevo centro que él prefiere; o cuando la viuda renuncia a una indemnización por fallecimiento de su marido trabajador, a cambio de que la empresa la contrate.

La jurisprudencia en torno al art. 3.5 ET no ha dejado de reconocer el cambio introducido por esta norma, pero, pese a reconocer las diferencias con sus antecedentes, continúa admitiendo la posibilidad de conciliación o transacción. Seguramente hay que compatibilizar la aparentemente amplia prohibición de la disposición de derechos y la previsión en nuestro ordenamiento de la transacción y, en el ordenamiento procesal laboral, de la conciliación y la mediación en los arts. 63 y siguientes de la LRJS. Esa compatibilización se lleva a cabo mediante la admisión de la transacción (art. 1809 CC), pero con un estricto control de dicho negocio conforme a las reglas civiles —señaladamente, los art. 1.261 y 1.283 del Código Civil— que regulan la validez y la interpretación de los contratos.

En la práctica esa admisión se traduce en otorgar valor liberatorio al llamado "finiquito" (recibo de finiquito, de saldo y finiquito). Es este un documento complejo, que esencialmente recoge dos negocios. De un lado, una declaración de extinción del contrato, ya sea por mutuo acuerdo o ya sea por dimisión del trabajador; de otro lado, una liquidación de cuentas y un recibo de cantidad: en el finiquito se viene a declarar que el contrato queda extinguido, que el trabajador ha sido satisfecho en todos sus créditos y que no tiene ninguna otra reclamación que efectuar.

La jurisprudencia reconoce que el finiquito puede entrañar una renuncia de derechos, si bien trata de buscar un equilibrio, no negándole siempre una función liberatoria. En cuanto a la admisibilidad de la transacción, la acepta claramente, pero recordando sus requisitos legales: evitación o finalización de un pleito, objeto suficientemente determinado, incertidumbre en cuanto al resultado del litigio y proporción en el sacrificio de eventuales derechos indisponibles. Por ello viene a exigir que el finiquito incluya específicamente las cantidades de que se trate o que, en cuanto transacción, haya habido mutuas concesiones.

Caso práctico: Valor liberatorio del finiquito (reclamación cantidad)

Una empresa abona a dos de sus trabajadores 17.897 pta. y 59.373 pta., firmando ellos un documento en el que admiten haber recibido esas cantidades y "como liquidación por todos mis devengos, sueldos e indemnizaciones en la Sociedad, quedando por completo finiquitadas mis cuentas con la misma, cesando voluntariamente y dando por terminada en el día de hoy la relación laboral que me unía a la misma, percibiendo todas las cantidades que por dichos conceptos pudieran corresponderme por saldo y finiquito, y sin que tenga que reclamar a la mencionada Compañía cantidad alguna por ningún otro concepto".

En el juicio queda probado que la empresa les debía las cantidades de 754.258 pta. y 1.235.955 pta. por horas extraordinarias: habían contratado media jornada y realizaban habitualmente 9 horas diarias. La empresa opone el valor liberatorio del finiquito.

El TS, aun reconociendo que el finiquito tiene normalmente valor liberatorio, señala que queda sometido a control judicial y pone de relieve que en el mismo no se ha justificado el pago de las horas extras y pluses de asistencia y puntualidad. Afirma que "parece casi irrisorio el pensar que los dos actores iban a considerarse finiquitados

con tan exigua cantidad, cuando se les debía una muy superior, según quedó contrastado en los hechos probados".

(Vid. STS 28 febrero 2000, rec. 4937/1998, cuyo voto particular es especialmente claro; más reciente STS 24 julio 2013, rec. 2588/2012)

Caso práctico: Valor liberatorio del finiquito (despido)
Una empresa comunica el día 16/03/2011 al trabajador su despido por escrito y el mismo día le presenta un documento, que el trabajador firma, en que reconoce la improcedencia del despido, ofrece 1.500 euros de indemnización y el trabajador "declara satisfecha la obligación de la empresa de indemnizar" y que "no tiene nada más que reclamar". La empresa no abona aquella cantidad y el día 24 de marzo le presenta un "recibo de saldo y finiquito" en que se establece que "El abajo firmante declara y reconoce que el día 16/03/2011 ha recibido la cantidad de 2.733,07 Euros en concepto de liquidación total por causar baja por despido en la empresa. Con el recibo de la citada cantidad y habiendo percibido igualmente la totalidad de los emolumentos devengados hasta el día de la fecha, presto mi conformidad a la liquidación efectuada, dándome por totalmente saldado y finiquitado por todos los conceptos sin que tenga reclamación alguna que hacer y comprometiéndome a nada más pedir y reclamar a partir del día de hoy, considerando por ello rescindida a todos los efectos la relación contractual con dicha empresa en esta fecha." El trabajador no firma, escribe "no conforme" y la empresa anota "a la espera de que el trabajador dé su conformidad para pagar". La indemnización legal hubieran sido 10.052,96 euros. El TS, tras reconocer la normal eficacia liberatoria y, en casos similares, extintiva de los finiquitos (en cuanto que vienen a constituir un mutuo acuerdo extintivo o una transacción sobre el despido efectuado), en este supuesto no ha habido una contraprestación adecuada al no abonar los 1.500 euros (pero ¿y si los hubiera abonado?), no ha habido extinción por desistimiento ni por mutuo acuerdo puesto que la empresa ya había despedido antes de la firma del documento inicial, y la no conformidad con el segundo documento demuestra la disconformidad con el despido. *(Vid. STS 27 marzo 2013, rec. 1325/2012).*

b) En segundo lugar, la duda de si la renuncia prohibida es solo la renuncia anticipada a un derecho futuro o también la renuncia a un derecho ya adquirido. El citado art. 3.5 prohíbe disponer de los derechos "antes o después de su adquisición".

Pese a ello, básicamente, aunque resulta difícil sintetizarla, la jurisprudencia (ver SSTS 24 jul. 2000, rec. 2520/1999, o 12 febrero 1988, Roj 12924/1988) mantiene que no es válida la renuncia a derechos aún no adquiridos (así, cuando el trabajador cesa en la empresa y firma un recibo de saldo y finiquito en que afirma que no tiene nada más que reclamar, no queda incluido el posible derecho a una indemnización por enfermedad contraída en la empresa que no se manifiesta sino después, ni tampoco a una diferencia salarial que se produce luego cuando se revisa con efectos retroactivos el convenio, ni tampoco a un plus por beneficios que no se calculan sino después de extinguido el contrato, etc.). Pero, por lo que se refiere a derechos ya devengados, la renuncia libera al empleador, si tal renuncia resulta suficientemente clara.

c) En fin, en tercer lugar, la duda de si la prohibición de renuncia a los derechos reconocidos en convenio exige o no que el convenio diga expresamente que los mismos son indisponibles, pues, recuérdese, el art. 3.5 ET exige que los derechos vengan "reconocidos" como indisponibles en el convenio.

En alguna sentencia, atendiendo al tenor literal del art. 3.5 ET, el TS parece exigir que el convenio manifieste expresamente el carácter indisponible de los derechos que reconoce, aunque ello no sería necesario cuando el convenio desarrolle normas de derecho necesario, o de carácter mínimo. Los mandatos convencionales de desarrollo de tales preceptos mínimos adquirían el mismo rango de indisponibilidad que tiene la norma desarrollada (STS 6 febrero 2000, rec. 1394/1999). Por ejemplo, sería indisponible, aunque el convenio no lo dijera, la indemnización por gastos de traslado fijada en el mismo, desarrollando lo dispuesto en el art. 40 ET.

9. PRESCRIPCIÓN Y CADUCIDAD DE DERECHOS

Siendo fundamental conocer la ley aplicable, lo es igualmente conocer cuáles son los plazos legales para reclamar o ejercer los derechos y las acciones. Porque el transcurso del tiempo unido a la inacción del titular del derecho subjetivo, puede producir la extinción del derecho o de la acción para ejercitarlo. Pues normalmente los derechos tienen un plazo de ejercicio; en último término, un plazo para reclamar el derecho ante un tribunal (para accionar). Aunque algún derecho es imprescriptible (para solicitar el reconocimiento de una pensión de jubilación, por ejemplo).

Los plazos pueden ser de prescripción o de caducidad. Ello se suele indicar en la norma que fije el plazo, aunque en ocasiones puede ser dudoso. Y aunque en el lenguaje coloquial se suelen utilizar de manera indistinta, entre ambas instituciones existen diferencias notables:

- La principal diferencia entre prescripción y caducidad radica en que la superación del plazo de prescripción tiene que ser alegada por el demandado ante el juez o tribunal, como excepción frente a la demanda (ver STS 5 octubre 1994, rec. 402/1994). Mientras que la superación del plazo de caducidad puede ser apreciada de oficio, incluso en suplicación.
- Normalmente los plazos de prescripción son más largos que los de caducidad. Pero en caducidad se descuentan los días inhábiles: sábados, domingos, 24 y 31 de diciembre, fiestas nacionales y fiestas laborales de la CA o localidad donde radique el juzgado (art. 133.2 LEC y art. 182.1 LOPJ). El mes de agosto es hábil para la modalidad procesal de despido y alguna otra (art. 43.4 LRJS).

- El plazo de prescripción se puede interrumpir ampliamente por el titular del derecho, reclamándolo de algún modo (como la denuncia ante la ITSS: STS 1 dic. 2016, rec. 2110/2015; incluso por una reclamación extrajudicial: STS 7 dic. 2004, rec. 4466/2003). Mientras que el plazo de caducidad solamente se puede suspender por actuaciones tasadas del titular (someter el conflicto a conciliación o arbitraje; solicitar abogado de oficio).
- La interrupción de la prescripción supone que, terminada la misma, el cómputo del plazo se reanuda por entero. Mientras que la suspensión de la caducidad supone que, terminada la suspensión, se reanuda el cómputo del plazo restante.

Aparte de otros plazos específicos (ya hemos señalado alguno en materia de infracciones sociales), el ET establece los plazos para acciones derivadas del contrato de trabajo y para la sanción de las faltas del trabajador.

Conforme al art. 59 ET, las acciones derivadas del contrato que no tengan plazo especial prescriben al año de terminado el contrato. Hay tres plazos especiales: a) Las acciones para exigir percepciones económicas (como el salario) o para el cumplimiento de obligaciones de tracto único, que no puedan tener lugar después de extinguido el contrato, prescriben al año desde que la acción se pudo ejercitar (art. 59.2); b) Las acciones contra el despido, extinción de contratos temporales, y decisiones del empresario en materia de movilidad geográfica (pero a los desplazamientos se aplica el plazo general: STS 3 abr. 2007, rec. 4266/2005) o modificación sustancial de condiciones, caducan a los 20 días hábiles desde el momento en que el despido o terminación del contrato se haya producido, o desde que se hayan notificado las decisiones empresariales señaladas (art. 59.2 y 3); c) Las demandas del trabajador en caso de discrepancia sobre concreción horaria y disfrute de permisos por lactancia y reducción de jornada por motivos familiares (art. 139 LRJS) deben presentarse igualmente en el plazo de 20 días desde la comunicación de la disconformidad.

A efectos de los plazos de caducidad señalados en la letra b), aparte los días inhábiles antes referidos, no computa el día del despido —o de la medida de movilidad o modificación sustancial— y la presentación de la solicitud de conciliación suspende el plazo desde la fecha de dicha presentación, reanudándose el cómputo de los plazos al día siguiente de intentada la conciliación o mediación o transcurridos quince días hábiles desde su presentación sin que se haya celebrado (art. 65.1 LRJS).

Conforme al art. 60.2 ET, las faltas de los trabajadores prescriben a los 10 días (las leves), 20 días (las graves) o 60 días (las muy graves), desde la fecha en que la empresa haya tenido conocimiento de su comisión. En todo caso (es decir, aunque la empresa no haya tenido conocimiento), a los seis meses de haberse cometido (pero hay faltas que se consideran continuadas, de tracto sucesivo).

Sin embargo, para los empleados públicos (incluido el personal laboral) las infracciones muy graves prescriben a los 3 años, las graves a los 2, y las leves a los 6 meses; el plazo comienza a contar desde la comisión de la falta (o desde su cese cuando sea falta continuada) (art. 97 EBEP).

10. APLICACIÓN DE LAS NORMAS (I): ADMINISTRACIÓN LABORAL Y PROCEDIMIENTO SANCIONADOR

La efectividad de las normas laborales exige la existencia de una Administración laboral, ya sea para realizar determinadas actuaciones previstas en las normas (como autorizaciones —del trabajo de menores en espectáculos públicos, de la suspensión del contrato o de los despidos colectivos por causa de fuerza mayor, etc.—, o registros o publicaciones —de los estatutos de un sindicato, de un convenio colectivo—, u otras —fijación de mínimos en huelgas en servicios esenciales, exigencia de reapertura en caso de cierre patronal, etc.—), ya sea para sancionar los incumplimientos de la normativa laboral.

En primer lugar, hay que señalar que la Administración laboral es actualmente bifronte, central y autonómica. En cuanto a la central, queda compuesta, de un lado, por el Ministerio de Trabajo y Economía Social y, de otro, por el Ministerio de Inclusión, Seguridad Social y Migraciones (ver RD 829/2023, de 21 de noviembre, arts. 9 y 21, respectivamente; y RD 1009/2023, de 5 de diciembre, arts. 8 y 15). La estructura orgánica básica del primero viene regulada por el RD 502/2024, de 21 de mayo. La del segundo por el RD 501/2024, de 21 de mayo.

Periféricamente la Administración General del Estado en el Territorio (AGET) está formada por las Delegaciones y Subdelegaciones provinciales del Gobierno en cada CA y Ceuta y Melilla), que cuentan con Áreas de Trabajo e Inmigración (ver Ley 40/2015, de 1 de octubre, arts. 69-79; también RD 1330/1997, de 1 de agosto; en fin, RD 273/2024, de 21 de marzo, que regula la estructura básica del Ministerio de Política Territorial y Memoria Democrática en la cual figura la Dirección General de la AGET, arts. 3.3 y 6).

En fin, dado que se ha llevado a cabo un extenso proceso de transferencias a las CCAA, que pueden asumir y han asumido competencias de ejecución de la normativa laboral (conforme al art. 149.1.7ª CE), las mismas cuentan, de un modo u otro, con la correspondiente administración laboral. Así, por ejemplo, en la Comunidad de Madrid la Consejería de Economía, Hacienda y Empleo; o, en las Islas Baleares, la Consejería de Empresa, Empleo y Energía.

El Reglamento (UE) nº 2019/1149, de 20 de junio, ha creado la Autoridad Laboral Europea que ayuda a mejorar la cooperación entre los países de la UE, coordina inspecciones conjuntas, lleva a cabo análisis y evaluaciones de riesgos sobre cuestiones transfronterizas relacionadas con la movilidad laboral.

B) En segundo lugar, en cuanto al control y sanción de los incumplimientos de la normativa laboral, juega un papel clave la Inspección de Trabajo. La misma está integrada por dos cuerpos de funcionarios: los Inspectores de Trabajo y los Subinspectores Laborales.

El Organismo estatal Inspección de Trabajo y Seguridad Social está regulado por la LIT, por el RD 138/2000, que aprueba el Reglamento de Organización y Funcionamiento de la Inspección de Trabajo y Seguridad Social, y por el RD 192/2018, por el que se aprueban sus estatutos. Tiene como cometido la vigilancia y exigencia del cumplimiento de la normativa social, aparte otros (de asistencia técnica, de conciliación, mediación y arbitraje). Su ámbito de actuación es amplio y se extiende a todas las personas obligadas a ese cumplimiento. Sus facultades de actuación son muchas (entrar en todo centro de trabajo, establecimiento o lugar sujeto a inspección, proceder a cualquier investigación o prueba, etc.).

En cuanto a las medidas a adoptar, la Inspección puede limitarse a advertir y requerir, pero, sobre todo, puede iniciar un procedimiento sancionador.

La materia sancionadora está regulada en la LISOS. Los aspectos más importantes a señalar de la misma serían estos:

- La LISOS tipifica infracciones no solamente en materia de relaciones laborales, sino en muchas otras (prevención de riesgos, empleo, seguridad social). En cualquier caso, solamente son sancionables las conductas tipificadas legalmente como infracciones (principio de tipicidad, que se entiende como perfecta similitud de las conductas con las infracciones tipificadas, que deben interpretarse restrictivamente sin que quepan las interpretaciones por analogía o extensivas: ver STS 13 marzo 2024, rec. 97/2022), que son muchas, pero no todas (así, un despido sin causa no supone una infracción ni una sanción, aunque dará lugar sin embargo a una indemnización al trabajador).

- Por lo tanto, sujetos infractores pueden serlo no solamente el empresario (que lo es en materia laboral), sino otras personas según las materias (en prevención de riesgos, por ejemplo, pueden serlo los promotores o propietarios de obras; en materia de empleo y desempleo, pueden serlo los trabajadores, si, por ejemplo, disfruta de una prestación por desempleo mientras trabaja sin declararlo porque resulta incompatible, etc.).
- Las infracciones se tipifican como leves, graves o muy graves. Y consiguientemente las sanciones pueden variar para las leves (entre 70 y 750 euros), graves (entre 751 y 7.500 euros) y muy graves (entre 7501 y 225.018 euros) (art. 40 LISOS). Aunque hay sanciones más elevadas u otras respecto de algunas infracciones o en prevención de riesgos; incluso se contempla la publicación de las sanciones por infracciones muy graves en esta materia. En otras materias (cooperativas), la cuantía de las sanciones es menor.
- La LISOS establece que las sanciones se graduarán (grados de mínimo, medio y máximo) en atención a la negligencia e intencionalidad del sujeto infractor, fraude o connivencia, incumplimiento de las advertencias previas y requerimientos de la Inspección, cifra de negocios de la empresa, número de trabajadores o de beneficiarios afectados en su caso, perjuicio causado y cantidad defraudada. Respecto de las infracciones en materia de prevención de riesgos laborales se tienen en cuenta otras circunstancias (art. 39 LISOS).
- Establece sanciones accesorias, como la pérdida o la exclusión en el acceso de ayudas, bonificaciones o subvenciones (art. 46 y 46 bis LISOS).
- La LISOS establece plazo de prescripción para la imposición de sanciones. Normalmente, el plazo es de tres años; aunque hay otros plazos en materia de seguridad social (4 años) o de prevención de riesgos (desde 1 a 5 años, dependiendo de la gravedad de la infracción).

La LISOS establece además (junto a la DA 4ª LIT) las bases del procedimiento sancionador por infracciones en el orden social y de liquidación de cuotas de la Seguridad Social[1]:

---

1 Más en concreto, sobre las medidas a aprobar por la ITySS y el procedimiento sancionador, ver RD 928/1998, de 14 mayo, por el que se aprueba el Reglamento sobre procedimientos para imposición de sanciones y liquidaciones.

- El procedimiento, normalmente tras la visita de la Inspección, se inicia mediante el levantamiento de un acta de infracción y/o de liquidación. Los hechos objeto de comprobación directa y declarados probados en el acta se presumen ciertos, salvo prueba en contrario (un ejemplo de presunción en STS 4 abril 2024, rec. 1/2023). Tras el traslado del acta al infractor y sus posibles alegaciones, y tras la propuesta del instructor del expediente, la autoridad laboral competente (en muchas materias será la autonómica) es la que sanciona.
- El procedimiento se suspende, entre otros motivos, si la infracción puede constituir un delito. En tal caso, si el tribunal penal condena ya no se sigue el procedimiento sancionador (no cabe doble sanción por un mismo hecho: "non bis in ídem"); pero si no hay condena penal, se sigue el procedimiento sancionador, por si hubiera infracción social y sanción administrativa (art. 3 LISOS).
- La resolución administrativa puede recurrirse en alzada ante la autoridad administrativa superior. El fin de esta vía administrativa supone que la sanción es ejecutiva, aunque cabe posterior recurso ante los tribunales laborales (art. 2.n LRJS).

11. APLICACIÓN DE LAS NORMAS (II): EL ORDEN SOCIAL DE LA JURISDICCIÓN

Los tribunales laborales (el llamado **Orden social de la jurisdicción**) (ver Anexo I) son los que se describen a continuación, junto con sus competencias.

En primer lugar, los **Juzgados de lo Social (art. 6 LRJS)**. Son tribunales unipersonales, con jurisdicción normalmente provincial (en algún caso inferior; por ejemplo, en Elche hay tres o, en Benidorm, dos; en Avilés, dos o, en Gijón, cuatro), que en ese caso tienen la sede en la capital correspondiente (ver Directorio de Órganos Judiciales, en www.poderjudicial.es).

- Conocen (ver art. 2 LRJS), en instancia, de lo que podríamos denominar "conflictos individuales": entre empresarios y trabajadores como consecuencia del contrato: reclamaciones de salarios, despidos, vacaciones, etc.; en relación con las acciones contra el empresario u otros responsables por los daños originados en la prestación de servicios o por AT y EP; entre las sociedades laborales y las cooperativas de trabajo asociado y sus socios trabajadores por la prestación de sus servicios; para garantizar el cumplimiento de las obligaciones laborales en materia de prevención de riesgos frente al empresario y otros sujetos obligados y la impugnación de las actuaciones de las AAPP en esa materia respecto de todos sus empleados; en materia electoral; en materia de prestaciones de Seguridad Social; etc.;

- Y conocen también de lo que podríamos denominar en sentido amplio "conflictos colectivos" cuyo ámbito territorial sea el del Juzgado competente: sobre tutela de la libertad sindical, huelga y demás derechos fundamentales y libertades públicas, incluida la prohibición de la discriminación y el acoso, contra el empresario o terceros a él vinculados cuando la vulneración tenga conexión directa con la prestación de servicios, y otros supuestos; proceso de conflicto colectivo propiamente dicho; constitución y reconocimiento de sindicatos y lo relativo a su funcionamiento interno y relaciones con los afiliados; constitución y reconocimiento de las asociaciones empresariales; impugnación de convenios y acuerdos, incluidos los concertados por las AAPP para su personal laboral; impugnación de las resoluciones administrativas en materia de suspensiones y despidos colectivos, etc.

En segundo lugar, las **Salas de lo Social de los Tribunales Superiores de Justicia** autonómicos (art. 7 LRJS). En ocasiones hay más de una Sala (Tenerife y Las Palmas, etc.). De un lado, conocen de los llamados "recursos de suplicación" contra las decisiones de los Juzgados, aunque en algunas materias no cabe recurso (vacaciones, clasificación profesional, etc.). Se trata de recursos extraordinarios, es decir, por motivos tasados aunque amplios. De otro lado, conocen, en instancia, de los que antes hemos denominado "conflictos colectivos" cuyo ámbito territorial sea superior al de un Juzgado pero no exceda de la CA.

En tercer lugar, la **Sala de lo Social de la Audiencia Nacional** (art. 8 LRJS). Conoce, en instancia, de los "conflictos colectivos" cuyo ámbito sea superior a una CA.

En cuarto lugar, la **Sala de lo Social del Tribunal Supremo (art. 9 LRJS)**. De un lado, conoce de los "recursos de casación ordinarios", recursos igualmente extraordinarios, frente a decisiones de las Salas de lo Social de los TSJ o de la AN, en los conflictos colectivos que aquellas hayan conocido en instancia. De otro lado, conoce de los "recursos de casación en unificación de doctrina", frente a decisiones de las Salas de lo Social de los TSJ al resolver los recursos de suplicación.

Este último es un recurso excepcional, que solamente puede plantearse cuando exista contradicción entre una sentencia de un TSJ, que haya resuelto un recurso de suplicación, y otra sentencia (sentencia de contraste o de referencia) del mismo TSJ, de otro TSJ o del TS, o del TC u otros órganos jurisdiccionales internacionales (estos últimos, en materia de derechos humanos y libertades fundamentales), en un caso idéntico (es decir, respecto de los mismos litigantes u otros diferentes en idéntica situación: controversias basadas en "hechos, fundamentos y pretensiones esencialmente iguales": por todas, SSTS 21 en. 2015, rec. 160/2014, y 22 mayo 2023, rec. 766/2021) (arts. 218 y ss. LRJS). Además, tras la LO 1/2025, se exige que el recurso presente *"interés casacional"*, porque concurran circunstancias que aconsejen un nuevo pronunciamiento de la Sala; la cuestión posea una trascendencia o proyección significativa; o si el debate suscitado presenta relevancia para la formación de la jurisprudencia.

En todo caso, la finalidad del recurso de unificación es establecer si la doctrina correcta es la de la sentencia recurrida (en cuyo caso se declara así, pero no se anula la de contraste), o si lo es la de la sentencia de contraste (en cuyo caso, se anula la sentencia recurrida).

Lección 4ª

Libertad sindical

1. TIPOLOGÍA DE LAS ORGANIZACIONES SINDICALES

Un sindicato es una asociación de trabajadores cuyo fin es la representación y defensa de sus intereses económicos y sociales. Cabe hacer dos comentarios a esta definición.

De un lado, como tales asociaciones (es decir, agrupaciones de personas que aportan bienes y/o trabajo para conseguir un fin común) con un fin específico, en algunos países —entre ellos, el nuestro— los sindicatos se regulan por una normativa particular. En otros, se regulan por la correspondiente normativa general sobre asociaciones. En fin, en muchos países actúan como asociaciones de hecho (es decir, no se registran conforme a la normativa sobre asociaciones aplicable y no adquieren personalidad jurídica).

De otro lado, que el sindicato no es la única forma posible de organización de los intereses de los trabajadores. Aparte de algunas formas de organización menos estables que el sindicato (coaliciones, asambleas, etc.), es habitual en los países de nuestro entorno que el ordenamiento jurídico contemple la posibilidad de elegir en las empresas representantes no sindicales de los trabajadores (comités de empresa, delegados de personal) (ver lección 5ª).

Por ello, es normal que se distinga entre un concepto amplio u objetivo de sindicato (o de lo "sindical": cualquier tipo de organización de los intereses de los trabajadores; por ello el TC habla incluso de "actividad sindical" de los representantes no sindicales: sobre estos ver infra lecc. 5ª) y un concepto restringido o subjetivo de sindicato (la organización de trabajadores bajo la forma de asociación). Nuestra CE (arts. 7 y 28.1) privilegia o da un valor preferente al sindicato en sentido subjetivo, al sindicato asociación.

2. EVOLUCIÓN HISTÓRICA DEL SINDICATO. ETAPAS DE SU RECONOCIMIENTO LEGAL

A lo largo del s. XIX, los sindicatos asocian a los trabajadores en función de su profesión u oficio, independientemente del sector de actividad donde trabajen. Por ello, se les califica de sindicatos "horizontales", los cuales, además, asocian normalmente solo a una minoría de trabajadores cualificados.

A finales del s. XIX e inicios del XX, los sindicatos evolucionan hacia la organización de todos los trabajadores, cualquiera que sea su oficio, en función del sector de actividad en que trabajen. Se les califica, entonces, de sindicatos "verticales" o "de industria".

En la actualidad, lo más normal es la organización a través de sindicatos "de industria" (construcción, metal, empleados públicos, etc.). No obstante, también hay ejemplos de sindicatos "de oficio" (pilotos, maquinistas, etc.). En algún país, existen sindicatos "generales", de varias industrias (en el Reino Unido: TGWU, Sindicato de trabajadores —no empleados— del transporte y de la industria, pero que ahora forma parte de Unite).

La forma organizativa más frecuente en España es la siguiente (ver Anexo II). En un primer nivel, se encuentra el "sindicato comarcal" o "sindicato provincial" de un sector determinado. En un segundo nivel, se encuentra la "federación nacional" o "federación regional" que agrupa en una determinada CA a todos los sindicatos comarcales o provinciales de un sector. En un tercer nivel, se encuentra la "federación estatal", que agrupa en todo el territorio del Estado a esas federaciones nacionales o regionales de un sector. En un cuarto nivel, en fin, se encuentra la "confederación" estatal que agrupa a todas las federaciones estatales de los diversos sectores de actividad (por ejemplo, confederación estatal de CCOO). Esas denominaciones según el nivel (sindicatos, federaciones, confederación) es la más habitual, aunque puede variar de un sindicato a otro.

También es normal que, junto con esa estructura por sectores de actividad, se produzca asimismo una organización de tipo territorial: todos los sindicatos comarcales y las federaciones de los distintos sectores se agrupan en "uniones" (comarcales y de CA).

En suma, bajo las siglas que habitualmente conocemos (CCOO, UGT, USO, CGT, CNT, etc.) se esconde una pluralidad de organizaciones sindicales. Así, bajo las siglas de UGT, por ejemplo (ver, infra, Anexo II), se integran la confederación estatal de UGT, las diversas federaciones estatales de sector de UGT, las diversas federaciones nacionales o regionales y, en la base, los diversos sindicatos provinciales o comarcales de cada sector. Así como, en cada territorio, las correspondientes uniones comarcales o provinciales y de CA.

Desde un punto de vista jurídico, los distintos ordenamientos han pasado por una etapa inicial de prohibición del sindicato, considerando delictiva tal asociación (el delito de "coligación" en los Códigos penales españoles del s. XIX). Posteriormente, los ordenamientos evolucionan hacia una etapa de tolerancia: el asociacionismo sindical ya no se considera delito, pero las leyes no reconocen al sindicato como asociación (no hay un trámite de registro y de reconocimiento de la personalidad jurídica del sindicato), ni atribuyen valor jurídico a sus actuaciones (convenios colectivos, sobre todo).

A lo largo del s. XX, se entra en una etapa de reconocimiento legal de los sindicatos. De este modo, las leyes les atribuyen competencias para determinadas actuaciones esenciales para todo sindicato (negociar convenios colectivos, declarar huelgas, plantear procesos judiciales, etc.); e, incluso, atribuyen al sindicato personalidad jurídica (lo que supone una capacidad de actuar y un patrimonio propio, con independencia de las personas físicas afiliadas a los mismos).

Cabe hablar incluso de una etapa, en algunos países, de "promoción" legal del sindicato: las leyes les atribuyen competencias adicionales, como negociar convenios con eficacia general, tener representación en ciertos organismos públicos, convocar elecciones a representantes no sindicales en las empresas, celebrar reuniones de los afiliados en las empresas, obtener subvenciones públicas, etc.

3. NORMATIVA INTERNACIONAL SOBRE LIBERTAD SINDICAL

Los tratados internacionales (Declaración Universal de Derechos Humanos, Pactos Internacionales de la ONU, Convenio Europeo de Derechos Humanos, Carta Social Europea, Carta de Derechos Fundamentales de la UE, etc.) reconocen a toda persona el derecho a fundar sindicatos, así como el derecho a afiliarse a los mismos. Aunque prevén posibles restricciones legales para los miembros de las Fuerzas Armadas y de la policía.

Por lo que respecta a la OIT, esta organización ha aprobado diversos convenios sobre libertad sindical, todos ellos ratificados por España.

El Convenio nº 87 contiene una serie de garantías frente a los poderes públicos. Reconoce a trabajadores y empleadores el derecho a constituir organizaciones para la defensa de sus intereses, sin ninguna distinción y sin autorización previa, así como el derecho a afiliarse a las mismas. A dichas organizaciones les reconoce el derecho a organizarse libremente y a no ser disueltas por vía administrativa.

El Convenio nº 98 contiene una serie de garantías frente a los empresarios. De un lado, que los trabajadores deberán tener una protección adecuada frente a toda discriminación en relación con su empleo por razones sindicales. De otro lado, que toda organización de trabajadores o de empleadores deberá gozar de protección frente a actos de injerencia, entre otras el sostener económicamente o de otra manera organizaciones de trabajadores para controlarlas (los llamados "sindicatos amarillos").

El Convenio nº 151 amplía estas últimas garantías a los empleados públicos. Otros Convenios se refieren a trabajadores de la agricultura o rurales (nº 11 y nº 141).

4. NORMATIVA ESPAÑOLA

El art. 7 CE afirma que los sindicatos de trabajadores y las asociaciones de empresarios contribuyen a la defensa de los intereses económicos y sociales que les son propios; añade que su creación y la actividad sindical serán libres dentro del respeto a las leyes, así como que su estructura interna y funcionamiento serán democráticos.

El art. 28.1 CE establece que todos tienen derecho a sindicarse libremente, y se refiere ampliamente a una serie de aspectos de la libertad sindical.

Como derecho fundamental, ese art. 28.1 ha sido desarrollado por una ley orgánica, la LOLS de 1985. Baste señalar aquí algunos aspectos de la misma.

De un lado, se aplica tanto a los sindicatos de trabajadores en sentido estricto como a los de funcionarios públicos. Solamente, de acuerdo con la posibilidad que concede el art. 28.1, se excluye a los miembros de las FFAA e institutos armados de carácter militar; si bien a la Guardia Civil se le reconoce el derecho de asociación.

Queda fuera de la LOLS la sindicación de la policía (que se regula por una ley orgánica específica de 1986) y de los jueces, magistrados y fiscales (cuyas asociaciones profesionales se regulan, igualmente, por sus propios estatutos específicos). También quedan fuera del ámbito de la LOLS las asociaciones de empresarios.

De otro lado, los trabajadores autónomos sin trabajadores a su servicio, los trabajadores en paro y los jubilados pueden afiliarse a sindicatos de trabajadores, aunque no pueden constituir "sindicatos" exclusivos para tales colectivos.

El art. 19 LETA reconoce a los trabajadores autónomos (no solamente a los TRADE) el derecho a afiliarse al sindicato o asociación empresarial de su elección, pero también el derecho a afiliarse y fundar "asociaciones profesionales" específicas de trabajadores autónomos, que se regirán por la Ley Orgánica 1/2002, reguladora del Derecho de Asociación, y por lo dispuesto en la propia LETA (el RD 197/2009, de 23 febrero, crea el Registro Estatal de tales asociaciones).

En fin, la LOLS, al igual que el art. 7 CE, reconoce como finalidad de los sindicatos la promoción y defensa de sus "intereses económicos y sociales". El objeto, pues, de la actividad sindical es bastante amplio y cabe entender que se extiende a todos los campos que la propia CE (arts. 40 y sigs.) incluye como económicos y sociales: distribución de la renta, empleo, descanso, seguridad social, salud, cultura, medio ambiente, etc.

5. LIBERTAD SINDICAL INDIVIDUAL (POSITIVA)

El derecho a la libertad sindical ofrece muchos aspectos. Así, la libertad sindical individual, tanto en su vertiente positiva (constituir sindicatos, afiliarse), como negativa (no afiliarse); y la libertad sindical colectiva, tanto en su vertiente interna (libertad de organización) como en su vertiente externa (actividad sindical).

Respecto de la libertad para constituir sindicatos, la LOLS (art. 4) se limita a regular el trámite de depósito de los estatutos sindicales. Cualquier sindicato, una vez constituido (varios trabajadores —reglamentariamente se exigen al menos tres— toman el acuerdo de fundar un sindicato) puede depositar sus estatutos ante la autoridad laboral competente en función de su ámbito. Esos estatutos deben tener un cierto contenido (denominación, ámbito, domicilio, sus órganos, requisitos para afiliarse, causas de pérdida de dicha condición, régimen económico, etc.).

El RD 416/2015, de 29 de mayo, es el reglamento que regula el depósito de los estatutos de las organizaciones sindicales y empresariales. Regula también el depósito de documentos acreditativos de su constitución, de su afiliación a organizaciones de ámbito superior, de su fusión e integración, de su suspensión y disolución, y de acuerdos de designación y renovación de cargos.

En relación a la regulación legal, añade que los estatutos deben incluir entre sus "fines... los típicamente laborales que los identifican" y hace referencia a varios "medios típicos de acción" entre los que no menciona expresamente la huelga.

La autoridad laboral comprobará que los estatutos cumplen formalmente esos requisitos (no entrará en cuestiones de fondo, como sería el carácter democrático de los estatutos), aceptando o rechazando el depósito. Su denegación se puede recurrir ante los tribunales laborales.

Transcurridos 20 días hábiles desde la aceptación del depósito —y, en su caso, desde la subsanación de defectos—, el sindicato adquiere personalidad jurídica propia (puede adquirir propiedades, celebrar contratos; puede, sobre todo, negociar convenios, declarar huelgas, etc.; hace frente a sus responsabilidades con su propio patrimonio).

Si el Ministerio fiscal o cualquier persona interesada impugnan los estatutos por estimar que no son conformes a derecho (sobre una impugnación de estatutos por supuesta confusión por la denominación, ver STS 25 oct. 2016, rec. 129/2015, y 6 junio 2023, rec. 198/2021; por supuesta ilegalidad de los mismos, STS 1 junio 2021, rec. 29/2019), este proceso de impugnación se resuelve por los tribunales laborales, pudiendo llevar a la anulación total o parcial de los estatutos (ver arts. 173-175 LRJS).

Caso práctico: Impugnación de estatutos

En 2006 el Sindicato Profesional de Policías Municipales de España (SPPME) acuerda presentar los estatutos autonómicos, entre otros los del Sindicato Profesional de Policías Municipales de España-Cataluña (SPPME-CAT), que contemplan su absoluta independencia de gestión, administrativa, financiera y de actuación. En 2013 el SPPME-CAT cambia su denominación a Sindicat Professional de Policies Municipals de Catalunya (luego SPPMC) y cambia el logotipo de un rombo con el escudo de España a un círculo con cuatro barras. El SPPME demanda la anulación de los estatutos del SPPMC y su depósito. Subsidiariamente pide que se declare que su denominación y anagrama incumplen lo dispuesto en el art. 4.2.a) LOLS.

Se desestima la demanda por el TSJ de Cataluña y luego por el TS. De un lado, porque el art. 2.2.b) LOLS establece que las organizaciones sindicales tienen derecho a "Constituir federaciones, confederaciones y organizaciones internacionales, así como a afiliarse a ellas y retirarse de las mismas". De otro lado, porque la denominación del SPPMC no coincide ni induce a confusión con la del SPPME, pues la inclusión de los términos Catalunya o España diferencian ambos sindicatos e indican claramente su ámbito de actuación. Señala el TS que "de no ser fácilmente previsible (la confusión), debe prevalecer la libertad de denominar al sindicato tal y como sus promotores tengan por conveniente".

(Vid. STS 25 octubre 2016, rec. 129/2015)

En cuanto al derecho a afiliarse a un sindicato, con la sola condición de respetar sus estatutos, hay que señalar que puede ser vulnerado por el empleador (no contratando a afiliados, contratando solo a afiliados a un sindicato determinado, etc.); pero también, indirectamente, por los poderes públicos (así, una ley que discrimine a favor de un sindicato limitaría la libertad para afiliarse a los demás); o, en fin, por el propio sindicato al no admitir indebidamente una afiliación o expulsar sin causa a un afiliado (ver STC 116/2001; STS 21 jul. 1998, rec. 4965/1997, y la STEDH de 27 feb. 2007), pudiendo entrar en conflicto el interés del sindicato en no aceptar a determinadas personas —por ejemplo, militantes de un partido nacionalista xenófobo o de extrema derecha— y el interés del trabajador en afiliarse a un sindicato (sobre todo si, como sucede en algún país, la afiliación condiciona la consecución de un empleo).

6. LIBERTAD SINDICAL INDIVIDUAL (NEGATIVA)

Nuestra Constitución, a diferencia de los Convenios internacionales, reconoce también expresamente el derecho a no afiliarse. Respecto de otras normas, se reconoce como implícita en el reconocimiento de la libertad sindical (ver SSTEDH de 13 ag. 1981 y 11 en. 2006).

Por ello, ciertas prácticas que han sido frecuentes en algunos países (cláusulas de taller cerrado o *closed-shop,* o taller sindicado o *union-shop*: el empleador se compromete por convenio colectivo a no contratar o a despedir a trabajadores no afiliados) resultan, en el nuestro, contrarias a la CE y a la ley.

Nuestra jurisprudencia ha considerado que resulta ilícito que un acuerdo alcanzado entre la empresa y un determinado sindicato prevea que ciertos beneficios retributivos sean aplicables exclusivamente a los trabajadores afiliados a dicho sindicato, afectando ello a la libertad sindical tanto individual como colectiva de otras organizaciones sindicales (STS 4 de junio 2025, rec. 89/2023).

La LOLS únicamente admite y regula dos tipos de cláusulas que favorecen al sindicato.

De un lado (art. 11.2), el descuento de cuotas sindicales. Si un sindicato lo solicita, el empresario debe descontar del salario del afiliado su cuota sindical y entregarla al sindicato. Se requiere el consentimiento del afiliado.

De otro lado (art. 11.1), el llamado canon por negociación. Se puede pactar en convenio la obligación empresarial de descontar, a todo trabajador, una cantidad para satisfacer los gastos derivados de la negociación colectiva, y entregarla a los sindicatos participantes en la comisión negociadora. Se requiere igualmente el consentimiento del trabajador y no se admite que el convenio fije la cuantía del descuento (STC 98/1985), por lo que resulta inviable.

7. LIBERTAD SINDICAL COLECTIVA (INTERNA)

Forma parte de la libertad sindical el derecho de los sindicatos a redactar sus estatutos, organizar su administración y sus actividades y programar su acción (art. 2.2.a LOLS). También el derecho de los sindicatos a constituir federaciones, confederaciones y organizaciones internacionales, así como afiliarse a ellas y retirarse de las mismas (art. 2.2.b LOLS).

Esta libertad de organización tiene los límites ya indicados: los estatutos tienen que tener un contenido mínimo y la estructura y funcionamiento del sindicato deben ser democráticos.

La exigencia de "democraticidad" se concretará en una serie de aspectos: igualdad de derechos de los afiliados, existencia de órganos de dirección electivos, derechos de información de los afiliados, libertad de reunión de los mismos, etc.

Por lo demás, la LOLS (art. 2.2.c) recoge el derecho de las organizaciones sindicales a no ser suspendidas ni disueltas sino por decisión de una autoridad judicial por incumplimiento grave de las leyes.

En relación con la proyección de esta libertad colectiva interna, cabe entender, con carácter general, lícito que cualquier sindicato, con fondos propios, pueda establecer beneficios dirigidos exclusivamente a sus propios afiliados, sin que por ello deba considerarse afectado el derecho a la libertad sindical de cualquier otro sindicato que no lo haga (STS 18 feb. 2025, rec. 21/2023).

8. LIBERTAD SINDICAL COLECTIVA (EXTERNA): LA ACTIVIDAD SINDICAL

Nuestro ordenamiento contempla distintos tipos de sindicatos y, en función de esa tipología, les reconoce una mayor o menor serie de derechos.

8.1. Tipos de sindicatos en el ordenamiento español

La LOLS distingue dos tipos de sindicatos: los sindicatos más representativos (SMR) y los sindicatos representativos (SR).

Los SMR pueden ser estatales o de Comunidad Autónoma. Son SMR estatales lo que en ese ámbito y en el conjunto de todos los sectores, cuenten con una audiencia electoral igual o superior al 10%. Es decir, que cuenten con el 10% o más del total de representantes de los trabajadores (comités de empresa, delegados de personal, juntas de personal) elegidos en el conjunto de empresas y administraciones públicas.

Dado el concepto (ámbito estatal, conjunto de sectores) solo pueden alcanzar esos requisitos las organizaciones de cuarto nivel, las confederaciones. En la realidad, son SMR estatales las confederaciones sindicales de UGT (Unión General de Trabajadores) y de CCOO (Comisiones Obreras).

Son SMR de Comunidad Autónoma los que en ese ámbito y en el conjunto de los sectores de actividad, tengan una audiencia electoral igual o superior al 15%. Además, ese porcentaje debe suponer al menos 1.500 representantes. Y se debe tratar de organizaciones sindicales que no estén integradas en una organización sindical estatal. En la realidad, son SMR autonómicos las confederaciones sindicales ELA (Eusko Langilen Alkartasuna) y LAB (Langilen Abertzaleen Bartzordeak) en el País Vasco, ELA en Navarra y CIG (Confederacion Intersindical Galega) en Galicia.

Tanto los SMR estatales como los autonómicos gozan de una ventaja: todas las organizaciones sindicales que están integradas en la Confederación correspondiente son consideradas a su vez como más representativas en su ámbito correspondiente. Es lo que se conoce como mayor representatividad "por afiliación" o "por irradiación". Así, por ejemplo, el sindicato provincial de la construcción de UGT en Soria, aunque en ese ámbito solamente tuviera una audiencia electoral del 5%, sería considerado en él como SMR por el hecho de estar integrado en UGT como organización global.

De otro lado, la LOLS contempla también los sindicatos que, sin ser más representativos, en un ámbito funcional y territorial concreto tienen una audiencia electoral igual o superior al 10%. Son los llamados sindicatos representativos (o suficientemente representativos).

Sobre la expedición de certificaciones acreditativas de la capacidad representativa de los sindicatos, ver art. 75.7 ET.

Junto con estos dos tipos de sindicatos, la jurisprudencia y el TC han admitido otro tipo de sindicato: el sindicato "implantado" (más exactamente: representativo por implantación, no por audiencia electoral). Serían aquellos sindicatos que, sin ser SMR ni SR en función de la audiencia electoral, tienen vinculación con un ámbito concreto en función de otros criterios: porcentaje de afiliados, sobre todo.

Precisamente, para las asociaciones profesionales de autónomos, el art. 21 LETA contempla la figura de la asociación representativa en función de su implantación en el ámbito territorial en el que actúen. Implantación que deberá acreditarse mediante criterios objetivos, como el grado de afiliación u otros que se contemplan en una enumeración abierta. La representatividad se declarará por un Consejo, compuesto por funcionarios de la Administración General y por expertos independientes.

8.2. Contenido esencial y adicional de la libertad sindical

Aunque el art. 28.1 CE no se refiera a ello expresamente, la libertad sindical comprende el derecho de los sindicatos a realizar las funciones que de ellos cabe esperar en una sociedad democrática.

Tales funciones pueden ser las que resultan inherentes a la función del sindicato de representar y defender los intereses de los trabajadores: negociar convenios colectivos, declarar huelgas, promover conflictos... Tales funciones integran el "contenido esencial" del derecho, y, como tal, no pueden ser limitadas por la ley y deben ser reconocidas a todos los sindicatos.

Pero las leyes pueden reconocer a los sindicatos un "contenido adicional" de la libertad sindical, con ese objetivo que veíamos de promocionar a los sindicatos: funciones tales como convocar elecciones a representantes no sindicales en las empresas, negociar convenios colectivos de eficacia general, obtener subvenciones, etc.

Estos contenidos adicionales pueden ser reconocidos a todos los sindicatos o solamente a algunos de ellos. Esa desigualdad de trato no necesariamente vulnerará el principio de igualdad ante la ley (art. 14 CE).

En efecto, una desigualdad de trato (en materia sindical o en cualquier otra) no es inconstitucional si reúne tres requisitos. De un lado, que la desigualdad tenga una justificación razonable o adecuada al objetivo de la norma (así, no es justificable que solo unos sindicatos obtengan subvenciones públicas, pues todos precisan de ayuda económica; pero sí es justificable que solo algunos puedan negociar convenios estatutarios o estar representados en ciertos organismos públicos, pues sería imposible que participaran todos). De otro lado, que el criterio de diferenciación entre unos y otros sindicatos a esos efectos sea objetivo: en nuestro caso lo es, como veremos, pues depende de la audiencia electoral objetiva de cada sindicato. En fin, que la desigualdad de trato resulte proporcionada. Sobre esta doctrina, por todas, STC 98/1985.

Esta diferenciación entre sindicatos es común a muchos países, si bien se utilizan criterios o parámetros distintos en unos y otros: a favor del sindicato más votado en unas elecciones, a favor de sindicatos que cumplan ciertos requisitos (número de afiliados u otros), etc.

8.3. Derechos reconocidos a todos los sindicatos

El art. 2.2.d) LOLS reconoce a los sindicatos el derecho a negociar convenios colectivos, a declarar huelgas, a plantear conflictos y a presentar candidatos a las elecciones a representantes del personal. Como puede observarse, los tres primeros son contenido esencial de la libertad sindical. El cuarto viene a ser contenido adicional.

Algunos matices a lo anterior. En primer lugar, el derecho a negociar convenios es el derecho a negociar convenios extraestatutarios, pues la negociación colectiva estatutaria queda reservada solamente a algunos sindicatos. En segundo lugar, los tribunales vienen exigiendo para declarar la huelga que el sindicato tenga, al menos, una cierta implantación (o sea SMR o SR). En tercer lugar, igualmente, para plantear un proceso de conflicto colectivo los tribunales exigen al menos cierta implantación.

Aparte lo anterior, otras normas específicas reconocen a todo sindicato, en proporción a su representatividad electoral, el derecho al uso de inmuebles públicos o la obtención de subvenciones públicas.

En cuanto a los trabajadores autónomos, recuérdese que el art. 13 LETA reconoce a las asociaciones o sindicatos que representen a los TRADE la posibilidad de negociar acuerdos de interés profesional, dotados de eficacia personal limitada y de eficacia jurídica normativa.

8.4. Derechos reconocidos a ciertos sindicatos

Teniendo en cuenta lo antes dicho sobre la posibilidad de diferenciar entre sindicatos, la LOLS (arts. 6 y 7) limita a solo algunos sindicatos el ejercicio de ciertos derechos.

A) En primer lugar, el derecho a estar representados en determinados organismos públicos (representación institucional). Se reconoce solo a los SMR. Pero el TC ha mantenido que la LOLS debe ser interpretada en el sentido de que reconoce ese derecho a los SMR, pero no lo niega a otros. De modo que la norma que regule la participación concreta de que se trate (en los consejos de las entidades gestoras de la Seguridad Social, en el Consejo Económico y Social del Estado, en los Comités Económicos y Sociales autonómicos, etc.) puede limitar la participación en los mismos a los SMR o, por el contrario, puede tener que concederla también a otros sindicatos. Así, por ejemplo, si se tratara de un organismo público cuya actuación se refiriera a los funcionarios públicos, seguramente habría que dar cabida también a sindicatos representativos en ese ámbito, aunque no fueran SMR.

Caso práctico: Participación institucional de los sindicatos

La Asociación Nacional de Profesionales de la Enseñanza, Sindicato Independiente (ANPE), ¿tiene derecho a formar parte del órgano gestor de la Mutualidad de Funcionarios de la Administración Civil del Estado (MUFACE)?

Sí. El TC estimó que la LOLS reconoce ese derecho literalmente a los SMR, pero no lo niega a otros. La norma que regule la participación en concreto de que se trate determinará la participación sindical, limitándola efectivamente a los SMR o reconociéndola también a otros. En un caso como el de MUFACE debe reconocerla a ANPE, con amplia representatividad en ese sector de funcionarios, para no vulnerar el principio de igualdad de trato.

(vid. SSTC 98/1985, de 29 de julio, sobre la LOLS, y 184/1987, de 18 de noviembre, específicamente sobre este caso)

Al hilo de lo anterior, el TC ha entendido conforme al derecho a la libertad sindical que la Ley 30/2015, sobre el sistema de formación para el empleo, reserve la participación institucional a los SMR y otros sindicatos representativos en el correspondiente ámbito de actuación, pues el criterio de la representatividad resulta objetivo y razonable y opera en los ámbitos de la planificación y programación general del sistema de formación, donde es idóneo ese criterio para evitar una dispersión sindical que pueda afectar a un eficaz funcionamiento del sistema (STC 63/2024).

La LOLS, por lo demás, reconoce este derecho añadiendo que los SMR estatales tienen derecho a participar en organismos públicos autonómicos y, a la inversa, que los SMR autonómicos tienen derecho a participar en organismos públicos estatales. (En materia de negociación colectiva, en el ET se viene a establecer algo similar, ver lección 6ª).

En cuanto a las asociaciones profesionales representativas de trabajadores autónomos, el art. 21.5 LETA les reconoce (junto a los SMR) una "posición jurídica singular", que les otorga capacidad para, entre otras facultades, ostentar representación institucional ante las AAPP u otras entidades u organismos de carácter estatal o de CA que la tengan prevista.

B) En segundo lugar, el derecho a negociar convenios colectivos estatutarios. Se reconoce a los SMR y a los SR. Pero, además, la ley que los regula (arts. 82 y sigs. ET) reconoce igual legitimación para negociarlos en la empresa a los comités de empresa y delegados de personal.

C) En tercer lugar, el derecho a participar (mediante negociación o consulta) en la fijación de las condiciones de trabajo de los funcionarios públicos. Se reconoce solo a los SMR y a los SR. La normativa específica (el EBEP, ver lección 6ª) lo limita igualmente solo a esos sindicatos.

D) En cuarto lugar, el derecho a participar en procedimientos extrajudiciales de solución de conflictos (ver lección 8ª). Se reconoce solo a los SMR y a los SR. No se trata del derecho a negociar mediante acuerdos esos procedimientos, ni del derecho a plantear conflictos para su resolución mediante esos procedimientos; sino del derecho a formar parte de los órganos encargados de gestionar esos procedimientos.

E) En quinto lugar, el derecho a promover (convocar) elecciones a representantes del personal en las empresas. Se reconoce a los SMR y a los SR. Las leyes específicas que regulan el tema (arts. 62 y sigs. ET; EBEP) reconocen ese derecho también a los propios trabajadores, por mayoría.

F) En sexto lugar, el derecho al uso de inmuebles públicos. Se reconoce solo a los SMR. Pero ya se ha dicho que la ley específica sobre el tema (Ley 4/1986, sobre patrimonio sindical acumulado) reconoce ese derecho a todo sindicato en atención a su representatividad global, aunque con preferencia de los SMR (ver STC 99/1983 y, en relación a subvenciones presupuestarias, STC 147/2001).

G) En séptimo lugar, el derecho a cualquier otra función representativa legalmente reconocida. En efecto, las leyes (por ejemplo, el ET) reconocen derechos de consulta en ciertas cuestiones (modificación de la jornada legal, regulación de condiciones en ámbitos sin convenio, etc.). Se reconoce a los SMR y a los SR. En todo caso, jurisprudencialmente se ha entendido que resulta contrario a la libertad sindical que una norma reglamentaria prevea que determinados deberes de información que pesan sobre la empresa se establezcan exclusivamente en relación con los sindicatos más representativos y representativos del sector, excluyéndose, en cambio, a otros sindicatos a pesar de tener representación en la empresa en cuestión (STS 22 abr. 2024, rec. 752/2023).

En suma, aunque la LOLS pretendió favorecer a las grandes confederaciones (sobre todo, en ciertas materias: participación institucional, uso de inmuebles públicos), la lectura correctora del TC (en el sentido de que la LOLS reconoce ciertos derechos a ciertos sindicatos, pero ello no supone que los niegue a otros) ha venido a corregir el monopolio pretendido por la ley, de modo que los derechos de SMR y de SR (e, incluso, de todos los sindicatos en ciertas materias) se han equiparado.

Expresivamente, se ha dicho que el nuestro es un modelo de "duopolio sindical atenuado" (VALDÉS DAL-RÉ).

9. TUTELA DE LA LIBERTAD SINDICAL

Un derecho con tantos aspectos y que se pueden vulnerar de tantas maneras, como lo es la libertad sindical, requiere un aparato protector adecuado que garantice su efectividad.

En primer lugar, la tutela de la libertad sindical se consigue mediante la declaración de **nulidad de los actos antisindicales** (arts. 17 ET y 12 LOLS): los reglamentos, los convenios colectivos, los contratos de trabajo y las decisiones del empresario que supongan discriminación en relación al empleo o a las condiciones de trabajo son nulos.

Naturalmente, caben otras conductas que igualmente lesionen algún aspecto de la libertad sindical, aunque no sea en relación al empleo o condiciones de trabajo, o aunque no sean discriminatorias. Así, puede resultar lesión de una ley discriminatoria entre sindicatos, o de una decisión administrativa (por ejemplo, limitando el derecho de huelga), o de una decisión empresarial no relacionada con el empleo ni las condiciones de empleo (por ejemplo, denegando información, o locales, o el ejercicio del derecho de reunión en la empresa), o de una decisión sindical (por ejemplo, denegando una afiliación o expulsando a un afiliado; concediendo un bono para vacaciones a sus afiliados que participen en elecciones a representantes: STS 10 nov. 2021, rec. 110/2020, que también interesa a efectos de determinación de la indemnización). A estos efectos, ampliamente, el art. 13 LOLS establece que cualquier trabajador o sindicato que considere lesionados sus derechos de libertad sindical, puede recabar su tutela ante la jurisdicción competente.

Como ya se ha dicho, según el tipo de lesión, los tribunales competentes pueden ser los laborales, pero también los contencioso-administrativos o los penales. O el propio TC si la lesión proviene de una ley (recurso o cuestión de inconstitucionalidad) o al resolver un recurso de amparo.

En la normativa procesal laboral se contiene un proceso especial de tutela de los derechos fundamentales y libertades públicas (arts. 177-184LRJS) (ver, por ejemplo, STS 13 sept. 2016, rec. 206/2015, y STS 21 en. 2019, rec. 214/2017, referida al uso de medios informáticos de la empresa). Se trata del desarrollo en materia laboral del proceso sumario y urgente previsto en el art. 53 CE (Ver lección 2ª). Es un proceso rápido con plazos muy breves, un proceso preferente y un proceso sumario. Se puede solicitar la suspensión del acto supuestamente antisindical durante su tramitación. Sus efectos, en su caso, son la declaración de nulidad, la orden de cese inmediato de la conducta, la reposición de la situación al momento anterior a la lesión y la posible condena al pago de una indemnización por daños (sobre su prueba y sobre la cuantía indemnizatoria, ver arts. 179.3 y 183 LRJS, así como, por ejemplo, SSTS 14 febr. 2020, rec. 130/2018 y 20 y 27 mayo 2021, recs. 135 y 151/2019, y 9 abril 2024, rec. 2862/2021, entre otras). En apretado resumen: respecto de conductas antisindicales, la indemnización tiene no solo una función resarcitoria sino también preventiva y para la fijación de su cuantía resultan orientativas las sanciones contempladas en la LISOS.

En segundo lugar, la tutela se persigue mediante **sanciones administrativas**. En efecto, en la LISOS (ver lección 3ª) se contemplan determinadas infracciones del empleador cuyo contenido son lesiones a determinados aspectos de la libertad sindical. Son infracciones graves (art. 7 LISOS) las transgresiones de los derechos de información, audiencia y consulta de los delegados sindicales; de los derechos en materia de crédito de horas, locales y tablones de anuncios; de los derechos a recaudar cuotas, distribuir y recibir información sindical (para el contenido de esos derechos, ver lección 5ª). Son infracciones muy graves (art. 8 LISOS), la lesión del derecho de reunión (ver igualmente lección 5ª), las decisiones unilaterales discriminatorias del empleador y otras actuaciones empresariales.

En fin, en tercer lugar, determinadas conductas antisindicales constituyen **delitos,** sancionables penalmente (arts. 314 y 315 CP). **La prueba de la conducta antisindical.** Aparte todo lo anterior, hay que tener en cuenta que la aplicación de cualquiera de esos medios de tutela requiere, previamente, que se pruebe la existencia de una conducta antisindical.

Esa prueba puede resultar relativamente fácil cuando la conducta en cuestión tenga un contenido objetivo: denegar una información, un local, una reunión, etc. Pero es muy difícil cuando se trata de probar que una conducta tiene un motivo antisindical (o, en general, discriminatorio o vulnerador de un derecho fundamental). Si no se contrata o si se despide por razones antisindicales (o por otro motivo discriminatorio: sexo, religión, etc.), se alegará formalmente otra causa (falta de cualificación, falta de rendimiento, ausencias al trabajo, libertad para amortizar el puesto, extinción acausal en período de prueba, etc.).

Por ello, primero el TC y luego la normativa procesal (arts. 96.1 y 181.2 LRJS), han procedido a una peculiar distribución de la "carga de la prueba" (no solamente en casos de discriminación por razones sindicales, sino también por otras). No se exige al demandante discriminado que pruebe que el motivo de la conducta combatida es discriminatorio (prueba que normalmente sería imposible), sino simplemente que pruebe "indicios" de que la conducta es discriminatoria (entre muchas, SSTC 308/2000, 84/2002, 17/2005). Si el demandante prueba, en efecto, tales indicios, se presume que la conducta es discriminatoria. Y, en tal caso, para destruir esa presunción, el demandado tendrá que probar que ha actuado por otros motivos, objetivamente ajenos a razones discriminatorias ("una justificación objetiva y razonable...de las medidas adoptadas y de su proporcionalidad"). Si lo prueba, su actuación ya no se calificará como nula, aunque puede todavía resultar improcedente (si prueba que actuó por un motivo no discriminatorio, pero ese motivo no justificaba la medida adoptada).

Caso práctico: Prueba de conducta antisindical

Un trabajador presta servicios como mecánico para la empresa H. Motors. Como candidato de CCOO es elegido delegado de personal el día 17 de junio. La mayor parte de la plantilla es subrogada por otra empresa K. Motors, quedando el trabajador con tres jefes y un administrativo, que en asamblea revocan su cargo. El día 3 de julio es sancionado por uso indebido del crédito horario, sanción conciliada como improcedente. El 9 de julio se le impone un período vacacional, el recurso frente a lo cual es estimado. El 3 de noviembre se le impone otra sanción, igualmente conciliada. El 9 de noviembre comparece como testigo en el despido de otro trabajador, declarado improcedente.

El 24 de noviembre recibe carta de despido por necesidades de reestructuración y reducción de gastos, así como por faltas de puntualidad y asistencia. El trabajador recurre ante el Juzgado y la empresa reconoce la improcedencia del despido, pero niega un móvil discriminatorio. El Juzgado declara nulo el despido, el TSJ revoca la sentencia en suplicación y el trabajador recurre en amparo ante el TC.

El TC subraya que en un corto período de tiempo tras su elección fue objeto de sanciones conciliadas como improcedentes y de una imposición arbitraria de vacaciones, así como aislado de sus compañeros, siendo revocado por trabajadores restantes vinculados a la dirección; y, en fin, que la empresa reconoce la improcedencia del despido. Asimismo, estima que la empresa no ha desvirtuado esos indicios razonables de vulneración constitucional, pues se ha limitado a negar el móvil antisindical.

Por ello, el TC concluye que el TSJ no ha aplicado la consolidada regla especial de distribución de la carga de la prueba y por ese motivo otorga el amparo.

(STC 2/2009, de 12 de enero)

La tutela internacional. En el plano del derecho internacional, conviene resaltar la labor de dos órganos especializados de la OIT: el Comité de Libertad Sindical (el más importante, órgano tripartito que, a partir de quejas o reclamaciones, eleva informes al Consejo de Administración) y la Comisión de Investigación y Conciliación en materia de libertad sindical. Téngase en cuenta que, aunque un país no haya ratificado los Convenios de la OIT sobre libertad sindical, queda vinculado por la Constitución de dicha organización, uno de cuyos principios es precisamente la libertad sindical.

10. RESPONSABILIDAD DEL SINDICATO

El sindicato puede incurrir en responsabilidad por diversas razones (entre otras, derivadas de sus actuaciones laborales: declaración de una huelga ilegal, daños causados por un piquete, expulsión de un afiliado, etc.).

Como persona jurídica que es, el sindicato, conforme al art. 5 LOLS, únicamente responde por los actos o acuerdos de sus órganos estatutarios; y por los actos individuales de sus afiliados si éstos actúan en representación del sindicato o por su cuenta.

Establece además ese art. 5 LOLS que las cuotas sindicales no pueden ser objeto de embargo. Alguna doctrina y alguna sentencia interpretan que las cuotas inembargables son solo las no ingresadas en el patrimonio del sindicato, mientras que las ya ingresadas serían embargables, con lo que la utilidad de esa inembargabilidad para el mismo sería prácticamente nula.

11. LAS ORGANIZACIONES EMPRESARIALES

Tanto el Convenio nº 87 OIT como el art. 7 CE reconocen a los empresarios el derecho a constituir libremente organizaciones para la defensa de sus intereses.

En primer lugar, tal derecho no se regula por la LOLS (aplicable solo a los sindicatos de trabajadores y funcionarios) sino por la LAS de 1977. Esta ley regula el depósito de estatutos y la obtención de personalidad jurídica por el empresario en los mismos términos que lo hace la LOLS para los sindicatos. Se desarrolla por el mismo RD 416/2015 aplicable a las organizaciones sindicales.

En segundo lugar, las asociaciones de empresarios tienen reconocidos derechos similares a los de los sindicatos: a negociar convenios estatutarios (arts. 87 y 88 ET), a la participación institucional en determinados organismos públicos (conforme a las normas correspondientes), a incoar procesos de conflicto colectivo ((art. 154 LRJS)), a la impugnación de convenios colectivos (art. 163.2 LRJS), al uso de inmuebles públicos (conforme a la Ley 4/1986, citada), etc.

En tercer lugar, la estructura organizativa de las organizaciones empresariales suele ser similar a la de los sindicatos (aunque suele resultar algo más compleja). En un primer nivel, asociaciones locales, comarcales y/o provinciales de empresarios de un sector. En un segundo y tercer niveles, federaciones autonómicas y estatales de sector que agrupan a las asociaciones inferiores. En un cuarto nivel, confederaciones estatales que integran a las federaciones de todos los sectores (por ejemplo, CEOE y CEPYME). También es normal la existencia de organizaciones de ámbito provincial o autonómico (incluso ámbitos territoriales inferiores).

En cuarto lugar, al igual que sucede con los sindicatos, su organización interna y su funcionamiento deben ser democráticos (art. 7 CE; LAS). Pero el concepto de democracia, en una organización empresarial (que no es una asociación de personas físicas sino de empresas), puede tener un sentido distinto: el poder decisorio de cada empresa afiliada puede ser distinto, pues será distinto el número de trabajadores empleados, el volumen de negocio, etc.

En fin, en quinto lugar, el ET (DA 6ª) contempla asimismo la figura de la asociación empresarial más representativa, aunque solamente a efectos de otorgarle el derecho a la participación en los organismos públicos que la tengan prevista. La definición de mayor representatividad es, naturalmente, distinta a la de SMR. Son asociaciones empresariales más representativas estatales las que, en ese ámbito, cuenten con un 10% o más de empresas afiliadas, siempre que éstas den empleo al 10% o más de los trabajadores. Son asociaciones empresariales más representativas autonómicas las que cumplan esos dos requisitos, en el ámbito autonómico, pero elevados al 15% o más. Además, a diferencia de lo que sucede con los sindicatos, no juega el concepto de mayor representatividad "por afiliación o irradiación", aunque las asociaciones más representativas tienen legitimación para negociar convenios en sectores en que no existan asociaciones empresariales representativas (ver lección 6ª).

Lección 5ª

Representación y participación en la empresa

1. LA PARTICIPACIÓN DE LOS TRABAJADORES EN LA EMPRESA

Una empresa es una organización de elementos personales y materiales para la producción de bienes o servicios. De esa organización es titular una persona física o una persona jurídica (una sociedad civil, mercantil, una administración pública, un ente público).

A lo largo del s. XX, el Derecho del Trabajo fue concediendo progresiva importancia al personal de la empresa, estableciendo órganos de representación de este y regulando su participación en la gestión de la empresa, básicamente mediante los citados órganos de representación.

Inicialmente, esos órganos de representación se concibieron como una organización de los intereses de los trabajadores alternativa al sindicato. Sin embargo, progresivamente, han ido perdiendo ese sentido no sindical y, en la actualidad, o bien están fuertemente sindicalizados de hecho, o bien coexisten con representaciones propiamente sindicales en la empresa.

En cualquier caso, hay que distinguir entre las diversas formas de organizar la representación de los trabajadores en la empresa y las diversas formas de regular su participación en la gestión de esta.

2. ÓRGANOS DE REPRESENTACIÓN DEL PERSONAL EN LA EMPRESA

En materia de organización de la representación del personal en la empresa, caben dos modelos: de un lado, una representación unitaria; y, de otro, una representación sindical.

A) La llamada **representación "unitaria"** viene constituida por los representantes elegidos por todos los trabajadores de la empresa y, por tanto, a todos ellos representan. No son, pues, órganos de ningún sindicato. Cuestión distinta es que, en la práctica, estos representantes están muy "sindicalizados", en el sentido de que al mismo tiempo son afiliados a algún sindicato o, al menos, han sido presentados a las correspondientes elecciones por alguno de los sindicatos, quienes además son los que promueven mayoritariamente la convocatoria de elecciones. Y es que alcanzar la condición de sindicato más representativo (arts. 6 y 7 LOLS) o de sindicato mera o simplemente representativo (art. 7.2 LOLS) depende de si el sindicato supera o no ciertos porcentajes de audiencia en las elecciones a órganos de representación unitaria.

Este tipo de representación unitaria ha sido habitual en muchos países de la Europa continental (Francia, Alemania, España, etc.).

En teoría, esta representación unitaria se concibe como un órgano de colaboración con la dirección de la empresa, por lo que no suele tener funciones de carácter conflictivo (negociar convenios, declarar huelgas). No obstante, en la práctica, es frecuente que tienda a desempeñar también esas funciones.

En España, la representación unitaria, cuyo fundamento constitucional se halla en el art. 129 de la CE, es objeto de regulación detallada en el T. II del ET (arts. 61 a 81).

Este tipo de representación, por lo demás, puede articularse, según el número de trabajadores en el centro de trabajo, mediante delegados de personal o comités de empresa.

B) La representación de los trabajadores en las empresas puede confiarse, alternativamente, a los sindicatos.

Este tipo de representación ha sido más tradicional en los países anglosajones y escandinavos.

En nuestro país, su fundamento constitucional es el art. 28.1 de la CE y su desarrollo legislativo corresponde a la LOLS, aunque también deben considerarse, en su caso, los convenios colectivos y los estatutos sindicales.

Según la LOLS, los sindicatos se organizan dotándose de **secciones sindicales** de empresa y, en su caso, de **delegados sindicales** elegidos exclusivamente por los trabajadores afiliados al sindicato y que forman parte de esas secciones sindicales.

C) En la actualidad, en nuestro ordenamiento, puede apreciarse una importante convergencia entre esas dos formas (unitaria y sindical) de representación en la empresa. Así, en países como el nuestro, es normal que las leyes admitan y regulen ambos tipos de representación. Existe lo que se denomina un **"doble canal" de representación**.

En otros casos, la representación sindical asume la representación de todos los trabajadores (incluso los no afiliados), lo que paralelamente conlleva por lo general que sea elegida también incluso por los no afiliados.

Sea como fuere, la normativa internacional (Convenio nº 135 OIT y Recomendación nº 143 OIT) exige a los países que la han ratificado que establezcan garantías para los representantes en la empresa, admitiendo cualquiera de las dos formas de representación o ambas a la vez. Con todo, se requiere que la existencia de una representación unitaria no vaya en menoscabo de los sindicatos. Por ello, como veremos, en nuestro ordenamiento, la protección y facilidades reconocidas a la representación unitaria y a la sindical en la empresa resultan equiparadas.

3. FORMAS DE PARTICIPACIÓN

Los órganos de representación del personal pueden tener atribuidas o no competencias de participación en la gestión de la empresa. Normalmente, los ordenamientos jurídicos prevén alguna competencia, pero la situación es muy distinta en cada país.

Comúnmente se reconoce una serie de derechos, de muy diverso alcance: derecho de información, derecho de consulta, e, incluso, derecho de veto o derecho de codecisión. Sin embargo, estos últimos derechos solo se reconocen en ciertos ordenamientos, como el alemán. En todo caso, se confieren al órgano de representación exclusivo de los trabajadores (unitario o sindical), no a un órgano de la propia sociedad titular de la empresa. De ahí que se engloben bajo el concepto de "**participación externa**".

Otra forma de participación consiste en reconocer la presencia de representantes de los trabajadores en los propios órganos de gestión de la sociedad titular de la empresa, o en atribuirles un papel en la designación de esos órganos (proponer, recomendar, oponerse, vetar miembros de esos órganos internos). En tal caso, la presencia o su intervención será en el consejo de administración (si la sociedad tiene solamente un órgano de gestión, aparte la asamblea o junta de accionistas: estructura monista); o en el consejo de dirección y/o en el consejo de vigilancia (si la sociedad tiene esos dos órganos de gestión: estructura dual), normalmente en el segundo. Por ello, a esta forma de participación se la denomina "**participación interna**". A su vez, esa participación interna (normalmente, covigilancia) puede ser minoritaria o, más raramente, paritaria. De nuevo, el ordenamiento que sirve de ejemplo es el alemán.

La normativa de la UE, que veremos luego al estudiar la representación en empresas de ámbito comunitario, utiliza como concepto global el de "implicación", el cual incluye la información, la consulta y la participación (en sentido estricto: participación interna).

4. LA REPRESENTACIÓN UNITARIA EN EL ORDENAMIENTO ESPAÑOL

Como se ha avanzado, nuestro ordenamiento prevé un doble canal de representación: unitario y sindical.

La base de la representación unitaria se suele ver en el art. 129.2 CE (aunque en él se afirma, más bien, que los poderes públicos promoverán eficazmente "las diversas formas de participación en la empresa"), así como en la interpretación hecha por el TC de que determinados derechos constitucionales (negociación colectiva, huelga, planteamiento de conflictos colectivos) no se atribuyen en exclusiva a los sindicatos, sino también a los trabajadores. Por ello, para que los trabajadores puedan ejercitar tales derechos, se hace indispensable que el legislador regule esta forma de representación no sindical.

Conviene recordar que, según la doctrina del TC, los representantes unitarios, desde un punto de vista objetivo, realizan "actividad sindical" (representación y defensa de los trabajadores). Pero, desde un punto de vista subjetivo, el art. 28.1 CE solo "constitucionaliza" al sindicato-asociación. Dicho, en otros términos, el derecho fundamental de libertad sindical solo se reconoce a los sindicatos, no a la representación unitaria. Ello trae consigo la consecuencia de que solamente la vulneración de los derechos del sindicato tiene acceso al recurso de amparo, mientras que no lo tiene la vulneración de los derechos de los representantes unitarios.

Por lo tanto, la consecuencia de no considerar protegida por el derecho de libertad sindical a la representación unitaria es meramente procesal (no acceder al recurso de amparo ni al proceso especial de tutela de la libertad sindical). Con todo, esta ausencia de la protección propia de un derecho fundamental en relación con la representación unitaria solo acontece cuando no existe una "conexión sindical" en relación con la vulneración de derechos de la representación unitaria. De esta suerte, puede accederse al recurso de amparo, por ejemplo, cuando se despide a una trabajadora por convocar una reunión preparatoria de elecciones a representantes unitarios, cuando dichas elecciones se promueven por un sindicato, cuando se presenta una candidatura sindical a las mismas, cuando se vulneran derechos de los representantes unitarios pero elegidos en listas presentadas por un sindicato, etc.

A) Organización de la representación unitaria. Esta representación unitaria, no sindical, está regulada en los arts. 62 y sigs. ET, que contemplan dos tipos de representantes unitarios: los delegados de personal y los comités de empresa. A estas categorías cabe añadir los comités de empresa conjuntos y los comités intercentros. El núcleo de toda esta estructura representativa está en el centro de trabajo, no en la empresa.

Se deben elegir **delegados de personal** (art. 62.1 ET) en centros de trabajo de entre 11 y 49 trabajadores (también en centros de 6 a 10, si así lo deciden los trabajadores por mayoría —representación voluntaria)—. Su número es de 1 (hasta 30 trabajadores) o de 3 (entre 31 y 49 trabajadores).

Se deben elegir **comités de empresa** (art. 63.1 ET) en centros de trabajo de 50 o más trabajadores. El número de miembros del comité oscila entre 5 y 75 representantes (art. 66.1 ET).

Se puede constituir un **comité de empresa conjunto** (art. 63.2 ET) cuando, en una provincia o municipios limítrofes, dos o más centros de una empresa no alcancen aisladamente la cifra de 50, pero sí en conjunto. Si en una misma provincia unos centros tienen 50 trabajadores y otros no, en los primeros se constituirán comités propios "y con todos los segundos se constituirá otro". Ahora bien, según la jurisprudencia, en la elección del comité conjunto solamente participarán los centros de entre 11 y 49 trabajadores (STS 7 feb. 2012, rec. 114/2011). En consecuencia, cuando en la provincia o municipios limítrofes existan estos centros de entre 11 y 49, si constituyen el comité conjunto, no podrán elegir delegados propios de centro.

En fin, por convenio colectivo estatutario se podrá añadir la existencia de un **comité intercentros** (art. 63.3 ET). Los miembros del comité intercentros no se eligen directamente por los trabajadores, sino por las organizaciones que integran su composición. El número de sus miembros será como máximo de trece —"designados de entre los componentes de los distintos comités de centro", aunque según la jurisprudencia también de entre los delegados (STS 3 oct. 2001, rec. 3566/2000)—, y se distribuirá proporcionalmente a la composición de todos los comités (y delegados) de centro, incluyendo también a sus miembros independientes (STS 3 nov. 2015, rec. 334/2014), aunque el art. 63.3 ET dice literalmente que "se guardará la proporcionalidad de los sindicatos según los resultados electorales considerados globalmente". La aplicación de este principio de proporcionalidad según los resultados electorales no se verá alterado por alianzas o agrupaciones sindicales sobrevenidas con posterioridad (STS 10 abr. 2019, rec. 24/2018). Respecto de sus funciones, estas estarán concretadas en el convenio que acuerde su creación sin que pueda arrogarse otras. Con carácter general, básicamente consistirán en coordinar la actuación de los diversos comités de centro que tenga una empresa o abordar temas comunes a los diversos centros

B) El centro de trabajo. Como se ha visto a propósito de los delegados de personal y del comité de empresa, la estructura de la representación unitaria descansa sobre el centro de trabajo y no sobre el conjunto de la empresa. El art. 1.5 ET define el centro de trabajo como una unidad productiva con organización específica, dada de alta como tal ante la autoridad laboral. Por tanto, un centro de trabajo es un conjunto de medios de producción que realizan la totalidad o parte del proceso productivo global de la empresa (unidad productiva), con una cierta autonomía organizativa (organización específica) y formalmente dado de alta como tal (aunque no se trata de un requisito constitutivo).

Para el supuesto específico del personal laboral de la Administración General del Estado, el RDL 20/2012 determina las unidades electorales tanto para el personal laboral que presta sus servicios en territorio nacional (art. 12), como en el exterior (art. 14).

C) El número de trabajadores. A efectos de considerar el número de trabajadores que determinará la concreta representación unitaria, cabe tener en cuenta tanto el número de trabajadores en el centro como su posible variación.

a) Cómputo. La elección de representantes unitarios y su número depende del número de trabajadores del centro de trabajo en el momento de la convocatoria o preaviso electoral (arts. 62 y 66 ET), no en el momento de la constitución de la mesa o mesas electorales (STS 21 dic. 2017, rec. 4149/2015). El cómputo se hace del siguiente modo (arts. 72 ET y 9.4 RD 1844/1994, REORTE):

a) Se computarán los trabajadores con contrato de duración indefinida (incluidos los fijos discontinuos) y los trabajadores vinculados por contrato de duración determinada superior a un año.

b) Los contratos por término de hasta un año, se computan como un trabajador por cada 200 días o fracción trabajados (incluyéndose los días de descanso) en el periodo de un año anterior a la convocatoria de la elección, tanto si el contrato sigue en vigor como si no (STS 15 nov. 2022, rec. 188/2019).

b) Variación. Como no se tiene en cuenta el número medio durante un período previo, sino los computables en la forma dicha, si durante el mandato aumenta el número de trabajadores del centro, se podrán promover elecciones parciales para incrementar si procede el número de representantes, eligiendo a los representantes complementarios necesarios o, en su caso, eligiendo a un comité en lugar de delegados (arts. 67.1. 5º ET y 13.1 REORTE). El mandato de estos nuevos representantes finalizará al mismo tiempo que el de los representantes ya existentes en el centro de trabajo. Si, por el contrario, disminuye el número de trabajadores del centro, se estará a lo dispuesto en el convenio colectivo aplicable o, en su defecto a un acuerdo de empresa (arts. 67.1 *in fine* ET y 13.2 REORTE).

5. PROCEDIMIENTO ELECTORAL

El procedimiento electoral viene regulado en el ET (arts. 67 y 69-76 ET) y en el REORTE. A pesar de tratarse de la elección a representantes unitarios, a este procedimiento se le denomina comúnmente elecciones “sindicales”.

A) Electores y elegibles. Candidaturas (art. 69.2 y 3 ET). Serán electores todos los trabajadores del centro, mayores de 16 años, con una antigüedad de un mes.

Serán elegibles todos los trabajadores del centro, mayores de 18, con una antigüedad de 6 meses, salvo en aquellas actividades en que, por movilidad del personal, se pacte en convenio colectivo un plazo inferior, con el límite de 3 meses de antigüedad.

El personal de alta dirección no puede participar, ni como elector ni como elegible, en los órganos de la representación unitaria (art. 16 RD 1382/1984).

Las candidaturas pueden ser presentadas por cualquier sindicato legalmente constituido o coaliciones formadas por 2 o más de ellos. Igualmente, por los trabajadores que avalen su candidatura con un número de firmas de electores de su mismo centro y colegio, en su caso, equivalente al menos 3 veces el número de puestos a cubrir pueden presentarse.

B) Iniciativa electoral (art. 67.1 ET). Las elecciones se pueden convocar, en cada centro, por los sindicatos más representativos, los sindicatos con suficiente representatividad en la empresa y los propios trabajadores por acuerdo mayoritario.

Cabe la convocatoria general de elecciones, en un ámbito funcional o territorial determinado, previo acuerdo de los sindicatos más representativos o de los sindicatos cuya representatividad conjunta supere el 50% de los representantes elegidos en los ámbitos en que se lleva a efecto la promoción (arts. 67.1 3° ET y 2.4 REORTE).

En el supuesto más frecuente, que es el del vencimiento del mandato de los anteriores representantes, la promoción de elecciones debe efectuarse a partir de la fecha en que falten tres meses para el vencimiento de dicho mandato (art. 67.1 4° ET). El REORTE regula otros supuestos que pueden derivar en la promoción de elecciones (art. 1).

C) Inicio del procedimiento electoral (art. 67.1 ET). Este inicio consiste en la constitución de la mesa (o mesas) electoral (es). La convocatoria debe comunicarse por los promotores al empresario y a la autoridad laboral (con registro de dicha comunicación) con un plazo mínimo de, al menos, 1 mes de antelación al inicio del proceso electoral. En esta comunicación, debe constar la fecha de inicio del procedimiento (entre 1 y 3 meses desde el registro de la comunicación de la convocatoria).

Una vez efectuada la comunicación de la convocatoria al empresario, este debe informar sobre la misma a los representantes de los trabajadores y a los que integrarán la(s) mesa(s), entregándoles al mismo tiempo el censo electoral (ver STS 27 sept. 2007, rec. 78/2006).

D) Composición de la(s) mesa(s) (arts. 70, 71 y 73 ET y 5 REORTE). Si se trata de elegir delegados de personal, existe un único colegio electoral y una única mesa, todo ello compuesto por todos los trabajadores. Si se trata de elegir comité de empresa, normalmente existen al menos dos colegios electorales, uno para técnicos y administrativos y otro para trabajadores cualificados y no cualificados (sobre la imperatividad de estos dos colegios, STS 12 jul. 2018, rec. 133/2017). Por convenio colectivo, que no sea franja, puede acordarse un tercer colegio electoral (STS 17 mayo 2004, rec. 101/2003). Con todo, puesto que el reparto de representantes se distribuye entre los colegios de manera proporcional al número de trabajadores que lo integran puede ocurrir que un colegio muy minoritario —por ejemplo, 4 trabajadores de 50— puede no tener ningún miembro del comité.

En todo caso, en cada colegio, se constituye una mesa por cada 250 trabajadores o fracción. Cuando existan varias mesas electorales, por acuerdo mayoritario de sus miembros puede constituirse una mesa electoral central (art. 5.14 REORTE).

La mesa electoral estará integrada por el trabajador con más antigüedad y por los de mayor y menor edad. Si hay varias mesas electorales, por los siguientes en ese orden (art. 5.7 REORTE).

E) Funciones de la(s) mesa(s) (art. 74 ET). La(s) mesa(s) gestiona(n) todo el proceso electoral: publicación del censo, admisión de correcciones al mismo, publicación del censo definitivo, determinación del número de representantes a elegir, proclamación de candidaturas, fijación de la fecha de votación, escrutinio, etc.

En el caso de elección de delegados, entre la constitución de la mesa y las elecciones no deben mediar más de 10 días (art. 74.2 ET). En el supuesto de elecciones a miembros de comité de empresa, se establecen distintos plazos para las diferentes funciones de la mesa (art. 74.3 ET).

F) Obligaciones del empresario (art. 75.1 ET). Están previstas en términos muy generales: el empresario debe "facilitar los medios precisos" para el desarrollo del proceso electoral. En todo caso, conforme a la LISOS (art. 8.7), es infracción muy grave la transgresión del deber de colaboración del empleador en el proceso electoral.

El REORTE se limita a añadir que los promotores de las elecciones, los presentadores de candidatos y los candidatos mismos pueden efectuar la propaganda electoral oportuna, sin alterar la normal prestación del trabajo (art. 8.4 REORTE).

G) Sistema electoral (arts. 70 y 71 ET). Si se trata de elegir ***delegados de personal*** (art. 70 ET), el sistema electoral es mayoritario puro: se forma una única lista electoral, cada elector puede votar a tantos candidatos como delegados a elegir, resultando elegidos los que obtengan mayor número de votos. En caso de empate, resultará elegido el trabajador de mayor antigüedad en la empresa.

Si se trata de elegir los miembros del ***comité de centro*** (**art. 71.2 ET**), el sistema electoral es proporcional: se presentan listas cerradas, cada elector puede dar su voto a una lista y los puestos a cubrir se distribuyen proporcionalmente al número de votos obtenido por cada lista (hay que obtener, al menos, el 5% de los votos del colegio correspondiente).

H) Votación (art. 75 ET). La fecha de la votación se determina por la mesa electoral, el conjunto de mesas o la mesa central (art. 5.4 REORTE). Debe celebrarse en el centro de trabajo y durante la jornada laboral.

El voto es libre, personal, directo y secreto. Se regula el voto por correo, previa comunicación del elector a la mesa a través de las oficinas de

Correos (art. 10 REORTE), aunque puede efectuarse personalmente a la mesa electoral (STS 25 febrero 2021, rec. 99/2019).

El escrutinio se hará inmediatamente, levantándose acta de este y comunicando el resultado al empresario, interventores y candidatos, publicándose en tablones de anuncios. El original del acta se presenta a la oficina electoral, que publicará copia de esta.

I) Reclamaciones en materia electoral (art. 76 ET). Para evitar un exceso de reclamaciones judiciales, la elección, en primer lugar, debe ser impugnada mediante un procedimiento arbitral en el que intervienen árbitros designados por los sindicatos representativos (arts. 28 a 42 REORTE). El laudo arbitral, posteriormente, puede ser impugnado judicialmente (arts. 127 a 132 LRJS). Por su parte, las decisiones de la oficina pública denegando el registro de las actas electorales pueden ser impugnadas directamente, sin previo procedimiento arbitral (arts. 133 a 136 LRJS).

6. REGULACIÓN DEL MANDATO REPRESENTATIVO

El mandato electoral dura cuatro años, pero los representantes se mantienen en funciones hasta tanto no se hayan promovido y celebrado nuevas elecciones (art. 67.3 ET), ya convocadas o que se convoquen en cualquier momento de la prórroga.

Con todo, el mandato puede tener una duración diversa en el caso de sustituciones y, como ya se ha avanzado, de elecciones parciales, supuestos en los que el mandato dura el tiempo que reste a los inicialmente elegidos (art. 67.1 5° ET).

Asimismo, el mandato puede finalizar con carácter previo al transcurso de los 4 años: 1°) por muerte del representante; 2°) por pérdida de las condiciones de elegibilidad en el representante (extinción del contrato, cambio de centro de trabajo y cambio de grupo profesional que suponga cambio de colegio electoral en caso de miembros del comité de empresa); 3°) dimisión del representante (art. 67.1 y 5b ET); 4°) revocación de su mandato; y 5°) en su caso, por ajustes en la representación, debidos a la disminución de plantilla (art. 67.1 *in fine*)

Por lo que hace a la revocación de los representantes durante su mandato por decisión de los electores, el ET requiere convocar una asamblea al efecto a instancia de 1/3, como mínimo, de los electores (art. 67.3). La revocación se tiene que aprobar por mayoría absoluta de estos y mediante sufragio personal, libre, directo y secreto. En todo caso, no puede efectuarse durante la tramitación de un convenio colectivo (STS 15 jun. 2006, rec. 5500/2004), ni replantearse hasta transcurridos, al menos, seis meses. La revocación puede afectar incluso a los suplentes de los representantes electos (STS 28 enero 2020, rec. 2884/2017).

No se termina el mandato si el representante cambia de afiliación sindical ("transfuguismo"). Pero, en ese caso, el puesto se sigue computando a favor de quien lo presentó como candidato (art. 12.3 REORTE, y STS 3 oct. 2001, rec. 8980/2001).

No está previsto ningún supuesto de suspensión del mandato, por lo que la suspensión del contrato del representante (por incapacidad temporal, por maternidad, etc.) no conlleva paralelamente la suspensión del mandato (ver STS 8 abril 2006, rec. 1365/2005). En todo caso, se estima válida, si así se ha previsto en el reglamento del comité de empresa, la sustitución temporal y provisional de sus componentes por el siguiente de su candidatura si viene justificada en la finalidad de favorecer la conciliación de la vida personal y familiar (STS 23 dic. 2022, rec. 33/2021).

En fin, en caso de terminación anticipada del mandato, la vacante producida se cubre por el siguiente en número de votos, en el caso de delegados de personal, o por el siguiente en la lista electoral, en el caso del comité de empresa (art. 67.4 ET).

7. COMPETENCIAS Y DEBERES DE LOS REPRESENTANTES

En términos generales, conviene hacer dos indicaciones. De un lado, en nuestro ordenamiento las competencias de los representantes unitarios son muy extensas, comprendiendo funciones que en otros países se reservan a los sindicatos (negociación colectiva, declaración de huelga, planteamiento de conflictos colectivos, etc.). De otro lado, las competencias otorgadas se refieren normalmente a aspectos colectivos, no individualizados, de las relaciones laborales.

Delegados de personal y comités de empresa tienen las mismas competencias (art. 62.2 ET). Todos ellos deben adoptar sus decisiones por mayoría (STS 25 feb. 2015, rec. 36/2014). Las competencias se encuentran previstas fundamentalmente en el art. 64 ET, aunque también en otros artículos del ET y otras normas laborales. Asimismo, conforme al art. 64.9 ET, respetando lo establecido legal o reglamentariamente, en los convenios colectivos se podrán establecer disposiciones específicas en esta materia.

Mediante la regulación de las competencias de los representantes se desarrolla el derecho básico de los trabajadores establecido en el art. 4.1.g) ET (información, consulta y participación en la empresa) y se ha transpuesto la Directiva 2002/14/CE, de 13 de marzo, por la que se establece un Marco general relativo a la información y consulta de los trabajadores en la Comunidad Europea.

A) Las competencias son las siguientes:

1ª) **Derecho a información trimestral** (art. 64.2 ET):

a) Sobre la evolución general del sector económico al que pertenece la empresa.

b) Sobre la situación económica de la empresa y la evolución reciente y probable de sus actividades, incluidas las actuaciones medioambientales que tengan repercusión directa en el empleo, así como sobre la situación de producción y ventas de la empresa, incluido el programa de producción.

c) Sobre las previsiones del empresario de celebración de nuevos contratos, con indicación del número de estos y de las modalidades y tipos que serán utilizados, incluidos los contratos a tiempo parcial, la realización de horas complementarias por los trabajadores contratados a tiempo parcial y los supuestos de subcontratación.

d) Sobre las estadísticas sobre el índice de absentismo y sus causas, los accidentes de trabajo y enfermedades profesionales y sus consecuencias, los índices de siniestralidad, los estudios periódicos o especiales del medio ambiente laboral y los mecanismos de prevención que se utilicen.

2ª) **Derecho a información, al menos anual,** relativa a la aplicación en la empresa del derecho de igualdad de trato y de oportunidades entre mujeres y hombres, al registro en materia salarial del art. 28.2 ET, detallándose algunos datos a incluir, medidas adoptadas y, en su caso, aplicación del plan de igualdad (art. 64.3 ET).

3ª) **Derecho con la periodicidad que proceda en cada caso a (art. 64.4 ET)**:

a) ***Conocer el balance, la cuenta de resultados, la memoria*** y, en el caso de que la empresa revista la forma de sociedad por acciones o participaciones, los demás documentos que se den a conocer a los socios y en las mismas condiciones que a éstos.

b) ***Conocer los modelos de contrato de trabajo escrito*** que se utilicen en la empresa, así como los documentos relativos a la terminación de la relación laboral.

c) ***Ser informados de todas las sanciones impuestas por faltas muy graves.***

d) ***Ser informados de los parámetros, reglas e instrucciones en las que se basan los algoritmos o sistemas de inteligencia artificial*** que afectan a la toma de decisiones que pueden incidir en las condiciones de trabajo, el acceso y mantenimiento del empleo, incluida la elaboración de perfiles.

4ª) **Derecho a recibir la copia básica de los contratos** que deban celebrarse por escrito, a excepción de los de alta dirección, y la notificación de las prórrogas y de las denuncias correspondientes a los mismos en el plazo de 10 días siguientes a que tuvieran lugar (art. 64.4 in fine).

5ª) **Derecho a ser informados y consultados** sobre la situación y estructura del empleo en la empresa o en el centro de trabajo, así como a ser informados trimestralmente sobre la evolución probable del mismo, incluyendo la consulta cuando se prevean cambios al respecto (art. 64.5 ET).

Igualmente, tendrán derecho a ser informados y consultados sobre todas las decisiones de la empresa que pudieran provocar cambios relevantes en cuanto a la organización del trabajo y a los contratos de trabajo en la empresa. También, tendrán derecho a ser informados y consultados sobre la adopción de eventuales medidas preventivas, especialmente en caso de riesgo para el empleo.

El art. 64.1 ET define los conceptos de información y de consulta.

6ª) **Derecho a emitir informe, con carácter previo,** a la ejecución por parte del empresario de las decisiones adoptadas por este, sobre las siguientes cuestiones (art. 64.5 ET):

a) ***Las reestructuraciones de plantilla y ceses totales o parciales, definitivos o temporales, de aquélla.***

b) ***Las reducciones de jornada.***

c) ***El traslado total o parcial de las instalaciones.***

d) ***Los procesos de fusión, absorción o modificación del estatus jurídico de la empresa*** que impliquen cualquier incidencia que pueda afectar al volumen de empleo.

e) ***Los planes de formación profesional en la empresa.***

f) ***La implantación y revisión de sistemas de organización y control del trabajo*** (respecto de un sistema de control de repartos mediante una aplicación para geolocalización, STS 8 febrero 2021, rec. 84/2019), estudios de tiempo, establecimiento de sistemas de primas e incentivos y valoración de puestos de trabajo.

En todo caso, otros artículos del ET (como los arts. 40, 41, 47 y 51 ET, en materia, respectivamente, de traslados colectivos, modificaciones sustanciales de carácter colectivo, suspensiones por causas objetivas o fuerza mayor, y despidos colectivos) u otras normas (como puedan ser la Ley 10/1997, que regula el llamado Comité de Empresa Europeo, o la Ley 31/2006, que regula la Sociedad Anónima y la Sociedad Cooperativa Europea), contienen disposiciones que completan lo dispuesto en el art. 64 ET que estamos exponiendo. A esto se refiere expresamente el art. 64.8 ET, cuando indica que "Lo dispuesto en el presente artículo se entenderá sin perjuicio de las disposiciones específicas previstas en otros artículos de esta ley o en otras normas legales o reglamentarias".

Por lo demás, el art. 64.6 ET regula las condiciones en que se deben emitir los informes, cuales son que deben emitirse en el plazo máximo de 15 días desde que hayan sido solicitados y remitidas las informaciones correspondientes. Asimismo, se regulan las condiciones en que se debe facilitar la información por el empresario a los representantes del personal y las condiciones en que debe realizarse la consulta, buscando la efectividad de ambos derechos.

En fin, en los convenios colectivos se podrán establecer disposiciones específicas relativas al contenido y a las modalidades de ejercicio de los derechos de información y consulta previstos en el ET (art. 64.9 ET).

7ª) **Competencias de vigilancia y control** (art. 64.7 ET). Los representantes ejercerán una labor *de vigilancia* en el cumplimiento de la normativa laboral en materia laboral, de seguridad social y de empleo, formulando las acciones legales oportunas ante el empresario y los organismos y tribunales competentes (art. 64.7.a 1º ET); *de vigilancia y control* de las condiciones de seguridad y salud (art. 64.7.a 2º ET); *de vigilancia* del respeto y aplicación del principio de igualdad de trato y oportunidades entre mujeres y hombres, especialmente en materia salarial (art. 64.7.a 3º ET).

En relación con lo anterior, se contempla asimismo la capacidad para ejercer acciones administrativas y judiciales en todo lo relativo al ámbito de competencias de los representantes del personal (art. 65.1 ET).

8ª) **Competencias de participación y colaboración** (art. 64.7 ET). Se atribuyen también las siguientes competencias: participar en la gestión de obras sociales (art. 64.7.b ET); colaborar con la dirección de la empresa en el mantenimiento e incremento de la productividad, así como la sostenibilidad ambiental de la empresa, si así está pactado en convenio colectivo (art. 64.7.c ET); y colaborar con la dirección de la empresa en el establecimiento y puesta en marcha de medidas de conciliación.

9ª) **Competencia de información a los representados** (art. 64.7.e ET) en todos los temas y cuestiones señalados, cuando tengan o puedan tener repercusión en las relaciones laborales.

B) Igualmente se fijan una serie de **deberes de los representantes y límites a las obligaciones empresariales**:

1º) **Deber de sigilo y uso restringido de documentos** (art. 65.2 y 3 ET). Se exige que los representantes (así como, en su caso, los expertos que les asistan) observen el deber de sigilo profesional, haciendo un uso prudente y razonable sobre la información que la empresa les haya expresamente comunicado con carácter reservado, en legítimo y objetivo interés de la empresa o centro de trabajo (SSTC 90/1999 y 213/2002). Este deber de sigilo subsistirá incluso tras la terminación del mandato representativo. También se prohíbe la utilización de documentos entregados por la empresa fuera de su ámbito o para fines distintos de los que motivaron la entrega.

2º) **Informaciones no comunicables** (art. 65.4 ET). La empresa no estará obligada a comunicar aquellas informaciones específicas relacionadas con secretos industriales, financieros o comerciales, cuya divulgación, según criterios objetivos, pudiera obstaculizar el funcionamiento de la empresa o centro o perjudicar gravemente su estabilidad económica. Pero esta excepción no abarca los datos relacionados con el volumen de empleo en la empresa.

En relación a lo dicho en los dos números anteriores, se prevé que tanto la impugnación de las decisiones empresariales de atribuir carácter reservado o no comunicar las informaciones antes dichas (aunque sin perjuicio de lo dispuesto en la LISOS respecto de la negativa injustificada de información a que tienen derecho los representantes de los trabajadores), como los litigios relativos al incumplimiento por los representantes y expertos que les asistan de su obligación de sigilo se tramiten conforme al proceso de conflicto colectivo regulado en la LRJS (art. 65.5 ET).

Coherentemente con ello, en la normativa procesal se recogen esos objetos del proceso de conflicto colectivo (art. 153.3 LRJS) y, asimismo, se prevé que el Juez o la Sala deban adoptar las medidas necesarias para salvaguardar el carácter reservado o secreto de la información de que se trate.

8. GARANTÍAS Y FACILIDADES DE LOS REPRESENTANTES

Para asegurar la independencia y efectividad en el ejercicio de sus funciones, se reconocen a los representantes diversas garantías y facilidades especificadas, fundamentalmente, en los arts. 68 y 81 ET. Son mejorables por la negociación colectiva (STS 15 jul. 2014, rec. 236/2013). Por su parte, el art. 37.1 LPRL dispone que lo previsto en el art. 68 en materia de garantías se aplicará a los delegados de prevención (ver infra 10).

1°) **Derecho a un expediente contradictorio en caso de imposición de sanciones por faltas graves y muy graves, incluidos los despidos** (STS 11 feb. 2016, rec. 2854/2014). El principio de contradicción supone que debe ser oído el representante —así como el resto de los representantes, si los hay— antes de la imposición de la sanción. El desarrollo de este expediente puede estar regulado en los convenios colectivos. Si definitivamente se impone la sanción, cabe posteriormente presentar demanda contra la misma ante los tribunales.

Esta garantía se aplica a los representantes (durante su mandato y el año posterior), y también a los candidatos proclamados durante el proceso electoral.

2°) **Prioridad de permanencia en la empresa o centro, respecto de los demás trabajadores, en los supuestos de suspensión o extinción por causas económicas, tecnológicas, objetivas o de producción** (arts. 51.7 y 52.c ET), garantía que alcanza también al proclamado como candidato (STS 20 jun. 2000, rec. 3407/1999). Asimismo, en los supuestos de **traslados o desplazamientos** por las mismas causas (art. 40.5 ET).

La prioridad no es absoluta. Juega dentro de cada grupo o categoría profesional.

3°) **Imposibilidad de despido o sanción por las acciones que realice en el ejercicio de su representación** (y, en general, derecho a no ser discriminado: STS 19 mayo 2009). Pero ello sin perjuicio de lo dispuesto en el art. 54 ET, es decir, sin perjuicio del posible despido por incumplimiento de sus obligaciones laborales.

Por lo tanto, al representante se le reconoce una especie de inmunidad, aunque relativa, por su actuación como tal: el despido o sanción será nulo (art. 55.5 ET, STS 14 marzo 1990, Roj 17621/1990), si bien puede ser despedido o sancionado si, en su actuación, incumple sus obligaciones como trabajador. Esta garantía, literalmente, se limita a su mandato y al año posterior; pero incluso si la sanción se produce posteriormente, resultaría nula en todo caso por discriminatoria.

4º) **Derecho de opción entre ser readmitidos o indemnizados si el despido se declara simplemente improcedente** (art. 56.4 ET). Este derecho de opción de los representantes sí que queda limitado al período de mandato y al año posterior (STS 17 abr 2018, rec. 2541/2016).

5º) **Derecho a no ser discriminado en su promoción económica o profesional** en razón, precisamente, del desempeño de su representación.

6º) **Derecho a expresar libremente sus opiniones en las materias correspondientes a su representación**. Tal derecho se reconoce, en el caso del comité, colegiadamente; sin embargo, seguramente tienen libertad de expresión también los miembros individuales del mismo.

El derecho a la libertad de expresión, pese a ser un derecho fundamental, tiene sus límites en el derecho al honor, a la intimidad y a la propia imagen (art. 20 CE). En la práctica, los tribunales suelen ser más tolerantes con el ejercicio de este derecho en el caso de los representantes, respecto de otros trabajadores, pero un abuso de su libertad de expresión puede ser sancionable (SSTS 20 abr. 2005, rec. 6701/2003; las SSTS 15 dic. 2016, rec. 287/2015 y 28 feb. 2017, rec. 103/2016, señalan que la libertad de expresión comprende el derecho a la crítica incluso desabrida o molesta, pero sin llegar al ultraje o la ofensa, debiéndose valorar el contexto).

Junto con la libertad de expresión, se reconoce el **derecho de los representantes a publicar sus opiniones y, en general, a distribuir "publicaciones de interés laboral o social"**. Por lo tanto, este derecho comprende el de distribuir en la empresa opiniones de terceros (sindicatos, partidos políticos).

Respecto de este derecho a distribuir publicaciones, se fija el límite de que no perturbe el normal desenvolvimiento del trabajo, así como que la distribución se comunique al empresario.

7º) **Derecho a un crédito mensual de horas retribuidas para el ejercicio de sus funciones** (entre 15 y 40, según el número de trabajadores). Para el personal laboral (también para el funcionario y estatutario) de las AAPP (y organismos, entidades, universidades, fundaciones y sociedades dependientes de las mismas), el crédito se ajustará de forma estricta a lo establecido legalmente (arts. 10.1 y 16 RDL 20/2012). Según la jurisprudencia, la mejora, como condición más beneficiosa, de esta regulación legal tiene que concederse de forma inequívoca.

Se trata de una especie de permiso retribuido. Por tanto, salvo excepciones (representantes que trabajen en el turno de noche, por ejemplo), se trata de ausencias retribuidas durante la jornada laboral.

Su objeto puede ser cualquier tipo de actividad como representante, no sólo las competencias antes vistas. Al no tratarse de una representación sindical, no puede utilizarse el crédito para tareas puramente sindicales, aunque hay actividades conexas, relacionadas con el sindicato, que pueden justificar su utilización (por ejemplo, asistir como representante unitario a una reunión informativa convocada por un sindicato).

Las horas empleadas en la negociación de convenios colectivos o de acuerdos de empresa son igualmente retribuidas, pero según la jurisprudencia son añadidas al crédito que estamos analizando.

El número de horas es en función del número de trabajadores de la empresa, cualquiera que sea la jornada que corresponda al representante (así, un representante que sea trabajador a tiempo parcial tendrá, no obstante, todo el crédito que le corresponda por el volumen de la empresa).

El crédito es personal y mensual. Sin embargo, se prevé expresamente que por convenio se pacte la posible acumulación interpersonal en alguno o algunos representantes concretos (STS 19 jul. 1996, rec. 2553/1995). Esto supondrá que, si existe tal pacto, unos representantes podrán voluntariamente ceder todo o parte de su crédito a otro u otros representantes (STS 17 jun. 2002, rec. 1241/2001). Esa posibilidad de acumulación interpersonal puede dar lugar a la figura del representante "liberado" completamente de sus obligaciones laborales (ver STS 6 abr. 2004, rec. 40/2003). Para el personal al servicio de las AAPP (y organismos, etc., dependientes de ellas) las "dispensas totales de asistencia al trabajo" se ajustarán de forma estricta a lo legalmente establecido.

No se prevé expresamente la acumulación intermensual, que no obstante también se puede pactar en convenio.

La utilización del crédito de horas debe preavisarse al empresario y justificarse posteriormente (el empresario puede requerir una "genérica justificación" de su uso: STS 11 junio 2024, rec. 472/2021). Naturalmente, ello no tiene sentido en el supuesto de representantes "liberados".

Por lo demás, la interpretación jurisprudencial al respecto es bastante permisiva. De un lado, se exime del preaviso en caso de razonable imposibilidad de darlo. De otro lado, el control empresarial sobre el correcto uso del crédito viene limitado por la imposibilidad de llevar a cabo una vigilancia "especial o singular" sobre el representante (en cualquier caso, los informes de detectives privados no tienen valor de prueba documental sino testifical a ratificar en juicio). Se presume el uso correcto del crédito horario y solamente cabe el despido disciplinario cuando su uso por el representante en provecho propio sea manifiesto y habitual.

En fin, las horas de crédito deben ser retribuidas como si fueran trabajadas (indemnidad retributiva: STC 326/2005 y STS 25 feb. 2008, rec. 1304/2007); por lo tanto, no solo con el salario base sino con todos los complementos habitualmente percibidos por el representante como trabajador.

8º) El art. 81 ET obliga a poner a disposición de los representantes **uno o varios tablones de anuncios y un local adecuado**, todo ello en función de que las características del centro lo permitan. Los conflictos al respecto se resuelven por la autoridad laboral, no por los tribunales de justicia.

En cuanto a la utilización de los medios informáticos de la empresa para comunicarse con los representados, esta se admite si no perturba la actividad productiva de la empresa ni impone cargas adicionales al empresario, lo que en su caso debe probarse por el mismo (ver STC 281/2005 y STS 14 jul. 2016, rec. 199/2015).

9º) Estas garantías y facilidades se refuerzan mediante la posibilidad de **imposición de sanciones administrativas**, si se cometen las infracciones previstas en la LISOS. Así, son infracciones graves del empleador la transgresión de los derechos de información, audiencia y consulta; o de los derechos en materia de crédito horario, locales y tablones de anuncios (art. 7, apartados 7 y 8). Son infracciones muy graves las acciones u omisiones que impidan el ejercicio del derecho de reunión de los trabajadores, de sus representantes y de las secciones sindicales (art. 8.5).

9. LA ACCIÓN SINDICAL EN LA EMPRESA: SECCIONES Y DELEGADOS SINDICALES

Como ya se dijo, el nuestro es un sistema de doble canal de representación en la empresa.

En efecto, la LOLS regula la existencia de secciones sindicales de empresa y de delegados sindicales de dichas secciones.

A) Derechos sindicales en las empresas. La LOLS (arts. 8 y 9) reconoce ciertos derechos a todos o, en su caso, a algunos sindicatos.

a) En primer lugar, se reconoce a los afiliados de todo sindicato el derecho a constituir ***secciones sindicales***, de conformidad con lo establecido en sus estatutos, en la empresa o centro de trabajo (cualquier empresa o centro), con independencia de los mayores o menores derechos reconocidos a las secciones, según veremos a continuación (STS 9 abril 2024, rec. 2862/2021). La jurisprudencia reconoce, como capacidad organizativa del sindicato, el derecho a constituir secciones sindicales de empresa, de centro de trabajo, de centros agrupados o a nivel autonómico (de todos los centros de la empresa en una CA: STS 12 marzo 2024, rec. 114/2022, con cita de SSTS de 23 marzo 2021, rec. 133/2019, y de 9 marzo 2024, rec. 2161/2021).

b) Constituida la correspondiente sección sindical, los trabajadores afiliados a un sindicato tienen reconocidos unos ***derechos básicos***: celebrar reuniones (previa notificación al empresario), recaudar cuotas y distribuir información sindical. Todo ello fuera de las horas de trabajo y sin perturbar la actividad normal. En fin, se les reconoce el derecho a recibir la información que les remita su sindicato. La vulneración de estos derechos constituye infracción grave (art. 7.9 LISOS); impedir el ejercicio del derecho de reunión es infracción muy grave (art. 8.5 LISOS).

Por lo demás, la jurisprudencia constitucional ha reconocido el derecho de los sindicatos a utilizar, con el fin de distribuir de información sindical, el sistema de correo electrónico preexistente en una empresa (no la obligación de crearlo), siempre que no se perturbe la normalidad productiva de la misma (STC 281/2005, de 7 noviembre; en el mismo sentido, la STS 1 jul. 2016, rec. 199/2015. Las SSTS 26 abr. 2016, rec. 113/2015 y 27 mayo 2021, rec. 151/2019, anulan la necesidad de previa autorización de la empresa o la obligación de poner en su conocimiento el contenido de las comunicaciones, estimando que lesionan la libertad sindical. Sobre el derecho a recibir información, STS 25 abril 2023, rec. 334/2021).

Caso práctico: Uso de medios informáticos de la empresa

La Compañía Radio Televisión Galicia (CRTVG), en una resolución sobre el uso de los medios informáticos proporcionados por la empresa, que "no están destinados a uso personal", que el acceso a Internet queda limitado a temas relacionados con "su actividad" y a información relacionada con CRTVG, que el uso de correo electrónico queda limitado a funciones del "puesto de trabajo" y que queda prohibido utilizar los recursos telemáticos para actividades no relacionadas con el "puesto de trabajo", pudiendo la empresa monitorizar y comprobar el uso de dichos medios informáticos. Un sindicato demanda la nulidad de estas instrucciones por entender que vulneran el art. 8.1.c) LOLS.

El TS, al resolver recurso de casación frente a la sentencia del STSJ Galicia que desestimó la demanda, también estima que no hay lesión de la libertad sindical, pues en ningún momento se restringen las comunicaciones entre los trabajadores y sus representantes, resultando además que este tipo de comunicaciones está directamente relacionado con la actividad laboral de los trabajadores.

(vid. STS 13 septiembre 2016, rec. 206/2015; cfr. STC 281/2005, de 7 noviembre)

c) En tercer lugar, a ciertas secciones sindicales (de sindicatos más representativos o de los que tengan representación en los comités de empresa o cuenten con delegados de personal) se les reconoce también estos ***otros derechos***: a disponer de un tablón de anuncios en lugar adecuado del centro de trabajo, a la utilización de un local adecuado (en empresas o centros con más de 250 trabajadores), y a la negociación colectiva (ver lección 6ª). La transgresión de los derechos en materia de local y tablones constituye infracción grave (art. 7.8 LISOS).

d) En cuarto lugar, las secciones que cuentan con presencia en los órganos de representación unitaria disponen de funciones de participación de índole consultiva. En efecto, los preceptos que regulan las ***consultas previas*** a la toma de decisiones de reorganización productiva (arts. 40, 41, 47 y 51 ET) posibilitan la adopción de acuerdos con la empresa de las representaciones sindicales, si las hubiere, que representen a la mayoría de los miembros de la representación unitaria. De ese modo, las secciones sindicales llegan a representar a los trabajadores, no solamente a sus afiliados. Por ello se habla de un doble canal de representación, unitario y sindical.

e) En quinto lugar, a los que ostenten cargos electivos (a nivel provincial o superior) en los sindicatos más representativos se les añaden ciertos derechos: a permisos no retribuidos para funciones sindicales, a la excedencia forzosa (ver lección 16ª) y a la asistencia y acceso a los centros de trabajo, previa comunicación al empresario.

f) Los representantes sindicales que participen en la negociación de convenios que afecten a la empresa en que continúen en activo, tendrán derecho a permisos retribuidos.

B) Los delegados sindicales. La LOLS regula la elección de delegados sindicales, en empresas o centros que ocupen a más de 250 trabajadores, ya sean fijos o temporales porque no se hace distinción (art. 10). Estos delegados sindicales representarán a la sección sindical y serán elegidos por y entre los afiliados al correspondiente sindicato.

Debe tratarse de secciones de sindicatos con presencia en el comité o comités de empresa o, en su caso, en los órganos de representación en las AA.PP. (SSTS de 31 marzo 2022, rec. 101/2020, y de 13 marzo 2024, rec. 240/2021 reconocen el derecho a constituir secciones sindicales "mixtas" y a computar tanto a laborales como a funcionarios para determinar el número de delegados, como señalamos a continuación). Pero, al margen de estos delegados sindicales contemplados por la LOLS (por ello se denominan "legales"), con las competencias que se verán, nada impide que las secciones de cualquier otro sindicato y en cualquier centro o empresa puedan tener delegados sindicales "extralegales" (STC 191/1999 y STS 26 jun. 2008, rec. 18/2007), sin las competencias previstas en la LOLS. Además, por convenio colectivo, pueden mejorarse las disposiciones del art. 10 LOLS, reconociendo delegados sindicales "convencionales" o adicionales con las prerrogativas del art. 10.3 LOLS, como veremos más abajo.

El mayor problema interpretativo ha sido el de si un sindicato puede dotarse de sección sindical en el ámbito global de la empresa —y contar con los correspondientes delegados sindicales— pese a que la representación unitaria esté formada por comités que son de centro (o provinciales conjuntos) aunque se llamen "de empresa". La jurisprudencia del TS ha evolucionado y concluye que la opción entre dotarse de sección sindical a nivel de empresa o de centro pertenece al sindicato, que podría contar con delegados sindicales de empresa aun cuando esta tuviera diversos centros con sus respectivos comités siempre que el sindicato tenga presencia en alguno de ellos (por todas, SSTS 3 feb. 2017, rec. 39/2016 y 25 en. 2018, rec. 30/2017).

El número de delegados a elegir por cada sección sindical que cumpla el requisito de presencia en el comité, según el art. 10.2 LOLS, depende de su audiencia electoral y del volumen de trabajadores empleados. En el caso de sindicatos que hayan obtenido el 10% o más de los votos en las elecciones al comité, cada sección puede elegir delegados sindicales en función del número de trabajadores (no de afiliados) en la empresa o centro: desde 1 (si los trabajadores son entre 250 y 750) hasta 4 (si son de 5.001 en adelante). En el caso de sindicatos que hayan obtenido menos del 10% de los votos, cada una de sus secciones sindicales estará representada por un solo delegado sindical con independencia del número de trabajadores (ver STS 11 julio 2023, rec. 243/2021).

Conforme al art. 10.2 LOLS, por acuerdo o a través de la negociación colectiva, puede ampliarse el número de delegados establecido en el mismo como se acaba de exponer. Pero, en ese caso, habrá que estar a lo que disponga el convenio, sin que sea posible acumular lo dispuesto en ambas fuentes "espigando" lo más favorable de cada una de ellas.

Caso práctico: Número de delegados y convenio colectivo

El convenio colectivo sectorial establece que "El número de delegados sindicales por cada sección que haya obtenido el 10% de los votos en la elección al Comité de Empresa, se determinará según la siguiente escala: De 150 a 750 trabajadores, uno; ...El número de trabajadores es por empresa o grupo de empresa".

> Una empresa cuenta con dos centros de trabajo, que ocupan a 107 y 60 trabajadores, respectivamente. En ambos se han elegido comités de empresa.
>
> Una sección sindical de empresa que haya obtenido el 10% de los votos en el conjunto de ambos centros, ¿puede designar un delegado para el conjunto de la empresa? Sí puede, porque se cumple lo establecido en el convenio: el 10% de los votos y 167 trabajadores.
>
> En el mismo supuesto, otra sección sindical que haya obtenido menos del 10% de los votos ¿puede elegir un delegado, teniendo en cuenta que el art. 10.2 LOLS prevé un delegado para secciones que hayan obtenido menos de ese porcentaje? No, porque no se pueden acumular ambas fuentes: no se puede "espigar" lo más favorable del convenio (150 trabajadores) y lo más favorable de la LOLS (menos del 10% de votos) (vid. STS 12 julio 2016, rec. 361/2014).
>
> Al igual que se prevé en materia de tiempo retribuido para funciones sindicales y de representación y de dispensas totales de asistencia al trabajo, para el personal al servicio de las AAPP (y organismos, etc.) el nombramiento de delegados sindicales se debe ajustar estrictamente a lo establecido legalmente (art. 10 RDL 20/2012).

En cuanto a los **derechos de los delegados sindicales**, a salvo de lo que se pudiera establecer en por convenio colectivo, son los siguientes (art. 10.3 LOLS): 1°) acceso a la misma información y documentación que se proporcione al comité (el derecho a recibir la información es del delegado, no del sindicato: STS 6 febr. 2019, rec. 124/2017); 2°) asistir a las reuniones del comité con voz, pero sin voto; y 3°) a ser oídos por la empresa previamente a la adopción de medidas de carácter colectivo que afecten a los trabajadores en general, y a los afiliados a su sindicato en particular y especialmente, los despidos y sanciones de estos últimos (ver STS 7 jun. 2005, rec. 5200/2003; conforme a SSTS 24 jun. 2020, rec. 1386/2018, y 2 jul. 2020, rec. 823/2018, sólo es exigible la audiencia de los delegados sindicales "legales" del art. 10.2 LOLS, no de los que hemos llamado "extralegales").

Estos delegados sindicales "legales" tendrán las mismas garantías que los miembros de los comités de empresa, en el supuesto de que no formen parte del comité. Por tanto, si tienen la doble condición de miembro del comité y delegado sindical no doblan el crédito de horas. En todo caso, de tratarse de un delegado sindical a nivel del conjunto de la empresa, tendrá el crédito de horas que corresponda al número de trabajadores en ese conjunto no según el centro al que pertenezcan (ver STS 18 jul. 2014, rec. 91/2013).

Son infracciones graves la transgresión de los derechos de información, audiencia y consulta de los delegados sindicales (art. 7.7 LISOS) y de los derechos de los representantes en materia de crédito horario (art. 7.8 LISOS).

10. REPRESENTACIÓN ESPECIALIZADA EN MATERIA DE PREVENCIÓN DE RIESGOS LABORALES

La LPRL prevé dos mecanismos de participación en materia de prevención de riesgos laborales: a) Los delegados de prevención (arts. 35 a 37) y b) el comité de seguridad y salud (arts. 38 y 39).

Los **delegados de prevención** son designados por y entre los representantes unitarios de personal, siguiendo el criterio de la mayoría y no en el de proporcionalidad en la representación. Su número está en función del número de trabajadores existentes en la empresa o centro de trabajo, de acuerdo con la escala del art. 35.2 LPRL. En el cómputo del número de trabajadores se consideran los mismos criterios del art. 72.2 del ET. Las competencias de los delegados de prevención son: 1°) colaborar con la empresa en la mejora de la acción preventiva; 2ª) promover y fomentar la cooperación de los trabajadores en materia de prevención; 3ª) ser consultados por el empresario, con carácter previo a su ejecución, acerca de una serie de decisiones en materia preventiva; y 4ª) ejercer una labor de vigilancia y control en el cumplimiento de la normativa preventiva. La LPRL dispone que las garantías legales de los delegados de personal y miembros de comité de empresa se apliquen a los delegados de prevención.

El **comité de seguridad y salud** debe crearse en todas las empresas o centros de trabajo que cuenten con 50 o más trabajadores, como órgano paritario y colegiado de participación destinado a la consulta de las actuaciones de la empresa en materia de prevención de riesgos laborales, siendo posible crear un comité intercentros. Su composición es paritaria, estando formado por igual número de delegados de prevención y de representantes de la empresa. En ellos pueden participar con voz, pero sin voto, los delegados técnicos en prevención ajenos a la empresa y aquellos trabajadores que cuenten con una especial cualificación o información en las cuestiones que se debatan. Las competencias del comité de seguridad y salud son: 1ª) participar en la elaboración y puesta en práctica de los planes de prevención; 2ª) promover iniciativas sobre métodos y procedimientos para la efectiva prevención de los riesgos, proponiendo a la empresa la mejora de las condiciones o la corrección de las deficiencias existentes.

11. ÓRGANOS DE REPRESENTACIÓN EN LAS ADMINISTRACIONES PÚBLICAS

Lo ya expuesto en materia de representación unitaria se aplica al personal laboral de cualquier Administración Pública. Lo dicho en materia de acción sindical resulta aplicable conjuntamente al personal laboral y funcionarial de cualquier Administración.

Pero la representación unitaria del personal funcionario se regula por una norma específica: el EBEP. Queda fuera del ámbito de aplicación del EBEP determinado personal (entre ellos, los jueces, magistrados y fiscales y demás personal funcionario de la Administración de Justicia; o el personal militar de las Fuerzas Armadas o el personal de las Fuerzas y Cuerpos de Seguridad).

En el EBEP (arts. 39-44) se regulan los órganos de representación unitaria de los funcionarios, en términos (en cuanto a su estructura y número, aspectos básicos del procedimiento electoral, competencias y garantías) similares a los establecidos en el ET para los representantes unitarios del personal laboral. Como ya se ha indicado antes, el art. 10.1 RDL 20/2012 establece que los acuerdos para el personal funcionario y estatutario (y los convenios y acuerdos para el personal laboral), en materia de tiempo retribuido para funciones sindicales y de representación, nombramiento de delegados sindicales, dispensas totales de asistencia al trabajo "y demás derechos sindicales", se ajustarán estrictamente a lo establecido legalmente en el ET, LOLS y EBEP.

Por lo tanto, en una Administración Pública, podrán coexistir: a) la representación unitaria del personal laboral (delegados de personal o comités de empresa), b) la representación unitaria del personal funcionarial (delegados de personal o juntas de personal), y c) las secciones sindicales (y, en su caso, delegados sindicales) de uno y otro tipo de personal.

En concreto, se podrán elegir delegados de personal (en unidades electorales que cuenten con entre 6 y 49 funcionarios; 1 hasta 30 funcionarios y 3 entre 31 y 49 funcionarios) o juntas de personal (en unidades electorales con 50 o más funcionarios). El número de delegados o de miembros de juntas a elegir es igual al previsto en el ET para los trabajadores.

El establecimiento de las unidades electorales no se fija directamente por el EBEP, sino que se regulará por el Estado y por cada CA, reservándose un papel a los órganos de gobierno de las distintas Administraciones. En el caso de la Administración General del Estado, el art. 12.1 del RDL 20/2012 ha determinado concretamente cuáles son las unidades electorales.

Las elecciones pueden ser promovidas por los sindicatos más representativos, por los sindicatos suficientemente representativos en el conjunto de las AAPP, los sindicatos que hayan obtenido al menos un 10% de representantes en la unidad electoral correspondiente y los propios funcionarios de la unidad electoral por acuerdo mayoritario (art. 42 EBEP). La duración del mandato electoral de los miembros de las juntas de personal y de los delegados de personal será de 4 años, prorrogables, si, a su término, no se hubiesen promovido nuevas elecciones (art. 42 EBEP).

Las competencias de los delegados y juntas de personal son similares a los de la representación unitaria (art. 40 EBEP). También sus garantías (art. 41 EBEP). Todo ellos con sus lógicas diferencias.

12. REPRESENTACIÓN Y PARTICIPACIÓN EN EMPRESAS DE ÁMBITO COMUNITARIO

El funcionamiento del mercado comunitario trae consigo la existencia de empresas o grupos de empresas que trabajan en varios Estados miembros. Pues bien, para velar por los intereses de los trabajadores de dichas empresas, se debe disponer de una normativa europea sobre este particular. Dadas las grandes diferencias existentes entre los países comunitarios, ha sido difícil conseguir una normativa armonizadora, aparte la Directiva 2002/14/CE, ya señalada. Pese a ello, se han aprobado, entre otras, Directivas que afectan a las empresas y grupos de empresas de dimensión comunitaria (A) y a las denominadas Sociedades Anónimas y Sociedades Cooperativas Europeas (B).

A) Empresas y grupos de empresas de dimensión comunitaria. Reguladas originariamente en 1994, actualmente lo están por la Directiva 2009/38/CE, de 6 de mayo, sobre la constitución de un comité de empresa europeo o de un procedimiento de información y consulta a los trabajadores en las empresas y grupos de empresas de dimensión comunitaria, transpuesta al ordenamiento español por la Ley 10/1997, de 24 de abril (modificada por Ley 10/2011, de 19 mayo).

Esta normativa obliga a negociar la constitución de un comité de empresa europeo (CEE) a las empresas (o grupos de empresas) de dimensión comunitaria. Es decir, las que empleen 1.000 o más trabajadores en Estados miembros y al menos en 2 de ellos debe tener empleadas un mínimo de 150 o más trabajadores por Estado.

Contiene una regulación muy flexible. Obliga a la dirección de la empresa a negociar con una comisión negociadora de representantes de los trabajadores la constitución de un CEE o el establecimiento de un procedimiento alternativo de información y consulta. Tal comisión puede decidir no negociar (y, por tanto, renunciar a establecer un sistema de participación). Pero, si se negocia, la negociación, en su caso, puede desembocar en la constitución de un CEE (con las funciones que se le atribuyan) o en la fijación de otro procedimiento alternativo de información y consulta.

En caso de que no haya acuerdo (o si se acuerda así), se aplican las llamadas "disposiciones subsidiarias" contenidas en la Ley: constitución de un comité de empresa europeo con los derechos de información y consulta que en ellas se especifican.

En todo caso, de constituirse un CEE se formará "en proporción al número de trabajadores empleados en cada Estado", determinando cada uno la forma de elección o designación de sus representantes. En el caso español, se designarán por acuerdo de las representaciones sindicales que sumen la mayoría de los miembros del comité o comités de empresa y/o de los delegados de personal, o por acuerdo mayoritario de dichos miembros y delegados (STS 29 nov. 2018, rec. 193/2017). Como señala la jurisprudencia, el CEE no es un órgano de representación unitaria y no hay precepto alguno ni en la normativa española ni en la comunitaria que permita sostener que la composición en lo que al banco social respecta haya de ser proporcional al resultado de las elecciones correspondientes a representantes unitarios en la empresa (de nuevo, STS 29 nov. 2018, rec. 193/2017).

B) Sociedades Anónimas Europeas y Sociedades Cooperativas Europeas. Vienen reguladas, en materia de implicación de los trabajadores, respectivamente, por la Directiva 2001/86/CE, de 8 octubre 2001, y por la Directiva 2003/72/CE, de 22 de julio de 2003. Han sido transpuestas al ordenamiento español conjuntamente por la Ley 31/2006, de 18 de octubre, sobre implicación de los trabajadores en las sociedades anónimas y cooperativas europeas.

Esta ley se aplica, pues, en primer lugar, a la llamada Sociedad Anónima Europea (o "Societas Europaea": SE). Una SE es una sociedad anónima que puede constituirse, a partir de sociedades anónimas (u otras) de dos o más Estados, por fusión, por creación de una sociedad holding, por creación de una filial común, o por transformación. Para que pueda constituirse una SE tiene que haber alguna forma de implicación de los trabajadores.

La Directiva 2001/86/CE es una normativa también bastante flexible, aunque menos que la Directiva CEE. La dirección empresarial debe negociar con una comisión negociadora la implicación de los trabajadores en la empresa. La comisión negociadora puede decidir no negociar, pero en este caso se aplicarán las disposiciones sobre información y consulta vigentes en cada Estado. En todo caso, esa decisión no puede adoptarse cuando la SE se constituya por transformación y la sociedad transformada ya tuviera alguna forma de participación "interna". Es un aspecto de lo que se conoce como "principio antes-después".

En caso de llegarse a un acuerdo, este puede dar lugar a diversas formas de implicación: creación de un órgano específico de representación de los trabajadores con derechos de información y consulta, información y consulta sin órgano específico o participación "interna" (en órganos de la propia SE). El acuerdo puede reducir los derechos de participación ya existentes en las sociedades participantes, aunque si se reducen derechos de participación "interna" que ya afectaban a un cierto porcentaje de trabajadores (en casos de fusión, holding o filial), se requiere mayoría de 2/3 de la comisión negociadora; y, en el supuesto de transformación, los derechos de participación deben suponer un nivel de implicación equivalente al ya existente. De nuevo, pues, el principio "antes-después" limita la autonomía colectiva.

Si no hay acuerdo o si se decide así, se aplicarán las disposiciones subsidiarias (en este caso denominadas "de referencia") del Estado sede de la SE. Estas disposiciones lo que establecen es, de un lado, la constitución de un órgano de representación de los trabajadores, sus derechos de información y consulta (y reglas sobre su funcionamiento, financiación, etc.); y, de otro lado, reglas sobre participación.

Las reglas de referencia sobre participación consisten en que, por ese principio "antes-después", deben mantenerse los derechos de participación antes aplicables, pero solo si efectivamente existían.

La misma Ley 31/2006 se aplica, en segundo lugar, a la llamada Sociedad Cooperativa Europea (SCE), regulando la implicación de sus trabajadores (no de sus socios trabajadores) en los mismos términos, aunque con una serie de especialidades.

13. DERECHO DE REUNIÓN (ASAMBLEA). ADOPCIÓN DE ACUERDOS

Los arts. 77 a 79 ET regulan, con bastantes límites, el ejercicio del derecho de reunión ("asambleas") de los trabajadores en la empresa, con excepción del personal de alta dirección, fuera de las horas de trabajo. En términos generales, tal derecho se condiciona a que las condiciones del centro lo permitan. Además, se especifica que el empresario no está obligado a facilitar locales: 1°) si no han transcurrido dos meses desde la reunión anterior (salvo que se trate de una reunión informativa sobre convenios colectivos), 2°) en caso de cierre legal de la empresa y 3°) si no se han resarcido (o afianzado) los daños producidos con ocasión de reuniones anteriores.

Como requisitos para ejercer el derecho de reunión:

- Esta debe estar convocada por los representantes unitarios —no los sindicatos— o por los propios trabajadores (en un número no inferior al 33% de la plantilla) y, en todo caso, presidida por los representantes unitarios, salvo que haya sido convocada para la revocación de los representantes (STS 19 ene. 2004, rec. 4149/2002).
- La convocatoria, con expresión del orden del día, debe comunicarse al empresario con 48 horas de antelación.

Cuando por trabajarse por turnos, por insuficiencia de los locales o por cualquier otra circunstancia, no pueda reunirse simultáneamente toda la plantilla sin perjuicio o alteración en el normal desarrollo de la producción, las diversas reuniones parciales que hayan de celebrarse se considerarán como una sola y fechadas en el día de la primera.

Asimismo, en el art. 80 ET, se regula la adopción de acuerdos "que afecten al conjunto de los trabajadores", mediante voto personal, libre, directo y secreto, incluido el voto por correo (por lo tanto, no por la "asamblea" propiamente dicha). En tal artículo no se concreta en qué materias se pueden adoptar dichos acuerdos; en otros lugares se contempla la adopción de acuerdos respecto de convocatoria de elecciones (art. 67.1 ET), destitución de representantes (art. 67.3 ET), declaración de huelgas (art. 3 RDLRT) y designación de presentaciones sindicales para negociar convenios franja que no afecten a la totalidad de los trabajadores de la empresa (art. 87.1 ET).

Lección 6ª

La negociación colectiva

1. LA NEGOCIACIÓN COLECTIVA EN LA CONSTITUCIÓN

En la lección 2ª se han estudiado los convenios colectivos como fuente del ordenamiento laboral. En ésta se abordan otros aspectos de la negociación colectiva, singularmente en lo que se refiere a los convenios colectivos estatutarios.

El art. 37.1 CE reconoce el derecho a la negociación colectiva: "La ley garantizará el derecho a la negociación colectiva laboral entre los representantes de los trabajadores y empresarios, así como la fuerza vinculante de los convenios". Del precepto constitucional deben resaltarse los siguientes aspectos:

1°) No se trata de un derecho fundamental. Sin embargo, en la medida en que la negociación colectiva forma parte del contenido esencial de la libertad sindical, el derecho a la negociación colectiva de los sindicatos sí es derecho fundamental (STC 103/2004). Por tanto, ante vulneraciones de este derecho cabe acudir al proceso especial de tutela de la libertad sindical (arts. 177 sigs. LRJS) y al recurso de amparo ante el TC.

2°) El derecho constitucional se refiere a la negociación laboral, entre representantes de los trabajadores y de los empresarios. Por ello, en interpretación del TC, no incluye el derecho a la negociación colectiva entre las distintas AAPP y sus funcionarios. Cuestión distinta es que el EBEP, como parte del estatuto de los funcionarios públicos a que se refiere el art. 103.3 CE, reconozca (art. 15.b) y regule (arts. 33-38) también la negociación colectiva de los funcionarios (ver, infra, en esta lección).

3°) Dados los amplios términos del art. 37.1 CE ("entre los representantes de los trabajadores y de los empresarios"), junto con la negociación de convenios estatutarios (reservada a ciertos sindicatos y a la representación unitaria en las empresas), es consecuencia obligada el reconocer también la posibilidad de negociar convenios extraestatutarios. El ET desarrolla limitadamente el derecho constitucional, no lo agota (STC 98/1985).

4°) La CE garantiza igualmente la "fuerza vinculante" de los convenios. Ya vimos en la lección 2ª que los convenios estatutarios tienen eficacia normativa; pero que también los convenios extraestatutarios se aplican a los contratos individuales de trabajo afectados por los mismos: no tienen eficacia normativa pero sí "eficacia real".

5º) Pese a tratarse de un derecho constitucional, no es absoluto o ilimitado. La ley puede fijar límites a la libertad de negociación, para tutelar otros derechos, libertades o bienes igualmente contenidos en la Constitución. Así, por ejemplo, para garantizar la propia eficacia de los mismos, en el caso de los convenios estatutarios la ley establece toda una serie de requisitos formales (formalización por escrito, registro, publicación, contenido mínimo), o regula la concurrencia entre los mismos, su prórroga o el deber de negociar. Y en el ámbito de empleo público, las leyes presupuestarias fijan límites a los incrementos salariales.

2. CONCEPTO Y EFICACIA DEL CONVENIO COLECTIVO ESTATUTARIO

El Estatuto de los Trabajadores define el convenio colectivo como el "resultado de la negociación desarrollada por los representantes de los trabajadores y de los empresarios", añadiendo que "constituyen la expresión del acuerdo libremente adoptado por ellos en virtud de su autonomía colectiva" (art. 82.1 ET). Tal y como se verá más adelante, mediante los convenios los trabajadores y empresarios regulan las condiciones de trabajo y de productividad, y en su caso podrán regular la paz laboral (art. 82.2 ET).

La norma laboral define el convenio colectivo como expresión del principio de autonomía colectiva. La autonomía colectiva es la potestad que comparten los sujetos colectivos de representación y defensa de los intereses contrapuestos de trabajadores y empresarios para la autorregulación de los intereses colectivos. El poder de determinación autónoma de las condiciones de trabajo se articula principalmente a través de los convenios colectivos.

El convenio colectivo es la principal manifestación de la autonomía colectiva, pero no es la única. Repárese en las distintas manifestaciones de la autonomía colectiva tanto a nivel nacional (convenios estatutarios y extraestatutarios, pactos sociales, acuerdos interprofesionales, marco o sobre materias concretas del art. 83. 2 y 3 ET, acuerdos de empresa, acuerdos de resolución de conflictos, acuerdos de interés profesional —art. 13 LETA—), como internacional (Acuerdos Marco Internacionales) o europeo (acuerdos colectivos europeos y diálogo social del art. 155.1 TFUE).

La norma laboral otorga a los convenios colectivos negociados conforme a las reglas del Título III del Estatuto de los Trabajadores, denominados convenios colectivos estatutarios, una eficacia jurídica general o erga omnes, al obligar a "todos los trabajadores y empresarios incluidos dentro de su ámbito de aplicación y durante todo el tiempo de su vigencia" (art. 82.3 parr. 1° ET). Esto significa que el convenio extiende sus efectos a la totalidad de los empresarios y trabajadores incluidos dentro del ámbito de aplicación funcional, territorial y personal, sin distinguir entre afiliados/asociados o no afiliados/asociados a las organizaciones sindicales o empresariales que lo han firmado. Frente a los convenios colectivos estatutarios se distinguen los ya mencionados convenios colectivos extraestatutarios, negociados al margen de las reglas del Título III del Estatuto de los Trabajadores, y con una eficacia jurídica limitada.

Los convenios colectivos estatutarios representan la mayoría de los convenios de nuestro país, al reunir los requisitos de concurrencia, legitimación para negociar, composición de la comisión negociadora, tramitación y validez previstos en el Estatuto de los Trabajadores, tal y como se verá a continuación.

3. ÁMBITOS DE APLICACIÓN Y UNIDADES DE NEGOCIACIÓN

El art. 83.1 ET dispone que "los convenios colectivos tendrán el ámbito de aplicación que las partes acuerden". Esto significa que la norma laboral consagra la libertad de las partes para determinar el ámbito funcional, territorial y personal, y por ende la libertad para determinar la unidad de negociación.

La combinación de los ámbitos funcional, territorial y personal determina el ámbito del convenio (o, en expresión habitual, la "unidad de negociación"). Tal y como se verá a continuación, atendiendo a las distintas unidades de negociación, la norma laboral distingue distintos tipos de convenios. A saber, convenio de empresa, convenio franja, convenio de sector, convenio marco o acuerdo interprofesional (art. 83.2 ET), y acuerdo sobre materias concretas (art. 83.3ET).

3.1. Ámbitos de aplicación

El ámbito *funcional* se refiere a las unidades productivas afectadas por el convenio: una empresa (o ámbito inferior), varias empresas, todo un sector o subsector de producción, todas las empresas (ámbito intersectorial o interprofesional).

El convenio supraempresarial aplicable a una empresa se determinará en función de la actividad real de la empresa (STS 20 enero 2009, rec. 3737/2007, y STS 21 enero 2021, rec. 158/2019). Si realiza varias actividades, el que corresponda a la actividad real predominante de la misma (por ejemplo, para estaciones de servicio con tiendas y otros servicios, se aplicaría el convenio de estaciones de servicio). En todo caso, si cabe dudar entre distintos convenios, hay que tener en cuenta el principio de unidad y el de preponderancia (STS 10 octubre 2023, rec. 4202/2020). Por eso no cabe aplicar a una Administración sin convenio (por ejemplo, a un Ayuntamiento) un convenio de un sector cuya actividad (guardería, jardinería...) no es la propia de la misma (SSTS 6 mayo 2019, rec. 4452/2017 y 25 mayo 2021, rec. 2337/2018).

Si la empresa realiza actividades distintas sin que ninguna sea predominante (por ejemplo, las llamadas empresas "multiservicios"), la solución mejor sería aplicar a cada actividad el correspondiente convenio, salvo que existiera un convenio propio para ese tipo de empresas. Asimismo, predomina el convenio colectivo pactado como aplicable en el contrato de trabajo si la actividad preponderante de la empresa demandada no se subsume en ningún otro convenio colectivo, lo que justifica la aplicación del Convenio Colectivo de Comercio de Madrid, a pesar de que la prestación laboral se desarrollaba en Málaga (STS 30 mayo 2024 rec. 2901/2021 reitera la importancia de la actividad principal de la empresa en la determinación del convenio aplicable).

La Comisión Consultiva Nacional de Convenios Colectivos (CCNCC), es el órgano adscrito al Ministerio de Trabajo y Economía Social, de carácter tripartito y paritario e integrado por representantes de la AGE, así como de las organizaciones empresariales y sindicales más representativas, que tiene encomendada la función de asesoramiento y consulta sobre el ámbito funcional de los convenios y sobre el convenio de aplicación a una empresa (DA 9ª ET).

El ámbito *territorial* se refiere al territorio afectado: una localidad, una provincia (o varias), una Comunidad Autónoma (o varias), todo el territorio nacional.

El ámbito *personal* se refiere a los trabajadores afectados: en principio lo serán todos los de la empresa o empresas del ámbito funcional, aunque es frecuente excluir a directivos o mandos, pero puede ser solo una parte o fracción (lo que se denomina "convenio franja": un convenio solo para los cargos directivos, o solo para los pilotos o maquinistas, o solo para los médicos o abogados). Cabe excluir a personal con capacidad negocial (STS 17 dic. 2010, rec. 229/2009), lo que no es admisible, por discriminatorio, es la exclusión de ciertas categorías de trabajadores (temporales, a tiempo parcial: STS 28 oct. 2003, rec. 113/2002; STC 61/2013).

En todo caso, hay que aplicar el convenio colectivo a la persona trabajadora incluida en el ámbito del convenio, aunque la categoría profesional atribuida no se contemple en el mismo (STS 8 enero 2024, rec. 1325/2022, para un convenio de empresa).

3.2. Límites a la determinación de la unidad de negociación

La estructura de la negociación colectiva en España se caracteriza por la descentralización o dispersión de muchas unidades o ámbitos de negociación que conforman el denominado mapa de negociación colectiva. En la práctica, las unidades de negociación más comunes son los convenios de sector provinciales y los convenios de empresa. Aunque, dada la derogación de las antiguas Reglamentaciones u Ordenanzas Laborales, es cada vez más frecuente la negociación de convenios sectoriales estatales.

La libertad para fijar la unidad de negociación corresponde a las partes negociadoras, al formar parte de su autonomía colectiva. No obstante, tal y como se verá a continuación, existen límites a esa libertad impuestos por la ley, por la propia autonomía colectiva, y por la interpretación de la jurisprudencia.

En primer lugar, tendrá que ser un ámbito adecuado a la legitimación de las partes negociadoras (STS 21 dic. 2010, rec. 208/2009), no pudiendo establecer obligaciones para quienes no son parte en la negociación (STS 31 marzo 2022, rec. 59/2020). Además, el ámbito asignado al convenio debe coincidir con la representatividad de las partes negociadoras, cumpliendo con el principio de correspondencia exigido jurisprudencialmente. Así, el convenio será nulo cuando no se cumple con el principio de correspondencia (entre otras, las SSTS 19 diciembre 2017, rec. 195/2017, 13 febrero 2018, rec. 236/2016; 22 febrero 2019, rec. 226/2017 declaran la nulidad de distintos convenios de empresa por vulneración del principio de correspondencia entre el ámbito de representación del banco social y el ámbito de eficacia del convenio).

En segundo lugar, la jurisprudencia rechaza la existencia de ámbitos de negociación arbitrarios (SSTS 16 nov. 2002, rec. 1218/2001, y 21 sept. 2006, rec. 27/2005), que incluyan a empresas con intereses diferenciados (así, un convenio que incluyera a todas las empresas del ramo de seguros desde el pequeño agente a la gran empresa aseguradora; o a las empresas hoteleras y a las residencias de la 3ª edad). El ámbito debe ser razonable (por todas, STS 30 dic. 2015, rec. 25/2014).

En tercer lugar, el propio art. 83.2 ET contempla la posibilidad de que las organizaciones sindicales y las asociaciones empresariales más representativas, de carácter estatal o de Comunidad Autónoma, establezcan mediante "acuerdos interprofesionales" (es decir: intersectoriales), o por "convenios o acuerdos colectivos sectoriales, de ámbito estatal o autonómico", "cláusulas sobre la estructura de la negociación colectiva, fijando en su caso, las reglas que han de resolver los conflictos de concurrencia entre convenios de distinto ámbito".

Como ejemplo de acuerdo interprofesional puede citarse el V Acuerdo para el Empleo y la Negociación Colectiva 2023-2025, aprobado por Resolución de 19 de mayo de 2023, de la Dirección General de Trabajo (BOE 31 mayo 2023). Y, de convenio colectivo sectorial estatal, el XXI Convenio colectivo general de la industria química (código de convenio 9900423501981), aprobado por Resolución de 6 de febrero de 2025 de la Dirección General de Trabajo. Este convenio sectorial ha sido negociado al amparo del art. 83.2 ET y articula la negociación colectiva en el Sector de la Industria Química incorporando una estructura negociadora en el sector. Al efecto dispone que "la articulación negocial en la Industria Química no contempla convenios de ámbito superior al de empresa e inferior al convenio general de rama de actividad", sin perjuicio de las convenios colectivos y acuerdos interprofesionales de Comunidad Autónoma de conformidad con lo dispuesto en los ap. 3, 4 y 5 del art. 84 ET.

Las cláusulas sobre estructura de la negociación colectiva pueden tener otros contenidos aparte de las reglas sobre concurrencia de convenios. Así, pueden establecer una "negociación colectiva articulada" determinando qué materias pueden ser objeto de negociación en cada ámbito, reservándose determinadas materias a un ámbito negocial o estableciendo contenidos mínimos sobre los que pudiera negociarse en ámbitos inferiores.

Además de los Acuerdos o Convenios Marco, que regulan la negociación en niveles inferiores (los denominados por ALONSO OLEA "convenios para convenir"), pueden negociarse acuerdos o convenios "marco" que regulen otro tipo de cuestiones, a desarrollar por convenios inferiores. El propio art. 83.3 ET prevé que las referidas organizaciones sindicales y asociaciones empresariales más representativas, de carácter estatal o de comunidad autónoma, pueden igualmente elaborar acuerdos sobre materias concretas. Véase como ejemplo de acuerdo sobre materia concreta, el VI Acuerdo sobre Solución Autónoma de Conflictos Laborales (Sistema Extrajudicial) —VI ASAC— aprobado por Resolución de la Dirección General de Trabajo de 10 de diciembre de 2020 (BOE 23 diciembre 2020).

La Ley del Estatuto de los Trabajadores dispone que tanto los Acuerdos sobre materias concretas como los Acuerdos o Convenios Marco tendrán el tratamiento de esta ley para los convenios colectivos (art. 83.3 ET inciso final). Esto significa que se consagra la eficacia general o erga omnes de estos acuerdos siempre y cuando se sigan para su elaboración las pautas establecidas en el Título III ET.

4. CONCURRENCIA DE CONVENIOS

Dada la libertad para fijar los ámbitos de negociación, es frecuente la existencia de convenios colectivos cuyos ámbitos resultan concurrentes. Sobre todo, convenios de distinto ámbito territorial: en el mismo sector pueden concurrir un convenio estatal, varios convenios provinciales y numerosos convenios de empresa. Pero también pueden concurrir convenios de distinto ámbito funcional: por ejemplo, un convenio provincial para el comercio en general y otro en la misma provincia para el comercio del metal. Esta situación hace necesario establecer reglas para determinar cuál de los varios convenios concurrentes se aplica, bien porque los demás quedan anulados, bien porque un convenio tiene preferencia aplicativa sobre el otro convenio.

El art. 84 ET fija cuatro reglas de preferencia aplicativa en supuestos de concurrencia de convenios colectivos estatutarios.

1ª) La primera regla prevista en el apartado 1° del art. 84 ET establece que un convenio colectivo, durante su vigencia, no podrá ser afectado por lo dispuesto en convenios de ámbito distinto (STS 9 julio 2024 rec. 163/2022), añadiendo "salvo pacto en contrario, negociado conforme a lo dispuesto en el art. 83.2 ET, y salvo lo previsto en el apartado siguiente".

Esta primera regla significa que, si dos o más convenios aplicables contienen reglas contrarias, tiene preferencia aplicativa el más antiguo, el que de los dos haya entrado antes en vigor, el vigente con anterioridad (*prior in tempore*), sea o no el más favorable para los trabajadores (STS 13 nov. 2007, rec. 8/2007: tiene preferencia aplicativa el más antiguo). Téngase en cuenta que el convenio "entrará en vigor en la fecha en que acuerden las partes (art. 90.4 ET) (ver, infra).

Así, por ejemplo, entre un convenio de empresa y uno provincial, se aplicará el más antiguo de los dos. Entiéndase que sí se puede negociar un convenio concurrente, pero no será aplicable ese sino el más antiguo hasta que termine su vigencia (STS 1 dic. 2015, rec. 349/2014). Y, entre un convenio de empresa y un convenio sectorial, prevalece el convenio de empresa cuando es anterior en el tiempo aplicando el principio de "*prior in tempore, potior in iure*", y se abandona la unidad de negociación sectorial (STS 29 enero 2025 rec. 202/2024; el período temporal transcurrido desde la finalización del convenio sectorial —31-12-2020— hasta la suscripción del nuevo convenio sectorial en junio de 2022 es lo suficientemente prolongado como para afirmar que no se mantuvo viva la unidad de negociación, lo que permite la aplicación del convenio colectivo de empresa que se suscribió el 15 de enero de 2020). La preferencia aplicativa no se extiende al período de ultraactividad del convenio denunciado (ver infra), tanto si se trata de la ultraactividad legal del art. 86 ET como de una ultraactividad pactada en el propio convenio; una cosa es la vigencia y otra la ultraactividad (por todas, STS 5 octubre 2021, rec. 4815/2018).

Esta primera regla no es absoluta, ya que el inciso final del apartado 1° del art. 84 ET establece que esta regla es dispositiva para convenios negociados conforme a lo dispuesto en el art. 83.2 ET, esto es, acuerdos interprofesionales y convenios y acuerdos sectoriales de ámbito estatal o autonómico (ver STS 17 oct. 2001, rec. 4637/2000). Asimismo, esta regla también es dispositiva para los convenios de empresa, en los términos previstos en el apartado 2° del art. 84 ET (preferencia aplicativa del convenio de empresa).

Por tanto, la primera regla de concurrencia es la de *"prior in tempore, potior in iure"* si no existe acuerdo del art. 83.2 ET que modifique la regla de concurrencia, ni prioridad aplicativa del convenio de empresa en los términos previstos en el art. 84.2 ET.

En caso de que exista acuerdo del art. 83.2 ET, la primera regla de concurrencia es la establecida en el acuerdo colectivo que resulte de aplicación. Es decir, los acuerdos interprofesionales o los convenios o acuerdos sectoriales previstos en el art. 83.2 ET pueden fijar otras reglas de concurrencia distintas de la de "prior in tempore": que se aplique el más favorable, o el de ámbito más específico. Pero seguramente esos otros criterios los puede fijar también el propio convenio concurrido más antiguo (ver STS 1 oct. 1998, rec. 3114/1997).

2ª) La segunda regla prevista en el apartado 2° del art. 84 ET establece la prioridad aplicativa del convenio de empresa, y puede limitar también

—tal y como se señaló anteriormente— la primera regla de "*prior in tempore*". Dispone que "la regulación de las condiciones establecidas en un convenio de empresa, que podrá negociarse en cualquier momento de la vigencia de convenios colectivos de ámbito superior, tendrá prioridad aplicativa respecto del convenio sectorial estatal, autonómico o de ámbito inferior"; por ejemplo, respecto de uno provincial.

Esta prioridad aplicativa del convenio empresarial juega solo respecto de ciertas materias relacionadas con el salario (abono o compensación de horas extras y retribución del trabajo a turnos), con el tiempo de trabajo (horario y distribución del tiempo de trabajo, trabajo a turnos y planificación anual de las vacaciones), con la clasificación profesional (adaptación del sistema de clasificación al ámbito empresarial), con las modalidades de contratación (adaptación de los aspectos que el ET atribuye a los convenios de empresa) y las medidas para favorecer la corresponsabilidad y la conciliación de la vida laboral, familiar y personal, así como aquellas otras que dispongan los acuerdos y convenios a que se refiere el art. 83.2 **ET**. La preferencia aplicativa en materia de salario base y complementos salariales fue derogada por la Reforma Laboral de 2021 (RDL 32/2021).

Esa prioridad aplicativa está blindada por el propio art. 84.2 ET, al disponer que no "podrán disponer" de ella los acuerdos y convenios colectivos a que se refiere el art. 83.2 ET. Es decir, los acuerdos y convenios marco, al establecer reglas sobre concurrencia, pueden ampliar la prioridad aplicativa de los convenios de empresa que la ley establece, pero no pueden reducirla (ver SSTS 26 mar. 2014, rec. 129/2013, y 21 abr. 2016, rec. 147/2015).

La misma prioridad aplicativa empresarial se fija, en el art. 84.2 ET, respecto de "los convenios colectivos para un grupo de empresas o una pluralidad de empresas", que luego se verán. Según la jurisprudencia, en todo caso, no goza de prioridad aplicativa un convenio de ámbito inferior a la empresa como pudiera ser un convenio de centro (STS 10 abril 2025 rec. 51/2023 establece la falta de prioridad aplicativa en materia salarial de convenios de ámbito inferior a la empresa respecto al convenio del sector de empresas de seguridad). Y, en lo temporal, la prioridad opera desde la entrada en vigor del convenio empresarial, sin efectos retroactivos.

En fin, conforme al art. 42.6 ET, también tiene preferencia aplicativa, si lo hay, en el supuesto de contratas o subcontratas de la propia actividad de la empresa principal (ver, infra, lecc. 10ª), el convenio propio de la empresa contratista o subcontratista sobre el convenio "del sector de la actividad desarrollada en la contrata o subcontrata", pero ello "en los términos del art. 84" (STS 29 enero 2025 rec. 202/2024).

3ª) La tercera regla prevista en el apartado 3º del art. 84 ET limita nuevamente la primera regla de "*prior in tempore*". Conforme a la misma, en el ámbito de una Comunidad Autónoma "los sindicatos y asociaciones empresariales que reúnan los requisitos de legitimación de los artículos 87 y 88, podrán negociar convenios colectivos y acuerdos interprofesionales de comunidad autónoma que tendrán prioridad aplicativa sobre cualquier otro convenio sectorial o acuerdo de ámbito estatal" siempre que obtengan el respaldo de las mayorías exigidas para constituir la comisión negociadora y su regulación resulte más favorable para las personas trabajadoras que la fijada en los convenios y acuerdos estatales. Prioridad aplicativa, pues, de los acuerdos o convenios autonómicos, siempre que se acuerden en la correspondiente comisión negociadora por la mayoría requerida para constituir dicha comisión (ver, infra) y resulten más favorables.

4ª) La cuarta regla prevista en el apartado 4º del art. 84 ET limita de nuevo la primera regla de "*prior in tempore*". Conforme a la misma, se establece la prioridad aplicativa respecto de los convenios colectivos provinciales sobre los convenios y acuerdos estatales, siempre que así se prevea en acuerdos interprofesionales de ámbito autonómico y siempre que igualmente su regulación sea más favorable para las personas trabajadoras que la fijada en los convenios o acuerdos estatales.

Las dos últimas reglas (3ª y 4ª) tienen a su vez un límite. Así, conforme al art. 84.5 ET, a los efectos de los acuerdos o convenios estatales, ciertas materias se consideran no negociables en el ámbito de una Comunidad Autónoma o en el ámbito provincial: período de prueba, modalidades de contratación, clasificación profesional, jornada máxima anual, régimen disciplinario, normas mínimas en materia de prevención de riesgos y movilidad geográfica (con lo que las cláusulas invasoras del convenio autonómico serán nulas: STS 28 en. 2004, rec. 100/2002), pero los acuerdos o convenios estatales pueden establecer "un régimen distinto", que podría reducir o ampliar esa lista. En cualquier caso, sólo hay prioridad aplicativa del convenio autonómico o provincial: no se aplican las cláusulas concurrentes del convenio estatal, pero no son nulas (STS 31 oct. 2003, rec. 17/2002).

Concluyendo, la primera regla del art. 84 ET es neutral respecto de la estructura de la negociación colectiva (se aplica el convenio pactado en primer lugar "*prior in tempore*", sea de ámbito superior o inferior). Pero las otras tres reglas de concurrencia favorecen claramente la "descentralización" de la negociación colectiva, al permitir que en múltiples materias los convenios autonómicos y provinciales se descuelguen de los estatales, y que los de empresa (o grupo o pluralidad de empresas) se descuelguen en ciertas materias de los de ámbito superior.

5. INAPLICACIÓN DEL CONVENIO COLECTIVO

En esa línea descentralizadora, el apartado 2º del art. 82.3 ET posibilita asimismo la inaplicación ("descuelgue") en las empresas de "las condiciones de trabajo previstas en el convenio colectivo aplicable..., que afecten a determinadas materias". Esto es, la norma laboral permite inaplicar en determinados supuestos ciertas materias de los convenios colectivos estatutarios, tal y como se verá a continuación.

Puede inaplicarse tanto un convenio de empresa como de sector, aunque lo normal será la inaplicación de convenios de sector. Las materias que se pueden inaplicar son: jornada de trabajo, horario y distribución del tiempo de trabajo, régimen de trabajo a turnos, sistema de remuneración y cuantía salarial, sistema de trabajo y rendimiento, y mejoras voluntarias de la acción protectora de la Seguridad Social. Es decir, bastantes y bastante importantes.

Se prevé también la posible inaplicación de otra materia, pero la redacción carece de sentido: "Funciones, cuando excedan de los límites que para la movilidad funcional prevé el art. 39 ET". No se dice, pues, que se pueda inaplicar el sistema de clasificación profesional que el convenio tiene que establecer conforme al art. 22.1 ET. Se dice que se pueden modificar las funciones acordadas entre trabajador y empresario, más allá de lo que permite el art. 39 ET: pero ese acuerdo, precisamente, no está en los convenios colectivos.

Tal y como se verá a continuación, la inaplicación del convenio exige la concurrencia de una causa, y la apertura de un período de consultas en aras a alcanzar un acuerdo, de conformidad con lo dispuesto en el art. 41.4 ET (ver infra).

La inaplicación del convenio colectivo exige la concurrencia de una causa económica, técnica, organizativa o de producción" (causas ETOP). Las cuales se conciben en términos casi idénticos a los de las causas que justifican los despidos; es decir, como una alternativa a las reducciones temporales o definitivas de plantilla, no justificable simplemente como vía para mejorar la competitividad de la empresa.

Así, si las causas son económicas, se entenderá que concurren "cuando de los resultados de la empresa se desprenda una situación económica negativa", de la que la ley da ejemplos: "en casos tales como la existencia de pérdidas actuales o previstas, o la disminución persistente de su nivel de ingresos ordinarios o ventas". Persistencia cuyo concepto se concreta: "si durante dos trimestres consecutivos el nivel de ingresos ordinarios o de ventas de cada trimestre es inferior al registrado en el mismo trimestre del año anterior".

Si las causas justificativas alegadas son técnicas, organizativas o de producción, se entenderá que concurren cuando "se produzcan cambios, entre otros" en, respectivamente, el ámbito "de los medios o instrumentos de producción", "de los sistemas y métodos de trabajo del personal o en el modo de organizar la producción", o "en la demanda de los productos o servicios que la empresa pretende colocar en el mercado".

En suma, al igual que sucede con los despidos por las mismas causas (ver lección 17ª), la justificación requiere solamente acreditar que se han producido ciertos hechos, sin que sea necesario probar que la situación y perspectivas económicas de la empresa y sus posibilidades de mantener el empleo quedarían afectadas de no producirse la inaplicación (por lo que a las causas económicas se refiere); sin que sea necesario probar que la inaplicación favorecerá la posición competitiva de la empresa en el mercado o una mejor respuesta a las exigencias de la demanda (por lo que a las otras causas se refiere).

La inaplicación requiere, en todo caso, un "acuerdo entre la empresa y los representantes de los trabajadores legitimados para negociar un convenio colectivo" conforme al art. 87.1 ET. Se añade que previamente se desarrollará un periodo de consultas en el que la intervención como interlocutores ante la dirección de la empresa corresponderá a los sujetos indicados en ese art. 41.4 ET, "en el orden y condiciones señalados en el mismo" (ver lección 12ª).

El acuerdo de inaplicación puede, conforme al art. 8.1.e) del RPDC, alcanzarse por la comisión negociadora de un ERE/ERTE (ver, infra, lecc. 16ª y 17ª) (ver SSTS 17 mayo 2017, rec. 221/2016, y 23 junio 2022, rec. 216/2021); pero no por una comisión de seguimiento del ERE/ERTE (STS 20 marzo 2024, rec. 139/2022).

Si se alcanza un acuerdo, debe ser comunicado a la Comisión paritaria del convenio supraempresarial, y se presumirá que concurren las causas justificativas antes señaladas, si bien el acuerdo puede ser impugnado judicialmente por fraude, dolo, coacción o abuso de derecho. A la Comisión paritaria hay que comunicarle también el posible desacuerdo, contando con un plazo máximo de 7 días para pronunciarse. Precisamente, según el art. 85.3.c) ET, en los convenios se deben fijar los términos y condiciones para el conocimiento y resolución de esas discrepancias por parte de la

Comisión paritaria adaptando, en su caso, los procedimientos establecidos en los acuerdos interprofesionales.

El acuerdo de inaplicación (y hay que entender que, en su caso, también los laudos que a continuación se mencionan) "deberá determinar con exactitud" las nuevas condiciones de trabajo aplicables en la empresa. Dicho acuerdo (y los laudos, en su caso) no pueden tener efectos retroactivos (STS 26 oct. 2015, rec. 276/2014) y no podrán prolongarse más allá del momento en que resulte aplicable un nuevo convenio en dicha empresa, lo que parece obvio. Las partes pueden limitar su duración, pero deben pactarlo expresamente en el acuerdo (STS 26 junio 2018, rec. 153/2018: la intención de los firmantes era que el descuelgue finalizara cuando decayera la vigencia inicial del convenio, sin tener en cuenta la fase de ultraactividad, pero ese extremo debería haberse reflejado expresamente en el acuerdo de inaplicación). A este respecto la STS 15 septiembre 2015 (rec. 218/2014) recuerda que estamos ante un mecanismo excepcional legitimado "ante el riesgo de que el mantenimiento de tales condiciones pueda poner en peligro la estabilidad de la empresa y, con ello, el empleo". En todo caso, el acuerdo no podrá dar lugar al incumplimiento de obligaciones relativas a la eliminación de discriminaciones por razón de género o las que estuvieran previstas en el Plan de Igualdad aplicable en la empresa.

Pero puede (incluso, será normal) que la Comisión paritaria no solvente el desacuerdo. Por ello, añade el art. 82.3 ET que mediante los acuerdos interprofesionales de ámbito estatal o autonómico previstos en el art. 83.2 ET (ver supra) "se deberán establecer" procedimientos (conciliación, mediación, arbitraje) para resolver las discrepancias en la negociación de estos acuerdos. El arbitraje —voluntario, pues se dice que esos acuerdos deben incluir "el compromiso previo de someter las discrepancias a un arbitraje"— será vinculante, tendrá la misma eficacia que los acuerdos y podrá ser recurrido conforme al art. 91 ET (ver infra).

En fin, si no hay acuerdo ni fueran aplicables los procedimientos de solución de conflictos mencionados o éstos no solucionaran la discrepancia, cualquiera de las partes puede someter el conflicto a la Comisión Consultiva Nacional de Convenios Colectivos u órganos correspondientes de las CCAA (de no estar constituidos y en funcionamiento, la CCNCC puede solucionar la discrepancia para una implicación que afecte a centros en el territorio de una CA, DA 6ª RDL 5/2013). Estos órganos (que son normalmente órganos tripartitos, con representantes sociales y de la administración correspondiente) pueden adoptar la solución por sí mismos o nombrar un árbitro. Estos órganos habrán de dictar la decisión en un plazo no superior a 25 días a contar desde la fecha del sometimiento del conflicto ante dichos órganos. Tal decisión, como la adoptable en caso del arbitraje previsto en los acuerdos de solución de conflictos, tendrá la misma eficacia que un acuerdo en período de negociación y será recurrible conforme al art. 91 ET.

En suma, es un supuesto de arbitraje obligatorio, que lleva a un laudo de obligado cumplimiento (STC 16 julio 2014 declaró su constitucionalidad). En todo caso, estas posibilidades de inaplicación o modificación de convenios mediante acuerdo entre la empresa y los representantes de los trabajadores no vulneran lo dispuesto en el art. 37.1 CE, al exigir que la ley garantice la "fuerza vinculante" de los mismos. Simplemente se trata de que, entre dos productos de la negociación colectiva, el legislador se inclina por favorecer los convenios o acuerdos de ámbito más reducido en aras de la mencionada descentralización.

Finalmente, el resultado de los procedimientos que hayan finalizado con la inaplicación de condiciones de trabajo tiene eficacia general en su ámbito de aplicación, y deberá ser comunicado a la autoridad laboral a los solos efectos de depósito.

6. LEGITIMACIÓN INICIAL O SIMPLE PARA NEGOCIAR

Dada la eficacia general de los convenios estatutarios, el ET establece requisitos para poder negociarlos. De este modo, se regulan tanto los requisitos de legitimación para participar en la negociación (art. 87 ET), cuanto los requisitos para constituir la comisión negociadora (art. 88 ET). Es lo que se conoce, siguiendo la terminología del TS (STS 12 marzo 2024, rec. 328/2021), respectivamente, como legitimación "inicial" o "simple" y como legitimación plena (interviniente o deliberante, aunque también se la ha denominado como complementaria: ver STS 20 junio 2006, rec. 189/2004). Los requisitos para la adopción de acuerdos (ver, infra) constituirían la "legitimación decisoria", aunque la jurisprudencia se ha referido a ella como "negociadora"" (STS 25 noviembre 2014, rec. 63/2014; STS 12 abril 2023, rec. 4/2021).

La norma laboral al abordar la legitimación inicial y la legitimación plena distingue —tal y como se verá a continuación— los dos niveles de negociación, el nivel de empresa o de ámbito inferior y el nivel de sector.

6.1. Negociación de convenios de empresa o ámbito inferior

Un convenio puede afectar funcionalmente a todos los centros de una empresa, o solamente a algunos o uno de ellos. En cuanto al ámbito personal, puede afectar a todos los trabajadores (aunque ya se dijo que es normal que se excluya a los directivos) o solamente a una parte de ellos (los conocidos como "convenios franja").

A) Legitimación en representación de los trabajadores

El art. 87.1 ET considera legitimados, en los convenios de empresa o ámbito inferior, o bien a la representación unitaria (comité de empresa o delegados de personal), o bien "a las secciones sindicales". La norma laboral consagra una *legitimación dual o alternativa.* Por lo tanto, se puede negociar alternativamente por parte de la representación unitaria o por parte de un sindicato o sindicatos (o sus secciones sindicales): alternativamente, no se admite la negociación conjunta (STS 14 jul. 2000, rec. 2723/1999).

Dada la fuerte sindicalización de hecho de la representación unitaria, la alternativa es normalmente indiferente. Pero si ambas partes legitimadas pretendieran negociar, la ley da prioridad a la representación sindical: "la intervención en la negociación corresponderá a las secciones sindicales cuando éstas así lo acuerden". Pero, en tal caso, deberán sumar la mayoría de los miembros del comité de empresa o entre los delegados de personal. Tal prioridad jugará tanto si la iniciativa parte de la representación laboral (unitaria o sindical) como si parte del empresario.

Negociación por la representación unitaria. En caso de que negocie la representación unitaria (comité de empresa o, en su caso, delegados de personal; eventualmente, si tiene esa función, el comité intercentro), el art. 88.1 ET establece que el reparto de miembros de la comisión negociadora se haga respetando el derecho de todos los legitimados y "en proporción a su representatividad".

Caso práctico: Composición de la comisión negociadora

El Comité de Empresa está integrado por 5 miembros de UGT, 2 de CCOO y 2 del SU. La empresa negocia con tres representantes de UGT. Los otros dos sindicatos demandan que se declare la nulidad del convenio. ¿Es nulo? ¿Cuál sería la composición correcta?

En el Comité, UGT tiene un 55,55% de representatividad y los otros dos tienen un 22,22% cada uno. El convenio es nulo porque no se ha respetado la proporcionalidad exigida. Como la comisión negociadora puede tener hasta 13 miembros, una composición podría ser idéntica a la del comité: 5+2+2. Pero si se acordara que tuviera solamente 5 miembros, ya que el número lo deciden los negociadores (la ley solamente fija el máximo de miembros y esa regla de proporcionalidad), otra composición proporcional sería 3+1+1.

(Cfr. STS 20 junio 2016, rec. 52/2015)

Hay que tener en cuenta, no obstante lo anterior, que, dado que el número de miembros de la comisión negociadora tiene un máximo de trece, conforme al art. 88.4 ET, los grupos muy minoritarios dentro del comité de empresa quedarán proporcionalmente fuera de la comisión negociadora. Así, por ejemplo, si en un comité de empresa de 75 miembros un grupo solo cuenta con un miembro (luego, tiene un 1,33% del comité), éste no alcanzará representatividad suficiente para ocupar uno de los posibles hasta trece puestos de la comisión negociadora (pero, como se verá a continuación al exponer la negociación por las secciones sindicales, en un supuesto en que negociaban estas el TS ha abandonado el criterio de la proporcionalidad (que es un 7,69% de la comisión).

En todo caso, recuérdese que el comité de empresa y los delegados de personal se eligen por centro de trabajo, no para el total de centros de la empresa. Por lo tanto, cuando se negocie un convenio para varios centros o para todos los centros de una empresa, estarán legitimados todos los comités de centro y/o todos los delegados de los distintos centros afectados, quienes tendrán que designar conjuntamente a los miembros de la comisión negociadora. La representación de solamente alguno o algunos centros no estará legitimada para negociar un convenio para centros no representados (STS 7 mar. 2012, rec. 37/2011; también STS 7 mar. 2017, rec. 58/2016). Ni la de un único centro existente pactar que se aplicará a los que se creen en el futuro (STS 22 feb. 2019, rec. 226 /2017).

La cuestión se simplifica si existe un comité intercentros, el cual podría negociar para toda la empresa si tuviera atribuida esa función el comité intercentros en el convenio colectivo.

Negociación por la representación sindical. Alternativa y prioritariamente, puede negociar la representación sindical, es decir, la sección o secciones sindicales existentes en el centro de trabajo o en la empresa.

En principio, están legitimadas todas las secciones que hubiere, pero el art. 8.2.b LOLS resulta más restrictivo, limitando el derecho a las secciones de los sindicatos más representativos o con presencia entre los representantes unitarios.

Salvo que, como veremos a continuación, se trate de un "convenio franja", esa sección o secciones deben sumar la mayoría de los miembros del comité o tenerla entre los delegados de personal. En su caso, si el convenio es para varios o todos los centros, con sus correspondientes secciones, las que negocien deberán sumar esa mayoría en el conjunto de los centros afectados.

En todo caso, tal y como dispone el art. 88.1 ET, se respetará el derecho de todas las secciones legitimadas a formar parte de la comisión negociadora y el reparto de miembros en su seno se hará "en proporción a su representatividad", lo que, para secciones con representatividad muy reducida supondría quedar fuera de la comisión negociadora. Ello no obstante, la STS 12 abril 2023 (rec. 4/2021) no se atiene al criterio de la proporcionalidad en un supuesto en que una sección contaba solamente con dos representantes de un total de 39. Aunque la legitimación se reconoce a la sección sindical, se admite que pueda negociar directamente el sindicato a la que pertenece (STS 16 sept. 2004, rec. 129/2003).

El art. 87.1 ET contempla también el supuesto de que se negocien convenios franja: "convenios dirigidos a un grupo de trabajadores con perfil profesional específico". En tal caso, aparte la posibilidad de que negocie la representación unitaria, se establece que estarán legitimadas "las secciones sindicales que hayan sido designadas mayoritariamente por sus representados" (es decir, por los trabajadores de dicho grupo específico) "a través de votación personal, libre, directa y secreta". Aunque se señala un criterio mayoritario, la jurisprudencia se inclina por la proporcionalidad (STS 26 nov. 2015, rec. 317/2014).

B) Legitimación por parte empresarial

Tratándose de convenios de ámbito de empresa o inferior, naturalmente estará legitimado el empresario o las personas en quien delegue.

6.2. Negociación de convenios sectoriales

A) Legitimación por parte sindical

Las reglas de legitimación se establecen en el art. 87.2 ET. La diferencia respecto de los convenios de empresa, es que solamente están legitimados algunos sindicatos (y, por parte empresarial, algunas asociaciones empresariales). En concreto, los siguientes.

a) En primer lugar, en estos convenios sectoriales están legitimados los sindicatos "que tengan la consideración de más representativos", ya sea "a nivel estatal" [art. 87.2.a) ET] —para convenios sectoriales estatales o sectoriales inferiores, se entiende, ya sea "a nivel de Comunidad Autónoma" [art. 87.2.b) ET] —para convenios sectoriales autonómicos o sectoriales inferiores, se entiende, siempre "que no trasciendan de dicho ámbito territorial"—. Como sabemos (ver lección 4ª) esos SMR, a nivel estatal o autonómico, en puridad lo son las Confederaciones intersectoriales estatales (CCOO, UGT) o autonómicas (ELA, en País Vasco y Navarra; LAB, en País Vasco; CIG, en Galicia).

El art. 87.2 ET en ambas letras a) y b) añade que están legitimadas "en sus respectivos ámbitos, las organizaciones sindicales afiliadas, federadas o confederadas a los mismos", es decir, a los SMR. Realmente, pues, son esas organizaciones sindicales, en cuanto que son más representativas por afiliación o irradiación, las que negociarán los convenios sectoriales.

Así, si se negocia un convenio sectorial estatal, negociarán las Federaciones estatales de CCOO y de UGT de ese sector (en cuanto integradas en esas Confederaciones).

Así, si se negocia un convenio sectorial autonómico, negociarán las Federaciones autonómicas de CCOO y de UGT —unas veces denominadas "nacionales", otras "regionales"— de ese sector (en cuanto integradas en las Federaciones estatales respectivas, a su vez integradas en las Confederaciones de CCOO y de UGT), así como, en sus ámbitos respectivos, las Federaciones de ELA, de LAB y de CIG en ese sector (en cuanto integradas en las Confederaciones autonómicas que son ELA, LAB y CIG).

Así, si se negocia un convenio de sector de ámbito territorial más reducido (provincial, comarcal o local), los respectivos sindicatos provinciales, comarcales o locales de UGT y de CCOO (en cuanto integrados en las correspondientes Federaciones sectoriales autonómicas, es decir: "nacionales" o "regionales"); y, en su caso, los sindicatos provinciales, comarcales o locales de los señalados SMR autonómicos (en cuanto integrados en las correspondientes Federaciones sectoriales).

b) En segundo lugar, además de los anteriores están legitimados los sindicatos representativos (con el 10% o más de audiencia electoral) en el concreto ámbito funcional y territorial del convenio. De este modo, si se trata de un convenio de sector estatal, todos los demás sindicatos que fueran representativos en ese ámbito funcional (tal sector) y territorial (todo el territorio del Estado); si se trata de un convenio de sector provincial, todos los demás sindicatos representativos en ese sector y esa provincia.

c) En tercer lugar, aparte los anteriores, el art. 87.4 ET dispone que, cuando se trate de convenios de ámbito estatal, estarán legitimados también los sindicatos más representativos de Comunidad Autónoma. De este modo, las Federaciones de un sector determinado de ELA, LAB y CIG podrán participar en la negociación del convenio estatal para ese sector.

Caso práctico: Negociación de convenio sectorial

¿Qué sindicatos estarán legitimados para negociar el convenio estatal del metal? Lo estarán las Federaciones estatales del Metal (o la denominación que tengan) de CCOO y de UGT, así como las Federaciones del Metal (o como se denominen en cada caso) de los sindicatos ELA y LAB, y cualquier otro sindicato que en ese ámbito geográfico y funcional (estatal, metal) tenga un 10% de representatividad.

¿Y el convenio provincial de Vizcaya del metal? Lo negociarán las Federaciones provinciales del Metal en Vizcaya (o la denominación que tengan) de CCOO y de UGT, así como las Federaciones provinciales del Metal en Vizcaya (o como se denominen en cada caso) de ELA y de LAB; y cualquier otro sindicato que en ese ámbito geográfico y funcional (Vizcaya, metal) alcance un 10% de representatividad.

Por lo demás, se considera por la jurisprudencia que la legitimación hay que medirla en el momento de inicio de la negociación (STS 23 noviembre 2009, rec. 43/2009; pero la legitimación puede variar si el proceso negociador se prolonga en el tiempo y se negocia algo distinto de lo ya acordado a lo largo del mismo, admitiéndose la medición dinámica de la representatividad: STS 30 noviembre 2023, rec. 98/2021). Asimismo, se presume la legitimación de quienes han participado en la misma y concluido el convenio, debiendo probar lo contrario quien eventualmente impugne el convenio (STS 29 noviembre 2010, rec. 244/2009) (sobre las dos cuestiones anteriores, también STS 16 mayo 2017, rec. 129/2016). Lo mismo vale para la legitimación empresarial que se verá a continuación.

B) Legitimación por parte empresarial

Conforme al art. 87.3 ET, estarán legitimadas las asociaciones empresariales representativas en el ámbito del convenio, representatividad que se mide: o bien con dos criterios acumulativos (es decir, asociaciones que cuenten como afiliados con el 10% o más de los empresarios de dicho ámbito y que esos empresarios den empleo al 10% o más de los trabajadores afectados por el convenio), o bien con un único criterio (que los afiliados con los que cuenten, cualquiera que sea su porcentaje, den ocupación al 15% de los trabajadores afectados) (STS 3 dic. 2012, rec. 84/2008). Téngase en cuenta que las AAPP, si bien son empleadores de su personal laboral, no pueden afiliarse a las organizaciones empresariales privadas (STS 7 oct. 2005, rec. 2182/2003).

Caso práctico: Legitimación de una asociación empresarial

La asociación empresarial Asemec, legalmente constituida y registrada, agrupa 20 entidades de crédito (Cajas Rurales), las cuales cuentan con 6.783 empleados. El total de empresas del sector es de 63 y el total de empleados de 18.910. Asemec solicita formar parte de la comisión negociadora del convenio sectorial. La asociación empresarial Unacc se opone por entender que Asemec no es una asociación empresarial sino un grupo empresarial con dirección unitaria.

Asemec cumple los requisitos del art. 87.3 ET: cuenta con más del 10% (incluso más del 15%) de las empresas del ámbito del convenio, y estas dan empleo a más del 10% de los trabajadores.

En realidad lo que se discute es si se trata de una asociación empresarial o, por el contrario, de una única empresa (o, mejor, de un grupo de empresas "patológico": ver infra lecc. 10ª). No hay tal grupo de empresas porque hay una dirección unitaria pero no se hace un uso abusivo de la misma, no hay confusión de plantillas, no hay caja única, ni patrimonio único. Por consiguiente, han podido constituir legalmente esa asociación, cuyo registro por lo demás no se ha anulado.

(Vid. STS 8 noviembre 2016, rec. 259/2015)

Dada la dificultad para comprobar la legitimación exigida, jurisprudencialmente se presume que la asociación empresarial firmante del convenio la tiene salvo prueba en contrario (SSTS 2 febr. 2023, rec. 69/2021, y 23 mayo 2023, rec. 212/2021). Al efecto, se ha dado carta de naturaleza a la acreditación de la representatividad por mutuo reconocimiento de los sujetos negociadores y a la presunción *iuris tantum* a favor de la acreditación de la legitimación de la asociación empresarial firmante del Convenio (STS 19 julio 2018, rec 169/2017)

Si en un sector no existen asociaciones con esa representatividad, estarán legitimadas las asociaciones de ámbito estatal que en este ámbito cuenten con el 10% o más de las empresas o con empresas que den empleo al 10% o más de los trabajadores (porcentajes que suben al 15% para asociaciones de ámbito autonómico). Es algo similar a la "irradiación" para las organizaciones empresariales más representativas.

C) Observaciones generales

En relación a lo ya expuesto, conviene resaltar algunos aspectos. En primer lugar, que la legitimación se reserva exclusivamente a ciertos sindicatos y asociaciones empresariales. No puede negociar un convenio sectorial una delegación de comités de empresa, ni un colegio profesional, ni un grupo de empresas (STS 8 nov. 2016, rec. 259/2015: se debatía si la asociación empresarial negociadora lo era verdaderamente, o era un "grupo de empresas").

En segundo lugar, que la representatividad exigida lo es respecto de cada sindicato o asociación empresarial. No cabe que dos o más sindicatos (o asociaciones empresariales), carentes de la representatividad exigida, designen conjuntamente algún representante en la comisión negociadora. Cuestión distinta es que dos o más sindicatos (o asociaciones empresariales) se fusionen y el sindicato (o asociación) resultante alcance la representatividad exigida.

En tercer lugar, conforme al art. 87.5 ET, todos los sindicatos o asociaciones legitimados tienen "derecho a formar parte de la comisión negociadora" del convenio. Por lo tanto, si se excluye de la negociación a un sindicato o asociación legitimado (aunque no hay obligación de convocarlo), el convenio no será válido aunque venga negociado por otro u otros sindicatos (o asociaciones empresariales) con suficiente mayoría.

En cuarto lugar, en cuanto a la legitimación para negociar acuerdos marco y convenios marco: Cuando se negocien acuerdos interprofesionales que fijen la estructura negocial y las reglas sobre concurrencia, conforme al art. 83.2 ET, la legitimación se reserva a los sindicatos y asociaciones empresariales más representativos estatales o autonómicos. Cuando se trate de acuerdos o convenios de sector, deberán contar "con la legitimación necesaria", conforme a las reglas expuestas sobre convenios sectoriales.

En quinto lugar, en cuanto a la legitimación para negociar convenios para varias empresas: El art. 87.1 ET contempla expresamente el supuesto de convenios "para un grupo de empresas" o para "una pluralidad de empresas vinculadas por razones organizativas o productivas y nominativamente identificadas". Las reglas de legitimación, ya avanzadas antes por la jurisprudencia, son mixtas. En representación de los trabajadores, la legitimación es la establecida para los convenios sectoriales. En representación de las varias empresas, aunque no se dice expresamente, lógicamente participarán todas y cada una de las empresas afectadas (salvo que apoderen a una asociación empresarial).

7. LEGITIMACIÓN PLENA O COMPLEMENTARIA PARA NEGOCIAR

Este concepto hace referencia a la representatividad que tiene que alcanzar el sindicato —normalmente, los sindicatos— que formen parte de la comisión negociadora para que ésta se pueda constituir.

7.1. Negociación de convenios de empresa o de ámbito inferior

En la constitución de la comisión negociadora de los convenios de empresa o de ámbito inferior pueden destacarse las siguientes situaciones: a) Si negocia la representación unitaria, ésta representa a todos los trabajadores (máxime si, como se dijo, la composición de la comisión negociadora tiene que ser proporcional a la composición de la representación unitaria); b) Si negocian las representaciones sindicales (secciones sindicales) y el convenio afecta a todos los trabajadores, la sección o secciones sindicales en cuestión tienen que sumar "la mayoría de los miembros del comité"; c) No cabe excluir a una sección sindical legitimada (STS 1 jul. 1999, rec. 4055/1998), incluso si no tienen una sección sindical formalmente constituida en la empresa (STS 13 marzo 2024 rec. 56/2022), y d) Si es un convenio franja, negociarán las secciones sindicales designadas mayoritariamente.

En suma, la comisión negociadora tiene que representar a todos o, al menos, la mayoría de los trabajadores afectados. Además, el retraso en la constitución de la comisión negociadora del Convenio Colectivo de empresa no vulnera el derecho a la libertad sindical, ya que las dilaciones en la constitución de las mesas negociadoras deben estar justificadas y no pueden considerarse fraudulentas sin pruebas contundentes (STS 25 junio 2024 rec. 136/2022).

El número máximo de miembros de la comisión para cada parte (laboral y empresarial) es de trece miembros.

7.2. Negociación de convenios sectoriales por parte sindical

Según el art. 88.2 ET, la comisión negociadora quedará válidamente constituida cuando el o los sindicatos legitimados participantes "representen como mínimo… a la mayoría absoluta de los miembros de los comités de empresa y delegados de personal" (ver STS 22 nov. 2005, rec. 26/2004; con independencia de que su número sea escaso, STS 4 mayo 2021, rec. 164/2019). Se requiere, pues, igualmente una representatividad mayoritaria en el ámbito del convenio. El momento en que hay que apreciar la legitimación es el del inicio de las negociaciones (STS 11 junio 2020, rec.138/2019). Así, la mesa negociadora del convenio sectorial debe entenderse constituida en la fecha de la reunión en la que estuvieron presentes todos los sindicatos representados, y conforme a la representatividad de los sindicatos reflejada en el certificado emitido en esas fechas por la autoridad laboral (STS 22 febrero 2024 rec. 23/2022).

La jurisprudencia viene considerando que esa representatividad mayoritaria tiene que respetar la representatividad real de los sindicatos. Así, el TS declaró la nulidad del Convenio Colectivo firmado por UGT y ANEA para el sector del transporte sanitario, debido a que UGT no contaba con la mayoría absoluta de los representantes legales de los trabajadores en el sector, ya que la legitimación plena debe reflejar la representatividad real, garantizando que los convenios colectivos estatutarios sean aprobados por una mayoría representativa (STS 12 marzo 2024 rec. 328/2021). Es decir, por ejemplo, si participa (tiene derecho a ello, como hemos visto) un SMR que en el ámbito del convenio tiene solamente un 30% de audiencia —aunque la Confederación en que esté integrado tenga un 40% en el respectivo ámbito estatal o autonómico— y un SR que en ese ámbito concreto tiene el 20%, entre los dos no alcanzan la requerida mayoría (que tiene que ser más de un 50%).

El art. 88.2 ET contempla el supuesto de que en un sector "no existan órganos de representación de los trabajadores", con lo que no es posible determinar esa mayoría. En tal caso, establece que la comisión se entenderá válidamente constituida si está integrada por SMR en el ámbito estatal o de CA.

Por lo demás, recuérdese que, aunque los que participen en la comisión negociadora reúnan a la mayoría, el convenio no queda válidamente negociado si se excluye a algún sindicato con legitimación inicial o interviniente (STC 213/1991). Más concretamente: no hay obligación de convocar, pero sí la de no rechazar a un sindicato legitimado (STS 3 febr. 2015, rec. 64/2014). Cabe, eso sí, la autoexclusión de un sindicato legitimado (STS 20 sept. 2006, rec. 40/2005).

Aparte ese requisito de mayoría, el art. 88.1 ET establece que la participación en la comisión negociadora de todos los legitimados se hará "en proporción a su representatividad". También a estos efectos habrá que tener en cuenta la representatividad real en el ámbito del convenio: si un SMR tiene como tal (por ejemplo, en el ámbito estatal) un 40% de audiencia, pero en el ámbito del convenio solo tiene un 10%, la proporcionalidad se hará en función de esta última representatividad real. De todos modos, parece que la condición de SMR da lugar a un puesto en la comisión negociadora, aunque proporcionalmente no correspondiera ninguno (así, un SMR que eventualmente tuviera solo un 1% de representatividad real en el ámbito del convenio, tendría derecho a uno de los 15 miembros de la comisión).

Para el supuesto indicado de que en un sector no existan representantes unitarios y la comisión se constituya con los SMR, el reparto de los miembros de la comisión se efectuará en proporción a la representatividad ostentada "en el ámbito territorial de la negociación". Es decir, no por la representatividad en el sector en cuestión, que no se puede medir, sino por la representatividad en el resto de los sectores de ese territorio.

El número máximo de miembros, para cada parte (sindical y empresarial), es de quince miembros.

7.3. Negociación de convenios sectoriales por parte empresarial

Igualmente, el art. 88.2 ET exige mayoría absoluta para componer la comisión negociadora. Pero solamente exige que la asociación (o asociaciones) empresarial (es) interviniente (s) representen a empresarios que "ocupen a la mayoría de los trabajadores afectados por el convenio". Es decir, que cualquiera que sea el porcentaje de empresas afiliadas con las que cuenten, la comisión queda válidamente constituida si las asociaciones participantes alcanzan esa mayoría de trabajadores empleados por sus afiliadas.

Así, por ejemplo, si una comisión negociadora queda integrada por una asociación empresarial que afilia al 40% de los empresarios, los cuales ocupan al 51% de los trabajadores afectados, dicha comisión queda correctamente formada. Lo mismo si viene integrada por una asociación que afilia menos del 10% de los empresarios, pero que ocupan al 51% de los trabajadores. En cierto modo, quedan favorecidas las asociaciones empresariales de empresarios con mayor volumen de empleo.

Lo anterior, claro es, sin perjuicio de que todas las asociaciones empresariales legitimadas para intervenir tienen derecho a formar parte de la comisión negociadora. Su presencia en la misma será proporcional a su representatividad (proporción, lógicamente, a medir sobre el porcentaje de trabajadores ocupados por sus empresarios afiliados: si una asociación A tiene el 40% de empresarios afiliados, dando empleo al 20% de trabajadores, y otra B tiene el 40% de afiliados, dando empleo al 60% de trabajadores, la proporción será de 1 a 3 entre A y B).

En fin, también se prevé en el art. 88.2 ET que, si en un sector no existen asociaciones empresariales con suficiente representatividad, la comisión negociadora se entenderá válidamente constituida si viene integrada por organizaciones empresariales que en el ámbito estatal cuenten con el 10% o más de las empresas o cuyas empresas afiliadas den empleo al 10% o más de trabajadores (porcentajes que suben al 15% cuando se trata de ámbito autonómico). Y asimismo, en tal caso, el reparto de los miembros de la comisión se hace en proporción a la representatividad ostentada no en ese sector, sino "en el ámbito territorial de la negociación".

8. CONTENIDO DE LOS CONVENIOS COLECTIVOS

El art. 85 ET admite un amplísimo contenido posible de los convenios, aunque dentro del respeto a las leyes, y exige un contenido mínimo.

A) Conforme al art. 85.1 ET pueden ser materias objeto de negociación las "de índole económica, laboral, sindical" y cuantas afecten a las condiciones de empleo y las relaciones laborales.

Específicamente, se menciona la posible negociación de procedimientos para resolver las discrepancias surgidas en los períodos de consulta sobre traslados (art. 40 ET), modificaciones sustanciales de condiciones de trabajo (art. 41 ET), suspensiones (art. 47 ET) y despidos colectivos (art. 51 ET), así como procedimientos de información y seguimiento de los despidos objetivos.

Este posible contenido de los convenios se suele clasificar en: a) Parte normativa individual de los convenios (regulación de las relaciones individuales entre empresario y trabajador); b) Parte normativa colectiva (regulación de las relaciones entre empresario y representantes de los trabajadores); c) Parte obligacional (relaciones entre las partes firmantes del convenio).

B) Los convenios deben respetar "las leyes" y, naturalmente, la Constitución. Ya vimos que pueden mejorar los mínimos legales, modificar las leyes dispositivas, pero no pueden modificar las leyes absolutamente imperativas ni superar los (escasos) máximos legales (STS de 11 septiembre 2024 rec. 259/2022, declaró la nulidad de ciertos incisos del Convenio Colectivo Provincial de Limpieza de Edificios y Locales de Toledo, que imponían restricciones sobre el uso de ETT, al entender que la autonomía colectiva está subordinada a la ley).

C) El art. 85.3 ET impone un contenido mínimo, básicamente para hacer posible la aplicación del convenio: determinación de las partes que lo concierten; ámbitos del convenio (funcional, territorial, personal, temporal); procedimientos para solventar las discrepancias en la negociación o para la inaplicación del convenio (ver, supra); denuncia del convenio (forma, condiciones y plazo); y designación de una comisión paritaria.

Mención especial merece esa designación de una "comisión paritaria de la representación de las partes negociadoras". En relación con la misma (que, conforme a la jurisprudencia, puede estar formada solo por los firmantes y no tiene funciones de negociación, sino de aplicación e interpretación de lo negociado salvo que se pacte otra cosa), el art. 85.3.e) ET establece que entenderá de aquellas cuestiones establecidas en la ley y de cuantas otras le sean atribuidas. Asimismo, como contenido mínimo, el convenio tiene que establecer los procedimientos y plazos de actuación de la comisión, incluido el sometimiento de las discrepancias producidas en su seno a los procedimientos no judiciales de solución de conflictos establecidos mediante acuerdos interprofesionales. De tratarse de una comisión (de seguimiento, de aplicación...: la terminología es variada) con funciones negociadoras, no puede desconocer las reglas sobre legitimación para negociar de los arts. 87-88 ET (ver STS 25 mayo 2021, rec. 135/2019: un sindicato, conforme a las reglas del convenio, no forma parte de la comisión de aplicación del mismo, pero a efectos de renegociación de las tablas salariales tiene legitimación conforme al criterio de proporcionalidad del art. 88 ET; en general, sobre la participación en comisiones creadas por el convenio, ver STS 3 febrero 2015, rec. 64/2014; como jurisprudencia más reciente, ver la STS 30 noviembre 2023, rec. 98/2021).

D) La normativa laboral, y en especial la Ley del Estatuto de los Trabajadores, contiene una intensa y extensa remisión a los convenios colectivos. En unos casos la norma deja en manos del convenio la regulación, pero prevé una regulación alternativa en ausencia de regulación convencional —"salvo pacto en contrario"—(ejemplos: art. 14.1 ET duración del período de prueba, art. 26.2 ET carácter consolidable o no consolidable de los complementos salariales). En otros, la remisión legal al convenio no ofrece regulación alternativa (ejemplos: art. 31 ET cuantía de las pagas extraordinarias, art. 36.2 ET retribución específica del trabajo nocturno). Y, en otros, la norma remite al convenio la mejora de la previsión legal, y en ausencia de convenio se aplica la ley (ejemplos: art. 34.1 ET duración de la jornada de trabajo, art. 38 ET duración de las vacaciones). Estos contenidos negociales que se asignan por ley a la negociación colectiva no se entienden como contenido obligatorio.

E) Respecto de la igualdad entre mujeres y hombres se contempla el deber de negociar medidas dirigidas a promoverla (y, más concretamente, planes de igualdad en empresas con más de 250 trabajadores; número que se ha rebajado a 50 en un plazo de tres años por el RDL 6/2019: ver Ley 3/2007, de Igualdad de Trato, art. 45.2 y 46, y D.T. 12ª), pero sin perjuicio de la libertad de las partes para determinar el contenido de los convenios y su libertad de contratación.

Las últimas normas laborales han introducido nuevos espacios obligatorios de negociación colectiva, así el protocolo de prevención frente al acoso, protocolo de prevención de delitos y conductas contra la libertad sexual y la integridad moral en el trabajo derivado de la LO 10/2022, protocolo de discriminación derivado de la Ley 15/2022, protocolo de desconexión digital LOPDyGDD, plan de igualdad LGTBI, protocolos frente a toda discriminación de las personas LGTBI, cláusulas en los convenios colectivos para impulsar la inclusión de cláusulas de promoción de la diversidad y de prevención, eliminación y corrección de toda forma de discriminación de las personas LGTBI (Ley 4/2023), etc.

F) En los últimos tiempos están surgiendo nuevos contenidos negociales que están siendo abordados por los interlocutores sociales para hacer frente a la nueva realidad económica y social. Entre otros, son contenidos vinculados a motivos personales y familiares del trabajador (conciliación de la vida laboral y familiar; violencia de género; discriminación; diversidad); a la tecnología y digitalización (desconexión digital; automatización; teletrabajo; uso de medios tecnológicos y su control por parte de la empresa; protección de datos, transición tecnológica y digital; inteligencia artificial y garantía del principio de control humano y derecho a la información sobre los algoritmos); y a compromisos con la sociedad (discapacidad, responsabilidad social corporativa; movilidad sostenible; protección del medioambiente; cambio climático), etc.

9. DURACIÓN DEL CONVENIO COLECTIVO

El art. 86 ET regula varios aspectos en relación con la duración del convenio.

A) La duración o ámbito temporal será la que las partes establezcan (ap.1), señalando a su vez el art. 90.4 ET que el convenio "entrará en vigor en la fecha en que las partes acuerden". Puede ser la misma duración para todo el convenio, o diferente para unos contenidos u otros ("para cada materia o grupo homogéneo de materias"), siendo normal que temas como la jornada o la retribución tengan una duración limitada, incluso muy corta. Y puede tratarse tanto de una duración por tiempo determinado como por tiempo indefinido, siendo lo normal lo primero.

Ello no obstante, conforme al mismo ap.1, durante la vigencia prevista del convenio los sujetos que reúnan los requisitos de legitimación de los arts. 87 y 88 ET (legitimación inicial y plena) "podrán negociar su revisión" (ver STS 18 oct. 2004, rec. 191/2003). Es decir, que los legitimados en un determinado momento, que pueden no ser los que lo negociaron, pueden revisarlo.

Por lo demás, el convenio puede dar efectos retroactivos a todo o parte de su contenido (STS 29 dic. 2004, rec. 103/2003), pero respetando el principio de irretroactividad: no puede aplicarse a derechos que ya han ingresado en el patrimonio del trabajador (STS 25 en. 2019, rec. 693/2017).

B) "Los convenios colectivos se prorrogarán de año en año si no mediara denuncia expresa de las partes", "salvo pacto en contrario", (ap.2). Naturalmente, esta prórroga se refiere al contenido con vigencia limitada; el contenido con vigencia indeterminada, de por sí se mantendrá en vigor hasta la denuncia.

Según la jurisprudencia para la denuncia basta la legitimación inicial, siendo necesaria la plena solamente para la negociación del nuevo convenio.

C) "Una vez denunciado el convenio y concluida la duración pactada", su vigencia "se producirá en los términos que se hubiesen establecido en el propio convenio" (ver, supra).

La norma especifica que "durante las negociaciones para la renovación..., en defecto de pacto, se mantendrá su vigencia" (ap.3, párr.2), salvo las cláusulas por las que se hubiera renunciado a la huelga, las cuales decaerán a partir de su denuncia; por tanto, se mantendrá cualquier contenido del convenio como pudiera ser un incremento salarial previsto en el mismo. Es lo que se conoce como "ultraactividad" del convenio. Pero la misma solamente se produce "en defecto de pacto": que no se siga aplicando, que se siga aplicando solo por un período limitado, que solamente se siga aplicando una parte de este, etc.

Durante esas negociaciones, se prevé que las partes puedan adoptar "acuerdos parciales" para modificar alguno de los "contenidos prorrogados" para adaptarlos a las condiciones en que se desarrolle la actividad en el sector o en la empresa. Realmente, nada impide que se adopten cualesquiera acuerdos.

D) La ultraactividad tiene un límite: transcurrido un año desde la denuncia del convenio sin que se haya acordado uno nuevo, "las partes deberán someterse a los procedimientos de mediación regulados en los acuerdos interprofesionales de ámbito estatal o autonómico previstos en el **artículo 83**, para solventar de manera efectiva las discrepancias existentes". Una mediación, pues, obligatoria.

Asimismo, "siempre que exista pacto expreso, previo o coetáneo, las partes deberán someterse a los procedimientos de arbitraje regulados en esos mismos acuerdos interprofesionales regulados por dichos acuerdos interprofesionales". Un arbitraje, pues, voluntario. El laudo arbitral tendrá la misma eficacia que los convenios y solo será recurrible por el procedimiento y motivos del art. 91 ET.

E) Trascurridos esos procedimientos "sin alcanzarse un acuerdo", se mantiene la ultraactividad: "se mantendrá la vigencia del convenio colectivo". Pero ello, "en defecto de pacto": puede en teoría pactarse el fin de la vigencia del convenio aunque no se haya pactado uno nuevo. La ultraactividad del convenio reintroducida por el RDL 32/2021 se aplica también a los convenios ya denunciados antes de la entrada en vigor del mismo, conforme a su DT 7ª. Tras la reforma de 2012, con anterioridad a esta recuperación de la ultraactividad del convenio, jurisprudencialmente se había aceptado la incorporación al contrato de algunas condiciones de trabajo, como las salariales (ver STS 22 diciembre 2014, rec. 264/2014, con muchos votos particulares).

F) El convenio que sustituya a uno anterior lo deroga en su integridad incluso *"in peius"* (no hay regla de irreversibilidad: STS 7 dic. 2006, rec. 122/2005), salvo que el mismo disponga otra cosa ("cláusulas de garantía personal") (art. 86.4 **ET**). Incluso, el convenio que sucede a uno anterior "puede disponer sobre los derechos reconocidos en aquél" (art. 82.4); pero esta regla debería ser aplicada a la luz del principio constitucional de irretroactividad (ver lección 3ª), no pudiendo disponer de derechos ya nacidos y devengados (STS 29 nov. 2018, rec. 938/2017). El Tribunal Supremo confirmó la validez de las disposiciones de un convenio colectivo marco de un grupo empresarial, que derogaron beneficios sociales reconocidos en acuerdos o decisiones anteriores, tanto a personal activo como pasivo, con base en el principio de modernidad y en que el convenio colectivo prevalece para la regulación de condiciones colectivas, no es fuente de condiciones más beneficiosas y puede incidir en los derechos e intereses individuales (STS 11 abril 2024 rec. 95/2022).

10. PROCEDIMIENTO DE NEGOCIACIÓN: DEBER DE NEGOCIAR

El Estatuto de los Trabajadores establece un procedimiento de negociación en el que pueden distinguirse cinco fases: la iniciativa o promoción del convenio, la contestación de la parte receptora, la constitución de la comisión negociadora, la elaboración de un calendario o plan de negociación, y la adopción del acuerdo. La norma incluye el deber de negociar bajo el principio de la buena fe, tal y como se verá a continuación.

La regulación del procedimiento de negociación descansa básicamente en aspectos formales. Así, conforme al art. 89.1 ET la promoción de la negociación debe comunicarse "a la otra parte" por escrito (del que se ha de enviar copia a la autoridad laboral), escrito que debe expresar "detalladamente" la legitimación del promotor, los ámbitos del convenio y las materias objeto de negociación. De la comunicación se enviará copia a la autoridad laboral.

Si la promoción es resultado de la denuncia de un convenio vigente, denuncia y comunicación deben ser simultáneas.

La parte receptora tiene que contestar igualmente por escrito y motivadamente; y, sobre todo, solo puede negarse al inicio de las negociaciones por las causas que veremos luego. Por consiguiente, hay un *deber de negociar* aunque con excepciones.

A ese deber de negociar, el mismo art. 89.1 ET añade la obligación de hacerlo "bajo el principio de la buena fe". No se precisa el contenido de ese *deber de negociar de buena fe*: lógicamente consistirá en acudir a la mesa de negociación, responder a la propuesta, motivar la negativa a aceptar la plataforma reivindicativa (o parte de ella), posiblemente hacer contraofertas, etc. Lo que no hay es un deber de llegar a un acuerdo, por lo que, una vez se haya negociado de buena fe, la negociación se puede suspender o incluso dar por finalizada, ya sea de mutuo acuerdo, ya sea unilateralmente.

La comisión negociadora se constituirá "en el plazo máximo de un mes" desde la comunicación, la parte receptora deberá responder a la propuesta de negociación y ambas partes establecerán un "calendario o plan de negociación". En cualquier momento de las deliberaciones, las partes podrán acordar la intervención de un mediador designado por ellas.

El objeto de la negociación en principio abarcará las materias que se hayan propuesto por la parte promotora de las negociaciones. Pero la propia ley exige negociar ciertas cuestiones.

En ese sentido, cabe resaltar que el art. 85.1 ET contempla "en todo caso, el deber de negociar medidas dirigidas a promover la igualdad de trato y de oportunidades entre mujeres y hombres en el ámbito laboral"; y, en su caso (ver, supra) planes de igualdad. Este último aspecto se desarrolla en el art. 85.2 ET. En los convenios de ámbito empresarial, dicho deber de negociar se desarrolla en el marco de dichos convenios (de manera muy excepcional, por bloqueo negocial, pueden elaborarse unilateralmente por la empresa, ver STS 11 abril 2024, rec. 123/2023). En los convenios de ámbito superior, éstos establecerán los términos y condiciones para formalizar ese deber en la negociación empresarial a través de las oportunas reglas de complementariedad (sobre esta negociación de planes de igualdad, ver STS 25 mayo 2021, rec. 186/2019).

El deber de negociar bajo el principio de la buena fe tiene tres *excepciones* recogidas en el art. 89.1 ET: 1ª) por causa legalmente establecida (por ejemplo, la falta de legitimación de quien promueve la negociación, incluso la ilegalidad del contenido pretendido); 2ª) por causa convencionalmente establecida (por ejemplo, que se solicite negociar en un ámbito no adecuado, según la estructura o el sistema de articulación de convenios pactado); 3ª) "cuando no se trate de revisar un convenio ya vencido", es decir, más claramente, cuando en el ámbito resulte aplicable un convenio aún vigente; aunque esto último "sin perjuicio de lo dispuesto en los artículos 83 y 84", lo que se interpreta como deber de negociar si el convenio que se pretende (convenio "invasor") resultara de aplicación preferente conforme a aquellos artículos.

De todos modos, en esta materia la jurisprudencia del TS es importante. Cabe señalar, fundamentalmente, que admite el deber de negociar un convenio para un ámbito que no esté totalmente cubierto pese a la existencia de convenios vigentes inferiores (así, deber de negociar el convenio estatal de casinos de juego, pese a la vigencia de convenios de empresa). Por el contrario, se afirma que no hay deber de negociar si la comisión negociadora del convenio superior ha acordado que no se negociará en ámbitos inferiores, o que no hay deber de negociar en un ámbito inferior si ya se está negociando en uno superior (simultaneidad o concurrencia de negociaciones), o que no hay deber de negociar si se trata de una "unidad artificial" de negociación (por ejemplo, que incluya varias Comunidades Autónomas o varias empresas que no sean un grupo o una pluralidad vinculadas por razones organizativas o productivas).

11. ADOPCIÓN DE ACUERDOS: LEGITIMACIÓN DECISORIA

En cuanto a la adopción de acuerdos por parte de la comisión negociadora (sobre todo, la aprobación del convenio), el art. 89.3 ET exige "el voto favorable de la mayoría de cada una de las dos representaciones". Como vimos, se habla, en este momento, de legitimación "decisoria" o negociadora" (STS 25 noviembre 2014, rec. 63/2014; 12 abril 2023, rec. 4/2021).

Al respecto, hay que tener en cuenta dos cosas. Primera, que esa mayoría (absoluta) no se mide sobre el número de personas que forman parte de la comisión, sino sobre la representatividad que ostentan (STS 30 jun. 2008, rec. 3490/2006). Segunda, que la representatividad se mide sobre el ámbito del convenio (ver STS 12 marzo 2024, rec. 328/2021: si el sindicato que firma el convenio solamente alcanza el 44,7% no es válido como convenio estatutario con eficacia general).

De este modo, por ejemplo, si la comisión está compuesta por 8 miembros de dos sindicatos, uno con 4 miembros (por una representatividad del 40%) y otro con otros 4 miembros (por una representatividad del 39%), el convenio podría ser válidamente aprobado por el primero (40% de representatividad sobre una suma total del 79%).

Esta viene siendo la postura interpretativa del TS, aunque alguna sentencia aislada en algún caso muy particular (en el ámbito del convenio solo había un delegado de personal) haya optado por el número de miembros de la comisión y no por su representatividad.

Lo que no es obligatorio es el someter el convenio a un refrendo asambleario (STS 11 jul. 2000, rec. 911/2000).

12. REGISTRO, DEPÓSITO, PUBLICACIÓN Y CONTROL SOBRE LA ILEGALIDAD/LESIVIDAD DEL CONVENIO

Conforme al art. 90.1 ET, el convenio ha de formalizarse por escrito, bajo sanción de nulidad. Por su parte, el RD 713/ 2010, de 12 junio, establece otros requisitos formales: escrito de presentación a la autoridad laboral, original y cuatro copias del convenio, actas de las sesiones, hojas estadísticas.

El plazo de presentación ante la autoridad laboral correspondiente (en virtud del ámbito del convenio) está fijado en 15 días (art. 90.2 ET). La presentación del convenio es a efectos de su registro; pero, sobre todo, a efectos de su publicación.

La autoridad laboral debe publicar el convenio (gratuitamente y en el plazo de 20 días) en el diario oficial correspondiente según el ámbito del mismo (art. 90.3 ET). Pero puede no publicarlo provisionalmente si estima que el convenio conculca la legalidad o lesiona gravemente el interés de terceros (ejemplo de terceros lesionados: los farmacéuticos por un convenio para el personal laboral del Ministerio de Defensa que le permita el uso de las farmacias militares).

La autoridad laboral no es competente para decidir sobre esos extremos, pero puede promover de oficio un proceso judicial de impugnación del mismo (por propia iniciativa o a petición de los representantes de los trabajadores, o los empresarios o terceros afectados, petición que la autoridad puede desestimar) (art. 90.5 ET). La impugnación judicial puede producirse antes o después de la publicación del convenio (STS 31 mar. 1995, rec. 2207/1994). Especialmente se le recomienda que vele por el respeto del principio de igualdad, pudiendo recabar el asesoramiento del Instituto de la Mujer u Organismos de Igualdad autonómicos, comunicándoles en su caso la impugnación efectuada (art. 90.6 ET).

Pero si la autoridad no impugna de oficio, el convenio también puede ser impugnado directamente ante los tribunales laborales, conforme al proceso de conflicto colectivo (ver lección 8ª), si bien los legitimados para esta impugnación quedan limitados (arts. 163-166 LRJS). Para la impugnación por ilegalidad, están legitimados los órganos de representación legal o sindical de los trabajadores, los sindicatos y las asociaciones de empresarios interesadas (ver supuestos específicos STS 4 mar. 2019, rec. 187/2017; STS 11 abril 2023, rec. 86/2021; STS 20 marzo 2024 rec. 102/2022); también el Ministerio Fiscal, la AGE y las CCAA en sus respectivos ámbitos; y a efectos de impugnar cláusulas discriminatorias por razón de sexo, el Instituto de la Mujer u organismos correspondientes de las CCAA. No puede impugnarse individualmente por empresarios o trabajadores (STS 15 oct. 1996, rec. 1383/1995), ni por pensionistas a los que afecte el convenio (STS 11 jun. 2001, rec. 4769/2000).

Para la impugnación por lesividad grave, están legitimados los terceros lesionados (no son terceros los trabajadores y empresarios afectados por el convenio; jurisprudencia del TS considera tercero lesionado al Delegado del Gobierno, cuando la autoridad laboral autonómica no impugna de oficio por ilegalidad).

El proceso de impugnación, de oficio o mediante proceso colectivo, puede llevar a la declaración de nulidad, total o parcial, del convenio. Aunque, en ocasiones, realmente lo que se produce es la declaración de que el convenio no es válido como estatutario, independientemente de su validez como extraestatutario. Se estima que la nulidad parcial del convenio no provoca su nulidad total aunque contenga el convenio una "cláusula de vinculación a la totalidad" (STS 22 sept. 1998, rec. 263/1997).

Dada la limitación con que la ley establece la legitimación para impugnar, podría entenderse inconstitucional al vulnerar el derecho a la tutela judicial de los empresarios y trabajadores individualmente considerados. La inconstitucionalidad se evita porque, al margen de este proceso de impugnación no incoable por ellos, cabe en cualquier otro procedimiento colectivo o individual plantear la "inaplicación singular" del convenio, cabe impugnar "los actos que se produzcan en aplicación" de un convenio ilegal (art. 163.4LRJS). Así, cuando en un proceso ordinario la solución dependa de la aplicación de un precepto de un convenio colectivo (por ejemplo, una reclamación salarial que dependa de la legalidad o ilegalidad de un convenio o de parte de él), se podrá inaplicarlo a ese caso concreto si, en efecto, se considera ilegal (por ejemplo, porque la asociación empresarial que lo firmó carecía de legitimación, o porque la doble escala salarial que establece viola el principio de igualdad) (sobre la diferencia entre impugnación e inaplicación singular, ver STS 7 feb. 2019, rec. 223/2017).

Claro es que esta inaplicación, precisamente "singular", solo afecta al conflicto objeto de ese proceso; a diferencia del proceso de impugnación, en que la declaración de ilegalidad o lesividad tiene efectos generales, la inaplicación del convenio en un proceso no impedirá que, en otros procesos, otros tribunales consideren el convenio legal y, por tanto, lo apliquen.

13. APLICACIÓN E INTERPRETACIÓN DE LOS CONVENIOS

Conforme al art. 91.1 ET, el conocimiento y resolución de las cuestiones derivadas de la aplicación e interpretación de los convenios corresponderá a la comisión paritaria de los mismos, sin perjuicio de las competencias legalmente atribuidas a la jurisdicción competente (STS 17 julio 2024 rec. 265/2022 concluyó que la Comisión Paritaria no excedió sus competencias al interpretar un artículo del convenio, limitándose a esclarecer su aplicación sin crear ni destruir derechos convencionales). Por lo tanto, respecto de la aplicación de un convenio (si resulta aplicable o no) y de su interpretación (cuál es el sentido de sus cláusulas), cabe señalar lo siguiente:

1º) Dada la peculiar naturaleza mixta de un convenio colectivo (nace de un acuerdo pero tiene eficacia normativa), en su interpretación resultan aplicables tanto las reglas sobre interpretación de contratos (arts. 1281 y sigs. CC) como de interpretación de las normas (arts. 3 y 5 CC). Más concretamente, conforme a los arts. 3.1 y 1.281-1.285 CC: la interpretación literal, la interpretación sistemática, la interpretación histórica y la interpretación finalista (STS 20 abril 2021, rec. 153/2019). Por esa naturaleza mixta, la competencia para interpretar corresponde a los tribunales de instancia (STS 23 febrero 2021, rec. 60/2019).

2º) La aplicación o interpretación de los convenios puede suscitar tanto conflictos colectivos (para grupos genéricos de trabajadores), como conflictos de carácter individual o plural.

3º) Los órganos competentes para la aplicación e interpretación de los convenios son las comisiones paritarias y los órganos judiciales, pero también, como se indicará a continuación los órganos previstos en procedimientos autónomos de solución de conflictos.

4°) La jurisdicción competente será normalmente la social (por ejemplo, una demanda por salarios o una sanción por establecer condiciones de trabajo inferiores a las fijadas por el convenio), pero, como se viene indicando, puede serlo también otra jurisdicción (la contencioso-administrativa, por ejemplo, en materia de liquidación de cuotas de la Seguridad Social, que puede requerir la interpretación del convenio en materia salarial; o la penal, por ejemplo, si se trata de un delito).

5°) Conforme a lo dispuesto en el art. 91.2 ET, los convenios y los acuerdos interprofesionales a que se refiere el art. 83.2 y 3 ET, "podrán" establecer procedimientos, como la mediación y el arbitraje, para resolver controversias colectivas derivadas de la aplicación e interpretación de los convenios colectivos (de hecho, los acuerdos interprofesionales los establecen, siendo la mediación obligatoria y el arbitraje voluntario, ver lección 8ª).

Los acuerdos logrados mediante mediación o los laudos arbitrales tendrán la eficacia jurídica y tramitación de los convenios estatutarios, siempre que los que hubieran adoptado el acuerdo o suscrito el compromiso arbitral tuvieran la legitimación exigida para acordar un convenio de esa naturaleza, siendo susceptibles de impugnación por los motivos y conforme a los procedimientos previstos para impugnar los convenios (y, en el caso de laudos, cuando no se hubieran observado en la actuación arbitral los requisitos y formalidades establecidos al efecto, o el laudo hubiera resuelto sobre puntos no sometidos a su decisión).

6°) Conforme al art. 91.3 ET, si el conflicto relativo a la aplicación o interpretación del convenio es de carácter colectivo deberá intervenir la comisión paritaria con carácter previo al planteamiento formal del conflicto ante los procedimientos de solución autónoma de conflictos o ante el órgano judicial competente. Las resoluciones de la comisión, añade el art. 91.4 ET, tendrán la misma eficacia y tramitación que los convenios estatutarios.

Un punto clave es tratar de delimitar las posibles competencias atribuibles a las comisiones paritarias en relación con las competencias de los tribunales. Al respecto, hay que tener en cuenta el derecho fundamental a la tutela judicial efectiva (art. 24 CE). De este modo, las funciones atribuidas a las comisiones paritarias no deberían ser tales que impidieran una eventual demanda posterior ante los tribunales. Por consiguiente, la jurisprudencia venía admitiendo la obligatoriedad de acudir a la comisión paritaria para que ésta intente una conciliación o medie entre las partes en conflicto, o para que dé una interpretación no vinculante del convenio.

Precisamente, como acabamos de ver, debe intervenir con carácter previo en supuestos de conflicto colectivo.

Es discutible, en cambio, que pueda establecerse que la comisión paritaria imponga una solución al conflicto al que las partes en conflicto se deban someter o que pueda dar una interpretación auténtica del mismo vinculante para los tribunales. Sin embargo, como acabamos de ver, el art. 91.1 ET atribuye a las comisiones paritarias funciones no solo de conocimiento sino de "resolución" de las cuestiones de aplicación e interpretación del convenio, y el art. 91.4 ET atribuye a las resoluciones de las comisiones "la misma eficacia jurídica" que los convenios estatutarios.

7º) Aparte de lo dicho sobre conflictos colectivos, el art. 91.5 ET termina estableciendo que los procedimientos de solución de conflictos a que se refiere el artículo (es decir, los establecidos por convenio o por acuerdo interprofesional y la intervención de la comisión paritaria) serán de aplicación asimismo "en las controversias de carácter individual, cuando las partes expresamente se sometan a ellos".

14. ADHESIÓN Y EXTENSIÓN DEL CONVENIO COLECTIVO

Como ya se ha indicado, un convenio colectivo estatutario tiene un ámbito de aplicación general y se aplica a todos los empresarios y trabajadores incluidos en dicho ámbito (eficacia jurídica general).

Pero el convenio colectivo puede aplicarse también a otros empresarios y trabajadores, a través de la adhesión al mismo o de su extensión.

La **adhesión** está regulada por el art. 92.1 ET. En él se prevé que las partes legitimadas para negociar (es decir, que tengan legitimación interviniente y plena) en una unidad de negociación que no estuviera afectada por un convenio, podrán, de común acuerdo, adherirse a la totalidad de un convenio (estatutario) en vigor.

De este modo, el convenio al que se produce la adhesión pasará a aplicarse también a la totalidad de empresas y trabajadores del ámbito adherido (así, por ejemplo, el convenio para el comercio de Cuenca pasará a aplicarse a la totalidad de las empresas y trabajadores del comercio de Almería).

Distinto es el procedimiento de **extensión** previsto en el art. 92.2 ET. En él se prevé que la autoridad laboral (el MTES o el órgano correspondiente de una CA) pueda extender las disposiciones de un convenio colectivo (estatutario) en vigor a una pluralidad de empresas o a un sector o subsector de actividad que carezcan de tal. Cabe recalcar que, de este modo, un convenio que ya tiene eficacia general en un ámbito, se ve extendido también con eficacia general a otro ámbito. A diferencia de lo que sucede en otros países de nuestro entorno (Francia, Alemania), en los que la extensión tiene la finalidad de dar eficacia personal general a los convenios que, en esos países, no la tienen sino limitada.

El procedimiento para la extensión está reglamentado por el RD 718/2005, de 20 de junio. Pero, dado que una de las condiciones para la extensión es que un ámbito carezca de convenio por falta de legitimación para negociarlo (y hoy en día casi siempre podrán negociarlo los SMR y las asociaciones empresariales más representativas), es prácticamente imposible que se produzca esa situación.

15. LOS CONVENIOS COLECTIVOS EXTRAESTATUTARIOS

Frente a los convenios colectivos estatutarios se distinguen los ya mencionados convenios colectivos extraestatutarios (ver lección 2ª), negociados al margen de las reglas del Título III del Estatuto de los Trabajadores, y con una eficacia jurídica limitada.

Respecto de los convenios extraestatutarios procede hacer tres consideraciones.

1ª) En cuanto a la relación entre convenios estatutarios y extraestatutarios, la jurisprudencia ha señalado que vigente un convenio estatutario, no puede ser afectado por otro extraestatutario (este segundo no lo puede modificar, sobre todo empeorar; aunque puede complementarlo). No obstante, una vez denunciado un convenio estatutario y aunque se siga aplicando hasta que se pacte uno nuevo, cabe aplicar uno extraestatutario a los afiliados al sindicato o sindicatos que hayan firmado este último, si resulta más favorable.

2ª) La duración del convenio extraestatutario será la que, en su caso, se pacte; no afectándole las reglas de ultraactividad del art. 86.3 ET.

3ª) Las condiciones de trabajo establecidas en el convenio extraestatutario pueden ser modificadas por el procedimiento previsto en el art. 41 ET (ver lección 12ª), es decir, unilateralmente por el empresario, siempre que exista causa que lo justifique y, si la modificación es de carácter colectivo, previa negociación con los representantes de los trabajadores.

16. LA NEGOCIACIÓN COLECTIVA DE LOS EMPLEADOS PÚBLICOS

La negociación colectiva para el personal laboral de las distintas AAPP se regula por lo dispuesto en el ET, tal y como se ha expuesto. Pero a ese personal y al personal funcionario les resulta de aplicación las normas contenidas en la Ley 7/2007, de 12 de abril, del Estatuto Básico del Empleado Público (EBEP).

En efecto, los arts. 33-38 EBEP se dedican a la negociación colectiva de los empleados públicos, no solamente de los funcionarios (aunque, para ellos, es particularmente relevante).

Los elementos clave de esa regulación son los siguientes:

1º) Se prevé la constitución de diferentes Mesas de Negociación, unas de las cuales son para negociar materias comunes a personal funcionario y laboral de las Administraciones Públicas, y otras para negociar materias exclusivas de los funcionarios públicos. El EBEP resulta algo confuso al respecto, porque utiliza en ocasiones la misma denominación para unas y otras Mesas.

2º) De este modo, se contemplan las siguientes Mesas de Negociación:

a) *Mesas Generales de Negociación* (para funcionarios): Se constituirá una en cada Administración: Administración General del Estado, cada una de las Comunidades Autónomas, ciudades de Ceuta y Melilla, y cada una de las Entidades Locales.

b) *Mesas Sectoriales* (para funcionarios): Se constituirán por acuerdo de las correspondientes Mesas Generales de negociación para funcionarios.

   El EBEP, pues, no establece directamente determinadas Mesas Sectoriales (para Universidades, para Correos, etc…), dentro del ámbito de la Administración General del Estado, sino que las Mesas Sectoriales que puedan existir serán las que determinen las Mesas Generales de funcionarios dentro de su ámbito respectivo.

c) *Mesa General de Negociación de las Administraciones Públicas* (común a funcionarios y personal laboral): Se constituye para el conjunto de todas las Administraciones (Estado, CCAA, Ceuta y Melilla, Entidades Locales). Tratará de temas comunes a ambos tipos de personal y que sean susceptibles de regulación por el

Estado con carácter de norma básica para todas las Administraciones.

Específicamente es objeto de negociación en esta Mesa el incremento global de las retribuciones a incluir en el proyecto de Ley de Presupuestos de cada año.

d) *Mesas Generales de Negociación* (comunes para funcionarios y personal laboral): Se constituirá una en cada Administración, como en el apartado a), pero tratan de materias comunes a ambos tipos de empleados.

3º) Estarán legitimadas para estar presentes en las respectivas Mesas las siguientes Organizaciones Sindicales:

En las Mesas Generales o Sectoriales exclusivas para funcionarios, estarán legitimadas las Organizaciones Sindicales más representativas, tanto estatales como de Comunidad Autónoma, así como las Organizaciones Sindicales que hayan obtenido el 10% o más de los representantes unitarios de funcionarios (Delegados de Personal y Juntas de Personal). La composición de estas Mesas es en proporción a la representatividad de las respectivas Organizaciones Sindicales (en el ámbito correspondiente, y entre los representantes unitarios de funcionarios).

En las Mesas Generales comunes a funcionarios y personal laboral, estarán presentes igualmente las Organizaciones Sindicales más representativas y las que hayan obtenido un 10% de representantes en el ámbito correspondiente (pero, en este caso, de los representantes tanto de los funcionarios como del personal laboral). La composición de estas mesas es en proporción a la representatividad de las respectivas Organizaciones Sindicales (en el ámbito correspondiente, y entre los representantes unitarios tanto de funcionarios como del personal laboral).

4º) Por parte de las respectivas Administraciones, las Mesas estarán integradas por sus correspondientes representaciones.

Se reconoce legitimación negocial a las asociaciones de municipios y a las Entidades Locales de ámbito supramunicipal.

La Mesa General (común para funcionarios y personal laboral) de todas las Administraciones, estará presidida por la Administración General del Estado y contará con representantes de las CCAA, de las ciudades de Ceuta y Melilla y de la Federación Española de Municipios y Provincias.

5º) En cuanto a las materias objeto de negociación, se especifica (art. 37 EBEP), con cierto detalle y con bastante amplitud, las materias que serán objeto de negociación y las materias que quedan excluidas de la obligatoriedad de negociación. Además, conforme al art. 36.2 EBEP, en la Mesa General común para todas las AAPP será objeto de negociación el incremento global de las retribuciones de su personal que corresponda incluir en el proyecto de LPGE.

Cabe resumir que las materias negociables son muchas, pero que, como se dice a continuación (punto 6º), la eficacia de lo negociado es limitada.

En todo caso, por el principio de jerarquía normativa, los convenios negociados quedan sometidos a las normas de superior rango jerárquico (ATC 34/2005, o SSTC 62/2001, 92/1994, 171/1989 o 177/1988), incluidas leyes sobrevenidas (STC 210/1990). Desde luego, se admite que la ley puede fijar límites al incremento de las retribuciones de los empleados públicos (SSTC 62/2001, de 1 marzo y 24/2002, de 31 enero).

De no producirse acuerdo en la negociación (o, en su caso, en la renegociación que luego se menciona), los órganos de gobierno de las AAPP establecerán las condiciones de trabajo de los funcionarios (art. 38.7 EBEP). Pero la jurisprudencia del TS considera nulos los actos o reglamentos aprobados sin la previa negociación preceptiva, aunque no hay jurisprudencia expresa sobre la validez de una ley cuyo proyecto se haya aprobado sin previa negociación si esta era debida.

6º) En efecto, se diferencia (art. 38.2 y 3 EBEP) entre Pactos (directamente aplicables al personal del ámbito correspondiente) y Acuerdos (que para su validez y eficacia requieren ser ratificados por el correspondiente órgano de gobierno competente sobre la materia de que se trate).

Pero puede no bastar con esa ratificación. Porque se añade que, si los temas en cuestión pueden ser decididos de forma definitiva por el órgano de que se trate, una vez ratificado el Acuerdo es directamente aplicable al personal del ámbito correspondiente. Pero, por el contrario, si el Acuerdo trata sobre temas reservados a Ley, incluso si es ratificado por el órgano de gobierno carece de aplicabilidad directa. En tal caso, el órgano de gobierno elaborará, aprobará y remitirá el correspondiente proyecto de Ley a las Cortes Generales o a la Asamblea Legislativa autonómica "conforme al contenido del acuerdo".

Cuando los Pactos y Acuerdos contengan materias y condiciones comunes a personal funcionario y laboral, para los funcionarios sus efectos serán los antes señalados, pero para el personal laboral, dice el art. 38.8 EBEP, serán los previstos en el art. 83 ET. Remisión que no se entiende bien (tendría sentido una remisión al art. 82 ET), aparte de que en ciertas cuestiones comunes (como el incremento retributivo a fijar en la LPGE) el Acuerdo alcanzado no tiene obligatoriedad directa, sino que únicamente obliga a incluir su contenido en el proyecto de ley correspondiente.

En fin, si lo acordado no se ratifica o no se incorpora al proyecto de Ley, se deberá iniciar la "renegociación" de las materias en el plazo de un mes, si así lo solicita la mayoría de una de las partes.

7º) Con independencia de lo anterior, los órganos de gobierno de las AAPP pueden "excepcionalmente" suspender o modificar el cumplimiento de Pactos y Acuerdos ya firmados, por "causa grave de interés público derivada de una alteración sustancial de las circunstancias económicas" y "en la medida estrictamente necesaria" para salvaguardar ese interés (art. 38.10 EBEP). La misma posibilidad de suspensión, en idénticos términos, se ha extendido a los convenios colectivos y acuerdos que afecten al personal laboral (art. 32.2 EBEP). Se entenderá que existe tal causa grave cuando las Administraciones Públicas deban adoptar medidas o planes de ajuste, de reequilibrio de las cuentas públicas o de carácter económico financiero para asegurar la estabilidad presupuestaria o la corrección del déficit público (DA 2ª RDL 20/2012).

Lección 7ª

El derecho de huelga

1. LA HUELGA COMO DERECHO. CONCEPTO Y DELIMITACIÓN

El de huelga es un derecho fundamental que cuenta con la protección reforzada de los apartados 1 y 2 del art. 53 CE, incluida la indemnización por daños morales en caso de vulneración del derecho. Hasta el momento, el desarrollo legal de este derecho que anuncia el art. 28.2 CE no ha sido aprobado. Ello hace que la situación actual sea de provisionalidad, mediante la aplicación del RD-Ley 17/1977 de Relaciones de Trabajo (RDLRT). Esta norma (nuestra Ley de huelga) fue aprobada en un contexto histórico que estaba transitando desde un ordenamiento jurídico que proscribía la libertad sindical hacia el actual modelo constitucional de Estado Social. Las dudas acerca de su constitucionalidad fueron solventadas por la importantísima STConst 11/1981, que validó con carácter general su vigencia y procedió a declarar inconstitucionales solo aquellos de sus preceptos que no se ajustaban a la configuración de la huelga como derecho fundamental. Además de esta sentencia, otras muchas del TC y del TS vienen perfilando el régimen jurídico de este derecho, con las limitaciones inherentes a ello desde el punto de vista de la coherencia y la sistemática de la regulación del derecho.

El concepto normativo del derecho de huelga se centra en la inactividad laboral (arts. 1 y 7.1 RDLRT), pero su noción lingüística y social (RAE) abarca otros conceptos, como la huelga a la japonesa o la huelga de celo, que sí implican prestación de servicios. Esto es indicativo de que la sociedad asocia el concepto de huelga más a la reivindicación de intereses que al paro laboral, lo que a su vez explica la proliferación de figuras como huelgas de hambre o huelgas de personas que no trabajan (estudiantes, pensionistas...).

En todo caso, dado que el concepto jurídico de huelga se define por referencia a la existencia de cesación en el trabajo, otras figuras utilizadas por los trabajadores para reivindicar sus intereses frente a la empresa y que no consistan estrictamente en dejar de trabajar, por ejemplo la citada huelga de celo o huelga de reglamento, no podrán tener la cobertura normativa del art. 28.2 CE, sino la del art. 37.2 CE.

La huelga queda, además, legalmente definida como un derecho a cesar en la prestación de servicios que los trabajadores deben llevar a cabo sin ocupación del centro de trabajo. Pero, según la STConst 11/1981, la simple permanencia de los huelguistas en el centro de trabajo no convierte la huelga en ilegal. Lo ilícito es la ocupación del centro de trabajo si existe una orden empresarial de abandono legítimamente adoptada, en cuyo caso el ingreso de los huelguistas en el centro de trabajo o su negativa al desalojo convierte a la huelga en ilegal. Y la orden empresarial estará justificada cuando se vulneren o exista notorio peligro para los derechos y libertades de terceros, o se vulnere el derecho sobre las instalaciones y los bienes.

2. DIMENSIONES DEL DERECHO DE HUELGA

La huelga es un derecho del trabajador. Esta es la dimensión individual del derecho, asunto tratado en el RDLRT como derecho del trabajador a sumarse o no a la huelga y/o a abandonar su participación en la misma. Pero la huelga tiene también en el RDLRT una dimensión colectiva, engarzada con la LOLS, que concierne al derecho de convocatoria, al planteamiento reivindicativo, a la elección de la modalidad de huelga, al desarrollo de acciones de publicidad y proyección exterior y a funciones de negociación. Se reconoce como dimensión colectiva porque estas facultades no puede ejercerlas el trabajador individual sino, según los casos, los trabajadores reunidos en asamblea, sus representantes legales y/o las organizaciones sindicales.

3. CONTENIDO DEL DERECHO DE HUELGA Y GARANTÍAS ESPECÍFICAS

El contenido del derecho de huelga tiene incidencia en el plano de la relación laboral (art. 2 RDLRT en relación con art. 6.1, 2, 3 y 4 RDLRT) y en el plano de la Seguridad Social.

En el plano de la relación laboral, la huelga no extingue el contrato de trabajo, porque constituye una causa de suspensión del mismo, ni puede penalizarse por la empresa, directa o indirectamente (STConst 75/2010). Quedan así prohibidas las sanciones directas por ejercer el derecho de huelga y también todo tipo de sanción indirecta, desde avisos intimidatorios referentes a la ilegalidad de la huelga hasta, por ejemplo, modificaciones en las condiciones de trabajo o no renovación de contratos temporales.

Siendo una causa de suspensión del contrato, la huelga se acompaña de la suspensión de la obligación empresarial de pagar el salario (art. 45.2 ET). El descuento salarial debe ser proporcional al tiempo de duración de la huelga y se aplica al salario base, incluidas las pagas extra, a los complementos salariales calculados por unidad de tiempo y a todos los descansos retribuidos, incluso festivos, excepto las vacaciones. Es decir, la huelga lícita no reduce las vacaciones ni el salario vacacional.

La continuidad del vínculo contractual durante el tiempo de huelga también hace que otros derechos y deberes de trabajador y empresario se mantengan en vigor, por ejemplo el cómputo de la antigüedad a efectos de ascensos, y especialmente el deber de buena fe contractual. Pudiendo señalarse, al hilo de la vigencia de este deber de buena fe contractual, que si la empresa vulnera el derecho de huelga durante el proceso de negociación de un ERE, el resultado es que se priva a los trabajadores de ese elemento de presión en la negociación y el ERE debe ser anulado (STS 03.10.2018, rec. 3365/2016).

La prohibición del esquirolaje externo constituye una garantía legal específica del contenido del derecho de huelga, referida a que la empresa no puede contratar a trabajadores para sustituir a los huelguistas. Esta prohibición legal se complementa con la jurisprudencia que establece la prohibición del esquirolaje interno, o ejercicio del ius variandi empresarial exclusivamente con objeto de minimizar el impacto de la huelga (STConst 123/1992, STS 20.07.2016, rec. 22/2016). Incluso se vulnera el derecho de huelga cuando un responsable de la empresa realiza a iniciativa propia el trabajo de los huelguistas (STS 06.05.2021, rec. 4975/2018). Vulnerándose, asimismo, el derecho de huelga mediante el denominado esquirolaje tecnológico, que se produce cuando la empresa recurre a medios mecánicos o tecnológicos que permiten el mantenimiento de la actividad productiva que de ordinario realizan los huelguistas (STConst 183/2006, STS 13.07.2017, rec. 25/2017). Cabiendo también aludir, como práctica empresarial que vulnera el contenido del derecho de huelga, al esquirolaje interempresarial que se origina cuando la empresa contratante neutraliza los efectos de la huelga en una de sus empresas contratistas reasignando esa contrata a otra contratista (SSTConst 75 y 76/2010); con el añadido de que la otra empresa contratista puede ser del mismo grupo (STS 03.10.2018, rec. 3365/2016) o no serlo si «existen vínculos especialmente intensos entre la empresa principal, la subcontratada que se encuentra en huelga, y las terceras empresas a las que recurre la principal» (STS 14.11.2024, rec. 227/2022).

Caso práctico: Huelga en empresa contratista

Frente a despidos colectivos en la empresa Pressprint, que suponen además el cierre de un centro, se produce una huelga. Pressprint imprime el diario El País, otros del Grupo Prisa (AS, Cinco Días) y otra prensa (Voz de Galicia, La Vanguardia, Mundo Deportivo). La impresión de los diarios del Grupo supone el 70% de su actividad. Pressprint tiene su origen en la reorganización de las unidades productivas de El País en varias empresas: Agrupación de Servicios de Internet y Prensa, Ediciones El País y Pressprint. Ediciones El País es el socio único de Pressprint.

Durante la huelga la impresión de la prensa mencionada se contrata con otras empresas impresoras, manteniéndose con normalidad. ¿Resulta lesionado el derecho de huelga de los trabajadores de Pressprint?

El TS estima que se ha producido tal lesión. El TS hace los siguientes razonamientos en los fundamentos de derecho:

En primer lugar, recuerda que conforme a la doctrina del TC el derecho de huelga es un derecho fundamental especialmente tutelado, que es un derecho necesario para la defensa de los intereses de los trabajadores, aunque puede tener límites.

En segundo, señala que el art. 6.5 RDLRT prohíbe el "esquirolaje interno" pero que también es contrario al derecho de huelga el "esquirolaje externo" (en ambos casos salvo que se trate de servicios esenciales o de mantenimiento y seguridad), así como el "esquirolaje técnológico".

En tercero, razona que, conforme a la doctrina del TC, el derecho de huelga puede ser lesionado incluso por quien no sea el empleador y que no sería admisible que en supuestos de descentralización productiva los trabajadores tengan menor protección que en supuestos de actividad no descentralizada.

En cuarto, pone de relieve que en este caso Pressprint forma parte de un grupo empresarial y que su actividad se realizaba anteriormente por la empresa origen del grupo, siendo la impresión una parte del proceso productivo que antes se ejecutaba centralizadamente.

En fin, que si bien era cierto que el daño sufrido por los trabajadores (pérdida de 40.132 euros en salarios) era menor que el sufrido por la empresa impresora (347.227,23 euros), no hay base legal alguna para exigir un equilibrio en las pérdidas.

Constatando que los diarios salieron con normalidad y que por ello no hubo la presión que toda huelga pretende ni se exteriorizaron ni hicieron visibles los efectos de la misma, concluye que las empresas editoras que decidieron el cambio de contratista impresora vaciaron de contenido el ejercicio del derecho de huelga con independencia de que no existiera relación laboral entre las mismas y los huelguistas.

(Vid. STS 2 febrero 2015, rec. 95/2014)

En el plano de la Seguridad Social, el trabajador queda en situación de alta especial con suspensión de la obligación de cotizar (el tiempo no cotizado no computa a efectos de futuras prestaciones, según STConst 13/1984), salvo para la determinación del periodo mínimo de cotización a efectos de desempleo (art. 3.3 RD 625/1985). El trabajador carece de acceso a prestaciones por desempleo e incapacidad temporal durante el tiempo de huelga. El tiempo de huelga legal, por otra parte, se considera periodo neutro y el período de carencia se retrotrae en su cómputo en el equivalente al número de días en que se ejerció la huelga (STConst 152/1991).

El art. 2 RDLRT garantiza el contenido individual del derecho de huelga declarando la nulidad de los actos dirigidos a renunciar o restringir de cualquier forma este derecho. Pero hay que tener en cuenta que si el trabajador decide no hacer huelga no está renunciando a este derecho, sino ejerciendo su libertad de trabajo, que el RDLRT no niega ni limita (art. 6.4 RDLRT). La prohibición de renunciar a la huelga, no obstante, solo alcanza al trabajador individual, no a sus representantes, a quienes el art. 8.1 RDLRT reconoce expresamente esta facultad, convalidada por la STConst 11/1981 si se lleva a cabo por la negociación colectiva estatutaria.

4. TITULARIDAD DEL DERECHO DE HUELGA. LAS HUELGAS DE FUNCIONARIOS PÚBLICOS

El art. 28.2 CE atribuye el derecho de huelga a «los trabajadores» y el art. 1 RDLRT circunscribe el reconocimiento de este derecho al «ámbito de las relaciones laborales», generadas con ocasión del contrato de trabajo. El titular del derecho de huelga, por consiguiente, es el trabajador por cuenta ajena, incluido el trabajador extranjero incluso aunque no esté autorizado para trabajar (STConst 236 y 259/2007). Además de esta delimitación en positivo, la DA 1ª RDLRT niega este derecho al personal civil (funcionario) en establecimientos militares.

Ni el RDLRT ni el art. 28.2 CE resuelven expresamente la cuestión de la titularidad del derecho de huelga de los funcionarios públicos. Cuestión importante, porque los funcionarios trabajan en régimen de subordinación y dependencia igual que los trabajadores de la empresa privada. No existe jurisprudencia del TC que reconozca expresamente el derecho fundamental a la huelga de los funcionarios (la STConst 11/1981 afirmó que este derecho de los funcionarios no está regulado ni prohibido en el RDLRT). Hasta el momento, el posicionamiento más claro figura en el ATConst 99/2009, que reconoce que el derecho de huelga de los funcionarios tiene anclaje en el art. 28.1 CE como contenido esencial del derecho de libertad sindical. Argumento que resulta capital para interpretar que las huelgas de jueces, magistrados y fiscales, mientras permanezcan en activo, tienen un encaje muy difícil en la Constitución española —art. 127.1 CE—.

En el plano de la legislación ordinaria, el art. 15.c EBEP es el primer reconocimiento genérico del derecho de huelga de los funcionarios. Otras leyes, al hilo de las restricciones al derecho de libertad sindical de los funcionarios que es posible establecer ex art. 28.1 CE, excluyen el derecho de huelga de los militares (LO 9/2011), guardias civiles (LO 11/2007) y policías (LO 2/1986).

5. HUELGAS ILÍCITAS

El art. 28.2 CE atribuye mucho margen a una futura ley de huelga para delimitar las huelgas legales y las ilegales. Pero por ahora de esta tarea se ocupa el RDLRT, que recoge, como supuestos de huelgas ilícitas, las huelgas ilegales y las huelgas abusivas.

En todo caso, la valoración de la licitud o ilicitud de la huelga no corresponde a la Autoridad laboral. A este se le debe comunicar la huelga, pero no es facultad suya autorizarla o desautorizarla. Y tampoco corresponde a los Tribunales calificar la huelga antes de que esta se produzca, sino posteriormente y de forma indirecta, como presupuesto para resolver demandas acerca de despidos, sanciones, descuentos salariales o, entre muchos otros supuestos, reclamaciones por daños y perjuicios derivados del ejercicio de la huelga.

5.1. Huelgas ilegales

Las huelgas ilegales del art. 11 RDLRT obedecen a cuatro modalidades. Las tres primeras (políticas, de solidaridad y novatorias) son ilegales debido a su finalidad, mientras que la última es ilegal porque no respeta el procedimiento. Aplicando este régimen de prohibiciones de hacer huelga antes de la STConst 11/1981, la única huelga legalmente permitida era la huelga laboral directa, motivada por conflictos jurídicos o como forma de presión en la negociación colectiva. Tras la citada sentencia, sin embargo, la ilegalidad de la huelga queda configurada de modo distinto como consecuencia de la restricción del alcance de las tres primeras modalidades, cuyos rasgos básicos se detallan a continuación.

En cualquier caso, la ilicitud de la huelga se plantea exclusivamente en el terreno laboral; el empresario puede sancionar o exigir una reparación de daños, pero la ilegalidad no tiene trascendencia penal.

A) Huelgas políticas

Estas huelgas son ilegales porque persiguen torcer la voluntad de los Poderes públicos con objetivos ideológicos. Para que esta restricción resulte respetuosa con el contenido esencial del derecho de huelga, el TC limita su carácter ilegal al supuesto de las huelgas insurreccionales o subversivas, que pretenden alterar el régimen político existente. No caen, por consiguiente, en el ámbito de esta prohibición las huelgas socio-políticas o de finalidad socio-económica, dirigidas contra el Poder público reclamando un cambio de orientación de la política social o económica. De hecho, los «intereses» que los trabajadores defienden mediante la huelga no son solo exigibles frente al empresario o ligados al proceso de negociación colectiva (huelga contractual) porque estos intereses también pueden quedar negativamente afectados por la política social que el Gobierno lleva a cabo (SSTConst 36/1993 y 37/1998). La STS 15.01.2020 (rec. 166/2018), por ejemplo, consideró que una huelga general celebrada en Cataluña tenía fundamentalmente finalidad de defensa de los derechos de los trabajadores pese a que su convocatoria se hizo sobre la base de las indicaciones de la formación política CUP y en dicha huelga aparecían enunciadas otras finalidades que podían ser calificadas de políticas.

B) Huelgas de solidaridad

Literalmente, estas huelgas son ilegales porque los huelguistas no son trabajadores afectados directos por el conflicto y apoyan reivindicaciones de otros trabajadores sin reflejo inmediato en su contrato de trabajo. La STConst 11/1981, sin embargo, suavizó mucho esta causa de ilegalidad afirmando que los intereses que defienden los trabajadores mediante la huelga no necesariamente tienen que ser exclusivamente los suyos, es decir, intereses ligados a su relación con su empresario, pudiendo también tratarse de los intereses de los trabajadores como categoría. El TC, por consiguiente, vacía prácticamente de contenido esta prohibición legal reconociendo que los trabajadores pueden hacer huelga si tienen un interés que les hace solidarios con otros trabajadores.

De hecho, según la STS 23.10.1989 (núm. 1029/1989), estas huelgas son legales en tanto que tengan por objeto la defensa de intereses propios de la categoría de trabajadores. Y la STS 26.03.2025 (rec. 16/2023) reconoce, en este sentido, que una huelga en apoyo de un trabajador despedido no es ilegal cuando, existiendo un clima de conflicto con la empresa, el órgano de representación unitaria convocante de la huelga centra su actuación en la defensa del interés colectivo que representa el mantenimiento de los puestos de trabajo en esa empresa.

C) Huelgas novatorias

Estas huelgas son ilegales porque tienen el propósito de alterar el convenio colectivo aplicable durante su periodo de vigencia. Durante su periodo de vigencia el convenio colectivo puede ser modificado, pero siempre de común acuerdo entre sus partes negociadoras (art.86.1.2° ET) y sin forzar esa negociación mediante la huelga. El art. 11.c RDLRT recoge así el denominado deber de paz relativo, que opera ex lege, sin necesidad de pactarlo en el convenio colectivo. Es un deber de paz relativo porque durante la vigencia del convenio colectivo caben todas aquellas huelgas que no tengan por objeto modificarlo, por ejemplo, huelgas convocadas para reclamar su cumplimiento. El deber de paz relativo puede transformarse en absoluto si el convenio colectivo incluye cláusula de renuncia a ejercer cualquier tipo de huelga durante su vigencia (art. 8.1 RDLRT). El deber de paz, en fin, tanto si es relativo como si es absoluto, decae a partir de la denuncia del convenio colectivo (art. 86.3.2° ET).

5.2. *Huelgas abusivas*

Las huelgas abusivas del art. 7.2 RDLRT son las huelgas rotatorias, las estratégicas, las de celo o reglamento y cualquier otra forma de alteración colectiva en el régimen de trabajo distinta de la huelga. Alteraciones colectivas en el régimen de trabajo distintas de la huelga que, precisamente por ser distintas de la huelga, nunca podrán llevarse a cabo con la cobertura del art. 28.2 CE; en su caso, podrán hacerlo con la cobertura del art. 37.2 CE. Lo mismo que sucede con aquellas modalidades de huelga abusiva del RDLRT que no implican que el trabajador deje de trabajar, como la huelga de celo (ejecución minuciosa y reglamentista del trabajo que ocasiona retrasos en la actividad o ciclo productivo).

De acuerdo con la STConst 11/1981, el derecho de huelga es un derecho a incumplir transitoriamente el contrato y a limitar la libertad del empresario. Por ello, su ejercicio requiere proporcionalidad y sacrificios mutuos. De modo que la calificación de estas huelgas como abusivas se fundamenta en que ocasionan a la empresa un daño desproporcionado (STS 20.06.1990), excesivo o innecesario, por ejemplo porque impiden trabajar a quienes desean hacerlo (huelgas estratégicas) o bien causan una desorganización que impide a todo o parte de los trabajadores reanudar la actividad cuando cesa la huelga (huelgas rotatorias). Este carácter abusivo de la huelga supone un primer paso hacia la declaración de su ilegalidad. Es decir, frente a la declaración directa de ilegalidad del art. 11 RDLRT, en el art. 7.2 RDLRT la atribución a la huelga de este carácter abusivo solo funciona como una presunción iuris tantum de ilegalidad, posibilitando que los huelguistas demuestren ante los Tribunales que el daño desproporcionado causado a la empresa no fue buscado de forma intencional.

El art. 7.2 RDLRT diseña una lista no cerrada de modalidades de huelga abusiva. Pudiendo, por tanto, existir otras huelgas que también ocasionan perjuicios desproporcionados a la empresa y pueden sancionarse como ilegales por abusivas. Un supuesto problemático, en este sentido, es el de la huelga intermitente, modalidad frecuente que puede fácilmente causar abuso porque conlleva una desorganización importante de la actividad empresarial e impide recuperar la normalidad entre los periodos de cesación en el trabajo. Estas huelgas, sin embargo, se presume que son lícitas, porque no están previstas en el art. 7.2 RDLRT, y es la empresa la que tiene que demostrar su carácter abusivo en cada caso concreto (STS 29.06.2005, rec. 126/2004), por ejemplo acreditando que los trabajadores utilizan esta modalidad de huelga estratégicamente los sábados, vísperas de festivos, puentes o al regreso de vacaciones (STS 13.12.2022, rec. 13/2021).

También, en la misma línea, la STConst 130/2021 considera abusiva una huelga convocada en la misma empresa por cinco sindicatos por los mismos motivos y que supone para la empresa tener que negociar con cinco comités de huelga, advirtiendo, no obstante, que, de inicio, la empresa tiene que negociar con todos los comités de huelga, pero no más allá de lo que es razonable. De hecho, la

STS 22.09.2020 (rec. 185/2018) pone de manifiesto que, en caso de pluralidad de huelgas en una misma empresa, la existencia de una «identidad de objetivos» en las distintas convocatorias sindicales puede ser un primer paso para declarar su ilegalidad. Sea como fuere, conviene insistir en que, a diferencia de los supuestos recogidos en el art. 7.2 RDLRT, sobre estas otras modalidades de huelga no incluidas en este precepto no pesa una presunción de ilegalidad y, en consecuencia, la prueba del abuso debe ser acreditada judicialmente por la empresa (STConst 72/1982).

6. PROCEDIMIENTO DE EJERCICIO DEL DERECHO DE HUELGA

El RDLRT regula las fases de preparación y comunicación de la huelga; también el régimen de publicidad a través de los piquetes; contempla la necesidad de constituir un comité de huelga; y asimismo requiere que durante la huelga se garanticen los servicios de seguridad y mantenimiento.

6.1. Preparación, declaración y comunicación de la huelga

El acuerdo expreso que requiere la declaración de la huelga (art. 3 RDLRT) se obtiene por lo general tras una serie de actos de preparación de la huelga (comunicados de prensa, reuniones, manifestaciones...) que tienen por fin coordinar posturas y advertir a la parte empresarial y a los ciudadanos de la posibilidad de que haya huelga.

La única referencia legal a esta fase previa de la huelga es el art. 3.3 RDLRT, que requiere, como contenido mínimo de la comunicación de la huelga, que esta haga referencia a sus motivos y gestiones realizadas para resolver las diferencias. Los sindicatos, también la representación unitaria cuando la huelga es de ámbito empresarial, desempeñan un papel fundamental en esta fase. También es acto preparatorio de la huelga el agotamiento de las vías previas de solución del conflicto previstas por la negociación colectiva. Pero la huelga no se configura legalmente como el último remedio para obtener lo que se reivindica y no es, por tanto, obligatorio, salvo que la negociación colectiva establezca lo contrario, intentar resolver extrajudicialmente el conflicto antes de ir a la huelga.

El acuerdo de huelga, que tiene que formalizarse por escrito y ser reflejado en un acta, es un acto recepticio que, para que surta efectos, tiene que ser notificado a la parte empresarial y a la autoridad laboral al menos con 5 días de antelación a la fecha de su comienzo. En huelgas sectoriales o de ámbito general no es preciso que la comunicación se dirija a todos los empresarios afectados, pudiendo realizarse a sus representantes (STConst 36/1993). Por consiguiente, las huelgas sin preaviso son abusivas, salvo en caso de fuerza mayor (STConst 11/1981).

Si la huelga es de ámbito empresarial o inferior, el acuerdo de huelga pueden adoptarlo directamente los trabajadores de la empresa reunidos en asamblea, sus representantes unitarios o las secciones sindicales existentes en la empresa y/o centro de trabajo.

Si la huelga es sectorial o de ámbito general, el acuerdo solo puede ser adoptado por los sindicatos. En este sentido, dado que el derecho de huelga queda reconocido, sin limitaciones, a todos los sindicatos (art. 2.2.d LOLS), los sindicatos minoritarios pueden convocar huelgas en identidad de posición con los mayoritarios; lo único que requiere la STConst 11/1981 es que el sindicato tenga implantación en el ámbito del conflicto. Según la STConst 184/1987, indicativos de la implantación de un sindicato pueden ser, entre otros, datos reveladores de su audiencia o prestigio como su capacidad de convocatoria y movilización de trabajadores afiliados y no afiliados. Y así, por ejemplo, una implantación sindical del 0,48% bastó, en el caso de la STS 15.01.2022 (rec. 166/2018), para poder convocar huelga general en Cataluña en noviembre de 2017. En todo caso, la exigencia de implantación es razonable porque, de otra forma, la huelga puede ser inútil. Tal sucede, por ejemplo, cuando un sindicato con implantación en empresas contratistas convoca huelga contra la empresa contratante, donde no tiene implantación. Este supuesto se saldó en la STS 23.01.2017 (rec. 60/2016) reconociendo que la empresa contratante no tiene obligación de negociar con el comité de huelga porque no es el empresario real de los trabajadores huelguistas de las empresas contratistas.

6.2. Publicidad de la huelga: Piquetes y libertad de trabajo de los trabajadores no huelguistas

La publicidad exterior de la huelga (art. 6.6 RDLRT) es una de las facultades que integran el ejercicio colectivo de este derecho. Si no hay sinergia entre las orientaciones de los convocantes de la huelga y las decisiones individuales de adhesión a la misma, la huelga nunca será eficaz. Por eso nuestro ordenamiento jurídico admite la figura de los piquetes de huelga, cuyo fundamento son las libertades de expresión, reunión y manifestación (STConst 37/1998). Su actividad queda, por lo general, sometida a la Ley orgánica 9/1983, del derecho de reunión, y a la Ley orgánica 4/2015, de seguridad ciudadana. De ello resulta la posible aplicación a la acción de los piquetes de facultades administrativas de orden público, como la disolución de reuniones celebradas en lugares de tránsito.

La función de los piquetes es informar y persuadir, sin coaccionar, a los trabajadores para que secunden la huelga. Específicamente están obligados a respetar la libertad de trabajo de los trabajadores no huelguistas (art. 6.4 RDLRT), teniendo en cuenta que coaccionar a otros para iniciar o continuar una huelga dejó, tras la reforma del CP del año 2021, de constituir un delito específico de los integrantes del piquete pero puede constituir un delito genérico de coacciones del art. 172.1 CP. La normativa penal, con todo, solo se aplica como última ratio, sancionado las conductas más graves. El derecho de huelga, en este sentido, no ampara actos violentos pero es indudable que es un derecho fundamental de conflicto con una finalidad de defensa de los intereses de los trabajadores en escenarios de tensión y antagonismo. Por este motivo, la sanción penal procede solo cuando la conducta del piquete se sitúa objetivamente al margen del contenido esencial de los derechos que fundamentan su actuación, no cuando sea inequívoca y objetivamente huelguística aunque no resulte plena y escrupulosamente ajustada a las condiciones y límites de esos derechos (STConst 104/2011, con tres votos particulares discordantes con el fallo). En todo caso, la ilicitud de las medidas de presión adoptadas por los piquetes no convierte a la huelga en ilegal.

6.3. Comité de huelga

Órgano encargado de gestionar la huelga y procurar la negociación para resolver el conflicto (art. 5 RDLRT). Su constitución es obligatoria, pues de otro modo la huelga es ilegal. Se compone de un máximo de 12 personas. Si la huelga es de ámbito empresarial o inferior, deben ser trabajadores de la empresa o centro de trabajo; si la huelga es sectorial o general, pueden ser trabajadores incluidos en el ámbito del conflicto (STConst 11/1981). La designación de los miembros de este órgano corresponde a los huelguistas o a sus representantes. Con la particularidad de que la ley no requiere que en la composición del comité exista proporcionalidad con la correlación de fuerzas sindicales existentes en los comités de empresa.

Las funciones de este órgano son tres: 1ª) Participar en cuantas acciones se realicen para la solución del conflicto. 2ª) Negociar para llegar a un acuerdo (art. 8 RDLRT). Y, 3ª) Garantizar los servicios de seguridad y mantenimiento (art. 6 RDLRT). En particular, las acciones administrativas que el comité de huelga puede llevar a cabo están relacionadas con la función de mediación en la huelga legalmente atribuida a la Inspección de Trabajo (art. 9 RDLRT), actuando como nexo de unión entre el citado organismo público y los trabajadores afectados.

6.4. Servicios de seguridad y de mantenimiento

La STConst 11/1981 dio sentido al art. 6.7 RDLRT manifestando que la huelga es un derecho a hacer presión sobre el empresario pero no es un derecho a producir daños o deterioros en los bienes del capital. Por ello, la garantía de estos servicios durante la huelga es razonable. Pero debe ser objeto de interpretación restrictiva. Al fin y al cabo, el trabajador huelguista que tiene que prestar estos servicios durante la huelga no puede hacer efectivo su derecho a hacer huelga y si estos servicios se interpretan de forma amplia la huelga no produciría daño alguno a la empresa. Así que el mantenimiento de aquellos servicios que únicamente responden a estrictas necesidades empresariales, es decir, que no son necesarios para evitar los perjuicios que el art. 6.7 RDLRT trata de evitar, vulnera el contenido esencial del derecho de huelga.

La determinación de estos servicios y la designación de los trabajadores que deben prestarlos tiene que negociarse entre la empresa y el comité de huelga, pero si no se alcanza un acuerdo la empresa puede proceder de forma unilateral (STS 28.05.2003), obviamente con posibilidad de control judicial de su decisión. Una vez fijados, la huelga se convierte en ilegal si el comité de huelga incumple su obligación de garantizarlos. Pudiendo, asimismo, exigirse responsabilidad al comité cuando exista boicot por su parte y/o negativa a negociar sobre la necesidad y el establecimiento de estos servicios. Desde la perspectiva del trabajador individual, la negativa a prestar estos servicios, cuando hayan sido adecuadamente fijados, constituye un incumplimiento contractual sancionable disciplinariamente (art. 16.2 RDLRT en conexión con art. 54.2 ET).

7. HUELGA EN SERVICIOS ESENCIALES PARA LA COMUNIDAD

Asegurar el mantenimiento de los servicios esenciales para la comunidad en caso de huelga es el único límite que establece el art. 28.2 CE al ejercicio de este derecho, que en este aspecto enlaza con el art. 10.2 RDLRT (STConst 11/1981).

La incidencia que la garantía de los servicios esenciales para la comunidad tiene sobre el derecho de huelga es la misma que la de los servicios de seguridad y mantenimiento porque, al fin y al cabo, en ambos casos hay que mantener la actividad pese a la huelga. Pero la diferencia entre ambos supuestos es radical. Los servicios de seguridad y mantenimiento carecen de fundamento constitucional, solo legal, y además no responden a un supuesto de huelga lesiva para la sociedad, sino de huelga lesiva exclusivamente para el círculo de intereses empresariales.

7.1. Concepto de servicio esencial para la comunidad y condicionantes de estas huelgas

No existe una definición legal de servicio esencial para la comunidad específicamente aplicable al ejercicio del derecho de huelga. Cabe, sin embargo, utilizar por analogía otras definiciones específicas aplicables en ámbitos sectoriales como el de las infraestructuras críticas (Ley 8/2011, por la que se establecen medidas de protección de las infraestructuras críticas) o protección civil (Ley 17/2015, del Sistema nacional de protección civil).

En todo caso, lo que sí existe es una consolidadísima jurisprudencia constitucional que afirma que, a efectos del ejercicio del derecho de huelga, los servicios esenciales para la comunidad satisfacen o tutelan derechos constitucionales de los ciudadanos, independientemente de que sean prestados o facilitados por una Administración pública o por una empresa privada.

Se trata de derechos constitucionales como el derecho a la vida (art. 15 CE); la libertad y seguridad personal (art. 17.1 CE); la libertad de circulación (art. 19 CE); la libertad de información (art. 20.1.d CE); la educación (art. 24 CE); el derecho al trabajo (art. 35.1 CE); u obligaciones públicas como las existentes en materia de seguridad social (art. 41 CE) o de servicios sociales (art. 50 CE). La satisfacción de estos derechos y/o la necesidad de cumplimiento de las correspondientes obligaciones públicas puede hacer que, en caso de huelga, haya que garantizar el mantenimiento de actividades como el transporte; la asistencia hospitalaria; la enseñanza; la información radiotelevisiva; la extinción de incendios; las escuelas infantiles; los comedores escolarea; correos; la seguridad privada; estaciones de servicio; empresas funerarias; limpieza; o la actividad de las centrales nucleares.

El derecho de la comunidad a los servicios esenciales resulta prioritario respecto del derecho de huelga, pero la naturaleza fundamental del derecho de huelga hace que sea plenamente aplicable el principio de la menor restricción posible de este derecho (STConst 43/1990). Por este motivo es obligado diferenciar entre el servicio que genéricamente se considera como esencial (por ejemplo, una huelga en un hospital) y las concretas actividades que dicho servicio lleva a cabo, porque algunas serán necesariamente esenciales y habrá que mantenerlas en caso de huelga (por ejemplo las intervenciones quirúrgicas urgentes), pero otras no (por ejemplo las intervenciones quirúrgicas no urgentes).

Resultan también aplicables los dos condicionantes del art. 10.2 RDLRT cuando prevé que los servicios afectados por la huelga deben ser de inaplazable necesidad y deben concurrir circunstancias de especial gravedad. Es decir, el supuesto que permite limitar el derecho de huelga ex arts. 28.2 CE y 10.2 RDLRT no concurrirá si es posible sustituir el servicio en huelga o aplazar el momento de su prestación (STConst 183/2006). La delimitación de la medida y la intensidad con que deba mantenerse un servicio depende, así, de las circunstancias concurrentes en cada huelga (STS 09.12.2003, rec. 48/2003). Pudiendo, por tanto, suceder que, aunque la huelga se proyecte sobre un servicio esencial, sus características particulares, por ejemplo, su escasa duración, hagan que no sea necesario arbitrar medida alguna para mantenerlo en funcionamiento. Por ejemplo, dada la corta duración de la huelga y existiendo alternativas al servicio afectado por la misma, el TS no ha reconocido como esenciales para la comunidad actividades como programas de vuelos intrapeninsulares, centros de transfusión sanguínea o atención temprana en escuelas infantiles (SSTS 17.01.1989, 23.09.1998 y 26.06.2010).

7.2. Medidas de garantía de los servicios esenciales: La Autoridad gubernativa y los programas de servicios mínimos

El preaviso ampliado de 10 días para convocar este tipo de huelgas es una medida ordinaria de garantía de estos servicios. Además, el art. 10.2 RDLRT requiere específicamente de aquellas medidas que sean necesarias y adecuadas para garantizar el mantenimiento de estos servicios. Pero se trata, en todo caso, de garantizar su mantenimiento, lo que es distinto de garantizar su normal funcionamiento. De ahí que la STConst 53/1986 hable de garantizar una «cobertura mínima» de los derechos afectados por la huelga.

La figura estrella utilizada en nuestro ordenamiento jurídico para garantizar el mantenimiento de los servicios esenciales en caso de huelga es el programa de servicios mínimos (STConst 45/2016), entendidos como porcentajes de actividad productiva que se estima imprescindible mantener durante la huelga para que la huelga no cause un mal más grave que el que los huelguistas experimentarían si su pretensión no tuviese éxito (STConst 11/1981).

El programa de servicios mínimos lo establece la Autoridad gubernativa que ostente competencia sobre el servicio afectado por la huelga. Negociar los servicios mínimos con los huelguistas puede ser deseable, pero no es un requisito indispensable para la validez de esta decisión gubernativa (STConst 51/1986). La Autoridad gubernativa es un órgano de la estructura del Estado que disfruta de un mandato político, ofrece garantías de neutralidad e imparcialidad y responde ante huelguistas y ciudadanía (SSTConst 296/2006, y 36/2007).

En la práctica, el caballo de batalla de la Autoridad gubernativa radica en su obligación legal (art. 35 Ley 39/2015) de motivar adecuadamente y por escrito el acto administrativo que establece el programa de servicios mínimos. Motivación que tiene que posibilitar el derecho de defensa de los huelguistas (STConst 2/2022) especificando por qué determinados servicios son esenciales; por qué algunas prestaciones que satisfacen estos servicios son esenciales y otras no; así como por qué unos determinados niveles de actividad y no otros. Esta exigencia de motivación, en fin, es más rigurosa cuanto mayor es la restricción del derecho de huelga que entrañan los servicios mínimos; más aún si, ante huelgas similares, la Autoridad gubernativa se separa del precedente y fija unos servicios mínimos más garantistas que los fijados en huelgas anteriores. Una vez fijado el programa de servicios mínimos, la Autoridad gubernativa puede delegar en otro órgano, como la Administración afectada o la propia empresa, la ejecución o puesta en práctica de dicho programa a través de la designación de los trabajadores encargados en realizar las correspondientes actividades (STS 17.03.2021, rec. 118/2019).

Finalmente, el desacuerdo sobre los servicios mínimos fijados no exime a los trabajadores encargados de la obligación de prestarlos. El incumplimiento de estos servicios puede dar lugar a sanciones disciplinarias. Pero si posteriormente los mínimos son judicialmente declarados excesivos o no justificados, tal circunstancia habrá de ser tenida en cuenta para valorar la gravedad y la culpabilidad del incumplimiento del trabajador (STConst 123/1990).

8. PACTOS DE FIN DE HUELGA, ARBITRAJE OBLIGATORIO Y OTRAS FORMAS DE FINALIZACIÓN DE LA HUELGA

Aunque el art. 8.2 RDLRT establece literalmente que el acuerdo que pone fin a la huelga tendrá la misma eficacia que lo acordado en convenio colectivo, en la práctica ello depende, en primer lugar, del propio contenido del acuerdo, pues no podrá hablarse de convenio colectivo cuando, por ejemplo, el acuerdo consista en la firma de un verdadero convenio colectivo, cuando el acuerdo abre el inicio de las negociaciones de un convenio colectivo o cuando lo que se conviene en el pacto de fin de huelga son principios de acuerdo o compromisos abiertos (STS 12.06.2012). Menos aun podrá hablarse de eficacia de convenio colectivo cuando la huelga es general y persigue una modificación normativa que solo puede llevar a cabo el Parlamento. La eficacia de convenio colectivo estatutario solo la obtendrán aquellos acuerdos de fin de huelga que hayan sido negociados por sujetos con la representatividad que exige el ET y con las formalidades referidas al depósito, registro y publicación.

En cuanto al arbitraje obligatorio del art. 10.1 RDLRT, se trata de un modo traumático de finalizar la huelga. Constituye un recurso excepcional, dada la limitación que entraña del derecho fundamental de huelga, sujeto a la concurrencia de los requisitos previstos en dicho precepto, que, cuando alude a graves perjuicios para la economía nacional, admite también que estos perjuicios afecten a una sola Comunidad autónoma (STS 3ª 06.06.2007). El arbitraje es facultativo (no obligatorio) para el Gobierno, y descansa en la garantía de imparcialidad del árbitro designado por el propio Gobierno. Siendo razonable interpretar que, una vez nombrado el árbitro, la huelga tiene que desconvocarse (no tiene sentido mantener la huelga si la solución va a depender del laudo arbitral). El laudo obtenido en estos procedimientos tendrá eficacia de convenio colectivo cuando las partes en conflicto cumplan con los requisitos para negociar convenios colectivos del ET.

Además de las situaciones anteriores, en fin, la terminación de la huelga también puede producirse por el transcurso del tiempo previsto, porque sus convocantes desisten de la misma, por falta de participación de los trabajadores y también como consecuencia de la suspensión del derecho de huelga en los estados de excepción y de sitio (arts. 55.1 y 116 CE).

9. EFECTOS DE LA HUELGA SOBRE LOS TRABAJADORES NO HUELGUISTAS. ESPECIAL REFERENCIA A LA HUELGA ILEGAL

Los efectos de la huelga legal sobre los trabajadores huelguistas han sido ya examinados en el apartado dedicado al contenido del derecho de huelga. Queda hacer referencia a estos efectos sobre los trabajadores no huelguistas y también a los efectos de la huelga ilegal.

Los efectos de la huelga sobre los trabajadores no huelguistas dependen de muchas circunstancias. La huelga, para empezar, puede ser propia o ajena. Si es ajena e impide el trabajo de trabajadores de otras industrias o sectores, por ejemplo una huelga de transportes que impide a los trabajadores de una empresa textil acceder a su fábrica, de la STS 3ª 29.06.1998 puede extraerse que es posible asimilar la imposibilidad de trabajo a una causa de fuerza mayor de cara a practicar una suspensión de sus contratos. De no existir suspensión, la empresa estaría obligada a remunerar las horas perdidas.

Si la huelga es propia, los trabajadores no huelguistas que no pueden trabajar conservan su derecho al salario, pero la empresa puede reconducir la situación hacia la suspensión del contrato por cierre patronal (STS 22.06.1995, rec. 3985/1994).

En cuanto a los efectos de la huelga ilegal, estos se proyectan en el plano laboral y en el de la Seguridad Social.

En el plano laboral, el art. 16.1 RDLRT cayó en desuso desde el momento de la derogación de la causa de despido prevista en el propio RDLRT referida a la participación activa del trabajador en una huelga ilegal. Lo que no significa que esta conducta no pueda ser objeto de sanción disciplinaria, incluso con el despido (art. 54 ET). Cabe, en efecto, el despido disciplinario cuando el particular modo de participación del trabajador en una huelga ilegal permita decidir que ha concurrido un incumplimiento contractual grave y culpable (STS 18.07.1986). Otros efectos laborales de la participación en una huelga ilegal son el cómputo de las ausencias a efectos de aplicar un despido disciplinario por ausencias injustificadas (art. 54.2.a ET), el descuento de pluses antiabsentismo o complementos similares o la reducción proporcional de la duración y retribución de las vacaciones. Además, la empresa conserva su ius variandi extraordinario para protegerse frente a los daños y perjuicios ocasionados por una huelga ilegal, sin que resulte aplicable la prohibición de esquirolaje.

En el plano de la Seguridad Social, los trabajadores que hacen huelga ilegal pueden quedar de baja en el sistema si el empresario la cursa, con la consiguiente interrupción de la obligación de cotizar.

Lección 8ª

El cierre patronal. El conflicto colectivo

1. EL DERECHO DE CIERRE PATRONAL EN EL ORDENAMIENTO ESPAÑOL

El cierre patronal, como medida de conflicto, se sitúa en contraposición a la huelga. Consiste en la clausura de la empresa o centro de trabajo, impidiendo la prestación de servicios a los trabajadores.

1.1. El derecho de cierre patronal en la Constitución

La Constitución, art. 37.2 reconoce, a trabajadores y empresarios, el derecho a adoptar "medidas de conflicto colectivo". No menciona expresamente el cierre, pero la STC 11/1981, de 8 de abril, por la que se resuelve el recurso de inconstitucionalidad contra diversos preceptos del Real Decreto-Ley 17/1977, de 4 de marzo, entiende que queda implícitamente reconocido, como la típica medida de conflicto que es.

El reconocimiento de cierre patronal viene limitado por el derecho fundamental a la huelga. De este modo, no cabe constitucionalmente un derecho al cierre patronal de represalia o de retorsión (como sanción a una huelga previa). Pero tampoco cabe un cierre patronal ofensivo (entendido como medida de presión empresarial en una negociación), porque, si se reconociera el derecho al cierre ofensivo, se descompensaría el equilibrio de poder entre empresarios y trabajadores, alcanzado al reconocer el derecho de huelga. No cabe, pues, la igualdad de armas o la paridad en la lucha.

Por tanto, solamente cabe el cierre patronal defensivo. Eso sí, ampliamente, tanto como defensa frente a daños físicos a las personas o a las cosas (por "razones de policía"), cuanto como defensa frente a daños económicos (para evitar seguir pagando salarios cuando quede impedido gravemente el proceso productivo). El primer aspecto defensivo lo reconoce expresamente el TC. El segundo, lo admite en cuanto que considera constitucional el art. 12.c) RDLRT, como ahora veremos.

1.2. Modalidades legales de cierre patronal

Como en el caso de la huelga, la regulación sigue estando en el Real Decreto-Ley 17/1977, de 4 de marzo, sobre relaciones de trabajo, norma preconstitucional, interpretada a la luz de la Constitución por la citada STC 11/1981.

El art. 12 RDLRT contempla tres supuestos legales de cierre patronal:

a) Existencia de notorio peligro de violencia para las personas o de daños graves para las cosas.

El notorio peligro tiene que producirse en el centro de trabajo (STS 3ª 14 y 17 en. 1999, recs. 2478/1999 y 2597/1999), debe ser cierto y actual (STS 3ª 26 may. 2008, rec. 964/2005), y debe ser imposible combatir el peligro por otras vías.

b) Ocupación ilegal del centro de trabajo o cualquiera de sus dependencias, o peligro cierto de que aquella se produzca.

En la medida en que la ocupación ilegal (ver, lección 7ª) se produce cuando hay una orden de desalojo, que se justifica precisamente porque exista peligro de daños, en principio este supuesto viene a coincidir con el anterior.

c) En fin, cuando el volumen de inasistencia o irregularidades en el trabajo impidan gravemente el proceso normal de producción.

Lo decisivo, pues, es que se impida el proceso de producción, ya sea por una huelga, ya sea por otro tipo de irregularidades (STS 31 mar. 2000, rec. 2705/1999).

Por consiguiente, si se impide el proceso de producción, se justifica el cierre incluso si tal impedimento procede de una huelga legal. Y, al contrario, aunque la huelga sea ilegal, no se justifica el cierre si no se impide gravemente el proceso de producción.

El impedimento tiene que ser grave y consiste en que no se pueda dar ocupación a los trabajadores por la huelga o por las irregularidades. Normalmente, el cierre se utilizará frente a huelgas abusivas.

Caso práctico: Cierre patronal

En una empresa se presenta un preaviso de huelga indefinida para todos sus centros. En dos de esos centros, donde la huelga se inicia el 1 de junio, la empresa decide un cierre patronal el día 3 de junio, después de que en uno de ellos participaran en la huelga 66 de 72 trabajadores y en el otro lo hicieran 26 de 29. El personal que no se adhiere a la huelga es personal administrativo. La empresa decide el cierre, y lo comunica en tiempo hábil, por inexistencia de servicios mínimos y por grave impedimento para la producción. El día 8 el comité de huelga decide suspenderla hasta el día 12 y la empresa suspende igualmente el cierre a resultas de lo que suceda ese día 12. Terminada la huelga y el cierre, la representación sindical plantea un conflicto colectivo solicitando el abono de los salarios a los no huelguistas por ilegalidad del cierre.

Tanto el TSJ como el TS desestiman la demanda considerando legal el cierre en cuestión. Aparte de desestimar el argumento sindical de que el supuesto del art. 12.1.c) del RDLRT no es autónomo respecto de los otros dos supuestos (peligro de violencia o daños graves; ocupación ilegal del centro), el TS mantiene que la mera negativa del comité de huelga a negociar servicios mínimos no justificaría el cierre, pero que sí hay un impedimento grave al proceso normal de producción porque al no acudir al trabajo el personal de fabricación, de almacén, de atención al público, de venta y de transporte no era posible encomendar a los administrativos ningún tipo de actividad productiva.

(Vid. STS 31 marzo 2000, rec. 2705/1999).

1.3. Requisitos para su ejercicio y efectos

A) *Requisitos.* Además de la necesidad de alegar alguna de las circunstancias anteriores, el empresario debe comunicar el cierre a la Autoridad laboral en un plazo de 12 horas desde el cierre. La falta de comunicación lo hace ilegal.

Su duración será por el tiempo indispensable para remover las causas que lo motivaron. Pero, en todo caso, el empresario debe reabrir cuando sea requerido por la Autoridad laboral. Si no lo hace, incurre en infracción muy grave con independencia de que existiera causa legal para el mismo. El requerimiento de la Autoridad se puede recurrir y, si se anula judicialmente, la Administración sería responsable de los daños causados a la empresa.

B) *Efectos.* Si el cierre es legal (hay causa y se ha comunicado), los efectos son los mismos que en la huelga legal: se suspenden los contratos, no se abonan los salarios y los trabajadores quedan en alta especial en la Seguridad Social (no se cotiza por ellos).

Si el cierre es ilegal, los contratos no se suspenden y el empresario debe seguir abonando los salarios, pese a la falta de prestación laboral. Además, puede haber sanción administrativa por infracción muy grave, en el supuesto ya dicho de falta de reapertura (art. 8.9 LISOS). En fin, muy eventualmente podría producirse un delito (art. 172 CP: impedir con violencia hacer lo que la ley no prohíbe, en este caso trabajar; art. 315 CP: impedir el derecho de huelga, pero con engaño, abuso de situación de necesidad, violencia, coacciones).

Lo normal es que se plantee por los trabajadores afectados la reclamación de salarios por ilegalidad del cierre. Pero, como en la huelga, la calificación de legal o ilegal la harán los tribunales, con posterioridad al cierre, no antes, precisamente ante esas reclamaciones.

2. EL CONFLICTO LABORAL: CONCEPTO Y CLASES

A) *Concepto.* En la relación laboral existe siempre un conflicto, estructural o "latente". Pero el derecho se ocupa del conflicto solamente cuando se hace real o "patente", es decir, aquellas situaciones en que la pretensión de una parte es rechazada por la otra.

B) *Clases.* El conflicto laboral real se puede clasificar desde distintos puntos de vista, clasificaciones que, sobre todo, tienen interés desde el punto de vista procesal.

a) En primer lugar, en función de la *finalidad* del conflicto, se puede distinguir entre conflictos económicos —también llamados conflictos de interés— y conflictos jurídicos —también llamados de interpretación o aplicación— (sobre los conceptos de conflicto de intereses y de conflicto jurídico, ver STS 29 septiembre 2021, rec. 31/2020, y jurisprudencia allí citada).

a') Conflicto económico o de interés: es aquel cuya finalidad es conseguir una regulación más adecuada de las condiciones de trabajo, ya sea una nueva regulación o una modificación de la existente. Por eso se denomina también conflicto de regulación o novatorio. El caso típico es la falta de acuerdo en la negociación de un convenio colectivo.

b') Conflicto jurídico: es aquel cuya finalidad es la interpretación o aplicación de una norma ya existente. No hay un desacuerdo sobre cuál deba ser la regulación de una materia, sino sobre la interpretación o aplicación a dar a una regulación ya establecida por ley, convenio o contrato.

La consecuencia de la distinción es, como se dijo, procesal: los tribunales tienen la función de aplicar las normas (interpretarlas y aplicarlas), no la de crearlas. Pueden conocer de conflictos jurídicos, pero no de conflictos económicos o de regulación.

b) En segundo lugar, en función del *objeto* del conflicto, éste puede ser individual, plural o colectivo. La clasificación depende del tipo de interés (individual, plural o colectivo) objeto del conflicto.

a') En el conflicto individual, el interés en juego es concreto y personalizado (SSTS 26 feb. 2001, rec. 3560/2000, y 10 may. 2004, rec. 170/2003). Es un conflicto que afecta a una persona concreta y depende de las circunstancias particulares de esa persona.

b') En el conflicto plural, se trata de una suma de intereses, pero siempre de personas concretas (STS 31 mar. 1999, rec. 2437/1998). Realmente, no se diferencia del anterior sino en el número de personas afectadas, pero siempre se refiere a situaciones singulares.

c') En el conflicto colectivo, en fin, el enfrentamiento afecta de forma indiferenciada a un grupo genérico de trabajadores, y en él se debate un interés de carácter colectivo. El conflicto colectivo se caracteriza por dos elementos, uno objetivo y otro subjetivo. El objetivo, es el interés colectivo, esto es, el interés general, abstracto, genérico e indivisible de un grupo, colectividad o pluralidad de trabajadores. Por su parte, el subjetivo, lo constituye el grupo o colectividad laboral (de una empresa, de una rama de actividad o de un sector profesional), un sindicato o un órgano de representación del personal de la empresa (STS 10 marzo 2021, rec.139/2019: un conflicto que afecte a un grupo indiferenciado, sin particularidades, aun cuando en la práctica pueda generar después efectos para los integrantes del grupo).

Un simple ejemplo permite comprender la diferencia. Si, por ejemplo, se plantea un conflicto acerca de si, en virtud de lo dispuesto en un convenio, los trabajadores de determinada sección de una empresa tienen o no derecho a un plus de transporte, estaremos ante un conflicto colectivo, ya que lo que se pretende es que se resuelva esa duda respecto a cualquier trabajador que, actualmente o en otro momento, pertenezca a esa sección. Si, por el contrario, las concretas personas que actualmente integran esa sección reclaman determinadas cantidades en concepto de ese pretendido derecho, estaremos ante un conflicto plural. Como se puede ver, el que se trate de un conflicto colectivo o, por el contrario, plural, depende en buena medida de en qué términos se plantee el conflicto en cuestión. La consecuencia de la distinción es, de nuevo, procesal. Existe, como luego veremos, un proceso especial de conflicto colectivo, que tiene ventajas (preferencia, celeridad en su solución, alcance general de la solución dada) y que solamente es utilizable si, en efecto, se trata de tal tipo de conflictos. No hay consecuencias, en cambio, en relación al derecho de huelga: el derecho de huelga se puede ejercitar incluso si el conflicto es plural o individual (por ejemplo, huelga exigiendo la readmisión de un trabajador despedido).

Al margen de la definición anteriormente expuesta, el Estatuto de los Trabajadores en algún supuesto distingue los conflictos individuales de los colectivos en virtud del número de trabajadores afectados por el conflicto, teniendo además en cuenta el tamaño de la empresa y, un determinado período de tiempo. Así, respecto de los traslados, el art. 40.2 ET sostiene que el traslado es colectivo cuando "afecta a la totalidad del centro de trabajo, siempre que éste ocupe a más de 5 trabajadores, o, cuando, sin afectar a la totalidad del centro, en un período de 90 días comprensa a un número de trabajadores de, al menos: 10 trabajadores, en las empresas que ocupen menos de cien trabajadores b) el 10% del número de trabajadores de la empresa en aquellas que ocupen entre 100 y 300 trabajadores c) 30 trabajadores en las empresas que ocupen 300 o más trabajadores". En los mismos términos, pero refiriéndose a las modificaciones sustanciales de condiciones de trabajo, a las suspensiones y reducciones jornadas por causas ETOP y, a los despidos colectivos, véanse los arts. 41.2, 47.1 y 51.1 ET.

La legislación procesal laboral (art. 153.1 LRJS) define el objeto del proceso especial de conflictos colectivos como aquel que afecta a intereses generales de un grupo genérico de trabajadores o a un colectivo genérico susceptible de determinación individual (es decir, conflicto colectivo) y versa sobre la interpretación o aplicación (es decir, conflicto jurídico) de una norma estatal, de un convenio cualquiera que sea su eficacia, de pactos o acuerdos de empresa, o de una decisión empresarial de carácter colectivo, o de una práctica de empresa. Como decisión empresarial se incluyen las anteriormente citadas de los arts. 40.2, 41.2 y 47.1 ET, aunque realmente no se refieran a grupos genéricos, sino a un umbral de trabajadores concretos. Se tramitan también por este proceso las demandas que versen sobre los acuerdos de interés profesional de los "TRADE", así como la impugnación directa de los convenios o pactos colectivos no comprendidos en el art. 163 LRJS.

3. PROCEDIMIENTOS DE SOLUCIÓN DE LOS CONFLICTOS COLECTIVOS

Las vías principales de solución de conflictos colectivos de trabajo son la vía judicial y la extrajudicial. Ambas vías no se excluyen entre sí, es más en alguna ocasión los medios extrajudiciales actúan como trámite previo al ejercicio de las acciones judiciales. El Gobierno intentó en dos ocasiones regular la solución de los conflictos colectivos de trabajo. Primero, el fracasado Proyecto de Ley de Convenios Colectivos, remitido a las Cortes en diciembre de 1978, intentó establecer un sistema arbitral en defecto de acuerdo en la negociación colectiva. Segundo, el proyecto de Ley del Estatuto de los Trabajadores contenía un Título IV dedicado a los conflictos colectivos y a los diversos procedimientos de solución. Finalmente, el Título III del Estatuto de los Trabajadores reguló la negociación colectiva estatutaria omitiendo toda referencia a la solución arbitral. Por último, la Ley 11/1994, de 19 de mayo, modifica profundamente el art. 91 ET y concede a la autonomía colectiva de las partes sociales (bien a través de la negociación colectiva o de los acuerdos de los arts. 83.2 y 83.3 ET) la posibilidad de establecer mecanismos de solución extrajudicial de los conflictos de trabajo, tanto para los conflictos colectivos jurídicos como para los individuales.

Los procedimientos de solución de los conflictos colectivos pueden ser de muy diverso tipo, y su regulación se encuentra dispersa en la normativa laboral. *En función de su origen,* estos procedimientos pueden estar establecidos por el Estado (procedimientos "heterónomos"), o pueden estar establecidos por los agentes sociales (procedimientos "autónomos"). *En función de los sujetos* que intervienen en el procedimiento, se pueden solucionar por las mismas partes en conflicto ("autocomposición": es decir, negociación) o mediante intervención de terceros ("heterocomposición"). Ya hemos visto (lección 6ª) la regulación de la negociación colectiva.

A su vez, la intervención de terceros puede consistir en un *procedimiento judicial* (el tercero es un tribunal) o en un *procedimiento extrajudicial* (el tercero no es un tribunal). Los procedimientos extrajudiciales pueden consistir en una conciliación, una mediación o un arbitraje. Se habla de *conciliación* cuando el tercero se limita a tratar de aproximar las posiciones de las partes en conflicto.

Se habla de *mediación* cuando el tercero puede proponer soluciones concretas a las partes. En la práctica, apenas se diferencian ambos procedimientos. En cualquier caso, en ambos la solución, en último término, se alcanza mediante el acuerdo entre las partes. Ni el conciliador ni el mediador imponen una solución. Lo que sí puede suceder, en ambos casos, es que sea voluntario acudir a la conciliación o mediación, o que sea obligatorio.

Se habla de *arbitraje,* en fin, cuando el tercero impone una solución, dirimiendo el conflicto mediante un laudo arbitral. En este caso, puede ser voluntario u obligatorio acudir al arbitraje (de derecho o de equidad), pero, en ambos casos, la solución que dé el árbitro es vinculante para las partes en conflicto. Ciertamente, es normal que se pueda impugnar el laudo en vía judicial, pero ello solo por causas limitadas: que se resuelvan cuestiones no sometidas al arbitraje ("ultra vires"), que no se respeten principios formales (audiencia de las partes, plazos), que el contenido del laudo sea ilegal.

3.1. Los procedimientos extrajudiciales de solución de los conflictos colectivos

En el ordenamiento laboral conviven procedimientos de solución extrajudicial previstos heterónomamente por el Estado junto a procedimientos extrajudiciales pactados autónomamente por los agentes sociales, mediante acuerdos intersectoriales de ámbito estatal o de comunidad autónoma pactados a la luz de lo dispuesto en el art. 83.3 ET.

En los últimos tiempos los procedimientos autónomos de solución de conflictos laborales —nacidos de la autonomía colectiva de los interlocutores sociales— han adquirido mucha importancia, relegando a los procedimientos impuestos heterónomamente por el Estado. Al efecto, la Ley Orgánica 1/2025, de 2 de enero, de medidas de eficiencia del Servicio Público de Justicia, excluye del ámbito de aplicación de los medios adecuados de solución de controversias (MASC) las materias laborales, al sostener que la normativa laboral ya prevé instrumentos en los que se materializan soluciones pactadas acomodadas a la naturaleza y peculiaridades de la materia laboral.

A) Procedimientos regulados por normas estatales

La normativa estatal contempla, en primer lugar, distintos mecanismos de solución de conflictos. Se trata de:

1) Un procedimiento de *conciliación ante la autoridad laboral* previsto en el RDLRT (arts. 17 y sigs.). Cabe utilizarlo en conflictos colectivos tanto económicos como jurídicos. Si se utiliza este procedimiento no cabe ejercitar el derecho de huelga. La autoridad laboral intentará la avenencia. Si no se llega a un acuerdo (ni siquiera el de someter voluntariamente el conflicto a arbitraje), y el conflicto es económico, termina el procedimiento sin solución. Si el conflicto es jurídico, a instancia de una de las partes, la autoridad laboral lo comunicará al tribunal competente y seguirá como proceso de conflicto colectivo (ver *infra* en esta lección). Este procedimiento administrativo tiene carácter "residual", al ser sustituido por los procedimientos nacidos en el seno de los Acuerdos Interprofesionales de Solución Autónoma de Conflictos Laborales.

2) El procedimiento de *conciliación ante servicios administrativos* dispuestos al efecto (en el ámbito estatal: la Subdirección General de Relaciones Laborales del MTES; en el ámbito autonómico: los servicios correspondientes de mediación, arbitraje y conciliación) (RDL 5/1979; RD 2756/1979). Para su régimen jurídico, efectos y excepciones se estará a lo dispuesto en los arts. 63 y sigs. LRJS.

El intento de conciliación resulta obligatorio en cuanto que constituye un trámite necesario previo al planteamiento de una demanda judicial (art. 156.1 LRJS); por tanto, obligatoria solo para conflictos jurídicos, para los económicos sería voluntaria. Además, si el demandado no comparece injustificadamente a la conciliación y luego la sentencia coincide con la pretensión formulada, se le impondrá multa por temeridad (art. 66 LRJS).

No obstante, téngase en cuenta que: 1) Esa conciliación previa no se considera obligatoria por la jurisprudencia cuando el demandado sea el Estado, CCAA, Entidades locales u organismos autónomos; 2) Este órgano administrativo puede ser sustituido por el órgano que asuma estas funciones, que puede constituirse mediante los acuerdos interprofesionales o los convenios colectivos a que se refiere el art. 83 ET. En efecto, se deja a la autonomía colectiva la posibilidad de establecer órganos ad hoc con esta misma finalidad. Así, por ejemplo, el art. 8 de VI ASAC establece que "la mediación ante el SIMA-FSP sustituye a la conciliación administrativa previa a los efectos previstos en los artículos 63 y 156 de la Ley Reguladora de la Jurisdicción Social". Dada la progresiva implantación de estos procedimientos alternativos, la utilización de los mecanismos previstos en la normativa estatal se va reduciendo.

3) La normativa estatal (RDL 5/1979; RD 2756/1979) prevé también un trámite de *mediación* que pueden solicitar las partes u ofrecerla los servicios administrativos antes señalados, siendo gestionada por los mismos. Este procedimiento de mediación no es obligatorio (se solicita o se acepta el ofrecimiento: aunque la autoridad laboral puede exigir al servicio que designe un mediador, no hay sanción si las partes en conflicto no acuden). También cabe que la Inspección de Trabajo actúe como mediadora si se le solicita (art. 12.3 LIT; art. 9 RDLRT).

4) En fin, en cuanto al *arbitraje*, cabe su utilización *voluntaria* ante el árbitro designado por las partes (este arbitraje voluntario se contempla en el art. 24 RDLRT). No hay servicios públicos de arbitraje especializados, pero cabe la aceptación del arbitraje de la autoridad laboral o de los servicios administrativos ya señalados o de la Inspección. Aparte de ello, la normativa estatal prevé dos supuestos de *arbitraje obligatorio*, que ya se han visto en

dos lecciones anteriores: en caso de impugnación de procesos electorales (art. 76 ET; ver, lección 5ª), pero que puede ser recurrido ampliamente ante los tribunales; y en caso de huelgas que afecten gravemente a la economía nacional, como supuesto excepcional (art. 10.1 RDLRT; ver, lección 7ª). Asimismo, también se prevé un arbitraje obligatorio en relación con la inaplicación o renovación de convenios colectivos (ver lección 6ª).

B) Acuerdos interprofesionales sobre solución autónoma de conflictos

1º) En el ámbito estatal, está vigente un sexto Acuerdo sobre Solución Autónoma de Conflictos (ASAC-VI), de 26 de noviembre de 2020, hasta 31 diciembre de 2024. Se prorrogará cada cuatro años, salvo denuncia expresa en cuyo caso mantendrá su vigencia hasta que se alcance un nuevo Acuerdo (art. 2.2).

Siendo un acuerdo sobre materia concreta (art. 83.3 ET) tiene aplicación general y directa. No obstante, su art. 3.3 prevé que por convenio colectivo o acuerdo sectorial (o convenio de empresa, grupo de empresas o empresas vinculadas con centros en más de una CA) se podrán establecer sistemas propios de solución de conflictos.

Son objeto del ASAC-VI determinados conflictos colectivos laborales entre empresarios y trabajadores o sus respectivas organizaciones (pero excluyendo aquellos en que sean parte las CCAA, entidades locales y entidades de derecho público con personalidad propia vinculadas o dependientes de los mismos, o que versen sobre Seguridad Social, aunque sí la complementaria incluyendo planes de pensiones). Debe tratarse de conflictos de ámbito superior al de una CA, pero también cuando afecten a empresas, grupos de empresa o pluralidad de empresas o centros radicados en una CA pero a las que se aplique un convenio sectorial estatal y de la resolución del conflicto puedan derivarse efectos para empresas o centros radicados en otras CCAA (art. 2.1).

Los conflictos en cuestión son (art. 4.3):

- Los conflictos de interpretación y aplicación contemplados en el art. 153LRJS, sin perjuicio de la intervención de las comisiones paritarias si se refieren a convenios colectivos.
- Las controversias en las comisiones paritarias de los convenios que conlleven el bloqueo en la adopción de acuerdos respecto de sus funciones.

- Los conflictos durante la negociación de un convenio que conlleven su bloqueo, sin que sea preciso que transcurra plazo alguno si el procedimiento se solicita conjuntamente por quienes tengan capacidad para suscribir el convenio con eficacia general.
- Los conflictos durante la negociación de acuerdos o pactos colectivos que conlleven su bloqueo —en principio por tres meses—, pero sin que tenga que transcurrir el plazo, como en el supuesto anterior.
- Los conflictos por discrepancia, en los períodos de consultas de los arts. 40, 41, 47, 51 y 82.3 ET. También del art. 44.9 ET, con excepciones.
- Los conflictos que motiven la impugnación de convenios, previamente a la vía judicial.
- Y algunos otros, incluidos los que den lugar a la convocatoria de una huelga o sobre determinación de los servicios de seguridad y mantenimiento.

El ASAC-VI ha venido a incluir también los conflictos entre los empleados públicos y la AGE —y organismos, Agencias y entidades públicas de ella dependientes— mediante acuerdo de adhesión expresa. Así como los conflictos colectivos de su personal laboral sometidos al ordenamiento laboral (art. 4.4).

El ASAC-VI prevé un procedimiento de *mediación* (regulado en los arts. 9-12 y 13-19 de este ASAC-VI), obligatoria cuando lo solicite una de las partes —salvo cuando se requiera el acuerdo de las dos—, y que es requisito previo para plantear un proceso de conflicto colectivo o la convocatoria de una huelga. Su iniciación impide la convocatoria de huelga o la adopción de medidas de cierre patronal. Se debe agotar en los conflictos en los períodos de consultas de los arts. 40, 41, 44.9, 47, 51 y 82.3 del ET. Durante su tramitación, no se podrán adoptar otras medidas de conflicto.

Igualmente se prevé un procedimiento de *arbitraje voluntario* (regulado en los arts. 9-12 y 20-25 de este ASAC-VI), requiriéndose manifestación expresa de las partes de someterse al laudo arbitral. Formalizado el compromiso arbitral no se puede recurrir a la huelga o al cierre patronal. Puede recurrirse el laudo ante los tribunales por una serie de causas tasadas conforme a los arts. 65.4 y 163.1 LRJS.

Para la aplicación del ASAC existe un Servicio Interconfederal de Mediación y Arbitraje, como Fundación del Sector Público Estatal (SIMA-FSP).

2º) En todas las CCAA, existen Acuerdos Intersectoriales sobre solución extrajudicial de conflictos, semejantes al ASAC, aplicables cuando el ámbito del conflicto colectivo no exceda de una CA. Normalmente se refieren a conflictos colectivos, aunque muchos de ellos incluyen también conflictos individuales.

3º) Cabe resaltar que, tanto en el ASAC-VI como en los acuerdos autonómicos, la mediación es obligatoria pero el arbitraje es voluntario.

La ley parece admitir en algún caso la posibilidad de que los Acuerdos impongan arbitrajes obligatorios. Los arts. 82.3 ET (inaplicación de convenios) y 86.3 ET (renegociación de un convenio denunciado) prevén que los acuerdos interprofesionales establezcan procedimientos para solventar de manera efectiva las discrepancias en esas negociaciones, "incluido el compromiso previo de someter las discrepancias a un arbitraje vinculante", lo que parece aludir a un arbitraje voluntario; pero el art. 86.3 ET añade que esos acuerdos expresarán "el carácter obligatorio o voluntario del sometimiento al procedimiento arbitral". El ASAC-VI solamente contempla la obligatoriedad del arbitraje cuando lo haya previsto expresamente un convenio colectivo, respecto de su renegociación u otros supuestos (art. 9.1.b).

4º) Los acuerdos existentes (ASAC-VI y autonómicos) son acuerdos intersectoriales. Pero también cabe pactar procedimientos de solución extrajudicial para un sector concreto por convenio colectivo de ámbito estatal o de CA.

Caso práctico: Solución autónoma de conflictos laborales

En febrero de 2025 se inició el proceso de negociación del Convenio Colectivo de instalaciones deportivas sin mayor éxito debido a las discrepancias existentes entre las organizaciones sindicales y empresariales negociadoras. Por la parte sindical negocian 3 organizaciones: AAA con un 38% de representatividad en el sector y en la mesa negociadora, BBB con un 44%, y CCC con un 14%. El Sindicato CCC decide abandonar la mesa de negociación en el mes de mayo del mismo año, convocando el día 10 una huelga que daría comienzo el 20 del citado mes. Los Sindicatos AAA y BBB continúan en el proceso de diálogo con las organizaciones empresariales y, a la vista de que las discrepancias se mantienen, se reúnen el 10 de junio en la Fundación SIMA-FSP con la intención de llevar a cabo una mediación sobre las diferencias que les separan para alcanzar el acuerdo.

El 25 de junio se celebra la mediación en el SIMA-FSP, sin que comparezca el Sindicato CCC, pese a haber sido convocado. En la mediación las partes logran un acuerdo en todos los asuntos, salvo el relativo al incremento del complemento de productividad, pues los sindicatos pretenden que se incremente en un 8 %, mientras que las patronales pretenden que se incremente un 4%. Posteriormente, las partes interesadas en el procedimiento de mediación, a excepción del Sindicato CCC, suscriben un compromiso arbitral para que un árbitro resuelva la controversia sobre el incremento del complemento de productividad. El árbitro dicta su laudo el 30 de julio 2025, pronunciándose sobre la materia controvertida y, sobre la retribución de las horas extraordinarias.

A la luz de los hechos descritos se plantean las siguientes cuestiones: si la Fundación SIMA-FSP es competente para resolver el conflicto nacido del bloqueo de la negociación colectiva; si es correcta la convocatoria de la huelga del Sindicato CCC; si es correcta la mediación del SIMA; y si es conforme a Derecho el laudo arbitral.

La Fundación SIMA-FSP es la competente, porque se trata de un conflicto de intereses, que se centra en el bloqueo de la negociación de un convenio colectivo que afecta a más de una Comunidad autónoma, por lo que el sistema de solución de conflictos competente para resolver este tipo de controversias es el SIMA (arts. 2 y 4 del ASAC VI). La huelga es ilegal porque la convocatoria de la huelga requiere, con anterioridad a su comunicación formal, haber solicitado el procedimiento de mediación (art. 8.2 RDLRT y el art. 13.6 y 7 ASAC VI). La mediación es correcta porque las partes legitimadas para solicitar una mediación en el conflicto concreto son, de un lado la representación de la parte empresarial y, de otro, la de las personas trabajadoras que participen en la correspondiente negociación, teniendo en cuenta que la misma deberá comportar la mayoría de dicha representación. El laudo arbitral no es conforme a Derecho, pues el árbitro se ha pronunciado sobre una materia no sometida a su consideración, por lo que podrá ser impugnado en los plazos establecidos y en los términos contemplados en los arts. 65.4 y 163.1 LRJS.

C) Procedimientos previstos por convenio colectivo

Como ya vimos (lección 6ª) los arts. 85.3.e) y 91.3 ET prevén que los convenios colectivos atribuyan a sus comisiones paritarias funciones de conocimiento y resolución de los conflictos derivados de la aplicación e interpretación con carácter general de los convenios; intervención que debe ser previa a los procedimientos extrajudiciales. Así como, conforme al art. 85.3.c) ET, de los conflictos en materia de inaplicación del convenio.

Recuérdese, asimismo, que el art. 91.2 ET prevé, al margen de las competencias de las comisiones paritarias, que los convenios puedan establecer procedimientos, como la mediación y el arbitraje, para la solución de los conflictos colectivos de aplicación e interpretación del convenio. Así, el IX Convenio colectivo estatal del corcho, contempla procedimientos voluntarios extrajudiciales de solución de conflictos colectivos, regulando de manera específica la mediación, el arbitraje y las normas comunes a ambos (Resolución de 28 de agosto de 2023, de la Dirección General de Trabajo, BOE 7 septiembre 2023).

En fin, recuérdese que el art. 85.1 ET contempla la posibilidad de que los convenios establezcan procedimientos para resolver las discrepancias en materia de traslados colectivos (art. 40 ET), modificaciones colectivas (art. 41 ET), suspensiones (art. 47 ET) y despidos colectivos (art. 51 ET).

D) Solución extrajudicial en el empleo público

Cabe indicar que el EBEP reconoce (como otro derecho de titularidad individual y ejercicio colectivo de los empleados públicos) el derecho al planteamiento de conflictos colectivos (art. 15.d), contemplando la negociación de sistemas de solución extrajudicial, para los conflictos derivados de la negociación, aplicación e interpretación de los Pactos y Acuerdos para los empleados públicos, por procedimientos de mediación (obligatorios) y de arbitraje (voluntarios), regulando asimismo la eficacia de los acuerdos y laudos arbitrales, y su impugnación, todo lo que requerirá un desarrollo reglamentario del EBEP (art. 45).

E) Solución extrajudicial en el TRADE

Respecto de los TRADEs, el art. 18 LETA exige el intento de conciliación o mediación como requisito previo para la tramitación de acciones judiciales en relación a su régimen profesional, aparte de prever la institución de órganos específicos de solución de conflictos mediante los acuerdos de interés profesional (y, parece, en general procedimientos de solución extrajudicial). Algunos aspectos de esos procedimientos (principios inspiradores, fuerza de los acuerdos en avenencia, voluntariedad del arbitraje, eficacia de los laudos y régimen del procedimiento arbitral) se abordan someramente en el mismo lugar.

3.2. El procedimiento judicial de conflicto colectivo

La LRJS contempla como una modalidad procesal la de conflicto colectivo (arts. 153-162).

El conflicto tiene que referirse a la aplicación o interpretación de una norma estatal, de un convenio colectivo (estatutario o extraestatutario: "cualquiera que sea su eficacia"), de pactos o acuerdos de empresa, o de una decisión empresarial de carácter colectivo, o de una práctica de empresa. Y tiene que afectar a "intereses generales de un grupo genérico de trabajadores". En suma, un conflicto jurídico y colectivo, conceptos que ya vimos (sobre la adecuación del procedimiento de conflicto colectivo, ver SSTS 10 mayo 2023, rec. 111/2021, y 19 junio 2023, rec. 153/2021). En todo caso, la adecuación del procedimiento hay que apreciarla en el momento del recurso, no del juicio (STS 28 enero 2020, rec. 2884/2017).

El ámbito territorial del conflicto determinará el juzgado o tribunal competente (arts. 7 y 8 LRJS; ver STS 13 enero 2021, rec. 179/2018: la competencia viene determinada por el alcance territorial de los efectos del conflicto colectivo planteado).

Además, también se tramitan por este proceso los conflictos de impugnación de un convenio colectivo estatutario o de laudos arbitrales sustitutivos de estos (ver, lección 6ª) y las impugnaciones de traslados colectivos y de modificaciones sustanciales de carácter colectivo (ver, lección 12ª). Aunque realmente se trata en estos últimos casos de conflictos más plurales que referidos a un grupo genérico —ya que afectan a personas concretas (traslados y modificaciones), pero precisamente el art. 153.1 LRJS habla ahora también de un "colectivo genérico susceptible de determinación individual"— o de conflictos que tienen un **trasfondo** de conflicto económico (modificaciones sustanciales, que suponen modificar la regulación de un convenio o acuerdo colectivo; si bien el juez no decide la modificación, sino solamente sobre si esa está justificada, lo que es un conflicto jurídico). En fin, se tramita por este proceso la impugnación directa de convenios o pactos colectivos que no sean estatutarios.

1º) Los sujetos legitimados para instar este proceso (ver art. 154 LRJS) son, *por parte de los trabajadores,* los sindicatos cuyo ámbito sea igual o más amplio que el del conflicto (así, por ejemplo, un sindicato puede plantear un conflicto colectivo de ámbito empresarial).

Puede plantearlo cualquier sindicato, aunque reiterada jurisprudencia exige que tenga, al menos, implantación en el ámbito del conflicto: con un extenso repaso de la jurisprudencia al respecto, STS 14 mayo 2021, rec. 1/2020). Puede, pues, plantearlo un sindicato minoritario, aunque la sentencia, luego, tendrá efectos generales. Por ello, se prevé que, aunque no lo hayan planteado, puedan personarse como parte en el proceso los sindicatos representativos, las asociaciones empresariales representativas y los órganos de representación unitaria o sindical en la empresa.

También pueden plantear este proceso los órganos de representación unitaria o sindical de los trabajadores en la empresa, cuando el ámbito del conflicto sea de empresa o inferior. Debe haber una adecuación entre el ámbito de quien promueve el conflicto y el ámbito del mismo, que no cabe reducir artificiosamente, aunque no es preciso que el ámbito coincida con el de la norma a interpretar (STS 30 sept. 2008, rec. 90/2007). En su caso, pueden plantearlo los órganos de representación del personal laboral al servicio de las AAPP.

Aunque no figuran en el art. 154 LRJS, diversas SSTS reconocen legitimación a la mayoría de la comisión negociadora (de un convenio, de un despido colectivo...) (entre otras STS 20 marzo 2024, rec. 145/2022).

Por parte de los empresarios, pueden promover este proceso los empresarios (cuando se trate de conflicto de empresa o ámbito inferior) o las asociaciones empresariales cuyo ámbito sea igual o más amplio que el del conflicto (pero una asociación empresarial no puede plantear un conflicto de empresa o inferior). En su caso, pueden plantearlo las AAPP empleadoras incluidas en el ámbito del conflicto.

En el caso de los "TRADE", pueden promover el proceso las asociaciones o los sindicatos representativos de los mismos, cuyo ámbito sea igual o más amplio que el del conflicto, y las empresas para las que ejecuten su actividad o sus asociaciones empresariales.

Aunque no hayan promovido el conflicto, pueden personarse en él los sindicatos y asociaciones empresariales más representativas y los representantes legales o sindicales de los trabajadores.

2°) El proceso se puede iniciar directamente por las partes interesadas. También por la Autoridad laboral, a instancia de alguno de los sujetos legitimados.

3°) Recuérdese que es requisito previo necesario el que se intente previamente la conciliación, pero no se precisa reclamación previa cuando se trate del Estado, CCAA, Entidades locales u organismos autónomos. Si el proceso se inicia por los sujetos legitimados, la conciliación previa debe intentarse ante los servicios administrativos o ante los organismos similares previstos en acuerdos o convenios. Si se inicia por comunicación de la autoridad laboral, es suficiente la conciliación ya efectuada ante la misma.

4°) Planteado el conflicto colectivo, se suspenden los procesos individuales con idéntico objeto y, coherentemente, se interrumpe la prescripción de las acciones individuales, conforme al art. 160.6 LRJS (sobre dicha interrupción y reanudación del plazo, ver SSTS 16 marzo 2021, recs. 190/2019 y 2411/2019, entre otras: la interrupción se produce por la demanda de conflicto colectivo y el plazo se renueva desde la firmeza de la sentencia colectiva).

El proceso es urgente y preferente (salvo sobre los procesos de tutela de los derechos fundamentales y libertades públicas). Recuérdese (lección 3ª) que el tribunal competente (Juzgado de lo Social, Sala de lo Social de TSJ, Sala de lo Social de Audiencia Nacional) depende del ámbito territorial del conflicto. Las sentencias de Juzgado se pueden recurrir en suplicación ante la Sala del TSJ. Las sentencias de TSJ o de AN se pueden recurrir en casación ante la Sala de lo Social (IV) del TS.

5°) Durante la tramitación del proceso colectivo se suspenden los procesos individuales, que versen sobre el mismo objeto o en relación de directa conexidad con aquel, y que o bien estén pendientes de resolución o bien puedan plantearse durante esa tramitación. Dicha suspensión se acordará aunque ya hubiera recaído sentencia de instancia y esté pendiente el recurso de suplicación y de casación (SSTS 16 jun. 2015, recs. 608 y 609/2014).

6º) La sentencia de este proceso de conflicto colectivo (sentencia colectiva) es ejecutiva, aunque se haya recurrido en suplicación o casación. Pero, normalmente, en sí misma difícilmente lo es, porque, como se trata de interpretar una norma, tiene un contenido declarativo general. Para ejecutarla, pues, normalmente las personas afectadas habrán de iniciar luego, si la parte demandada no la cumple voluntariamente, los correspondientes procesos individuales con pretensiones concretas y singularizadas (recuérdese lo visto antes, en esta lección, al diferenciar el conflicto colectivo de los conflictos plurales o individuales).

Aunque, eventualmente, puede ser ejecutada directamente (piénsese en que su objeto sea, por ejemplo, declarar injustificado un traslado colectivo).

En todo caso, lo importante es que esa sentencia tiene carácter general (es decir, en la medida en que interpreta una norma o una decisión empresarial, afecta a todos aquellos incluidos en el ámbito del conflicto a los que sea de aplicación tal norma o decisión; aunque el ámbito del conflicto puede ser más reducido que el de la norma a interpretar o aplicar).

La sentencia colectiva una vez que es firme tiene efectos de "cosa juzgada" sobre esos procesos individuales sobre idéntico objeto o en relación de directa conexidad con aquél, que estén ya planteados (y que, como vimos antes, se habrán suspendido) o que se planteen cuando ya sea firme la sentencia colectiva (lo que, como vimos antes, normalmente puede ser necesario para ejecutarla). Ello significa que, al resolver esos procesos individuales, el tribunal que los conozca está vinculado por la previa sentencia colectiva, limitándose a aplicar la norma (tal y como interpretada por la sentencia colectiva) a las circunstancias concretas de la demanda individual que tenga que resolver (sobre los efectos de cosa juzgada, ver STS 25 oct. 2018, rec. 203/2017). Pero incluso tiene preminencia la sentencia colectiva sobre una individual anterior cuando se reclaman períodos de tiempo distintos: STS 10 marzo 2021, rec. 1837/2018 y otras allí citadas).

Lección 9ª

El contrato de trabajo: el trabajador

1. EL CONTRATO DE TRABAJO: CONCEPTO, FUNCIONES, ELEMENTOS

1.1. Concepto de contrato de trabajo

El concepto de contrato de trabajo cabe deducirlo del art. 1.1 ET: aquel contrato por el que una persona (trabajador) se compromete a prestar personalmente unos servicios, dentro del ámbito de organización y dirección de otra y por cuenta de ésta (empresario), que se compromete a retribuirlos.

Las notas que definen el contrato de trabajo, por consiguiente, son la voluntariedad, el carácter personal de los servicios, la retribución, la subordinación y la ajenidad. Si falta alguna de ellas, no estaremos ante un contrato de trabajo; pero, además, en la medida en que algunas de ellas (voluntariedad, carácter personal, retribución) se pueden dar también en otras relaciones, las dos que son características del contrato de trabajo son la subordinación (o dependencia) y la ajenidad.

Trabajo subordinado es el prestado dentro del ámbito de organización y dirección de un empresario (art. 1.1 ET), o, como suele afirmar la jurisprudencia, dentro de su círculo orgánico, rector y disciplinario (SSTS 23 octubre 2003, Rec. 677/2003, 17 noviembre 2004, Rec. 6006/2003 y 6 octubre 2005, Rec. 224/2004).

Ahora bien, el concepto de subordinación se ha ampliado o flexibilizado notablemente. En el sentido de que, aunque no se den determinados indicios o manifestaciones tradicionales de tal subordinación (exclusividad, jornada completa, horario fijo, sujeción estricta a órdenes empresariales, prestación del trabajo en locales empresariales, etc.), se puede apreciar la existencia de subordinación si el trabajo se organiza y dirige por otra persona, el empresario o empleador (SSTS 20 junio 2010, rec. 3344/2009; 16 noviembre 2017, rec. 2806/2015, 8 febrero 2018, rec. 3389/2015, 29 octubre 2019, rec. 1338/2017, 20 enero 2021, rec. 2387/2018 y 24 noviembre 2021, rec. 3523/2019).

El concepto de *trabajo por cuenta ajena* ha recibido muchas acepciones: ajenidad respecto de los riesgos (no participar en las pérdidas y beneficios), ajenidad en los frutos (los resultados del trabajo corresponden al empresario), ajenidad en la titularidad de la organización empresarial (el trabajador no es titular de los medios de producción), ajenidad en el mercado (el trabajador no se relaciona directamente con el cliente). Concepciones, todas ellas, que, al decir de la jurisprudencia, constituyen perspectivas distintas de una misma realidad (STS 31 marzo 1997, Rec 3555/1996).

En cualquier caso, también el concepto de ajenidad se ha flexibilizado. De modo que puede apreciarse su existencia, aunque no se den manifestaciones típicas o tradicionales de la misma (retribución fija, normalidad de la remuneración, no participación en beneficios...), siempre que, sobre todo, el trabajador perciba una retribución, fija o variable, en función del trabajo realizado y no de otros factores.

Habida cuenta de la notable flexibilidad y ampliación de estos conceptos definitorios, la calificación del contrato como de trabajo o de otra naturaleza se producirá en cada caso concreto en función del conjunto de indicios que presente, existiendo frecuentemente "zonas grises" o fronterizas entre el trabajo subordinado y el trabajo autónomo. Esta atención al caso concreto impide realizar calificaciones "definitivas", pues cambios significativos en la organización de la prestación de los servicios pueden determinar cambios en la calificación de la relación jurídica que los regula (Vid. p. ej., respecto de los traductores en oficinas judiciales y policiales (STS 16 noviembre 2017, rec. 2806/2015 y STS 12 marzo 2025, rec. 397/2023). En todo caso, hay que tener en cuenta, en términos generales, estos criterios:

- La calificación (o "nomen iuris") que las partes hayan podido dar al contrato que las une es meramente orientativa y no resulta vinculante para los tribunales, que, al margen de esa calificación, deberán tener en cuenta la realidad de los hechos (SSTS 29 noviembre 2010, Rec. 2011/1355 y 8 febrero 2018, Rec. 3389/2015).
- Del mismo modo, el cumplimiento o incumplimiento de ciertas obligaciones formales (la existencia o no de un contrato escrito, el abono de la retribución mediante un recibo de salarios o una minuta de honorarios, el alta en el Régimen General de la Seguridad Social o en el Régimen Especial de Trabajadores Autónomos, etc.), creando la apariencia de subordinación o de autonomía, tampoco son determinantes y no vinculan a los tribunales en la calificación que deban dar al contrato.

— En fin, aparte de considerar atentamente las circunstancias que se den en el caso concreto (STS 17 enero 2023, rec. 3291/2020), habrá que tener en cuenta, sobre todo, aquellos datos que, en función de la actividad de que se trate, resulten más significativos para distinguir el trabajo subordinado del autónomo. Así, por ejemplo, para determinar si, en el caso de un despacho de abogados o de economistas, la relación que une a las partes es un contrato de sociedad o un contrato de trabajo, seguramente habrá que tener en cuenta, fundamentalmente, datos tales como quién determina la elección de los clientes, las tarifas a cobrar, etc., y no tanto datos que resultan indiferentes o neutros (tales como la imposición de un cierto horario, la forma de reparto de los beneficios o la autonomía profesional en la conducción de los asuntos asumidos) (STS 29 noviembre 2010, rec. 252/2010).

— El desarrollo de las actividades de reparto en el ámbito de las plataformas digitales ha planteado el problema de la calificación jurídica de estas nuevas prestaciones de trabajo. Tras un largo e intenso debate judicial, el Tribunal Supremo se ha pronunció por la laboralidad de estas prestaciones (STS 25 septiembre 2020, rec. 4746/2019), enjuiciando el primer modelo de Glovo, al detectar en él los elementos constitutivos del contrato de trabajo (dependencia y ajenidad). Con posterioridad, el legislador ha introducido en el Estatuto de los Trabajadores una nueva disposición adicional (D.A 23ª), que establece una presunción de laboralidad respecto de los repartidores que presten sus servicios a "empleadoras que ejercen las facultades empresariales de organización, dirección y control de forma directa, indirecta o implícita, mediante la gestión algorítmica del servicio o de las condiciones de trabajo, a través de una plataforma digital". Este precepto ha dado carta de naturaleza a una suerte de dependencia tecnológica que viene a activar la presunción "iuris tantum" de laboralidad del art. 8.1 ET.

Caso práctico: Califiación jurídica del contrato

Un "rider" que, utilizando aplicaciones de diversas plataformas (Deliveroo, Glovo, etc), se dedica a la recogida y reparto de comidas de numerosos restaurantes, ha recibido de la principal con la que trabaja un mensaje en el que se le comunica que le dan de baja en la aplicación como consecuencia de las quejas recibidas de varias empresas clientes. El "rider" tiene suscrito con dicha plataforma un contrato de "prestación de servicios como trabajador autónomo económicamente dependiente" y está dado de alta en el RETA. Para la prestación de sus servicios, hace semanalmente una reserva horaria en función de sus preferencias y de las franjas que le ofrece la plataforma. Durante la franja reservada, recibe de la plataforma ofertas de servicios que es libre de aceptar y realizar o rechazar. No obstante, un algoritmo de la plataforma valora su disponibilidad y dicha valoración determina la oferta de servicios que recibe. La plataforma controla la prestación del servicio de forma geolocalizada y permite a los clientes localizar al "rider" durante la misma. La plataforma retribuye al "rider" por cada servicio realizado, en función de unas tarifas que determina unilateralmente, en función de la distancia y el tiempo utilizado. Para la realización de la actividad, el trabajador utiliza su propia motocicleta y su teléfono móvil, pero porta un cubo con la publicidad de la plataforma en cuestión. ¿Puede el "rider" considerar la decisión de la plataforma un despido y accionar contra el mismo?

La calificación jurídica de los servicios de los "riders" ha sido objeto de un intenso debate judicial, que el legislador ha querido cerrar introduciendo la DA 23ª citada. Vid. STS 25 septiembre 2020, rec. 4746/2029 y Auto TJUE (Sala octava) 22 abril 2020.

1.2. Funciones del contrato de trabajo

Como todo contrato, el de trabajo tiene dos funciones básicas. De un lado, una *función reguladora* de la relación laboral establecida; esta función, hoy en día, es muy reducida, puesto que son las leyes y los convenios colectivos los que suelen fijar los derechos y obligaciones de las partes, limitándose el contrato a una eventual función de complemento y mejora de los mínimos legales y convencionales (ver lección 2ª).

De otro lado, una *función constitutiva*: el contrato de trabajo constituye o crea la relación entre trabajador y empresario. Respecto de esta función constitutiva, hay que tener en cuenta lo siguiente:

— El art. 8.1 ET presume que existe un contrato de trabajo entre todo aquel que presta un servicio subordinado y por cuenta ajena y aquel que lo recibe. El hecho de que el contrato no se haya documentado (no se haya formalizado por escrito) y ni siquiera se haya establecido verbalmente, no es óbice para la existencia del mismo entre quien trabaja subordinadamente y por cuenta ajena y su empleador. En ocasiones, la jurisprudencia viene echando mano de esta presunción para considerar como laborales casos dudosos en los que difícilmente se aprecian las notas características del contrato de trabajo (STS 16 noviembre 2017, Rec. 2806/2015).

— Incluso cuando un contrato ha de reputarse no existente, por nulo, produce ciertos efectos. Al respecto, el art. 9.2 ET establece que, pese a la nulidad del contrato, el trabajador puede exigir la remuneración correspondiente al trabajo que hubiera realizado.

1.3. Elementos del contrato de trabajo

Como todo contrato, el de trabajo no existe sin los tres elementos siguientes: consentimiento, objeto y causa (art. 1261 CC).

En cuanto al *consentimiento,* hay que subrayar que el contrato de trabajo es consensual, es decir, que se perfecciona por la concurrencia de las voluntades del trabajador y del empresario, aunque el inicio de la prestación laboral se posponga a un momento posterior o se condicione incluso a un determinado momento o circunstancia.

El consentimiento no debe resultar viciado por error, violencia, intimidación o dolo (art. 1265 CC). Conviene recordar que, conforme al art. 1266 CC, el error respecto de la naturaleza del negocio, respecto del objeto, respecto de la persona o respecto de las condiciones que hayan sido determinantes para celebrar el contrato, invalidan el consentimiento prestado.

En cuanto al *objeto del contrato,* éste tiene que ser posible, cierto o determinado, y no contrario a las leyes o buenas costumbres (arts. 1271-1273 CC).

En fin, la *causa del contrato* (la función social que típicamente realiza) se identifica, en el caso del contrato de trabajo, con el intercambio entre, de un lado, trabajo subordinado y por cuenta ajena y, de otro lado, una retribución.

2. RELACIONES LABORALES EXCLUIDAS DEL ORDENAMIENTO LABORAL

Dada la determinación del ámbito del ordenamiento laboral establecida por el art. 1.1. ET (trabajo personal, voluntario, retribuido, subordinado, por cuenta ajena), en términos generales queda excluido el trabajo en que falte alguna de estas notas definitorias; en términos más concretos, el art. 1.3 ET especifica determinadas relaciones laborales como excluidas.

2.1. Exclusión del trabajo autónomo o por cuenta propia

El art. 1.3.g ET excluye del ámbito de esa ley, en general, a todo trabajo efectuado en desarrollo de relación distinta a la definida por el art. 1.1, es decir, toda relación laboral en que falte alguna de las notas definitorias antes estudiadas.

Por su parte, la DF 1ª ET insiste en la exclusión del trabajo realizado "por cuenta propia", aunque hace la innecesaria salvedad de que se aplicarán determinados aspectos del ordenamiento laboral cuando una ley lo disponga.

El trabajo autónomo viene regulado en la Ley 20/2007, de 11 de julio, del Estatuto del trabajo autónomo (LETA), que es de aplicación "a las personas físicas que realicen de forma habitual, personal directa, por cuenta propia y fuera del ámbito de dirección y organización de otra persona, una actividad económica o profesional a título lucrativo, den o no ocupación a trabajadores por cuenta ajena (art. 1).

Además de por la LETA, estos trabajos se regulan por las normativa común civil, mercantil o administrativa reguladora de la correspondiente regulación jurídica del trabajador autónomo (contrato de arrendamiento de servicios, de ejecución de obras, de transporte, de agencia comercial, etc.). En la práctica, la dificultad estriba a menudo en dilucidar si estamos ante un trabajo autónomo o por cuenta propia. o, por el contrario, de un trabajo subordinado o por cuenta ajena.

Como trabajo por cuenta propia queda excluido, pues, entre otros, el que se preste por la condición de socio (socio "industrial"), en la medida en que ese trabajo se presta como socio y no a cambio de una retribución. En su caso, quedan incluidos dentro del ámbito de aplicación de la LETA (ver su art. 1.2). Ello no obstante, téngase en cuenta que:

a) En principio, pueden coexistir las condiciones de socio y de trabajador por cuenta ajena, siempre que el socio no disponga del control de la sociedad (al respecto, ver art. 305.2.b LGSS). Un caso específico es el de las Sociedades Laborales (Ley 44/2015), en las que al menos el 51% del capital pertenece a los trabajadores.

b) La relación laboral de los socios trabajadores de cooperativas de trabajo asociado y de los socios de trabajo de cualquier cooperativa está sometida a una regulación específica (Ley estatal 27/1999 y correspondientes leyes autonómicas), muy influida por la normativa laboral general.

Por lo demás, pese a la exclusión del trabajo por cuenta propia, como ya se dijo en la lección 1ª, algunas de las instituciones típicas del trabajo subordinado o por cuenta ajena se han extendido al "trabajador autónomo económicamente dependiente" (TRADE).

El concepto de TRADE resulta bastante restrictivo, en cuanto que, aparte de tratarse de un trabajador que depende de un cliente por percibir de él, al menos, el 75% de sus ingresos profesionales (art. 11.1 LETA), tiene que reunir simultáneamente otras condiciones (art. 11.2 y 3 LETA).

Conforme al art. 11 bis LETA, el trabajador autónomo que reúna las condiciones establecidas en su art. 11 podrá solicitar a su cliente la formalización de un contrato de trabajador autónomo económicamente dependiente a través de una comunicación fehaciente. En el caso de que el cliente se niegue a la formalización del contrato o cuando transcurrido un mes desde la comunicación no se haya formalizado dicho contrato, el trabajador autónomo podrá solicitar el reconocimiento de la condición de trabajador autónomo económicamente dependiente ante los órganos jurisdiccionales del orden social.

En cualquier caso, si se trata de un TRADE, su contrato con el cliente tiene que formalizarse por escrito y registrarse, presumiéndose, si no se ha fijado una duración o servicio determinado, que el contrato es por tiempo indefinido (art. 12 LETA). Se ha regulado reglamentariamente el acceso de los representantes legales de los trabajadores a información sobre los contratos que su empresa celebre con TRADEs (ver RD 197/2009, de 23 febrero).

En cuanto a la jornada del TRADE, tendrá derecho a una interrupción anual de su actividad de 18 días hábiles, determinándose por contrato o acuerdo de interés profesional diversos aspectos del tiempo de trabajo (descanso semanal, festivos, jornada máxima...), siendo voluntario el tiempo superior al pactado (que no excederá del 30% del tiempo ordinario pactado, a salvo lo dispuesto en acuerdo de interés profesional); el horario procurará conciliar la vida personal, familiar y profesional; y la trabajadora víctima de violencia de género tendrá derecho a la adaptación de su horario para su protección o asistencia social (art. 13 LETA).

Se consideran justificadas determinadas interrupciones de la actividad profesional (mutuo acuerdo, necesidad de atender responsabilidades familiares en ciertas condiciones, riesgo grave e inminente para la vida o salud, incapacidad temporal, maternidad o paternidad, situación de violencia de género y fuerza mayor), pudiéndose fijar otras por contrato o acuerdo. La justificación supone que, en principio, y salvo acreditación de un perjuicio importante en determinados supuestos, esas interrupciones no pueden fundamentar la extinción contractual por voluntad del cliente (art. 16 LETA).

En cuanto a los supuestos de extinción contractual, se contemplan el mutuo acuerdo, las causas consignadas válidamente en el contrato, la muerte y jubilación o invalidez, el desistimiento con preaviso del trabajador, su voluntad fundada en un incumplimiento grave de la contraparte, la voluntad del cliente por causa justificada y con preaviso, la decisión de la trabajadora víctima de violencia de género o de violencias sexuales (art. 15 LETA).

Los derechos colectivos (negociación colectiva y solución extrajudicial de conflictos para el TRADE; derecho de asociación para el autónomo en general) se han ido exponiendo en las lecciones anteriores.

2.2. Relaciones laborales expresamente excluidas del ET

El art. 1.3 ET excluye de manera expresa determinadas relaciones laborales. Normalmente, se trata de relaciones que de todos modos quedarían fuera del ordenamiento laboral (exclusión "declarativa"); pero en el caso de la relación de empleo de los funcionarios públicos y personal estatutario, quedan excluidos pese a reunir las notas definitorias del contrato de trabajo (exclusión "constitutiva").

En concreto, el art. 1.3 ET excluye de su ámbito a las siguientes relaciones laborales:

A) Funcionarios o personal estatutario de las Administraciones Públicas

El art. 1.3.a) ET excluye de su ámbito a: "La relación de servicio de los funcionarios públicos, que se regirá por las correspondientes normas legales y reglamentarias, así como la del personal al servicio de las Administraciones Públicas y demás entes, organismos y entidades del sector público, cuando, al amparo de una ley, dicha relación se regule por normas administrativas o estatutarias".

Ese Estatuto, el EBEP, se aplica a los "empleados públicos" y, por consiguiente, a los funcionarios de carrera, a los funcionarios interinos, al denominado personal eventual (es decir, personal no permanente que solo realiza funciones "de confianza o asesoramiento especial"), pero también "en lo que proceda" al personal laboral (ya sea fijo, por tiempo indefinido o temporal)[1].

---

1 Baste señalar, por lo demás, que el EBEP (en cuanto establece las bases del régimen estatutario de los funcionarios públicos) se aplica al personal funcionario de la Administración General del Estado, de las CCAA y de las Ciudades de Ceuta y Melilla, de las Entidades Locales, de los Organismos Públicos, Agencias y demás Entidades de derecho público con personalidad jurídica propia y de las Universidades Públicas (art. 2.1).
El propio EBEP prevé "normas singulares" para el personal investigador (art. 2.2). Indica que el personal docente y el personal estatutario de los Servicios de Salud se regirán por su legislación específica aparte de por el propio EBEP (art. 2.3). Este personal estatutario de los Servicios de Salud públicos (normalmente, autonómicos) es tanto el personal sanitario como el de gestión y servicios de los

De este modo, el personal que presta servicios a las AAPP de manera subordinada y por cuenta ajena queda dividido en dos grandes bloques: personal funcionario-estatutario (excluido del campo de aplicación del ET) y personal laboral (incluido dentro del ámbito de aplicación del ET, pero al que también se aplican los preceptos del EBEP "que así lo dispongan", configurando una suerte de relación laboral especial (Vid. infra).

Pero, aparte de este personal (funcionario-estatutario o laboral) que presta servicios subordinadamente, las AAPP pueden obtener servicios prestados por personas físicas de forma autónoma y por cuenta propia a través de contratos, entre otros, de servicios (normalmente en régimen de contrato administrativo, no privado)[2].

B) Prestaciones personales obligatorias

Quedan excluidas por el art. 1.3.b ET, por la ausencia de voluntariedad. Ciertamente, la normativa internacional (Convenios nn. 29 y 105 OIT) prohíbe el trabajo forzoso, pero no se considera tal el servicio militar, ciertas obligaciones cívicas (jurados, mesas electorales), el trabajo penitenciario por condena, etc.

---

mismos y su normativa específica viene integrada por la Ley 5/2003, de 16 de diciembre (Estatuto Marco del personal estatutario).

El EBEP se aplicará "en lo que proceda" (art. 2.1) al personal laboral de esas Administraciones, el cual, pues, se regirá por la legislación laboral y convenios aplicables, y "por los preceptos de este Estatuto que así lo dispongan" (art. 7).

Tiene carácter supletorio para todo el personal de las AAPP no incluido en su ámbito de aplicación (art. 2.5), así como para el personal funcionario de la Sociedad Estatal de Correos y Telégrafos (art. 5).

Hay personal con legislación específica (funcionarios de las Cortes Generales y Asambleas Legislativas de las CCAA; de los demás Órganos Constitucionales del Estado y Estatutarios de las CCAA; Jueces, Magistrados, Fiscales y demás funcionarios de la Administración de Justicia; persona militar de las FFAA; personal de las Fuerzas y Cuerpos de Seguridad; personal retribuido por arancel; personal de CNI; personal del Banco de España y Fondos de Garantía de Depósitos de Entidades de Crédito), al que el EBEP solamente se aplica si lo dispone esa legislación (art. 4).

En fin, tratándose de las bases del régimen estatutario de los funcionarios públicos (ver art. 149.1.18ª CE), el EBEP contempla su desarrollo por las Leyes de Función Pública que aprueben las Cortes Generales y las Asambleas Legislativas de las CCAA (art. 6).

2 Para la Administración estatal, ver la LCSP, especialmente arts. 17, 20, 22 y 308-310; ver su DA 2ª para las Entidades Locales.

La CE prohíbe la condena a trabajos forzados (art. 25.2), pero admite el servicio militar y el civil sustitutorio (ambos actualmente suspendidos) y otros (servicio civil para fines de interés general; deberes de los ciudadanos en casos de riesgo, catástrofe, calamidad pública; prestaciones personales de carácter público).

En la legislación ordinaria se contemplan prestaciones obligatorias en la legislación sobre Régimen Local, sobre Protección Civil, sobre Régimen Electoral y sobre el Jurado.

C) Consejeros y administradores de sociedades

El art. 1.3.c ET excluye a los consejeros o miembros de los órganos de administración de las sociedades, si su actividad se limita a la realización de los cometidos inherentes a esos cargos. El motivo de la exclusión es la ausencia de subordinación y ajenidad.

De este modo, cabe distinguir entre consejeros o administradores de sociedades (excluidos y regulados por normas mercantiles), personal de alta dirección (regulado por una normativa especial, ver infra) y personal directivo (sometido plenamente al ordenamiento laboral).

Téngase en cuenta, por lo demás, que la jurisprudencia no admite la acumulación en una misma persona de la doble condición de consejero y de alto cargo (alta dirección), quedando la condición de alto cargo subsumida en la de consejero (por todas, STS 28 septiembre 2017, Rec. 3341/2015). Sí se admite, por el contrario, la doble condición de administrador societario y de trabajador común (SSTS 29 septiembre 2001, Rec. 4225/2002 y 17 febrero 2009, Rec. 739/2008).

De otro lado, aparte de los consejeros o administradores de sociedades, hay que entender igualmente excluidos del ordenamiento laboral, por ausencia de las notas de subordinación y ajenidad, a los consejeros o administradores de cualquier otro tipo de asociación o de ente público.

D) Trabajos amistosos, benévolos o de buena vecindad

El art. 1.3.d ET excluye a los trabajos realizados por alguno de esos motivos, a causa de la falta de la nota de retribución. A estos efectos, téngase en cuenta:

— Que en la práctica la calificación de un trabajo como amistoso, etc., se puede complicar por la existencia en el mismo de algún tipo de compensación incluso económica.

— Que el mero hecho de la inexistencia de retribución no debería ser determinante para la exclusión, siéndolo la existencia de un motivo que justifique la gratuidad (amistad, vecindad, etc.). A estos efectos, jugarán como indicios la escasa cuantía de la compensación, la ocasionalidad del trabajo, etc.

— Que estos trabajos excluidos se prestarán en principio a entidades sin ánimo de lucro (partidos, sindicatos, confesiones religiosas, ONGs, etc.), pero nada impide que se presten a empresas lucrativas, si existe el motivo que justifique la no retribución; del mismo modo que, a la inversa, puede prestarse un trabajo asalariado a una entidad sin ánimo de lucro.

E) Trabajos familiares

El art. 1.3.e ET excluye a los trabajos familiares, entendiéndose por tales: a) los prestados por el cónyuge, descendientes, ascendientes y demás parientes por consanguinidad o afinidad hasta el 2º grado, o por adopción; y b) siempre que los anteriores convivan con el empresario. Si se dan esas condiciones (relación familiar y convivencia) se presume la no laboralidad de la relación, pero "salvo que se demuestre la condición de asalariados" de los familiares.

En consecuencia, cabe tanto que estos familiares convivientes trabajen gratuitamente (quedando excluidos del ordenamiento laboral) cuanto que trabajen a cambio de un salario (quedando incluidos).

La DA 10ª LETA dispone que un trabajador autónomo podrá contratar como trabajadores por cuenta ajena a sus hijos menores de 30 años (o mayores pero que tengan especiales dificultades para su inserción laboral), aunque convivan con él.

F) Agentes comerciales

El art. 1.3.f excluye la actividad de las personas que intervengan en operaciones mercantiles, tanto si actúan por cuenta de varios como de solo un empresario, si asumen el riesgo de la operación (es decir, si responden del buen fin de la misma). La exclusión se debe, pues, a la falta de ajenidad.

Posteriormente, tanto el RD 1438/1985 (que regula la relación laboral especial de los representantes de comercio) como la Ley 12/1992, sobre Contrato de Agencia, han venido a declarar asimismo la exclusión de los que intervengan en operaciones mercantiles "como titulares de una organización empresarial propia", "con instalaciones y personal propio" (RD 1438/1985, art. 1.2.b), es decir, del "intermediario independiente", del que "pued(e) organizar su actividad profesional (y) el tiempo dedicado a la misma conforme a sus propios criterios" (Ley 12/1992, arts. 1 y 2).

En suma, queda excluida la actividad de los agentes comerciales en cuanto se realice por cuenta propia y/o de forma autónoma.

G) Transportistas titulares de autorizaciones administrativas

En fin, el art. 1.3.g ET excluye la actividad de las personas prestadoras del servicio de transporte con vehículos comerciales de servicio público, aunque esos servicios se presten para un mismo cargador o comercializador, si ostentan la propiedad o el poder directo de disposición sobre el vehículo y, sobre todo, el servicio lo prestan al amparo de autorizaciones administrativas de las que sean titulares. Tal autorización es necesaria para vehículos cuya masa máxima autorizada es de dos o más toneladas.

La exclusión, pues, se hace recaer sobre la titularidad de la autorización y no sobre la titularidad del vehículo. De este modo, si el titular de aquella es el transportista, su actividad queda excluida de la normativa laboral aunque trabaje para una única empresa y sometido a instrucciones sobre la realización del transporte.

3. RELACIONES LABORALES ESPECIALES

El art. 2 ET contempla una serie de relaciones laborales "de carácter especial". Su regulación (que debe respetar "los derechos básicos reconocidos por la Constitución", como innecesaria e insuficientemente afirma el mismo artículo) se contiene en una serie de RRDD aprobados por el Gobierno.

Se trata (aparte de cualquier otra relación que se declare especial por ley) de las relaciones laborales de:

A) El personal de alta dirección (RD 1382/1985, de 1 de agosto)

Son personal de alta dirección aquellos trabajadores que ejerciten poderes inherentes a la titularidad jurídica de la Empresa, y relativos a los objetivos generales de la misma, con autonomía y plena responsabilidad solo limitadas por los criterios e instrucciones directas emanadas de la persona o de los órganos superiores de gobierno y administración de la Entidad que respectivamente ocupe aquella titularidad (art. 1.1 RD).

La normativa laboral, incluido el ET, solo se aplica por remisión expresa del RD o cuando se haga constar específicamente en el contrato (art. 3.2 RD).

B) El servicio del hogar familiar (RD 1620/2011, de 14 de noviembre)

El objeto de esta relación laboral especial son los servicios o actividades prestados para el hogar familiar, pudiendo revestir cualquiera de las modalidades de las tareas domésticas, así como la dirección o cuidado del hogar en su conjunto o de alguna de sus partes, el cuidado o atención de los miembros de la familia o de las personas que forman parte del ámbito doméstico o familiar, y otros trabajos que se desarrollen formando parte del conjunto de tareas domésticas tales como los de guardería, jardinería, conducción de vehículos y otros análogos (art. 1.4 RD).

En lo que resulte compatible con las peculiaridades derivadas del carácter especial de esta relación, será de aplicación con carácter supletorio la normativa laboral común (art. 3.b RD).

C) Los penados en instituciones penitenciarias (RD 782/2001, de 6 de julio)

La relación laboral especial regulada por este RD es la existente entre el Organismo Autónomo Trabajo y Prestaciones Penitenciarias, u organismo autonómico correspondiente, y los internos que desarrollen una actividad laboral en los talleres productivos de los centros penitenciarios, así como la de quienes cumplen penas de trabajo en beneficio de la comunidad (art. 1.1 RD).

También hay que señalar la de los menores sometidos a la ejecución de medidas de internamiento (art. 39 Ley 53/2002, de 30 de diciembre).

D) Los deportistas profesionales (RD 1006/1985, de 26 de junio)

Son deportistas profesionales quienes, en virtud de una relación establecida con carácter regular, se dediquen voluntariamente a la práctica del deporte por cuenta y dentro del ámbito de organización de un club o entidad deportiva a cambio de una retribución (art. 1.2 RD). Quedan incluidas las relaciones con carácter regular establecidas entre deportistas profesionales y empresas cuyo objeto social consista en la realización de espectáculos deportivos, así como la contratación de deportistas profesionales por empresas o firmas comerciales, para el desarrollo, en uno y otro caso, de las actividades deportivas en los términos previstos en el número anterior (art. 1.3).

En lo no regulado por el RD será de aplicación el ET y las demás normas laborales de general aplicación, en cuanto no sean incompatibles con la naturaleza especial de esta relación laboral (art. 21).

E) Los artistas en espectáculos públicos (RD 1435/1985, de 1 de agosto)

Esta relación laboral es la establecida entre el empleador que organiza o produce una actividad artística, incluidas las entidades del sector público y quienes desarrollen voluntariamente una actividad artística en las artes escénicas, audiovisuales y musicales o una técnica auxiliar, por cuenta y dentro del ámbito de organización y dirección de aquel a cambio de una retribución. Se entienden incluidas en el ámbito de aplicación de esta norma, entre otras, las personas que desarrollan actividades artísticas, sean dramáticas, de doblaje, coreográfica, de variedades, musicales, canto, baile, de figuración, especialistas; de dirección artística, de cine, de orquesta, de adaptación musical, de realización, de coreografía, de obra audiovisual; artista de circo, artista de marionetas, magia, guionistas, y, en todo caso, cualquier otra persona cuya actividad sea reconocida como la de un artista, intérprete o ejecutante por los convenios colectivos que sean de aplicación en las artes escénicas, la actividad audiovisual y la musical (art. 1. 2 y 3 RD).

En lo no regulado por el RD será de aplicación el ET y las demás normas laborales de general aplicación, en cuanto sean compatibles con la naturaleza especial de esta relación (art. 12.1).

F) Los representantes de comercio (RD 1438/1985, de 1 de agosto)

Son las personas que, actuando bajo esa denominación o la de mediador u otra, se obligan con uno o varios empresarios, a cambio de una retribución, a promover o concertar personalmente operaciones mercantiles por cuenta de los mismos, sin asumir el riesgo y ventura de tales operaciones, acompañando o no tal actividad principal de la distribución o reparto de los bienes objeto de la operación.

No quedan incluidos en el ámbito de esta normativa los trabajadores que se dediquen a esa actividad, pero en los locales de una Empresa o teniendo en ella su puesto de trabajo y sujetos a su horario (éstos son trabajadores comunes). Ni quienes se dediquen a esa actividad, pero como titulares de una organización empresarial autónoma, entendiendo por tal aquella que cuenta con instalaciones y personal propio (éstos son trabajadores autónomos).

Son aplicables a esta relación los derechos y deberes laborales básicos reconocidos en el ET.

G) Los trabajadores con discapacidad en centros especiales de empleo (RD 1368/1985, de 17 de julio) (ver lección 9ª)

Son las personas que, teniendo reconocida una minusvalía en grado igual o superior al 33% (y, como consecuencia, una disminución de su capacidad de trabajo al menos igual o superior a dicho porcentaje), presten sus servicios por cuenta y dentro de la organización de un Centro Especial de Empleo.

H) Los especialistas en Ciencias de la Salud en formación (RD 1146/2006, de 6 de octubre)

Son los titulados universitarios que, previa participación en la convocatoria anual de carácter nacional de pruebas selectivas, hayan accedido a una plaza en un centro o unidad docente acreditada, para el desarrollo de un programa de formación especializada en Ciencias de la Salud, mediante el sistema de residencia, a efectos de la obtención del título de especialista, y por cuyos servicios como trabajadores percibirán las retribuciones legalmente establecidas.

El RD también se aplica a los especialistas en Ciencias de la Salud que cursen una nueva especialidad, y a los que accedan a la formación para la obtención del Diploma de Área de Capacitación Específica, por el sistema de residencia.

Los derechos y obligaciones de esta relación laboral se rigen por el RD y, con carácter supletorio, por el ET, por la demás legislación laboral que le sea de aplicación, por los convenios colectivos y por la voluntad de las partes manifestada en los contratos de trabajo (art. 14).

Por su parte, la Ley 14/2011, de 1 de junio, contempla un contrato predoctoral para la realización de tareas de investigación en el ámbito de un proyecto específico y novedoso (art. 21) y un contrato de acceso al Sistema Español de Ciencia, Tecnología e Innovación (art. 22).

Si bien no se trata de una relación laboral especial, el RD 63/2006, de 27 de enero, aprueba el Estatuto del personal investigador en formación en entidades públicas o privadas.

I) Los abogados que prestan servicios en despachos de abogados (RD 1331/2006, de 17 de noviembre)

Son los abogados que prestan servicios retribuidos, por cuenta ajena y dentro del ámbito de organización y dirección del titular de un despacho de abogados, individual o colectivo.

No están incluidos en el ámbito de esta relación laboral especial, los abogados que ejerzan la profesión por cuenta propia, individualmente o asociados con otros. Tampoco están incluidas las colaboraciones que se concierten entre abogados cuando se mantenga la independencia de los respectivos despachos. El RD enumera una serie de supuestos que quedan dentro de estas exclusiones, aparte de excluir asimismo el trabajo familiar.

Esta relación laboral especial se rige por lo dispuesto en el RD, por los convenios colectivos específicos y de aplicación exclusiva a los despachos de abogados, por el correspondiente contrato de trabajo y por los usos y costumbres profesionales.

J) Los profesores de religión en Centros Públicos (RD 696/2007, de 1 de junio)

Son los profesores de religión que no perteneciendo a los Cuerpos de Funcionarios docentes impartan la enseñanza de las religiones en Centros Públicos.

Su contratación laboral se rige por el ET, por la DA 3ª de la Ley Orgánica de Educación (Ley 2/2006, de 3 de mayo), por el RD y sus normas de desarrollo, por el Acuerdo sobre Enseñanza y Asuntos Culturales, de 3 de enero de 1979, suscrito con la Santa Sede, así como por los Acuerdos de Cooperación con otras confesiones que tienen un arraigo evidente y notorio en la sociedad española.

K) Personal al servicio de las Administraciones Públicas (EBEP, LOU y Ley 5/2003)

El EBEP no declara expresamente que regule una relación laboral especial, pero de hecho lo hace al declarar aplicables al personal laboral al servicio de las AAPP los preceptos del mismo que así lo dispongan (art. 2.1 y art. 7 EBEP). El personal laboral ("fijo, por tiempo indefinido o temporal") se considera una clase de empleados públicos (art. 8.2.c EBEP) y es el que en virtud de contrato de trabajo, en cualquiera de las modalidades previstas en la legislación laboral, presta servicios retribuidos por las AAPP (art. 11 EBEP).

Son normas del EBEP que resultan de aplicación a este personal: el art. 13.4 (condiciones de empleo del personal directivo), los arts. 14-15 (derechos individuales y derechos individuales ejercidos colectivamente), el art. 19 (carrera profesional y promoción del personal laboral), el art. 21 (determinación de las cuantías y de los incrementos retributivos), el art. 27 (retribuciones del personal laboral), el art. 32 (negociación colectiva, representación y participación del personal laboral), y un largo etcétera. En algunos casos, porque se trata de normas que se declaran aplicables, en general, a los "empleados públicos". En otros casos, se refieren específicamente al personal laboral

Por su parte, la Ley Orgánica 2/2023, de 22 de marzo, del Sistema Universitario, prevé (arts. 77 y sigs.) la contratación de personal docente e investigador a través de una serie de modalidades de contratación laboral específicas de ámbito universitario: ayudantes doctores, asociados, sustitutos, permanentes laborales, visitantes y eméritos.

El personal estatutario de los Servicios de Salud públicos se regula por la ley 5/2003, de 16 de diciembre.

4. LA CAPACIDAD PARA CONTRATAR COMO TRABAJADOR

Existen límites, para el trabajador, a su capacidad para celebrar un contrato de trabajo en función de su edad o de su nacionalidad.

4.1. En función de la edad

Conforme al art. 7.a ET, tienen capacidad para contratar la prestación de su trabajo los que tengan plena capacidad de obrar conforme al CC. Por tanto, tienen plena capacidad para contratar laboralmente: 1º) Los mayores de 18 años; 2º) Los mayores de 16 y menores de 18 que, con consentimiento de sus padres o tutores, vivan independientemente de ellos, o estén autorizados por la persona o institución que los tenga a su cargo.

Las restantes personas tienen una situación de capacidad limitada, pudiendo contratar pero con la previa autorización, expresa o tácita, de sus custodios legales.

La autorización, en su caso, supone la capacidad para ejercitar los derechos y cumplir los deberes que se derivan del contrato y de su cesación.

La falta de autorización permite la anulabilidad del contrato, si bien se puede exigir la retribución correspondiente al trabajo ya prestado (art. 9.2 ET).

4.2. En función de la nacionalidad

El art. 7.c ET se remite a lo dispuesto por la legislación específica sobre extranjería, contenida en la Ley 4/2000, de 11 de enero, sobre derechos y libertades de los extranjeros en España y su integración social (que ha sufrido múltiples modificaciones), y en su reglamento de desarrollo (RD1155/2024). A nivel europeo, la Directiva 2024/1233, de 24 de abril por la que se establece un procedimiento y permiso únicos que autoriza a los nacionales de terceros países a residir y trabajar en el territorio de un Estado miembro, y por la que se establece un conjunto común de derechos para los trabajadores de terceros países que residen legalmente en un Estado miembro, cuyo texto ha sido transpuesto al Derecho interno por el reglamento citado (Disp. Final 2ª).

A) *La autorización administrativa para trabajar.* De acuerdo con esa legislación, los extranjeros mayores de dieciséis años precisan para trabajar por cuenta ajena de una "autorización administrativa previa para residir y trabajar" (art. 36.1 LOE). La autorización para trabajar, al decir de la jurisprudencia, constituye un acto administrativo que levanta una prohibición relativa establecida en una norma de policía (STS 24 marzo 2017, rec. 85/2016)

Solo en determinados supuestos esta autorización no es necesaria (art. 41 LOE), tales como los técnicos y científicos extranjeros contratados o invitados por el Estado, las CCAA, o los entes locales; los profesores invitados o contratados por una universidad española; personal directivo y profesorado de instituciones culturales y docentes dependientes de otros Estados, y privadas de reconocido prestigio; los corresponsales de medios de comunicación extranjeros debidamente acreditados, los miembros de misiones científicas internacionales que realicen trabajos en investigaciones autorizados por el Estado, los artistas para actuaciones concretas, etc.

La solicitud de la autorización debe formularla el empresario que pretenda cubrir una vacante contratando a un trabajador extranjero (STS 21 junio 2011, rec. 3428/2010) y debe venir acompañada del contrato de trabajo y del resto de la documentación exigida (art. 38 LOE). Esta autorización se concede conjuntamente con la de residencia.

La concesión de la autorización inicial de trabajo es competencia de las Comunidades Autónomas, que deberán ejercerla en coordinación con la que corresponde al Estado en materia de residencia. Al efecto y salvo en determinados supuestos, deberán tener en cuenta la situación nacional de empleo. Esta situación la determina el Servicio Público de Empleo Estatal sobre la base de la información que le proporcionan las Comunidades Autónomas y la derivada de indicadores estadísticos oficiales y queda plasmada en el Catálogo de Ocupaciones de difícil cobertura. Este catálogo contiene una relación de empleos susceptible de ser cubiertos mediante la contratación de trabajadores extranjeros. Cuando de la gestión de la oferta y la demanda se concluya la insuficiencia de demandantes de empleo adecuados y disponibles para determinada ocupación, asimismo va a ser factible la contratación de extranjeros.

La duración inicial de la autorización es de un año y, como regla general, se limita a un determinado ámbito geográfico y a una ocupación determinada (art. 73.4 RLOE). Una vez concedida, su eficacia se condiciona a que el trabajador obtenga el correspondiente visado y sea dado de alta en la Seguridad Social (art. 36.4 LOE), pues si esta no se produce quedará obligado a salir de España.

La autorización inicial se renueva a su expiración en los casos previstos en el art. 38.6 LOE, ya sin limitación geográfica ni de ocupación.

La pérdida de la autorización para trabajar del extranjero imposibilita la continuación de su contrato, pues constituye una causa objetiva —ineptitud sobrevenida— de extinción del contrato (STS 23 junio 2021, rec. 3444/2018).

A.1) Permisos especiales de trabajo

Hay una serie de procedimientos especiales de autorización, igualmente temporal, para residir y trabajar:

— Para actividades de temporada o campaña "de acuerdo con las características de las ...campañas y la información que suministren las Comunidades Autónomas donde se promuevan" (art. 42 LOE). Las autorizaciones de residencia y trabajo para actividades de temporada tienen una duración de cuatro años y habilitan a sus titulares, durante su periodo de vigencia, a trabajar por un período de actividad máximo de nueve meses en un año natural. Para la concesión de las mismas deberá suscribirse con el trabajador extranjero un contrato fijo discontinuo de conformidad con lo previsto en el art 16 ET (arts. 100 y ss. RLOE).

— Para extranjeros titulares de una autorización de residencia temporal a la que hayan renunciado retornando voluntariamente a su país (art. 40.1.l LOE), dentro de un programa de retorno voluntario o al margen de programa alguno. Finalizada la vigencia del compromiso de no regreso a territorio español o, si no hay tal, transcurridos tres años desde el retorno al país de origen, pueden solicitar autorización de residencia temporal o de residencia temporal y trabajo.

— Para supuestos en los que concurren circunstancias excepcionales (art. 40.1.j LOE), a saber: a) razones de arraigo (art. 125 y ss. RLOE), b) humanitarias (art.128 RLOE), c) de colaboración con autoridades, razones de seguridad nacional o interés público (art 129 RLOE), d) mujeres extranjeras víctimas de violencia de género (art. 133 y ss. RLOE), e) víctimas extranjeras de violencia sexual (art. 137 y ss.), f) colaboración contra redes organizadas (arts. 142 y ss. RLOE), g) extranjeros víctimas de trata de seres humanos (art. 148 y ss.).

— Para trabajadores trasnsfronterizos (art. 43.1 LOE), residentes en la zona fronteriza de un Estado limítrofe al que regresen diariamente. La duración de la autorización coincidirá con la del contrato de trabajo para el que se conceda, con el límite mínimo de tres meses y máximo de un año y su validez se limitará al ámbito territorial de la Comunidad o Ciudad Autónoma en cuya zona limítrofe resida el trabajador.

— Para menores no acompañados, acreditada la imposibilidad de repatriación (art. 35 LOE). La autorización de residencia que habilita para trabajar a partir de los 16 años conllevará la habilitación del menor para trabajar por cuenta propia y ajena en aquellas actividades que favorezcan su integración social y tendrá una duración de dos años, finalizados los cuales puede ser objeto de renovación por tres años más (art. 173 RLOE).

— Para los extranjeros con autorización de estancia por estudios, investigación o formación, prácticas no laborales o servicios de voluntariado, que pueden ser autorizados para ejercer una actividad retribuida por cuenta ajena, siempre que no limite la prosecución de los estudios o actividad asimilada (art. 33 LOE, arts. 52 y ss. RLOE)

A.2) Gestión colectiva de contrataciones en origen

En fin, existe un importante mecanismo de "Gestión colectiva de contrataciones en origen" (art. 39 LOE, arts. 113 y ss. RLOE), que permite la contratación de extranjeros que no se encuentren ni residan en España. El Ministerio de Trabajo e Inmigración, teniendo en cuenta la situación de empleo y las propuestas de las Comunidades Autónomas, aprueba una previsión anual de las ocupaciones y, en su caso, de las cifras de empleos que pueden cubrirse a través de este procedimiento. Los empresarios bien directamente o a través de sus organizaciones empresariales, presentan solicitudes de ofertas de empleo para cubrir sus vacantes y una Comisión "ad hoc" selecciona los trabajadores adecuados para cubrirlas, para los que se tramitan las correspondientes autorizaciones de residencia y trabajo.

B) La residencia de larga duración

La residencia de larga duración autoriza a residir y trabajar en España indefinidamente en las mismas condiciones que los españoles (art. 32.1 LOE). Tienen derecho a ella los extranjeros que acrediten haber residido legalmente y de forma continuada durante 5 años —computan también los períodos de residencia previa y continuada en otros Estados miembros de la UE— y reúnan las condiciones que se establecen reglamentariamente (art. 176 RLOE).

C) Las consecuencias del trabajo sin autorización *son*:

— *Para el trabajador:* incurre en infracción leve, que se califica de grave si tampoco tiene autorización de residencia (arts. 52.c y 53.b LOE). En caso de especial gravedad, la sanción puede consistir en la expulsión del territorio nacional (art. 57.1 LOE).

— Se dispone (art. 36.5 LOE) que el trabajo sin autorización previa "no invalidará el contrato respecto de los derechos del trabajador extranjero" (lo que significa que, aún faltando la autorización, el contrato será válido a todos los efectos y al trabajador le serán de aplicación las mismas condiciones de trabajo que a los trabajadores españoles, incluidas las disposiciones legales en materia de extinción contractual (STS 17 septiembre 2013)), "ni será obstáculo para la obtención de las prestaciones derivadas de supuestos contemplados por los convenios internacionales de protección a los trabajadores u otras que pudieran corresponderle".

Pero los derechos y la obtención de prestaciones se condicionan a que "sean compatibles con su situación". Y específicamente se establece que "el trabajador que carezca de autorización de residencia y trabajo no podrá obtener prestaciones por desempleo".

— *En cuanto al empresario,* lo señalado sobre derechos y prestaciones del trabajador carente de autorización de residencia y trabajo se establece "sin perjuicio de las responsabilidades del empresario a que dé lugar" (art. 36.5 Ley). Al efecto, se prevén responsabilidades administrativas y penales:

- incurre en infracción muy grave por cada extranjero ocupado (art. 54.1.d Ley; se sanciona con hasta 100.000 euros, art. 55.1.c Ley; cantidad incrementada en la cuantía de lo que hubiera correspondido cotizar por Seguridad Social y otras cuotas, art. 48 Ley 62/2003);
- incurre también en la figura delictiva del art. 312.2 CP, si emplea a los extranjeros en condiciones que perjudiquen, supriman o restrinjan sus derechos, sancionable con prisión (de 2 a 5 años) y multa (6 a 12 meses).

4.3. La libertad de circulación de trabajadores en la UE

Uno de los principios de la UE es la libertad de circulación de personas, incluida la de trabajadores (arts. 26.2 y 45 TFUE).

Esta libertad comprende unos derechos de contenido básicamente laboral (desarrollados ahora en el Reglamento nº 492/2011, de 5 abril, los artículos que se citan luego corresponden al mismo) y otros instrumentales de alcance más amplio (desarrollados en la Directiva 2004/38/CE, de 29 abril).

A) En lo esencial, la libertad de circulación supone la no discriminación por nacionalidad en relación al empleo, a la remuneración y a las demás condiciones de trabajo.

De este modo, no se puede subordinar el empleo de extranjeros comunitarios a condiciones distintas de los nacionales, salvo los conocimientos lingüísticos si el empleo lo requiere (art. 3), ni limitar el empleo de extranjeros en número o porcentaje (art. 4). Aunque cabe la reserva a nacionales de empleos que supongan participación en los poderes públicos (pero no son reservables empleos públicos de carácter técnico: enseñantes, médicos, etc.).

De otro lado, la igualdad en las condiciones de empleo y trabajo (art. 7.1) se extiende incluso a las "ventajas sociales y fiscales" (art. 7.2) de que disfruten los nacionales (incluso, según jurisprudencia comunitaria, las que no son propiamente laborales: becas, ayudas a familias numerosas, premios natalidad, etc.) y al acceso a escuelas de formación profesional y centros de readaptación o reeducación (art. 7.3). La igualdad de trato incluye la afiliación a organizaciones sindicales y los derechos sindicales, y la elegibilidad a órganos de representación de los trabajadores en las empresas (art. 8). También en materia de alojamiento (art. 9) y la admisión de los hijos en cursos de enseñanza general, de aprendizaje y de formación profesional (art. 10).

Los miembros de la familia de un ciudadano de la UE, independientemente de su nacionalidad, que sean beneficiarios del derecho de residencia o de residencia permanente en un Estado miembro, tienen derecho trabajar en él por cuenta propia o ajena (ver art. 23 Directiva 2004/38, en relación con sus arts. 2.2 y, fundamentalmente, sus arts. 7 y 16).

B) Como derechos instrumentales a la libertad de circulación están el derecho de salida y entrada, el derecho de residencia y el derecho de residencia permanente.

Los límites a estos derechos instrumentales solo se justifican por razones de orden público o salud pública, y se han interpretado de modo restrictivo por el TJUE (así, no cabe expulsar a un extranjero por causas que no conlleven una sanción igualmente grave en el caso de un nacional). Interpretación restrictiva que se ha acogido en la Directiva 2004/38/CE, de 29 abril: esas razones no pueden alegarse por motivos económicos, las medidas adoptadas deben ajustarse al principio de proporcionalidad y basarse en la conducta personal del interesado, y se regula qué únicas enfermedades permiten esos límites (art. 27).

Esta normativa comunitaria sobre derechos instrumentales se refleja en el ordenamiento español en el RD 240/2007, de 16 de febrero (en desarrollo de su art. 7, sobre residencia superior a tres meses, ver Orden PRE/1490/2012, de 9 de julio).

5. CAPACIDAD PARA TRABAJAR

Existen límites al desempeño de algunos trabajos por razones de edad, titulación, salud, o incompatibilidad.

A) Por razón de edad, se prohíbe el trabajo a los menores de 16 años (art. 6.1 ET), sin bien se puede autorizar el trabajo en espectáculos públicos (pero solo para actos determinados y si no hay peligro para la salud o la formación del menor).

Los menores de 18 años no pueden realizar trabajo nocturno, ni horas extraordinarias, ni aquellos trabajos que el Gobierno declare insalubres, penosos, nocivos o peligrosos. Siguen siendo estos los listados en un Decreto de 26 julio 1957, que requiere actualización.

La LPRL (art. 25) prevé limitaciones al empleo de trabajadores especialmente sensibles a ciertos riesgos (ver lección 15ª).

El incumplimiento de estas prohibiciones supondrá: 1º) La nulidad del contrato (para el menor de 16) o el cambio a trabajo diurno o puesto no peligroso; 2º) Sanción por falta muy grave al empresario; 3º) Eventuales responsabilidades penales (delito de lesiones, arts. 147 CP; delito contra la seguridad y salud laboral, art. 316 CP).

Los límites previstos, por razón de sexo, al empleo de mujeres en el citado Decreto de 1957 y otras normas, se han considerado inconstitucionales por discriminatorios.

B) Por razón de carencia de titulación. Distintas normas establecen la necesidad de una titulación (incluso colegiación profesional) para el desempeño de ciertos trabajos.

C) La Ley de Incompatibilidades (Ley 53/1984) establece ciertas limitaciones a la contratación de personal laboral en las AAPP.

D) Por razón de salud, se exige reconocimiento médico previo a la ocupación de puestos con riesgo de enfermedad profesional, no pudiéndose contratar a los no aptos (art. 243 LGSS).

Por su parte, la LPRL (art. 26) establece obligaciones de evaluación de riesgos para trabajadores embarazadas, con parto reciente o durante la lactancia (ver lecciones 13ª y 14ª).

Establece igualmente (art. 27 LPRL) otras exigencias de evaluación de puestos en trabajos ocupados por menores (ver lección 15ª).

Lección 10ª

El contrato de trabajo: el empresario

1. EL EMPRESARIO LABORAL

Conforme al art. 1.2 ET es empresario laboral cualquier persona física, jurídica o comunidad de bienes que reciba servicios de las personas a las que se refiere el art. 1.1; es decir, que reciba servicios voluntarios, retribuidos, subordinados y por cuenta ajena.

De este modo, empresario laboral lo es el titular (persona física o jurídica o comunidad de bienes) de la organización en que se inserten aquellos servicios. Pero, jurisprudencialmente, se estima responsable asimismo como empresario a quien contrate los servicios del trabajador, aparentando ser el titular de una empresa, aunque no lo sea (lo que se denomina "empresario aparente").

La existencia de vínculos económicos entre varias empresas (por ejemplo, una sociedad posee la mayor parte o todo el capital de otra) no impide que laboralmente se considere que, en principio, cada empresa de ese "grupo de empresas" sea independiente de las otras (Por todas, SSTS 16 julio 2015, Rec. 312/2014 y 12 julio 2017, Rec. 278/2016), tampoco la existencia de una dirección unitaria que, en principio, es inherente a la propia existencia del grupo. Ello no obstante, si se añaden ciertos elementos o circunstancias adicionales la jurisprudencia "levanta el velo" de la personalidad jurídica diferenciada de cada una de ellas y considera responsables solidarias a todas las empresas que integran el grupo (STS 27 mayo 2013, Rec. 78/2012).

Esos posibles "elementos adicionales" serían: a) La llamada situación de "plantilla única", que se daría cuando los trabajadores prestaran sus servicios indiferenciadamente, de manera simultánea o sucesiva, a todas o varias de las empresas del grupo pese a estar contratados solamente por una de ella (STS 27 mayo 2013, Rec. 78/2012); b) La situación llamada de "caja única", que se daría cuando se produjera una situación de confusión patrimonial entre las diversas empresas del grupo (por ejemplo, el salario y/o la cotización social se abona por empresas del grupo diferentes a las que han contratado a los trabajadores, SSTS 20 mayo 2014, Rec. 168/2013 y 22 septiembre 2014, Rec. 314/2013); c) La utilización fraudulenta de la personalidad jurídica que normalmente se traduce en la constitución de una empresa aparente con propósito defraudatorio (STS 20 octubre 2015, Rec. 172/2014); d) En fin, el uso abusivo de la dirección unitaria, cuando se ejerce anormalmente y causa perjuicio a los trabajadores, como en los casos de actuaciones en exclusivo beneficio del grupo o de la empresa dominante (STS 28 febrero 2024, Rec. 12/2023), sin que encaje aquí la actividad de dirección y control que ejerce el franquiciador en la ejecución de un contrato de franquicia.

La presencia de esos elementos adicionales conduce a considerar que todo el grupo constituye una única empresa y que las distintas sociedades titulares de las empresas que lo integran son responsables solidarias, amén de otras posibles consecuencias (como, por ejemplo, sumar la antigüedad del trabajador en todas las empresas del grupo o considerar la situación conjunta del grupo a efectos de una posible autorización de despido por causa económica; aunque también, por ejemplo, a considerar que no hay cesión ilegal si una de ellas cede trabajadores a otra del grupo).

2. CONTRATACIÓN Y SUBCONTRATACIÓN DE LA ACTIVIDAD EMPRESARIAL

Constituye un fenómeno cada vez más frecuente el que una empresa no lleve a cabo toda su actividad productiva, sino que descentralice o externalice ("outsourcing") parte de su actividad encargando a otra u otras empresas su realización. Ello es frecuente también en las AAPP, a través de la concesión de servicios de la administración a empresas concesionarias (vid, p. ej., STS 17 abril 2024, rec. 3799/2021).

De este modo, una empresa (empresa principal) puede contratar parte de su actividad con otra (empresa contratista), la cual, a su vez, puede subcontratar parte de esa actividad con una tercera (empresa subcontratista).

Pero en el *sector de la construcción* solamente se puede llegar a un tercer subcontratista (es decir, contratista y 1º, 2º y 3er subcontratista), aunque cabe un nivel adicional excepcionalmente (especialización de los trabajos, complicaciones técnicas, fuerza mayor); a la inversa, si un subcontratista aporta fundamentalmente mano de obra, no puede a su vez subcontratar, ni puede hacerlo un autónomo (art. 5 LRSSC).

Este fenómeno de la descentralización viene parcialmente regulado por el art. 42 ET, que establece una serie de garantías a favor de los trabajadores de las empresas contratistas o subcontratistas. Al margen de estas garantías, a los trabajadores de las empresas contratistas y subcontratistas, les seguirá siendo de aplicación el convenio que rija en las mismas y no el de la empresa principal (STS 12 febrero 2021, rec. 197/2021).

Los aspectos principales de esta regulación son los que siguen (aparte el tratamiento en materia de prevención de riesgos, regulado en la LPRL: ver lección 15ª).

A) Lo dispuesto en el art. 42 solo resulta aplicable cuando la empresa principal contrate (o la empresa subcontratista subcontrate) parte de su "propia actividad".

La jurisprudencia del TS ha interpretado ese concepto de "propia actividad" en el sentido de que comprende aquellas tareas que integran el "ciclo productivo" de la empresa principal, aquellas que se "incorporan al producto o resultado final", aunque incluyendo también las actividades complementarias absolutamente "esenciales" o "nucleares" (SSTS 29 octubre 1998, rec. 1213/1998 y 22 noviembre 2002, rec. 3904/2001). Ha rechazado, por el contrario, que el concepto de propia actividad incluya actividades complementarias no esenciales, aunque sean indispensables (es decir, aquellas que el empresario tendría que realizar en todo caso de no estar contratadas o subcontratadas) (STS 18 enero 1995, rec. 150/1994 y 23 enero 2020, rec. 2332/2017).

De cualquier modo, más allá de estos criterios generales, normalmente se hace indispensable considerar las circunstancias de cada supuesto concreto. Así, cabe afirmar que una misma actividad (como la restauración) constituirá "propia actividad" en unos casos (por ejemplo, cuando la empresa principal es un colegio mayor (STS 24 noviembre 1998, Rec. 517/1998) y no en otros (por ejemplo, cuando la empresa principal es una entidad docente). En el importante sector de la construcción, ésta no se considera actividad propia del promotor inmobiliario.

B) En caso de contratación o subcontratación de la propia actividad, el art. 42 ET obliga al empresario principal respecto del contratista (y al contratista respecto del subcontratista) a comprobar que éstos están al corriente en el pago de cuotas a la Seguridad Social. A estos efectos, se debe recabar por escrito certificación de descubiertos a la TGSS, que deberá librarla en el plazo de 30 días. Aunque el tema ha sido muy debatido, alguna jurisprudencia del TS entiende que se trata de la existencia o no de falta de cotización por períodos previos a la contrata o subcontrata.

El incumplimiento de esta obligación no supone infracción sancionable, pero acarrea las consecuencias que a continuación se dirán en orden a la responsabilidad solidaria del empresario incumplidor.

C) En efecto, el art. 42.1 ET añade que, transcurrido ese plazo, quedará exonerado de responsabilidad el empresario solicitante. Esa responsabilidad exonerable, aunque el tema también es debatido, parece ser la que, en materia de Seguridad Social, contraiga la empresa contratista o subcontratista durante la ejecución de la contrata o subcontrata (ver *infra,* letra D). Pese al tenor de la Ley, la Sala III del Tribunal Supremo ha hecho una lectura minimizadora del alcance de la exención, afirmando que solo opera cuando, solicitado el certificado por el empresario, la TGSS no lo emite o expide certificación negativa que resulta ser inexacta. No así cuando en el certificado se reseña la información de la que la TGSS dispone en ese momento, advirtiendo que carece de efectos exoneratorios (STS 3 febrero 2021, Rec. 2584/2019).

D) Como garantía el art. 42.2 ET establece precisamente que el empresario principal será responsable solidario junto con el contratista y subcontratista (y aunque no se diga, lógicamente, el contratista lo será junto con el subcontratista) respecto de las obligaciones de naturaleza salarial contraídas con los trabajadores y de las referidas a la Seguridad Social durante el período de vigencia de la contrata (o subcontrata, en su caso). Esta responsabilidad solidaria se produce, pues, “en cadena”: cada empresario responde solidariamente con todos los siguientes en el proceso descentralizador.

Cabe resaltar que:

— La responsabilidad solidaria se extiende a las obligaciones salariales, pero no a las de cualquier otra naturaleza (por retribuciones extrasalariales, por indemnización por despido, etc.; sí la compensación de vacaciones no disfrutadas).

  En el sector de la construcción, si se incumplen las obligaciones de acreditación de requisitos y de registro, o los límites a los niveles de subcontratación, la responsabilidad es respecto de las obligaciones laborales y de Seguridad Social (art. 7.2 LRSSC).

— La responsabilidad solidaria en materia salarial no se exonera nunca, pero sí es exonerable en los términos reseñados la referida a la Seguridad Social.

— La responsabilidad solidaria en materia de Seguridad Social comprenderá las cuotas impagadas durante la contrata o subcontrata y también aquellas prestaciones de que fuera responsable el contratista o subcontratista.

— En fin, la responsabilidad solidaria se puede exigir incluso durante el año siguiente a la terminación de la contrata o subcontrata respecto de las obligaciones de naturaleza salarial, teniendo en cuenta que la reclamación frente al contratista no interrumpe la prescripción de la responsabilidad del principal; y durante los tres años siguientes respecto de las obligaciones referidas a la Seguridad Social.

E) De forma paralela, el art. 168 LGSS impone una responsabilidad subsidiaria en materia de Seguridad Social, tanto en tema de cotizaciones como de prestaciones por falta de afiliación, alta o cotización. De este modo, cuando no exista responsabilidad solidaria (por no tratarse de propia actividad (STS 23 septiembre 2008, Rec. 1048/2007), por haberse producido exoneración, por no ser prestaciones anticipadas...), cuanto menos resulta responsable subsidiario el empresario principal.

F) La LISOS establece asimismo responsabilidades solidarias en materia de infracciones.

De un lado (art. 42.3 LISOS), el empresario principal responde solidariamente junto con el contratista o subcontratista (de la propia actividad del principal) cuando éstos incumplan sus obligaciones en materia de seguridad y salud laboral en relación a trabajadores ocupados en los centros de trabajo del principal y si la infracción se ha cometido en los mismos.

De otro lado (art. 23.2 LISOS), el empresario principal resulta responsable solidario con el contratista o subcontratista (de la propia actividad) cuando éstos den ocupación, sin tramitar el alta, a beneficiarios de pensiones u otras prestaciones periódicas incompatibles con el trabajo.

G) En relación con las condiciones de trabajo aplicables en las empresas contratistas y subcontratistas, el art. 42.6 ET previene como regla general la aplicación del convenio de "sector de la actividad desarrollada en la contrata o subcontrata, con independencia de su objeto social o forma jurídica". En línea con la jurisprudencia previa (STS 11 noviembre 2021, rec. 3330/2019), la Ley establece pues la garantía de la aplicación del convenio del sector de la actividad desarrollada por la contrata o subcontrata (STS 6 octubre 2022, rec. 35/2021 y STS 17 octubre 2022, rec. 2931/2021). Esta regla general cede, sin embargo, cuando la empresa contratista cuente con un convenio propio o cuando un convenio sectorial resulte de aplicación.

H) El art. 42 ET establece una serie de obligaciones de información:

— El empresario principal (o el contratista, en su caso) debe informar a los representantes de sus trabajadores acerca de una serie de extremos: identidad del contratista (o subcontratista); objeto, duración y lugar de la contrata; número de trabajadores ocupados por la contrata (o subcontrata) en el centro de trabajo de la principal; medidas para la coordinación de actividades para prevención de riesgos laborales (art. 42.4).

A los efectos anteriores, cuando se comparta un mismo centro, la empresa principal dispondrá de un libro registro en que se refleje esa información, libro que estará a disposición de los representantes legales de los trabajadores (art. 42.4).

— El contratista (o el subcontratista, en su caso) debe informar a sus trabajadores de la identidad del empresario principal (o contratista) para el que estén prestando servicios (art. 42.3).

— El contratista (o subcontratista) debe informar a la TGSS de la identidad de la empresa principal (art. 42.3).

— El contratista (o subcontratista, en su caso) debe informar a los representantes de sus trabajadores de la identidad de la empresa principal (o contratista) y otros aspectos de la contrata (o subcontrata) (art. 42.5).

I) Y también algunas facilidades en materia de representantes:

— Cuando los trabajadores de las contratistas o subcontratistas no tengan representación legal, tendrán derecho a formular cuestiones a los representantes en la principal (art. 42.7).

— Cuando los representantes de los trabajadores de la principal, contratista y subcontratista compartan continuadamente centro de trabajo, podrán reunirse a efectos de coordinación (art. 42.8).

— En el mismo supuesto, los representantes de la contratista y subcontratista podrán hacer uso de los locales de los representantes en la principal, pero en los términos que acuerden con ésta (art. 81 ET).

J) En fin, el art. 16.6 LGSS establece que en los casos de empresarios que contraten o subcontraten con otros la realización de obras o servicios correspondientes a su propia actividad o, más ampliamente, que se presten de forma continuada en sus centros de trabajo, deben comprobar la afiliación y alta en la Seguridad Social de los trabajadores de las contratistas o subcontratistas.

3. CESIÓN DE TRABAJADORES

El art. 43.1 ET prohíbe la contratación de trabajadores para cederlos temporalmente a otra empresa, salvo que tal cesión se haga por ETTs autorizadas.

Dada la ilegalidad de la cesión de trabajadores, la cesión trata normalmente de disimularse bajo la apariencia de una contrata o subcontrata. Por ello, el problema principal es distinguir entre cesión y contrata o subcontrata.

A) Tal y como venía afirmando la jurisprudencia (SSTS 17 julio 1993, rec. 1712/1992 y 2 octubre 2002, Rec. 3656/2005), el art. 43.2 considera que hay una cesión ilegal:

— Cuando el objeto de los contratos de servicios entre las empresas "se limite a una mera puesta a disposición de los trabajadores" de la empresa cedente a la cesionaria (STS 20 octubre 2014, Rec. 3291/2014 y 6 mayo 2020, rec. 267/2020),

— Cuando la empresa cedente (que aparentará ser una contratista o subcontratista) "carezca de una actividad o de una organización propia y estable". Es decir, cuando carezca de bienes, patrimonio, etc., adecuados a la actividad de que se trate. Cierto es que, en determinadas actividades (como limpieza) la organización adecuada requerida puede ser mínima.

— Cuando la cedente "no ejerza las funciones inherentes a su condición de empresario" (STS 12 diciembre 2010, Rec. 1673/2010). Es decir, cuando la cedente, aun disponiendo de una organización propia, se limite a ceder trabajadores sin dirigir ni organizar su trabajo.

Para la jurisprudencia, en conclusión, para apreciar si concurre o no cesión ilegal hay que tener en cuenta, primero, si existe una mera puesta a disposición de trabajadores o, por el contrario, la empresa contratista ejerce respecto de los trabajadores como verdadero empresario, manteniendo la organización, dirección y control de la actividad (vid. STS 4 octubre 2022, Rec. 2498/2021), pues el control de la actividad de los trabajadores debe seguir en manos de la empresa subcontratada y no trasladarse a la principal en todo aquello que incide en la organización del trabajo y el efectivo ejercicio de las facultades empresariales (distribución de tareas, determinación de turnos, vacaciones, descansos, decisiones disciplinarias, etc.) (STS 23 mayo 2023, rec. 183/2021); segundo, si la contratista empleadora es una verdadera empresa, con infraestructura organizativa suficiente y adecuada; y tercero, si la contratista asume o no un verdadero riesgo empresarial, siendo la contrata una actividad específica, delimitada y diferente de la actividad desarrollada por la principal (por todas, STS 15 marzo 2023, rec. 339/2020; STS 26 enero 2024, rec. 867/2022 y STS 17 abril 2024, rec. 381/2020).

Lo que resulta indiferente a estos efectos de distinguir la cesión de la contrata, es el hecho de que el empresario cedente actúe formalmente como empresario (formalice los contratos, abone los salarios, cotice, adopte decisiones como despedir, etc.). Igualmente, resultan indiferentes otros datos: puede tratarse de una contrata y no una cesión, aunque la contratista trabaje en exclusiva para una determinada empresa principal, realice la prestación en sus dependencias, utilice sus medios o programas informáticos o tenga acceso al sistema informático de la empresa principal (Vid. STS 25 noviembre 2019, rec. 81/2018 y STS 17 abril 2024, rec. 381/2020); o puede tratarse de una cesión, aunque la empresa cedente no persiga un ánimo de lucro. También es indiferente la naturaleza de la relación entre empresa cedente y trabajadores: puede tratarse de una cesión ilegal, aunque la cedente sea una cooperativa de trabajo asociado y los trabajadores cedidos socios de la misma, cuando la cooperativa es puramente aparente y ficticia y actúa en el mercado como mera intermediaria para suministrar mano de obra (STS 24 septiembre 2024, rec. 5766/2022).

Caso práctico: Cesión ilegal de trabajadores

La empresa A, dedicada a servicios de carga y descarga de mercancías, tiene suscrita con B, empresa de transporte, un contrato de prestación de servicios de logística, y manejo de mercancías. En virtud de dicho contrato, los trabajadores de la primera desempeñan su prestación en los locales de la segunda, habiendo recibido de ésta, cuyo uniforme visten, un curso de formación sobre el desempeño de su trabajo. El encargado de B emite normalmente órdenes e instrucciones a los trabajadores de A y lleva a cabo su control de presencia. A percibe de B una compensación económica por la prestación de los servicios de logística y retribuye a sus trabajadores. ¿Cabría considerar que los trabajadores de A que prestan sus servicios para B están siendo objeto de una cesión ilegal de mano de obra?

A juzgar por los hechos referidos, de los que no se deduce ni un solo elemento que permita entender que A aporta a B algo más que la mano de obra, resulta claro que nos encontramos ante la cesión ilegal prohibida por el art. 43.1 ET

(Vid. STS. 12 diciembre 2019, rec. 2766/2017).

B) Los efectos de la cesión ilegal son los siguientes.

— En primer lugar (art. 43.3 ET), ambos empresarios son responsables solidarios de todas las obligaciones —no solo las salariales— contraídas con los trabajadores y con la Seguridad Social, incluidas las derivadas de un eventual despido (STS 15 octubre 2019, rec. 1620/2017, 20 abril 2021, rec. 2700/2018 y 20 abril 2021, rec. 2700/2018).

— En segundo lugar (art. 43.4 ET), los trabajadores cedidos tienen derecho a adquirir la condición de fijos tanto en la empresa cedente como, sobre todo, en la empresa cesionaria. Esta opción puede ejercerse mientras subsista la cesión, no si ésta ha concluido (STS 29 octubre 2012, Rec. 4005/2011), y normalmente hay que exigirla judicialmente (en la práctica, se suele plantear cuando la empresa cedente cese al trabajador cedido, demandando por despido a ambas empresas). En la nueva empresa los derechos y obligaciones del cedido serán los que correspondan en condiciones ordinarias a un trabajador que preste servicios en el mismo o equivalente puesto de trabajo (es decir, las fijadas en el convenio colectivo aplicable para un trabajador similar).

— En tercer lugar, ambos empresarios incurren en una infracción laboral muy grave (art. 8.2 LISOS).

— En cuarto lugar, la cesión puede constituir un delito. De un lado, el previsto en el art. 311.1° CP, cuando mediante engaño o abuso de situación de necesidad se impongan a los trabajadores condiciones que perjudiquen sus derechos, que se castiga con penas de prisión (6 meses a 3 años) y multa (6 a 12 meses). De otro lado, el previsto en el art. 312.1° CP, cuando se produzca tráfico ilegal de mano de obra, que se sanciona con penas de prisión (2 a 5 años) y multa (6 a 12 meses).

4. LAS EMPRESAS DE TRABAJO TEMPORAL

El art. 43.1 ET admite la cesión cuando se efectúe por ETTs debidamente autorizadas en los supuestos legalmente permitidos. Tal actividad se regula, aparte de por el Convenio n° 181 OIT y por la Directiva 2008/104/CE de 19 de noviembre, por la Ley 14/1994, de 1 junio y por RD 417/2015, de 29 de mayo.

Recuérdese que la Ley 45/1999 de 29 de noviembre, sobre prestación de servicios transnacional entre países de la UE y del EEE, establece reglas sobre desplazamiento de trabajadores a España por su ETT extranjera y, a la inversa, de trabajadores desplazados por su ETT española a esos países.

La actividad de las ETTs da lugar a una peculiar relación triangular. Los trabajadores contratados laboralmente por la ETT son cedidos por ésta, mediante un contrato mercantil (contrato de puesta a disposición), a una empresa usuaria (EU), estableciéndose una relación entre esta última y los trabajadores cedidos, pese a que la EU no es su empresario.

4.1. Requisitos de las ETTs

Las ETTs deben cumplir ciertos requisitos, venir autorizadas por la autoridad laboral y remitir cierta información a la misma (arts. 2-5 LETT). De acuerdo con la jurisprudencia (STS 10 junio 2003, Rec. 1783/2002), hasta que la ETT no haya obtenido la correspondiente autorización administrativa no puede celebrar contratos de puesta a disposición, so pena de incurrir en una cesión ilegal de trabajadores.

Los requisitos son:

a) Que la ETT cuente con una estructura organizativa adecuada, para lo que se valorará la adecuación y suficiencia de sus elementos para desarrollar su actividad, teniendo en cuenta una serie de factores que la ley fija.

b) En concreto, debe contar con un mínimo de doce trabajadores con contrato indefinido (a tiempo completo o parcial), o el número que corresponda proporcionalmente, para prestar servicios bajo su dirección, por cada 1000 trabajadores contratados para ser cedidos durante el año anterior. Para su cómputo se tendrán en cuenta el número de días totales de puesta a disposición dividido por 365. Si así computados el número de trabajadores cedidos fuera superior a 5.000, al menos 60 trabajadores propios. Ese mínimo se adaptará anualmente. Para iniciar la actividad, y durante todo el tiempo de actividad de la ETT, se fija un mínimo de tres con contrato de duración indefinida, a tiempo completo o parcial.

c) Dedicarse exclusivamente a esa actividad aunque pueden también actuar como agencias de colocación (cuando cumplan los requisitos establecidos en la LE), o dedicarse a actividades de formación para la cualificación profesional, así como de asesoramiento y consultoría de recursos humanos.

d) Encontrarse al corriente de sus obligaciones tributarias o de Seguridad social.

e) Garantizar, en los términos que se prevén, el cumplimiento de sus obligaciones salariales, indemnizatorias o con la Seguridad Social.

f) No haber sido sancionada con suspensión de actividad en dos o más ocasiones.

g) Incluir en su denominación los términos "empresa de trabajo temporal" o "ETT".

La autoridad laboral competente para autorizar dependerá del ámbito de actuación de la ETT, pudiendo ser la Dirección General de Empleo del MITRAMISS (si la ETT dispone de centros en dos o más CCAA) o la autoridad laboral autonómica (centros en el territorio de una sola CA) o las Delegaciones del Gobierno en Ceuta y Melilla.

La autorización será única, tendrá eficacia en todo el territorio nacional y se concederá sin límite de duración. La solicitud de autorización debe resolverse en el plazo de un mes; transcurrido sin resolución expresa, se entenderá estimada. La ETT debe remitir a la autoridad laboral relación de los contratos de puesta a disposición celebrados, así como informar de otros aspectos (masa salarial del ejercicio económico anterior, todo cambio de titularidad, apertura y cierre de centros y cese de actividad).

4.2. Relación entre ETT y EU: el contrato de puesta a disposición

La cesión de trabajadores se produce a través de un contrato mercantil entre la ETT y la EU, denominado "contrato de puesta a disposición" (arts. 6-9 LETT).

Este contrato, escrito, solo puede celebrarse para atender necesidades temporales de trabajo en la EU y, en concreto, en los supuestos previstos en el art. 15 ET. Es decir, en los mismos supuestos en que podría la EU contratar directamente trabajadores temporales. También en los supuestos en que la EU podría celebrar un contrato formativo: de formación en alternancia o para la obtención de la práctica profesional adecuada.

En materia de duración del contrato de puesta a disposición se estará a lo dispuesto en el art. 15 ET para los contratos temporales y en el art. 11 ET para los contratos formativos (ver lección 11ª).

No se puede celebrar contrato de puesta a disposición en los siguientes supuestos: Para sustituir a trabajadores en huelga en la EU; para la realización de trabajos u ocupaciones especialmente peligrosos (los indicados en la DA 2ª de la propia LETT y por determinados acuerdos y convenios colectivos, en los términos fijados en esa DA); cuando la EU en los 12 meses anteriores haya amortizado puestos de trabajo por ciertas razones (por despido improcedente o por las causas previstas en los arts. 50, 51 y 52.c

ET, salvo en los supuestos de fuerza mayor); o para ceder trabajadores a otra ETT.

4.3. La relación laboral entre trabajador cedido y ETT

Los arts. 10-14 LETT regulan esta relación.

La ETT es quien contrata y, por tanto, el empresario del trabajador cedido. El contrato puede ser por tiempo indefinido común, fijo discontinuo o, como viene siendo habitual, "por duración determinada coincidente con la del contrato de puesta a disposición".

En este último caso, hay que entender que no solamente la "duración" del contrato temporal sino su modalidad tiene que coincidir con la del contrato de puesta a disposición, porque la justificación de la temporalidad del contrato laboral no puede ser otra que el contrato de puesta a disposición entre la ETT y la EU.

Puede celebrarse un contrato de trabajo indefinido para la cobertura de varios contratos de puesta a disposición, pero solamente si todos éstos están plenamente determinados y responden a una contratación temporal por circunstancias de la producción (art. 15.2).

Asimismo, las empresas de trabajo temporal pueden celebrar contratos de carácter fijo discontinuo para la cobertura de contratos de puesta a disposición vinculados a necesidades temporales de diversas empresas usuarias, en los términos previstos en el art. 15 ET (contrato temporal por circunstancias de la producción y temporal por sustitución), coincidiendo en tales casos los periodos de inactividad con el plazo de espera entre dichos contratos.

El contrato de trabajo debe formalizarse por escrito de acuerdo a lo establecido para cada modalidad. Hay que comunicar el contenido del mismo a la oficina pública de empleo (art. 10.1).

Los derechos de los trabajadores cedidos serán los pactados con la ETT (o previstos en el convenio colectivo que le sea aplicable). Pero, en todo caso, tendrán derecho durante la prestación de servicios en la EU a las "condiciones esenciales de trabajo y empleo" que les corresponderían de haber sido contratados directamente por la EU para ocupar el mismo puesto de trabajo. Se consideran tales condiciones las referidas a la remuneración y determinados aspectos de la ordenación del tiempo de trabajo (duración de la jornada, las horas extras, los períodos de descanso, el trabajo nocturno, las vacaciones y los días festivos) (art. 11 LETT). También tendrán derecho a la aplicación de las mismas disposiciones que los trabajadores de la EU en materia de protección de embarazadas, lactantes y menores, así como a la igualdad de trato entre hombres y mujeres y a la aplicación de las mismas disposiciones para combatir discriminaciones (mismo art. LETT).

Otros aspectos a resaltar de la relación laboral entre ETT y trabajadores son:

— Cuando el contrato de trabajo sea temporal, que es lo habitual, al terminar el contrato de puesta a disposición el trabajador tiene derecho a una indemnización de 12 días de salario por año de servicio (o la establecida en la normativa específica de aplicación) o parte proporcional.

— La ETT no puede percibir del trabajador ninguna cantidad por gastos de selección, formación, etc.; y debe destinar el 1 por 100 de la masa salarial a dar a sus trabajadores formación adecuada al puesto a desarrollar.

— La ETT debe asegurarse de que los trabajadores posean la formación en materia de prevención de riesgos necesaria para el puesto a desempeñar (cuya evaluación de riesgos deberá realizarse previamente). En caso contrario, debe facilitarla antes de la prestación de los servicios pero como parte del contrato de puesta a disposición. El gasto por formación computa a efectos del citado 1 por 100.

  Para ello (ver arts. 2 y 3 RD 216/1999, de 5 febrero), la EU deberá informar previamente a la ETT sobre los riegos del puesto y tareas a desarrollar, así como sobre los requisitos a estos efectos del trabajador que vaya a desempeñarlas. Por su parte, la ETT debe transmitir esa información al trabajador, incorporándola al contrato u orden de servicio.

— Dado que será frecuente que en la ETT no existan órganos de representación unitaria del personal, pueden negociar convenios colectivos para esas empresas los sindicatos más representativos.

4.4. Relación laboral con la EU

Se regula en los arts. 9-15 LETT

Aunque entre el trabajador cedido y la EU no existe contrato de trabajo, la ley regula algunos aspectos de la relación entre ambos:

— Durante la cesión, la EU ejercita las facultades de dirección y control, pero no el poder disciplinario que reside en la ETT.

— La EU recabará información de la ETT para asegurarse de que el trabajador cedido tiene la formación e información exigidas en materia de prevención de riesgos, no permitiendo el inicio de los servicios hasta que ello le conste. Asimismo, informará a sus delegados de prevención o a los representantes legales de sus trabajadores de la incorporación del trabajador cedido, el puesto a desarrollar, sus riesgos, medidas preventivas y formación e información recibidas por el trabajador (art. 4 RD 216/1999, de 5 febrero).

  La EU debe informar al trabajador cedido sobre los riesgos derivados de su puesto de trabajo (y las medidas de protección y prevención), y es responsable de la protección en materia de seguridad e higiene. Otras obligaciones de la EU y otras disposiciones en la materia se contienen en los art. 5-7 del citado RD 216/1999.

— La EU responde subsidiariamente de las obligaciones salariales y de Seguridad Social, y de la indemnización por extinción del contrato. Esa responsabilidad (limitada, como se ve, lo que se explica por la garantía financiera exigida a la ETT) se convierte en solidaria cuando la cesión hecha por una ETT sea ilegal es decir, cuando se lleve a cabo en supuestos no permitidos (STS 2 diciembre 2021, rec. 4701/2018, 29 junio 2022, rec. 749/2019 y STS 27 abril 2023, rec. 2935/2020), estimando la jurisprudencia que también se producen los otros efectos (responsabilidad en otras materias, condición de fijo) típicos de la cesión ilegal efectuada por una empresa que no sea ETT (ver supra), incluida la responsabilidad administrativa por infracción muy grave (art. 8.2 LISOS).

— Los trabajadores cedidos pueden presentar reclamaciones a través de los representantes de los trabajadores en la EU (que los representarán durante la misión), y tienen derecho a utilizar los servicios de transporte, comedor, guardería y otros servicios comunes e instalaciones colectivas de la misma.

— La EU debe informar a los trabajadores cedidos sobre existencia de puestos de trabajo vacantes.

— La negociación colectiva adoptará medidas para facilitar el acceso de los trabajadores cedidos a la formación disponible para los trabajadores de las usuarias.

— En fin, la EU debe informar a los representantes de sus trabajadores sobre cada contrato de puesta a disposición y entregarles una copia básica del contrato de trabajo (entre la ETT y el trabajador cedido) o de la correspondiente orden de servicio (art. 9 LETT).

5. LA TRANSMISIÓN DE EMPRESAS

El art. 44 ET regula ampliamente los aspectos laborales del cambio de titularidad de la empresa, de un centro de trabajo o de una unidad productiva autónoma. Transpone lo dispuesto por la Directiva 2001/23/CE, de 12 de marzo.

Lo más importante es que el cambio de titularidad no es motivo por sí mismo para extinguir los contratos de trabajo de los trabajadores de la empresa, centro o unidad productiva transmitida. Naturalmente, si hay causa para ello (como, por ejemplo, causa económica, técnica, organizativa o de producción), es posible que los contratos se extingan por esa causa, ya sea antes o después de la transmisión, pero el mero hecho del cambio de titularidad no puede constituir un motivo de despido, ni para el cedente ni para el cesionario (STS 5 marzo 2025, rec. 4728/2023).

Por consiguiente, salvo lo dicho, el nuevo titular tiene que mantener los contratos de trabajo afectados por el cambio de titularidad.

Analizando con más detalle esta temática, cabe detenerse en los siguientes puntos.

A) Por lo que respecta al **objeto de la transmisión**, según el art. 44 ET se puede tratar tanto del cambio de titularidad de toda la empresa, como de la transmisión parcial de un centro de trabajo o incluso de una unidad productiva autónoma (*in extremis*, por ejemplo, se ha considerado unidad productiva autónoma a un camión en una empresa de transporte) (Vid STS 10 septiembre 2020, rec. 1037/2018).

Pero, en todo caso, lo transmitido tiene que ser una “entidad económica que mantenga su identidad”, “un conjunto de medios organizados a fin de llevar a cabo una actividad económica, esencial o accesoria” (STS 20 diciembre 2017, Rec. 165/2016). Para determinar si se ha producido o no la trasmisión deberán tenerse en cuenta haciendo una valoración global todas las circunstancias de hecho concurrentes en la operación, en particular, el tipo de empresa de que se trate, el que se hayan transmitido o no elementos materiales, el valor de los elementos inmateriales en el momento de la transmisión, el hecho de que el nuevo empresario se haga cargo o no de la mayoría de los trabajadores, el que se haya trasmitido o no la clientela, así como el grado de analogía de las actividades ejercidas antes y después de la trasmisión y la duración de una eventual suspensión de las mismas (SSTJCE 65/1986, de 16 de marzo, Asunto Spijkers; 22/2001, de 25 de enero, Asunto Oy Likenne; 45/1997 de 11 de marzo, Asunto Süzen, entre otras). Lo decisivo es que la entidad económica continúe o pueda continuar la actividad. En otras palabras, no resulta aplicable el art. 44 ET si se transmiten solamente elementos aislados que no permiten continuar la actividad económica de que se trate. Pero en algunas actividades (por ejemplo, contratas de limpieza) los elementos materiales transmisibles son mínimos, por lo que la organización transmitida puede consistir sencillamente en una parte de los trabajadores.

B) En cuanto a la **causa de la transmisión**, esta puede ser muy diversa, puesto que el art. 44 se refiere, ampliamente, al "cambio de titularidad", cualquiera que sea su motivo.

Puede tratarse, por lo tanto, de cualquier negocio entre el anterior y el nuevo titular: una venta, una cesión, una donación, una dación en pago, una fusión de sociedades, etc., incluso si no hay relación directa entre los dos titulares (por ejemplo, la adquisición de una unidad productiva de una empresa concursada (por todas, STS 12 diciembre 2019, rec. 3895/2017).

Dos supuestos merecen especial consideración.

De un lado, el supuesto de **sucesión de contratistas**. En principio, si un nuevo contratista sucede a uno anterior en la realización de una contrata, o si un nuevo concesionario sucede a uno anterior, no se produce una transmisión de empresas. La realización por el nuevo contratista o concesionario de la misma actividad, con su propia organización empresarial, no constituye el cambio de titularidad: en tal caso, los trabajadores del anterior contratista o concesionario continuarán con él (STS 23 mayo 2005, rec. 1674/2004 y STS 4 marzo 2025, rec. 5377/2023). Hay, no obstante, algunos supuestos de sucesión de contratas en los que, por aplicación de la doctrina europea sobre sucesión de plantillas (STJCE 24 enero 2002, Asunto C-51/00 Temco), la jurisprudencia entiende que opera la transmisión de empresas: son aquellos en las que la actividad contratada descansa fundamentalmente sobre la mano de obra (contratas de limpieza, seguridad, etc.) y el nuevo contratista asume una parte esencial de los trabajadores del anterior en términos de número y/o competencias (STS 12 noviembre 2019, rec. 357/2017, STS 15 de diciembre 2021, rec. 4236/2019 y STS 4 marzo 2025, rec. 5377/2023). A falta de esta asunción, que puede perfectamente derivar de una previsión convencional y producir plenos efectos

(STS 11 enero 2022, rec. 2635/2018), no operará la sucesión de empresas (STS 8 junio 2021, rec. 3004/2018; STS 4 junio 2024, rec. 1161/2023 y STS 3 de diciembre 2024, rec. 1161/2023). Esta construcción no es aplicable cuando la actividad empresarial no pivote esencialmente sobre la mano de obra, al estar obligado el nuevo contratista a desplegar relevantes medios materiales para realizarla (STS 3 marzo 2020, rec. 3439/2020).

Especial consideración merece, en este contexto, la sucesión convencional de empresas, esto es, el supuesto en el que la subrogación del nuevo contratista o concesionario y, por tanto, su obligación de asumir a los trabajadores derive no de la ley sino de una obligación establecida en el convenio colectivo aplicable, que puede al efecto establecer requisitos sustantivos y/o formales (STS 18 febrero 2020, rec. 1682/2017) de cuya observancia dependerá el que la subrogación opere (STS 25 junio 2023, rec. 1657/2002). En estos casos, la jurisprudencia (STS 27 septiembre 2018, rec. 873/2018) ha establecido que son de aplicación las responsabilidades previstas en el art. 44 ET, sin que pueda el convenio excluirlas (Vid. Infra).

En aquellos supuestos de contratación en el sector público en los que, como consecuencia de las previsiones de un convenio o acuerdo colectivo, recaiga sobre el adjudicatario la obligación de subrogarse como empleador en determinadas relaciones laborales, la Administración deberá facilitar en el pliego de contratación la información pertinente (STS 12 diciembre 2017, Rec. 668/2016).

De otro lado, el supuesto de cambio de titularidad **por muerte, jubilación o incapacidad del empresario**. En tales supuestos, conforme al art. 49.1.g) ET, los contratos de trabajo se extinguen (con una pequeña indemnización: un mes de salario), salvo que resulte de aplicación lo dispuesto en el art. 44 ET.

Es decir, que en estos supuestos la continuidad de los contratos de trabajo dependerá de la decisión de los nuevos titulares (por ejemplo, de los herederos). Si deciden continuar la actividad ellos mismos o transmiten la empresa a terceras personas, los contratos de trabajo no se extinguirán. Por el contrario, si deciden no continuar la actividad empresarial y ni siquiera la transmiten a terceros, los contratos de trabajo se extinguen como consecuencia de esa decisión (para la que la jurisprudencia concede un "plazo razonable").

C) En cuanto a los **efectos de la transmisión**, aparte del principal que es la no extinción de los contratos de trabajo, el art. 44 ET, en términos generales, dispone que el *nuevo titular* queda "subrogado en los derechos y obligaciones laborales y de seguridad social del anterior". Subrogación que opera respecto de cualesquiera condiciones de trabajo que el trabajador viniera disfrutando, incluidos los "derechos adquiridos" como la antigüedad (STS 11 noviembre 2010, Rec. 23/2011). Estas condiciones de trabajo deben mantenerse exclusivamente respecto de los trabajadores que hayan sido objeto de la transmisión, pero no obligan a la empresa respecto de los nuevos trabajadores que pueda contratar "ex novo" (STS 21 enero 2021, rec. 47/2019)

Más detalladamente, el art. 44 regula algunos aspectos:

— Por lo que respecta al *convenio colectivo aplicable* a los trabajadores de la empresa transmitida, continuarán rigiéndose por el que en el momento de la transmisión fuere de aplicación a la empresa (centro, unidad productiva) transmitida, incluso si está en fase de ultra-actividad (según la jurisprudencia), y no por el aplicable a la empresa adquirente. Esa aplicación del convenio de origen se mantendrá hasta la fecha de su expiración (salvo lo dicho acerca de la ultra-actividad), o hasta la entrada en vigor un convenio aplicable a la entidad transmitida (STS 14 mayo 2020, rec. 218/2018), o cuando así se disponga por acuerdo de los representantes con el adquirente posterior a la transmisión.

— Por lo que se refiere a los órganos de representación del personal existentes en la empresa o centro transmitido, estos se mantendrán en la medida en que la empresa o centro conserven su autonomía. En caso contrario, esos representantes no se mantienen ni provisionalmente.

— Por último, el art. 44 ET establece cierta *responsabilidad solidaria del anterior titular* junto con el nuevo.

Así, de un lado, el anterior titular sigue respondiendo durante tres años de las *obligaciones laborales nacidas con anterioridad* a la transmisión y que no hubieren sido satisfechas, responsabilidad que no se ciñe únicamente a los trabajadores en cuya relación laboral se haya subrogado el nuevo empresario, sino que se extiende también a todos los trabajadores que prestaban servicio en la anterior empresa y cuya relación se haya extinguido antes de la sucesión (STS 29 octubre 2024, rec. 2535/2022). La solidaridad alcanza, en fin, a las deudas laborales pero también a las de Seguridad Social y al recargo de prestaciones (STS 23 marzo 2015, Rec. 2057/2014 y STS 29 octubre 2024, rec. 2535/2022). Los art. 142 y 168 LGSS, por su parte, establecen la responsabilidad solidaria del anterior titular respecto de las cuotas y las prestaciones a cargo de la empresa causadas —

generadas— antes de la transmisión, aunque su reconocimiento se produzca con posterioridad (STS 7 mayo 2020, rec. 169/2018).

De otro lado, el anterior titular responde solidariamente de las *deudas posteriores a la transmisión,* si la transmisión fuera declarada delictiva, calificación que corresponde al orden jurisdiccional penal.

D) En fin, el art. 44 contempla **obligaciones de información y consulta**.

— Ambos empresarios deben *informar* de la transmisión a los representantes de los trabajadores (o directamente a los trabajadores, si no hay representantes), acerca de la fecha prevista de la transmisión, sus motivos, consecuencias y medidas previstas para los trabajadores. Esta información debe ser facilitada por el empresario cedente antes de la transmisión; y por el cesionario antes de que sus trabajadores se vean afectados por la misma.

— Si el anterior o el nuevo titular prevén adoptar medidas laborales (traslados, modificaciones sustanciales, suspensiones, despidos...) deberán *consultar y negociar* tales medidas con los representantes de los trabajadores.

Lección 11ª

Contratación laboral

1. LA LIBERTAD EMPRESARIAL DE CONTRATACIÓN

La libertad de contratación empresarial es una manifestación del art. 38 CE que conlleva que el empresario puede decidir si contratar o no y puede decidir también a quién contratar y a quién no. Siendo, asimismo, una libertad que se mueve en la zona del ordenamiento jurídico dedicada a los actos que pueden preceder a la celebración del contrato de trabajo, comúnmente conocida como colocación o intermediación laboral (arts. 40 y ss. LE).

1.1. Tutela antidiscriminatoria en el acceso al empleo

La libertad empresarial de contratación queda enmarcada dentro de la normativa general antidiscriminatoria. En este sentido, el art. 17.1 ET debe leerse en correspondencia con la LOI y con la Ley 15/2022, integral para la igualdad de trato y la no discriminación. Según la STConst 41/1999, una forma de discriminación indirecta en el acceso al empleo es solicitar una titulación desproporcionada cuando sea evidente que las mujeres tienen más dificultades que los hombres para reunir los títulos y la titulación exigida no sea determinante para un cumplimiento eficaz del contrato.

La decisión de no contratar por motivos discriminatorios es nula, pero no existen mecanismos legales para forzar a la empresa a efectuar la contratación; por eso cabe únicamente la indemnización sustitutoria de daños y perjuicios, incluidos daños morales (art. 183.1 LRJS). La empresa, en fin, puede utilizar los procedimientos de selección de personal que estime más adecuados siempre que los mismos se dirijan a obtener datos del trabajador con relevancia profesional; la indagación acerca de la ideología del trabajador o sobre aspectos que pertenezcan a su vida privada constituyen conductas discriminatorias que originan una infracción administrativa muy grave (art. 16.1.c LISOS).

1.2. Normativa legal y convencional aplicable

La libertad de contratación empresarial debe ser ejercitada respetando las limitaciones legales relativas a titulaciones o habilitaciones profesionales, la necesidad de obtener, en su caso, autorización de trabajo del trabajador extranjero y otras limitaciones que puedan establecerse por causa de la habilitación que hace el art. 17.2 ET al legislador para que establezca exclusiones, reservas y preferencias. Una medida específica es la cuota de reserva de puestos de trabajo para personas con discapacidad (art. 42.1 LGDPD), cuyo incumplimiento da lugar a sanciones administrativas (art. 15.2 y 3 LISOS) pero no genera la obligación de contratar. También cabría introducir reservas de esta naturaleza al hilo de la habilitación que el art. 17.3 ET hace al Gobierno, por ejemplo, el programa de fomento de empleo con apoyo del RD 870/2007, dirigido a facilitar que las personas con discapacidad puedan obtener empleo en empresas del mercado ordinario de trabajo. Siendo, asimismo, posible llevar a cabio otras acciones con fundamento en la autorización que el art. 17.4 ET hace a la negociación colectiva para intervenir en un terreno formalmente reservado a la ley (art. 17.2 ET) y establecer medidas de acción positiva para favorecer el acceso de las mujeres al empleo, aspecto que conecta con los planes de igualdad del art. 85.1.2º ET.

Por otra parte, la libertad del empresario de selección de trabajadores puede verse limitada como consecuencia de las cláusulas de los convenios colectivos que fijan criterios objetivos, exigencias de cursos de capacitación, listas de espera para la contratación y/o bolsas de trabajo. Si la empresa no contrata al trabajador que corresponda en aplicación de los criterios previstos en la bolsa de empleo se produce un incumplimiento de la promesa de contratar que genera a favor del trabajador el derecho a indemnización por daños y perjuicios, sin que la empresa pueda descontar de esta indemnización las cantidades percibidas en concepto de desempleo durante el tiempo en que el trabajador no fue contratado (STS 02.04.2019, rec. 433/2018). Y si la empresa contrata a un trabajador que no ha superado las pruebas de selección o en vulneración de los criterios previstos en la lista de espera o en la bolsa de empleo, cualquier sujeto con interés directo podría solicitar la nulidad de esa contratación.

1.3. Intermediación laboral. Agencias de colocación y servicios públicos de empleo

La colocación o intermediación laboral es una actividad de política de empleo prevista en la LE que tiene por objetivo proporcionar a los trabajadores empleos adecuados a sus características y a las empresas los trabajadores más apropiados a sus necesidades (art. 3.c LE). Actividad que se lleva a cabo por servicios de empleo públicos o privados. Los públicos están trasferidos a las Comunidades Autónomas. Su mediación es gratuita y facultativa. No obstante, los empresarios están obligados a comunicar al servicio público de empleo los contratos de trabajo que celebren en el plazo de 10 días (art. 8.3 ET).

En cuanto a los servicios de empleo privados, el art. 43 LE admite la existencia de agencias de colocación públicas o privadas, con o sin ánimo de lucro. Unas y otras podrán realizar actividades de intermediación laboral, como colaboradoras de los servicios públicos de empleo o de forma autónoma, pero coordinada. También puede tratarse de agencias especializadas en la recolocación o en la selección de personal. Quedan sometidas a una serie de obligaciones, como respetar la intimidad y dignidad de los trabajadores, y se deben regir por una serie de principios básicos que también se aplican a los servicios públicos.

El empresario puede acudir al servicio de empleo público o a la agencia de colocación para que le proporcionen el trabajador que necesite. Asimismo, puede recurrir a sus propios contactos. El empresario solo queda obligado a solicitar los trabajadores de las oficinas públicas de empleo cuando se aplique un programa de empleo que así lo establezca. Los trabajadores también pueden inscribirse tanto en los servicios públicos como en las agencias privadas de colocación, siendo, en todo caso, necesaria su inscripción en los primeros para solicitar prestaciones por desempleo.

La 15/2022, en fin, impone a los servicios públicos, entidades colaboradoras y agencias de colocación que favorezcan la aplicación de medidas para la consecución del objetivo de igualdad de trato en el acceso al empleo.

2. FORMA DEL CONTRATO DE TRABAJO Y OTRAS OBLIGACIONES FORMALES

El art. 8 ET regula la forma del contrato de trabajo y establece como regla general la libertad de forma, admitiendo su celebración por escrito o de palabra. Cualquiera de las partes puede solicitar que el contrato se formalice por escrito (art. 8.2.4° ET). Además, el art. 8.2.1° y 2° ET exige la forma escrita en numerosos supuestos. En ambos casos, el incumplimiento de la forma escrita origina responsabilidades administrativas (art. 7.1 LISOS).

La amplia gama de contratos que, según el art. 8.2 ET, tienen que formalizarse por escrito hace que, en la práctica, la libertad de forma en sentido estricto quede reservada para los contratos ordinarios por tiempo indefinido y para los temporales de menos de 4 semanas. Por otra parte, además de sanciones administrativas, el incumplimiento de la obligación de formalizar por escrito el contrato no conlleva su nulidad, sino la aplicación una presunción legal, que admite prueba en contrario, de que el contrato ha sido concertado por tiempo indefinido o, en su caso, a jornada completa (art. 8.2.3° ET). En el caso de los contratos temporales del art. 15 ET, sin embargo, una redacción legal posterior a la del art. 8 ET establece la necesidad de consignar en todos los contratos, lo que incluye a los de menos de 4 semanas, la causa habilitante de la contratación, las circunstancias concretas que la justifican y su conexión con la duración prevista (art. 15.1.3° ET); debiendo asimismo significarse que el incumplimiento de esta obligación no se sanciona con la simple presunción iuris tantum de que el contrato temporal es un contrato indefinido, sino con una adquisición automática de fijeza en el puesto de trabajo (art. 15.4.1° ET).

Los complementos de forma del contrato de trabajo son dos: 1°) El empresario debe entregar a los representantes de los trabajadores una copia básica de todos los contratos que deban celebrarse por escrito (art. 8.4 ET), incluyendo los temporales del art. 15 ET de menos de 4 semanas, pese a la desafortunada redacción del art. 15.7.3° ET. 2ª) El empresario debe informar por escrito al trabajador sobre determinados elementos esenciales del contrato y principales condiciones de empleo, salvo que ya figuren en el contrato escrito (art. 8.5 ET). Previsión actualmente desarrollada mediante el RD 1659/1998 que tiene que reformarse a la luz de la Directiva comunitaria 2019/1152, relativa a unas condiciones laborales transparentes y previsibles en la Unión Europea, cuyo plazo de transposición venció el 1 de agosto de 2022.

3. EL PERÍODO DE PRUEBA

El período de prueba del art. 14 ET tiene por finalidad acreditar la aptitud del trabajador para el puesto de trabajo a desarrollar (STS 23.10.2008, rec. 2423/2007) y posibilitar a ambas partes del contrato, especialmente al empresario, el desistimiento libre de la contratación una vez iniciado el contrato y durante un periodo de tiempo limitado. Para garantizar que este periodo cumpla su finalidad, ambas partes deben realizar las experiencias objeto de la prueba. Lo que implica que, transcurrido este período, la empresa no puede alegar una ineptitud existente con anterioridad para extinguir el contrato ex art. 52.a ET.

La facultad de desistimiento del contrato durante el periodo de prueba queda limitada por las reglas sobre tutela antidiscriminatoria, siendo, en este sentido, nula la resolución del contrato durante este periodo por razón de embarazo, salvo que concurran motivos no relacionados con el embarazo o la maternidad.

El periodo de prueba no es automático, ni obligatorio, ni válido si el trabajador ya ha desempeñado las mismas funciones con anterioridad en la empresa. Los convenios colectivos tampoco pueden imponer su celebración. Dicho periodo solo puede pactarse entre el trabajador y su empresario, necesariamente por escrito, y necesariamente también haciendo constar su duración exacta. La STS 12.04.2023 (rec. 1269/2022) rechaza que esta duración pueda fijarse de forma indirecta, a través de una remisión al convenio colectivo aplicable cuando este solo fija la duración máxima del periodo de prueba pero no establece duraciones concretas. El incumplimiento de la forma escrita acarrea la ineficacia del pacto y que el desistimiento empresarial origine un supuesto de despido improcedente (STS 24.09.2024, rec. 326/2023), salvo que concurran causas que conduzcan a la declaración de nulidad.

Los límites máximos de duración de este periodo del art. 14 ET se puede modificar por la negociación colectiva. Los convenios colectivos pueden, por tanto, ampliar la duración máxima legal, con el límite de la prohibición de abuso de derecho (STS 12.11.2007, rec. 4341/2006). Teniendo en cuenta además que situaciones suspensivas del contrato como la incapacidad temporal no interrumpen la duración de este periodo, salvo que empresario y trabajador pacten lo contrario.

4. LA DURACIÓN DEL CONTRATO DE TRABAJO: INDEFINIDA O DETERMINADA

El reconocimiento constitucional del derecho al trabajo (art. 35.1 CE) requiere de medidas legales para garantizar estabilidad en el empleo. Una de las más importantes es la contenida en el art. 15.1.1° ET, referida a que, en el ordenamiento laboral español, la contratación de trabajadores se presume realizada por tiempo indefinido. De hecho, los contratos de duración determinada del art. 15 ET solo pueden concertarse por circunstancias de la producción o para la sustitución del trabajadores (art. 15.1.2° ET), siendo necesario asimismo, para que se entienda que estas causas concurren, señalar con precisión en el contrato la causa habilitante de la contratación temporal, las circunstancias concretas que la justifican y su conexión con la duración prevista.

Junto a los contratos del art. 15 ET, también existen contratos temporales vinculados al fomento del empleo y con causa formativa.

La reforma de la contratación laboral efectuada en el año 2021, en fin, suprimió el contrato temporal para la realización de una obra o servicio determinado, auténtica carga de profundidad contra la estabilidad en el empleo, y en su lugar estableció, si bien con un ámbito de aplicación ceñido al sector de la construcción, el contrato indefinido adscrito a obra (DA 3ª LRSSC). La característica de esta modalidad contractual, que la diferencia de las modalidades del ET, es su régimen extintivo, aplicable por motivos inherentes al trabajador y con independencia del número de trabajadores afectados.

4.1. Contratos temporales estructurales

Los contratos de duración determinada del art. 15 ET pueden celebrarse exclusivamente en atención a dos motivos: 1) Por circunstancias de la producción (art. 15.2 ET); y, 2) Por sustitución de persona trabajadora (art. 15.3 ET). La temporalidad del contrato encuentra su justificación objetiva en la naturaleza temporal del trabajo a realizar. Ambos contratos están asimismo parcialmente regulados por medio del RD 2720/1998 en todo lo no opuesto a la reforma de estos contratos llevada a cabo por el RD-Ley 32/2021 (Disp. der. única RD-Ley 32/2021).

A) Contrato temporal por circunstancias de la producción

Este contrato incorpora hasta cuatro variantes que pueden ser clasificadas en atención a su duración. Se originan, así, dos contratos largos (art. 15.2.1° y 2° ET) y otros dos cortos (art. 15.2.5° ET). La duración máxima de los dos contratos largos es de 6 meses, ampliables hasta 12 por convenio colectivo sectorial (art. 15.2.3° ET). La duración máxima de los dos contratos cortos queda legalmente establecida de forma indirecta, a través de los periodos máximos de 90 días al año y de 120 días al año respectivamente fijados para posibilitar que las empresas utilicen estos contratos. En todo caso, si el contrato se celebra por duración inferior a 30 días, tendrá una cotización adicional a cargo del empresario a la finalización del mismo (art. 151 LGSS).

A.1) Contratos largos por circunstancias de la producción

Cada contrato largo cuenta con su propia causa justificativa, pero ni uno ni otro pueden ser utilizados por la empresa cuando en la contratación concurren los supuestos justificativos del contrato fijo discontinuo.

Una causa justificativa del contrato largo por circunstancias de la producción es el incremento ocasional e imprevisible de la actividad productiva. Este es el clásico contrato temporal eventual, previsto para atender circunstancias productivas provisionales que crean una necesidad extraordinaria de trabajo en la empresa que no puede ser atendida por su plantilla normal. Las circunstancias imprevisibles de la producción deben, además, quedar fuera de cualquier ciclo de reiteración regular. En este sentido, cuando el trabajo contratado forma parte de la actividad habitual de la empresa porque las necesidades empresariales no son imprevisibles, se produce un incumplimiento de la nota legal de imprevisibilidad de la necesidad empresarial que conduce a la automática adquisición de fijeza por parte del trabajador temporal (art. 15.4 ET).

La otra causa justificativa del contrato largo por circunstancias de la producción son las oscilaciones que, aun tratándose de la actividad normal de la empresa, generan un desajuste temporal entre el empleo estable disponible y el que se requiere, siempre que no respondan a los supuestos del trabajo fijo discontinuo. Con la particularidad de que entre estas oscilaciones quedan incluidas aquellas que derivan de las vacaciones anuales. Como regla general, por tanto, las ausencias por vacaciones provocan oscilaciones en la actividad de la empresa que hacen posible recurrir al contrato por circunstancias de la producción para suplir las correspondientes ausencias.

En ambos casos, si el contrato se concierta por una duración máxima inferior a la establecida en la ley o en el convenio colectivo, puede prorrogarse mediante acuerdo y por una única vez hasta dicha duración máxima (art. 15.2.3.° ET). En este mismo caso, el contrato se prorroga automáticamente hasta la duración máxima legal o convencionalmente establecida si no media denuncia y llegado el término estipulado en el contrato, el trabajador continúa prestando servicios (art. 49.1.c 2° ET). A la finalización del contrato por cumplimiento de su término final, aspecto que requiere denuncia expresa, el trabajador tiene derecho a la indemnización del art. 49.1.c) ET. Y si, en fin, llegado el término final del contrato no se produce denuncia y el trabajador continúa en la empresa, se presume, salvo prueba en contrario, que el contrato se prorroga tácitamente por tiempo indefinido (art. 49.1.c.3° ET).

A.2) Contratos cortos por circunstancias de la producción

Los dos contratos cortos que es posible celebrar por circunstancias de la producción tienen ambos por causa la necesidad de atender situaciones ocasionales y previsibles. Gramaticalmente es difícil conciliar los términos 'ocasional' y 'previsible'. De ahí que resulte apropiado interpretar que las necesidades empresariales ocasionales son necesidades infrecuentes, que se presentan pocas veces al año. En concreto, estas necesidades ocasionales pueden presentarse o bien un máximo de 90 días en el año natural, o bien, exclusivamente en el caso de las empresas del sector agrario y agroalimentario, un máximo de 120 días en el año natural.

El art. 15.2 ET no prevé que los supuestos justificativos de estos contratos cortos no pueden solaparse con los del contrato fijo discontinuo y además las necesidades empresariales que posibilitan recurrir a este contrato son previsibles. Por eso la lógica conduce a interpretar que este contrato sirve para cubrir necesidades ordinarias de la empresa, de temporada o intermitentes, típicas del contrato fijo discontinuo pero que, por disposición legal, no abocan a este último contrato en tanto la campaña se limite a un máximo de 90 o, en su caso, 120 días en el año natural. Resultando, en este sentido, clarificador el art. 15.2.7° ET cuando utiliza los conceptos «campaña» y «jornadas reales», propios de la contratación fijo discontinua, para afirmar que, en el sector agrícola, ganadero y forestal y también en la industria asociada a estos sectores, constituye causa para celebrar este contrato corto la cobertura de una o varias campañas de corta duración con el límite anual de 120 jornadas reales.

Las empresas no pueden utilizar de manera continuada los 90 o, en su caso, 120 días al año. La duración máxima de estos dos contratos cortos se reduce a medida que el empresario va consumiendo la bolsa de días, pero cada día de utilización de la bolsa es posible formalizar tantos contratos cortos como necesite la empresa. Lo único que requiere la ley es que ello figure, siquiera de manera aproximada, en la previsión anual sobre el uso de estos contratos que la empresa está obligada a trasladar a la representación legal de los trabajadores en el último trimestre de cada año.

A.3) El contrato por circunstancias de la producción en supuestos de contratas, subcontratas y concesiones administrativas

El art. 15.2.8° ET establece la prohibición de que las contratas, subcontratas y concesiones administrativas constituyan causa válida para contratar de forma temporal. La previsión tiene que leerse en coordinación con el art. 16.1.2° ET, que establece que el contrato fijo discontinuo «podrá» concertarse para el desarrollo de contratas previsibles, que forman parte de la actividad normal de la empresa. Por consiguiente, cuando la contrata es imprevisible, por ejemplo porque la empresa contratista no tiene por actividad habitual formalizar contratas, sí es posible utilizar el contrato temporal por circunstancias de la producción. Igual que es posible utilizar este contrato, en el marco de contratas previsibles, si durante el periodo de ejecución de la contrata concurre alguno de sus supuestos justificativos (art. 15.2.8º in fine ET).

El problema más importante que plantea la prohibición del art. 15.2.8º ET consiste en saber si se refiere a los contratos largos y a los contratos cortos o solo a los contratos cortos. Hay quien interpreta que solo se refiere a los contratos cortos porque los contratos largos ya cuentan con la previsión que establece la prohibición de utilizarlos si concurren los supuestos justificativos del trabajo fijo discontinuo. El inconveniente de esta interpretación es que, en sí misma, las contratas previsibles no son un supuesto que tenga que reconducirse obligatoriamente hacia el contrato fijo discontinuo porque la ley solo dice que este contrato «podrá» ser utilizado en las contratas. De interpretar, por tanto, que la prohibición viene referida exclusivamente a los contratos cortos, los dos contratos largos sí podrían ser utilizados para el desarrollo de contratas previsibles que forman parte de la actividad habitual de la empresa.

B) Contrato temporal por sustitución

Se trata de un contrato sometido a término final, no a condición resolutoria, que ni admite prórrogas ni tiene indemnización a su término (art. 49.1.c ET).

Su objeto es triple, requiriéndose para la validez de las dos primeras modalidades que se exponen a continuación que se especifique en el contrato el nombre de la persona sustituida y la causa de la sustitución.

B.1) Sustitución de trabajadores con derecho a reserva del puesto de trabajo

Lo normal es que los casos de sustitución coincidan con los supuestos suspensivos del art. 45 ET. La Ley 1/2004 también posibilita la sustitución de trabajadoras víctimas de violencia de género (art. 21.3). Resultando igualmente posible la contratación de interinos para sustituir a trabajadores por excedencia forzosa y por cuidado de hijos o familiares (art. 46.3 ET). Existen casos de suspensión contractual en los que no se permite la contratación de interinos, por ejemplo, para la sustitución de trabajadores huelguistas (art. 6.5 RDLRT).

En este supuesto de interinidad existe la posibilidad de coincidencia temporal entre sustituido y sustituto, limitada a 15 días como mucho, para garantizar el desempeño adecuado del puesto de trabajo.

La duración de este contrato será coincidente con la del tiempo durante el que subsista el derecho de reserva del puesto de trabajo (art. 4.2.b RD 2720/1998).

B.2) Sustitución para completar la jornada reducida por causa legal o convencional de otro trabajador

Este contrato no sirve para completar una jornada reducida acordada de forma individual entre el trabajador y su empresario. Es coherente interpretar que la duración del contrato celebrado para completar la jornada reducida de otro trabajador será coincidente con el tiempo que dure el derecho legal o convencional a la reducción de la jornada.

B.3) Cobertura temporal de puestos de trabajo vacantes durante el proceso de selección o promoción para su cobertura definitiva mediante contrato fijo

La duración de esta última modalidad no puede exceder de tres meses, o plazo inferior fijado por convenio colectivo, no siendo posible celebrar un nuevo contrato con el mismo objeto una vez superada su duración máxima.

Caso práctico: Extinción del contrato por sustitución

D. José fue contratado el día 4 de abril de 2024 para sustituir a D. Felipe, en situación de IT por enfermedad común. El día 11 de julio de 2024 se la notifica a D. José el cese por fin de contrato, por fallecimiento de D. Felipe, a quien sustituía, ocurrido el día 8 del mismo mes. ¿Se trata de un cese válido o de un despido improcedente?

En este caso, el contrato por sustitución se celebró válidamente, para sustituir a un trabajador ausente con derecho de reserva de puesto de trabajo. Pero extinguida la causa suspensiva que motivó la contratación, se extingue también el contrato de sustitución, que es un contrato sometido a término y no a condición resolutoria; no procede el pago de indemnización por fin de contrato. La resolución de un contrato temporal es impugnable mediante la acción de despido, sometida al plazo de caducidad de 20 días hábiles (art. 59.3 ET).

(Vid. STS de 31 enero 2008, rec. 3812/2006).

C) Medidas antifraude, igualdad de tratamiento y otras obligaciones empresariales

Una medida directamente dirigida a atajar el fraude de ley en la contratación temporal es el art. 15.4 ET. Establece este artículo que el trabajador temporal adquiere automáticamente la condición de fijo si su contratación se lleva a cabo con incumplimiento de los requisitos dispuestos en el art. 15 ET o de la obligación de darle de alta al trabajador en la Seguridad Social.

En caso de contratación temporal fraudulenta, por otra parte, el art. 147 LRJS prevé que la entidad gestora de las prestaciones por desempleo puede poner en marcha procedimiento de oficio dirigido a hacer responsable al empresario de las prestaciones abonadas al trabajador. Y si la contratación temporal fraudulenta la lleva a cabo una ETT, la consecuencia adicional es que se incurre en una cesión ilegal de trabajadores (STS 02.12.2021, rec. 4701/2018).

El art. 15.5 ET se ocupa del encadenamiento de contratos por circunstancias de la producción, que no tiene por qué ser fraudulento. Mantiene en su primer párrafo el tradicional límite legal subjetivo, referido a la prohibición del encadenamiento de contratos con el mismo trabajador, independientemente de si el puesto de trabajo es siempre el mismo o no, e introduce en su segundo párrafo un límite, objetivo, referido al encadenamiento contractual en el mismo puesto, pero con distintos trabajadores. La consecuencia de sobrepasar los límites temporales previstos para ambos tipos de encadenamiento contractual es que el trabajador adquiere automáticamente la condición de fijo.

Como garantía del derecho a la adquisición de fijeza respectivamente reconocido en los números 4 y 5 del art. 15 ET, la empresa queda obligada a documentar por escrito la condición de fijo del trabajador, con información a los representantes de los trabajadores, y el trabajador puede solicitar al servicio público de empleo certificado de los contratos de duración determinada celebrados a efectos de acreditar su condición de fijo (art. 15.9 ET). El servicio público debe emitir dicho documento y también, si advierte que se han sobrepasado los límites temporales previstos, poner esta circunstancia en conocimiento de la empresa y de la Inspección de Trabajo (art. 15.9.3.º ET). Rigiendo, en fin, respecto de los trabajadores temporales, incluidos los trabajadores con contrato formativo, la obligación empresarial de informar sobre la existencia de puestos de trabajo vacantes (art. 15.7 ET).

También es reseñable la medida antifraude consistente en habilitar a la negociación colectiva para establecer planes de reducción de la temporalidad, porcentajes máximos de temporalidad y otras medidas similares, incluyendo medidas para mejorar la cualificación y favorecer la progresión y movilidad profesionales de los trabajadores temporales, así como las consecuencias derivadas del incumplimiento de dichas medidas (art. 15.8 ET). El problema, con todo, del incumplimiento empresarial de las cláusulas convencionales de empleo radica en que dichas cláusulas tienen naturaleza obligacional, al imponer al empresario obligaciones de hacer que son difícilmente ejecutables. Como quiera que al empresario no se le puede obligar a que lleve a cabo la contratación que requiere la ejecución de este tipo de cláusulas, su incumplimiento conduce a las acciones judiciales de daños y perjuicios.

Establece, asimismo, nuestra legislación un principio básico de igualdad de tratamiento entre trabajadores fijos y temporales (art. 15.6 ET), si bien con particularidades en materia de extinción y admitiendo la aplicación del principio de proporcionalidad cuando corresponda en atención a la naturaleza de los derechos que hay que reconocer. La ley alude de forma expresa a la igualdad en cuanto al cómputo de la antigüedad y nuestra jurisprudencia admite que la antigüedad se compute prescindiendo de las interrupciones superiores a 20 días siempre que se detecte una vinculación unitaria prolongada en el tiempo (STS 01.03.2007, rec. 5049/2005).

4.2. Contratos temporales de fomento del empleo

La contratación temporal en fomento de empleo es una contratación descausalizada, en el sentido de que no existe necesidad empresarial de carácter temporal que justifique dicha contratación. La causa de la temporalidad es ajena a la empresa, exclusivamente vinculada con las altas tasas de desempleo existentes en nuestro mercado de trabajo. Actualmente, la contratación temporal en fomento del empleo se limita a personas con discapacidad (DA 1ª Ley 43/2006, para la mejora del crecimiento y el empleo) y en situación de exclusión social (Ley 44/2007, de empresas de inserción), aunque también se puede contratar temporalmente para trabajos permanentes en otros supuestos por razones de política de empleo (contrato de relevo).

5. LA CONTRATACIÓN LABORAL EN LAS ADMINISTRACIONES PÚBLICAS

Se examina a continuación el régimen general aplicable a la contratación laboral en la Administración pública para, después, examinar el problema específico que representa la existencia en nuestro ordenamiento de la figura del personal laboral indefinido no fijo de las Administraciones públicas.

5.1. Régimen general sobre contratación laboral

El personal laboral de las Administraciones públicas puede ser fijo, por tiempo indefinido o temporal (art. 8.2.c EBEP), pudiendo ser contratado en cualquiera de las modalidades de contratación de personal previstas en la legislación laboral (art. 11.1 EBEP). En las Administraciones públicas, por tanto, queda legalmente habilitada la contratación laboral por tiempo indefinido, incluida la fijo-discontinua (DA 4ª.1 RD-Ley 32/2021); también la contratación temporal por motivos tanto formativos como, especialmente, estructurales. Contrataciones que podrán formalizarse a tiempo completo o, en su caso, a tiempo parcial.

Además de las modalidades de contratación laboral temporal del ET, las Administraciones públicas también pueden suscribir contratos temporales vinculados al Plan de Recuperación, Transformación y Resiliencia o a programas temporales financiados con fondos de la UE. A estos contratos se les aplica la Ley 20/2021 (DA 5.ª RDL 32/2021) y quedan excluidos de las reglas "antiencadenamiento" del art. 15.5 ET y del derecho a indemnización por fin de contrato (49.1.c ET). También quedan excluidas de las reglas "antiencadenamiento" las modalidades de contrato de trabajo del personal docente e investigador laboral previstas en la Ley orgánica 2/2023, del sistema universitario (DA 15ª.3 ET). Las Administraciones públicas pueden, asimismo, celebrar contratos de sustitución por vacante, a los que se les aplica la normativa de los funcionarios interinos por vacante (DA 4ª.3º RDL 32/2021), sin derecho a indemnización por fin de contrato (art. 10.3 EBEP).

Con carácter general, todo acto adoptado por las Administraciones públicas que conlleve el incumplimiento de los plazos máximos de permanencia como personal laboral temporal es nulo (DA 17ª.3 EBEP) y origina el derecho a una indemnización de 20 días del salario fijo por año de servicio, con un tope de 12 mensualidades (DA 17ª.5 EBEP). Esta indemnización específica no se suma, sino que se compensa o absorbe, con la indemnización del ET de 33 días de salario por despido improcedente o nulo.

5.2. El personal laboral indefinido no fijo

Hasta que la DA 17ª EBEP dispuso el actual régimen específico de medidas dirigidas a atajar la temporalidad en el empleo público, la inadecuación más importante que ha venido planteando la contratación laboral temporal en las Administraciones públicas ha sido aplicar la sanción de fijeza prevista en el art. 15 ET en caso de fraude en la contratación. Posibilidad inviable porque el acceso al empleo público requiere de la previa superación de un proceso de selección que garantice el respeto a los principios constitucionales de igualdad, mérito y capacidad (art. 11.3 EBEP). Por este motivo, se aplica una construcción del TS, la del personal laboral indefinido no fijo, que intenta conjugar la protección que ofrece el Derecho del Trabajo en caso de irregularidades en la contratación temporal con el respeto a los principios de igualdad, mérito y capacidad. Según el TS, el trabajador debe ser considerado como de duración indefinida, pero no fijo de plantilla (una especie de sustituto o interino por vacante), quedando el contrato sometido al término de la cobertura de la plaza, en cuyo caso se extingue con la indemnización de las extinciones por causas objetivas (STS 28.03.2017, rec. 1664/2015).

Esta construcción del trabajador indefinido no fijo en las Administraciones públicas deja de tener recorrido desde que entró en vigor la DA 17 EBEP, pero sigue teniéndolo respecto de todas las contrataciones formalizadas con anterioridad. La condición de trabajador indefinido no fijo nace exclusivamente de una sentencia firme, sin que pueda ser atribuida por la Administración empleadora (DA 43ª.2 LGPE-2018). Cuando una sentencia llega a la declaración de trabajador indefinido no fijo, la Administración debe incluir la plaza en la oferta de empleo público. Una vez efectuada la oferta, su ejecución debería producirse dentro de los tres años siguientes, ex art. 70.1 EBEP (ROQUETA BUJ).

Esta construcción jurisprudencial del trabajador indefinido no fijo está en el punto de mira del TJUE, en garantía del efecto útil de la Directiva 1999/70, en particular las cláusulas 4 y 5 del anexo a dicha Directiva que incorpora el Acuerdo marco europeo sobre el trabajo de duración determinada. Según la STJUE 22.02.2024, el Derecho español no respeta la Directiva sobre el trabajo de duración determinada porque no existen mecanismos eficaces ni para luchar contra el abuso de la temporalidad en el empleo público ni para compensar este abuso, rechazando, en particular, la adecuación de la indemnización de 20 días y de los actuales procesos de estabilización. Reconocía además dicha sentencia la posibilidad, en España, de aplicar judicialmente de forma directa la sanción de fijeza del empleado público contratado temporalmente en fraude de ley, sin filtro de la garantía de igualdad, mérito y capacidad. Posibilidad que, según la STS 29.04.2024 (rec. 4962/2022), se ampara en una interpretación *contraconstitutionem* llevada a cabo por el Tribunal de Luxemburgo.

A la espera de la resolución por el TJUE de una cuestión prejudicial planteada por auto del TS de 30.05.2024 sobre la conciliación de nuestras exigencias de igualdad, mérito y capacidad en el acceso al empleo público con la cláusula 5 del acuerdo incorporado en la Directiva, el propio TJUE afirma, en otra sentencia posterior, que la conversión automática de las relaciones de empleo o de los contratos temporales fraudulentos en contratos o relaciones de empleo por tiempo indefinido puede ser una medida adecuada para prevenir y, en su caso, sancionar el abuso de empleo público temporal «siempre que esa conversión no implique una interpretación *contra legem* del Derecho nacional» (STJUE 13.06.2024).

6. EL CONTRATO FORMATIVO

El contrato formativo es solo uno, pero tiene un doble objeto que origina dos modalidades (art. 11.1 ET). Una es el contrato para la formación en alternancia con el trabajo, o contrato de formación en alternancia. La otra es el contrato celebrado para desempeño de una actividad laboral destinada a adquirir una práctica profesional adecuada a los estudios cursados, o contrato en prácticas.

6.1. Aspectos generales

Si al término del contrato el trabajador continúa en la empresa, no cabrá celebrar periodo de prueba y, además, la duración del contrato formativo computa a efectos de antigüedad. La negociación colectiva sectorial puede desempeñar un papel muy importante determinando puestos de trabajo, actividades, niveles o grupos profesionales donde este contrato puede utilizarse (art. 11.4.e ET). Y las empresas de trabajo temporal pueden utilizarlo para poner trabajadores en formación a disposición de sus empresas usuarias (art. 10.2 LETT).

El contrato se presume celebrado por tiempo indefinido en ausencia de forma escrita (arts. 11.4.c y 8.2 ET), debiendo quedar consignados aspectos como el plan formativo individual, el contenido de las prácticas o la formación a recibir y las actividades de tutoría. Actualmente, la acción protectora de la Seguridad Social incluye todas las contingencias, también desempleo y FOGASA (art. 11.4.a ET).

La singularidad del contrato formativo radica en que añade la causa formativa a la causa onerosa de todo contrato de trabajo. De hecho, el incumplimiento de la causa formativa conlleva sanciones administrativas y la sanción legal referida a que los contratos se entienden concertados como indefinidos de carácter ordinario (art. 11.4.h ET). Esta causa formativa también conduce a distintas medidas legales específicas, como la exclusión de las reglas antiencadenamiento del art. 15.5 ET, la interrupción legal del cómputo de su duración cuando concurren ciertas situaciones suspensivas como la incapacidad temporal (art. 11.4.b ET) y la prohibición de que los trabajadores en formación sustituyan las funciones o tareas realizadas por los trabajadores temporalmente afectados por un ERTE (art. 11.4.f ET).

Los representantes de los trabajadores tienen derecho a que la empresa ponga a su disposición información sobre la acción formativa que la empresa lleva a cabo (art. 11.5 ET) y también, en particular, la información del servicio público de empleo que el empresario puede solicitar a este organismo a efectos de comprobar que el trabajador en formación no ha agotado la duración máxima del contrato en la misma o distinta empresa, información que tiene además valor liberatorio a efectos de no exceder dicha duración máxima (art. 11.7 ET).

La ley remite a un futuro desarrollo reglamentario los límites de edad aplicables a la contratación para la formación de personas con discapacidad o en riesgo de exclusión social y establece para ambas modalidades de contrato formativo una exclusión de las reglas sobre duración máxima (art. 11.4.d ET).

6.2. Contrato de formación en alternancia con el trabajo

Su regulación se encuentra en los apartados 2, 4, 5, 6 y 7 del art. 11 ET. Esta regulación se remite al desarrollo reglamentario en distintas ocasiones (arts. 11.2.f ET, 11.4.d ET y 11.4.i ET), pero este desarrollo de momento no existe. Actualmente, el contrato puede celebrarse a tiempo parcial (art. 12.1 ET). Solo cabe un único contrato en la misma empresa para obtener la misma titulación, lo que no impide simultanear varios contratos con distintas empresas si se cumplen ciertas condiciones (art. 11.2.h.2º ET). No pudiendo, en fin, celebrarse dicho contrato con quien haya desempeñado la actividad u ocupado el puesto de trabajo correspondiente al contrato durante más de 6 meses en la misma empresa, bajo cualquier modalidad contractual.

A) Objeto del contrato

Lo sustancial de este contrato es que el trabajador recibe formación teórica correspondiente a procesos formativos en el ámbito de la formación profesional, los estudios universitarios o del Catálogo de especialidades formativas del Sistema Nacional de Empleo, así como formación práctica. La formación teórica la proporciona el centro docente responsable del proceso formativo o incluso la propia empresa, cuando así esté previsto, mientras que la formación práctica, tratándose del desarrollo de la actividad laboral, la proporciona la empresa. Siendo el objeto de este contrato compatibilizar la actividad laboral con la actividad formativa, para garantizar su adecuado cumplimiento se requiere que el trabajador no tenga la titulación exigida para contratar en prácticas; el trabajador puede tener otra titulación, aunque esta titulación no puede haber servido para celebrar un contrato formativo anterior del mismo nivel formativo y del mismo sector productivo.

La variedad de los procesos formativos que pueden dar lugar a esta contratación hace que, con carácter general, no exista límite de edad para contratar, existiendo un límite máximo de 30 años que se aplica exclusivamente a las contrataciones dirigidas a obtener certificados de formación profesional de grado básico y medio y a la contratación en el marco de programas de formación en alternancia previstos en el Catálogo de especialidades formativas del Sistema Nacional de Empleo.

El contrato de formación en alternancia es la modalidad que hay que utilizar en los programas experienciales de empleo/formación del art. 33.2 RD 818/2021, por el que se regulan los programas comunes de activación para el empleo del Sistema Nacional de Empleo. Dicho contrato, asimismo, queda también previsto en el marco de los programas formativos que incluyan compromisos de contratación del art. 28 RD 694/2017, por el que se desarrolla la Ley 30/2015, por la que se regula el Sistema de Formación Profesional para el Empleo en el ámbito laboral.

B) Duración

La duración mínima del contrato es de tres meses y la máxima de dos años. Pero la duración concreta tiene que marcarla el correspondiente plan o programa formativo, que también puede prever que el contrato se ejecute a lo largo de distintos periodos anuales coincidentes con los estudios.

El contrato concertado por duración máxima inferior a la legal puede prorrogarse, por acuerdo entre las partes, hasta la duración máxima legal, solo si la prórroga es necesaria para obtener el título asociado al contrato.

C) Especialidades en materia de condiciones de trabajo

El contrato no admite periodo de prueba, ni horas complementarías en los contratos a tiempo parcial, ni horas extraordinarias en los contratos a tiempo completo; tampoco admite, como regla general (art. 11.2.k ET), trabajo nocturno y a turnos. La existencia de tiempo para la formación teórica se garantiza previendo que el tiempo de trabajo efectivo debe ser compatible con el tiempo dedicado a las actividades formativas y fijando en un 35% de la jornada máxima convencional el tiempo que, como mínimo, hay que dedicar a esta formación durante el primer año del contrato; durante el segundo año, este mínimo baja al 15%.

En materia retributiva, tanto si hay convenio colectivo aplicable como si no, la retribución mínima garantizada legalmente es el SMI en proporción al tiempo de trabajo efectivo. De hecho, si no hay convenio colectivo que establezca la retribución del trabajador en formación, la aplicación de los porcentajes establecidos en el art. 11.2.m ET del salario de convenio durante el primer y el segundo de vigencia del contrato no puede arrojar un salario inferior al SMI en proporción al tiempo de trabajo efectivo.

D) Especialidades en materia formativa

Tiene que haber conexión entre el trabajo del aprendiz y las actividades formativas que justifican su contratación. La integración y coordinación entre el trabajo y las actividades formativas se lleva a cabo mediante el convenio de cooperación formativa que la empresa está obligada a suscribir con la autoridad laboral o educativa de formación profesional o, en su caso, con la universidad. También es necesario que el centro formativo elabore, con participación de la empresa, el plan formativo individual que delimita el contenido de la formación, el calendario, las actividades y los requisitos de tutoría. El seguimiento del plan formativo en la empresa corresponde al tutor que tiene que nombrar la empresa. El centro formativo tiene que nombrar otro tutor y también tiene que garantizar que entre ambos tutores existe coordinación.

6.3. Contrato en prácticas

Su regulación se encuentra en los apartados 3, 4, 5, 6 y 7 del art. 11 ET. Pese a que esta regulación se remite al desarrollo reglamentario en distintas ocasiones (arts. 11.3.j ET y 11.4.i ET), este desarrollo de momento no existe.

El contrato puede celebrarse, sin límite de edad, con quienes posean un título universitario u otras titulaciones obtenidas de acuerdo con la LOOIFP, y también con quienes posean un título equivalente de enseñanzas artísticas o deportivas del sistema educativo que habilite o capacite para el ejercicio de la actividad laboral. Solo puede concertarse dentro de los tres años siguientes a la finalización de los estudios, o cinco, en el caso de personas con discapacidad, pero no con quien ya haya obtenido experiencia laboral o desempeñado actividad formativa en la misma actividad dentro de la misma empresa por un tiempo superior a tres meses.

El contrato admite un periodo de prueba de hasta un mes, aunque los convenios colectivos pueden alargar dicho periodo lo que estimen necesario, con el límite del fraude de ley o del abuso del derecho. No admite dicho contrato la realización de horas extraordinarias.

Los convenios colectivos sectoriales pueden concretar la duración mínima del contrato, que no puede ser inferior a seis meses, y también la duración máxima, que no puede exceder de un año. El límite de un año también se aplica para impedir que una persona pueda ser contratada en la misma o distinta empresa por un tiempo superior en virtud de la misma titulación o certificado de profesionalidad, prohibiéndose igualmente estar ocupado en la misma empresa por un tiempo superior para el mismo puesto de trabajo, aunque se trate de distinta titulación o certificado. Pero la obtención de distintos títulos universitarios hace posible la contratación en prácticas para cada uno de ellos, salvo si la primera contratación se formaliza con base en el título superior.

La empresa debe elaborar un plan formativo individual que especifique el contenido de la práctica profesional, asignar un tutor para su seguimiento y certificar al trabajador la práctica realizada al término del contrato.

En materia salarial, el mínimo legalmente garantizado es alternativo, aplicándose la fórmula más favorable para el trabajador. O bien se aplica la retribución mínima prevista para el contrato para la formación en alternancia, o bien se aplica directamente el SMI en proporción al tiempo de trabajo efectivo. Si el convenio colectivo aplicable no establece el régimen retributivo de este contrato, se aplica el mínimo legal consistente en el salario de convenio para el grupo profesional y nivel retributivo correspondiente a las funciones desempeñadas, siempre que este mínimo sea superior al mínimo salarial que la ley formula en términos alternativos.

6.4. El Estatuto del becario

El problema de los contratos formativos no radica en su utilización fraudulenta, sino en su utilización residual. Además de la burocracia asociada a los mismos, sobre todo al de formación en alternancia, explica también el poco éxito de estos contratos la realidad de que las becas y las prácticas no laborales, tanto de las universitarias (art. 11 RD 822/2021), especialmente las extracurriculares (art. 4 RD 592/2014), como las prácticas no laborales en empresas (RD 1543/2001) muchas veces funcionan haciendo las veces de este contrato. Por eso, la anunciada aprobación del «Estatuto del Becario» (DA 2ª RD-Ley 32/2021) puede ser útil para garantizar la eficacia del contrato formativo.

7. EL CONTRATO DE TRABAJO A TIEMPO PARCIAL

Este contrato, en los términos que dispone el art. 12 ET, presenta una modalidad contractual común y otras dos modalidades respectivamente referidas al contrato a tiempo parcial de un trabajador que se jubila de forma parcial y al contrato de relevo que se celebra para sustituir al trabajador parcialmente jubilado.

Los derechos y obligaciones de los trabajadores a tiempo parcial son los mismos que los de los trabajadores a tiempo completo (regla de equiparación), pero de manera proporcional cuando corresponda por la naturaleza del derecho o la obligación (regla de proporcionalidad), debiendo garantizarse la ausencia de discriminación, directa o indirecta, entre mujeres y hombres. La ley no precisa nada más, por lo que son los tribunales los que acaban concretando cuándo se aplica o no la regla de proporcionalidad.

El contrato a tiempo parcial es voluntario. Esto significa que el empresario no puede transformar un contrato a tiempo completo en un contrato a tiempo parcial en contra de la voluntad del trabajador, ni siquiera por la vía del art. 41 ET. El trabajador no puede ser despedido ni sufrir otro tipo de efecto perjudicial si rechaza la novación, aunque el empresario podría adoptar las medidas de los arts. 51 y 52.c) ET.

Con el fin de posibilitar la movilidad voluntaria en el trabajo a tiempo parcial, el empresario debe informar a los trabajadores sobre la existencia de puestos de trabajo vacantes, de manera que los mismos puedan formular solicitudes de conversión de un contrato a tiempo completo en otro a tiempo parcial o viceversa, o para el incremento del tiempo de trabajo de los trabajadores a tiempo parcial. Las solicitudes de novación del contrato o ampliación de la jornada deben ser tomadas en consideración por el empresario, en la medida de lo posible. La negativa empresarial debe ser motivada y comunicada por escrito al trabajador. Asimismo, a fin de favorecer la progresión y movilidad profesionales del trabajador a tiempo parcial, los convenios colectivos deben establecer medidas para facilitar su acceso a la formación profesional continua.

7.1. El contrato a tiempo parcial común

El contrato puede ser indefinido o temporal y se define, muy ampliamente, como aquel contrato en que el trabajador se obliga a trabajar un número de horas diarias, semanales o anuales inferior a la jornada de un trabajador a tiempo completo comparable, que es aquel trabajador de la misma empresa y centro de trabajo que realice un trabajo idéntico o similar. Si no hay comparación posible, la jornada a tiempo parcial es una jornada inferior a la jornada fijada en convenio o, en último término, inferior a la jornada legal.

El contrato se celebra por escrito haciendo constar expresamente su duración, el número de horas y su distribución según lo previsto en el convenio colectivo aplicable; el incumplimiento de esta obligación activa la presunción iuris tantum de que el contrato es por tiempo indefinido y a tiempo completo. La presunción de que el contrato es a jornada completa también se aplica cuando el empresario incumple su obligación de registro diario de la jornada.

Cuando el trabajador a tiempo parcial trabaje menos horas al día que los trabajadores a tiempo completo y además con jornada partida, solo cabe una interrupción, salvo que se disponga otra cosa en convenio colectivo.

Los trabajadores a tiempo parcial no pueden realizar horas extraordinarias, pero sí horas complementarias. Se trata de horas adicionales a las pactadas en el contrato, resultando aplicable la normativa común sobre jornada diaria, trabajo nocturno y descanso semanal, y con el límite de que la suma de ambos tipos de horas no exceda del límite legal del trabajo a tiempo parcial. Estas horas solo caben en los contratos a tiempo parcial con jornada no inferior a diez horas semanales de promedio en cómputo anual. Las horas complementarias se retribuyen y cotizan a la seguridad social como horas ordinarias, computan a todos los efectos de Seguridad Social, y debe quedar constancia de su realización en los recibos de salarios, en los boletines de cotización y también en los registros diarios y resúmenes mensuales.

Existen horas complementarias pactadas y horas complementarias voluntarias.

Las horas complementarias pactadas han de serlo necesariamente por escrito. No pueden superar el 30% de las horas ordinarias contratas. Pero los convenios colectivos pueden establecer un porcentaje mínimo del 30% y un porcentaje máximo del 60% de las horas ordinarias contratadas. La distribución de estas horas se realiza conforme a lo establecido en el convenio colectivo y en el propio pacto, respetando el derecho del trabajador a conocer con una antelación mínima de tres días la realización de las horas complementarias, salvo que el convenio colectivo establezca un plazo inferior. El empresario no puede sancionar al trabajador que se niega a realizar estas horas cuando la orden de realizarlas vulnera los requisitos legal o convencionalmente previstos. Transcurrido un año desde la celebración de este pacto, si existen responsabilidades familiares, necesidades formativas o incompatibilidad con otro trabajo a tiempo parcial el trabajador puede dejarlo sin efecto avisando a la empresa con quince días de antelación.

Las horas complementarias voluntarias pueden ser propuestas por el empresario sin preaviso y/o en cualquier momento a los trabajadores a tiempo parcial con contrato indefinido, sin que la negativa a realizarlas constituya conducta sancionable. No pueden superar el 15% de las horas ordinarias objeto del contrato, ampliables al 30% por convenio colectivo. Estas horas no computan a efectos de los topes de horas complementarias pactadas, sino que son acumulativas.

7.2. Contrato a tiempo parcial del trabajador relevado por jubilación parcial y contrato de relevo del trabajador relevista

La regulación de estos contratos la establecen los apartados 6, 7 y 8 del art. 12 ET en conexión con el art. 215 LGSS y con el RD 1131/2002. Conviene efectuar una distinción entre trabajador relevado y trabajador relevista para, a continuación, exponer diferenciadamente los supuestos de contratación a tiempo parcial en función de si el trabajador relevado se jubila parcialmente a la edad ordinaria de jubilación o si lo hace de forma anticipada.

A) Trabajador relevado y trabajador relevista

El trabajador relevado es el trabajador que se jubila parcialmente con arreglo al art. 215 LGSS, que establece que la retribución por su trabajo es compatible con la pensión de jubilación parcial. El trabajador relevista es el trabajador que celebra con la empresa el contrato de relevo, originariamente previsto para cubrir la parte de jornada que deja de realizar el trabajador relevado. Los trabajadores relevistas solo pueden ser trabajadores en situación de desempleo o trabajadores temporales de la misma empresa.

No es necesario que el puesto de trabajo del trabajador relevista sea el mismo que el del trabajador relevado, pudiendo el horario del primero completar o simultanearse con el del segundo. La negociación colectiva o el pacto individual pueden prever la acumulación de la jornada del trabajador relevado en los periodos de tiempo que, con total libertad, se estimen adecuados. Asimismo, la negociación colectiva queda ampliamente habilitada para impulsar la celebración de contratos de relevo.

El trabajador relevado puede acceder a la jubilación parcial a la edad ordinaria de jubilación o de forma anticipada si reúne los requisitos del art. 215.2 LGSS. Lo necesario, en ambos casos, es que el trabajador relevado tenga en el momento de formular la solicitud de jubilación parcial la condición de trabajador a tiempo completo y que se produzca una reducción de su jornada de trabajo entre un mínimo de un 25% y un máximo del 75% de la jornada de un trabajador a tiempo completo comparable. Siendo evidente que no existe un derecho legal del trabajador a jubilarse parcialmente porque la transformación del contrato a tiempo completo en contrato a tiempo parcial es voluntaria para ambas partes, no solo para el trabajador, cabría, no obstante, sostener que sigue siendo aplicable la jurisprudencia anterior a la reforma de la jubilación parcial por RD-Ley 11/2024 y que el convenio colectivo aplicable sí puede obligar de forma expresa a la empresa a aceptar las solicitudes de jubilación parcial formuladas por sus trabajadores (STS 30.05.2024, rec. 3951/2021).

B) Contrato de relevo por jubilación parcial a la edad ordinaria de jubilación

Si el trabajador relevado accede a la jubilación parcial a la edad ordinaria de jubilación no es obligatorio formalizar contrato de relevo. De celebrarse, este contrato de relevo tendrá una jornada como mínimo igual a la dejada vacante por el jubilado parcial y podrá celebrarse por tiempo indefinido o por duración determinada, siendo, en este último caso, su duración coincidente con el tiempo en que se mantenga la jubilación parcial y, en todo caso, con un mínimo de un año.

C) Contrato de relevo por jubilación parcial de forma anticipada

Para acceder a la jubilación parcial de forma anticipada resulta obligatoria la celebración de un contrato de relevo por tiempo indefinido y a tiempo completo (o en su caso un contrato fijo discontinuo, en los términos que se establezcan reglamentariamente). Este contrato de relevo debe mantenerse vigente desde la fecha de efectos de la jubilación parcial hasta, al menos, los dos años posteriores a la extinción de la misma, quedando previsto de forma expresa que, si el contrato se extingue antes de dicho plazo, el empresario queda obligado a celebrar un nuevo contrato de relevo en los mismos términos del extinguido. El incumplimiento de esta obligación por parte del empresario le hace responsable del reintegro de la pensión que haya percibido el pensionista a tiempo parcial.

Tras la reforma efectuada por el RD-Ley 11/2024, en fin, parece que sigue vigente el régimen de mantenimiento de contratos de relevo respectivamente previsto en la DA 2ª RD 1131/2002 para el caso de cese del trabajador relevista y para el caso de que el trabajador relevado sea objeto de despido improcedente sin readmisión.

8. EL CONTRATO FIJO DISCONTINUO

El contrato fijo discontinuo del art. 16 ET es un contrato con especialidades en materia de «Duración del contrato» (sec. 1.ª, Tit. I, Cap. II ET) cuya particularidad, más que en materia de duración, que es por tiempo indefinido, radica en que su ejecución y el desarrollo de la prestación no se realizan de manera continua y/o uniforme durante el año, sino discontinua, sujeta a patrones de temporada o intermitencia. Los contratos fijo discontinuo y a tiempo parcial coinciden en que el trabajador trabaja al año menos horas que las que se corresponden con la jornada a tiempo completo. Sin embargo, en el contrato fijo discontinuo, durante el periodo de actividad, la jornada se desarrolla a tiempo completo. De hecho, el art. 16.5.2º ET envía a los convenios colectivos sectoriales la posibilidad de formalizar contratos fijo discontinuos a tiempo parcial.

El contrato se formaliza por escrito reflejando los elementos esenciales de la actividad laboral y, en particular, la duración del periodo de actividad, la cantidad de horas de trabajo a prestar durante el periodo de actividad y su distribución horaria. Ello puede hacerse con carácter estimado y ser concretado en el momento del llamamiento.

Durante los periodos de inactividad el contrato se interrumpe, pero no se extingue, y los periodos de inactividad son considerados como situación legal de desempleo (art. 267.1.d LGSS).

8.1. Supuestos justificativos del contrato fijo discontinuo

Los supuestos justificativos del contrato son los cuatro que establece el art. 16.1 ET. Según la STS 06.05.2025 (rec. 124/2023), la actual redacción legal de los dos primeros supuestos (trabajo estacional y trabajo no estacional pero sí intermitente) obedece a la finalidad de «afinar el concepto» de este contrato, mientras que los otros dos supuestos (trabajo fijo discontinuo en contratas y en empresas de trabajo temporal) llevan a cabo una «extensión de su ámbito aplicativo». En todo caso, establece la citada sentencia que el carácter estacional o intermitente de una actividad no es discrecional para la empresa porque depende de factores objetivos independientes de la voluntad de las partes o de la empresa. Con esta justificación, dicha sentencia, remitiéndose a jurisprudencia anterior a la reforma de este contrato del año 2021, considera que el art. 16.1 ET no admite la posibilidad de efectuar una contratación fijo discontinua en centros escolares para impartir formación reglada porque dicha actividad constituye una actividad continua que trasciende el curso escolar y en modo alguno una actividad intermitente a efectos del art. 16.1 ET (la división de la docencia en cursos escolares afecta a los alumnos y a su relación académica con el centro, pero no a los profesores que imparten las enseñanzas regladas).

A) Trabajos de naturaleza estacional o vinculados a actividades productivas de temporada

Se trata del clásico supuesto representado por una empresa que desarrolla su actividad durante todo el año y que todos los años, en determinadas fechas, tiene puntas o incrementos del trabajo, pudiendo también tratarse de empresas que solo desarrollan su actividad durante determinados periodos del año. Lo importante es que los trabajos que constituyen el objeto de esta modalidad se caracterizan por su permanencia. De hecho, sucesivos contratos eventuales utilizados para cubrir una necesidad de carácter intermitente o cíclica, en intervalos temporales separados pero reiterados en el tiempo y dotados de una cierta homogeneidad, son constitutivos de una contratación fijo discontinua (STS 25.11.2020, rec. 777/2019).

Es usual que la estacionalidad de las actividades económico productivas que conducen a este contrato venga condicionada por la temperatura, el clima o la temporada del año. No obstante, este carácter cíclico también puede tener carácter estructural, por responder a la necesidad del trabajo en sí más que a la existencia de estaciones o temporadas, por ejemplo las contrataciones de personal laboral del INE para realizar encuestas anuales (STS 22.02.2011, rec. 2498/2011).

Las fechas de inicio y fin del periodo de actividad en el trabajo fijo discontinuo de naturaleza estacional pueden ser ciertas o fechas inciertas. La obligación legal de llamamiento empresarial resulta fundamental cuando el contrato fijo discontinuo es de fechas inciertas porque el inicio de la temporada depende de los propios factores, externos a la empresa y/o independientes de la voluntad de las partes (STS 19.022019, rec. 971/2017), que condicionan y marcan el ritmo de la temporada o de la campaña.

B) Trabajos de naturaleza intermitente con periodos de ejecución ciertos, determinados o indeterminados

Este supuesto origina una modalidad de contrato fijo discontinuo intermitente, legalmente concebido para el desarrollo de trabajos que, aunque no tienen naturaleza estacional o de temporada, sí tienen naturaleza intermitente, con periodos de ejecución ciertos, es decir, que se producen con seguridad, pero cuyas fechas concretas, tanto la de inicio como la de finalización, pueden ser conocidas o no. Y el TS establece, como ya se ha dicho, que la intermitencia del contrato se origina como consecuencia de factores ajenos a la voluntad de la empresa, sin que dicha intermitencia pueda decidirla la empresa.

C) Trabajo fijo discontinuo en el marco de contratas

Este contrato también puede celebrarse para prestar servicios en el marco de la ejecución de contratas que, siendo previsibles, formen parte de la actividad ordinaria de la empresa. No hay aquí ningún tipo de reiteración cíclica, sino que los periodos de ejecución del contrato se vinculan al cumplimiento de las obligaciones interempresariales. El art. 16.1 ET no establece un plazo mínimo entre la finalización de una contrata y la formalización de la siguiente, pero la STS 27.03.2025 (rec. 73/2023) ha establecido que un periodo mínimo de llamamiento de 48 horas al trabajador fijo discontinuo de contratas para que se incorpore a la contrata es inviable porque la contrata sería imprevisible.

Concluida una contrata, se abre, para el trabajador fijo discontinuo de contratas, un plazo de inactividad hasta que la empresa concierte otra contrata a la que adscribir al trabajador, aunque si el periodo de inactividad excede de tres meses, o de la duración superior o inferior dispuesta por convenio colectivo, la empresa podrá tomar medidas suspensivas o extintivas.

D) Trabajo fijo discontinuo en el marco de empresas de trabajo temporal

La posibilidad de utilizar este contrato para la cobertura de contratos de puesta a disposición vinculados a necesidades temporales de diversas empresas usuarias conlleva que el trabajador fijo discontinuo de una empresa de trabajo temporal enlaza el cumplimiento sucesivo de distintos contratos de puesta a disposición y el empresario queda exonerado por los periodos de inactividad entre tales contratos.

8.2. Obligaciones empresariales, en especial la obligación de llamamiento

Como, entre periodos de inactividad, el contrato no se extingue, los trabajadores tienen derecho a ser llamados por la empresa cuando se reanudan las actividades para las que fueron contratados. La negociación colectiva puede establecer el régimen aplicable a esta obligación, que debe llevarse a cabo con una antelación adecuada. De acuerdo con la citada STS 27.03.2025, en el trabajo fijo discontinuo de contratas una antelación mínima de 48 horas no es adecuada. El llamamiento empresarial debe, asimismo, efectuarse por escrito o de otra forma que acredite la debida notificación con las indicaciones precisas de las condiciones de la incorporación. La STS 27.03.2025 ha declarado, en este sentido, que la comunicación escrita puede hacerse en formato papel pero también en formato electrónico, por ejemplo mediante el whatsapp o el correo electrónico del trabajador, sin necesidad de que el trabajador preste su consentimiento porque el conocimiento empresarial de estos datos de contacto de sus trabajadores puede ser, en ocasiones, necesario para la ejecución de su contrato (art. 6.1.b RGPD).

Los convenios colectivos sectoriales pueden prever, entre otras medidas, la obligación de la empresa de elaborar un censo anual de trabajadores fijo discontinuos que facilite el establecimiento de los criterios y prioridades para articular el régimen jurídico de esta obligación empresarial.

Si no se reanuda en absoluto la actividad al inicio de la temporada, la empresa que no puede hacer el llamamiento tiene que seguir el procedimiento de despido colectivo por fuerza mayor o ERTE suspensivo.

En la práctica, el principal incumplimiento empresarial es la ausencia de llamamiento, en cuyo caso se produce un despido improcedente (STS 23.10.1995, rec. 627/1995). Para reclamar judicialmente, el dies a quo es el momento en que se produce la falta de llamamiento o el momento en que el interesado conociese la falta de llamamiento. Otros incumplimientos del empresario podrán originarse por la inobservancia de las reglas dispuestas en la negociación colectiva sectorial, legalmente habilitada para establecer medidas como periodos mínimos de llamamiento anuales y cuantías por fin de llamamiento.

La empresa también queda obligada a trasladar a los representantes legales de los trabajadores, al inicio de cada año natural y con suficiente antelación, un calendario con las previsiones de llamamiento anual o, en su caso, semestral, así como los datos de nuevas contrataciones fijo discontinuas. E igualmente debe la empresa informar, a los trabajadores y a sus representantes, sobre la existencia de puestos de trabajo vacantes de carácter fijo ordinario a fin de que puedan formular solicitudes de conversión del contrato.

8.3. Derechos específicos del trabajador fijo discontinuo

Los trabajadores fijo discontinuos tienen derecho a no sufrir perjuicios por el ejercicio de los derechos de conciliación, ausencias con derecho a reserva de puesto de trabajo y otras causas justificadas.

Este colectivo también queda legalmente previsto como «prioritario» para acceder a las iniciativas de formación del sistema de formación profesional para el empleo durante los periodos de inactividad. De hecho, con este mismo objeto de favorecer su contratación y su formación, los convenios colectivos sectoriales pueden integrar a estos trabajadores en bolsas sectoriales de empleo. Disfrutando, asimismo, del derecho a formular solicitudes de conversión voluntaria del contrato en contrato fijo ordinario de conformidad con los procedimientos que establezca la negociación colectiva sectorial o, en su defecto, los acuerdos o pactos de empresa.

En particular, los trabajadores fijo discontinuos tienen derecho a que su antigüedad se calcule considerando toda la duración de la relación laboral, salvo para aquellas condiciones que exijan otro tratamiento que, en todo caso, ha de ser objetivo y transparente y debe justificarse en la naturaleza de la condición de trabajo. Regla que, según la jurisprudencia, impone tomar en consideración tanto los periodos de servicios como los de inactividad para el cálculo de complementos salariales como el complemento personal por antigüedad (STS 27.10.2022, rec. 3893/2019), pero que permite tomar en consideración únicamente el tiempo de servicios prestados a efectos de calcular la indemnización por despido (STS 20.05.2025, rec. 3048/2024).

9. EL CONTRATO DE TRABAJO A DISTANCIA

La regulación de esta modalidad contractual se encuentra en la LTD (art. 13 ET), aplicable a las relaciones de trabajo en las que concurran las notas del art. 1.1 ET. La aplicación de la LTD también depende de que dichas relaciones se desarrollen a distancia con carácter regular, entendiéndose que es regular el trabajo a distancia que se preste, en un periodo de referencia de tres meses, un mínimo del 30% de la jornada, o el porcentaje proporcional equivalente en función de la duración del contrato.

Un aspecto sin regulación en la LTD es el fuero territorial del trabajador a distancia. Ello remite a la norma general (art. 10 LRJS), conforme a la cual el empresario tiene que ser consciente de que, desde el momento en que pacta el teletrabajo, el trabajador podrá interponer demandas laborales en los Juzgados de lo Social de su domicilio «y el empleador deberá prever la posibilidad de tener que ejercitar su derecho de defensa en estos órganos judiciales» (STS 24.04.2025, rec. 1219/2024).

9.1. Acuerdo de trabajo a distancia, voluntariedad y reversibilidad

El acuerdo de trabajo a distancia es fundamental para establecer este régimen de trabajo en cualquier contrato. Se trata de un acuerdo exquisitamente individual, formalizado entre el trabajador y su empresario, obligatoriamente por escrito y con sujeción a los requisitos formales del art. 8 ET y a los materiales del art. 7 LTD.

Este acuerdo individual puede ser un contrato de adhesión, es decir, el mismo modelo, o tipo, de acuerdo de trabajo a distancia ofrecido para su aceptación a todos los trabajadores. Este modelo tipo puede, además, ser elaborado unilateralmente por la empresa (STS 02.04.2025, rec. 169/2022) o ser diseñado previamente por la negociación colectiva (STS 26.06.2024, rec. 959/2024). En todo caso, la legalidad de sus cláusulas depende de su ajustamiento a los preceptos de la LTD y normativa conexa aplicable. Por ejemplo, un contenido mínimo de este acuerdo es el «Porcentaje y distribución entre trabajo presencial y trabajo a distancia» (art. 7.d LTD), resultando ilegales aquellas cláusulas individuales que no garantizan el acuerdo de voluntades entre el trabajador y la empresa en relación con el porcentaje y distribución entre el trabajo presencial y a distancia (STS 26.06.2024, rec. 959/2024).

La elaboración del contrato de adhesión sobre trabajo a distancia de forma unilateral por la empresa, por otro lado, tiene también el límite de los derechos de información reconocidos a los representantes de los trabajadores, por ejemplo la audiencia previa que requiere el art. 18.2 LTD para que la empresa elabore su política interna sobre desconexión digital. La omisión de estos derechos, por ejemplo mediante cláusula tipo unilateralmente introducida por la empresa que obliga al trabajador a distancia a responder las comunicaciones empresariales electrónicas fuera de horario realizadas con carácter urgente, conduce también a la nulidad de la correspondiente cláusula del acuerdo individual de trabajo a distancia (STS 02.04.2025, rec. 169/2022).

Las condiciones de trabajo legalmente previstas como contenido mínimo de este acuerdo son susceptibles de ser ampliadas por la negociación colectiva y no son modificables unilateralmente por la empresa mediante los arts. 40 y 41 ET.

Este acuerdo de trabajo a distancia puede formar parte del contrato inicial o realizarse en un momento posterior. Los convenios colectivos pueden encargarse de la ordenación de las prioridades para pasar desde el trabajo a distancia al trabajo presencial y viceversa, pero cuando los trabajadores a distancia son contratados originariamente bajo esta modalidad a distancia, tienen reconocida por ley una prioridad para ocupar puestos de trabajo presenciales que los convenios colectivos no pueden alterar.

Los teletrabajadores no originarios, es decir, teletrabajadores sobrevenidos, son aquellos que tienen contrato en vigor de trabajo presencial y pasan desde el trabajo presencial al trabajo a distancia. Esta novación del contrato es voluntaria tanto para el trabajador como para el empresario, sin perjuicio del derecho al trabajo a distancia que pueda reconocer la ley o la negociación colectiva, quedando asimismo previsto que el empresario no puede imponer el trabajo a distancia modificando el contrato de trabajo presencial mediante el art. 41 ET.

El trabajo a distancia es también reversible para ambas partes del contrato. La ley no es clara, pero todo apunta a que la reversibilidad no puede ser impuesta, debiendo llevarse a cabo o bien en los términos que establezca la negociación colectiva o, en su defecto, el acuerdo de trabajo a distancia, o bien, en ausencia de cláusula convencional o individual, mediante acuerdo expreso adoptado de forma sobrevenida entre el trabajador y su empresario. El carácter prevalente de la negociación colectiva para ocuparse de la reversibilidad lo confirma la DA 1ª.2 LTD. Son nulas, sin embargo, las cláusulas del acuerdo individual de trabajo a distancia, incluso aunque estén diseñadas en la negociación colectiva, que facultan a la empresa para decidir unilateralmente la reversión al trabajo presencial y que condicionan la solicitud del trabajador a la aceptación de la empresa (SSTS 02.04.2025, rec. 169/2022 y 26.06.2024, rec. 959/2024).

Existe, por lo demás, protección frente al despido y frente a modificaciones sustanciales instadas por la empresa que alcanza a los trabajadores que rechazan la propuesta empresarial de trabajar a distancia, a los teletrabajadores que pretenden ejercer o han ejercitado la reversibilidad al trabajo presencial y a los teletrabajadores que tienen dificultades para teletrabajar.

9.2. Derechos del trabajador a distancia

Los derechos del trabajador a distancia son los mismos que los de los trabajadores presenciales, incluyendo los derechos colectivos (art. 19 LTD), salvo los derechos que sean inherentes a la presencialidad.

Los derechos expresamente regulados en la LTD son el derecho a la carrera profesional (formación y promoción profesional); derechos relativos a la dotación suficiente, mantenimiento de medios, equipos y herramientas y abono y compensación de gastos (derecho mínimo e irrenunciable que el acuerdo individual de teletrabajo no puede dejar sin efecto, según SSTS 04.03.2025, rec. 56/2023 y 02.04.2025, rec. 16972022); derechos en materia de tiempo de trabajo (horario flexible y registro horario); derecho a la prevención de riesgos laborales, con previsiones particulares en materia de evaluación de riesgos y planificación de la actividad preventiva; así como los derechos a la intimidad, protección de datos y desconexión digital relacionados con el uso de medios digitales. También, en fin, existe un principio legal de igualdad retributiva.

Por otra parte, las dificultades técnicas o de otro tipo no imputables al trabajador, incluida la fuerza mayor, que impidan el desarrollo del trabajo no podrán implicar ningún perjuicio para el trabajador a distancia. Aplicando esta previsión, declara la STS 19.09.2023 (rec. 260/2021) que el tiempo no trabajado como consecuencia de averías u otras incidencias constituye tiempo de trabajo efectivo que el empresario tiene que remunerar sin poder exigir su recuperación.

9.3. Facultades y obligaciones empresariales

La regulación legal del trabajo a distancia reconoce las facultades empresariales de vigilancia y control de la correcta ejecución de la prestación laboral. También reconoce la prerrogativa empresarial de establecer criterios objetivos para la utilización por parte de los trabajadores de dispositivos digitales en el trabajo. Si estos dispositivos digitales son propiedad del trabajador, la empresa no puede exigir la instalación de programas o aplicaciones. Los trabajadores a distancia han de cumplir las instrucciones empresariales sobre protección de datos, seguridad de la información y uso y conservación de equipos o útiles informáticos. Teniendo en cuenta, además, que la facilitación a la empresa del correo electrónico y número de teléfono personal del trabajador a distancia puede ser necesario para la ejecución de su contrato ex art. 6.1.b RGPD (STS 02.04.2025, rec. 169/2022).

La LTD obliga al empresario a evitar cualquier discriminación de los trabajadores a distancia y le exige tener en cuenta sus características laborales específicas en el diagnóstico, implementación, aplicación, seguimiento y evaluación de medidas y planes de igualdad. Se remarca que los trabajadores pueden ser víctimas de cualquier tipo de acoso y se requiere expresamente a las empresas que consideren las particularidades del trabajo a distancia al configurar y aplicar las medidas adoptadas para luchar contra estas prácticas, incluida la violencia de género. La LTD, finalmente, incluye un llamamiento a la negociación colectiva para que adopte mecanismos y criterios dirigidos a evitar que el trabajo a distancia y las preferencias vinculadas a determinadas circunstancias contribuyan a perpetuar roles y estereotipos de género.

Lección 12ª

La prestación laboral: determinación y modificación

1. DETERMINACIÓN DE LA PRESTACIÓN: LA CLASIFICACIÓN PROFESIONAL

1.1. Sistema de clasificación profesional y clasificación del trabajador

La ordenación y descripción de las tareas o funciones a realizar en una empresa se realiza mediante el "sistema de clasificación profesional" aplicable a la misma. Este sistema vendrá establecido mediante convenio colectivo (de ámbito empresarial o sectorial) o, en su defecto, mediante acuerdo entre la empresa y los representantes de los trabajadores (art. 22.1 ET). El mismo precepto se limita a añadir que el sistema de clasificación profesional se establecerá por medio de grupos profesionales. Por su parte, el art. 22.2 ET define muy genéricamente el concepto de grupo profesional, entendiendo "el que agrupe unitariamente las aptitudes profesionales, titulaciones y contenido general de la prestación", añadiendo que puede incluir "distintas tareas, funciones, especialidades profesionales o responsabilidades asignadas al trabajador".

Por lo demás, el art. 22.3 ET dispone que la definición de los grupos profesionales "se ajustará a criterios y sistemas que, basados en un análisis correlacional entre sesgos de género, puestos de trabajo, criterios de encuadramiento y retribuciones, tengan como objeto garantizar la ausencia de discriminación, tanto directa como indirecta, entre mujeres y hombres". Estos criterios y sistemas deben cumplir, en todo caso, con el principio de igualdad de remuneración por razón de sexo consagrado en el art. 28.1 ET. Esto significa que el empresario está obligado a pagar por la prestación de un trabajo de igual valor la misma retribución, satisfecha directa o indirectamente, y cualquiera que sea la naturaleza de esta, salarial o extrasalarial, sin que pueda producirse discriminación alguna por razón de sexo en ninguno de los elementos o condiciones de aquella.

Además de llevar a cabo esa ordenación por grupos, el convenio o acuerdo en cuestión describirá normalmente las tareas, funciones, especialidades o responsabilidades que se incluyan en cada grupo.

Partiendo del sistema de clasificación aplicable, la determinación de las tareas a realizar por cada trabajador se hará normalmente clasificándole en uno de los grupos, tareas, funciones, especialidades o responsabilidades previstos. Aunque nada impide que las tareas, funciones, especialidades o responsabilidades se determinen detallada y directamente en el propio contrato. En cualquier caso, esa clasificación individual del trabajador o la descripción de las funciones a realizar por él se efectúa en el contrato de trabajo. A ello se refiere el art. 22.4 ET cuando dice que por acuerdo entre el trabajador y el empresario se asignará al trabajador "un grupo profesional" y se establecerá como contenido de la prestación objeto del contrato la realización de "todas las funciones correspondientes al grupo profesional" o solamente de "algunas de ellas".

1.2. Efectos de la clasificación

Esa clasificación del trabajador en un determinado grupo profesional sirve, en lo esencial, para alcanzar dos objetivos.

De un lado, sirve para determinar las tareas, funciones, especialidades o responsabilidades a realizar por el mismo: las que vengan descritas en el convenio o acuerdo como incluidas en el grupo en cuestión (v.gr. art. 22 del XXI Convenio Colectivo general de la industria química, Resolución DGT 6 febrero 2025, define los 9 grupos profesionales —del 0 al 8— que agrupan las diversas tareas y funciones que se realizan en la Industria Química, dentro de las divisiones orgánicas funcionales en las que se descompone la misma). Ello no obstante, la Ley contempla la posibilidad tanto de acordar solo la realización **de** alguna de ellas como "la polivalencia funcional o la realización de funciones propias de más de un grupo" (art. 22.4 ET). En este último caso, el trabajador debe ser clasificado según un criterio de *prevalencia* (es decir, *"en virtud de las funciones que se desempeñen durante mayor tiempo")*, y no según un criterio de *preeminencia* (es decir, no en el grupo superior).

De otro lado, sirve para determinar alguno o algunos de los elementos de la retribución del trabajador: el salario base, los complementos previstos (antigüedad, nocturnidad, penosidad, participación en beneficios, etc.). En efecto, es asimismo normal que las tablas salariales del convenio fijen el salario correspondiente a cada grupo profesional, subgrupo o niveles funcionales. Por lo tanto, según cada convenio, puede suceder que el grupo profesional nos indique, a la vez que las funciones, tareas, especialidades o responsabilidades a realizar, el salario a percibir, distinto para cada uno de ellos (*v.gr.*: cap. VI y VII del Convenio Colectivo estatal de las empresas de seguridad para el período 2023-2026, Resolución DGT 30 noviembre 2022).

En fin, también es posible que la retribución se independice del grupo. Así sucede cuando la retribución se calcula para cada puesto de trabajo, valorando éste en función de una serie de factores (conocimientos, experiencia, iniciativa, autonomía, responsabilidad, mando, etc.) y calculando la retribución en función de esa valoración. Son los sistemas de retribución "por análisis y valoración de puestos de trabajo".

1.3. Otras reglas sobre clasificación

Aparte lo ya indicado (el sistema de clasificación se establece por convenio o acuerdo, y la determinación de las tareas se hace de mutuo acuerdo entre empresario y trabajador), del art. 22.4 ET se desprenden otras reglas a tener en cuenta:

— La clasificación del trabajador ("asignación" al mismo de "un grupo") tiene que hacerse en un determinado grupo. Ese grupo tendrá que ser el que, según el sistema aplicable, se corresponda con las tareas, funciones, especialidades o responsabilidades realizadas (antes denominado "principio de adecuación función-categoría").

— La clasificación puede ser, entonces, incorrecta. Ya sea porque no se corresponda desde el inicio con las funciones desempeñadas, ya sea porque las funciones hayan variado posteriormente (ver, infra, movilidad funcional). Para estos conflictos, está previsto un proceso especial (art. 137 LRJS), en el que no cabe recurso de suplicación frente a la sentencia del juzgado (que sí cabe, en cambio, cuando lo que se reclama es una cantidad).

— La clasificación puede ser incorrecta, también, no por falta de adecuación entre las funciones y la clasificación; sino porque las funciones asignadas no fueran las que debieron asignarse (por ejemplo, tras un período de prácticas, según el convenio aplicable). En este caso el proceso a seguir es el ordinario.

2. LA MOVILIDAD FUNCIONAL

Las funciones pactadas (y la consiguiente clasificación) pueden cambiar por mutuo acuerdo entre empresario y trabajador. Pero pueden cambiar también por decisión unilateral del empresario.

A estos efectos, el art. 39 ET permite una movilidad funcional decidida por el empresario, tanto dentro del grupo profesional cuanto fuera del grupo profesional. La ley, pues, resulta muy flexible, aunque lógicamente los requisitos no son los mismos en un caso y en otro.

A) En cuanto a las *causas de la movilidad*, el art. 39.2 ET solamente las exige cuando se trate de movilidad fuera del grupo. En tal supuesto, se requieren "razones técnicas u organizativas".

Es posible, de todos modos, que por convenio colectivo se exija una justificación también para el cambio de funciones dentro del grupo.

B) En cuanto a la *duración de la movilidad funcional*, igualmente solo se establecen límites (uno general, otros específicos) en el supuesto de movilidad fuera del grupo, pero podrían añadirse límites temporales por convenio colectivo también para la movilidad dentro del grupo.

Como límite general, el art. 39.2 ET señala el del "tiempo imprescindible" en función de las causas que motiven la movilidad.

Pero, además, el art. 39.2 ET fija otros límites específicos. Así, si como consecuencia de la movilidad las *funciones* a realizar fueran *superiores*, transcurrido un plazo de 6 meses durante un año o de 8 meses durante dos años, el trabajador puede reclamar el ascenso (si no obsta lo dispuesto en convenio colectivo: por ejemplo, por otorgar mejor derecho al ascenso a otro trabajador (STS 6 noviembre 2018, Rec. 947/2018; 29 enero 2024, Rec. 2748/2022). En cualquier caso, tiene derecho a la diferencia salarial desde el momento en que realice las funciones superiores.

Asimismo, el trabajador puede reclamar que se cubra la vacante conforme a las reglas aplicables, con lo que se fija un límite a la duración de su movilidad. Mediante la negociación colectiva, se pueden establecer períodos distintos a los 6-8 meses, para reclamar esa cobertura. Ambas acciones (reclamar el ascenso o la cobertura de la vacante) son acumulables.

C) En cuanto al respeto de los derechos del trabajador cuyas funciones se cambien, la ley establece disposiciones generales y concretas. En términos generales, conforme al art. 39.1 ET, la movilidad funcional (tanto dentro como fuera del grupo) se efectuará con respeto a la dignidad del trabajador y sin perjuicio de su formación y promoción profesional. La realización de funciones de un grupo o categoría superior no equivale, directamente al reconocimiento de tal clasificación profesional; más aún si, además, dichas funciones superiores no lo son en régimen de permanencia, sino de suplencia (STS 1 abril 2025, rec. 52/2023). Más específicamente, conforme al art. 39.3 ET, la realización de funciones distintas de las habituales no permite invocar como causa de despido la ineptitud sobrevenida o la falta de adaptación (ver lección 17ª).

Concretamente, en cuanto a los *derechos económicos*, el mismo art. 39.3 ET viene a establecer que el trabajador, si realiza funciones superiores, tiene derecho a la retribución correspondiente a las funciones que efectivamente realice; pero, si realiza funciones inferiores, mantendrá la retribución de origen.

En principio, pues, no sufre perjuicio económico: o la retribución es mayor (si las funciones son superiores), o la retribución es la misma (aunque realice funciones inferiores). No obstante, jurisprudencialmente se ha entendido que (tanto en un caso como en otro) puede perder los complementos por puesto de trabajo correspondientes a las funciones que deje de desempeñar: perderá, por ejemplo, el complemento por nocturnidad o por penosidad, si deja de desempeñar un trabajo nocturno o un puesto clasificado como penoso (sobre este punto, ver también lección 14ª).

D) Como límite general, el art. 39.1 ET exige que el trabajador posea las *titulaciones académicas o profesionales* precisas para ejercer las nuevas funciones.

Jurisprudencialmente, se considera que este límite puede repercutir incluso sobre la retribución: no procede la retribución correspondiente a las funciones superiores si la exigencia de la titulación de que se carece viene impuesta legalmente (STS 17 julio 2018, rec. 776/2018). Mas si la exigencia de titulación, por el contrario, es convencional o viene impuesta por el empresario, el trabajador tiene derecho a recibir la retribución correspondiente a las funciones que ha realizado (STS 29 enero 2020, rec. 3598/2017; 28 enero 2025, rec. 2281/2022).

E) La movilidad funcional implica una *modificación sustancial de condiciones de trabajo*, si excede de lo dispuesto en el art. 39 ET. Es decir, si se trata de una movilidad no temporal a funciones de grupo distinto.

En tal caso, habrá que aplicar las reglas previstas sobre modificación sustancial en el art. 41 ET (ver infra) o las establecidas en convenio.

Del mismo modo, si la movilidad funcional conlleva una modificación sustancial en otras condiciones de trabajo (horario, por ejemplo) o un traslado o desplazamiento, habrá que estar a las reglas sobre tales supuestos previstas en los arts. 41 ó 40, respectivamente, del ET.

3. ASCENSOS

El art. 24 ET se limita a contemplar unas reglas, muy imprecisas e incompatibles entre sí, para los ascensos; aparte de recordar el principio general de no discriminación entre mujeres y hombres, aunque admitiendo "medidas de acción positiva" dirigidas a eliminar o compensar situaciones de discriminación.

Por lo tanto, necesariamente habrá que estar en este punto a lo establecido por convenio colectivo o por acuerdo entre la empresa y los representantes de los trabajadores. Además, la citada norma dispone que "en todo caso los ascensos se producirán teniendo en cuenta la formación, méritos, antigüedad del trabajador, así como las facultades organizativas del empresario".

Por lo general, los convenios o acuerdos empresariales suelen considerar estas reglas sobre ascensos: a) Para el ascenso entre categorías no cualificadas, el criterio de la antigüedad; b) Para el ascenso a categorías que supongan una cualificación profesional, el criterio del concurso de méritos o concurso-oposición; c) Para el ascenso a cargos de confianza o de dirección, el criterio de la libre designación.

En cuanto a la no discriminación, no obstante lo dispuesto en el art. 24.2 ET ("Los ascensos y la promoción profesional en la empresa se ajustarán a criterios y sistemas que tengan como objetivo garantizar la ausencia de discriminación, tanto directa como indirecta, entre hombres y mujeres"), téngase en cuenta la admisión de medidas de acción positiva en el art. 17.4 ET, pudiéndose establecer reservas y preferencias en las condiciones de promoción, "de modo que, en igualdad de condiciones de idoneidad, tengan preferencia las personas del sexo menos representado".

4. LA MOVILIDAD GEOGRÁFICA

Respecto del cambio de lugar de trabajo, el art. 40 ET, bajo la rúbrica "movilidad geográfica", solamente regula el traslado y el desplazamiento, los cuales suponen o bien cambio de residencia (el traslado) o bien exigencia de residencia en población distinta a la del domicilio habitual (el desplazamiento). En consecuencia, los cambios de puesto de trabajo que, por su escasa dimensión, no exigen cambio de residencia no constituyen en puridad supuestos de movilidad geográfica (STS 18 junio 2020, rec. 124/2018) y, en principio, entran dentro del poder de dirección del empresario [art. 5.c) y 20.1 ET]. Así, la Sala IV del Tribunal Supremo entiende que el cambio de centro de trabajo a otro ubicado a 60 kilómetros del anterior no puede constituir una movilidad geográfica por no implicar cambio de residencia habitual. Ahora bien, valoradas las circunstancias concretas el alto tribunal entiende que constituye una modificación sustancial de las condiciones de trabajo por el perjuicio que supone para los trabajadores el tiempo de desplazamiento en ir y volver al nuevo centro de trabajo (STS 12 marzo 2025, rec. 924/2023).

La diferencia entre traslado y desplazamiento estriba en su duración: los desplazamientos cuya duración exceda de 12 meses dentro de un período de tres años tendrán la consideración de traslados.

Caso práctico: Cambio de centro de trabajo
D. Luis R. vive en Madrid y trabaja en el centro de trabajo que su empresa tiene en el barrio de Chamberí de la capital. La empresa tiene, sin embargo, otro centro en Pozuelo de Alarcón, distante a 17 km, y ha ordenado a D. Luis que a partir del 1 de septiembre pase a desempeñar indefinidamente sus servicios en el mismo. D. Luis se opone entendiendo que la medida empresarial constituye un traslado que la empresa no puede imponerle unilateralmente ¿Nos encontramos ante un supuesto de traslado? ¿tiene el trabajador derecho a recibir una compensación por los gastos de desplazamiento? El cambio de lugar de trabajo no comporta cambio de residencia, por consiguiente, puede decidirlo unilateralmente el empresario. El trabajador tiene derecho a percibir una compensación por los gastos de desplazamiento, que deberá negociar con la empresa. *Vid. STS 9 febrero 2010, rec. 1605/2009*

4.1. Los traslados: concepto y justificación

Concepto: se tratará de un traslado cuando el cambio a un centro de trabajo distinto de la misma empresa exija cambio de residencia. Ello no obstante, no se aplica la regulación sobre traslado cuando se trate de trabajadores que hayan sido contratados específicamente para prestar sus servicios en empresas con centros de trabajo móviles o itinerantes (es decir, para trabajar en centros de esa naturaleza). El carácter móvil o itinerante se predica del centro, no del trabajo a realizar; por ello, resulta discutible la jurisprudencia que no aplica las reglas sobre traslado cuando, por ejemplo, un trabajador encargado del montaje o reparación de líneas eléctricas pasa del centro de Castilla-La Mancha al centro de Canarias.

Justificación: el traslado debe de estar justificado por "razones económicas, técnicas, organizativas o de producción". Se consideran tales, de modo amplísimo, "las que estén relacionadas con la competitividad, productividad u organización técnica o del trabajo en la empresa".

En cualquier caso, como causa concreta, el art. 40 ET especifica la existencia de "contrataciones referidas a la actividad empresarial"; es decir, que la empresa obtenga una contrata o subcontrata que precise de la realización de traslados.

4.2. *Traslados colectivos y traslados individuales-plurales*

El traslado es colectivo cuando afecte a la totalidad de un centro de trabajo (si este ocupa a más de 5 trabajadores). El supuesto seguramente incluye tanto el cambio del propio centro como la desaparición del mismo y la integración de sus trabajadores en otro centro. Es dudoso que incluya la sustitución de todos sus trabajadores, que pasen a otro centro, por otros trabajadores.

Pero también es colectivo el traslado que, en un período de 90 días, afecte a un determinado número o porcentaje de trabajadores: a) diez trabajadores, en empresas que ocupen menos de cien; b) el 10%, del número de trabajadores de la empresa en aquellas que ocupen entre 100 y 300 trabajadores; c) treinta trabajadores, en empresas que ocupen a más de 300 trabajadores.

Además, para evitar fraudes, cuando una empresa realice traslados en períodos sucesivos de 90 días en número inferior, sin que concurran nuevas causas que justifiquen esa actuación, los nuevos traslados se considerarán nulos y sin efecto. El sentido de esta disposición no es claro. ¿Cuándo en un primer período se alcance el umbral legalmente contemplado y, en el sucesivo, se añadan nuevos traslados en número inferior, tratando de eludir para estos últimos el trámite que luego se verá? ¿Cuándo en dos períodos sucesivos se traslade un número inferior, pero que en el total de ambos períodos alcance el número o porcentaje requerido?

4.3. *Procedimiento y efectos en caso de traslado individual-plural*

Si el traslado no es colectivo, la empresa simplemente está obligada a notificarlo al trabajador o trabajadores afectados y a sus representantes legales (si los hay), con una antelación mínima de 30 días a la fecha de efectividad de la medida.

Comunicada la medida, el trabajador o trabajadores afectados disponen de las siguientes alternativas:

Primera, pueden *aceptar el traslado,* con derecho a una compensación por gastos propios y de los familiares en los términos que pacten (y, como mínimo, los establecidos en convenio colectivo). Aunque no se dice, en defecto de acuerdo y de convenio, la cuantía de la compensación la tendrán que fijar los tribunales.

Segunda, *rescindir el contrato,* con derecho a una indemnización idéntica a la fijada para los despidos colectivos u objetivos: 20 días de salario por año de servicio, con un máximo legal (mejorable por convenio o contrato) de 12 meses de salario.

Tercera, *impugnar el traslado* en el plazo de 20 días hábiles desde la comunicación de la medida. Tal opción no cabe si ha optado por rescindir y, en cualquier caso, mientras se tramita la misma puede suponer la obligación de ejecutar provisionalmente la medida.

Ante tal impugnación, el juzgado puede adoptar las siguientes decisiones:

— Declarar *justificado* el traslado. En tal caso, el trabajador puede aceptar definitivamente la medida o, por el contrario, rescindir el contrato con la indemnización antes dicha.

— Declarar *injustificado* el traslado, reconociendo el derecho del trabajador a ser reincorporado al puesto de origen. Pero si la empresa no lo reincorpora, la consecuencia (arts. 50.1.c ET y art. 138.8 LRJS) es que al trabajador solo le resta, en trámite de ejecución, solicitar la extinción del contrato, aunque con una indemnización mayor, equivalente a la de despido improcedente (y, como en el despido, mejorable por convenio, contrato o acuerdo): 33 días de salario por año de servicio, con un máximo legal (mejorable) de 24 mensualidades de salario.

— Declarar *nulo* el traslado, cuando se efectúe eludiendo las normas relativas al período de consultas del art. 40.2 ET o se produzca con violación de derechos fundamentales y libertades públicas (incluidos los supuestos de nulidad del art. 108.2 LRJS) (ver art. 138.7 LRJS) y en el supuesto señalado de fraccionamiento de los traslados en períodos sucesivos de 90 días (art. 40.1 ET).

En este supuesto, ante la negativa al reintegro, el trabajador no solamente puede solicitar la extinción del contrato, sino la ejecución de la sentencia en sus propios términos (art. 138.9 LRJS); lo que supondría la imposición, como apremio, de multas pecuniarias al empleador para lograr la ejecución de la sentencia (art. 241.2 LRJS).

4.4. Procedimiento y efectos en caso de traslado colectivo

En este caso, la medida empresarial debe ir precedida de un período de consultas y negociación de buena fe con los representantes de los trabajadores, de una duración no superior a 15 días. La jurisprudencia viene exigiendo, so pena de nulidad del procedimiento, que el empresario facilite a los representantes de los trabajadores información adecuada sobre la medida que va a ser objeto de negociación (STS 26 junio 2018, Rec. 83/2017).

Las consultas pueden ser sustituidas por la aplicación de un procedimiento de mediación o arbitraje, siempre dentro del plazo máximo señalado. Seguramente, el transcurso del plazo no impide que empresario y representantes, si lo desean, continúen negociando.

La consulta-negociación puede producirse con los representantes unitarios o con las secciones sindicales, pero corresponde preferentemente a éstas si así lo acuerdan, siempre que sumen la mayoría de los miembros del comité de empresa o entre los delegados.

En caso de ausencia de representantes, los trabajadores pueden atribuir a su representación a una comisión designada conforme al art. 41.4 ET (ver infra, modificaciones sustanciales).

El período de consultas deberá versar sobre las causas motivadoras, la posibilidad de evitar o reducir los efectos del traslado y las medidas para atenuar sus consecuencias.

La apertura de las negociaciones y las posiciones de las partes a su conclusión se deben comunicar a la autoridad laboral.

La negociación puede terminar en un acuerdo con la mayoría de los miembros del comité o comités de empresa (o de los delegados de personal), o con las representaciones sindicales que representen a la mayoría de aquéllos.

Tras la finalización de la negociación, con acuerdo o sin él, el empleador notificará su decisión a los trabajadores, con los efectos ya vistos (aceptación, rescisión, impugnación), teniendo en cuenta que el eventual acuerdo no impide la opción de los trabajadores afectados por impugnar o rescindir. Pero con la diferencia de que la medida empresarial puede impugnarse también, mediante proceso de conflicto colectivo, por los sindicatos o representantes de los trabajadores (ver lección 8ª). Tal impugnación colectiva se producirá, normalmente, cuando no haya acuerdo; aunque podría producirse también incluso en caso de acuerdo, por parte de aquellos otros representantes que no lo hayan suscrito. La impugnación colectiva paralizará, si las había, las impugnaciones individuales hasta que se resuelva el conflicto colectivo.

Conforme a la Ley Concursal (arts. 169 y ss.), declarado el concurso, el traslado colectivo debe venir autorizado por el juez mercantil del concurso. Previamente debe haber un período de negociación entre los representantes de los trabajadores indicados en el art. 41.4 ET, el concursado y la administración concursal. Si hay acuerdo, el juez lo aprobará, salvo que aprecie fraude, dolo, coacción o abuso de derecho (art. 181 LC). Si no hay acuerdo, determinará, lo que proceda "conforme a la legislación laboral" (art. 182 LC).

El derecho a la rescisión indemnizada, en este supuesto, queda en suspenso siempre que el nuevo centro de trabajo se encuentre en la misma provincia que el centro de trabajo de origen y a menos de sesenta kilómetros de este, salvo si acredita que el tiempo de desplazamiento, de ida y vuelta, supere el veinticinco por ciento de la duración de la jornada diaria de trabajo (art. 184.2 LC).

4.5. Los desplazamientos

El concepto de desplazamiento implica, como se dijo, la exigencia de residencia en población distinta a la habitual y una duración inferior a la del traslado.

Los desplazamientos también deben estar justificados por razones económicas, técnicas, organizativas o de producción.

El trabajador debe ser informado de la medida, con "antelación suficiente" y, en cualquier caso, no inferior a cinco días laborables si el desplazamiento es de duración superior a tres meses.

Igualmente, se prevé la obligación empresarial de abonar los gastos de viaje y las dietas.

Si su duración es superior a tres meses, se tiene derecho a un permiso de cuatro días laborables por cada tres meses de desplazamiento, computando aparte los de viaje.

A diferencia del traslado, el trabajador no tiene la opción de rescindir el contrato. Pero puede igualmente impugnarlo, con las mismas consecuencias que para el traslado si se declara el desplazamiento injustificado (es decir, que, si el empresario incumple la obligación de reintegrarlo, puede el trabajador en ejecución solicitar la rescisión con indemnización como en caso de despido improcedente) o nulo (es decir, si el empresario no lo reintegra, el trabajador podrá solicitar la rescisión indemnizada o la ejecución de la sentencia en sus propios términos).

El desplazamiento temporal, a países de la UE o del EEE, de trabajadores de empresas establecidas en España, las obliga a respetar las condiciones de trabajo fijadas por ley, reglamento o convenio de eficacia general en ciertas materias, conforme a la Directiva 96/71/CE, de 16 de diciembre. La transposición en España de esa Directiva se efectuó por Ley 45/1999, de 29 de noviembre recientemente modificada por el RDL 7/2021, de 27 de abril que ha transpuesto a nuestro Derecho la Directiva (UE) 2018/957.

4.6. *Otras consecuencias*

Tanto en caso de traslado como de desplazamiento, los *representantes legales* tienen, respecto de sus compañeros, prioridad de permanencia en su puesto de trabajo (art. 40.7 ET). Mediante convenio colectivo o acuerdo en el período de consultas, se podrán establecer otras prioridades a favor de trabajadores con cargas familiares, mayores de determinada edad, personas con discapacidad, etc.

En caso de traslado, si uno de los *cónyuges* cambia de residencia, el otro, si fuera trabajador de la misma empresa, tendrá derecho al traslado a la misma localidad, si hubiera puesto de trabajo en ésta (art. 40.3 ET).

4.7. *Movilidad geográfica por violencia de género, violencia sexual, terrorismo y discapacidad*

La víctima de violencia de género, violencia sexual o terrorismo que se vea obligada a abandonar el puesto de trabajo en la localidad donde venía prestando sus servicios para hacer efectiva su protección o su derecho a la asistencia social integral, tiene derecho preferente a ocupar otro puesto de trabajo, del mismo grupo profesional o categoría equivalente, que la empresa tenga vacante en otro de sus centros de trabajo (art. 40.4 ET).

La empresa está obligada a comunicar la existencia de vacantes en dicho momento, o las que se pudieran producir en el futuro.

El traslado o cambio de centro tendrá una duración inicial de entre 6 y 12 meses, durante los cuales la empresa debe de reservar el puesto de trabajo que ocupaba la trabajadora. Terminado ese plazo, la trabajadora puede optar entre el regreso a su puesto anterior o la continuidad en el nuevo, decayendo en este caso la obligación de reserva, o la extinción de su contrato, percibiendo una indemnización de veinte días de salario por año de servicio, prorrateándose por meses los periodos de tiempo inferiores a un año y con un máximo de doce mensualidades.

Iguales derechos se reconocen a los trabajadores que tengan la consideración de víctimas de violencia sexual y de terrorismo.

También tendrán derecho preferente a ocupar un puesto vacante del mismo grupo profesional en otro centro de la empresa en otra localidad, los trabajadores discapacitados si el tratamiento de rehabilitación es más accesible en ella (art. 40.5 ET).

5. LA MODIFICACIÓN SUSTANCIAL DE LAS CONDICIONES DE TRABAJO

Aparte de la modificación de las condiciones de trabajo pactadas por mutuo acuerdo entre empresario y trabajador (o porque cambien las condiciones previstas en las leyes y convenios), el art. 41 ET regula la modificación unilateralmente decidida por el empresario.

La condición de trabajo a modificar sustancialmente puede ser cualquiera. El art. 41.1 ET enumera algunas de ellas, pero "entre otras", lo que significa que la enumeración legal es abierta (STS 3 abril 1995, Rec. 2252/1994). Las enumeradas expresamente son: la jornada de trabajo (pero, según art. 12.4.e ET, la conversión de tiempo completo a parcial, y viceversa, será voluntaria: ver lección 11ª), el horario y la distribución del tiempo de trabajo, el régimen de trabajo a turnos, el sistema de remuneración y cuantía salarial, el sistema de trabajo y rendimiento, y las funciones cuando el cambio exceda de lo previsto para la movilidad funcional en el art. 39 ET (ver, supra, en esta lección).

5.1. Concepto y causas

Lo determinante, pues, es que la modificación sea "sustancial". Conforme a la jurisprudencia, lo será, independientemente de que cause perjuicio o no al trabajador, cuando "transforme los aspectos fundamentales de la relación laboral, en términos tales que pasen a ser otros de modo notorio" (STS 11 diciembre 1997, Rec. 1281/1997). Para realizar esta valoración debe tenerse en cuenta "no solamente la materia sobre la que incida, sino también sus características, y ello desde la triple perspectiva de su importancia cualitativa, de su alcance temporal e incluso de las eventuales compensaciones" (STS 10 octubre 2005, rec. 183/2004, 5 diciembre 2019, rec. 135/2018, 26 marzo 2021, rec. 3037/2021; 17 junio 2021, rec. 180/2019 y 8 febrero 2023, rec. 4642/2019). En este sentido, la jurisprudencia consideró no sustanciales las modificaciones transitorias introducidas por la empresa para cumplir la normativa sobre el COVID-19 (STS 15 julio 2021, rec. 74/2021).

Caso práctico: modificaciones sustanciales y no sustanciales

Miguel López trabaja como camarero en el restaurante "La barraca valenciana " de Madrid. Es habitual en el mismo que los clientes gratifiquen el buen servicio que reciben con propinas, resultado de lo cual los camareros vienen percibiendo una media de 100 euros semanales. En mayo del presente año, "con el propósito de dignificar el servicio y acabar con una práctica decimonónica", la empresa ha prohibido con carácter general la percepción en el restaurante de toda propina, emitiendo al efecto una orden verbal ¿Puede la empresa hacerlo en ejercicio de su poder de dirección? ¿qué mecanismos puede activar el trabajador en su defensa?

Vid STS 17 junio 2021, rec. 180/2019

En cuanto a las causas, la modificación sustancial requiere una justificación: "razones económicas, técnicas, organizativas o de producción". Como en el caso de la movilidad geográfica, se consideran tales "las que estén relacionadas con la competitividad, productividad u organización técnica o del trabajo en la empresa".

5.2. *Modificaciones de carácter individual*

Como en el caso de los traslados, el art. 41 ET distingue entre modificaciones de carácter individual o de carácter colectivo. Asimismo, la distinción se hace depender del número o porcentaje de trabajadores afectados.

Es modificación individual la que no alcance los umbrales señalados para ser considerada colectiva.

En tal supuesto, conforme al art. 41.3 ET, el empresario debe notificar la modificación al trabajador (o trabajadores) afectado(s) y a sus representantes legales con una antelación mínima de 15 días a la fecha de su efectividad. La correcta notificación empresarial de la medida es condición sine qua non para que empiece a computar el plazo de caducidad de veinte días previsto para reclamar contra la misma (STS 27 febrero 2020, rec. 201/2018).

Frente a la comunicación de modificación, el trabajador dispone, como en el caso del traslado, de las siguientes alternativas:

— *Aceptar* la modificación, con la diferencia de que en este caso no se prevén compensaciones por la modificación.

— *Rescindir* el contrato, con alguna diferencia respecto del caso de traslado. El trabajador puede rescindir solamente en estos dos supuestos: a) Si la modificación afecta a ciertas materias (jornada, horario, régimen de turnos, sistema de remuneración y cuantía salarial, y cambio de funciones que exceda de lo previsto en el art. 39) y resulta perjudicado por la misma, circunstancia que ha de demostrar (STS 18 julio 1996, Rec. 767/1996 y 23 julio 2020, rec. 822/2018). En tal caso, la indemnización es de 20 días de salario por año de servicio, con un máximo legal de 9 meses [art. 41.3); b ET]. Si la modificación se ha llevado a cabo sin respetar lo previsto en el art. 41 ET y supone un menoscabo de su dignidad: en tal caso, la indemnización es de 33 días de salario por año, con un máximo de 24 mensualidades [art. 50.1 a) ET y 50.2 ET].

— *Impugnar* judicialmente la medida, en el plazo de veinte días desde la notificación. Con las mismas consecuencias que en el traslado, según el juzgado la califique de justificada, injustificada o nula.

Caso práctico: Modificación sustancial y resolución causal del contrato

D Samuel Ruiz es trabajador fijo a tiempo completo de la empresa Boddybuild, S.L,, en la que es de aplicación el IV Convenio Estatal de Instalaciones Deportivas y Gimnasios. La dirección de la empresa y la representación legal de los trabajadores han pactado una modificación sustancial de condiciones de trabajo —debidamente notificada y no impugnada— consistente en reducir un 5% del salario variable de todos los trabajadores durante 2019 y abono de las nóminas el día 10 del mes siguiente al devengo, previendo la recuperación del citado porcentaje cuando la empresa consiga unos resultados positivos.

D. Samuel pide la resolución causal de su contrato sobre la base del art. 41.3 ET, es decir, exigiendo la indemnización legal de veinte días de indemnización por año de servicio y tope de nueve mensualidades por el grave perjuicio que la modificación le ha supuesto ¿Tiene derecho a lo que pide?

No tiene derecho a la extinción indemnizada del contrato porque el perjuicio que la modificación sustancial le ha supuesto no tiene entidad suficiente y se han previsto medidas que lo atenúan.

Vid. STS 23 julio 2020, rec. 822/2018.

5.3. Modificaciones de carácter colectivo

Como en los traslados, son modificaciones colectivas las que en un período de 90 días afecten al menos a un determinado número o porcentaje de trabajadores de los ocupados en la empresa (STS 19 noviembre 2019, rec. 1253/2017). A diferencia de los traslados, no se contempla el supuesto de que la modificación afecte a la totalidad de los trabajadores de un centro de trabajo.

A efectos del procedimiento a seguir, hay que distinguir dos supuestos. De un lado, que la modificación afecte a condiciones establecidas en convenios estatutarios: es el supuesto, ya estudiado, de inaplicación de convenios colectivos, que es independiente del número de afectados (art. 41.6 ET) (sobre la diferencia de un procedimiento y otro, vid. STS 3 febrero 21, rec. 93/2019; ver lección 6ª). De otro lado, que la modificación colectiva afecte a condiciones de trabajo establecidas en otras fuentes (contratos individuales, pactos o acuerdos o convenios no estatutarios). En tal caso, el procedimiento a seguir es el que se expone a continuación.

En tal supuesto, como en los traslados colectivos, el empresario está obligado a abrir un período de consultas/negociación con los representantes legales de los trabajadores no superior a 15 días. El objeto de la consulta y el posible acuerdo se regulan también en los mismos términos; se constituirá una única negociación, si bien quedará circunscrita a los centros afectados por el procedimiento. El plazo para su constitución es el de 7 días desde la comunicación empresarial de inicio del procedimiento, salvo que alguno de los centros afectados no cuente con representantes legales, que será de 15 días. Integrada por un máximo de 13 miembros por cada una de las partes. Igualmente, tienen preferencia para negociar, si así lo acuerdan y tienen mayoría, las secciones sindicales sobre la representación unitaria, representando a todos los trabajadores de los centros afectados.

En caso de que las secciones sindicales no cuenten con mayoría en la representación unitaria, la representación corresponderá al comité de empresa o delegados de personal, si el procedimiento afecta a un solo centro. Se prevé la posibilidad de que no exista representación legal, pudiendo los trabajadores atribuirla a una comisión. Es precisamente en el art. 41.4 ET donde se detalla su posible composición: o bien de un máximo de tres miembros integrada por trabajadores de la propia empresa, elegidos democráticamente; o bien una compuesta de tres miembros designada, según su representatividad, por los sindicatos más representativos y representativos "del sector al que pertenezca la empresa y que estuvieran legitimados para formar parte de la comisión negociadora del convenio" aplicable a la misma. Si el procedimiento afecta a más de un centro, la representación de los trabajadores corresponderá al comité intercentros, si el convenio colectivo le atribuye esta función, o a los representantes legales si todos los centros cuentan con representación. El centro que no cuente con representación puede designar una comisión de 3 miembros a que se ha hecho referencia; en caso de no designarla, los representantes de los otros centros afectados asumirán su representación, en proporción al número de trabajadores que representen. Téngase en cuenta que estas reglas del art. 41.4 ET sobre ausencia de representación legal se aplican también en otros supuestos ya analizados (inaplicación del convenio, traslados colectivos) y otros que analizaremos luego (suspensión y reducción de jornada, despido colectivo). Excepcionalmente, la jurisprudencia ha admitido la posibilidad de que la modificación se negocie con la totalidad de los trabajadores de la empresa (STS 10 octubre 2019, rec. 966/2017).

Respecto de los SMR, no hay problema interpretativo en identificarlos, aunque el problema puede residir en que sean más de tres (piénsese en el País Vasco: son cuatro). Respecto de los SR, además, el problema puede consistir en determinar quiénes sean: queda claro cuando se trate de modificar un convenio estatutario (serán los que estén legitimados para negociarlo); pero no cuando se trate precisamente de modificar un acuerdo o pacto colectivo no estatutarios o una decisión unilateral del empresario de efectos colectivos, porque no hay reglas sobre legitimación en estos casos.

Transcurrido el plazo máximo para la constitución de la comisión representativa, la dirección de la empresa podrá comunicar el inicio del período de consultas a los representantes de los trabajadores. La jurisprudencia viene haciendo hincapié en la necesidad de que las consultas se lleven a cabo sobre la base de una información suficiente facilitada por la empresa. So pena de nulidad de la modificación, tal información debe permitir a los representantes de los trabajadores ejercer adecuadamente sus funciones (STS 13 octubre 2015, rec 306/2014) y 8 septiembre 2020, rec. 739/2020).

La falta de constitución de la comisión no impide el inicio y transcurso del período de consultas. Los acuerdos tienen que adoptarse por mayoría de la comisión. En fin, si la comisión la designan los sindicatos, el empresario puede a su vez atribuir su representación a las organizaciones empresariales en que estuviera integrado.

A diferencia de lo regulado en materia de traslados colectivos, si hay acuerdo se establece que "se presumirá que concurren las causas justificativas", y se afirma que dicho acuerdo "solo podrá ser impugnado por fraude, dolo, coacción o abuso de derecho en su conclusión". Dos cuestiones plantean esta redacción.

De un lado, ¿qué es lo impugnable? Aunque el art. 41.4 ET se refiere al "acuerdo", en la normativa procesal lo que se contempla es la posible impugnación de la decisión empresarial (ya sea una impugnación individual, art. 138 LRJS; ya sea una impugnación mediante conflicto colectivo, art. 153.1 LRJS). Es lógico que lo impugnable sea la decisión empresarial, que es la que tiene consecuencias sobre los trabajadores.

De otro lado, ¿qué tipo de presunción se establece: *iuris et de iure* o *iuris tantum*? Posiblemente una presunción de alcance intermedio: aunque se presume la existencia de la causa justificativa, los conceptos por los que se puede impugnar (fraude, dolo, etc.) dan un amplio margen a la impugnación del acuerdo (o, mejor, como dicho, de la decisión empresarial).

Si no hay acuerdo, el empresario comunicará a los trabajadores y a sus representantes legales la medida que adopte y, como en el traslado colectivo, la modificación se puede impugnar —aquí sí, claramente— colectivamente, sin perjuicio de las posibles impugnaciones individuales.

En cualquier caso, los efectos para los trabajadores afectados son los mismos que en una modificación individual: aceptación, impugnación, rescisión del contrato.

Conforme a la Ley Concursal (arts. 169 y ss.), en caso de concurso, la modificación sustancial colectiva debe venir autorizada por el juez mercantil del concurso. Previamente debe haber un período de negociación entre los representantes de los trabajadores indicados en el art. 41.4 ET, el concursado y la administración concursal. Si hay acuerdo, el juez lo aceptará, salvo que aprecie fraude, dolo, coacción o abuso de derecho (art. 181 LC). Si no hay acuerdo, tras dar audiencia a quienes han intervenido en el período de consultas, determinará lo que proceda "conforme a la legislación laboral" (art. 182 LC).

El derecho de rescisión indemnizada, en este supuesto, queda en suspenso durante la tramitación del concurso (art. 184.1 LC).

Lección 13ª

Tiempo de trabajo y descansos

1. CONSIDERACIONES GENERALES

La garantía del derecho al descanso mediante la limitación de la jornada y las vacaciones constituye un principio rector de la Constitución (art. 40.2 CE) cuyo desarrollo legal son los arts. 34 a 38 ET y el RD 1561/1995 (Decreto sobre jornadas especiales de trabajo), adoptado con base en el art. 34.7 ET. También el antiguo Decreto sobre jornadas especiales (RD 2001/1983), que mantiene en vigor para ciertos extremos el Decreto actual de 1995.

La regulación de los arts. 34 a 38 ET constituye la transposición de la Directiva comunitaria 2003/88, sobre ordenación del tiempo de trabajo. La jurisprudencia del TJUE acerca de esta Directiva es trascendental para delimitar el régimen jurídico aplicable.

El régimen especial reglamentariamente previsto ocasiona jornadas ordinarias ampliadas (empleados de fincas urbanas, guardias y vigilantes no ferroviarios; trabajo en el campo; comercio y hostelería; transportes y trabajo en el mar; trabajo en condiciones especiales —turnos, trabajos de puesta en marcha y cierre, trabajo en condiciones de aislamiento o lejanía, actividades con jornadas fraccionadas—) y jornadas ordinarias reducidas (trabajo con exposición a riesgos ambientales; trabajo en el campo; trabajo en el interior de minas; construcción y obras públicas; trabajo en cámaras frigoríficas y de congelación). También existen actividades cuyo régimen sobre tiempo de trabajo escapa al art. 34 ET porque lo permite el art. 2 ET, por ejemplo el personal de alta dirección, los médicos internos residentes o los abogados en despachos individuales o colectivos.

2. DURACIÓN DE LA JORNADA ORDINARIA

La duración de la jornada ordinaria de trabajo queda prevista en el art. 34 ET, apartados 1 y 3, por referencia a la jornada semanal y a la jornada diaria. La primera indicación legal es que esta duración tiene que pactarse en los convenios colectivos o en el contrato de trabajo. A continuación, se expone primero el régimen aplicable a la jornada diaria, donde tienen incidencia la pausa durante el trabajo y el descanso entre jornadas, y luego el régimen aplicable a la jornada semanal.

2.1. *Jornada diaria, pausa durante el trabajo y descanso entre jornadas*

La jornada máxima diaria es de nueve horas, pero el convenio colectivo o, subsidiariamente, el pacto de empresa pueden establecer duraciones distintas, más largas o más cortas, que en todo caso deben respetar el descanso de doce horas, o el superior dispuesto por los convenios colectivos o el contrato individual de trabajo, que debe existir entre el final de una jornada y el comienzo de la siguiente. Mediando la intervención de la negociación colectiva, por consiguiente, la jornada máxima diaria puede alcanzar hasta doce horas sin caer en la realización de horas extraordinarias (si la jornada fuese superior a 12 horas, habría que retrasar la hora de entrada al trabajo hasta que se cumpla este tiempo de descanso). En este sentido, la negociación colectiva puede utilizar la jornada máxima de cuarenta horas semanales y fijar una jornada diaria tipo, por ejemplo de ocho horas, y atribuir al empresario la facultad de ajustarla al alza o a la baja respetando el descanso entre jornadas y también la jornada semanal (STS 17.11.1998, rec. 410/1998).

La jornada máxima diaria del trabajador menor de edad, incluyendo en su caso el tiempo para la formación, no puede exceder de ocho horas, incluso aunque trabaje para varios empresarios.

El art. 34.4 ET, por otra parte, impone el reconocimiento durante la jornada diaria de un descanso de al menos quince minutos cada seis horas de trabajo ininterrumpido, que asciende a media hora para los menores de edad cada cuatro horas y media de trabajo. Ni el convenio ni el contrato pueden aumentar la duración de la jornada continuada para causar derecho a la pausa, (solo cabe reducirla) ni reducir la duración de la pausa (solo aumentarla). Esta pausa ni es retribuida ni reduce la jornada diaria (STS 21.10.1994, rec. 600/1994), salvo que el convenio o el contrato la asimilen a tiempo de trabajo efectivo.

2.2. *Jornada semanal*

La jornada máxima semanal es de cuarenta horas en promedio anual, cifra jurisprudencialmente asimilada, desde el Acuerdo interconfederal del año 1983, a un tope de 1826 horas al año (STS 18.09.2007, rec. 4540/2004). Esta regulación tiene naturaleza mínima, mejorable en beneficio del trabajador, tanto por el convenio colectivo como por el pacto individual.

La jornada máxima ordinaria cuantificada por el convenio o el contrato actúa como jornada ordinaria a todos los efectos y marca la frontera entre horas ordinarias y extraordinarias. No obstante, el TS reconoce que el convenio colectivo puede disponer que las horas de exceso sobre la jornada semanal inferior a la legal establecida por el convenio colectivo no son extraordinarias, calificación que el convenio colectivo puede reservar solo para las horas que excedan la jornada máxima semanal legal (STS 09.12.2010, rec. 46/2009).

3. DISTRIBUCIÓN DE LA JORNADA ORDINARIA: REGULAR E IRREGULAR

En el campo relativo a la distribución de la jornada es posible diferenciar entre un modelo de distribución regular y un modelo de distribución irregular.

La ley proporciona un modelo de distribución regular de la jornada consistente en cuarenta horas todas las semanas. También permite que el convenio o el pacto de empresa subsidiario establezcan otro modelo, es decir, un modelo de distribución irregular, con alteraciones al alza o a la baja sobre la jornada semanal legal de cuarenta horas, o sobre la inferior dispuesta por la negociación colectiva.

Los límites aplicables a cualquier modelo distribución irregular son tres: 1°) Necesidad de respetar los descansos legales. 2°) El saldo de horas trabajadas no puede exceder al cabo del año del equivalente a cuarenta (o jornada inferior del convenio colectivo) durante todas las semanas. Y, 3°) Necesidad de respetar un preaviso de cinco días para utilizar las horas de flexibilidad de jornada previstas en el correspondiente mecanismo de distribución irregular. Este preaviso tiene naturaleza mínima, de forma que puede ser ampliado, pero no reducido por la negociación colectiva (STS 16.04.2014, rec. 183/2013).

Observando los límites anteriores, las posibilidades de la negociación colectiva para programar la distribución de la jornada a lo largo del año son insospechadas, pudiendo traducirse en una variedad enorme de regímenes que atribuyen al empresario márgenes muy importantes de actuación unilateral en la materia (bolsas de horas flexibles, saldos horarios, cómputos de jornada mensuales, bimensuales, trimestrales o incluso anuales...).

En ausencia de convenio colectivo, en fin, la programación de la distribución de la jornada anual que puedan hacer las partes del contrato, o la que pueda llevar a cabo el empresario de forma unilateral, deberá respetar la jornada máxima diaria de nueve horas y la semanal de cuarenta.

El art. 34.2.1° ET remite a la negociación colectiva la posibilidad de articular regímenes de distribución irregular de la jornada y establece supletoriamente, en defecto de pacto, que la empresa puede distribuir de manera irregular el 10% de la jornada, es decir, unas 180 horas flexibles anuales, o la cifra anual de horas que resulte de aplicar ese porcentaje a la jornada más reducida eventualmente aplicable. El empresario, por tanto, respetando el preaviso legal, puede utilizar esta bolsa de horas flexibles y, con ello, soslayar en sentido favorable a sus intereses la aplicación de todos aquellos convenios colectivos que hayan optado por un régimen de distribución regular de la jornada.

El cómputo anual de jornada puede finalizar existiendo diferencias por exceso o por defecto entre la jornada realizada en régimen de distribución irregular y la jornada máxima ordinaria. De acuerdo con el art. 34.2.3° ET, la regularización de estas horas tiene que producirse conforme a lo previsto en convenio colectivo o en pacto de empresa subsidiario, quedando asimismo previsto que, en defecto de pacto, la regularización tiene que producirse en el plazo de doce meses desde que se producen las diferencias horarias. Esta regulación hace posible la existencia de regímenes sobre tiempo de trabajo que van más allá de una jornada máxima medida en términos anuales, dando así carta de naturaleza a la figura de los saldos interanuales de horas.

4. CÓMPUTO DE LA JORNADA

El art. 34 ET se limita a declarar implícitamente en su apartado 1 que el tiempo que hay que incluir en la duración de la jornada es tiempo de trabajo efectivo, cabiendo asimismo extraer de su apartado 5 que, como regla general, los tiempos necesarios para desplazarse hasta el puesto de trabajo y empezar a trabajar, así como para realizar actividades como ducharse o cambiarse de ropa al término de la jornada son tiempos improductivos que corren por cuenta del trabajador. Por ejemplo, la STS 27.11.2024 (rec. 88/2023) establece que, salvo que concurran circunstancias específicas como las de la STJUE 10.09.2015, el tiempo que los trabajadores dedican al desplazamiento para ir desde su domicilio al domicilio del primer cliente, y viceversa, «no tiene la consideración de tiempo de trabajo efectivo a efectos remuneratorios».

El problema de computar la duración de la jornada por referencia al concepto de tiempo de trabajo efectivo es que no existe una definición legal de este concepto. No obstante, la jurisprudencia comunitaria y la nuestra confirman actualmente que lo importante para incluir una situación de hecho en la jornada de trabajo no es tanto que exista prestación efectiva de trabajo como que exista una situación de disponibilidad para trabajar. Esta puesta a disposición del trabajador con respecto a su empresario también puede darse fuera de los límites del puesto o lugar de trabajo, por ejemplo, en el domicilio del trabajador. De hecho, el TJUE señala que las guardias de localización que transcurren en lugar libremente elegido por el trabajador computan como tiempo de trabajo solo cuando las limitaciones impuestas al trabajador durante la guardia «afectan objetivamente y de manera considerable a su capacidad para administrar libremente, en esos períodos, el tiempo durante el cual no se requieren sus servicios» (STJUE 09.03.2021).

5. EL HORARIO Y EL CALENDARIO LABORAL

La función del horario es determinar las horas de comienzo y fin de la jornada diaria. Se trata de una condición de trabajo desregulada, excepto los horarios nocturno y a turnos, cuyo régimen jurídico queda ampliamente remitido de forma implícita a lo que establezca la negociación colectiva o, en su defecto, a lo que el empresario pacte con el trabajador o, incluso, decida de forma unilateral, pero con sujeción en todo caso a las reglas legales y convencionales sobre duración y distribución de la jornada de trabajo.

5.1. Horario común

El horario será rígido cuando requiera la permanencia en el puesto o lugar de trabajo desde la hora de inicio de la jornada hasta la de su finalización, mientras que será flexible cuando permita que o bien el trabajador o bien el empresario, en ejecución de un sistema de distribución irregular, vayan ajustando el tiempo de trabajo diario según convenga. Una vez fijado, la modificación del horario, cuando tenga carácter sustancial, no es libre para la empresa (art. 41 ET).

5.2. Horarios nocturno y a turnos

El art. 36.1, 2 y 3 ET contempla dos formas de organizar el tiempo de trabajo que, debido a sus particularidades, pueden ser fuente de alteraciones en la salud del trabajador con mayor facilidad que cuando el horario no conlleva la necesidad de acudir a trabajar por la noche ni requiere rotación horaria cada cierto tiempo. Específicamente queda previsto que el nivel de protección en materia de salud y seguridad de estos trabajadores tiene que ser equivalente al del resto de los trabajadores, pero adaptado a la naturaleza del trabajo nocturno o a turnos.

El **horario nocturno** queda legalmente enmarcado en la franja comprendida entre las 22h. y las 6h. Las horas de trabajo comprendidas en esta franja tienen que tener una retribución superior a la de las horas diurnas. Esta retribución superior, sin embargo, queda legalmente remitida a la negociación colectiva, lo que «obliga a estar a la singular regulación que de esta materia se haga en cada convenio colectivo» (STS 10.03.2020, rec. 1785/2018).

La ley proporciona también una definición de trabajador nocturno, a quien resultarán aplicables las medidas específicas en materia de trabajo nocturno. La definición toma la referencia de aquellos horarios que impliquen trabajar al menos tres horas al día o un tercio de la jornada anual en horario nocturno. La jornada del trabajador nocturno presenta dos especialidades: 1ª) No puede exceder de 8 horas al día cada 15 días. 2ª) No es posible realizar horas extraordinarias. Ambas especialidades quedan, a su vez, sujetas al régimen de excepciones del art. 32 del Decreto sobre jornadas especiales.

El trabajador nocturno tiene también específicamente reconocido en el art. 36.4.2º ET el derecho a la evaluación gratuita de su estado de la salud, así como, si tiene problemas de salud derivados de su horario nocturno, una expectativa de derecho al cambio de puesto.

Por su parte, el **trabajo a turnos** es una forma de organizar el trabajo que implica una rotación de trabajadores o de equipos de trabajadores por distintos puestos de trabajo, con las correspondientes variaciones horarias. Por tanto, si en la empresa el trabajo está organizado mediante turnos fijos, no existe trabajo a turnos del art. 36.3 ET. La sucesión en los distintos puestos de trabajo puede tener lugar según un ritmo continuo (con descansos no coincidentes de los equipos de trabajadores), discontinuo (con descansos coincidentes) o rotatorio (previsión que puede estar indicando que dentro de cada equipo y en función del turno los trabajadores se alternan en las funciones).

Las especialidades de la jornada a turnos afectan al descanso entre jornadas y al descanso semanal (art. 19 RD 1561/1995), quedando asimismo previsto que el trabajador tiene derecho a no ocupar el turno nocturno durante más de dos semanas seguidas si no quiere (art. 36.3.2º ET). Este derecho queda legalmente reconocido solo cuando las empresas están en marcha las 24 horas del día, pero no tiene sentido no reconocerlo, dado que su función es proteger la seguridad y salud de los trabajadores, cuando la empresa no está en funcionamiento las 24 horas del día.

Otras especialidades de la jornada a turnos se contienen en el art. 36.3.2º y 3º ET. Estas especialidades tenían sentido en el ET del año 1980, pero no ahora. De hecho, la necesidad de que la empresa tenga en cuenta, en la organización de los turnos, la rotación de los mismos está comprendida dentro del principio general de adaptación del trabajo a la persona del trabajador que establece el muy posterior en el tiempo art. 36.5 ET. Igualmente, la regulación de los turnos en domingos y festivos tenía sentido porque constituía una excepción a lo que disponía el anterior art. 37 ET, que, en combinación con la Ley de descanso dominical de 1940 (mantenida en calidad de norma reglamentaria por el ET'80), establecían la prohibición, inexistente actualmente, de trabajar en domingo y/o festivo.

5.3. El calendario laboral

El art. 34.6 ET obliga a los empresarios a elaborar, previa consulta a los representantes de los trabajadores y eventual informe previo (DA 3ª RD 1561/1995), un calendario laboral con periodicidad anual y a exponerlo en un lugar visible del centro de trabajo. Este precepto no especifica qué es lo que hay que incluir en el calendario, habiendo señalado el TS que el empresario, salvo que el convenio aplicable disponga otra cosa, no está obligado a incluir el horario (STS 14.02.2007, rec. 93/2006). Pero también ha señalado el TS que la ratio legis del art. 34.6 ET es que los criterios que rigen la dinámica de las horas de entrada y salida del trabajo sean de cualquier forma públicos, a través del calendario, en el seno de la empresa (STS 30.04.2001, rec. 3215/2000). En todo caso, la elaboración del calendario de manera unilateral por la empresa no puede comportar modificaciones ni en la distribución de la jornada ni en el horario previamente establecidos.

6. JORNADA ORDINARIA Y MEDIDAS DE CONCILIACIÓN

Las medidas en materia de tiempo de trabajo para posibilitar la conciliación de la vida laboral con la vida familiar y otros aspectos de la vida personal quedan previstas en el art. 34.8 ET y en los apartados 4, 5, 6, 7 y 8 del art. 37 ET. También existen medidas de esta naturaleza en materia de permisos, excedencias o suspensiones contractuales (Tema 14).

6.1. *Conciliación ex art. 34.8 ET*

El art. 34.8 ET contempla tres situaciones, sujetas a la necesidad de que el trabajador justifique la concurrencia de las correspondientes causas: 1ª) Cuidado de hijos menores de 12 años. 2ª) Cuidado de familiares, incluyendo hijos mayores de 12 años, que por razones de edad, accidente o enfermedad no pueden valerse por sí mismos. Y, 3ª) Cuidado de otras personas dependientes que convivan en el mismo domicilio del trabajador.

Reconoce este precepto un derecho a «solicitar» adaptaciones en la duración y distribución de la jornada y también a solicitar trabajo a distancia. La literalidad de la norma hace que no pueda hablarse de la existencia de un verdadero derecho de origen legal a la adaptación de la jornada por motivos de conciliación (STS 20.10.2010, rec. 3501/2009). El derecho podrá existir si así lo reconoce la negociación colectiva.

Este derecho a solicitar la adaptación de la jornada tiene la particularidad de que, en ausencia de desarrollo de los términos de su ejercicio por el convenio colectivo, el trabajador que efectúa esta solicitud tiene derecho a negociarla con el empresario y también tiene derecho, si el empresario plantea una propuesta alternativa y/o deniega razonadamente la solicitud, a recurrir a través del proceso del art. 139 LRJS.

El art. 34.8 ET también reconoce el derecho del trabajador a regresar a su jornada ordinaria cuando concluye el periodo acordado o cuando decaen las causas que motivaron la adaptación de jornada; fuera de estos casos, se atribuye mayor libertad a la empresa para no aceptar la vuelta a la jornada ordinaria solicitada por el trabajador si existen «razones objetivas motivadas para ello».

6.2. *Conciliación ex art. 37 ET*

Incluye este precepto medidas aplicables a trabajadores con hijos en edad lactante (art. 37.4 ET) e hijos prematuros (art. 37.5 ET), a la situación de guarda legal (art. 37.6 ET) y a víctimas de violencia de género o sexual y a víctimas de terrorismo (art. 37.8 ET).

A) Aspectos comunes a las distintas medidas

A diferencia de las medidas del art. 34.8 ET, las del art. 37 ET quedan legalmente formuladas como auténticos derechos subjetivos, reclamables ante los Tribunales. Las medidas consisten en pausas en el trabajo y/o derechos a reducir la jornada, presentando varios aspectos comunes (art. 37.7 ET):

a. La concreción horaria y la determinación de la reducción de jornada corresponden al trabajador «dentro de su jornada ordinaria». Lo que implica que la concreción horaria no puede alterar el régimen de jornada aplicable en la empresa y que, por ejemplo, en caso de trabajo a turnos, la concreción horaria efectuada por el trabajador no puede originar el derecho a un turno fijo (STS 21.11.2023, rec. 357/2020). En el caso de la jornada reducida por guarda legal, los convenios colectivos, teniendo en cuenta las necesidades productivas y organizativas de la empresa, pueden establecer criterios para la concreción horaria (art. 37.7 ET), dentro de cuyos límites deberá moverse la correspondiente concreción horaria efectuada por el trabajador.
b. El trabajador tiene que preavisar, salvo caso de fuerza mayor, con 15 días de antelación, o con la antelación que marque el convenio colectivo, precisando la reducción de su jornada o la fecha de inicio y fin del permiso para su disfrute en modo acumulado.
c. Las discrepancias trabajador/empresario sobre la concreción horaria y cuestiones asociadas se remiten a la modalidad procesal del art. 139 LRJS.

B) Pausa por lactancia

El derecho a la pausa por lactancia de menor de 9 meses es individual e intransferible del trabajador progenitor, adoptante, guardador o acogedor. Este puede elegir entre una ausencia de una hora, que puede dividirse en dos fracciones, o una reducción de media hora de la jornada diaria que puede acumularse en jornadas completas. Ni la pausa ni la reducción de jornada conllevan reducción salarial.

Cuando dos trabajadores de la misma empresa pretenden ejercer este derecho por el mismo sujeto causante la empresa puede limitar su ejercicio simultáneo, pero también debe proponer un plan alternativo. Y si este permiso lo disfrutan los dos progenitores en la misma empresa no al mismo tiempo, pero sí con la misma duración y régimen, la reducción de jornada puede alargarse hasta que el lactante cumpla 12 meses, con reducción proporcional del salario a partir de los 9 meses.

C)Hijos prematuros

En caso de nacimiento prematuro de hijo o si este necesita hospitalización tras el parto, el trabajador tiene derecho a ausentarse del trabajo durante una hora. El trabajador, además, también puede, si quiere, reducir su jornada hasta dos horas con reducción salarial proporcional. Es razonable pensar que el derecho puede ejercerse durante tantos días como permanezca la criatura en el hospital.

D) Guarda legal

Las situaciones legalmente contempladas en el art. 37.6 ET son dos. En ambos casos se reconoce un derecho personal e intransferible a la reducción de jornada con reducción salarial proporcional que, en caso de ejercicio simultáneo por parte de dos trabajadores de la misma empresa, puede ser limitado por la empresa en los mismos términos que la pausa por lactancia. La reducción proporcional del salario afecta al salario base y exclusivamente a aquellos complementos salariales vinculados a la duración de la jornada o al mayor trabajo realizado (STS 11.09.2019, rec. 59/2018); no afecta a otros complementos, como el de turnicidad, que retribuyen factores, como la penosidad del trabajo que implican las rotaciones horarias, desconectados con la duración y/o extensión del trabajo (STS 08.04.2025, rec. 2447/2023).

La primera situación es la guarda legal de menores de 12 años, de persona con discapacidad o de cónyuge o familiar directo no discapacitado pero que por razones de edad, enfermedad o accidente no puede valerse por sí mismo. Se prevé la posibilidad de reducir la jornada diaria entre un mínimo de una octava parte y un máximo de la mitad. La segunda situación es la guarda legal de menores afectados por cáncer u otra enfermedad grave que implique un ingreso hospitalario de larga duración. Se prevé el derecho a reducir, como mínimo, la mitad de la jornada con reconocimiento de la posibilidad de que el convenio colectivo aplicable prevea la acumulación del tiempo de jornada reducida para su disfrute en jornadas completas. Este derecho se extiende hasta que el sujeto causante cumpla los 23 años mientras se mantenga la necesidad de cuidado directo o hasta que cumpla los 26 años si antes de alcanzar los 23 años acredita un grado de discapacidad superior al 65%.

El art. 237.3 LGSS regula una prestación familiar contributiva que consiste en computar las cotizaciones realizadas durante los tres primeros años del periodo de reducción de jornada por guarda legal, o durante el periodo de reducción de jornada por lactancia, incrementadas hasta el 100% de la cuantía que hubiera correspondido de no haber existido reducción de jornada. Dado, por consiguiente, que cualquier modificación de los porcentajes mínimo y máximo de reducción de jornada previstos en el art. 37.6 ET repercutiría en la esfera del Derecho de la Seguridad Social, que no es susceptible de negociación colectiva salvo las mejoras voluntarias (art. 43 LGSS), no parece que, por mucho que sea más favorable para los trabajadores, la negociación colectiva pueda ni reducir el porcentaje mínimo ni aumentar el porcentaje máximo.

E) Víctimas de violencia de género, sexual o de terrorismo

Se reconoce el derecho a elegir entre reducir jornada y salario o alguna fórmula de reordenación del tiempo de trabajo que no necesariamente implicará reducción salarial, como un horario flexible; lo que requiere la ley es que la forma de ordenación del tiempo de trabajo que el trabajador pretende disfrutar exista en la empresa. Además, el trabajador también tiene derecho, si la alternativa es compatible con su puesto de trabajo y funciones, a realizar total o parciamente trabajo a distancia o a dejar de trabajar a distancia.

7. REGISTRO DE LA JORNADA ORDINARIA

El art. 34.9 ET obliga a la empresa a garantizar el registro de la hora de inicio y fin de la jornada diaria de cada trabajador, es decir, del horario, añadiendo que ello sin perjuicio de la flexibilidad horaria. Esta fórmula legal se complica mucho en la práctica porque tiene que integrarse con el sistema sobre distribución de la jornada de cada empresa, que puede ser regular o irregular y que obliga a idear mecanismos para registrar situaciones diversas. En general, el adecuado cumplimiento de esta obligación requiere que el registro tenga en cuenta aspectos como la jornada anual, semanal y diaria del trabajador; el horario; las pausas intrajornada; la naturaleza del trabajo (presencial, a distancia, tiempo de puesta a disposición...); así como las circunstancias específicas de cada trabajador que repercuten en su jornada.

La organización y documentación de este registro queda ampliamente remitida a la negociación colectiva o, en su defecto, a lo que decida el empresario, previa consulta a los representantes de los trabajadores. La empresa también debe conservar estos registros durante cuatro años a disposición de los trabajadores, de sus representantes y de la Inspección de

Trabajo. Los representantes de los trabajadores, asimismo, al hilo de su obligación legal de vigilancia y control de las condiciones de seguridad y salud en el trabajo, pueden, aplicando el RGPD, acceder sin necesidad de contar con su consentimiento a los datos personales de los trabajadores cuya jornada se registra (STS 24.09.2024, rec. 236/2022).

La obligación de registro trae causa de la Directiva sobre tiempo de trabajo y por eso resulta aplicable a todo tipo de prestación de servicios susceptible de ser incluida en el ámbito de aplicación de dicha norma europea, con independencia de que una norma española excluya su aplicación. Lo que comporta, por ejemplo, la vigencia de la obligación de registrar la jornada en la relación laboral especial al servicio del hogar familiar (STJUE 19.12.2024).

Lo que no recoge el art. 34.9 ET es la exigencia de la STJUE 14.05.2019 referida a que el registro de la jornada sea fiable y objetivo. La STS 18.01.2023 (rec. 78/2021), sin embargo, confirma que un registro autodeclarativo, realizado por el propio trabajador, es un sistema fiable y objetivo si las empresas lo acompañan de las oportunas instrucciones. Según jurisprudencia ya consolidada, por otro lado, el cumplimiento empresarial de esta obligación no puede implicar una modificación sustancial de las condiciones sobre tiempo de trabajo vigentes en la empresa, ni por supuesto desconocer derechos del trabajador (SSTS 19.09.2023 y 05.03.2024, recs. 34/2020 y 143/2021).

Todavía no hay jurisprudencia, pero sí doctrina judicial que establece que el incumplimiento empresarial de la obligación de registrar la jornada complica mucho las posibilidades de defensa de la empresa en caso de reclamación del trabajador, pudiendo activarse un desplazamiento de la carga de la prueba sobre la empresa si el trabajador aporta un panorama indiciario de la realización de horas extraordinarias. La obligación de registrar la jornada ordinaria, en fin, funciona en modo solapado con la obligación legal de registrar «la jornada de cada trabajador» a efectos del cómputo de las horas extraordinarias que establece el art. 35.5 ET.

8. HORAS EXTRAORDINARIAS

Las horas extraordinarias constituyen una categoría de tiempo de trabajo tradicionalmente prevista para llevar a cabo prolongaciones de la jornada máxima ordinaria. Además, desde hace años, también pueden funcionar, mediante su compensación con descansos según el art. 35.2.2º ET, como horas flexibles de un sistema de distribución irregular.

8.1. Horas extraordinarias comunes

La alusión que hace el art. 35.1 ET a la jornada fijada según el art. 34 ET significa que la calificación de una hora como extraordinaria depende de si la jornada máxima ordinaria aumenta o no, pero también de si esa concreta hora ha sido trabajada fuera de los módulos previstos por la negociación colectiva para delimitar los márgenes de la jornada ordinaria, aunque esta no aumente en cómputo anual. En ausencia de convenio colectivo, en todo caso la décima hora de trabajo al día o la cuadragésimo primera a la semana serán extraordinarias porque el contrato de trabajo no puede establecer jornadas diarias de más de nueve horas ni semanas laborales de más de cuarenta.

La realización de horas extraordinarias es voluntaria para el trabajador, pero tanto el convenio colectivo como el contrato de trabajo pueden convertirlas en obligatorias. Su número no puede exceder de 80 al año, sin que cuenten al efecto, como antes se ha avanzado, las horas extraordinarias compensadas mediante descanso dentro de los 4 meses siguientes a su realización. Por convenio colectivo o por contrato individual se opta por compensarlas con descanso o retribuirlas como mínimo al valor de la hora ordinaria, aplicándose supletoriamente la previsión legal que establece el pago mediante compensación dentro de los 4 meses siguientes a su realización.

8.2. Horas extraordinarias por causa de fuerza mayor y horas recuperatorias

La hora extraordinaria por causa de fuerza mayor del art. 35.3 ET es una figura tradicional en nuestro ordenamiento, pero muy controvertida a la luz de la Directiva sobre tiempo de trabajo. No porque estas horas sean obligatorias para el trabajador o porque tengan una cotización reducida a la Seguridad Social, sino porque, aunque sean horas trabajadas para prevenir o reparar sinestros u otros daños extraordinarios y urgentes que no son imputables a la empresa, la Directiva sobre tiempo de trabajo (art. 17.3.f D 2003/88) no permite, y es precisamente lo que hace el art. 35.3 ET, que estas horas no pasen por el contador de tiempo de trabajo.

También es muy controvertida la posibilidad prevista en el Convenio 130 de la OIT referida a que, en caso de interrupción del trabajo por causas accidentales o de fuerza mayor, la jornada puede prolongarse para recuperar las horas perdidas. Controvertida porque estas causas accidentales que avalarían la figura de las horas recuperatorias, no extraordinarias, pueden obedecer a un supuesto de fuerza mayor, que no es imputable a la empresa, pero también a supuestos de caso fortuito, o «fuerza mayor propia», es decir, «aquella generada en el seno del círculo o concreta esfera del riesgo desplegado», originando así un supuesto que «no sería liberatorio en sede de responsabilidad objetiva» (STS, Sala 1ª, 04.02.2015, rec. 2244/2012). Conviene por tanto ir por partes:

Respecto de las horas perdidas por caso fortuito, la STS 19.09.2023 (rec. 260/2021), pese a que el supuesto que resuelve versaba sobre trabajo a distancia y la solución se fundamentó esencialmente en la obligación empresarial de dotación de medios, utiliza también el art. 30 ET y el principio de ajenidad en los medios para concluir que la empresa está obligada a retribuir las horas perdidas, porque la causa de esta pérdida de horas es objetivamente imputable a la empresa. Cabiendo añadir que la conceptuación del tiempo de trabajo por referencia a la situación de disponibilidad del trabajador con respecto a su empresario apunta también a la remuneración de estas horas sin recuperación.

Respecto de las horas perdidas por causa de fuerza mayor, la solución de que el art. 30 ET no se aplica y que, si no hay suspensión del contrato, la empresa tiene que remunerarlas pero puede exigir su recuperación, si así lo prevé el convenio colectivo, tiene que leerse a la luz del nuevo permiso de 4 días por imposibilidad de acceder al centro de trabajo por causa de fuerza mayor del art. 37.3.g ET, recientemente incorporado por el RD-Ley 8/2024, de medidas urgentes frente a los daños causados por la DANA.

9. EL DESCANSO SEMANAL Y LOS FESTIVOS ANUALES

El descanso semanal del art. 37.1 ET es de un mínimo de día y medio (36 horas) ininterrumpido, acumulable cada dos semanas. Puede, pero no debe, incluir el domingo, queda sujeto al régimen de excepciones del Decreto de las jornadas especiales y aumenta a dos días para el trabajador menor de edad.

Este descanso no puede solaparse con el descanso entre jornadas (STS 23.10.2013, rec. 2/2013), debiendo garantizarse, como regla general, el disfrute íntegro y continuado de ambos descansos (48 horas). No es necesario que el descanso semanal se disfrute los mismos días cada semana. De hecho, el régimen de trabajo aplicable en la empresa puede ser de lunes a domingo, con descansos semanales variables que incluso puede decidir la empresa.

Por otra parte, el art. 37.2 ET, en conexión con el RD 2001/1983, reconoce el derecho a catorce festivos al año, retribuidos y no recuperables. La finalidad de estos festivos es reforzar los lazos de convivencia social y contribuir al descanso (STS 09.07.2024, rec. 222/2022).

Si cae en día no laborable, el festivo puede perderse por solapamiento, salvo que el convenio colectivo regule este aspecto de manera más favorable para el trabajador y disponga lo contrario (STS 02.11.1999, rec. 1464/1999). No obstante, cuando el régimen de trabajo es de lunes a domingo y el descanso semanal lo planifica la empresa, resulta contraria a Derecho la práctica consistente en hacerlo coincidir con día festivo (SSTS 20.03 y 09.07.2024, recs. 11 y 222/2022).

Los catorce festivos incluyen cuatro nacionales, otros dos locales, y los de las Comunidades autónomas, quienes pueden, dentro del límite de las catorce fiestas, sustituir determinadas fiestas nacionales e, incluso, en ciertas condiciones, añadir una fiesta más, recuperable. El número de festivos anuales no puede ser aumentado por los órganos de gobierno de las Comunidades autónomas, pero sí por los convenios colectivos.

Estos días festivos se disfrutan si caen en día laborable, pero no siempre. Porque existen sectores, como el de las empresas de seguridad, la atención telefónica o muchas actividades del sector terciario, como también las actividades sujetas a la legislación sobre horarios comerciales, en donde trabajar en fin de semana y festivos es algo habitual. En este sentido, el TS advierte que la naturaleza legal «no recuperable» de los festivos significa «que cuando no pueden disfrutarse habrá de concederse un descanso compensatorio o abonarse el importe de las horas trabajadas como si fueran extraordinarias», aplicándose en este último caso el recargo del 75% sobre el valor de la hora ordinaria que requiere el art. 47.1 del Decreto de 1983 (STS 18.12.2020, rec. 62/2019). E incluso afirma el TS que la empresa no puede negar el plus festivo cuando la retribución que perciben los trabajadores contratados para trabajar exclusivamente en festivos resulte ser la misma que el convenio contempla para el trabajo ordinario en días laborables (STS 04.03.2025, rec. 3222/2023).

10. LAS VACACIONES ANUALES

El art. 38 ET garantiza a los trabajadores un periodo de 30 días naturales (incluye descanso semanal y festivos) al año por cada periodo anual de trabajo, sin descuento salarial, dedicado al descanso, al esparcimiento y al desarrollo de su personalidad. Regulación legal que, siendo mínima, puede ser mejorada por convenio colectivo o por contrato de trabajo, por ejemplo, previendo que los 30 días de vacaciones son laborables.

La regulación legal deja aspectos no resueltos que deben completarse por el Convenio núm. 132 de la OIT y aplicando la jurisprudencia del

TJUE. Uno de estos aspectos concierne a la retribución de las vacaciones. El art. 7 del Convenio 132 OIT habla de la «remuneración normal o media» y la STJUE 13.12.2018 entiende que la retribución correspondiente es la normal u ordinaria del trabajador. Cabe, por tanto, excluir de esta remuneración los complementos salariales ocasionales, pero no los habituales (STSS 23.04.2019 y 20.12.2022, recs. 62/2018 y 27/2021).

Las vacaciones pueden disfrutarse de manera fraccionada si una de las fracciones es, como poco, de dos semanas ininterrumpidas (art. 8 C 132 OIT). El periodo o periodos de disfrute de las vacaciones de cada trabajador tiene que pactarse entre este y su empresario. Los convenios colectivos pueden condicionar los márgenes de este acuerdo previendo, por ejemplo, el cierre de la empresa durante el mes de agosto. En todo caso, la empresa está obligada a publicar el calendario de vacaciones asegurando el derecho del trabajador a conocer con al menos dos meses de antelación sus fechas concretas. Las controversias sobre las fechas de las vacaciones quedan remitidas a un procedimiento judicial sumario y preferente que no admite recurso y que no es apto para resolver otras cuestiones, como la programación de las vacaciones efectuada por el convenio colectivo (STS 29.03.1995).

Caso práctico: Disfrute de las vacaciones

Hasta el presente año y desde el 2005, los trabajadores de la empresa X han venido tomando sus vacaciones anuales en las fechas de su elección, sin limitación alguna por parte de la empresa. El presente año, sin embargo, la empresa pretende imponer a su conveniencia el disfrute del período vacacional ¿puede legalmente hacerlo?

El disfrute por parte de los trabajadores de forma constante, repetida y reiterada en el tiempo sin limitación alguna del derecho a determinar la fecha de sus vacaciones constituye una condición más beneficiosa, que no puede ser eliminada unilateralmente por la empresa sin seguir el procedimiento del art. 41 ET.

(Vid. STS 7 enero 2020, rec. 2162/2017).

Existen distintas medidas que tienen por objeto asegurar el derecho a vacaciones:

a. Prohibición de sancionar disciplinariamente los incumplimientos contractuales del trabajador reduciendo su duración (art. 58.3 ET).

b. Prohibición de sustituir las vacaciones por una compensación económica (prohibición de doble salario), salvo que el contrato se extinga con anterioridad a su disfrute (STS 30.04.1996). Es decir, el trabajador no puede trabajar durante sus vacaciones para el mismo empresario; sí puede, sin embargo, hacerlo para otro empresario, en ejercicio de su derecho al trabajo del art. 35.1 CE (STConst 192/2003).

c. Obligación de retribuir las vacaciones antes de empezar a disfrutarlas (art. 7.2 C 132 OIT), o durante su disfrute (STS 07.03.2024, rec. 69/2022), no en momento posterior, salvo pacto en contrario.

d. Reglas específicas en caso de coincidencia con los periodos de suspensión del contrato respectivamente referidos, por un lado, a incapacidad temporal por embarazo, parto o lactancia natural y a suspensión por nacimiento, adopción y riesgo durante el embarazo o la lactancia natural, y, por otro lado, a supuestos de incapacidad temporal distintos de los anteriores.

e. Siendo «anuales», existe la obligación de disfrutar las vacaciones dentro de cada año natural (salvo que se apliquen las reglas específicas anteriores), criterio implícito en la regla de proporcionalidad del art. 4 del Convenio 132 OIT (STS 17.09.2002, rec. 4255/2001). De hecho, puede considerarse que las vacaciones caducan si no se disfrutan dentro del año natural por causa imputable al trabajador (STJUE 06.11.2018). El empresario está obligado a adoptar una actitud proactiva, poniendo al trabajador en condiciones de ejercer su derecho a vacaciones (STJUE 23.09.2022) y asumiendo consecuencias en otro caso (STJUE 25.06.2020). La negociación colectiva o la empresa de forma unilateral pueden regular este aspecto de forma más favorable para el trabajador y extender el disfrute de las vacaciones más allá del año natural, por ejemplo, a la semana de Reyes del año posterior (STS 13.03.2024, rec. 74/2022).

Lección 14ª

La prestación salarial

1. CONCEPTO DE SALARIO

El art. 26.1 ET define el salario como "la totalidad de las percepciones económicas de los trabajadores, en dinero o en especie, por la prestación profesional de los servicios laborales por cuenta ajena, ya retribuyan el trabajo efectivo, cualquiera que sea la forma de remuneración, o los períodos de descanso computables como de trabajo". El salario, por tanto, debe provenir del empresario e ir destinado al trabajador (no constituyen salario las propinas que provienen de la clienta: STS 17 de junio de 2021, rec. 180/2019).

De esta definición cabe destacar que, además de constituir la retribución por la prestación profesional de unos servicios por cuenta ajena, el salario retribuye también períodos de descanso que computan como trabajo efectivo. Tal sucede con las vacaciones anuales (art. 38 ET), el descanso semanal (art. 37.1 ET), las fiestas laborales (art. 37.2 ET), los permisos retribuidos (art. 37. apartados 3, 4 y 5 ET; art. 53.2 ET) y las interrupciones por impedimentos imputables al empleador (art. 30 ET). Puede suceder también con el descanso previsto en el supuesto de jornada continuada si se ha pactado su consideración como trabajo efectivo (art. 34.4 ET).

Comoquiera que el salario retribuye el trabajo efectivo o el tiempo de descanso computable como trabajo, la falta de prestación de servicios imputable al trabajador, por ejemplo, como consecuencia de asistencias injustificadas o de faltas de puntualidad, no devenga salario sin que ello suponga multa de haber (STS 27 mayo 2021, rec. 182/2019). Por contra, si la falta de prestación de servicios es imputable al empresario, el trabajador conserva el derecho a su salario (art. 30 ET).

De otra parte, la jurisprudencia entiende que, dada la amplitud de la definición legal reseñada y su carácter totalizador, esta supone una presunción de que todas las percepciones económicas del trabajador constituyen salario, salvo prueba en contrario (STS de 29 enero 2019, rec. 1091/2017) y la aplicación del principio de irrelevancia del *nomen iuris* o principio de realidad, es decir, que, con independencia de su denominación, si una percepción retribuye el trabajo, es salario (STS 19 de julio de 2018, rec. 472/2017).

En todo caso, la definición se considera amplia. Así, la jurisprudencia del TS ha considerado salario el beneficio derivado de la concesión de opciones sobre acciones (la diferencia entre el valor de compra pactado y el valor de mercado en el momento de esa compra, SSTS 1 octubre 2002, rec. 1309/2001 y 3 de junio de 2008, rec. 2532/2006). De igual forma, considera salario las primas que las empresas abonan en concepto de seguro médico, de vida o accidente de sus trabajadores (STS de 2 octubre 2013, rec. 1297/2012 y 3 mayo 2017, rec. 385/2015).

2. PERCEPCIONES EXTRASALARIALES

Sin embargo, no toda percepción económica obtenida por el trabajador constituye salario. En este sentido, el art. 26.2 ET establece que no tienen consideración de salario las siguientes cantidades:

A) Las percibidas por el trabajador en concepto de **indemnizaciones o suplidos** por los gastos realizados como consecuencia de su actividad laboral. Se trata de percepciones compensatorias de gastos que se han originado al trabajador precisamente por los servicios prestados o por la puesta a disposición para ello, sin que en consecuencia retribuyan en modo alguno las tareas efectuadas por aquel. Ejemplos son las dietas, percepciones referidas a gastos de locomoción, pluses de kilometraje, cheques gasolina, pluses de distancia y de transporte urbano, la compensación por ropa de trabajo o por útiles o herramientas o por quebranto de moneda.

B) Las **prestaciones e indemnizaciones de la Seguridad Social**, cuyo fundamento no es remuneratorio sino básicamente proteccionista, específicamente de suplencia de rentas dejadas de percibir. Se incluyen en esta categoría las cotizaciones empresariales a la Seguridad Social, las prestaciones públicas, las prestaciones procedentes de Mutuas de accidentes de trabajo y enfermedades profesionales, las prestaciones abonadas por las empresas y las mejoras voluntarias de la Seguridad Social. También pueden tener cabida en esta categoría extrasalarial la acción social empresarial, entendida como la concesión a los trabajadores de un conjunto heterogéneo de prestaciones en metálico o en especie cuya finalidad primordial es asistencial o social, ofreciendo a los trabajadores ventajas que contribuyen a mejorar sus condiciones de vida (guarderías, ayudas por hijos con discapacidad, compensación por gastos de estudios, etc.).

C) Las **indemnizaciones correspondientes a traslados, suspensiones o despidos**. Tales percepciones económicas no retribuyen de forma alguna la prestación de los servicios laborales, sino que se refieren a otras circunstancias. Concretamente, se trata de cantidades dinerarias que se devengan cuando la relación laboral se ve afectada por una modificación o cesación temporal o definitiva, que genera una determinada contraprestación económica para el trabajador por los daños y perjuicios que le puedan causar. A pesar de la referencia exclusiva a los despidos, cabe entender como extrasalarial todas las indemnizaciones que se generen con motivo de alguna extinción contractual (arts. 40, 41, 49 y 50 ET), incluidas las mejoras de las indemnizaciones legales y las que derivan de cláusulas de blindaje.

3. MODALIDADES DEL SALARIO

El salario se puede hacer efectivo en dinero o en especie (art. 26.1 ET).

A) El salario en dinero se puede abonar en moneda de curso legal o mediante talón bancario u otra modalidad de pago similar a través de entidades de crédito, previo informe al comité de empresa o delegados de personal (art. 29.4 ET). La jurisprudencia ha considerado: a) que el trabajador puede elegir entre cheque nominativo o al portador; b) que no tiene derecho a tiempo libre para cobrarlo; y c) que no viene obligado, en caso de transferencia, a abrir cuenta en la entidad de crédito que la empresa indique.

B) El salario en especie supone la parte de la prestación retributiva que se paga mediante un bien distinto del dinerario y que puede referirse a la utilización, consumo y adquisición de servicios, bienes o derechos susceptibles de valoración económica siempre que resulten adecuados y provechosos para el trabajador, incluso cuando no supongan un gasto real para el empresario. Comprende también retribuciones abonadas en un efecto no dinerario que sólo sirven para adquirir algún producto en especie, como los vales de comida. En tales supuestos, a pesar de que el empresario asuma frente a un tercero proveedor una deuda dineraria, la misma constituye respecto del trabajador una prestación en especie.

El salario en especie es objeto de ciertas limitaciones: a) No puede exceder del 30% del salario ni dar lugar a recibir en dinero una cuantía inferior al SMI (art. 26.1 ET); b) El Convenio nº 95 OIT contiene varias reglas sobre el salario en especie, como que no se debe permitir el pago con bebidas espirituosas o drogas nocivas, que se asegure que las percepciones en especie sean apropiadas al uso personal del trabajador y su familia y que su valor sea justo y razonable; c) Hay que tener en cuenta, asimismo, normas específicas sobre comedores o sobre alojamiento (RD 486/1997 y art. 285 LRJS).

4. SISTEMAS SALARIALES

La expresión "sistemas salariales" se refiere a las diversas formas o procedimientos para cuantificar el salario (ya sea el salario base, ya sean los posibles complementos). Al respecto, apenas hay normas legales aplicables.

Básicamente, la cuantificación del importe del salario puede hacerse ***por unidad de tiempo,*** atendiendo a la duración del servicio, independientemente de la cantidad de obra realizada, aunque hay que tener en cuenta que existe un deber general de diligencia o rendimiento (arts. 5 a y 20.2 ET), que exige cierto resultado; o ***por unidad de obra,*** considerando la cantidad o calidad de la obra producida, independientemente del tiempo invertido, aunque el mismo deber general de diligencia puede suponer que la obra debe realizarse en un concreto plazo.

Un sistema peculiar es el llamado ***salario a tarea,*** que consiste en que el trabajador se compromete a realizar una determinada cantidad de obra en una jornada de trabajo u otros períodos de tiempo establecidos, entendiéndose cumplido el correspondiente periodo de tiempo cuando se haya ultimado el trabajo fijado en la tarea.

El ***salario a comisión*** está previsto en el caso de trabajadores que desarrollan una actividad laboral consistente en la intervención en negocios jurídicos o ventas por cuenta del empresario. Se calcula en función de los negocios, colocaciones o ventas en que el trabajador haya mediado. La normativa legal establece que (arts. 29.2 ET y 77 LRJS): a) el derecho a la comisión nace en el momento de realizarse y pagarse el negocio, etc., en que haya intervenido el trabajador; b) que debe liquidarse y pagarse al finalizar el año, salvo que se haya pactado otra cosa; y c) que el trabajador y sus representantes pueden pedir comunicaciones de la parte de los libros referentes a tales devengos. Si el negocio se deshace por culpa del empresario, el trabajador mantiene el derecho a la comisión (art. 30 ET).

Sobre la ***participación en beneficios,*** el salario también puede venir cuantificado atendiendo a la situación económica de la empresa. A este sistema salarial le resultan aplicables las reglas sobre examen de libros y cuentas de la empresa y asesoramiento de expertos (art. 77 LRJS).

5. COMPOSICIÓN DEL SALARIO

El art. 26.3 ET se limita a señalar que la estructura salarial comprende el salario base y, en su caso, determinados complementos. Siendo esta la estructura legalmente prevista, la determinación de cuál sea el salario base y cuáles sean los complementos (y la cuantificación de uno y otros) es tarea que corresponde, según el art. 26.3 ET, a la negociación colectiva y, en su defecto, al contrato de trabajo. Pese a la literalidad de la ley (que parece otorgar al contrato un papel meramente supletorio, en ausencia de convenio colectivo), la práctica consiste en la fijación por la negociación colectiva de la concreta estructura salarial aplicable a cada empresa, pero pudiéndose complementar esa regulación por la añadida en cada contrato de trabajo, siempre que el contrato (como es la regla general, ver lección 2ª) no establezca en perjuicio del trabajador condiciones menos favorables o contrarias a las del convenio colectivo.

En fin, dada la complejidad que puede adquirir la estructura del salario y, en consecuencia, el cálculo de sus distintos componentes, en la práctica, ocasionalmente, se acude a la fórmula simplificadora denominada **salario global**. Se trata de una retribución, cuya validez depende de que, como mínimo, suponga la suma de todas las percepciones económicas a que el trabajador tiene derecho por aplicación de los distintos conceptos retributivos previstos en cada caso (STS 4 oct. 1996).

5.1. Alario base y otros conceptos asimilables

El ***salario base*** es la retribución fijada por unidad de tiempo o por unidad de obra y no obedece a ninguna de las causas que pueden dar lugar al reconocimiento de un complemento salarial. Se trata de una percepción económica concretada por referencia al encuadramiento profesional y a la jornada ordinaria del trabajador.

Asimilables al salario base son las ***gratificaciones extraordinarias***, cuya instauración debe efectuarse mediante la negociación colectiva (art. 31 ET). Se reconocen dos pagas extra al año, una de ellas con ocasión de las fiestas de Navidad y la otra en el mes que se fije por convenio colectivo o acuerdo de empresa. La cuantía de ambas pagas debe fijarse por convenio colectivo. El convenio colectivo también puede contemplar que se prorrateen en las doce mensualidades.

Numerosos convenios colectivos añaden una tercera paga extraordinaria -o incluso, más- bajo multitud de denominaciones, entre ellas "paga de beneficios", que debe diferenciarse de la participación en beneficios considerada en sentido técnico jurídico, puesto que aquella se configura como una percepción económica de cantidad fija y garantizada, bien en algunos meses del año o prorrateada a lo largo de todo el año.

5.2. *Complementos salariales*

Los ***complementos salariales*** se definen como remuneraciones que se caracterizan porque, siendo su razón de ser el trabajo, concurre en él alguna concausa merecedora de una conceptuación diferente del trabajo corriente, que además es la que se usa normalmente para denominar la retribución de que se trate.

Si bien no es obligatorio su reconocimiento, el ET contempla 3 categorías (art. 26.3 ET): los fijados en función de circunstancias relativas a las condiciones personales del trabajador, los fijados en función del trabajo realizado y los fijados en función de la situación o resultados de la empresa.

A) En cuanto a los complementos personales, destaca el *complemento o plus de antigüedad*. Este tipo de complemento, como todos los demás, se puede prever en el convenio colectivo o en el contrato de trabajo (art. 25.1 ET). En la medida en que existe una cierta tendencia hacia su desaparición, hay que resaltar que nada impide que, en un ámbito en que el complemento de antigüedad viniera siendo establecido por el convenio colectivo, sea suprimido por un convenio posterior. Ello, no obstante, del art. 25.2 ET parece desprenderse un límite a esa posibilidad de supresión de este tipo de complemento: el convenio posterior podría suprimir el plus de antigüedad, pero "sin perjuicio de los derechos adquiridos o en curso de adquisición en el tramo temporal correspondiente". Así, quienes en el anterior convenio colectivo tenían reconocido este complemento van a mantenerlo, aunque su cuantía puede verse congelada. En todo caso, si se contempla el complemento de antigüedad, debe reconocerse tanto a los trabajadores fijos como a los temporales (art. 15.6 ET).

B) Por lo que hace a los complementos en función del trabajo realizado, pueden estar vinculados al desempeño de un determinado puesto de trabajo o a un concreto modo de trabajar por parte del asalariado. Esta categoría comprende tanto los complementos ***"de puesto de trabajo"***, como los de ***"cantidad y calidad"***. Los *complementos de puesto de trabajo* atienden a circunstancias especiales de determinados puestos de trabajo y dependen de la prestación efectiva de trabajo, por lo que pueden suponer un mayor esfuerzo o sacrificio para el empleado (condiciones geográficas: residencia, insularidad, navegación o vuelo, embarque; concernientes al tiempo de trabajo: nocturnidad, turnos, disponibilidad horaria, horas de presencia, festivos o fin de semana; características del puesto de trabajo: peligrosidad, toxicidad, penosidad, disponibilidad funcional, responsabilidad o mando). Los complementos por *calidad o cantidad de trabajo realizado* retribuyen una mejor calidad o mayor cantidad de trabajo (rendimiento del trabajador: primas, incentivos o comisiones; concernientes al tiempo de trabajo: pluses de asistencia y puntualidad, primas antihuelga u horas extraordinarias).

C) Respecto de los complementos en función de la situación y resultados de la empresa, estos pretenden una mayor integración del trabajador en la empresa al depender del resultado de la actividad empresarial en la que el trabajador, en mayor o menor medida, puede contribuir. Esta categoría de complementos incluye diversos sistemas de participación en ingresos y/o beneficios y en el capital (acciones u opciones sobre acciones).

5.3. Consolidación de los complementos salariales

Dado que los complementos dependen de circunstancias que pueden variar (así, sobre todo, los complementos de puesto) se plantea *el problema de su consolidación o no* una vez que desaparezca la circunstancia que los fundamentaba. Al respecto, el art. 26.3 ET se remite a lo dispuesto en el convenio o en el contrato de trabajo; pero añade que, salvo pacto en contrario, no son consolidables los complementos por puesto de trabajo o en función de los resultados de la empresa. Por tanto, los complementos personales y los de cantidad y calidad, cuando no exista pacto al respecto, dependerán de su configuración causal.

6. DETERMINACIÓN DEL SALARIO

Como ya se ha indicado, el salario (su estructura y cuantía) se determina por los convenios colectivos y, en la medida en que los mejore, por el contrato de trabajo. Ello provoca que puedan superponerse distintos niveles salariales (salario mínimo interprofesional -SMI-, salarios profesionales y salarios contractuales)

A) El art. 27 ET prevé la fijación por el Gobierno de un SMI, previa consulta con los sindicatos y asociaciones empresariales más representativas, teniendo en cuenta una serie de factores (entre ellos, el IPC). Asimismo, se establece que se efectuará una revisión semestral para el caso en que no se cumplan las previsiones sobre el IPC.

Inicialmente, el SMI se manejaba tanto como suelo salarial, como indicador de rentas a efectos múltiples. Sin embargo, el RDL 3/2004, de 25 de junio, introdujo el concepto de "indicador público de renta de efectos múltiples" (IPREM)[1]. De este modo, aunque el SMI mantiene una fun-

---

1 El RD 875/2025, de 11 de febrero, establece el SMI para el 2025 en 39,47 euros/día y 1184 euros/mes considerando una cuantía anual de 16.576 euros/año (a efectos de compensación y absorción). Para eventuales que trabajen menos de

ción de garantía salarial mínima y sigue vinculado a algunos supuestos en materia de Seguridad Social (art. 1), el IPREM es el que se debe utilizar como indicador o referencia del nivel de renta para determinar la cuantía de determinadas prestaciones o para acceder a determinadas prestaciones, beneficios o servicios públicos (ver art. 2.1 RDL 3/2004).

En concreto, las referencias al SMI contenidas en las normas estatales (vigentes en el momento de promulgarse el RDL) se entenderán referidas al IPREM (art. 2.3 RDL 3/2004), salvo las señaladas en el art. 1. apartados 2 y 3. Sobre todo, en materia de protección por desempleo, se establece detalladamente qué cuestiones siguen referidas al SMI y cuáles se entienden referidas al IPREM (art. 3 RDL 3/2004). Las otras administraciones públicas pueden utilizar como índice o referencia de renta el IPREM, aunque sin perjuicio de fijar indicadores propios en el ejercicio de sus competencias.

B) El salario profesional, esto es, el fijado por los convenios colectivos debe respetar el SMI y el principio constitucional de igualdad de trato, si bien con matices propios (ver, por ej., la STC 177/1988). Al objeto de comprobar si el salario profesional es conforme con el SMI, la comparación debe efectuarse en cómputo anual, a jornada completa y respecto a la retribución que por todos los conceptos salariales recibe el trabajador (STS 1 abr. 2022, rec. 60/2020).

Además, los convenios colectivos no solamente no pueden establecer tratamientos discriminatorios (por ejemplo, directos o indirectos por razón de género: STC 147/1995), sino que tampoco pueden disponer diferencias de trato que no estén razonablemente justificadas debiéndose respetar también el principio de igualdad (entre temporales y fijos: por ej., SSTC 177/1983 y 136/1987 y STS 7 may. 2024, rec. 1487/2013). En este sentido, la jurisprudencia constitucional (SSTC 119/2002 y 27/2004) viene entendiendo que la distinta fecha de ingreso en la empresa no justifica por sí sola el establecimiento de una doble escala salarial, requiriéndose para que el trato diferencial pueda considerarse razonable y proporcionado la concurrencia de elementos adicionales de justificación que compensen a

---

120 días se fija en 56,08 euros por jornada laboral y para empleados de hogar en 9,26 euros/hora.

El IPREM se fija anualmente por la LPGE. Al no haberse aprobado LPGE ni en 2024 ni en 2025 , a pesar del aumento del SMI, sus valores han permanecido congelados en los de 2023. La Ley 31/2022, de PGE 2023, lo fijó en 20 euros/día, 600 euros/mes, 7.200 euros /año (cuando sustituye al SMI en cómputo anual sin pagas extraordinarias) y 8.400 euros/año (cuando sustituye al SMI en cómputo anual con pagas extraordinarias).

los afectados, así como la previsión de su carácter transitorio. La jurisprudencia ordinaria, por su parte, que reitera que la fecha de la contratación no puede justificar el trato diferencial, señala que las diferencias, de introducirse, deben ser "razonables, objetivas, equitativas y proporcionadas, estando el convenio facultado para establecer determinadas diferencias en función de las particulares circunstancias concurrentes en cada caso, sin que cuando se trata de la retribución del trabajo quepan generalizaciones, de manera que el principio general a tener en cuenta es el de igual retribución a trabajo de igual valor" (STS 7 oct. 2020, rec. 2592/2018 y 17 nov. 2020, rec. 3068/2018).

C) Por su parte, el salario contractual, pactado por las partes en ejercicio de su autonomía de la voluntad, debe respetar el SMI y el salario establecido, en su caso, por el convenio colectivo. Asimismo, en el materia de salario contractual, si bien no se impone una igualdad a ultranza, el contrato de trabajo debe respetar el principio de no discriminación: es decir, aun cuando el empresario puede pactar con sus trabajadores salarios que no sean iguales (STC 34/1984) o conceder o acordar condiciones más beneficiosas, tiene que respetar el límite de que las diferencias salariales no pueden basarse en las causas de discriminación (raza, sexo, religión, etc.) prohibidas por los arts. 14 CE y los arts. 4.2.c) y 17.1 ET.

Caso práctico: Igualdad retributiva

D. Ricardo J. trabaja en la empresa INCA junto a otros quince trabajadores. Todos ellos cobran la retribución que corresponde a su clasificación profesional de acuerdo con el convenio colectivo; pero, adicionalmente, la empresa paga a los restantes trabajadores 200 euros mensuales, cantidad que no recibe D. Ricardo, sin que haya motivo aparente que lo justifique. D. Ricardo reclama esta cantidad alegando el principio de igualdad de trato, ¿tiene derecho a percibirla?

El empresario, en ejercicio de su libertad u autonomía, no está sometido al principio de igualdad de trato y puede establecer diferencias en las retribuciones siempre y cuando respete los mínimos establecidos en la norma convencional. En las relaciones entre particulares no rige el derecho a la igualdad, sino a la no discriminación.

Vid. STC 34/1984, de 9 de marzo y STS 14 mayo 2014, rec. 2328/2013.

Más específicamente, el art. 28 ET prohíbe toda discriminación por razón de sexo en cualquiera de los elementos o condiciones de la retribución, satisfecha directa o indirectamente, y cualquiera que sea la naturaleza de esta, salarial o extrasalarial, estando obligado el empresario a pagar la misma retribución por la prestación de un trabajo de igual valor. Un trabajo tendrá igual valor que otro cuando la naturaleza de las funciones o tareas efectivamente encomendadas, las condiciones educativas, profesionales o de formación exigidas para su ejercicio, los factores estrictamente relacionados con su desempeño y las condiciones laborales en las que dichas actividades se lleven a cabo sean equivalentes (art. 28.1 ET). El RD 902/2020 en materia de igualdad retributiva entre hombres y mujeres desarrolla este precepto legal y los elementos a tomar en consideración para llevar a cabo la valoración.

Además, el empresario está obligado a llevar un registro de valores medios de salarios, complementos salariales y percepciones extrasalariales de su plantilla, desagregados por sexo y distribuidos por grupos profesionales, categorías profesionales o puestos de trabajo iguales o de igual valor (art. 28. 2 ET). No se exige incorporar al registro la retribución individualizada de todos los trabajadores, sino conocer si los valores medios de la retribución desagregados por sexo revelan desigualdad por dicha razón (STS 21 nov. 2024, rec. 218/2013). Por su parte, los trabajadores, tienen derecho a acceder al registro de su empresa a través de sus representantes (art. 28.2 ET). Esta obligación de registro se extiende a todas las empresas y comprende a toda su plantilla (art. 5 RD 902/2020).

Cuando en una empresa, con al menos 50 trabajadores, el promedio de las retribuciones de los trabajadores de un sexo sea superior a los del otro en un 25% o más del conjunto de la masa salarial o media de las retribuciones satisfechas, el empresario debe incluir en el registro salarial una justificación de que dicha diferencia responde a motivos no relacionados con el sexo de las personas trabajadoras (art. 28.3 ET). Se trata, por tanto, de un promedio de las retribuciones o de la media de las percepciones satisfechas, no de salarios individuales (STS 21 nov. 2024, rec. 218/2023).

7. ABSORCIÓN Y COMPENSACIÓN SALARIAL

La existencia de distintas fuentes en materia salarial provoca que los aumentos salariales en fuentes jerárquicamente superiores proyecten sus efectos en las inferiores. Por ejemplo, en un primer momento, el convenio colectivo establece una determinada cuantía salarial; luego la autonomía individual la mejora; y finalmente esta cuantía mejorada puede resultar a su vez nuevamente aumentada por un incremento posterior del salario convencional. Ante esta situación, la empresa tiene dos alternativas. La primera consiste en mantener la mejora salarial existente, incrementando el salario contractual en el mismo porcentaje que lo ha hecho el salario convencional. La segunda significa efectuar ajustes en la mejora salarial. En concreto, si el nuevo salario convencional se mantiene inferior al salario contractual, si este no se incrementa en el mismo porcentaje que el salario convencional, manteniéndose inalterado, es cuando opera el mecanismo de absorción y compensación. Su finalidad, por tanto, es evitar que la cuantía salarial que ha de percibir el trabajador, y que fue aumentada por el salario contractual, se convierta en base sobre la que aplicar el posterior incremento salarial establecido en el convenio.

Pues bien, el art. 26.5 ET dispone que la absorción y compensación operará cuando los salarios realmente abonados, en su conjunto y cómputo anual, sean más favorables para los trabajadores que los fijados en el orden normativo o convencional de referencia.

Sobre esta base, cabe precisar las siguientes consideraciones:

1ª) Se trata de un mecanismo referido al salario, no a las percepciones extrasalariales; la absorción y compensación no es posible cuando uno de los conceptos retributivos que interviene en la operación es inabsorbible por su propia naturaleza, como ocurre con un concepto no salarial (STS 24 sept. 2024, rec. 226/2022).

2ª) La absorción y compensación supone la comparación de dos órdenes normativos salariales; no cabe compensar un concepto salarial previsto en el convenio colectivo por otro previsto en el mismo convenio colectivo.

3ª) Se exige cierta homogeneidad entre los conceptos salariales que deben neutralizarse, es decir, el incremento convencional que se pretende compensar y la partida del salario contractual que actúa como elemento compensador deben poder incluirse o bien en el concepto de salario base, o bien en el mismo grupo de complementos salariales del art. 26.3 ET (STS 24 ene. 2023, rec. 2897/2019); por tanto, en principio, la absorción y compensación no rige entre el salario base y los complementos salariales, aunque se admite que pueda regir entre la antigüedad y el salario base (STS 29 marzo 2022, rec. 162/2019).

4ª) La exigencia de homogeneidad puede quebrar por mor de la negociación colectiva, que puede permitir la neutralización entre partidas heterogéneas (STS 29 marzo 2022, rec. 162/2019). 5ª) Es posible pactar que alguno de los conceptos retributivos reconocidos sea inabsorvible. 6ª) La compensación y absorción requiere de una comparación en cómputo anual.

Con todo, en el caso de la absorción y compensación del incremento del SMI, a efectos de determinar si un salario, convencional o contractual, es respetuoso con el nuevo importe salarial mínimo cabe tener en cuenta que, según el art. 27.1 del ET, la revisión del SMI no debe repercutir sobre los salarios que viniesen percibiendo quienes, por tal concepto y en cómputo anual, ya obtienen ingresos superiores. Este precepto estatutario, a diferencia de cómo se aplica el art. 26.5 del ET, indica que la comparación se ha de efectuar incluyendo todos los conceptos salariales en su conjunto y cómputo anual, sin realizar distinción alguna entre ellos, con base en la naturaleza homogénea o heterogénea de algunos de sus complementos (STS de 25 de marzo de 2025, rcud. 324/2023).

8. PAGO DEL SALARIO

El art. 29 ET contiene varias normas sobre el lugar, tiempo y forma de pago del salario.

Respecto del ***lugar de pago***, será el pactado o, en su defecto, el que resulte de los usos y costumbres. No obstante, la normativa de la OIT (Convenios nº 95 y 117) prohíbe el pago en bares o establecimientos similares (tiendas de venta al por menor, centros de distracción), salvo que se trate de empleados de esos establecimientos.

Respecto del ***momento de pago***, se hará en la fecha pactada o conforme a los usos y costumbres. En todo caso, el período de pago no puede exceder de un mes (salvo para comisiones). Las pagas extraordinarias se abonarán una en Navidad y otra en la fecha pactada, pero se pueden prorratear por mensualidades.

Si el pago no es puntual, el interés por mora es del 10% anual, a contar desde el momento en que el salario debió ser pagado (STS de 22 nov. 2021, rec. 3884/2019).

El trabajador tiene derecho a percibir anticipos a cuenta del trabajo ya realizado (art. 29.1 ET). Respecto de los anticipos a cuenta de salarios futuros, estos están regulados en el RD 3084/1974, aparte lo que se pueda establecer por convenio colectivo.

Respecto de la ***forma de pago***, el abono se puede hacer en moneda de curso legal, mediante talón o mediante otra modalidad de pago similar a través de entidades de crédito, previo informe a los representantes del personal. En todo caso, la prueba del pago del salario corresponde al empresario: probada por el trabajador la realización de la prestación de servicios o la imposibilidad de esta imputable al empresario, recae sobre este la prueba de que ha abonado el correspondiente salario (STS 4 julio 2023, rec. 3304/2020).

La liquidación y pago se documentarán mediante la entrega de un **recibo de salarios**. Existe un modelo oficial (Orden ESS/2098/2014, de 6 noviembre, que modifica el anexo de la Orden 27 diciembre 1994), pero, por convenio o acuerdo, puede ser sustituido por otro modelo, siempre que contenga, con la debida claridad y separación, las diferentes percepciones y las deducciones que procedan.

El recibo debe ser archivado por la empresa, junto con los documentos de cotización, durante un mínimo de cuatro años.

9. LA PROTECCIÓN DEL SALARIO

El dato de que el salario sea la principal fuente de ingresos de los trabajadores justifica las distintas previsiones legales que garantizan su cobro.

A) En primer lugar, el cobro del salario se asegura frente a los acreedores del propio trabajador. Concretamente, se establece una garantía frente a los acreedores del trabajador, que consiste en la inembargabilidad del salario.

- Así, se instaura la *inembargabilidad absoluta del SMI, tanto anual como mensual* (art. 27.2 y 607 LEC). Por ello, hay que distinguir según las pagas extra estén o no prorrateadas. En el primer supuesto, el límite mensual inembargable viene constituido por el importe del SMI anual prorrateado entre los 12 meses. En el segundo supuesto, en los meses en los que se abonen las correspondientes pagas extra, el límite mensual inembargable es una cantidad equivalente al doble del SMI mensual.

  En los casos en los que el embargo del salario del trabajador provenga de una ejecución hipotecaria de la vivienda familiar porque el precio obtenido de la venta de esta no alcanza a cubrir la deuda con la entidad que ha concedido el crédito, la cantidad inembargable se amplía en un 50%. Si el trabajador tiene familiares, el importe inembargable aumenta además en un 30% por cada miembro del núcleo familiar que no disponga de ingresos superiores al SMI (art. 1 RDL 8/2011).

- Cuando lo percibido por el trabajador supere la cuantía mensual del SMI en los términos indicados o, en su caso, el importe que deriva de los porcentajes señalados en el supuesto de ejecución hipotecaria, el exceso es embargable parcialmente (*inembargabilidad relativa*), según la escala prevista en el art. 607 LEC, que supone ir aplicando los porcentajes previstos distinguiendo por tramos. Estos porcentajes van desde el 30%, en el primer tramo, cuando el salario del trabajador se halla entre el SMI y el doble del SMI que debe ser aplicado a la diferencia entre el salario del trabajador y el importe equivalente a 2 SMI, hasta un 90%, cuando el salario del trabajador supera 5 veces el SMI, en cuyo caso se aplicaría a la diferencia entre el salario del trabajador y el importe equivalente a 5 SMI.

Con todo, ninguna de estas garantías (inembargabilidad absoluta y relativa) resultan de aplicación en el supuesto de ejecución de sentencia que condene al pago de alimentos al trabajador, cuando la obligación de satisfacerlos nazca directamente de la Ley, incluyendo los pronunciamientos de sentencias dictadas en procesos de nulidad, separación o divorcio sobre alimentos debidos al cónyuge a los hijos o de los decretos o escrituras públicas que formalicen el convenio regulador que los establezcan. Como tampoco se aplican cuando se proceda por ejecución de sentencia, decreto o escritura pública que establezcan el pago de pensión compensatoria siempre que la parte ejecutante así lo solicite y acredite una necesidad económica. En todos estos casos, el tribunal será quien fijará la cantidad que puede ser embargada (art. 608 LEC).

B) En segundo lugar, se establecen garantías frente a otros acreedores *del empresario*. Cuando los créditos salariales concurren con créditos de otros acreedores del empresario frente a los bienes del empresario, el ordenamiento reconoce ciertas preferencias del crédito salarial. La *preferencia* puede ser *absoluta*, frente a cualquier otro crédito o *singular*, sobre ciertos créditos.

A tal efecto, hay que distinguir dos supuestos según si se ha iniciado o no un procedimiento concursal.

a) ***En ausencia de concurso*** (art. 32 ET):

— Los salarios del último mes tienen preferencia absoluta sobre cualquier otro crédito, con el límite del doble del SMI, aunque se halle garantizado por prenda o hipoteca.

— Los demás salarios impagados gozan de preferencia absoluta sobre cualquier otro crédito, pero solo respecto de los objetos elaborados por los trabajadores mientras sean propiedad o estén en posesión del empresario (créditos refaccionarios).

— Los demás salarios y las indemnizaciones por despido están singularmente privilegiados. Los créditos salariales hasta la cuantía que resulte de multiplicar el triple del SMI por el número de días de salario pendientes de pago. Por lo que hace a los créditos indemnizatorios, también están garantizados singularmente, en la cuantía correspondiente al mínimo legal pero calculada sobre una base que no puede superar el triple del SMI. Esta preferencia singular supone que ambos créditos tienen preferencia sobre cualquier otro crédito, excepto los créditos con derecho real que según la legislación sean preferentes sobre los demás créditos.

— Cuando concurran exclusivamente créditos salariales, la regla es el reparto proporcional o a prorrata entre ellos (art. 270 LRJS).

b) ***En caso de concurso,*** a tenor de la LC, hay que ir distinguiendo según el tipo de crédito:

— ***Créditos contra la masa*** (conjunto de bienes y derechos integrados en el patrimonio del empresario a la fecha de declaración del concurso y los que se reintegren al mismo o adquieran hasta la conclusión del procedimiento) son los siguientes (art. 242.1 1°, 2° y 11° LC): 1) Los créditos por los salarios de los últimos 30 días trabajados anteriores a la declaración de concurso, con el límite del doble del SMI. 2) Los créditos anteriores o posteriores a la declaración del concurso por indemnizaciones derivadas de accidente de trabajo y enfermedad profesional. 3) Los demás créditos laborales generados por el ejercicio de la actividad profesional o empresarial del concursado tras la declaración del concurso, quedando comprendidos los créditos laborales correspondientes a este periodo, incluidas las indemnizaciones de despido o extinción de los contratos de trabajo que se hubieran producido con posterioridad a la declaración de concurso, así como los recargos sobre las prestaciones por incumplimientos de las obligaciones en materia de salud laboral, hasta que el juez acuerde el cese de la actividad profesional o empresarial, o declare la conclusión del concurso (art. 242.1 .2 y .11 LC).

Estos créditos se satisfacen deduciendo de la masa activa los bienes y derechos no afectos al pago de créditos con privilegio especial (art. 244 LC). Efectuado este pago de créditos con privilegio especial, los créditos contra la masa se abonarán deduciendo de la masa activa los bienes y derechos necesarios antes de pagar otros créditos concursales (art. 429 LC). Dicho pago se hará en sus respectivos vencimientos, salvo el crédito por los salarios de los 30 días, que se debe ingresar de forma inmediata (art. 245 LC).

— Son ***créditos con privilegio especial***, esto es, que afectan a determinados bienes o derechos de la masa activa (art. 269 LC), los créditos de los trabajadores sobre los objetos por ellos elaborados mientras sean propiedad o estén en posesión del concursado (art. 270.3º LC). Como regla general, el pago de estos créditos se efectuará con cargo a los bienes y derechos afectos, aunque la administración concursal puede optar por atender su pago con cargo a la masa y sin realización de los bienes y derechos afectos (art. 430 LC).

— Son ***créditos con privilegio general***, es decir, que afectan a la totalidad de la masa (art. 269.2 LC), los siguientes (art. 280.1 LC): 1) Los créditos anteriores a la declaración del concurso por salarios que no tengan la consideración de créditos contra la masa ni reconocido privilegio especial alguno (con el límite del triple del SMI por el número de días de salario pendientes de pago) como tampoco privilegio especial, en la cuantía que resulte de multiplicar el triple del salario mínimo interprofesional por el número de días de salario pendientes de pago. 2) Las indemnizaciones derivadas de la extinción de los contratos, en la cuantía correspondiente al mínimo legal calculada sobre una base que no supere el triple del SMI. 3) Los capitales coste de seguridad social de los que sean legalmente responsable el concursado y los recargos sobre prestaciones por incumplimiento de las obligaciones en materia de salud laboral devengadas con anterioridad a la declaración de concurso.

— El resto de los ***créditos*** son ***ordinarios*** (art. 269.3 LC). Su pago es con cargo a los bienes y derechos de la masa activa que resten una vez satisfechos todos los anteriores, aunque excepcionalmente el juez puede autorizar su pago con antelación (arts. 433 y 434 LC). Se satisfarán a prorrata.

10. EL FOGASA

En último lugar, a modo de garantía del efectivo cobro de salarios e indemnizaciones por extinción del contrato en caso de *insolvencia empresarial*, cabe tener en cuenta el **Fondo de Garantía Salarial** (FOGASA). Este organismo también interviene en el caso de reestructuraciones de plantilla por fuerza mayor. Se trata de un organismo autónomo que se financia con aportaciones del empresario (el tipo del 0,2% sobre la base de contingencias profesionales).

Así pues, cabe distinguir las siguientes funciones (art. 33 ET):

A) En los supuestos de insolvencia y en el de concurso de acreedores, el FOGASA responde subsidiariamente por:

- el importe de los salarios pendientes de pago (incluidos los salarios de tramitación, cuando procedan) y reconocidos en acto de conciliación o en resolución judicial, hasta 120 días y con el límite del doble del SMI diario, comprendiendo la parte proporcional de las pagas extra (art. 33.1 ET);
- las indemnizaciones reconocidas como consecuencia de sentencia, auto, acto de conciliación judicial o resolución administrativa a favor de los trabajadores a causa de despido o de extinción de los contratos conforme a los artículos 50 (extinción a instancia del trabajador por causa justificada), 51 (despido colectivo), y 52 (extinción por causa objetiva), 40.1 (extinción por traslado) y 41.3 (extinción por modificación sustancial) todos del ET; o a causa de extinción conforme a los arts. 181 y 182 de la LC, al art. 11.2 del RD 1620/2011, por el que se regula la relación laboral especial del servicio del hogar familiar; o por extinción de contratos temporales o de duración determinada (art. 33.2 ET).

  Esta responsabilidad está sujeta a los siguientes límites: una anualidad de indemnización, salvo en el caso del 41.3 ET, en el que el límite máximo es de 9 mensualidades, y en el del art. 11 del RD 1620/201,1 que es de 6 mensualidades. Para los supuestos de los arts. 50 y 56 ET, la indemnización se calculará sobre la base de 30 días por año de servicio. El FOGASSA garantiza todas estas indemnizaciones sin que el salario regulador, base de su cálculo, pueda exceder del doble del SMI, incluida la parte proporcional de pagas extraordinarias.

En el concreto supuesto de concurrencia de un procedimiento concursal, el art. 33.3 ET exige que el FOGASA sea citado y establece reglas específicas.

B) En los casos de extinción del contrato por fuerza mayor, la autoridad laboral que autorice los despidos puede decidir que la totalidad o parte de la indemnización la abone el FOGASA, aunque no haya insolvencia, etc., pero con derecho a reintegrarse del empresario (art. 51.7 *in fine* ET). Esta obligación de pago exige la declaración de exoneración total o parcial de empresario en el pago de la indemnización en la resolución del expediente de regulación de empleo que se haya seguido para constatar la existencia de fuerza mayor, al efecto de extinguir los contratos de trabajo (art. 17 ET).

La primera de las funciones señaladas (abono de salarios e indemnizaciones en caso de insolvencia empresarial) se aplica también al personal de alta dirección (DA 5ª ET), no así las dos siguientes (ver art. 3.2 RD 1382/1985).

Lección 15ª

Otros derechos y deberes laborales

1. DERECHOS DEL TRABAJADOR

Se ha analizado en la lección anterior el derecho del trabajador al salario. Pero el contrato de trabajo tiene una estructura compleja, en la que, junto con prestaciones principales (trabajo, salario) aparecen otros derechos y deberes.

El art. 4 ET enumera una serie de derechos, distinguiendo entre *derechos "básicos"* (trabajo y libre elección de profesión u oficio; libre sindicación; negociación colectiva; huelga; participación en la empresa) y *derechos "en la relación de trabajo"* (a la ocupación efectiva, a la promoción y formación profesional en el trabajo; a la no discriminación para el empleo o una vez empleados; a la integridad física y a una adecuada política de prevención de riesgos laborales; al respeto de su intimidad y a la consideración debida a su dignidad; a la percepción puntual de la remuneración; a cuantos otros se deriven específicamente del contrato de trabajo).

Muchos de esos derechos ya se han estudiado en lecciones anteriores. Se analizan aquí los que no han sido objeto de un estudio previo pormenorizado.

1.1. Derecho a la no discriminación

El art. 14 CE prohíbe "discriminación alguna por razón de nacimiento, raza, sexo, religión, opinión o cualquier otra condición o circunstancia personal o social". A su vez, el art. 4.2.c) ET reconoce a los trabajadores el derecho "a no ser discriminados directa o indirectamente para el empleo, o una vez empleados", por esas y otras razones añadidas: por razones de estado civil, edad dentro de los límites marcados por esta Ley, origen racial o étnico, condición social, religión o convicciones, ideas políticas, orientación e identidad sexual, expresión de género, características sexuales, afiliación o no a un sindicato, por razón de lengua dentro del Estado español, discapacidad, así como por razón de sexo, incluido el trato desfavorable dispensado mujeres u hombres por el ejercicio de los derechos de conciliación o corresponsabilidad de la vida familiar y laboral.

Por su parte, el art. 17.1 ET declara nulos los preceptos reglamentarios, las cláusulas de los convenios y, cabe subrayarlo aquí, los pactos individuales y las decisiones unilaterales del empresario "que den lugar en el empleo, así como en materia de retribuciones, jornada y demás condiciones de trabajo, a situaciones de discriminación directa *desfavorables* por razón de edad o discapacidad o a situaciones de discriminación directa o indirecta" por casi las mismas razones que enumera el art. 4.2.c ET. Contempla además la condición sexual, la adhesión o no a acuerdos de los sindicatos y vínculos de parentesco con personas pertenecientes o relacionadas con la empresa. Por su parte, el art. 8 LOI considera discriminación por razón de sexo todo trato desfavorable a las mujeres relacionado con el embarazo o la maternidad, y el arts. 2.1 de la Ley 15/2022, de 12 julio, prohíbe la discriminación por enfermedad o condición de salud, estado serológico y/o predisposición genética a sufrir patologías y trastornos.

En relación a este principio de no discriminación cabe hacer las siguientes consideraciones.

a) El art. 14 Const. contiene realmente dos principios: la *igualdad de trato* ("Los españoles son iguales ante la ley...") y la *no discriminación* en los términos que se acaban de exponer.

El principio de igualdad de trato vincula a los poderes públicos (y, entre ellos, el poder normativo: las leyes, reglamentos o convenios estatutarios no pueden establecer tratos desiguales, salvo que el trato desigual sea justificado y razonable y el criterio de diferenciación sea objetivo: ver STC 177/1993, de 31 mayo), mientras que en las relaciones entre particulares solo se impone la prohibición de discriminación directa o indirecta por esas causas o razones particularmente rechazables contempladas en el art. 14 CE y en los arts. 4.2.c y 17.1 ET (ver STC 34/1984, de 9 marzo).

b) Pese a lo anteriormente dicho, tanto la CE (arts. 1.1 y 9.2) como la normativa comunitaria (art. 157.4 TFUE, art. 3 Directiva 2006/54/CE, de 5 julio; art. 5 Directiva 2000/43/CE, de 29 junio, igualdad de trato de las personas independientemente de su origen racial o étnico; art. 7 Directiva 2000/78 CE, de 27 noviembre, de establecimiento de un marco general para la igualdad de trato en el empleo y la ocupación, en concreto para luchar contra la discriminación por motivos de religión o convicciones, discapacidad, edad u orientación sexual) ofrecen apoyo a lo que se conoce como medidas de *"acción positiva"* que supongan un trato más favorable a ciertos colectivos, sobre todo mujeres (también otros: personas con discapacidad, por ejemplo), para superar situaciones históricas de desigualdad, para compensar situaciones fácticas desfavorables.

En efecto, en el derecho interno, tales medidas de acción positiva encuentran su apoyo en el art. 1.1 (Estado social de derecho) y, sobre todo, en el *"principio de igualdad real"* del art. 9.2 CE: a los poderes públicos les corresponde promover las condiciones para que la libertad e igualdad del individuo y de los grupos en que se integra sean reales y efectivas, remover los obstáculos que impidan o dificulten su plenitud y facilitar la participación de todos los ciudadanos en la vida política, económica, social y cultural.

En la normativa interna no constitucional, la "acción positiva" encuentra su reconocimiento expreso en el art. 17.4 ET, no solo a efectos de contratación, sino también de clasificación profesional, promoción y formación, y en el art. 24.2 ET (ver lección 12ª). También, ampliamente en relación con los poderes públicos, pero en términos matizados (corregir situaciones patentes de desigualdad, medidas razonables y proporcionadas) en el art. 11 LOI. Se recoge igualmente en el art. 35 Ley 62/2003, de 30 de diciembre, que establece medidas para la igualdad de trato y no discriminación, en particular por razón de origen racial o étnico, religión o convicciones, discapacidad, edad u orientación sexual.

La doctrina constitucional (ver SSTC 128/1987, de 16 julio, o 28/1992, de 9 marzo) se ha orientado igualmente en el sentido de admitir medidas singulares a favor de la mujer, que traten de corregir una situación desigual de partida, pero considerando discriminatorias aquellas "normas protectoras" del trabajo femenino, que suponen en sí mismas un obstáculo para el acceso real de la mujer al empleo en igualdad de condiciones con los varones (como, por ejemplo, conceder un plus de transporte nocturno solo a la mujer).

El principio de igualdad de trato y de oportunidades entre mujeres y hombres, aplicable en el empleo público y privado, se garantizará en el acceso al empleo (incluido por cuenta propia), en la formación y promoción profesionales, en las condiciones de empleo y en la afiliación y participación en organizaciones sindicales, patronales y profesionales (art. 5 LOI).

Por lo demás, la normativa recoge dos precisiones importantes. De un lado, que no constituye discriminación en el acceso al empleo una diferencia de trato justificada por razones profesionales (ver art. 5 LOI). De otro lado, se contempla y define tanto la discriminación directa como indirecta por razón de sexo (art. 6 LOI y art. 28 Ley 62/2003; art. 2.2 Directiva 2000/43/CE y art. 2.2 Directiva 2000/78/CE).

c) Más específicamente, los arts. 45-47 LOI regulan la elaboración de planes de igualdad en las empresas de más de 50 trabajadores, o cuando lo establezca un convenio colectivo, o cuando la autoridad laboral haya sustituido sanciones accesorias (ver infra, letra h) por la elaboración y aplicación de dicho plan; la elaboración de un plan de igualdad será voluntaria para las demás empresas. Se crea, asimismo, un registro público de planes de igualdad de las empresas como parte de los Registros de convenios colectivos (art. 46.4 LOI, desarrollado por RD 901/2020, de 13 octubre). Recuérdese, además, lo ya señalado respecto a los planes de igualdad y la negociación colectiva (lección 6ª). En todo caso, la jurisprudencia ha señalado que no es posible rechazar el registro del plan de igualdad por falta de negociación en los casos en que esta no se ha podido desarrollar por falta de predisposición negociadora de los representantes de los trabajadores (SSTS de 11 abr. 2024, rec. 123/2023 y de 20 nov. 2024, rec. 96/2024). En caso de falta de decisión de la autoridad en el plazo de tres meses desde la solicitud de registro del plan, opera el silencio administrativo positivo (SSTS de 11 abr. 2024, rec. 258/2022 y 20 nov. 2024, rec. 103/2024).

Los planes de igualdad de las empresas son un conjunto ordenado de medidas, adoptadas después de realizar un diagnóstico de situación, tendentes a alcanzar en la empresa la igualdad de trato y de oportunidades entre mujeres y hombres y a eliminar la discriminación por razón de sexo (art. 46.1 LOI); los planes han de fijar los concretos objetivos a alcanzar, las estrategias para su consecución y el establecimiento de sistemas eficaces de seguimiento. Con carácter previo se elaborará un diagnóstico negociado que se referirá a las materias a que se refiere el art. 7.1 del RD 901/2020: proceso de selección y contratación; clasificación profesional; formación; promoción profesional; condiciones de trabajo incluida la auditoria salarial entre hombres y mujeres; ejercicio corresponsable de los derechos de la vida personal, familiar y laboral; infrarrepresentación femenina; retribuciones y prevención del acoso sexual y por razón de sexo.

Los planes de igualdad y los diagnósticos previos han de ser objeto de negociación con la representación legal de las personas trabajadoras, o con las secciones sindicales si cuentan con mayoría de aquella, debiéndose constituir una comisión negociadora paritaria (art. 5 RD 901/2020). Los planes de igualdad incluirán la totalidad de la empresa, su contenido se estructurará en la forma que establece el art. 8 del RD 901/2020: determinación de las partes que lo conciertan, ámbitos personal, territorial y temporal; informe del diagnóstico de situación de la empresa; resultados de la auditoría retributiva; definición de los objetivos cualitativos y cuantitativos; descripción de las medidas concretas, plazo de ejecución y priorización; identificación de los medios y recursos para su implantación, seguimiento y evaluación; calendario de actuaciones para la implantación, seguimiento y evaluación de las medidas del plan; sistema de seguimiento, evaluación y revisión periódica; composición y funcionamiento de la comisión u órgano i paritario encargado del seguimiento, evaluación y revisión y procedimiento de modificación y para solventar las posibles discrepancias.

d) En cuanto a las personas con discapacidad, aparte del ya señalado art. 17.1 (el cual, por razones de edad o discapacidad, solo prohíbe las discriminaciones "desfavorables"), el art. 64 TR de la LGDPD establece que para garantizar el derecho a la igualdad de oportunidades los poderes públicos establecerán medidas contra la discriminación y medidas de acción positiva. Las medidas de acción positiva podrán consistir en apoyos complementarios y normas, criterios y prácticas más favorables. Las medidas de igualdad de oportunidades podrán ser ayudas económicas, ayudas técnicas, asistencia personal, servicios especializados y ayudas y servicios auxiliares para la comunicación (art. 68).

e) Por otra parte, el art. 62.3 de la Ley 4/2023, de 28 de febrero, para la igualdad real y efectiva de las personas trans y para la garantía de los derechos de las personas LGTBI, establece el deber de las empresas de adoptar métodos o instrumentos suficientes para la prevención y detección de las situaciones de discriminación por razón de las causas previstas en dicha ley, así como articular medidas adecuadas para su cese inmediato. De acuerdo con lo establecido en el art. 17.1 ET, el incumplimiento de las anteriores obligaciones dará lugar a la asunción de responsabilidad de las personas empleadoras en los términos del art. 62.2 de la Ley 4/2023.

f) Cabe recordar (ver lección 4ª) que la eficaz protección frente a actos discriminatorios ha exigido establecer una peculiar distribución de la *carga de la prueba:* la persona supuestamente discriminada debe probar que existen "indicios" de discriminación, pero, probados éstos, se presume la existencia de discriminación salvo prueba en contrario (presunción "iuris tantum"), debiendo entonces el presunto discriminador probar la existencia de otros motivos objetivos y razonables de su actuación, que destruyan tal presunción de discriminación.

Tal distribución de la prueba se recoge en la normativa procesal laboral: con carácter general en el art. 96 LJS en referencia a la discriminación por una serie de motivos, y en el art. 181.2 LJS en el proceso especial de tutela de derechos fundamentales y libertades públicas, que incluye la prohibición del tratamiento discriminatorio y del acoso (art. 177.1 LJS).

También se recoge la inversión de la carga de la prueba en el art. 13 LOI (salvo en procesos penales), en el art. 36 Ley 62/2003 (ídem) y en el art. 30 de la Ley 15/2022.

Además, existe un medio de prueba específico, consistente en que el juez podrá recabar un dictamen de los organismos públicos competentes (art. 95.3 LJS).

g) Se contempla también la protección frente a actos empresariales de *represalia*. Así, el art. 17.1 ET declara nulas las decisiones empresariales que supongan un trato *desfavorable* como reacción frente a una reclamación efectuada en la empresa o ante una acción judicial destinada a exigir el cumplimiento del principio de igualdad de trato y no discriminación. En relación al principio de igualdad de trato entre mujeres y hombres, asimismo el art. 9 LOI. Más ampliamente (ver lección 17ª), el art. 55.5 ET considera nulo el despido "que tenga por móvil alguna de las causas de discriminación prohibidas en la Constitución o en la Ley, o bien se produzca con violación de derechos fundamentales y libertades públicas del trabajador", entre los que se encuentra el derecho a la tutela judicial efectiva (art. 24 CE).

h) Como *sanciones* frente a los actos discriminatorios, hay que tener en cuenta que la LISOS (art. 8.12) considera *infracción empresarial* muy grave las decisiones empresariales discriminatorias o de represalia, en los mismos términos que el art. 17.1 ET.

Es infracción grave no cumplir las obligaciones que en materia de planes de igualdad establecen el ET o el convenio aplicable (art. 7.13 LISOS).

El art. 46 bis LISOS regula extensamente las responsabilidades empresariales específicas en materia de igualdad, contemplando medidas accesorias (pérdida y exclusión de acceso a beneficios derivados de programas de empleo), sustituibles por elaboración de plan de igualdad, como se dijo antes. La no elaboración o aplicación de dicho plan es infracción muy grave (art. 8.17 LISOS).

i) Téngase presente, por lo demás, la posibilidad de invocar las garantías jurisdiccionales de tutela de derechos fundamentales y libertades públicas (arts. 177 y ss. LJS) (ver lección 2ª), con la posible declaración de nulidad radical de la conducta discriminatoria, la orden de cese inmediato de la conducta, la reposición de la situación al momento anterior a la lesión y la condena al pago de una indemnización por daños inherentes a la vulneración del derecho fundamental (en particular, sobre la indemnización véase art. 183 LJS). Así como la posibilidad de solicitar la extinción justificada del contrato por incumplimiento grave de las obligaciones empresariales conforme al art. 50.1.c ET (ver lección 17ª).

Caso práctico: Contratación laboral y buena imagen

Con fecha 22 de febrero de 1998 la empresa de transporte aéreo publicó en la prensa una convocatoria de ámbito nacional para cubrir necesidades temporales de plazas de auxiliares de vuelo (tripulantes de cabina de pasajeros), informando de ello a la representación unitaria y secciones sindicales. Los requisitos exigidos para participar, y posteriormente acceder a dichos puestos de trabajo, según la citada convocatoria, eran, entre otros: A.– Edad.– entre 18 a 25 años.– B.– Estatura: Mujeres, entre 1,64 y 1,82 m; Hombres, entre 1,74 y 1,90.– C.– En caso de necesitar lentes correctoras (no más de dos dioptrías), usar microlentillas.– C.– Poseer una "buena imagen". Esta exigencia de una determinada imagen ¿Es un requisito discriminatorio?

La jurisprudencia ha considerado que se trata de una exigencia que tiene una justificación objetiva y razonable y, por tanto, no discriminatoria. Se trata de una empresa que opera en régimen de libre competencia, en el sector de líneas aéreas, en el que precisamente los Tripulantes de Cabina o Auxiliares de Vuelo, son quienes de manera constante y habitual proyectan sobre los clientes la imagen de la compañía, que, naturalmente, debe ser buena para poder mantenerse en esa actividad en condiciones razonables de igualdad con otras empresas dedicadas a la misma actividad.

(Vid. STS de 27 diciembre 1999, rec. 1959/1999).

1.2. Derecho al respeto de la intimidad y consideración debida a la dignidad

Tal derecho, se añade, comprende "la protección frente al acoso por razón de origen racial o étnico, religión o convicciones, discapacidad, edad u orientación sexual, y frente al acoso sexual y al acoso por razón de sexo" (art. 4.2.e ET).

Cabe considerar, de modo más detallado, algunos aspectos de este derecho.

a) En primer lugar, la protección frente al *acoso sexual.*

Aparte la normativa comunitaria (Art. 2.1.d) Directiva 2006/54/CE, de 5 julio), su concepto se recoge en art. 7.1 LOI: "cualquier comportamiento verbal, no verbal o físico no deseado *de índole sexual* con el propósito o el efecto de atentar *contra la dignidad* de una persona, en particular cuando se crea un entorno intimidatorio, hostil, degradante, humillante u ofensivo".

En el terreno laboral, se recoge como causa de despido, entre otros supuestos de acoso (ver infra), el acoso sexual (art. 54.2.g ET), lo que afecta al acoso sexual cometido por compañeros.

El art. 8.13 LISOS considera infracción empresarial muy grave "el acoso sexual, cuando se produzca dentro del ámbito a que alcanzan las facultades de dirección empresarial, cualquiera que sea el sujeto activo de la misma", lo que comprende el acoso sexual cometido tanto por el empresario como por los compañeros cuando culpablemente no sea evitado por el empleador.

b) En segundo lugar, ese art. 4.2.e) ET también contempla específicamente el derecho a la protección frente al *acoso* "por razón de origen racial o étnico, religión o convicciones, discapacidad, edad u orientación sexual, y... por razón de sexo".

Aparte la normativa comunitaria citada antes (art. 2.1.c Directiva 2006/54/CE), el acoso por razón de sexo se define por el art. 7.2 LOI: "cualquier comportamiento realizado en función del sexo de una persona, con el propósito o el efecto de atentar contra su dignidad y de crear un entorno intimidatorio, degradante u ofensivo".

La misma definición de acoso, *en relación al origen racial o étnico,* se encuentra en el art. 2.3 de la Directiva 2000/43/CE, de 9 junio 2000. Y la misma definición, *en relación a la religión o convicciones, discapacidad, edad u orientación sexual,* se encuentra en el art. 2.3 de la Directiva 2000/78/CE, de 27 noviembre.

En el terreno laboral, en paralelo a las medidas frente al acoso sexual, de un lado, se considera causa de despido "El acoso por razón de origen racial o étnico, religión o convicciones, discapacidad, edad u orientación sexual y el acoso sexual o por razón de sexo al empresario o a las personas que trabajan en la empresa" (art. 54.2.g ET). Y, al igual que se ha señalado respecto del derecho a la no discriminación, cabe acudir al proceso especial de tutela de derechos fundamentales y a la solicitud de extinción justificada del contrato.

Al margen de las referencias a concretas formas o manifestaciones de acoso aludidas expresamente en la normativa laboral, los tribunales vienen considerando también un atentado a la dignidad y derechos fundamentales otro tipo de acosos (el denominado a veces como "mobbing"), generalmente como una forma de trato degradante o vulneración de la integridad moral *ex* art. 15 CE (SSTC 56/2019 y 28/2025).

De otro lado, el art. 8.13.bis LISOS considera infracción empresarial muy grave el "acoso" por los mismos motivos del art. 4.2.e) ET (no menciona aquí el acoso sexual), aunque no lo haya cometido el empresario, si se produce dentro de su ámbito de dirección y, conociéndolo, no hubiera adoptado medidas para impedirlo.

Como norma de cierre, el art. 8.11 LISOS considera igualmente como infracción empresarial muy grave "los actos del empresario que fueren contrarios al respeto de la intimidad y consideración debida a la dignidad de los trabajadores".

Por lo demás, hay que tener en cuenta que España ha ratificado el Convenio 190 de la OIT, sobre la eliminación de la violencia y el acoso en el mundo del trabajo. Las disposiciones de este Convenio deberán aplicarse por legislación nacional, convenios colectivos u otras medidas acordes con la práctica nacional, incluidas aquellas que amplían o adaptan medidas de seguridad y salud en el trabajo.

c) En tercer lugar, en cuanto al respeto de la *intimidad* del trabajador, no es sino reflejo parcial del más amplio derecho constitucional "al honor, a la intimidad personal y familiar y a la propia imagen" (art. 18.1 CE).

Baste resaltar aquí algunos aspectos de estos derechos:

- Su regulación se encuentra, fundamentalmente, en dos leyes orgánicas: la LO 1/1982, de 5 de mayo, de protección civil del derecho al honor, a la intimidad personal y familiar y a la propia imagen; y en la LO 3/2018, de 5 de diciembre, de Protección de Datos Personales y garantía de los derechos digitales (LOPDP).
- El ET (que no tiene carácter de ley orgánica) solo regula algunos aspectos muy concretos: art. 18 (registros personales del trabajador), art. 23.3 (adopción por el empresario de medidas de vigilancia y control), art. 20.4 (verificación por el empresario del estado de enfermedad o accidente del trabajador), art. 20 bis (derechos de los trabajadores a la intimidad en relación con el entorno digital y a la desconexión) y art. 64.5.f) (informe de los representantes previo a la implantación y revisión de sistemas de control del trabajo). Los estudiaremos luego, al analizar el poder de dirección empresarial.
- Especial interés reviste la mencionada LOPDP. De la misma cabe destacar lo siguiente:
  - a') La Ley establece una serie de principios sobre la obtención y tratamiento de datos personales: exactitud de los datos, deber de confidencialidad, tratamiento basado en el consentimiento del afectado, tratamiento por obligación legal y protección especial de categorías especiales de datos.
  - b') Ciertos "datos sensibles" gozan de especial protección: datos sobre la ideología, afiliación sindical, religión o creencias; datos

relativos al origen racial o étnico, la salud[1] y la vida sexual (art. 9); datos relativos a infracciones penales (art. 10).

- El derecho al honor, la intimidad y la propia imagen ha suscitado interesante doctrina constitucional en el terreno laboral. Cabe mencionar dos SSTC: la 170/1987, de 30 octubre (negativa a afeitarse de trabajador de la hostelería) y la 99/1994, de 11 abril (negativa de un trabajador cortador de jamón ibérico a dejarse fotografiar en una exhibición pública). El TC parte de que los derechos fundamentales se modalizan en la esfera empresarial, pero solo en la medida estrictamente imprescindible; de modo que la captación y difusión de la propia imagen solo es admisible cuando lo justifiquen la conducta de la persona y las circunstancias.
- Se admite que el empresario pueda recurrir a los servicios de investigadores privados a efectos de detectar y obtener pruebas de posibles incumplimientos contractuales del trabajador (por ejemplo, realización de actividades incompatibles con la situación de incapacidad temporal), pero siempre que ello se adecue a las exigencias y límites de la Ley 5/2014, de Seguridad Privada, en particular de lo previsto en su art. 48. Ello implica que la actividad del detective puede dar lugar a pruebas a partir a partir de lo que haya visto, oído o percibido directamente en o desde espacios públicos o de acceso público, pero, en cambio, se consideran pruebas ilícitas las obtenidas por los detectives en relación con lo acontecido en el domicilio del trabajador u otros espacios reservados (STS de 25 mayo 2023, rec. 2339/2022, sobre fotografías en el jardín del domicilio del trabajador, considerándose un espacio reservado, al no constar que fuera visible para cualquiera que pudiera pasar por su proximidad).
- Las nuevas tecnologías han suscitado nuevas problemáticas laborales, sobre todo en orden al control empresarial del uso por parte de los trabajadores del correo electrónico y de Internet (ver infra epígrafe 3 sobre el poder de dirección); materia sobre la que incide el art 20 bis ET, que establece el derecho de los trabajadores a la intimidad en el uso de los dispositivos digitales puestos a su disposición por el empleador, a la desconexión digital y a la intimidad frente al uso de dispositivos de videovigilancia y geolocalización en los términos establecidos por la legislación vigente en materia de protección

---

1 Vid. STJUE de 21-12-2023, asunto C-667/21 sobre tratamiento ilícito de datos de salud e indemnización.

de datos personales y garantía de derechos digitales. En este sentido, la LOPDP establece los siguientes derechos, que pueden ser objeto de garantías adicionales establecidas en los convenios colectivos:

- A la intimidad y uso de dispositivos digitales en el ámbito laboral (art. 87). El empleador podrá acceder a los contenidos derivados del uso de medios digitales facilitados a los trabajadores a los solos efectos de controlar el cumplimiento de las obligaciones laborales y garantizar la integridad de los dispositivos. Los empleadores deben establecer criterios de utilización de los dispositivos digitales respetando los estándares mínimos de protección de la intimidad de acuerdo con los usos sociales y los derechos reconocidos constitucional y legalmente, contando con la participación de los representantes de los trabajadores (STS de 6 febrero 2024, rec. 263/2022). Los trabajadores deberán ser informados sobre los criterios de utilización de los dispositivos con fines privados.
- Derecho a la desconexión digital en el ámbito laboral (art. 88), a fin de garantizar fuera del tiempo de trabajo legal o convencionalmente establecido, el respeto al descanso, permisos, vacaciones, así como de su intimidad personal y familiar (sobre esta materia, vid. STS de mayo 2023, rec. 7704/2022).
- Derecho a la intimidad frente al uso de dispositivos de videovigilancia y de grabación de sonidos en el lugar de trabajo (art. 89). Los empleadores habrán de informar con carácter previo, de forma expresa, clara y concisa acerca de esta medida, que no podrá instalarse en lugares de descanso, vestuarios, aseos, comedores o análogos (recientemente, sobre una videovigilancia que se considera acorde al citado precepto, vid. STS de 14 enero 2025, rec. 5248/2023). La grabación de sonido es más restrictiva.
- Derecho a la intimidad frente al uso de sistemas de geolocalización en el ámbito laboral (art. 90). Los empleadores pueden tratar estos datos obtenidos a través de sistemas para el ejercicio de las funciones de control de los trabajadores; los trabajadores deben ser informados de forma expresa, clara e inequívoca de la existencia de estos dispositivos y del posible ejercicio de los derechos de acceso, rectificación, limitación del tratamiento y supresión (Vid. STS de 15 septiembre 2020, rec. 528/2018 so-

bre control mediante el GPS del uso del vehículo de empresa fuera de la jornada laboral).

Por lo demás, respecto las conductas atentatorias de la dignidad o intimidad del trabajador cabe predicar, con carácter general, lo señalado supra en esta misma lección (epígrafe 1.1) en materia de no discriminación, sobre la posibilidad de invocar las garantías jurisdiccionales de la tutela de derechos fundamentales y libertades públicas, siendo de particular relevancia las reglas especiales sobre carga de la prueba, la nulidad radical de la conducta y el derecho a una indemnización por vulneración de derechos fundamentales. Del mismo modo, cabe aludir a la posibilidad de solicitar la extinción justificada e indemnizada del contrato por incumplimiento grave de las obligaciones empresariales conforme al art. 50.1.c ET (ver lección 17ª).

Caso práctico: Cesión de imagen por trabajadores de telemárketing

Una empresa incorpora a los contratos que firma con sus empleados para prestar los servicios de Contact-Center al inicio de la relación laboral una cláusula contractual que dice: "El trabajador consiente expresamente, conforme a la LO 1/1982, de 5 de mayo, RD 1720/2007 de Protección de Datos de carácter personal y Ley Orgánica 3/1985 de 29 de mayo, a la cesión de su imagen, tomada mediante cámara web o cualquier otro medio, siempre con el fin de desarrollar una actividad propia de telemarketing y cumplir, por tanto, con el objeto del presente contrato y los requerimientos del contrato mercantil del cliente." ¿Se trata de una cláusula válida?

Esta actividad incluye la realización de video-llamadas como sistema de telemárketing y la cesión viene condicionada a que su fin sea cumplir con el objeto del contrato. Se trata de una actividad prevista en el convenio colectivo sectorial y aprobada por AEPD. Esta cláusula no es abusiva, ni actualmente es preceptivo requerir el consentimiento expreso (arts. 6-1-b) 7 y 9-2-b) del Reglamente UE 2016/679) porque los datos se ceden en el marco del cumplimiento de un contrato de trabajo cuyo objeto lo requiere. En todo caso, se cede la imagen para realizar videollamadas, pero no para su grabación y posterior tratamiento.

(Vid. STS de 10 abril 2019, rec. 227/2017).

1.3. Derecho a la integridad física y a una adecuada política de seguridad y salud

También por lo que respecta a este derecho (art. 4.2.d ET), su regulación se encuentra básicamente fuera del ET: en la Ley de Prevención de Riesgos Laborales (LPRL) (Ley 31/1995, de 8 noviembre). La Ley está desarrollada en numerosos Reglamentos, entre los que cabe destacar el de los servicios de prevención (RD 39/1997, de 17 enero) y el de coordinación de actividades empresariales (RD 171/2004, de 30 enero). Las infracciones y sanciones en esta materia se encuentran en la LISOS.

De esta compleja materia cabe resaltar los siguientes aspectos:

A) La LPRL reconoce al trabajador el *derecho* a una "protección eficaz" en materia de seguridad y salud en el trabajo, y el correlativo *deber* empresarial de protección frente a los riesgos laborales (art. 14.1 LPRL).

B) Como *caracteres* de este deber, la LPRL recoge (art. 14.2, 4 y 5) estos: es un deber dinámico, de imposible traslado a otros sujetos implicados, y cuyo coste no debe recaer en los trabajadores.

C) La LPRL establece una serie de importantes *"principios de la acción protectora"* (art. 15), tales como evitar los riesgos, evaluar los riesgos que no se puedan evitar, combatir los riesgos en origen, adaptar el trabajo a la persona, tener en cuenta la evolución de la técnica, etc.

D) Se establecen concretas *"obligaciones empresariales"*: obligación de evaluación de los riesgos y planificación de la actividad preventiva (art. 16); obligación de proporcionar los equipos de trabajo y medios de protección adecuados (art. 17); obligación de información, consulta y participación de los trabajadores (art. 18); obligación de proporcionar formación a los trabajadores (art. 19); obligación de elaborar un plan de emergencia (art. 20); obligación de adoptar las medidas necesarias en caso de riesgo grave e inminente (art. 21); obligación de vigilar periódicamente la salud (art. 22); obligación de documentación (art. 23); obligación de protección de trabajadores especialmente sensibles a determinados riesgos, a trabajadoras en maternidad o parto reciente, y a menores (arts. 25-27); obligación de constituir un sistema de prevención (Cap. IV y RD 39/1997, de 17 enero).

E) Se regula la coordinación de actividades empresariales cuando trabajadores de varias empresas trabajen en un mismo centro (art. 24, desarrollado por RD 171/2004, de 30 enero).

F) Las responsabilidades empresariales que se pueden derivar en caso de incumplimiento son:

- Responsabilidades *penales*, ya sea por homicidio (art. 138 y 142 CP), por lesiones (arts. 147 y sigs. CP) o por delito contra la seguridad y salud laboral (arts. 316-317 CP).
- Responsabilidades *administrativas*, previstas en la LISOS. Las infracciones tipificadas son leves (art. 11), graves (art. 12) y muy graves (art. 13). Las respectivas sanciones (art. 40.2) son más elevadas, amén de preverse la suspensión o cierre del centro y limitaciones para contratar con la Administración (arts. 53 y 54).

Recuérdese lo ya visto respecto de la responsabilidad solidaria en caso de contratas y subcontratas y de ETTs (lección 10ª).

- Responsabilidad *civil* de daños y perjuicios (art. 1101 CC), asegurable.
- *Recargo* del 30% al 50% de las prestaciones económicas por accidente de trabajo y enfermedad profesional (art. 164.1 LGSS), no asegurable.

G) Se establece (art. 29) la *obligación de los trabajadores* de velar por su propia seguridad y salud y la de aquellas otras personas a las que pueda afectar su actividad profesional; así como obligaciones concretas (usar adecuadamente los equipos de trabajo, medios de protección individual y dispositivos de seguridad existentes, etc.).

H) Se establece el derecho del trabajador a *desobedecer* las órdenes empresariales que impliquen un riesgo grave e inminente (art. 21.2).

I) En cuanto a *participación de los trabajadores,* se regula la figura de los delegados de prevención (arts. 35-37) y la del Comité de Seguridad y Salud (arts. 38-39) (ver lección 5ª).

1.4. Derecho a la promoción y a la formación profesional en el trabajo

Junto con el derecho que tiene el trabajador a que el empresario le dé una ocupación efectiva (art. 4.2 a ET), claramente engarzado con el interés del primero a su desarrollo y dignidad profesional (el incumplimiento empresarial de este derecho suele considerarse causa justificada de resolución indemnizada del contrato a instancia del trabajador; ver lección 17ª), el art. 4.2 b) ET contempla también una referencia al derecho a la promoción y formación profesional en el trabajo. Aparte de aspectos concretos ya estudiados, como los ascensos (art. 24 ET, ver lección 12ª) o la promoción económica (ver, en relación al complemento personal por antigüedad, art. 25 ET y lección 14ª), el art. 23.1 ET establece una serie de derechos también específicos:

a) Al disfrute de permisos necesarios para concurrir a exámenes;

b) Preferencia para elegir turno de trabajo, si tal es el régimen instaurado en la empresa, cuando curse con regularidad estudios para la obtención de un título académico o profesional;

c) A la adaptación de la jornada ordinaria para la asistencia a cursos de formación profesional;

d) A la concesión del permiso oportuno de formación o perfeccionamiento profesional con reserva de puesto de trabajo.

e) A la formación necesaria para su adaptación a las modificaciones operadas en el puesto de trabajo; lo que debe ponerse en relación con lo previsto en el art. 52 b) ET en materia de despido objetivo (ver lección 17ª).

En relación a los mismos, cabe poner de relieve dos cuestiones.

De un lado, que su escasa concreción obliga a remitirse a lo dispuesto en los convenios colectivos respecto de su ejercicio (el propio art. 23.2 hace esta remisión expresa), incluida la cuestión de la remuneración de los permisos previstos.

De otro lado, que la concesión de permisos formativos se fomenta mediante financiación pública, regulada por el RD 694/2017, de 3 julio, que desarrolla la Ley 30/2015, de 9 noviembre, que regula el Sistema de Formación Profesional para el empleo el ámbito laboral (art. 29). El permiso individual de formación es el que la empresa autoriza a un trabajador para participar en una acción formativa reconocida mediante una titulación o acreditación oficial; ha de ser presencial, limitada a 200 horas laborales por curso o año natural y la empresa podrá financiar los costes salariales con el crédito anual de formación.

Por su parte, el art. 23.3 reconoce el derecho, a los trabajadores con al menos un año de antigüedad en la empresa, a un permiso retribuido de 20 horas anuales de formación profesional para el empleo, vinculada a la actividad de la empresa, acumulables por un período de hasta 5 años (STS de 20 noviembre 2019, rec. 39/2018).

1.5. Derecho a los inventos del trabajador

Su regulación legal se encuentra en la Ley de Patentes (Ley 24/2015, de 24 julio) y en la Ley de Propiedad Intelectual (RDLeg. 1/1996, de 12 abril).

Los inventos pueden ser de servicio, libres o mixtos. Los de servicio o laborales (art. 15 Ley 24/2015) son fruto de una actividad de investigación que explícita o implícitamente constituya el objeto del contrato de trabajo. Pertenecen al empresario, aunque el trabajador tenga derecho a ser mencionado como inventor en la patente, sin que tenga derecho a remuneración salvo que su aportación personal y la importancia del invento excedan de manera evidente del contenido de su contrato.

Los inventos libres (art. 16) son aquellos no debidos a una investigación que sea objeto del contrato laboral, aunque se produzcan durante la vigencia de éste y en la empresa. Pertenecen al trabajador.

Los inventos mixtos (art. 17) son aquellos que, aunque no debidos tampoco a una investigación que sea objeto del contrato, en su obtención influyan predominantemente los conocimientos adquiridos en la empresa o la utilización de medios proporcionados por ella. El empresario tiene derecho a asumir la titularidad del invento o reservarse un derecho de utilización. En tales casos, el trabajador tiene derecho a una compensación económica justa y, en su caso, a ser mencionado como inventor en la patente.

Correlativamente, se impone al trabajador un deber de informar por escrito de los inventos al empresario.

2. DEBERES DEL TRABAJADOR

El art. 5 ET establece una serie de *"deberes básicos"* de los trabajadores. Tales deberes básicos son: a) "Cumplir con las obligaciones concretas de su puesto de trabajo, de conformidad a las reglas de la buena fe y diligencia"; b) "Observar las medidas de seguridad e higiene que se adopten"; c) "Cumplir las órdenes e instrucciones del empresario en el ejercicio regular de sus facultades directivas"; d) "No concurrir con la actividad de la empresa, en los términos fijados en esta Ley"; e) "Contribuir a la mejora de la productividad"; y d) "Cuantos se deriven, en su caso, de los respectivos contratos de trabajo".

2.1. Deber de buena fe

El art. 5.a ET establece, como deber básico del trabajador, el de "cumplir con las obligaciones concretas de su puesto de trabajo, de conformidad a las reglas de la buena fe". En relación al mismo, cabe resaltar lo siguiente:

A) En primer lugar, que el deber de buena fe es un criterio de valoración de conductas, que modaliza la ejecución de todas las obligaciones contractuales del trabajador. Ello no obstante, la jurisprudencia constitucional ha subrayado que no debe confundirse con un genérico deber de lealtad o fidelidad, no supone una "situación de sujeción al interés empresarial" (STC 1/1998, de 12 enero).

B) En segundo lugar, que el deber de buena fe genera una amplia gama de comportamientos concretos. Así, se habla de deberes tanto de cooperación (por ejemplo, denuncia de deficiencias, deber de secreto, prohibición de soborno, etc.), como de corrección (por ejemplo: uso adecuado de medios empresariales: teléfono, correo electrónico, internet).

C) En tercer lugar, que este deber de buena fe ha condicionado especialmente el ejercicio en la empresa del derecho fundamental a la libertad de expresión y a la libertad de información (art. 20.1.a y d CE).

El TC parte de que estos derechos trascienden su dimensión individual, en cuanto son "garantía de una institución política fundamental, que es la opinión pública libre" (por todas, STC 20/1990, de 15 febrero).

Estos derechos constitucionales son derechos distintos, aunque no fácilmente deslindables. La libertad de expresión se refiere a pensamientos, ideas, opiniones, creencias y juicios de valor. La libertad de información se refiere a hechos ("noticiables").

En cuanto a la *libertad de expresión*, tiene su límite en expresiones injuriosas (por todas, STC 204/1997, de 25 noviembre: "juicios de valor claramente ofensivos, innecesarios para expresar su opinión sobre los hechos denunciados"; no hay tal, en cambio, en STC 186/1996, de 25 noviembre o en STC 106/1996, de 12 junio: "expresiones no ofensivas ni vejatorias, aunque sí improcedentes o irrespetuosas").

En cuanto a la *libertad de información*, esta debe ser veraz, lo que exige del informante la adecuada diligencia y responsabilidad, no transmitiendo como hechos verdaderos simples rumores carentes de toda constatación o meras invenciones o insinuaciones (por todas, STC 4/1996, de 16 enero).

Hay que añadir que, en el caso de la denuncia de posibles irregularidades cometidas por el empleador, la posible oposición entre deber de buena fe y libertad de expresión o de información queda "notablemente difuminada", por lo que es lícito que el trabajador haga prevalecer el interés público (por todas, STC 1/1998, de 12 enero).

En este sentido, la Ley 2/2023, de 20 de febrero, de protección de las personas que informen sobre infracciones normativas y de lucha contra la corrupción, transpone al ordenamiento jurídico español la conocida como Directiva "Whistleblowing", que pretende reforzar la cultura del cumplimiento normativo (en general) mediante la protección de los denunciantes que informen sobre infracciones conocidas en el contexto laboral o profesional. Entre otros aspectos, la norma obliga a las entidades del sector privado y del sector público con 50 o más empleados a implementar "sistemas internos de información" (canales de denuncia), que deben cumplir diversos requisitos y garantías, otorgándose, además, a los informantes una protección para evitar represalias.

D) En cuarto lugar, que la libertad de expresión y de información puede quedar especialmente limitada en el caso de *empresas ideológicas o "de tendencia"* (partidos políticos, sindicatos, organizaciones religiosas, etc.). A este respecto, la doctrina constitucional (SSTC 5/1981, 47/1985, 77/1985 o 106/1996) ha señalado: a) No se consideran empresas de tendencia aquellas que, aun siendo su titular un sujeto ideológico, carecen en sí mismas de proyección de la ideología (por ejemplo, hospital de una orden religiosa); b) Que hay que diferenciar, dentro de las mismas, entre tareas ideológicas y tareas neutrales; c) Que son inadmisibles los ataques, abiertos o solapados, al ideario del centro, aunque el respeto al ideario no conlleva la apología del mismo, ni la transformación de la enseñanza en propaganda o adoctrinamiento, ni la subordinación del rigor científico al ideario del centro; d) Que puede quedar limitada incluso la intimidad (vida extralaboral) del trabajador en la medida en que pueda ser parte importante de la labor educativa encomendada.

Al trabajador le son exigibles una serie de conductas en virtud del genérico deber de buena fe, pero también se regulan estas cuestiones concretas:

A) Durante la vigencia del contrato, se prohíbe la "concurrencia desleal" (art. 5.d y 21.1 ET) del trabajador. La transgresión de la buena fe contractual, desde su vinculación con la concurrencia desleal del trabajador, ha comportado, por ejemplo, la calificación de procedente de un despido disciplinario por realización de actividades de captación de publicidad y patrocinio para una empresa creada por un superior jerárquico para dedicarse a la misma actividad que la empleadora de ambos, con medios de la empresa y durante el tiempo de trabajo (STS de 6 abril 2022, rec. 834/2019).

Al respecto, cabe subrayar los siguientes aspectos:

- Literalmente se prohíbe la concurrencia mediante el trabajo por cuenta ajena, pero se entiende incluida también la realizada mediante trabajo por cuenta propia.
- No se prohíbe toda concurrencia, sino la desleal. Lo que supone la existencia de elementos añadidos o rasgos adicionales a la simple competencia y que impliquen un perjuicio a los intereses competitivos del empleador (teoría de la "deslealtad añadida").

Es decir, aportar a un segundo empresario o usar en beneficio propio ventajas complementarias respecto de una competencia normal o leal (aprovechamiento de datos internos de la empresa, de información acerca de su organización y técnicas productivas, de los circuitos financieros o comerciales, de las relaciones personales con proveedores, clientes, etc.).

- La concurrencia consentida expresamente no puede ser sancionada, si bien no impide prohibirla luego (STS de 21 diciembre 2021, rec. 1090/2019).
- La concurrencia tiene que ser real y no meramente hipotética (no tiene que tratarse de un mero proyecto, sino que se requiere un principio de ejecución).
- Pero no se requieren perjuicios reales, bastando con los potenciales.
- Se considera desleal la violación de secretos empresariales (DF 2ª Ley 1/2019, de 20 febrero, de secretos empresariales).

B) Más ampliamente, el trabajador puede pactar una *plena o exclusiva dedicación,* debidamente compensada (art. 21.1 ET).

Tal pacto puede rescindirse, por escrito, con un preaviso de 30 días; en tal caso, se pierde la compensación económica pactada (art. 21.3 ET).

C) Extinguido el contrato, puede asimismo pactarse un deber de no competencia (art. 21.2 ET), con las siguientes condiciones: 1) Duración máxima de dos años (técnicos) o seis meses (resto trabajadores); 2) Existencia de efectivo interés industrial o comercial; 3) Abono de una compensación económica adecuada, siendo nulo el pacto en caso contrario (por ejemplo, no se ha considerado adecuada una compensación de 200 euros mensuales para una trabajadora cuyo salario anual era de 51.000 euros, obligando el pacto a la no concurrencia durante dos años, STS de 12 abril 2024, rec. 547/2021); también es nula la cláusula cuando el empresario no la abona en su totalidad (STS de 26 enero 2024, rec. 2349/2021) y cuando deja al libre arbitrio del empleador el cumplimiento o no del pacto de no competencia (STS de 25 enero 2024, rec. 3361/2022). En caso de incumplimiento el trabajador ha de indemnizar a la empresa, pero se ha considerado abusiva la cláusula penal del pacto de no competencia postcontractual consistente en abonar el doble de lo percibido por tal concepto (STS de 1 febrero 2021, rec. 894/2019).

D) En fin, cabe un *pacto de permanencia* (art. 21.4 ET). Con los siguientes requisitos: 1) Por escrito; 2) No superior a dos años; 3) Solo cuando el trabajador haya recibido, con cargo al empresario, una especialización profesional para poner en marcha proyectos determinados o realizar un trabajo específico.

2.2. Deber de diligencia o rendimiento

El cumplimiento de las obligaciones laborales debe hacerse asimismo de conformidad con las reglas de la "diligencia" (art. 5.a ET). Deber que, luego (art. 20.2 ET) se pone en relación con la diligencia y colaboración que marquen las disposiciones legales, los convenios colectivos, las órdenes e instrucciones del empresario en el ejercicio regular de sus facultades de dirección y, en su defecto, los usos y costumbres.

El trabajador, pues, no debe solamente las funciones o tareas pactadas (ver lección 12ª), sino un rendimiento mínimo al llevarlas a cabo. La falta de rendimiento, si es voluntaria, determinará el despido disciplinario del trabajador; si es involuntaria, la extinción del contrato por ineptitud del trabajador (ver lección 17ª).

En cualquier caso, el problema esencial es la determinación del rendimiento mínimo debido. El art. 20.2 ET se remite, en primer lugar, a lo dispuesto en las leyes, los convenios, las órdenes o instrucciones del empresario y, en su defecto, los usos y costumbres; pero, en segundo lugar, a las exigencias de la buena fe.

Por lo tanto, cabe que el rendimiento debido se establezca por convenio o por el empresario, mediante sistemas más o menos complejos de medición del trabajo. Nada impide, por lo demás, de acuerdo con el sistema general de fuentes (ver lección 2ª), que el rendimiento debido sea pactado en el contrato de trabajo.

Cabe señalar que el rendimiento pactado individualmente o fijado unilateralmente por la empresa debe, en su caso, someterse a lo pactado colectivamente. En la jurisprudencia se ha considerado nula la cláusula contenida en los contratos individuales de trabajo, a modo de condición resolutoria que pretende que la empresa pueda extinguir la relación laboral por disminución del rendimiento, cuando este no alcance el 75% de la productividad media de los trabajadores del mismo servicio, sin abonar ninguna indemnización al trabajador y sin que se valoren las circunstancias subjetivas del empleado, considerándose que ello es contrario al convenio colectivo de aplicación, debiendo prevalecer su tipificación, en la línea con el ET, de falta muy grave la disminución voluntaria y continuada en el rendimiento (STS de 16 septiembre 2024, rec. 25/2023). Asimismo, jurisprudencialmente se viene exigiendo que se trate de rendimientos que no sean "irrazonables, abusivos o imposibles de cumplir".

El papel de la costumbre, por lo demás, es aquí (como en términos generales, conforme al art. 3.4 ET; ver lección 2ª) manifiestamente supletorio ("en defecto de...").

En fin, la falta de medición objetiva del rendimiento (por convenio, por pacto individual o por decisión empresarial) no exime de la prestación de la diligencia o rendimiento debido conforme a las reglas de la buena fe. Lo que remite a la consecución de un rendimiento "normal", que sería el alcanzado por otros trabajadores en un puesto de trabajo igual o similar; o, si no cabe tal comparación, por el propio trabajador con anterioridad (salvo que ese rendimiento anterior sea manifiestamente superior o elevado).

3. EL PODER DE DIRECCIÓN DEL EMPRESARIO

El poder de dirección (implícito en el propio concepto de trabajo subordinado: art. 1.1. ET) viene atribuido al empresario. Aparte de algunos aspectos del mismo ya analizados (especialmente en la lección 12ª: movilidad funcional, geográfica y modificación de condiciones de trabajo), el ET atribuye al empleador algunas facultades concretas:

- En primer lugar (art. 18 ET), permite realizar *registros* sobre la persona del trabajador, sus taquillas o sus efectos particulares, cuando sean necesarios para la protección del patrimonio empresarial y de los demás trabajadores, dentro del centro y en horas de trabajo. Pero el propio precepto exige el respeto al máximo de la dignidad e intimidad del trabajador; y obliga a la asistencia de un representante o de otro trabajador, si ello fuera posible, como garantía de objetividad y eficacia de la prueba (STS de 5 junio 2024, rec. 5761/2022).
- En segundo lugar (art. 20.3 ET), el derecho a adoptar las medidas que estime oportunas de *vigilancia y control* para verificar el cumplimiento por el trabajador de sus obligaciones y deberes laborales (lo que incluye, como señala la jurisprudencia, no solo la instalación de cámaras o micrófonos, sino el control del uso de medios empresariales, como el teléfono o el ordenador), guardando en su adopción y aplicación la consideración debida a su dignidad.

En la medida, en efecto, en que ese poder de vigilancia y control puede perjudicar derechos constitucionales (dignidad; intimidad; secreto de las comunicaciones) las medidas empresariales deben someterse a un *juicio de proporcionalidad:* que sean susceptibles de conseguir el fin propuesto (juicio de idoneidad), que no exista otra medida más moderada con igual eficacia (juicio de necesidad), y que deriven de ella más beneficios o ventajas que perjuicios (juicio de proporcionalidad en sentido estricto).

En todo caso, se rechaza el uso de medios de control en lugares de la empresa en que no se presta trabajo (comedores, vestuarios, aseos, locales sindicales), pero la jurisprudencia extiende la protección de la intimidad a lugares en que se desarrolla la actividad laboral (ver STC 98/2000, de 10 abril: instalación de micrófonos, además de grabación de imágenes no discutida, junto a cajas y ruleta en casino, que no se acreditó que fuera indispensable para la seguridad y buen funcionamiento; o SSTC 186/2000, de 10 julio y 3/2016, de 18 enero, que consideran justificada la instalación de un circuito de videovigilancia para controlar unos puestos de cajero).

En cualquier caso, la jurisprudencia considera privadas las llamadas telefónicas, el correo electrónico y la navegación por Internet (STC 61/2021, de 15 de marzo) efectuadas desde el lugar de trabajo; por ello, exige establecer previamente las reglas de control sobre su uso, informando a los trabajadores de su existencia (lo que seguramente relaciona esa advertencia con la cuestión de la previa tolerancia) (ver STEDH 3 abril 2007 y STEDH 9 enero 2018 López Ribalda I; también SSTS 5 diciembre 2003 y 26 septiembre 2007), sin embargo la STEDH (de Gran Sala, de 17 octubre 2019, López Ribalda II), finalmente ha aceptado la validez de la videovigilancia llevada a cabo mediante dos tipos de cámaras, unas visibles y otras ocultas, para aclarar hechos de extrema gravedad. Pero aun no concurriendo esas circunstancias la prueba de videovigilancia es válida si es conocido por los trabajadores el hecho de la instalación del sistema de control (STS de 13 octubre 2021, rec. 3715/2018). Asimismo, en caso de información previa de la grabación de las conversaciones telefónicas con clientes (STC 160/2021, de 4 octubre).

En esta materia téngase en cuenta también lo previsto por la Ley Orgánica de Protección de Datos Personales (véase *supra* en esta lección epígrafe 1.2). En referencia a ello, por ejemplo, el TS ha considerado legítimo el control mediante videovigilancia y las pruebas obtenidas a efectos de un despido disciplinario, en tanto que las cámaras visibles y los empleados conocían su instalación, habiendo sido informados, asimismo, los representantes de los trabajadores, resultando, además, que la medida de control era idónea, para la finalidad pretendida que era la constatación de la eventual ilicitud de la conducta, necesaria y proporcionada, ya que no parece que pudiera adoptarse ninguna otra menos invasiva e igualmente eficaz para acreditar la infracción (STS de 14 enero 2025, rec. 5248/2023).

- En tercer lugar (art. 20.4), el derecho a *verificar el estado de enfermedad o accidente* alegado por el trabajador para justificar su inasistencia, mediante reconocimiento a cargo de personal médico, que puede depender de empresa contratada al efecto por la empleadora (STS de 15 junio 2021, rec. 57/2020). La negativa del trabajador a esos reconocimientos puede determinar la suspensión de los derechos económicos por esas situaciones.

3.1. El deber de obediencia

Correlativamente al poder de dirección, el trabajador está obligado a cumplir las órdenes e instrucciones empresariales "en el ejercicio regular de sus facultades directivas" (art. 5.c ET). Tanto del empresario como de persona en quien aquél delegue (art. 20.1 ET).

Pese a la clara y repetida (art. 20.2 ET) referencia a ese ejercicio regular del poder de dirección, la jurisprudencia considera que el poder de dirección conlleva la obligación del trabajador de obedecer y luego recurrir, en su caso, las órdenes ilegales; de este modo, las órdenes empresariales se presumen legítimas.

Ello no obstante, esa presunción y ese deber de obediencia no son absolutos. Se establece, también por la jurisprudencia, un "derecho de resistencia" en supuestos excepcionales: ilegitimidad subjetiva de la orden, ilegalidad penal, vulneración de reglas profesionales, órdenes peligrosas, respeto a la vida privada, a la dignidad y derechos fundamentales, etc.

Aparte de esas excepciones, ténganse en cuenta ciertos derechos reconocidos expresamente al trabajador: a interrumpir o no reanudar su actividad en caso de peligro grave e inminente (arts. 21.1.b, 21.2 y 23 LPRL), a no aceptar el cambio de duración de la jornada (art. 12.4.e ET), a los permisos retribuidos (art. 37.3 ET), a la no realización de horas extraordinarias comunes (art. 35 ET), etc.

3.2. El poder disciplinario

Como consecuencia del poder de dirección, el empresario tiene reconocido un *poder sancionador o disciplinario* (art. 58.1 ET).

Aparte lo dispuesto en relación al despido disciplinario (arts. 54-56 ET, ver lección 17ª), las faltas del trabajador y sus correspondientes sanciones se encuentran tipificadas (como exige el principio de legalidad) en los convenios colectivos.

Unas y otras se tipifican como leves, graves y muy graves. Las leves se suelen sancionar con amonestaciones o breves suspensiones de empleo y sueldo. Las graves, con suspensiones de empleo y sueldo, o con cambios de puesto de trabajo, o con inhabilitaciones para ascenso. Las muy graves, con inhabilitaciones o suspensiones de mayor duración, o con traslados o con despido. Las faltas prescriben en los plazos establecidos en el art. 60.2 ET, pero en caso de infracciones graves con ocultación de los hechos, el *dies a quo* no es aquel en que la empresa tiene un conocimiento indiciario, sino que cuando la naturaleza de los hechos lo requiera, ésta se debe fijar en el día en que la empresa tenga un conocimiento cabal, pleno y exacto de los mismos (STS de 14 diciembre 2021, rec. 1869/2019).

La imposición de sanciones es revisable judicialmente (art. 114 y sigs. LJS); la sentencia podrá confirmar la sanción, revocarla totalmente, revocarla en parte (pudiendo autorizar la imposición de una sanción adecuada a la gravedad de la falta; pero no es ajustado a derecho que el Juez de instancia mantenga la calificación de falta muy grave y revoque en parte la sanción impuesta, autorizando al empresario a imponer una sanción diferente (STS de 10 febrero 2021, rec. 1329/2018) o declararla nula (art. 115 LJS). No cabe recurso alguno, salvo para faltas muy graves apreciadas judicialmente (STC 125/195, de 24 julio), salvo que se invoque vulneración de un derecho fundamental, (SSTS de 14 enero 2023, rec. 4153/2020 y de 9 de enero 2024, rec. 348/2021).

No se admiten las sanciones consistentes en multas o reducción de vacaciones o descansos (art. 58.3 ET). No constituye una multa de haber prohibida la práctica empresarial consistente en descontar de las nóminas los incumplimientos de horario o ausencias, pues ello obedece al carácter sinalagmático del contrato de trabajo, que implica que el salario se percibe por la efectiva prestación de servicios (STS de 27 mayo 2021, rec. 182/2019).

Las sanciones graves y muy graves requieren comunicación escrita (art. 58.2 ET). Recuérdese (lección 5ª) que se debe informar a los representantes legales de la imposición de sanciones muy graves (art. 64.4.c ET) y que los representantes legales y los delegados sindicales tienen derecho a expediente contradictorio en caso de sanciones graves y muy graves (art. 68 ET y art. 10.3 LOLS).

Lección 16ª

Interrupción y suspensión del contrato

El ordenamiento laboral contempla una amplia serie de supuestos de interrupción de la prestación laboral, para atender derechos e intereses muy diversos. Dada esa diversidad de supuestos, en algunos casos incluso se mantiene la retribución (permisos y otras licencias o interrupciones retribuidas), en otros simplemente puede haber reserva el puesto de trabajo (supuestos de suspensión y excedencia voluntaria por cuidado de hijos y familiares), y en otros, salvo pacto en contrario, solamente se conserva una preferencia para el reingreso en vacantes (excedencia voluntaria común).

1. INTERRUPCIONES RETRIBUIDAS

1.1. Por causas imputables al empresario

El art. 30 ET dispone que, si el trabajador no pudiera prestar sus servicios "una vez vigente el contrato porque el empresario se retrasare en darle trabajo por impedimentos imputables al mismo y no al trabajador, este conservará el derecho a su salario, sin que pueda hacérsele compensar el que perdió con otro trabajo realizado en otro tiempo". En sentido contrario, cuando la imposibilidad de prestar servicios no sea imputable al empresario, según los tribunales, si la empresa quiere eludir la obligación de abonar los salarios, debe activar los procedimientos de suspensión del contrato previstos (por ejemplo, en caso de fuerza mayor, art. 47 ET).

1.2. Por voluntad del trabajador

Se contemplan, sobre todo, en el art. 37.3 ET. Son permisos que pueden ser mejorados por el convenio colectivo o contrato de trabajo y que son retribuidos. Se trata de los siguientes supuestos:

1º) *Permisos por razones personales*:

— Matrimonio o registro de pareja de hecho (art. 37.3 a): 15 días naturales (vid. STS de 17 marzo 2020, rec. 193/2018).

— Accidente, enfermedad grave, hospitalización o intervención quirúrgica con reposo domiciliario del cónyuge, pareja de hecho o parientes hasta 2º grado por consanguinidad o afinidad, incluido el familiar consanguíneo de la pareja de hecho, y de cualquier otra persona que conviva con el trabajador en el mismo domicilio y requiera su cuidado efectivo (art. 37.3 b): 5 días. Se trata de días laborales, en los que está previsto que se trabaje, de manera que no se pueden compensar con periodos de descanso (STS de 20 mar. 2024, rec. 268/2021).

— Fallecimiento del cónyuge, pareja de hecho o parientes hasta 2º grado por consanguinidad o afinidad (art. 37.3 b, bis): 2 días, 4 días si necesita desplazamiento.

— Traslado de domicilio habitual (art. 37.3 c): 1 día. Se trata de días laborales, en los que está previsto que se trabaje, de manera que no se pueden compensar con periodos de descanso (STS de 20 mar. 2024, rec. 268/2021).

— Realización de exámenes prenatales y técnicas de preparación al parto, así como para la asistencia a las sesiones de información y preparación y para realizar los informes psicológicos y sociales previos a la declaración de idoneidad en caso de adopción, guarda con fines de adopción o acogimiento, que deban realizarse dentro de la jornada laboral (art. 37.3 f): tiempo indispensable.

— Realización de los actos preparatorios de la donación de órganos o tejidos siempre que deban tener lugar dentro de la jornada de trabajo (art. 37.3 g sic): tiempo indispensable.

— Fuerza mayor cuando sea necesario por motivos familiares urgentes relacionados con familiares o personas convivientes, en caso de enfermedad o accidente que hagan indispensable su presencia inmediata (art. 37.9 ET): no se establece un tiempo máximo, pero se indica que la retribución se limita a las horas equivalentes a 4 días al año, según lo previsto en el convenio colectivo o, en su defecto, acuerdo de empresa, debiéndose aportar acreditación del motivo de ausencia.

2º) *Cumplimiento de deber inexcusable de carácter público y personal,* incluido el ejercicio del sufragio activo (jurado, asistencia a juicio, mesa electoral), *o el desempeño de un cargo público* (art. 37.3 d ET). La duración será por el tiempo indispensable y es un permiso retribuido, salvo que en estos aspectos una norma legal o convencional disponga otra cosa. En su caso, se descuenta la indemnización que se perciba. Si la ausencia dura más del 20%

de las horas laborales en tres meses, la empresa puede pasar al trabajador a situación de excedencia forzosa, sin tener que abonar el salario.

3º) *Por el desempeño de funciones sindicales o de representación (art. 37.3 e ET).* Cabe remitirse a lo ya estudiado (lección 5ª) sobre crédito horario mensual retribuido de los representantes unitarios y de los delegados sindicales (art. 68.e ET y art. 10.3 LOLS) y sobre permiso retribuido de representantes sindicales en negociación colectiva (art. 9.2 LOLS).

En todos los casos anteriores, hay que preavisar y justificar las ausencias, salvo dificultad insalvable (art. 37.3 y. 9 ET).

4º) ***Otros permisos.*** Igualmente, se prevé: un permiso retribuido de 6 horas semanales para el *trabajador despedido por causas objetivas* (art. 53.2 ET, ver lección 17ª); permisos necesarios para concurrir a *exámenes y permisos de formación o perfeccionamiento profesional* (art. 23 ET, ver lección 15ª); y permisos para la formación en materia preventiva (atts. 19 ET y 19 LPRL).

1.3. Por imposibilidad de acceder al centro de trabajo

Cuando concurra una imposibilidad de acceder al centro de trabajo o transitar por las vías de circulación necesarias para acudir al mismo, como consecuencia de las recomendaciones, limitaciones o prohibiciones al desplazamiento establecidas por las autoridades competentes, o bien concurra una situación de riesgo grave e inminente, incluidas las derivadas de una catástrofe o fenómeno meteorológico adverso, el contrato puede interrumpirse hasta 4 días (art. 37.3 g ET). Transcurridos estos 4 días, el permiso se prolongará hasta que desaparezcan las circunstancias que lo justificaron, sin perjuicio de que la empresa pueda aplicar la suspensión del contrato de trabajo o una reducción de jornada derivada de fuerza mayor en los términos previstos en el art. 47.6 ET.

En estos casos, si la naturaleza de la prestación laboral es compatible con el trabajo a distancia y el estado de las redes de comunicación permite su desarrollo, la empresa podrá establecerlo, observando las obligaciones formales y materiales recogidas en la LTD y, en particular, el suministro de medios, equipos y herramientas adecuados.

2. SUSPENSIÓN DEL CONTRATO

El art. 45 ET contempla una amplia serie de supuestos de suspensión del contrato, sin remuneración, aunque normalmente con reserva de puesto.

A pesar de que no haya efectiva prestación de servicios, el tiempo de suspensión es computable a efectos de antigüedad.

1º) Por mutuo acuerdo (art. 45.1.a), salvo que el consentimiento esté viciado. Para que haya reserva de puesto de trabajo debe pactarse (art. 48.1 ET).

2º) Por las causas consignadas válidamente en el contrato (art. 45.1.b), salvo vicio en el consentimiento, fraude de ley o abuso de derecho. Serían abusivos los pactos de suspensión sin causa o por apreciación potestativa del empresario. Para que haya reserva de puesto de trabajo debe pactarse (art. 48.1 ET).

3º) Por incapacidad temporal (art. 45.1.c ET), que es la situación en que el trabajador está impedido para el trabajo por enfermedad común o profesional o por accidente, sea o no de trabajo, y recibiendo asistencia sanitaria. Se incluye como situaciones especiales de incapacidad temporal las ocasionadas por menstruación incapacitante, interrupción de embarazo y gestación de la mujer trabajadora desde el día primero de la semana trigésima novena y por hallarse en situación de donante de órganos o tejidos para su trasplante (art. 169.1 a LGSS).

La situación se extingue por alta médica o por llegar a su duración máxima. Dicha duración es de 365 días, prorrogables por otros 180 días cuando se presuma que durante ellos el trabajador puede ser dado de alta médica por curación (art. 169.a LGSS). Con todo, puede durar hasta 730 días por demora en la calificación de incapacidad permanente justificada en una expectativa de mejora (art. 174.2 LGSS); o, incluso, extinguida la declaración de IT y declarada la IP, la suspensión del contrato con reserva de puesto de trabajo puede mantenerse hasta 2 años desde la declaración de la IP si previsiblemente va a ser objeto de revisión por mejoría que permita su reincorporación al puesto de trabajo (art. 48.2 ET).

Asimismo, también existe la suspensión del contrato, con reserva de puesto de trabajo, en caso de declaración de IP, total o absoluta, o de gran invalidez si son posibles ajustes razonables —que no constituyan una carga excesiva para la empresa— o un cambio a un puesto de trabajo vacante y disponible. La suspensión coincidirá con el tiempo en que se resuelven los ajustes razonables o el cambio a un puesto vacante y disponible (arts. 48.2 y 49.1 n ET).

4º) Por nacimiento, adopción, guarda con fines de adopción o acogimiento, riesgo durante el embarazo, riesgo durante la lactancia natural (arts. 45.1.d, e y o, 48.4 a 7 y 48 bis ET).

a) En caso de ***nacimiento, que comprende el parto y el cuidado de menor de doce meses*** (art. 48.4), se suspende el contrato durante 16 semanas a ambos progenitores. Es un derecho individual no transferible al otro progenitor.

La madre biológica (o persona trans gestante) debe disfrutar obligatoriamente de las 6 semanas inmediatamente posteriores al parto, que habrán de disfrutarse de forma ininterrumpida y a jornada completa, para asegurar su salud. El progenitor distinto de la madre biológica también deberá disfrutar de estas 6 semanas para el cumplimiento de los deberes de cuidado previstos en el art. 68 Cc.

En caso de familias monoparentales, el art. 48.4 ET no prevé la acumulación del descanso. Sin embargo, la STC 140/2024 declara inconstitucional este precepto por suponer una diferencia de trato por razón de nacimiento en una familia monoparental o biparental (vid., también, STS de 19 feb. 2025, rec. 878/2022). Con todo, la citada STC no declara la nulidad de esta disposición, sino que exige el mantenimiento de su vigencia, correspondiendo al legislador en uso de su libertad de configuración normativa llevar a cabo las modificaciones pertinentes para reparar la vulneración del art. 14 CE. Por consiguiente, en tanto el legislador no se pronuncie al respecto, en las familias monoparentales, el permiso a que hace referencia el art. 48.4 ET ha de ser interpretado en el sentido de adicionarse al permiso de la madre biológica (16 semanas), el previsto en el segundo progenitor distinto (10 semanas, al excluirse las 6 primeras).

En el supuesto de fallecimiento del hijo o hija, el periodo de suspensión por nacimiento no se verá reducido, salvo que, una vez finalizadas las 6 semanas de descanso obligatorio, se solicite la reincorporación al puesto de trabajo.

En todo caso, las 16 semanas pueden ser ampliables en diversos supuestos. En primer lugar, son ampliables por parto múltiple 2 semanas más por hijo a partir del segundo. En segundo lugar, son ampliables 2 semanas más, en el supuesto de discapacidad de hijo o hija. En ambos casos, las 2 semanas serán una para cada progenitor y si solo hubiese una persona progenitora podrá disfrutar de las ampliaciones completas previstas para los 2 progenitores (art. 48. 6 ET). Y, en tercer lugar, también se amplía el periodo de suspensión, en caso de un parto prematuro con falta de peso o de un caso en el que el neonato precise, por alguna condición clínica, hospitalización a continuación del parto, por un periodo superior a 7 días. En este tercer supuesto, el periodo de suspensión se ampliará en tantos días como el nacido se encuentre hospitalizado, con un máximo de 13 semanas adicionales (art. 48.4 4º ET).

Por su parte, en los casos de partos prematuros y aquellos en que, por cualquier otra causa, el neonato precise hospitalización a continuación del parto, la suspensión podrá computarse, a instancia de uno de los progenitores, a partir de la fecha del alta hospitalaria, excluyéndose de dicho cómputo las 6 semanas posteriores al parto, que son de suspensión obligatoria del contrato para la madre (art. 48.4 3º ET).

En relación con esta suspensión, de un lado, la persona trabajadora deberá comunicar a la empresa el ejercicio de este derecho, con una antelación mínima de 15 días, en los términos establecidos, en su caso, en los convenios colectivos y, de otro, cuando los progenitores que ejerzan este derecho trabajen para la misma empresa, la dirección empresarial podrá limitar su ejercicio simultáneo por razones fundadas y objetivas, debidamente motivadas por escrito (art. 48.4 9º ET).

Transcurridas las primeras 6 semanas inmediatamente posteriores al parto, cabe tener en cuenta lo siguiente: 1º) La suspensión del contrato de cada uno de los progenitores por el cuidado de menor puede distribuirse, a voluntad de los mismos, en periodos semanales a disfrutar de forma acumulada o interrumpida y ejercitarse desde la finalización de la suspensión obligatoria posterior al parto hasta que el hijo o hija cumpla 12 meses, sin perjuicio del derecho de la madre biológica a anticipar su ejercicio hasta 4 semanas antes de la fecha previsible del parto. El disfrute de cada periodo semanal o, en su caso, de la acumulación de dichos periodos, deberá comunicarse a la empresa con una antelación mínima de 15 días (art. 48.4 6º ET). 2º) La suspensión del contrato de trabajo podrá disfrutarse en régimen de jornada completa o de jornada parcial, previo acuerdo entre la empresa y la persona trabajadora (art. 48.4 8º ET).

b) En caso de ***adopción, guarda con fines de adopción o acogimiento*** (art. 48.5 y 6 ET) de menores de 6 años o mayores de 6 años con discapacidad o con especiales dificultades de inserción social y familiar debidamente acreditadas por los servicios sociales competentes, la suspensión es igualmente de 16 para cada adoptante, guardador o acogedor. Es también un derecho individual no transferible al otro adoptante, guardador con fines de adopción o acogedor y, en ningún caso, un mismo menor puede dar derechos a varios periodos de suspensión en la misma persona trabajadora.

De las 16 semanas, 6 deben disfrutarse a jornada completa de forma obligatoria e ininterrumpida inmediatamente después de la resolución judicial por la que se constituye la adopción o bien de la decisión administrativa de guarda con fines de adopción o de acogimiento.

Estas 16 semanas son ampliables dos semanas más por adopción, guarda con fines de adopción o acogimiento múltiple a partir del segundo hijo o hija. También son ampliables 2 semanas más en el supuesto de hijo o hija con discapacidad. En ambos casos, las 2 semanas serán una para cada adoptante, guardador o acogedor y si solo hubiese una persona adoptante, guardadora o acogedora podrá disfrutar de las ampliaciones completas previstas para los 2 progenitores (art. 48.6 ET).

Si se trata de una adopción internacional, cuando sea necesario el desplazamiento previo de los dos progenitores al país de origen del adoptado, el periodo de suspensión previsto podrá iniciarse hasta 4 semanas antes de la resolución por la que se constituye la adopción.

En punto a esta suspensión, de un lado, la persona trabajadora también deberá comunicar a la empresa el ejercicio de este derecho, con una antelación mínima de 15 días, en los términos establecidos, en su caso, en los convenios colectivos y, de otro, cuando los dos adoptantes, guardadores o acogedores que ejerzan este derecho trabajen para la misma empresa, la dirección empresarial podrá limitar su ejercicio simultáneo por razones fundadas y objetivas, debidamente motivadas por escrito.

Transcurridas las 6 primeras semanas, el disfrute de las 10 semanas restantes se podrá hacer por periodos semanales, de forma acumulada o interrumpida, dentro de los 12 meses siguientes a la resolución judicial por la que se constituya la adopción o bien a la decisión administrativa de guarda con fines de adopción o de acogimiento. El disfrute de cada permiso semanal o, en su caso, de la acumulación de dichos periodos, deberá comunicarse a la empresa con una antelación mínima de 15 días. Asimismo, la suspensión de estas 10 semanas se puede ejercitar en régimen de jornada completa o a tiempo parcial, previo acuerdo entre la empresa y la persona trabajadora afectada.

c) En caso de ***riesgo durante* el *embarazo* o *durante* la *lactancia natural de un menor de 9 meses*** (arts. 45.1 e y 48.7 ET). Se trata de casos en los que por exposición de las trabajadoras en situación de embarazo o parto reciente a agentes, procedimientos o condiciones de trabajo que puedan influir negativamente en la salud de las trabajadoras o del feto, este riesgo no se puede evitar mediante cambios en condiciones de trabajo o en el tiempo de trabajo o mediante traslado a otro puesto (art. 26 LPRL).

El contrato se suspende hasta que se inicie la suspensión del contrato por parto, el lactante cumpla nueve meses o, en ambos casos, desaparezca la incompatibilidad con el trabajo.

d) En el supuesto de cuidado de hijo, hija o menor acogido por tiempo superior a un año hasta el momento en que el menor cumpla 8 años se reconoce el ***permiso parental*** (art. 48 bis). Constituye un derecho individual de las personas trabajadoras, hombres o mujeres, sin que pueda transferirse su ejercicio. Su duración máxima es de 8 semanas, continuas o discontinuas, pudiéndose disfrutar a tiempo completo o en régimen de jornada a tiempo parcial.

La persona trabajadora debe especificar la fecha de inicio y de fin del disfrute, o en su caso, de los periodos de disfrute, debiendo comunicarlo a la empresa con una antelación de 10 días o la concretada por los convenios colectivos, salvo fuerza mayor, teniendo en cuenta la situación y las necesidades organizativas de la empresa. En caso de que 2 o más personas trabajadoras generasen este derecho por el mismo sujeto causante o en otros supuestos definidos por los convenios colectivos en los que el disfrute del permiso parental en el periodo solicitado altere seriamente el correcto funcionamiento de la empresa, esta podrá aplazar la concesión del permiso por un periodo razonable, justificándolo por escrito y después de haber ofrecido una alternativa de disfrute igual de flexible.

A pesar de que suponga un incumplimiento de la Directiva 1158/2019, de 20 de junio, relativa a la conciliación de la vida familiar y la vida profesional de los progenitores y los cuidadores, el permiso parental todavía no es retribuido.

5º) Al haberse suspendido la prestación del **servicio militar,** se ha suprimido la suspensión del contrato de trabajo por este motivo o por **prestación social sustitutoria**. Pero el art. 27 RD 1691/2003, de 12 diciembre, previo acuerdo con la empresa, reconoce el derecho a la reserva del puesto y al cómputo de antigüedad a quienes acceden a la condición de reservistas voluntarios durante el período en que se encuentren activados.

6º) Por ejercicio de cargo público representativo (art. 45.1.f ET), **por excedencia forzosa** (arts. 45.1.k y 46.1 ET) **y excedencia por funciones sindicales** (art. 46.4 ET).

El art. 45 distingue dos supuestos, que aparentemente coinciden en parte porque el art. 46.1 ET dice que la excedencia forzosa se concederá por la *designación para cargo público* (***cargo no representativo***), pero también por la *elección para cargo público* (***cargo representativo***), siempre que se imposibilite la asistencia al trabajo.

Pero realmente no hay coincidencia si entendemos que, en el caso de ejercicio de cargo representativo (art. 45.1.f ET), el trabajador es el que decide la suspensión (independientemente de que el cargo le imposibilite o no asistir al trabajo); mientras que en el caso de ***excedencia forzosa*** (arts. 45.1.k y 46.1 ET) el empresario es el que decide suspender el contrato cuando el cargo representativo o no representativo imposibilite el trabajo.

No obstante, el art. 46.1 ET no concreta cuándo se da la imposibilidad para asistir al trabajo, por lo que parece oportuno integrar la laguna con lo que ya vimos que dispone el art. 37.3 (cuando el cumplimiento de deber público o desempeño de cargo público imposibiliten la asistencia el 20% de las jornadas en tres meses, Lección 11).

Por su parte, el art. 46.4 ET establece que quienes ejerzan ***funciones sindicales*** de ámbito provincial o superior, mientras dure el ejercicio de su cargo representativo, podrán solicitar su paso a la situación de excedencia en la empresa. No se exige antigüedad en la empresa. Tampoco hay duración mínima o máxima, será la que dure el cargo representativo.

En los 3 supuestos se tiene derecho a la reserva de puesto (en relación con la reserva de puesto de trabajo por excedencia forzosa por cargo público, STS 19 may. 2020, rec. 2911/2017). Sin embargo, en relación con la excedencia por ejercicio de funciones sindicales, la STC 263/1994, interpretando en sentido contrario el art. 9.1.b) de la LOLS, matiza que el derecho de **excedencia** con reserva de puesto solo se reconoce a los cargos sindicales electivos a nivel provincial o superior de los sindicatos más representativos.

En todo caso, en el supuesto de excedencia forzosa, el art. 46.1 ET reconoce el derecho del excedente a que se le compute la duración de esta a efectos de antigüedad. Respecto de los supuestos de suspensión por ejercicio de cargo público representativo o funciones sindicales de ámbito provincial o superior, el trabajador deberá reincorporarse en el plazo máximo de 30 días naturales a partir de la cesión en el cargo o función (art. 48.3 ET). Y, en referencia a quienes se hallan en situación de excedencia forzosa, el reingreso por parte del trabajador debe ser solicitado dentro del mes siguiente al cese en el cargo público (art. 46.1 ET).

7º) Por decisión de la trabajadora víctima de violencia de género o de violencia sexual (art. 45.1.n). La suspensión no podrá exceder de seis meses, pero, si la efectividad de su derecho de protección requiriese la continuidad de la suspensión, el juez podrá prorrogarla por períodos de tres meses, con un máximo de dieciocho meses (art. 48.8 ET). Las víctimas tienen derecho a la protección por desempleo (art. 267.1.b 2º LGSS).

8°) Por privación de libertad del trabajador (art. 45.1.g ET). El contrato se suspende mientras no haya sentencia condenatoria firme. En caso de libertad provisional, puede pactarse de mutuo acuerdo la suspensión hasta la sentencia firme. Una vez que haya sentencia firme absolutoria, la empresa deberá readmitir al trabajador; y, si hay sentencia firme condenatoria, las ausencias al trabajo se consideran no justificadas y la empresa podrá despedir al trabajador por abandono del trabajo.

9°) Por ejercicio del derecho de huelga (art. 45.1.l). Ver lección 7ª.

10°) Por cierre patronal (art. 45.1.m). Ver lección 8ª.

11°) Por sanción disciplinaria (art. 45.1.h ET). Habrá que estar al régimen disciplinario previsto en el convenio aplicable. En ese sentido, los convenios suelen prever la suspensión por sanción disciplinaria de una determinada duración en función de la gravedad de la falta (por falta muy grave, suele preverse una suspensión de hasta 6 meses). Cabe la suspensión cautelar hasta aclarar los hechos, pero si no hay sanción no parece procedente la pérdida de salarios.

12°) Por causas económicas, técnicas, organizativas o de producción o por fuerza mayor; y reducción de jornada (arts. 45.1.i y j y 47 ET, arts. 16-29 RPDC).

El art. 47 ET regula la reducción de jornada y suspensión del contrato por causas económicas, técnicas, organizativas y de producción (ETOP) y las derivadas de fuerza mayor. Por su parte, el art. 47 bis regula el mecanismo RED de Flexibilidad y Estabilización, referido a supuestos especiales.

Normalmente estos expedientes de regulación temporal (ERTE) se aplican por decisión de la empresa (art. 47.1 ET), aunque en caso de *declaración de concurso,* deben ser autorizados por el juez mercantil del concurso cuando tengan carácter colectivo (habrá que estar por analogía a la definición de despido colectivo, art. 169.1 LC). Ambas situaciones constituyen situación legal de desempleo (art. 267.1.b y c LGSS) y la empresa puede ser acreedora de los beneficios en la cotización que establece la DA 44ª LGSS, condicionados a la realización de acciones formativas y compromiso de mantenimiento del empleo de los trabajadores afectados durante los 6 meses siguientes a la finalización de la vigencia de ERTE.

A) Suspensión de contratos o reducción de la jornada por causas ETOP (art. 47.2 a 4 ET).

En el caso de un ERTE de suspensión de contrato o reducción de la jornada por causas ETOP, estas se definen en los mismos términos que para el despido colectivo (ver lección 17ª), con la única diferencia de que se habla de disminución persistente de ingresos o ventas durante dos trimestres consecutivos y no de tres (art. 47.2 ET).

El procedimiento es único, con independencia del número de trabajadores de la empresa y de los afectados por la medida (art. 47.3 ET). Con carácter previo, la dirección de la empresa debe comunicar de manera fehaciente a las personas trabajadoras o a sus representantes su intención de iniciar el procedimiento y, una vez efectuada dicha comunicación, debe constituirse la comisión representativa de los trabajadores de acuerdo con las reglas del art. 41.4 ET, que será quien negociará con la representación de la empresa. La comisión es única, si bien, de existir varios centros de trabajo, quedará circunscrita a los centros afectados por el procedimiento, debiendo estar integrada como máximo por 13 miembros en representación de cada una de las partes (art. 47.3 3º ET).

Esta comisión deberá quedar constituida antes de la comunicación empresarial de apertura del periodo de consultas. El plazo máximo para su constitución será de 5 días desde la fecha de la referida comunicación, o de 10 días si alguno de los centros afectados no cuenta con representantes legales. Transcurrido el correspondiente plazo máximo, la empresa habrá de comunicar a los trabajadores y a la autoridad laboral el inicio del periodo de consultas. Téngase en cuenta que la falta de constitución de la comisión representativa no impide el inicio y transcurso del periodo de consultas y que su constitución con posterioridad al inicio de este no comportará la ampliación de su duración (art. 47.3 5º y 6º ET).

Abierto el periodo de consultas con los representantes legales de los trabajadores, este no puede ser superior a 15 días o a 7 días si la plantilla es inferior a cincuenta personas (art. 47.3 1º y 2º ET). Durante el periodo de consultas las partes deberán negociar de buena fe, con vistas a lograr un acuerdo, que requerirá la mayoría de la representación de los trabajadores y que a su vez represente a la mayoría de los trabajadores del centro o centros afectados. Con todo, la empresa y la representación de los trabajadores pueden acordar sustituir el periodo de consultas por el procedimiento de mediación o arbitraje que se aplique en la empresa, que debe desarrollarse dentro del plazo máximo indicado para el periodo de consultas (art. 47.3 9º y 10º ET).

Paralelamente, la autoridad laboral, como también acontece con el despido colectivo, dará traslado de la comunicación empresarial a la entidad gestora del desempleo vía internet, utilizando la aplicación certific@2 (art. 4 O.ESS/982/2013, de 20 mayo) y recabará informe preceptivo de la ITSS sobre los extremos de la comunicación realizada por la empresa y sobre el desarrollo de consultas. Dicho informe debe ser evacuado en el improrrogable plazo de 15 días desde la notificación a la autoridad laboral de la finalización del periodo de consultas y quedará incorporado al procedimiento (art. 47.3 7° ET).

Como en la modificación sustancial, si las consultas con los representantes de los trabajadores finalizan con acuerdo, se presumirá que existen las causas justificativas alegadas por la empresa y dicho acuerdo solo podrá ser impugnado por los trabajadores por fraude, dolo, coacción o abuso de derecho en su conclusión (art. 47.3 8° ET).

Tras finalizar las consultas, el empresario notificará su decisión suspensiva o de reducción de jornada, que deberá incluir el periodo dentro del cual se va a llevar a cabo la aplicación de las medidas correspondientes a los trabajadores y a la autoridad laboral (y esta a la entidad gestora del desempleo) en el plazo de 15 días desde la última reunión, caducando el procedimiento en caso de no hacerlo (art. 47.3 11° ET).

La decisión empresarial surte efectos desde la comunicación a la autoridad laboral, salvo que se contemple una fecha posterior.

Con relación a una posible impugnación del ERTE, de una parte, la decisión empresarial puede ser impugnada por la autoridad laboral a petición de la entidad gestora de la prestación por desempleo cuando aquella pudiera tener por objeto la obtención indebida de las prestaciones por parte de los trabajadores, por inexistencia de causa motivadora de la situación legal de desempleo (art. 47.3 12° ET); y, de otra parte, los trabajadores pueden reclamar ante la jurisdicción social.

En este último caso, la sentencia puede declarar justificada, injustificada o nula la decisión empresarial (arts. 47.3 15° ET y 138 LRJS). En caso de declararla injustificada, la sentencia ordenará la inmediata reanudación del contrato y condenará a la empresa al pago de los salarios dejados de percibir por la persona trabajadora hasta la fecha de la reanudación del contrato o, en su caso, el abono de las diferencias que procedan respecto del importe recibido en concepto de prestaciones por desempleo durante el periodo de suspensión. En este último caso, el empresario deberá reintegrar a la entidad gestora el importe de las prestaciones recibidas por el trabajador y las diferencias en materia de cotización. De otra parte, la decisión empresarial se declarará nula cuando haya sido adoptada en fraude de ley, eludiendo las normas relativas al periodo de consultas, cuando tenga como móvil alguna de las causas de discriminación previsto en la CE y en la ley o se produzca con violación de derechos fundamentales y libertades públicas del trabajador. En este supuesto, también procede reconocer la inmediata reanudación del contrato y la condena a la empresa al pago de los daños y perjuicios que la decisión empresarial hubiera podido ocasionar durante el tiempo en que ha producido efectos.

Hay tener presente que, si la decisión afecta a un número de trabajadores idéntico para considerar un despido como colectivo, cabe reclamar a través del procedimiento de conflicto colectivo, sin perjuicio de la acción individual. En todo caso, la interposición del conflicto colectivo paralizará la tramitación de las acciones individuales iniciadas hasta su resolución (art. 47.3 15° ET).

Durante la vigencia de la medida la empresa podrá comunicar a la representación de los trabajadores una prórroga, que deberá ser tratada en un periodo de consultas de 5 días como máximo y la decisión empresarial será comunicada a la autoridad laboral en un plazo de 7 días, surtiendo efectos desde el día siguiente a la finalización del periodo inicial de suspensión o reducción de jornada (art. 47.4 ET).

B) Suspensión de los contratos o reducción de jornada o suspensión de contratos por fuerza mayor (art. 47.5 y 6 ET).

Las personas trabajadoras afectadas por estos ERTE gozan de una prestación por desempleo adicional específica (DA 46ª LGSS).

a) Fuerza mayor temporal (art. 47.5 ET)

La suspensión del contrato o reducción de jornada por *fuerza mayor* viene motivada por un hecho imprevisible o inevitable que impide temporalmente el trabajo (por ejemplo, constituye fuerza mayor un ataque informático que impide el trabajo: STS 11 junio 2024, rec. 144/2022).

El art. 47.5 ET se remite asimismo a la regulación de la extinción por ese motivo en el art. 51.7 ET (ver lección 17ª). El procedimiento se iniciará mediante solicitud de la empresa dirigida a la autoridad laboral competente, acompañada de los medios de prueba que estime necesarios, y simultánea comunicación a la representación legal de los trabajadores.

La existencia de la fuerza mayor deberá ser constatada por la autoridad laboral, cualquiera que sea el número de trabajadores afectados, previo informe preceptivo de la ITSS, que deberá pronunciarse sobre la concurrencia de la fuerza mayor (art. 47.5 3° y 4° ET).

La autoridad laboral dictará resolución en el plazo de 5 días desde la solicitud. En caso de silencio administrativo, el ERTE se entenderá autorizado (art. 47.5 6° ET). La resolución administrativa surtirá efectos desde la fecha del hecho causante de la fuerza mayor y hasta la fecha que se determine en la misma.

En todo caso, debe quedar claro que la autoridad laboral se limita a constatar la existencia de fuerza mayor y que corresponde a la empresa la decisión sobre si procede la reducción de la jornada de trabajo o la suspensión de contratos. En caso de silencio administrativo, se entenderá autorizado el ERTE.

Si a la finalización del periodo determinado en la resolución se mantiene la fuerza mayor, se debe solicitar una nueva autorización (art. 47.5 7° ET).

b) Fuerza mayor temporal por impedimentos o limitaciones en la actividad y por imposibilidad de acceder al centro de trabajo (art. 47.6 ET)

La fuerza mayor temporal puede venir determinada por impedimentos o limitaciones a la actividad normalizada de la empresa que sean consecuencia de decisiones de la autoridad pública competente, incluidas las destinadas a la protección de la salud pública. También estará determinada por el mantenimiento, transcurridos los 4 días previstos en el art. 37.3 g) ET relativo a la imposibilidad de acceder al centro de trabajo o a las vías de circulación necesarias para acudir al mismo, salvo que exista la posibilidad de trabajo a distancia

Serán de aplicación las reglas referidas en el apartado ***a)*** precedente, con las siguientes particularidades:

— No es preceptiva la solicitud por la autoridad laboral de informe de la ITSS.

— Corresponde a la empresa justificar, en la documentación que acompañe a la solicitud, la existencia de las limitaciones o impedimento.

— La autoridad laboral autorizará el expediente si entiende justificadas las limitaciones o impedimento alegados.

C) **Normas comunes a los ERTE por causas ETOP y por fuerza mayor temporal** (art. 47.7 ET).

En ambos casos, se podrá autorizar una ***reducción temporal de la jornada entre un 10% y un 70%***, computándose sobre jornada diaria, semanal, mensual o anual. En la medida que sea posible, debe priorizarse la reducción de jornada frente a la suspensión.

La empresa, junto con la notificación, comunicación o solicitud, a la autoridad laboral de su decisión de reducir jornada o suspender contratos, comunicará a través de los procedimientos automatizados que se establezcan (art. 47.7 b ET):

— El periodo dentro del cual se aplicará la suspensión del contrato o reducción de jornada.

— La identificación de los trabajadores incluidos en el ERTE.

— El tipo de medida a aplicar respecto a cada persona y el porcentaje máximo de reducción de jornada o el número máximo de días de reducción.

Durante el periodo de aplicación del expediente, la empresa puede desafectar y afectar a trabajadores en función de la alteración de las circunstancias señaladas como causa justificativa, informando la representación legal de los trabajadores y previa comunicación a la entidad gestora de las prestaciones sociales y a la TGSS (art. 47.7 c ET).

Dentro del periodo de aplicación del ERTE no podrán realizarse horas extraordinarias, acordar nuevas externalizaciones de actividad ni concertarse nuevas contrataciones, salvo que las personas que presten servicio en el centro afectado no puedan por razones justificadas desarrollar las funciones encomendadas (art. 47.7 d) ET).

Durante un ERTE, la empresa está obligada al ingreso de las cuotas correspondientes a la aportación empresarial (art. 153 bis LGSS), puede acogerse voluntariamente a ciertos beneficios en materia de cotización (DA 44ª LGSS). Pues bien, tales beneficios están condicionados al mantenimiento en el empleo de las personas trabajadoras durante un mínimo de 6 meses y un máximo de 2 años siguientes a la finalización del ERTE (art. 47.7 e ET). Las empresas que incumplan este compromiso deberán reintegrar el importe de las cotizaciones de cuyo pago resultaron exoneradas en relación con la persona respecto de la cual se haya incumplido este requisito, con el recargo y los intereses de demora correspondientes.

D) Reducción de jornada o suspensión del contrato en caso de activación del Mecanismo RED de Flexibilidad y Estabilización del Empleo (art. 47 bis).

Este procedimiento tiene por finalidad normalizar la experiencia positiva desarrollada durante la crisis sanitaria y económica derivada de la COVID-19 mediante el recurso a los ERTE como medida de flexibilidad interna en las empresas, ajustando su actividad, pero evitando la destrucción de empleo.

Este mecanismo de flexibilidad y estabilización del empleo requiere su activación por el Consejo de Ministros y permite a las empresas solicitar medidas de reducción de jornada o suspensión de contratos. El mecanismo RED tiene dos modalidades:

— Cíclica, cuando se aprecie una coyuntura macroeconómica general que aconseje la adopción de instrumentos adicionales de estabilización, con una duración de un año.

— Sectorial, cuando en un sector o sectores de actividad se aprecien cambios permanentes que generen necesidades de recualificación y de procesos de transición profesional de los trabajadores. La duración inicial será de un año, pero caben dos prórrogas de 6 meses cada una.

Una vez activado el Mecanismo RED, las empresas podrán solicitar voluntariamente a la autoridad laboral la reducción de jornada o suspensión de contratos en cualquiera de sus centros, comunicándolo simultáneamente a la representación de los trabajadores. Se tramitará como los ERTE por fuerza mayor temporal (art. 47.5 ET), previo desarrollo de un periodo de consultas como en los ERTE por causas ETOP (art. 47.3 ET). En caso de la modalidad sectorial, la solicitud debe ir acompañada de un plan de recualificación de las personas trabajadoras afectadas.

La autoridad laboral recabará informe a la ITSS sobre la concurrencia de los requisitos, que deberá emitir en el plazo de 7 días desde la notificación de inicio de la empresa a la autoridad laboral y ésta deberá dictar resolución en el plazo de 7 días naturales a partir de la conclusión del periodo de consultas, entendiéndose autorizada la medida si no hubiera recaído pronunciamiento expreso.

Cuando el periodo de consultas concluya con acuerdo, la autoridad laboral autorizará la aplicación del mecanismo, pudiendo la empresa proceder a las reducciones de jornada o suspensiones acordadas. Si finaliza sin acuerdo, la autoridad laboral dictará resolución estimando o desestimando la solicitud empresarial.

Son reglas comunes a ambas modalidades del Mecanismo RED:

— Las previsiones recogidas en el art. 47.4 y 7 ET. El procedimiento aplicable al mecanismo RED se ha establecido en el RD 608/2023, de 11 de julio.

— Durante la vigencia de la medida, la empresa puede hacer una propuesta de prórroga.

— La ITSS y el SEPE colaborarán en el control de la aplicación del mecanismo.

— Los trabajadores afectados se beneficiarán de la prestación regulada en la DA 41ª LGSS (ver Lección 18) y serán colectivo prioritario para acceder a las iniciativas de formación del sistema de formación profesional para el empleo. Las empresas vienen obligadas a ingresar las cuotas correspondientes a la aportación empresarial (art. 153 bis LGSS), pero pueden acogerse voluntariamente a las exenciones en la cotización establecidas en la DA 44ª LGSS, que tienen como contrapartida obligaciones formativas y de mantenimiento del empleo de las personas afectadas durante un mínimo de 6 meses y un máximo de 2 años siguientes a la finalización de la vigencia de la aplicación del mecanismo.

En fin, se ha constituido un Fondo RED de Flexibilidad y Estabilización del empleo, sin personalidad jurídica, adscrito al MTES, para atender las necesidades futuras de financiación en materia de prestaciones y exenciones a las empresas del pago de cuotas a la Seguridad Social y costes asociados a la formación (DA 5ª RDL 4/2022, de 15 marzo).

3. EXCEDENCIA VOLUNTARIA

El art. 46 ET contempla, aparte de las ya mencionadas excedencias forzosa (art. 46.1 ET) y voluntaria por ejercicio de funciones (art. 46.4 ET), dos supuestos más que son de excedencia voluntaria para el trabajador: un supuesto común (art. 46.2 ET) y el especial por cuidado de hijos o familiares (art. 46.3 ET).

3.1. Excedencia voluntaria común

Se reconoce a todo trabajador con una antigüedad en la empresa de un año, sin otro requisito (sin necesidad de causa justificativa). Su duración no puede ser inferior a cuatro meses ni mayor de cinco años. Solo se tiene derecho de nuevo, si han transcurrido cuatro años desde la anterior.

El trabajador tiene derecho a la excedencia si cumple esos requisitos, pero no puede tomarla unilateralmente, debiendo, en último término, obtenerla por decisión judicial (STS 5 jul. 1990).

Lo fundamental de la excedencia voluntaria común, es que no existe reserva de puesto, sino un derecho preferente al reingreso en vacantes de igual o similar categoría a la suya que hubiera o se produjeran en la empresa (art. 46.5 ET). Se trata de un derecho potencial o expectante, condicionado a la existencia de vacante en la empresa, y no un derecho incondicionado, ejercitable de manera inmediata en el momento en que el trabajador excedente exprese su voluntad de reingreso (STS 12 mar. 2025, rec. 4189/2022). La excedencia voluntaria no comporta para el empresario el deber de reservar al trabajador excedente el puesto de trabajo desempeñado con anterioridad, salvo que se haya acordado expresamente.

En relación con este derecho a ocupar vacantes cabe señalar lo siguiente:

- Antes de solicitar el reingreso, la plaza del excedente se puede ocupar por cualquier otro trabajador (contratado *ex novo* o después de una reorganización de los cometidos laborales de los trabajadores ya contratados) o amortizarla (mediante despido colectivo, incluso por supresión de funciones o reasignación de su cometido a otros trabajadores). Pero, solicitado el reingreso, no se puede cubrir la plaza vacante por nuevos trabajadores o por otros de la empresa con menos derecho (por ejemplo, la transformación en fijos de actividad a tiempo completo de determinados trabajadores temporales de la empresa con fundamento en compromisos acordados colectivamente, ocurrida con posterioridad a que la excedente solicitara el reingreso en la empresa y finalizado su periodo de excedencia, vulnera su derecho preferente al reingreso solicitado, STS 12 mar. 2025, rec. 4189/2022).
- Como la excedencia hay que solicitarla por una duración concreta, se puede denegar el reingreso antes de finalizar el plazo.
- El trabajador tiene que solicitar el reingreso antes de finalizar el período de excedencia (incluso se admite que por convenio colectivo se fije un plazo de preaviso). El incumplimiento total o parcial de la solicitud de reingreso en el plazo establecido tendrá las consecuencias que el convenio establezca, pero el incumplimiento en parte del preaviso no determina automáticamente la pérdida del derecho al reingreso si se solicita antes de finalizar la excedencia concedida, por lo que la negativa de la empresa a la reincorporación del trabajador equivale a un despido improcedente, (SSTS de 24 enero 2022, rec. 4927/2018 y de 22 mayo 2024, rec, 1317/2023).
- Una vez solicitado el reingreso, el empleador debe informar sobre la existencia de vacantes y sobre él recae la carga de probar la inexistencia de vacantes (STS 06/10/2005, rec. 3876/2004).
- El art. 46.5 ET, al contemplar el derecho al reingreso, no solo en las vacantes existentes en el momento de solicitar la reincorporación sino en las que se produjeran, abre la posibilidad a la situación expectante del excedente que solicita el reingreso en la vacante que exista y, si no existe, en la que se pueda producir en el futuro. Por lo

tanto, una vez solicitado el reingreso, la persona excedente queda a la espera de que la empresa le reincorpore si existe plaza vacante y, si no existe, a que le reincorpore en la vacante que se produzca sin necesidad de reiterar periódicamente la solicitud de reingreso (STS 12 mar. 2025, rec. 4189/2022).

- Solicitado el reingreso, si no hay vacante en la misma localidad (STS de 13 julio 2017, rec. 2779/2015), se prolonga la excedencia. Solo finalizará por negativa del trabajador a ocupar vacante de igual o similar categoría.
- Si el contrato era a tiempo completo, el excedente tiene derecho al reingreso en esas condiciones, aunque cabe aceptar temporalmente un contrato a tiempo parcial que no implica renuncia a su derecho (STS de 24 mayo 2023, rec. 2355/2020).
- La negativa empresarial a readmitir puede revestir dos significados. De un lado, puede suponer un despido (si la negativa empresarial a readmitir es clara y terminante, tajante, indubitada): en este caso, el trabajador debe demandar por despido y tiene un plazo de caducidad de 20 días hábiles. De otro lado, la negativa puede suponer una decisión provisional por entender que no hay vacante. En este caso, si el trabajador entiende que se está demorando injustificadamente su reingreso, debe ejercitar una demanda declarativa del reconocimiento del derecho a la ocupación efectiva para lo que cuenta con el plazo normal de prescripción de un año desde que se produjo la negativa empresarial (STS de 6 abril 2022, rec. 200/2021).
- Si la negativa empresarial se considera despido, la indemnización que procede es la correspondiente a la improcedencia de este. En este supuesto, la base de la indemnización serán los salarios correspondientes a la fecha del despido, no los referidos al inicio de la excedencia. Si se trata de negativa a la reincorporación, se tiene derecho a una indemnización por daños, que se suele fijar en los salarios dejados de percibir desde que el reingreso debió producirse, descontando los correspondientes a eventuales periodos trabajados en otra empresa. En este segundo supuesto, cabe también la resolución del contrato a instancia del trabajador con base en el art. 50 del ET por incumplimiento empresarial de su deber de ocupación.
- En fin, la excedencia puede extenderse a otros supuestos colectivamente acordados, con el régimen y efectos que allí se prevean (incluso reserva de puesto).

- La negativa injustificada del trabajador al reingreso ofrecido por la empresa resulta equivalente al abandono o dimisión, de suerte que el contrato se extinguirá.

Caso práctico: Excedencia voluntaria y cese de actividad de la empresa

Un trabajador que venía disfrutando de excedencia voluntaria desde el mes de agosto de 2016, con fecha límite 1 de septiembre de 2019, solicitó su ingreso a lo que se le contestó que no podía ser readmitido porque la empresa ya no estaba en activo, puesto que había cesado su actividad y dada de baja en la TGSS el 4 de diciembre de 2018. ¿La no readmisión en estas circunstancias es constitutiva de despido?

Tratándose de un trabajador excedente voluntario, conserva sólo un derecho preferente al reingreso en las vacantes de igual o similar categoría a la suya que hubiera o se produjeran. La jurisprudencia considera que no es lo mismo la pérdida de un puesto de trabajo que se está desempeñando y que constituye normalmente el medio de vida del trabajador, que el desvanecimiento del derecho expectante a ocupar una vacante en la empresa en la que se prestaron servicios, y de la que el trabajador se apartó, no reconociendo derecho a percibir indemnización de despido colectivo por cierre del centro de trabajo (STS de pleno de 25 octubre 2000, rec. 3606/1998), aunque figuraran incluidos en la lista de trabajadores afectados por el expediente de regulación de empleo (STS de29 de noviembre de 2006, rec. 4464/2005). Por tanto, aplicando esa doctrina, se considera que en este caso tampoco puede haber ninguna consecuencia indemnizatoria.

(STS de 19 diciembre 2018, rec. 3606/1199/2017).

3.2. Excedencia voluntaria por cuidado de hijos o familiares

El art. 46.3 prevé la excedencia voluntaria por cuidado de hijos (naturales o adoptivos), en caso de acogimiento (permanente o preadoptivo, incluso provisionales), o para el cuidado de familiares hasta el 2º grado que no puedan valerse por sí mismos (por edad, accidente, enfermedad o discapacidad) y no desempeñen actividad retribuida.

A diferencia de la excedencia común no se exige una antigüedad en la empresa. No hay una duración mínima y la máxima es de tres (de dos, en caso de cuidado de familiares, salvo ampliación por convenio colectivo). La duración es desde el nacimiento o resolución judicial o administrativa de adopción o acogimiento; en cambio, en caso de cuidado de familiares, la excedencia podrá solicitarse (con esa duración de dos años o la prevista en el convenio colectivo) en cualquier momento. En todo caso, esos períodos de duración pueden disfrutarse de forma fraccionada.

En ambos casos, se trata de un derecho individual de los trabajadores. Por eso, si dos o más trabajadores de la misma empresa generasen este derecho por el mismo sujeto causante (mismo hijo, acogido o familiar), según el art. 46.3 2º ET, el empresario puede limitar su ejercicio por razones de funcionamiento, debiendo ofrecer un plan alternativo que garantice el disfrute de ambas personas y posibilite el ejercicio de los derechos de conciliación.

A diferencia de la excedencia común, durante el primer año el excedente tiene reserva del mismo puesto —STS de 26 abril 2023, rec. 292/2020— (hasta 15-18 meses, en el caso de familias numerosas, según si son de categoría general o especial). Trascurrido ese plazo, sigue teniendo reserva, no solo preferencia para ocupar vacante, pero de un puesto del mismo grupo o categoría equivalente (art. 46.3 4° y 5° ET).

Cuando un nuevo sujeto causante dé lugar a un nuevo periodo de excedencia, el inicio de esta última dará fin a la que, en su caso, se viniera disfrutando. Por lo tanto, durante los plazos de la nueva excedencia, en principio, habría derecho a la reserva del mismo puesto de trabajo siempre que este no se hubiese extinguido en la anterior excedencia, cuyo plazo general es de 1 año o 15 ó 18 meses según el tipo de familia numerosa. En otro caso, parece que la reserva debe quedar referida a un puesto de trabajo del mismo grupo profesional o categoría equivalente.

Otra peculiaridad es que computa a efectos de antigüedad y se tiene derecho a asistir a cursos de formación profesional, a cuya participación deberá ser convocado por la empresa, especialmente, con ocasión de su reincorporación (art. 46.3 4° ET). En el ejercicio de este derecho se tendrá en cuenta el fomento de la corresponsabilidad entre hombres y mujeres y evitar la perpetuación de roles y estereotipos de género (art. 46.3 6° ET).

En fin, los periodos de hasta 3 años de excedencia que los trabajadores disfruten debido al cuidado de cada hijo o menor en régimen de acogimiento permanente o guarda con fines de adopción, tendrán la consideración de periodo de cotización efectiva a efectos de las correspondientes prestaciones de Seguridad Social por jubilación, IP, muerte y supervivencia, nacimiento y cuidad de menos (art. 237.1 LGSS)

3.3. Excedencias pactadas

El art. 46.6 del ET admite que la excedencia pueda extenderse a otros supuestos colectivamente acordados, con el régimen y los efectos que se prevean. Es decir, los convenios colectivos pueden establecer otros supuestos de excedencia. Lo mismo cabe decir, aunque no se contemple expresamente, de la autonomía individual.

Lección 17ª

La extinción del contrato de trabajo

Las distintas causas de extinción del contrato de trabajo se indican en el art. 49.1 ET. Algunas de ellas, pero no todas, son objeto de desarrollo en sus artículos posteriores (arts. 50 a 56): resolución por el trabajador por causa justificada (art. 50), despido colectivo y despido por fuerza mayor (art. 51), extinción por causas objetivas (arts. 52 y 53), despido disciplinario (arts. 54 a 56).

1. EL DESPIDO DISCIPLINARIO

El despido disciplinario se contempla como causa o supuesto de extinción en el art. 49.1.k) ET. Conforme al art. 54.1 ET, que lo desarrolla, el contrato de trabajo podrá extinguirse por decisión del empresario, mediante despido basado en un incumplimiento grave y culpable del trabajador.

1.1. Causas del despido

Se consideran incumplimientos contractuales, justificativos del despido, los enunciados en el art. 54.2 ET. Es una enumeración cerrada de siete supuestos, aunque todos ellos (en especial, algunos) muy amplios. En cualquier caso, los convenios colectivos pueden y suelen regular el régimen disciplinario, estableciendo un listado de faltas (leves, graves y muy graves) y de sanciones (entre ellas, el despido por faltas muy graves). De este modo, los convenios colectivos pueden concretar las causas de despido legalmente previstas. Para los empleados públicos, el art. 95 EBEP detalla las faltas disciplinarias muy graves (y el art. 96 añade que el despido del personal laboral comporta la inhabilitación para ser titular de un nuevo contrato de trabajo con funciones similares).

Esas causas de despido, previstas en el art. 54.2 ET, son las siguientes.

a) *Inasistencia e impuntualidad.* Son causa de despido las "faltas repetidas e injustificadas de asistencia o puntualidad al trabajo".

El número de faltas se suele concretar en los convenios colectivos; en su defecto, la gravedad deberá ser valorada por los tribunales (así, ausencia injustificada de nueve días, STS de 17 julio 2018, rec. 2474/2017).

En cuanto a la exigencia de culpabilidad ("injustificadas"), deberá ser apreciada en función de las circunstancias (entre ellas, incluso, la previa tolerancia del empleador, STS 21 de diciembre 2021, rec 1090/2019). Recuérdese (ver lección 13 y 16ª) que la normativa laboral prevé una amplia serie de supuestos de permisos, suspensiones y excedencias. En cuanto a la mujer víctima de violencia de género, aparte de la posibilidad de suspender su contrato (ver lección 16ª), las ausencias o faltas de puntualidad motivadas por la situación física o psicológica derivada de la violencia se considerarán justificadas, cuando así lo determinen los servicios competentes, sin perjuicio de comunicar dichas ausencias a la empresa a la mayor brevedad (art. 21.4 Ley Orgánica 1/2004, de 28 de diciembre).

b) *Indisciplina o desobediencia.* Es causa de despido "la indisciplina o desobediencia en el trabajo".

La exigencia general de gravedad lleva a que los tribunales estimen que la desobediencia tiene que ser "clara, abierta, terminante y firme". La gravedad, pues, dependerá de su reiteración, aunque también de otras circunstancias (sus efectos, el efectuarse ante terceros, etc.).

En cuanto al requisito de injustificación, la jurisprudencia estima, en general, que hay que obedecer, aunque luego se reclame. No obstante, se admite la desobediencia cuando concurran circunstancias de peligrosidad, ilegalidad o análogas que razonablemente la justifiquen (ver lección 15ª).

c) *Ofensas verbales o físicas.* Constituyen incumplimiento contractual "las ofensas verbales o físicas al empresario o a las personas que trabajen en la empresa o a los familiares que convivan con ellos".

Las conductas en cuestión pueden ser muy variadas: insultos, agresiones (STS de 31 mayo 2022, rec. 1819/2020), amenazas, chantajes. Se incluyen también ofensas verbales y físicas a compañeros de trabajo realizadas fuera del lugar y tiempo de trabajo (cena de Navidad, STS 31 de mayo 2022, rec. 1819/2020).

Entre los sujetos ofendidos se consideran incluidos también al empresario persona jurídica, a los directivos, a los clientes de la empresa o al público en general.

El requisito de gravedad no exige reiteración, pero ha de graduarse en función de diversos factores subjetivos (antigüedad, nivel cultural, conducta anterior, etc.) u objetivos (publicidad, etc.).

El requisito de culpabilidad hace que se requiera una intencionalidad ofensiva, pero tal ánimo ofensivo se presume. También esta intencionalidad hay que valorarla en función de las circunstancias.

d) *Transgresión de la buena fe contractual.* Muy ampliamente, se considera causa de despido "la transgresión de la buena fe contractual, así como el abuso de confianza en el desempeño del trabajo" (ver lección 15ª). Ahora bien, no basta con la mera existencia de la transgresión o del abuso, sino que, para ser motivo válido de despido, es igualmente necesario que pueda calificarse como un "incumplimiento grave".

Las conductas encuadrables dentro de esta causa pueden ser variadísimas (apropiación de dinero, sustracción de mercancías aun de muy escaso valor —STS de 17 octubre 2023, rec. 5073/2022—, concurrencia desleal, positivo en cocaína de conductor de autobús —STS de 21 febrero 2023, rec. 3723/2021—, acceso injustificado a datos confidenciales de clientes —STS 16 enero 2025, rec. 1275/2023—, realizar una actividad incompatible con la situación de incapacidad temporal —STS 27 abril 2022, rec. 227/2021—, etc.). En general, se tratará de conductas dolosas o negligentes que causen la pérdida de confianza por parte del empresario, aunque no supongan un perjuicio económico para la empresa o un lucro para el trabajador.

e) *Disminución del rendimiento.* Constituye incumplimiento sancionable "la disminución continuada y voluntaria en el rendimiento de trabajo normal o pactado".

La disminución del rendimiento, pues, ha de constatarse en función del rendimiento que haya de ser considerado como debido. En algunos convenios se fijan o se dan criterios para fijar los niveles de rendimiento (mínimo, normal, superior). Si los rendimientos no están pactados, el punto de comparación será el que venía alcanzando habitualmente el propio trabajador u otros de similar o igual categoría (ver lección 15ª).

En cualquier caso, la disminución del rendimiento tiene que ser voluntaria (pero ello incluye la mera culpabilidad: por realizar otras tareas en horas libres, por ejemplo) y continuada (en este sentido, la gravedad tendrá que ser apreciada por los tribunales).

f) *Embriaguez y toxicomanía.* Constituyen causa de despido tanto la embriaguez habitual como la toxicomanía "si repercuten negativamente en el trabajo".

Pese a la literalidad de la norma, puede ser causa de despido incluso una embriaguez no habitual, en función de las consecuencias. Y, asimismo, pese al carácter de enfermedad de dichas situaciones, la ley las considera imputables al trabajador.

En cualquier caso, lo importante es la repercusión negativa en el trabajo (riesgo de accidentes, etc.).

g) *Acoso*. En fin, es causa de despido "el acoso por razón de origen racial o étnico, religión o convicciones, discapacidad, edad u orientación sexual y el acoso sexual o por razón de sexo al empresario o a las personas que trabajan en la empresa". Ya se vio (lección 15ª) el concepto de acoso.

1.2. Procedimiento

Con base en el art. 7 del Convenio 158 OIT, el Tribunal Supremo ha resuelto que para la extinción de la relación laboral por despido disciplinario es exigible la audiencia previa del trabajador, esto es, que se le haya ofrecido la posibilidad de defenderse de los cargos formulados contra él, a menos que no pueda pedirse razonablemente al empleador que le conceda esta posibilidad (STS 18 noviembre 2024, rec 4735/2023). Aunque, como la norma internacional no establece requisitos específicos sobre la forma de este trámite, permanecen las dudas sobre cómo ha de desarrollarse.

Sentado lo anterior, el art. 55.1 ET exige para el despido disciplinario la comunicación escrita al trabajador, indicando los hechos que lo motivan y la fecha del despido. La carga de probar la notificación de la carta de despido al trabajador recae sobre el empresario, que puede elegir el medio para hacerla llegar al trabajador (sobre la notificación por burofax vid. STS de 27 enero 2022, rec. 4282/2019). Bastará con el intento de notificación cuando se acredita la conducta deliberadamente rebelde del trabajador a recibir y conocer el contenido de la carta (STS 12 marzo 1986 núm, 361).

La exigencia de comunicación escrita no obsta a que se considere despido (aunque formalmente incorrecto) el producido oralmente. Incluso, constituye despido el que se produzca tácitamente, es decir, por conductas empresariales claramente demostrativas de la intención de poner fin a la relación. Asimismo, se considera despido la comunicación de extinción de un contrato temporal, cuando la temporalidad no esté legalmente justificada (ver lección 11ª).

La exigencia de indicación de los hechos supone la suficiente precisión sobre los mismos, para permitir la defensa del trabajador. La comunicación escrita ha de proporcionar al trabajador un conocimiento claro, suficiente e inequívoco de los hechos que se le imputan para que, comprendiendo sin dudas racionales el alcance de aquéllos, pueda impugnar la decisión empresarial y preparar los medios de prueba que juzgue necesarios (criterio de suficiencia informativa STS 7 junio 2022, rec 728/2020).

Respecto de la exigencia de indicación de la fecha del despido, hay que considerar que no se exige plazo de preaviso alguno, por lo que pueden coincidir la fecha de la comunicación y la del despido efectivo. En todo caso, si en la realidad no coinciden la fecha indicada y la fecha del despido efectivo, a efectos de plazo para la presentación de la demanda, se toma en cuenta la fecha del despido efectivo.

Otras normas, ya expuestas (lección 4 y 5ª), exigen la apertura de expediente contradictorio previo al despido en el caso de los representantes (unitarios o sindicales) de los trabajadores, o candidatos (STC 38/1981). Así como la obligación de oír al delegado sindical con arreglo a la LOLS, en su caso, si al empleador le consta la condición de afiliado del trabajador (STS de 30 enero 2020, rec. 3983/2017).

El plazo para ejercer la acción contra el despido es de caducidad (ver lección 3ª) y de 20 días hábiles[1]. Se suspende (literalmente: se interrumpe) dicho plazo hasta 15 días hábiles por el trámite de conciliación previa (STS de 19 abril 2022, rec. 460/2020), por la suscripción de un compromiso arbitral o por la solicitud de abogado de oficio. Cuando el empleador es una Administración pública, la notificación ha de indicar los recursos que procedan, órgano ante el que hubieran de presentarse y plazo para interponerlos (art. 69.1 LJS); su omisión supondrá que se mantiene suspendido el plazo de caducidad (STS de 14 abril 2021, rec. 3663/2018), con el límite del plazo de prescripción de un año del art. 59.1 ET (STS de 19 julio 2023, rec. 1769/2022).

---

1 Cuestión muy importante en la práctica. Son inhábiles a efectos procesales (pero también para accionar contra el despido, según la jurisprudencia) los sábados y domingos, los días 24 y 31 de diciembre, los días de fiesta nacional y los festivos a efectos laborales en la respectiva CA o localidad donde radique la sede del tribunal (ver arts. 133 LEC y 182 LOPJ). Los días del mes de agosto también son inhábiles, salvo para las modalidades procesales de despido y extinción conforme a los arts. 50 y 52 ET, y otras indicadas en el art. 43.4 LJS.
Téngase en cuenta, asimismo, que cuenta la festividad de la localidad del Juzgado, no del domicilio del demandante; que si un festivo nacional ha sido sustituido en una CA, no es inhábil en ésta; que no computan el día del despido, ni el de presentación de la papeleta de conciliación, ni el de la celebración de ésta; que para los 15 días de suspensión por conciliación tampoco computan los inhábiles; y que la presentación de escritos que esté sujeta a plazo puede efectuarse hasta las 15 horas del día hábil siguiente al del vencimiento, no admitiéndose en ningún caso en el Juzgado de guardia (art. 45 LJS).

Caso práctico: Caducidad de la acción de despido

D. Manuel era trabajador fijo, con más de 10 años de antigüedad en la empresa. El día 3 de junio de 2024, al incorporarse al trabajo tuvo una fuerte discusión con su superior jerárquico; inmediatamente se le entregó carta en la que se le indicaba que quedaba despedido con efectos de esa misma fecha. Presentó solicitud de conciliación el día 7 de junio, siendo las partes citadas para su celebración el día 21 de junio, que terminó sin avenencia. ¿Cuándo finaliza el plazo de caducidad y hasta cuándo puede presentarse la demanda por despido?

El día del despido, 3 de junio no computa, tampoco el día de solicitud de conciliación, ni el de su celebración. Así el día de presentación de la papeleta de conciliación habían transcurrido 3 días del plazo de caducidad; a partir de la solicitud de conciliación el plazo queda suspendido con el límite de 15 días hábiles (art. 65.1 LJS), reanudándose el cómputo a partir del día siguiente al del intento de conciliación (el día 24 de junio será el día 4° del plazo de caducidad; contando seguidamente tan solo los días hábiles (de lunes a viernes que no sean festivos) el día 20° es el 16 de julio, pero la demanda puede ser presentada hasta las 15 horas del día 17 de julio en la sede del servicio común procesal o, de no existir este, en la del órgano judicial (Art. 45.1 LJS). Pero téngase en cuenta que tampoco se computarán los festivos en la sede del órgano jurisdiccional (art. 103.1 LJS).

Si el despido se realizara inobservando los requisitos formales, el empresario podrá, en el plazo de 20 días naturales (STS de 10 noviembre 2004, rec. 5837/2003), realizar un nuevo despido cumpliéndolos; en cuyo caso debe poner a disposición del trabajador los salarios devengados (art. 55.2 ET). Cabe también acordar un nuevo despido del mismo trabajador, que debe ser impugnado dentro de su propio plazo de caducidad (STS de 30 marzo 2010, rec. 2660/2009).

1.3. Efectos

Ejercitada la acción contra el despido, el Juzgado de lo social puede declararlo procedente, improcedente o nulo.

Caso práctico: Despido disciplinario, uso prohibido de vehículo de empresa fuera de la jornada laboral. Control mediante GPS

Doña Luisa prestaba servicios para la demandada ZYX, S. L. como supervisora de puesto de venta. En marzo de 2015 la empresa le facilitó un vehículo para su uso en jornada laboral y para desempeñar su trabajo diario, prohibiendo expresamente el uso con fines particulares. Se le informó por escrito de que su vehículo dispone de un dispositivo de localización por GPS para garantizar la seguridad y coordinación de los trabajos.

El día 11-4-2016, Doña Luisa inició una situación de incapacidad temporal por enfermedad común con el diagnóstico de "Trastorno ansiedad generalizado"; en el parte de baja se hace constar una duración probable de la baja de 25 días.

En fecha 22 de abril de 2016, la empresa notificó a Doña Luisa, mediante burofax, carta de despido disciplinario imputándole los siguientes hechos: A pesar de la prohibición del uso del vehículo para fines ajenos a la actividad laboral y su situación de enfermedad, el sistema de geo-posicionamiento (GTA) con el que está dotado su vehículo ha registrado una utilización intensa del mismo durante el fin de semana previo a su baja médica así como durante la misma, habiéndose registrado hasta el día 21 del corriente mes de abril un total de 1.935,21 km recorridos, contraviniendo la autorización de uso y, posiblemente, perjudicando su recuperación médica. Acompaña a la carta informe de registro de utilización del vehículo con expresión de las fechas y tiempos de utilización, distancias recorridas velocidades máximas alcanzadas. Califique el despido.

El derecho fundamental que pudiera verse afectado es el de protección de datos de carácter personal (art. 18.4 CE). Se trata de determinar si el control mediante el GPS fuera de la jornada laboral excede los límites de la finalidad perseguida por el sistema de captación de datos. Resulta evidente que el uso se limitó a los términos indicados por la empresa que la trabajadora conocía: captación de datos de ubicación permanente del vehículo, pero ninguna circunstancia personal de los ocupantes. La captación de datos fuera de la jornada laboral se vincula a la seguridad del vehículo y posible responsabilidad de su propietario, sin que se aprecie invasión de la esfera privada. Consecuentemente, constatado un incumplimiento grave y culpable mediante prueba válida, el despido ha de ser calificado como procedente.

(Vid. STS de 15 septiembre 2020, rec. 528/2018).

a) **Despido procedente.** Se considerará tal "cuando quede acreditado el incumplimiento alegado por el empresario en su escrito de comunicación" y haya sido formalmente correcto (art. 55.4 ET; art. 108.1 LJS). La declaración de procedencia convalida la extinción del contrato, sin derecho a indemnización ni a salarios de tramitación (art. 55.7 ET; art. 109 LJS).

b) Despido improcedente (art. 55.4 ET; art. 108.1 LJS). La declaración de improcedencia se producirá cuando no se prueben los hechos imputados o estos no constituyan un incumplimiento que justifique el despido (no "quede acreditado el incumplimiento"), o cuando sea formalmente incorrecto ("cuando en su forma no se ajustara a lo establecido" en el art. 55.1).

Si se declara improcedente por defecto de forma y se hubiere optado por la readmisión, se puede efectuar un nuevo despido en el plazo de 7 días desde la notificación de la sentencia (art. 110.4 LJS).

En caso de que el juez considere que los hechos acreditados no revisten gravedad suficiente, pero constituyen infracción de menor entidad, podrá autorizar la imposición de una sanción adecuada a la gravedad de la falta, sanción que el empresario podrá imponer después de haber readmitido al trabajador, en el plazo de caducidad de los diez días siguientes a la firmeza de la sentencia y es revisable a través del incidente de ejecución de la sentencia de despido (art. 108.1 LJS).

Los efectos de la declaración de improcedencia varían según el despedido sea un trabajador común, o sea un representante del personal (art. 56 ET; art. 110 LJS).

En el caso de un trabajador común, la declaración de improcedencia permite al empleador optar entre la indemnización y la readmisión (art. 56.1), aunque por convenio se puede otorgar la opción al trabajador. La opción se debe ejercitar en el plazo de 5 días desde la notificación de la sentencia (art. 56.1); si no se opta, la ley presume la readmisión (art. 56.3 ET). Pero ya en el acto del juicio, la parte titular de la opción (puede serlo también el trabajador que sea representante legal o sindical) puede anticipar su opción para el caso de declaración de improcedencia (art. 110.b LJS, STS de 14 febrero 2019, rec. 1782/2017).

Si se ha optado por la *indemnización*, el cálculo ha de hacerse teniendo en cuenta los servicios prestados hasta el día del despido y no hasta el de la sentencia que lo declare improcedente (STS 17 febrero 1986, núm 188). Se deben abonar 33 días por año de servicios (no antigüedad), prorrateándose por meses los períodos de tiempo inferiores[2], con un máximo de 24 mensualidades[3]. El Tribunal Supremo ha confirmado que la indemnización tasada y topada establecida en el artículo 56.1 ET es conforme con el derecho internacional, concretamente con el Convenio 158 de la OIT, con lo que no puede verse incrementada en vía judicial con otras cuantías que atiendan a las circunstancias concretas del caso (STS 19 diciembre 2024, rec. 2961/2023). Lo que no es impedimento para que esta indemnización legal sea mejorable por convenio o contrato.

El cálculo se hace sobre el salario a que tenga derecho el trabajador o el que realmente perciba, si este último es mayor; se obtiene dividiendo la remuneración anual entre 365 (incluso en caso de año bisiesto, STS de 25 febrero 2020, rec. 3270/2017). Se incluyen proporcionalmente las gratificaciones extraordinarias. No computan las percepciones extrasalariales (ver lección 14ª). En algunos supuestos de jornada reducida con disminución del salario (nacimiento de prematuros u hospitalizados, cuidado de menor de 12 años o persona con discapacidad, víctima de violencia de género y de ejercicio a tiempo parcial de la suspensión por nacimiento y

---

2 Para el cálculo de la indemnización por despido véase la siguiente herramienta: https://www.poderjudicial.es/cgpj/es/Servicios/Utilidades/Calculo-de-indemnizaciones-por-extincion-de-contrato-de-trabajo/

3 Esta cuantía se aplica también a los contratos formalizados antes del 12/02/2012. Lo anterior no obstante, por el tiempo de servicios anterior a esa fecha se calcula a razón de 45 días por año y por el tiempo posterior a razón de 33 días. La indemnización resultante no puede ser superior a 720 días de salario, salvo que del cálculo por el período anterior resultase un número superior, pero nunca superior a 42 mensualidades; en cuyo caso ese número de días correspondientes al primer período se aplicará como importe indemnizatorio máximo (DT 11ª ET).

cuidado de menor; suspensión en los supuestos de adopción, guarda con fines de adopción y de acogimiento y permiso parental ejercidos a tiempo parcial) se tiene en cuenta el salario completo (DA 19ª ET)[4].

Caso práctico: Cálculo de la indemnización por despido improcedente

D. Manuel, era trabajador fijo en la empresa desde 1 de septiembre de 2008, y fue despedido el día 30 de mayo de 2024. Calcular la indemnización por despido disciplinario improcedente teniendo en cuenta que según el convenio aplicable su retribución mensual comprende salario base de 1400 euros, antigüedad 140 euros, asistencia 250 euros, plus transporte 110 euros. Asimismo, el convenio establece el derecho a dos gratificaciones extraordinarias de una mensualidad de salario base más antigüedad cada una.

Hay que calcular los días indemnizables y el salario regulador.

Para determinar los días que comprende la indemnización hay que dividir el periodo de servicios en dos: de 1 septiembre 2008 a 11 febrero 2012 y de 12 febrero 2012 a 30 mayo 2024 (art. 56.1 y DT 11ª ET).

De 1/9/08 a 11/2/12: Comprende 3 años, 5 meses y 10 días, por lo que se mensualiza o toma la fracción como mes completo: 3 años (3x45=135 días) y 6 meses (45/12x6=22,5 días), total 157,5 días.

De 12/2/12 a 30/5/2024: comprende 12 años, 3 meses y 19 días (que computan como mes completo): 12 años (12x33=396 días) y 4 meses (33/12x4=11 días), total 407 días.

Días indemnizables: 157,5 + 407= 564,5.

Salario regulador: remuneración mensual de naturaleza salarial:

1400+140+250=1790x12= 21.480 euros año. A esta cantidad hay que añadirle el importe de gratificaciones extraordinarias: 2 x (1400+140)= 3.080 euros. Remuneración anual total: 21.480+3.080= 24.560 euros que dividida entre 365 = 67,28 salario regulador.

Indemnización: 564,5 x 67,28= 37.979,56 euros

Aparte de ello, si la empresa opta por la readmisión (art. 56.2), debe abonar los llamados *salarios de tramitación,* equivalentes a los dejados de percibir entre la fecha del despido y la de notificación de la sentencia, o hasta que el trabajador encuentre otro empleo (descontando lo percibido en éste o, si no se prueba el importe, el SMI).

Si la sentencia se dicta transcurridos más de 90 días hábiles desde la demanda, el exceso es por cuenta del Estado, pudiendo reclamárselos el empresario (art. 56.5 ET, art. 116.1 LJS).

---

4 En otro orden de cosas, téngase en cuenta que, conforme al art. 7.e) de la Ley 35/2006, están exentas del IRPF las indemnizaciones por despido o cese del trabajador "en la cuantía establecida con carácter obligatorio" en el ET.

Además, la empresa debe readmitir en las mismas condiciones que regían antes del despido. La fecha de reincorporación se debe comunicar al trabajador en el plazo de 10 días siguientes a la notificación de la sentencia, para efectuarla en un plazo no inferior a 3 días (art. 278 LJS).

Caso de que, habiéndose optado por la readmisión, ésta no se produzca o se produzca irregularmente, el trabajador puede (dentro de unos plazos fijados por la LJS, art. 279) plantear un "incidente de no readmisión". Acreditada, entonces, la no readmisión o su irregularidad, el Juez determinará la extinción del contrato, con derecho a la indemnización ya señalada, los salarios de tramitación y, en atención a las circunstancias concurrentes y los perjuicios ocasionados, una posible *indemnización adicional* calculada en 15 días de salario por año de servicio con un máximo de 12 mensualidades (art. 281 LJS).

En el caso de despido de un representante (también simples "electos" STS 5 noviembre 1990, núm 1377; candidatos proclamados, STS 2 diciembre 2005, rec 6380/2003; o quien cesó hace menos de un año, STS 17 abril 2018, rec 2541/2016 y el trabajador designado por el empresario para ocuparse de la actividad preventiva, STS 20 enero 2025, rec 5028/2023), la opción corresponde al trabajador, entendiéndose que opta por la readmisión si no hay opción expresa. Tanto si opta por la indemnización como si lo hace por la readmisión, tendrá derecho a los salarios de tramitación (art. 56.4 ET). Si el trabajador opta por la readmisión, y ésta no se produce o se produce irregularmente, cabe igualmente suscitar un incidente de no readmisión, pero con distintas consecuencias, ya que la sentencia debe ejecutarse en sus propios términos (art. 282 LJS). En efecto, el juez ordenará la readmisión efectiva, a efectuar en el plazo de 5 días (art. 283 LJS). De no obedecerse, en fin, la orden judicial, el juez acordará que el trabajador siga cobrando su salario, que continúe en alta y se cotice por él a la Seguridad Social, y que continúe desarrollando sus funciones representativas. El pago del salario y el desarrollo de las funciones se garantizan mediante la posible ejecución sobre bienes del empresario (por una cantidad equivalente a seis meses de salario) y mediante la puesta en conocimiento de la Autoridad laboral del impedimento al ejercicio de sus funciones, a efectos de sanciones (art. 284 LJS).

Sin perjuicio de lo anterior, si se acredita la imposibilidad de readmitir por cese o cierre de la empresa u otra causa de imposibilidad material o legal, el juez declarará extinguida la relación y acordará que se abonen las indemnizaciones y salarios dejados de percibir (art. 286 LJS).

c) **Despido nulo.** El Juez declarará nulo el despido en los siguientes supuestos (art. 55.5 ET):

- Cuando sea discriminatorio o cuando vulnere alguno de los derechos fundamentales del trabajador (por ejemplo, al vulnerar el derecho a la tutela judicial, es nulo si constituye represalia contra una reclamación anterior del trabajador: garantía de "indemnidad", STC 144/2005, de 6 junio; o la libertad de expresión, STC 146/2019, de 25 noviembre; discriminación por estado civil, STS 9 febrero 2022, rec. 1871/2020). La jurisprudencia comunitaria ha considerado nulo el despido de un trabajador en IT de larga duración (STJUE de 1 diciembre 2016, asunto C-395/15, asunto Daouidi) y más recientemente la LO 15/2022 ha añadido a las causas tradicionales de discriminación incluidas en el art. 14 CE la enfermedad o condición de salud —sin referencia a posibles situaciones de discapacidad—.
- Salvo que sea procedente, cuando se trate del despido de:
  1) Trabajadores durante el período de suspensión por nacimiento, adopción, guarda o acogimiento, disfrute del permiso parental, por riesgo durante el embarazo o durante la lactancia natural, por enfermedades causadas por el embarazo, parto o lactancia natural, (o cuyo preaviso de despido finalice dentro de ese período).
  2) Trabajadoras embarazadas, aunque esa situación sea desconocida por el empleador o por la misma trabajadora.
  3) Trabajadores que hayan solicitado o estén disfrutando permisos por nacimiento, adopción, guarda con fines de adopción o acogimiento, por nacimiento de hijo prematuro que deba permanecer hospitalizado y por guarda de menor de doce años o familiar, las adaptaciones de jornada (incluido trabajo a distancia) por conciliación de la vida laboral y familiar, la excedencia por cuidado de hijos y el de las víctimas de víctimas de violencia de género o de violencia sexual por el ejercicio de su derecho a hacer efectiva su protección.
  4) Trabajadores después de haberse reintegrado al trabajo tras la suspensión por nacimiento, adopción, guarda o acogimiento, si no han trascurrido más de 12 meses desde el nacimiento, adopción, guarda con fines de adopción o acogimiento.

En caso de despido nulo, los efectos son la readmisión del trabajador y el abono de los salarios dejados de percibir (art. 55.6 ET). El Juez puede fijar una indemnización adicional si se prueba la lesión de un derecho fundamental, sin necesidad de aportar las bases para su cuantificación (STS 23 febrero

2022, rec. 4322/2019), y puede ser la cuantía establecida como sanción en la *LISOS* por los mismos hechos (STS de 9 marzo 2022, rec. 2269/2019).

Si el empleador no readmitiera regularmente al trabajador, éste podría plantear un incidente de no readmisión. Las consecuencias de la no readmisión son las ya vistas antes (arts. 282-286 LJS).

1.4. Ejecución provisional

Frente a la sentencia del Juzgado cabe que tanto empresario como trabajador planteen recurso de suplicación (ver lección 3ª). En relación a ello, se regula la ejecución provisional de la sentencia del Juzgado y la posibilidad de cambio de opción.

- Si el despido se ha declarado improcedente y se ha optado por la readmisión (o si ha sido declarado nulo), el empresario viene obligado a readmitir provisionalmente al trabajador. De no hacerlo, al menos deberá abonarle los salarios correspondientes hasta la resolución del recurso (art. 297 LJS).

  Si al resolver el recurso el TSJ la sentencia favorable al trabajador fuera revocada en todo o en parte, el trabajador no tendría que devolver los salarios devengados (art. 300 LJS).

- Si se ha optado por la indemnización, no habría obligación de readmitir provisionalmente aunque se hubiera planteado recurso. Pero, si al resolver el recurso, el TSJ incrementara la cuantía de la indemnización debida, el empleador podría cambiar su opción por la de readmisión (art. 111.b LJS); a la inversa, si disminuyera dicha cuantía, el trabajador representante podría cambiar su opción por la de readmisión (art. 112.b LJS).

2. EL DESPIDO COLECTIVO

El art. 49.1.i ET prevé la extinción "por despido colectivo, fundado en causas económicas, técnicas, organizativas o de producción, siempre que aquél haya sido autorizado conforme a lo dispuesto en esta Ley". La regulación de este despido se hace en el art. 51 ET y en el RPDC.

La Directiva 98/59/CE, de 20 de julio de 1998, regula estos despidos colectivos, exigiendo una consulta/negociación con los representantes de los trabajadores y la comunicación a la autoridad laboral con una antelación de un mes a la efectividad de los despidos.

2.1. Concepto de despido colectivo

De manera casi idéntica al concepto de traslado colectivo, el despido será colectivo cuando (art. 51.1 ET):

a) O bien afecte a la totalidad de los trabajadores de la empresa, siempre que sean más de cinco.

b) O bien, en un período de noventa días, afecte a un cierto número o porcentaje de trabajadores en relación al número de trabajadores de la empresa:

— 10 o más en empresas de hasta 100 trabajadores.

— 10% o más en empresas de entre 100 y 300.

— 30 o más en empresas de más de 300 trabajadores.

La jurisprudencia española había considerado que, respecto de un despido o despidos determinados y para determinar si formaban parte o no de un despido colectivo, ese período de noventa días tan solo se computaba hacia atrás, lo que impedía sumar los despidos posteriores salvo en supuestos de actuación fraudulenta (STS 23 abril 2012, rec. 2724/2011). Pero, por el contrario, la jurisprudencia europea ha entendido que el periodo de referencia ha de ser continuo y se pueden computar los despidos producidos antes o después de la fecha del despido o despidos individuales impugnados (STJUE de 11 noviembre 2020, Asunto C-300/19).

El cómputo en el art. 51.1 ET es sobre la empresa, de modo que el cierre total de un centro, si no llega a los umbrales indicados en relación a la totalidad de trabajadores de la empresa, no es colectivo. No obstante, según la Directiva comunitaria y jurisprudencia del TJUE el cómputo debe tomar como referencia el centro de trabajo (entre otras, S. de 15 mayo 2015 C-392/13). Por ello, la jurisprudencia considera que será colectivo el despido que supere los umbrales del art. 51.1 ET tomando como referencia la totalidad de la empresa, pero también cuando se superen en referencia a cualquiera de sus centros de trabajo que emplee a más de 20 trabajadores (STS de 17 octubre 2016, rec. 36/2016).

Para el cómputo de la plantilla se incluirá a la totalidad de los trabajadores que presten servicios el día en que se inicie el procedimiento (art. 1 RPDC).

A diferencia del traslado colectivo, para ese cómputo deben sumarse también otras extinciones que se hayan producido “por iniciativa del empresario en virtud de otros motivos no inherentes a la persona del trabajador” y no debidas a la finalización de contratos temporales, tales como despidos disciplinarios reconocidos como improcedentes en transacciones judiciales o extrajudiciales (STS 18 de noviembre 2014, rec 65/2024), extinciones "asimiladas" por modificaciones sustanciales de condiciones de trabajo (SSTJUE 21 de septiembre 2017 C-429/16 y 149/16), bajas por traslados, extinciones contractuales de mutuo acuerdo (STS 19 septiembre 2023, rec 61/2023 y STJUE 22 febrero 2024 C-589/22), etc. Por otra parte, la jurisprudencia comunitaria considera que el concepto de despido colectivo incluye las extinciones no queridas por el trabajador, aunque dependan de circunstancias ajenas a la voluntad del empresario, tales como incendios u otros casos de fuerza mayor, aunque no cuando se trate del cese de actividad a raíz del fallecimiento del empresario.

Al igual que en el traslado colectivo, en fin, se consideran fraudulentas y nulas las nuevas extinciones que se produzcan en períodos sucesivos de 90 días, al amparo del art. 52.c (despido no colectivo por las mismas causas) sin que concurran nuevas causas que justifiquen tal actuación.

2.2. *Justificación del despido colectivo*

Como se ha visto, el despido tiene que estar fundado en causas económicas, técnicas, organizativas o de producción, que el art. 51.1 ET se encarga de definir.

- Se entiende que concurren causas económicas cuando de los resultados de la empresa se desprenda "una situación económica negativa". Concepto del que la ley añade ejemplos: "la existencia de pérdidas actuales o previstas o la disminución persistente de su nivel de ingresos ordinarios o ventas". Se entiende que la disminución es persistente "en todo caso… si durante tres trimestres consecutivos el nivel… de cada trimestre es inferior al registrado en el mismo trimestre del año anterior". En caso de alegación de una causa económica la misma ha de afectar a la empresa en su conjunto o globalidad, a diferencia de las causas técnicas, operativas o de producción, que pueden actuar tanto en el ámbito de la empresa en su conjunto como en un solo centro de trabajo o en una unidad productiva autónoma (STS 14 mayo 1998, rec. 3539/1997).
- Se entiende que concurren causas técnicas cuando se produzcan "cambios", entre otros, "en el ámbito de los medios o instrumentos de producción", como, por ejemplo, la introducción de robots.
- Concurren causas organizativas cuando se produzcan "cambios", entre otros, "en el ámbito de los sistemas y métodos de trabajo del

personal o en el modo de organizar la producción". Cabe pensar en la externalización de servicios mediante contratas (STS de 21 diciembre 2022, rec. 3835/2021).

- Concurren causas productivas cuando se produzcan "cambios", entre otros, "en la demanda de los productos o servicios" ofertados por la empresa. Por ejemplo, cuando se produce un sobredimensionamiento, como consecuencia de una reducción de pedidos o de la cartera de clientes, disminución de encargos de actividad, etc.

Lo que ya no es necesario es que la empresa tenga que acreditar la razonabilidad de la medida para los siguientes fines u objetivos (que antes se fijaban en el art. 51.1):

- Si la causa aducida era económica, "para preservar o favorecer su posición competitiva en el mercado".
- Si la causa aducida era técnica, organizativa o productiva, "para contribuir a prevenir una evolución negativa de la empresa o a mejorar la situación de la misma a través de una más adecuada organización de los recursos, que favorezca su posición competitiva en el mercado o una mejor respuesta a las exigencias de la demanda".

Téngase en cuenta que, en caso de impugnación, a los Tribunales no les corresponde "fijar la precisa 'idoneidad' de la medida a adoptar por el empresario ni tampoco censurar su 'oportunidad' en términos de gestión empresarial" (SSTS 27 enero 2014, rec. 100/2013; 15 enero 2014, rec 136/2013; 23 septiembre 2014, rec. 231/2013). Ahora bien, ello no significa que se le confiera al empresario un poder absoluto, porque a los Tribunales no sólo cabe un control sobre la concurrencia de la causa alegada, es necesario además, un control de razonabilidad pleno y efectivo sobre la medida extintiva, comprobando si además de reales, tienen entidad suficiente para justificar la medida extintiva, esto es, sobre la proporcionalidad de las medidas (SSTS 12 mayo 2016, rec 3222/2014; 30 noviembre 2016, rec 868/2015), así como el posible abuso de derecho o fraude de ley (STS de 23 septiembre 2014, rec. 231/2013).

2.3. Tramitación

A) *Legitimación* (art. 51.2 ET, arts. 26 RPRE). El despido colectivo debe ir precedido de un período de "consultas" (pero durante el mismo las partes deben "negociar de buena fe", con vistas a la consecución de un "acuerdo") con los representantes legales de los trabajadores; la obligación de consultas nace desde que se plantea o proyecta una disminución de puestos de trabajo cuyo número puede superar los umbrales del despido colectivo (STJUE de 22 enero 2024, asunto C-589/22). La consulta se llevará a cabo en una única comisión negociadora integrada por un máximo de 13 miembros por cada una de las partes.

La intervención como interlocutores ante la dirección de la empresa corresponderá a los sujetos y en el orden y condiciones indicados en el art. 41.4 ET (ver lección 12ª). En caso de inexistencia de representantes unitarios, los trabajadores pueden negociar todos con la empresa (STS de 29 enero 2024, rec. 1044/2023).

Como sucede con la modificación sustancial de condiciones de trabajo, si la comisión viene integrada por miembros designados por los sindicatos, el empresario puede atribuir su representación a las organizaciones empresariales "en que estuviera integrado" (pero nada impide que la otorgue a cualquier otra).

La Comisión representativa de los trabajadores deberá constituirse antes del inicio del período de consultas en el plazo de 7 o 15 días siguientes a la comunicación empresarial de la intención de iniciar el procedimiento colectivo (según el centro cuente o no con representantes legales).

B) *Comunicación.* Conforme al art. 51.2 (segundo párrafo), la comunicación de la apertura del período de consultas se realizará mediante escrito dirigido por el empresario a los representantes legales de los trabajadores, una copia del cual se hará llegar a la autoridad laboral (arts. 2-6 RPDC). En el escrito se harán constar (art. 3.1 RPDC): a) La especificación de las causas del despido; b) Número y clasificación profesional de los trabajadores afectados, desglosada por centro, provincia y CA, en su caso. No es discriminatorio seleccionar a los trabajadores que se encuentren más próximos a la edad de jubilación (STC 66/2015, de 13 abril); también pueden ser incluidas mujeres embarazadas (STJUE 22 febrero 2018, C-103/16); c) Número y clasificación profesional de los trabajadores empleados habitualmente en el último año; d) Período previsto para la realización de los despidos; e) Criterios tenidos en cuenta para la designación de los afectados; f) Copia de la comunicación dirigida a los trabajadores o sus representantes manifestando la intención de iniciar el procedimiento, y g) Representantes de los trabajadores que integrarán la comisión negociadora o indicación de la falta de constitución de ésta en los plazos legales.

La comunicación debe ir acompañada de una "memoria explicativa" de las causas y demás aspectos antes señalados y de toda la "información" necesaria para acreditar las causas (art. 51.2, párrafos 3 y 4) así como del plan de recolocación externa en caso de despidos que afecten a más de 50 trabajadores (art. 51.10 ET). Simultáneamente a la entrega de la comunicación a los representantes legales de los trabajadores, el empresario solicitará por escrito de estos su preceptivo informe (art. 3. 2 y 3 RPDC).

No basta, por tanto, la mera notificación formal a los representantes de los trabajadores de inicio de la consulta y del propósito empresarial, sino que se precisa además que vayan acompañados de toda la información y documentación constitutiva del objeto de la propia consulta (sobre los confines de dicha obligación STS 25 abril 2019, rec. 204/2028). La documentación en los despidos por causas económicas (art. 4 RPDC) incluye una "memoria explicativa" de las causas acreditando la situación económica negativa. Para acreditar la situación económica se deberán aportar las "cuentas anuales" —en su caso, auditadas— de los dos últimos ejercicios completos y las "cuentas provisionales" a la presentación de la solicitud. Si la situación económica negativa consiste en una previsión de pérdidas, informar de los "criterios...para su estimación" y un "informe técnico" sobre su carácter y evolución.

La documentación en los despidos por las otras causas (art. 5 RPDC) incluirá una "memoria explicativa" de las mismas, así como "informes técnicos", ambos con la finalidad de acreditar la concurrencia de las causas (STS de 25 abril 2019, rec. 204/2018 en cuanto a la entrega de documentación).

En cuanto al plan de recolocación externa para los trabajadores afectados por el despido a través de empresas de recolocación autorizadas (art. 51.10 ET), se requiere cuando el despido afecte a más de 50 trabajadores, teniendo en cuenta las extinciones producidas por motivos no inherentes a la persona del trabajador en los 90 días anteriores al inicio del despido colectivo, salvo en empresas que se hubieran sometido a un procedimiento concursal. El plan se diseñará para un período mínimo de 6 meses; deberá incluir medidas de formación y orientación profesional, atención personalizada y búsqueda activa de empleo (art. 9 RPDC).

C) *Autoridad competente* (art. 25 RPDC). Como es materia transferida a las CCAA, la autoridad laboral competente (estatal o autonómica) dependerá de la ubicación de los centros afectados, el número de trabajadores, la trascendencia social de la medida y de algún otro dato (por ejemplo, empresas relacionadas con la Defensa Nacional).

Si el procedimiento afecta a centros ubicados en su totalidad en una CA, la autoridad competente será el órgano determinado por la misma.

Si el procedimiento afecta a centros ubicados en dos o más CCAA —salvo que el 85 por ciento o más de plantilla de la empresa radique en el ámbito territorial de una Comunidad Autónoma y existan trabajadores afectados en la misma—, la autoridad competente lo será, según los casos, la Dirección General de Empleo del MTMSS, la Delegación del Gobierno en la CA o en las ciudades de Ceuta y Melilla, o la Subdelegación del Gobierno en la provincia.

D) *Negociación con los representantes* (art. 51.2, párrafos 1 y 8-9 ET, art. 7 RPDC). El período de consultas tendrá una duración "no superior" a quince días naturales (empresas de menos de 50 trabajadores) o a treinta días naturales (empresas de 50 o más). La superación de la duración máxima del periodo de consultas cuando medie acuerdo entre ambas partes no supone la unlidad del despido (STS 28 abril 2017, rec. 214/2016).

El periodo de consultas es un verdadero proceso de negociación, que deberá versar sobre las causas motivadoras, la posibilidad de evitar o reducir los efectos del despido, o medidas para atenuar las consecuencias para los afectados. A este respecto, durante el periodo de consultas pueden negociarse medidas concomitantes a los despidos, tales como novaciones y modificaciones de los términos contractuales y condiciones de trabajo (STS 27 enero 2015, rec. 28/2014).

La buena fe en la negociación exige un esfuerzo negociador, pero la negociación puede culminar o no en un acuerdo (STS 9 enero 2019, rec. 108/2018). Si no hay acuerdo, es posible que resulte aplicable alguno de los acuerdos de solución extrajudicial de conflictos (el ASEC-VI estatal; un acuerdo autonómico), procediéndose entonces a aplicar los trámites previstos en los mismos. Como se recordará (lección 8ª), tales procedimientos pueden consistir en una mediación obligatoria o en un arbitraje voluntario. Es factible pues, que, como consecuencia de la aplicación de dichos acuerdos, se alcance una solución (ya sea un acuerdo tras la mediación, ya sea un laudo arbitral).

Los arts. 27 y 28 RPDC regulan con cierto detalle la actuación de la comisión negociadora: acta de constitución; en su caso, forma de negociación global o por centros; cómputo de la mayoría cuando la comisión esté integrada por representantes de varios centros; contenido de las actas.

El acuerdo requiere "la conformidad de la mayoría" de los miembros de la comisión negociadora que, en su conjunto, representen a la mayoría de los trabajadores del centro o centros afectados.

Pero, en todo caso, el empresario y la representación laboral pueden acordar en cualquier momento la sustitución del período de consultas/negociación por el procedimiento que sea aplicable en la empresa, a desarrollar siempre dentro del plazo máximo antes señalado.

E) *Procedimiento administrativo* (art. 51.2, párrafo 10 ET). El procedimiento administrativo se desarrolla al mismo tiempo que la negociación. Lo anterior no obstante, téngase en cuenta que en caso de cierre de centro de trabajo que conlleve cese de actividad y el despido de 50 o más trabajadores se requiere comunicación previa de seis meses a la autoridad laboral (DA 6ª RPDC).

Desaparecida la exigencia de autorización para el despido, el papel de la autoridad laboral consiste en "velar" por la efectividad del período de consultas. A esos efectos, puede remitir "advertencias y recomendaciones" a las partes, que no supondrán "la paralización ni la suspensión" del procedimiento. También podrá realizar las actuaciones de "mediación" convenientes y realizar funciones de "asistencia". Aparte, como veremos luego, la posibilidad de "impugnar" el acuerdo alcanzado en su caso.

La autoridad (art. 51.2 ET) dará traslado de la comunicación de la apertura del período de consultas a la entidad gestora de la prestación por desempleo. Asimismo, debe recabar informe de la Inspección de Trabajo, que debe ser evacuado en el improrrogable plazo de 15 días desde la finalización del período de consultas. El informe versará sobre los extremos de dicha comunicación y sobre el desarrollo del periodo de consultas de acuerdo con lo establecido en los apartados siguientes y sobre la concurrencia de las causas especificadas por la empresa" para justificar las extinciones.

F) *Finalización del período de consultas* (art. 51.2, párrafo 11 ET). Transcurrido el período de consultas, el empresario comunicará a la autoridad laboral el resultado del mismo. Caso de alcanzarse un acuerdo (directamente o tras una mediación; o, en su sustitución, un laudo arbitral), el empresario le trasladará copia del mismo. En caso contrario, remitirá a los representantes de los trabajadores y a la autoridad laboral la decisión final de despido colectivo que haya adoptado y las condiciones del mismo; su omisión determina la nulidad de los despidos individuales (STS de 5 marzo 2020, rec. 4355/2017). Si no lo comunica en el plazo de 15 días desde la última reunión en el período de consultas, caduca el procedimiento (STS de 15 febrero 2023, rec. 224/2022). Después de comunicada la decisión a la autoridad laboral y antes de hacerse efectivas las medidas, el empresario debe informar a la EG de las prestaciones por desempleo (vía internet, utilizando la aplicación certific@2, O.ESS/982/2013).

G) *Medidas precautorias* (art. 51.3 ET). Cuando la extinción propuesta afectase a más del 50% de los trabajadores, el empresario dará cuenta de la venta de bienes de la empresa, excepto los de tráfico normal, a la autoridad y representantes laborales.

H) *Convenio especial y aportación al Tesoro Público*

Conforme al art. 51.9 ET y DA 13 LGSS, cuando se trate de empresas no incursas en procedimiento concursal y el despido colectivo incluya trabajadores con 55 o más años de edad y que no tuvieran la condición de mutualistas el 1 enero 1967, existe la obligación de abonar las cuotas destinadas a la financiación de un convenio especial respecto de esos trabajadores (ver lección 18ª) hasta los 63 años de edad, o 61 si el despido es por causas económicas; a partir de esa edad son a exclusivo cargo del trabajador.

Conforme al art. 51.11 ET y DA 16ª Ley 27/2011, las empresas de 100 o más trabajadores (o de un grupo que emplee a ese número), que realicen despidos colectivos que afecten a trabajadores de 50 o más años de edad, siempre que el porcentaje de éstos sobre el total de los trabajadores despedidos sea superior al porcentaje de trabajadores de 50 años o más sobre el total de trabajadores de la empresa y que hubieren obtenido beneficios en los dos ejercicios económicos anteriores (o los obtengan en, al menos, dos ejercicios económicos consecutivos dentro del periodo comprendido entre el ejercicio económico anterior a la fecha de principio del procedimiento de despido colectivo y los cuatros ejercicios económicos posteriores a dicha fecha), deberán efectuar una aportación económica al Tesoro Público; el plazo para reclamarla está sometida al plazo de prescripción de cuatro años (STS de 19 septiembre 2023, rec. 37/2023). Para el cálculo de la aportación, regulada por RD 1484/2012, de 29 oct., se establecen complejas reglas. La aportación se exige también cuando la empresa proceda a medidas temporales de regulación de empleo (suspensiones, reducciones de jornada), siempre que entre la finalización de la situación legal de desempleo derivada de esas medidas y la extinción de los contratos no haya transcurrido más de un año.

2.4. *Efectos*

A) *Notificación del despido* (art. 51.4 ET). Comunicada, como hemos visto antes, la decisión de despido a los representantes, el empresario podrá notificar los despidos individualmente a los trabajadores. Debe hacerlo conforme a lo establecido en el art. 53.1 para los despidos objetivos, es decir: comunicación escrita expresando la causa pero sin necesidad de indicar los criterios de selección de los trabajadores afectados ni entregar copia a la representación de los trabajadores, simultánea puesta a disposición del trabajador de la indemnización debida (aunque si es por causa económica puede no hacerlo hasta la efectividad del despido) y plazo de preaviso de 15 días (pero, en todo caso, tienen que haber transcurrido 30 días entre la fecha de comunicación de apertura de las consultas y la fecha de efectos del despido).

B) *Prioridad de permanencia* (art. 13 RPDC). Como sabemos (lección 4ª y 5ª), se reconoce prioridad de permanencia a los representantes unitarios y delegados sindicales en caso de despido colectivo por cualquiera de las causas ETOP (no sólo por las tecnológicas y económicas STS 13 noviembre 2024, rec. 1472/2023). Por convenio colectivo o acuerdo durante el período de consultas, pueden añadirse otras preferencias a favor de otros colectivos.

En el sector público, tendrá prioridad de permanencia el personal laboral fijo que hubiera adquirido esa condición de acuerdo con los principios de igualdad, mérito y capacidad, a través de un procedimiento selectivo de ingreso convocado al efecto, cuando así lo establezcan los entes, organismos y entidades a que se refiere el art. 3.2 LCSP.

C) *Indemnización* (art. 51.4 ET). En virtud de la remisión que el art. 51.4 hace al art. 53.1, los despedidos tienen derecho a una indemnización de 20 días de salario, con el tope máximo de 12 mensualidades, aunque se puede fijar (por convenio, por contrato, en el acuerdo para el despido) una cantidad superior (STS 28 abril 2026, rec. 3527/2024); no es discriminatorio que la indemnización pactada sea menor para trabajadores mayores de 60 años (STS de 24 enero 2023, rec. 2785/2021).

No obstante, la jurisprudencia estima que los trabajadores en excedencia voluntaria sin reserva de puesto no tienen derecho a indemnización. Y en algún caso peculiar se ha estimado la validez de un acuerdo de devolución en caso de volver a ser empleados.

Si el empresario no abona la indemnización (simultáneamente al despido o mediante transferencia bancaria antes de la fecha de efectos, STS de 12 noviembre 2019, rec. 769/2019) o en caso de desacuerdo, el trabajador podrá reclamarla ante la jurisdicción social. El plazo sería el general de un año.

D) *Impugnación de la decisión empresarial* (art. 51.6 ET). La decisión empresarial puede impugnarse colectiva o individualmente y el acuerdo alcanzado en período de consultas puede impugnarse por la autoridad laboral. La demanda por los representantes debe presentarse en el plazo de caducidad de 20 días desde la fecha del acuerdo o de la notificación a los representantes de la decisión empresarial (STS 17 octubre 2018, rec. 60/2018).

a) En primer lugar (arts. 51.6 ET y 124 LJS), la impugnación puede ser colectiva, ante la Sala de lo Social del TSJ correspondiente o ante la de la

AN. Puede ser impugnada por los "representantes legales", es decir, tanto por la representación sindical como unitaria (esta última la ostenta también la comisión "ad hoc" STS 18 marzo 2014, rec. 114/2013); si se formula por los "representantes sindicales", deben tener "implantación suficiente" en el ámbito del despido.

La demanda puede fundarse en falta de causa legal, no realización del período de consultas, adopción de la decisión con fraude, dolo, coacción o abuso de derecho, y vulneración de derechos fundamentales y libertades públicas. No pueden ser objeto de este proceso las pretensiones sobre prioridad de permanencia.

Si no se ha impugnado por los representantes o la autoridad, transcurrido el plazo de caducidad de 20 días, en el plazo de otros 20 días el empresario puede interponer demanda con la finalidad de que su decisión se declare ajustada a derecho y despliegue efectos de cosa juzgada sobre todos los procesos individuales (acción de jactancia).

El proceso es urgente y tiene preferencia sobre cualquier otro asunto, salvo los de tutela de derechos fundamentales y libertades públicas. El juicio deberá tener lugar dentro de los 15 días siguientes a la admisión de la demanda, la sentencia se dictará dentro de los 5 días siguientes al juicio y será recurrible en casación ordinaria.

La sentencia declarará la decisión extintiva:

- Ajustada a derecho, cuando el empresario haya cumplido el período de consultas y entregado la documentación prevista, y acredite la concurrencia de la causa legal.
- No ajustada a derecho cuando no acredite la causa.
- Nula, cuando el empresario no haya realizado el período de consultas o entregado la documentación prevista, o cuando la medida se haya efectuado en vulneración de derechos fundamentales y libertades públicas. En tal caso, se declarará el derecho de los afectados a la reincorporación.

b) En segundo lugar (arts. 51.6 ET y 120-123 LJS, con algunas especialidades en el art. 124.13), la decisión extintiva se puede impugnar individualmente por los afectados mediante la modalidad procesal para extinción por causas objetivas.

Las reglas específicas son las siguientes:

- Despido colectivo no impugnado por los representantes o por la autoridad laboral.

  El plazo de caducidad de comienzo cuando haya transcurrido el plazo de 20 días de que disponían los representantes para impugnar. Si el objeto versa sobre las preferencias de determinados trabajadores, éstos deben ser demandados. El despido será nulo además de en los supuestos recogidos en el art. 122.2 LJS, cuando no se haya respetado el período de consultas, etc. y cuando no se hayan respetado las prioridades de permanencia.

- Cuando el despido colectivo haya sido impugnado.

  El plazo de caducidad computa desde la firmeza de la sentencia colectiva o desde la conciliación judicial (STS de 10 junio 2021, rec. 4188/2018). La citada sentencia o el acuerdo de conciliación judicial tendrán eficacia de cosa juzgada sobre los procesos individuales, que se limitarán a cuestiones individuales no resueltas en la sentencia o acuerdo. Será nula la extinción que no respete el régimen de preferencias legal, correccional o acordado en el período de consultas.

c) En tercer lugar (arts. 51.6 ET y 148.b LJS), la autoridad laboral puede impugnar de oficio el acuerdo entre el empresario y los representantes cuando aprecie fraude, dolo, coacción o abuso de derecho, así como cuando la entidad gestora de las prestaciones por desempleo hubiese informado de que el despido colectivo pudiese tener por objeto la obtención indebida de prestaciones por inexistencia de causa motivadora.

2.5. Concurso de acreedores

Una vez declarado el concurso de acreedores, el despido colectivo tendrá que ser autorizado igualmente, pero no por la Autoridad laboral sino por el Juez mercantil del concurso (art. 169.1 TRLC). Recuérdese que igual autorización judicial procede cuando la medida consista en una modificación sustancial de carácter colectivo o en una suspensión colectiva (no se contempla expresamente el caso de traslado colectivo, pero del art. 169.1 TRLC se deduce claramente que también el traslado colectivo deberá autorizarse). De modo que, en el caso de suspensión o despido colectivos, la competencia pasa de la Autoridad laboral a la judicial; y la medida de modificación sustancial colectiva o el traslado colectivo deben ser autorizadas por el Juez del concurso, autorización que no se requiere (ni laboral ni judicial) si no hay tal situación.

Más concretamente, la extinción colectiva de contratos de trabajo se tramitará ante el juez mercantil, una vez presentada ante el mismo la declaración de concurso.

Previamente procederá un período de negociación, no superior a 30 días, entre los representantes de los trabajadores y la administración concursal. Pero el período de consultas será innecesario si se acompaña acuerdo a la solicitud.

Si se alcanza acuerdo, se comunicará al juez, que solicitará informe a la autoridad laboral. El juez aceptará el acuerdo, salvo que aprecie fraude, dolo, coacción o abuso de derecho.

Si no hay acuerdo, determinará lo que proceda conforme a la legislación laboral (es decir, conforme al art. 51 ET autorizará si hay causa).

En este supuesto (como en los de traslados colectivos, suspensión colectiva o modificación colectiva, ver lección 12ª y 16ª), el auto del juez mercantil puede ser recurrido, mediante recurso de suplicación ante los órganos jurisdiccionales del orden social (es decir, ante el correspondiente TSJ).

La cuantía de la indemnización es la misma que en los supuestos del art. 51 y 52 ET.

3. DESPIDO POR FUERZA MAYOR

Conforme al art. 49.1.h) ET, los contratos de trabajo pueden extinguirse por fuerza mayor, debidamente constada por la autoridad laboral en los términos de los arts. 51.7 ET y 31-33 RPDC.

Por fuerza mayor hay que entender una circunstancia, imprevisible e inevitable, que imposibilite definitivamente la prestación de trabajo. Puede tratarse de una fuerza mayor "propia" (situaciones catastróficas: incendio, inundación, terremoto, guerra, etc.) o de una fuerza mayor "impropia" (una decisión de una autoridad pública, tal como una expropiación forzosa). Una situación previsible (como la terminación del arrendamiento de un local) no constituye fuerza mayor, pero puede ser causa que justifique la extinción —mediante despido colectivo o no colectivo— en función de las circunstancias.

La fuerza mayor debe ser "constatada" por la autoridad laboral; es decir, que los despidos deben ser autorizados por la misma, en procedimiento de regulación de empleo. En cualquier caso, dicha autorización se requiere cualquiera que sea el número de trabajadores afectados, no solamente si es colectivo. La autoridad debe recabar informe a la Inspección y realizará o solicitará cuantas actuaciones e informes estime indispensables.

No es necesario período de negociación con los representantes de los trabajadores (aunque se entiende que estos ostentarán la condición de parte interesada en el expediente de regulación de empleo, y según el art. 32 RPDC la solicitud de la empresa a la autoridad laboral se les debe comunicar simultáneamente).

La autorización, que debe ser dictada en el plazo de 5 días desde la solicitud empresarial, surtirá efectos desde la fecha del hecho causante de la fuerza mayor. Por ello, si el despido por fuerza mayor es colectivo, cabe entender insuficientemente transpuesta la normativa comunitaria.

La falta de autorización expresa supondría la autorización de la solicitud empresarial (normativa general del art. 24 LPAC).

Alguna doctrina admite la posibilidad de autorizar la suspensión, aunque se haya solicitado la extinción de los contratos.

Los trabajadores despedidos tienen derecho a la indemnización de 20 días por año de servicio con máximo de 12 mensualidades. La Autoridad laboral que autorice el despido puede, además, acordar que toda o parte de esa indemnización sea abonada por el Fogasa, pero sin perjuicio del derecho de este organismo a resarcirse del empresario (ver lección 14ª).

La decisión extintiva empresarial puede impugnarse en los términos ya vistos para el despido colectivo por causas económicas, etc. Pero en este supuesto, en que se requiere autorización para extinguir los contratos, puede impugnarse también ante la jurisdicción laboral el acto administrativo no autorizando o autorizando los despidos (por la modalidad procesal regulada en los arts. 151-152 LJS). Si la sentencia deja sin efecto una resolución administrativa en virtud de la cual se hubieran producido extinciones, declarará el derecho de los afectados a reincorporarse a su puesto; salvo que el empresario opte por indemnizarlos como en despido improcedente (art. 151.11 LJS).

4. DESPIDO POR CAUSAS OBJETIVAS

Los arts. 52-53 ET regulan la extinción del contrato por "causas objetivas". A fin de cuentas, se trata de un despido puesto que la decisión es empresarial.

4.1. Causas

Las causas o supuestos previstos en el art. 52 ET son cuatro, toda vez que el RDL 4/2020, de 18 febrero derogó el art. 52.d) ET (despido por absentismo).

A) *Ineptitud del trabajador (art. 52.a)*. Podrá ser despedido el trabajador por ineptitud *sobrevenida,* o por ineptitud *originaria* pero desconocida por el empleador (salvo que hubiera transcurrido el período de prueba).

El concepto de ineptitud es amplio y supone una disminución de las condiciones físicas o psíquicas del trabajador, con perdida o merma de facultades, condiciones, destrezas y otros recursos personales necesarios para el desarrollo del trabajo en términos de normalidad y eficiencia, entendido como imposibilidad de desempeño de todas o al menos las funciones básicas del puesto de trabajo. Sin embargo, la jurisprudencia se ha encargado de señalar que dentro del concepto de ineptitud cabe también la ausencia o falta de una condición legal o requisito específico para la realización de su trabajo, como pérdida del carnet de conducir (STS de 31 mayo 2018, rec. 2785/2016) o pérdida del permiso de trabajo para extranjero (STS de 23 junio 2021, rec. 3444/2018). Debería incluir aquellos supuestos de ejecución defectuosa del trabajo o de bajo rendimiento no imputables a culpa del trabajador, o cuya culpa no se pudiera probar.

La ineptitud del trabajador, cualquiera que sea su causa, exige la concurrencia de varios requisitos para operar como causa de extinción:

- Una falta de aptitud para el trabajo verdadera, no disimulada, permanente y no meramente circunstancial. Recuérdese que la incapacidad temporal es un supuesto de mera suspensión (ver lección 16ª).
- Que sea general, es decir, referida al conjunto del trabajo que se le encomienda al trabajador y no relativa sólo a algunos de sus aspectos, debiendo afectar a las tareas propias de la prestación laboral contratada y no a la realización de trabajos distintos.
- Debe tener cierta entidad o grado, esto es, debe determinar una aptitud inferior a la media normal de cada momento, lugar y profesión. Debe estar referida al conjunto, o por lo menos, a la parte principal de las tareas encomendadas.
- Que esa falta de aptitud se derive de causas extrañas a la voluntad del trabajador, en el sentido de que, si el incumplimiento laboral se

produce como consecuencia de una actitud voluntaria, la vía adecuada de extinción sería la del despido disciplinario.

- Se exige que sea conocida o sobrevenida con posterioridad a su efectiva prestación de servicios.

Por otra parte, en caso de ineptitud sobrevenida por limitaciones físicas o psíquicas hay un requisito adicional: antes de proceder a la extinción del contrato de trabajo la empresa tendrá que haber tratado de adaptar el puesto de trabajo acomodándolo a las capacidades del trabajador y en caso de no ser posible tal adaptación, reubicarle en otro puesto compatible con su estado de salud (arts. 15 y 25 Ley 31/1995 y la Directiva 2000/78). Solo cuando no sea posible realizar dichos ajustes, la empresa podrá acudir a la vía de la extinción objetiva por ineptitud sobrevenida.

Interesa destacar por último que la ineptitud no debe confundirse con la incapacidad permanente total (para la profesión habitual), absoluta (para cualquier trabajo) o gran incapacidad, declaradas por el INSS y que dan lugar a prestaciones de Seguridad Social, situaciones que por sí mismas permiten también la extinción contractual, conforme al art. 49.1.n) ET. Podrá, en consecuencia, declararse la extinción por ineptitud sobrevenida, si se le denegase al trabajador la incapacidad permanente o no alcanzase el grado de total, pero resulta, sin embargo, incapaz en la realización de su trabajo ordinario.

B) *Falta de adaptación (art. 52.b).* El trabajador puede también ser despedido por "falta de adaptación... a las modificaciones técnicas operadas en su puesto de trabajo" (52.b ET). Es, pues, un supuesto específico de ineptitud.

Tales modificaciones tienen que ser "razonables". Hay que entender que tal exigencia de razonabilidad equivale a la de "causas económicas, técnicas, organizativas o de producción", a las que luego se refiere el apartado c) del mismo artículo y que son las mismas que justifican el despido colectivo.

Previamente, el empresario deberá ofrecer al trabajador un curso dirigido a facilitar la adaptación a las modificaciones operadas. El tiempo destinado a la formación se considerará de trabajo efectivo y el trabajador abonará al trabajador el salario medio que viniera percibiendo.

El despido no puede producirse, en todo caso, hasta que "hayan transcurrido como mínimo dos meses desde que se introdujo la modificación o desde que finalizó la formación dirigida a la adaptación".

C) *Despido por causas económicas, técnicas, organizativas o productivas (art. 52.c).* La empresa puede asimismo extinguir contratos por causas económicas, técnicas, organizativas o de producción, siempre que el número de despedidos sea inferior al que supone la calificación del despido como colectivo.

Como ya se ha señalado, coinciden estrictamente las causas justificativas de la extinción, tanto en el despido colectivo como en el objetivo. El control judicial alcanza tanto a la existencia de las causas como a la razonabilidad de las decisiones extintivas (STS de 10 octubre 2023, rec. 3103/2021). El empresario no viene obligado a agotar todas las posibilidades de recolocación de los trabajadores afectados (STS de 15 septiembre 2022, rec. 93/2021). En cuanto a la selección de los trabajadores afectados, no es discriminatorio el criterio de productividad y el absentismo. En fin, al igual que en el despido colectivo, gozan de prioridad para su permanencia en la empresa los representantes de los trabajadores.

D) *Falta de consignación financiera (art. 52.e).* Cuando se trate de contratos de duración indefinida, con entidades sin ánimo de lucro, para la ejecución de planes y programas públicos determinados, sin dotación económica estable y financiados mediante consignaciones presupuestarias o extra-presupuestarias anuales consecuencia de ingresos externos de carácter finalista, la insuficiencia de la correspondiente consignación es causa para la extinción de los contratos.

A fin de cuentas, es un supuesto concreto de causa económica. Por ello, si la extinción, en este supuesto, afecta a un número de trabajadores tal que suponga un despido colectivo, se debe seguir el procedimiento ya estudiado para este tipo de despido.

4.2. Procedimiento

Los requisitos para proceder a un despido o despidos por causas objetivas son los siguientes:

- Comunicación escrita al trabajador, expresando la causa con la suficiente concreción para permitir la defensa del trabajador (STS 23 marzo 2022, rec. 3522/2019).
- Preaviso de 15 días entre la entrega de la comunicación escrita y la extinción del contrato.
- Puesta a disposición del trabajador de una indemnización de 20 días de salario por año de servicio, con un máximo legal de 12

mensualidades. La puesta a disposición tiene que ser simultánea a la comunicación escrita, si bien se ha admitido el pago mediante transferencia bancaria del día del despido (STS de 12 enero 2022, rec. 4657/2018); salvo cuando la causa sea económica y no se pueda hacer por tal situación, y se haga constar en la comunicación y probar en el acto de juicio (STS de 12 enero 2022, rec. 500/2019). En tal caso, el abono procederá cuando tenga efectividad el despido.

- Entrega de copia de la comunicación escrita o carta de despido (STS de 3 abril 2024, rec. 2075/2023), pese a que la ley habla literalmente de copia del "escrito de preaviso", a la representación legal de los trabajadores (basta con la entrega a un delegado de personal), si el despido es por causas empresariales (art. 52.c) ET). Esta comunicación no puede ser previa a la entrega al trabajador despedido, sino posterior y en un plazo prudencial (y lo es cinco días hábiles después del despido, STS de 4 junio 2024, rec. 3159/2023).
- Permiso retribuido de 6 horas semanales durante el período de preaviso.

4.3. Efectos

Contra el despido objetivo, el trabajador podrá recurrir ante la jurisdicción social (arts. 120-123 LJS). El plazo es de 20 días hábiles, desde la efectividad del despido, pero cabe recurrir antes durante el período de preaviso.

Como en el despido disciplinario, el Juzgado de lo Social declarará el despido procedente, improcedente o nulo.

La declaración de *procedente* confirmará la extinción del contrato, consolidando la indemnización antes señalada, ya entregada al trabajador.

La declaración de *improcedente* se producirá cuando no se acrediten las causas alegadas, y también cuando no se hubieren cumplido los requisitos formales (como el retraso en la entrega de la indemnización), salvo la no concesión del preaviso o el error excusable en el cálculo de la indemnización (STS 30 junio 2020, rec. 838/2017), sin perjuicio de la obligación del empresario de abonar los salarios correspondientes a dicho periodo o al pago de la indemnización en la cuantía correcta.

Dará lugar a la opción (por el empresario o por el trabajador despedido, si éste es un representante) entre readmisión o indemnización. La *indemnización*, en su caso, es también de 33 días por año de servicio con máximo de 24 mensualidades (de la que se descontará la cuantía ya percibida); como en el despido disciplinario, para contratos formalizados antes del 12/02/2012 y hasta esa fecha, la indemnización se calculará a razón de 45 días por año. El Tribunal Supremo ha rechazado que, por la vía del artículo 10 del Convenio núm. 158 OIT, la indemnización legal tasada por despido improcedente pueda verse incrementada en vía judicial con otras cuantías que atiendan a las circunstancias concretas del caso, en la consideración de que constituye una indemnización adecuada y una reparación apropiada (STS 19-12-24 rec. 2961/2023).

En caso de opción por la readmisión, naturalmente el trabajador deberá reintegrar la indemnización percibida.

En su caso también corresponden los *salarios de tramitación,* en los mismos términos que para el despido disciplinario.

La declaración de *nulidad* se producirá en los mismos supuestos que en el despido disciplinario, y cuando se haya efectuado en fraude de ley, eludiendo las normas establecidas para los despidos colectivos en el art. 51.1 in fine ET (art. 122.2 LRJS).

5. EXTINCIÓN POR MUERTE, JUBILACIÓN O INCAPACIDAD DEL EMPRESARIO

Según el art. 49.1.g) ET, el contrato se extinguirá por muerte, jubilación o incapacidad del empresario, sin perjuicio de lo dispuesto en el art. 44 ET (transmisión de empresa, ver lección 10ª).

De este modo, el contrato se extingue (con abono solamente de una indemnización de un mes de salario) salvo que los sucesores del empresario, o el propio empresario jubilado, o el propio empresario incapaz o su representante, opten por la continuidad de la actividad empresarial (o, alternativamente, por transmitirla a terceras personas).

Los tribunales admiten un plazo prudencial para adoptar esa decisión de continuidad o no en la actividad empresarial (STS de 27 septiembre 2023, rec. 4408/2021).

Por lo demás, a lo que se acaba de decir hay que añadir:

— Que la extinción de los contratos de trabajo vinculada a la muerte de un empresario persona física no está comprendida en el concepto de despidos colectivos en el sentido de la Directiva 98/59/CE, ni la misma se opone a una normativa nacional que establece diferentes indemnizaciones por muerte del empresario y por despido colectivo (STJUE de 10 diciembre 2009, asunto C-323/08).

— Que la *jubilación* del empresario, en su caso, tiene que ser conforme a alguno de los regímenes de la Seguridad Social en que esté en alta como autónomo. Cabe, eventualmente, la jubilación solo en alguno de estos regímenes y no en los demás (por ejemplo, como autónomo del Régimen del Mar y no en el RETA; o a la inversa), pudiendo entonces extinguir la actividad como empresario en ese régimen.

— Que la *incapacidad* requerida es, incluso, la que se manifieste de hecho, impidiéndole desarrollar sus actividades directivas. En otras palabras, no es necesario que se trate de una situación de incapacidad declarada conforme al correspondiente régimen de Seguridad Social, ni una incapacidad declarada judicialmente (STS 26 abril 2001, rec. 3015/2000).

La falta de previsión de consulta/negociación con los representantes o de preaviso en caso de extinción por jubilación o incapacidad supondría una insuficiente transposición de la normativa comunitaria, si la extinción resulta colectiva. En este sentido se ha pronunciado la STJUE de 7-7-2024, asunto C-196/23, Plamaro, de forma que si la extinción de los contratos de trabajo por jubilación del empresario supera el umbral establecido en el art. 1.1 de la Directiva 98/59 ha de calificarse de "despido colectivo" a los efectos de información y consulta con los representantes de los trabajadores.

6. EXTINCIÓN DEL CONTRATO POR EXTINCIÓN DE LA PERSONALIDAD JURÍDICA DEL EMPRESARIO

También conforme al art. 49.1.g) ET, el contrato o contratos de trabajo se extinguen por extinción de la personalidad jurídica del empresario. Es decir, por extinción (conforme a las reglas aplicables en cada caso) de la asociación civil, sociedad civil o mercantil, ente público, etc., titular de la empresa en cuestión.

Pero esta causa de extinción del contrato de trabajo requiere que se sigan los trámites del art. 51 ET y normas de desarrollo (art. 30 RPDC), cuando el número de trabajadores afectados es superior a 5, en caso contrario se seguirá el procedimiento para las extinciones individuales por causas objetivas (STS 22 febrero 2023, rec. 349/2022). Es decir, cuando se aplican las reglas del despido colectivo, habrá que negociar con los representantes de los trabajadores (pero, si hay declaración de concurso, el competente para autorizar será el juez mercantil, si la extinción es colectiva), en caso contrario se notificará directamente la carta de despido a los trabajadores afectados. Si concurre causa de disolución, el órgano competente debe nombrar liquidadores y tramitar el despido colectivo para hacer efectiva la causa extintiva..." (STS 12 julio 2017, Rec. 32/2017), sin necesidad de acreditar la concurrencia de causa empresarial (STS [Sala General] 3 diciembre 2014, Rec. 201/2013).

El seguimiento de los trámites del despido colectivo incluye el derecho a la indemnización de 20 días por año de servicio, con máximo legal de 12 mensualidades.

7. DIMISIÓN DEL TRABAJADOR

A) *Supuesto general.* El art. 49.1.d) ET contempla la extinción por dimisión del trabajador, con el preaviso que señalen los convenios colectivos o la costumbre del lugar. Si no viene así establecido, se ha aplicado por analogía el de 15 días para denunciar contratos temporales, incluso se ha admitido su fijación por contrato individual. Lo anterior sin perjuicio de que, en defecto de previsión en convenio colectivo, el deber de preaviso puede fijarse en el contrato (STS 14 febrero 1990, rec. 829/1990).

El trabajador se puede retractar de su decisión durante el período de preaviso, antes de la efectividad del cese; siempre que la relación siga existiendo y no se irradie perjuicio sustancial a tercero (STS 17 julio 2012, rec. 2224/2011). Esta extinción por dimisión del trabajador no requiere, pues, causa justificativa alguna. Y puede producirse, salvo lo que luego se dirá, tanto si el contrato es de duración indefinida como si es temporal.

La dimisión del trabajador no precisa de forma alguna. Por tanto, puede comunicarse tanto de forma escrita como verbal. Incluso puede producirse de forma tácita ("abandono"), cuando por sus actos el trabajador manifieste inequívocamente su voluntad extintiva. Por lo demás, la dimisión y baja inmediata firmada al comunicar la empresa el conocimiento de incumplimientos contractuales no supone vicio de consentimiento (STS 20 enero 2021, rec. 2093/2018).

La inobservancia del preaviso exigido (que suele fijarse en 15 días) no obsta a la extinción del contrato. Pero, en tal caso, el trabajador deberá indemnizar a la empresa por los daños y perjuicios causados. Jurisprudencialmente, se suelen cuantificar estos daños en una cuantía igual a los salarios percibidos durante el período no preavisado, aunque se ha admitido igualmente la validez de las cláusulas convencionales que fijan la penalización por tales incumplimientos (STS 16 marzo 2005, rec. 118/2003).

Esta posibilidad de dimisión puede quedar condicionada por la existencia de un "pacto de permanencia" en la empresa. En efecto, el art. 21.4 ET admite tal pacto en una situación muy concreta: cuando el trabajador haya recibido, con cargo al empresario, una especialización profesional para poner en marcha proyectos determinados o realizar un trabajo específico.

Tal pacto tendrá que formalizarse por escrito y no podrá tener una duración superior a dos años. Si el trabajador dimite o abandona antes del plazo pactado, deberá indemnizar al empresario por los daños y perjuicios causados.

B) *Por violencia de género.* El art. 49.1.m) ET contempla la extinción del contrato por decisión de la trabajadora que se vea obligada a abandonar su trabajo como consecuencia de ser víctima de violencia de género. Naturalmente, en este caso no se exige preaviso y, asimismo, hay que entender que no sería obstáculo la existencia de un pacto de permanencia.

8. RESOLUCIÓN DEL CONTRATO POR EL TRABAJADOR, POR CAUSA JUSTIFICADA

El art. 49.1.j) ET contempla la extinción por voluntad del trabajador, "fundamentada en un incumplimiento contractual del empresario".

8.1. Causas

Las causas de resolución vienen desarrolladas en el art. 50 ET, siendo una de ellas amplísima.

A) *Por modificaciones sustanciales.* La resolución se puede producir, en primer lugar, por modificaciones sustanciales llevadas a cabo sin respetar lo previsto en el art. 41 ET y que redunden en menoscabo de la dignidad del trabajador (art. 50.1.a ET).

De todos modos, como ya vimos (lección 12ª), una modificación sustancial justificada y respetando lo previsto en el art. 41 ET en determinadas condiciones (por ejemplo, las funciones) y que cause un perjuicio cualquiera al trabajador le dará derecho a rescindir el contrato con una indemnización, aunque menor a la señalada en el art. 50.2 ET.

B) *Por impago o retrasos en el abono del salario.* La resolución puede tener como causa "la falta de pago o retrasos continuados en el abono del salario pactado" (art. 50.1.b ET).

Como en el caso anterior, la jurisprudencia no requiere culpabilidad empresarial en el impago o retrasos, que pueden deberse a circunstancias ajenas a la voluntad empresarial. Para evitar esta causa de extinción, si el empresario no puede abonar puntualmente los salarios debería proceder a la solicitud de suspensión del contrato por causas económicas, técnicas, organizativas o productivas, o por fuerza mayor.

El impago o los retrasos, eso sí, deben revestir gravedad, con independencia de la situación económica de la empresa o las dificultades que atraviese (STS de 4 octubre 2023, rec. 3715/2022). Sin perjuicio de otros supuestos que por el juez o el tribunal puedan considerarse causa justa a estos efectos, se entenderá que hay retraso cuando se supere en quince días la fecha fijada para el abono del salario, concurriendo la causa cuando se adeuden al trabajador o la trabajadora, en el período de un año, tres mensualidades completas de salario, aún no consecutivas, o cuando concurra retraso en el pago del salario durante seis meses, aún no consecutivos. En todo caso, debe tratarse de una deuda incontrovertida.

C) *Por incumplimiento grave de las obligaciones empresariales*. La tercera causa de extinción (art. 50.1.c ET), es el incumplimiento grave de sus obligaciones por parte del empresario. Se trata, pues, de un supuesto amplísimo, en que tienen cabida múltiples conductas: falta de ocupación efectiva, acoso sexual, impago de mejoras voluntarias de Seguridad Social, acoso moral, incumplimiento de obligaciones de seguridad, etc.

Aparte la gravedad, en este caso sí que se exige culpabilidad: quedan exceptuados los supuestos de incumplimiento por "fuerza mayor".

Un caso de incumplimiento, expresamente contemplado en el art. 50.1.c) ET, es la *negativa del empresario a reintegrar al trabajador en sus antiguas condiciones*, cuando el traslado o desplazamiento o la modificación sustancial de condiciones de trabajo se declaren judicialmente injustificadas. En ese caso, como se vio (ver lección 12ª), la única alternativa del trabajador ante la negativa del empleador a reponerle en su anterior lugar o condiciones de trabajo, es precisamente ésta de solicitar la extinción de su contrato por causa justificada.

8.2. Procedimiento y efectos

Conforme al art. 50.1 ET, el trabajador podrá solicitar la extinción del contrato por las causas vistas, pero resulta obvio que la relación laboral ha de estar vigente (STS de 14 septiembre 2018, rec. 2652/2017). La acción está sometida al plazo de prescripción de un año.

En principio, pues, no puede desistir unilateralmente y abandonar su trabajo. Deberá solicitar a la jurisdicción social la declaración de extinción del contrato y, mientras, permanecer en su puesto laboral (STS de 19 abril 2023, rec. 3615/2021).

Ello no obstante, los tribunales admiten con bastante amplitud supuestos en que cabe el abandono inmediato: cuando la actuación empresarial ponga en peligro la vida o salud, o la dignidad del trabajador; incluso en el supuesto concreto de impagos o retrasos de suficiente gravedad. Ciertamente, en estos casos de abandono, de todos modos el trabajador se verá normalmente obligado a acudir a los tribunales, a fin de que éstos reconozcan la existencia de causa extintiva y declaren el derecho a la indemnización debida. En todo caso, cuando la conducta empresarial perjudique la dignidad o integridad física o moral del trabajador, podrá acordarse a instancia del mismo alguna de las medidas cautelares contempladas en el art. 180.4 LJS (suspensión de la relación, exoneración de la prestación de servicios, etc.) con mantenimiento del deber empresarial de cotizar y pagar salarios (art. 79.7 LJS); aunque el propio trabajador puede rescindir directamente el contrato, asumiendo el riesgo de la posterior calificación judicial (STS de 3 febrero 2016, rec. 3198/014).

La indemnización debida, conforme al art. 50.2 ET, es la misma que corresponde al despido improcedente: 33 días por año de servicio, con un máximo legal de 24 mensualidades. A fin de cuentas, esta dimisión provocada por el empresario es una especie de despido indirecto.

En fin, en caso de declaración de concurso, si la extinción solicitada por los trabajadores afecta a un colectivo (misma definición que para despido colectivo, aunque sin referencia al período de 90 días), el juez competente será el mercantil, aunque su resolución es recurrible en suplicación ante los órganos jurisdiccionales del orden social (Sala de lo Social del TSJ).

9. EXTINCIÓN POR MUERTE, JUBILACIÓN O INCAPACIDAD DEL TRABAJADOR

Este supuesto de extinción viene contemplado en el apartado e) (muerte) en el apartado f) (jubilación del trabajador) y en el apartado n) (gran incapacidad o incapacidad permanente total o absoluta), todos del art. 49.1 ET.

El supuesto de extinción por muerte del trabajador no requiere aquí mayor comentario, el contrato se extingue sin posibilidad de mantenerlo sustituyendo la persona del trabajador; es dudosa la vigencia del D. 2 marzo 1944 que establece una indemnización de 15 días de salario en caso de muerte por causas naturales.

A) *Jubilación del trabajador (art. 49.1.f ET).* La jubilación del trabajador puede ser causa de extinción del contrato, sin ningún tipo de indemnización legal. Recuérdese, no obstante, que actualmente se pretende un sistema de *jubilación gradual y flexible.* Así, como se dijo (ver lección 11ª), se contempla la jubilación parcial con suscripción simultánea de contrato de relevo o sin ella. Igualmente, cabe la compatibilidad entre la pensión de jubilación y el trabajo a tiempo parcial. También la jubilación anticipada con reducción de la pensión. Al tiempo que se fomenta el retraso en la jubilación, mediante bonificaciones e incremento de la pensión.

En todo caso, en lo que aquí interesa, la jubilación del trabajador podría ser voluntaria o forzosa al alcanzar determinada edad. La voluntaria, en el fondo, no es sino una dimisión del trabajador sin causa, por lo que cabría revocación de la decisión antes de su efectividad (p.e.: por desistir de la solicitud de pensión para reiterarla más adelante, STS de 26 abril 2023, rec. 2860/2020). La forzosa puede establecerse por ley para concretas actividades (así, en caso de los controladores aéreos a los 65 años, DA 4ª Ley 9/2020, de 14 abril y STS de 30 noviembre 2021, rec. 4801/2018) y, con carácter general, tras una azarosa historia en los últimos años, ha vuelto a admitirse: conforme a la DA 10ª ET en la redacción dada por DF 1ª de la Ley 21/2021, de 28 diciembre, los convenios colectivos (suscritos desde 1 de enero de 2022) podrán establecer cláusulas que posibiliten la extinción del contrato de trabajo (que no el acceso forzoso a la jubilación, pudiendo permanecer en activo en otro empleo) por el cumplimiento por parte del trabajador de la edad igual o superior a 68 años, siempre que se cumplan los siguientes requisitos:

- La persona afectada por la extinción ha de cumplir los requisitos para tener derecho al 100 por ciento de la pensión ordinaria de jubilación en la modalidad contributiva.
- La mediada deberá vincularse, como objetivo coherente de la política de empleo expresado en el convenio colectivo, al relevo generacional a través de la contratación indefinida y a tiempo completo de, al menos, un nuevo trabajador o trabajadora.

Excepcionalmente, con el objetivo de alcanzar la igualdad real y efectiva entre mujeres y hombres coadyuvando a superar la segregación ocupacional por género, la extinción forzosa del contrato puede rebajarse a la edad ordinaria de jubilación fijada en la normativa de la Seguridad Social (65 o

67 años, o la que corresponda transitoriamente, vid. lección 18ª) cuando la tasa de ocupación de las mujeres trabajadoras por cuenta ajena afiliadas a la Seguridad Social, en alguna de las actividades económicas definidas por los códigos CNAE correspondientes al ámbito funcional del convenio, sea inferior al 20 por ciento de las personas ocupadas en las mismas. La citada tasa de ocupación será la correspondiente a fecha de constitución de la comisión negociadora del convenio y la facilitará la Administración de la Seguridad Social. La aplicación de esta excepción exigirá, además, el cumplimiento de los siguientes requisitos:

- La persona afectada por la extinción ha de cumplir los requisitos para tener derecho al 100 por ciento de la pensión ordinaria de jubilación en la modalidad contributiva.
- En el CNAE al que esté adscrita la persona afectada por la extinción, que será el aplicable para la determinación de los tipos de cotización por ATEP, la tasa de ocupación de empleadas ha de ser inferior al 20 por ciento del total de personas trabajadoras a la fecha de efectos de la decisión extintiva.
- Cada extinción contractual deberá llevar aparejada la simultánea contratación indefinida y a tiempo completo de, al menos, una mujer en la mencionada actividad.
- La empresa ha de comunicar con carácter previo la decisión extintiva a los representantes legales de los trabajadores y a la persona trabajadora afectada.

B) *Incapacidad del trabajador* (art. 49.1.n). El contrato se extinguirá, igualmente, por declaración del trabajador en situación de gran incapacidad o de incapacidad permanente total o absoluta, sin indemnización. Para ello se requiere que la calificación sea firme, esto es, que no contemple la revisión por mejoría durante un periodo de dos años (art. 48.2 ET) y que el trabajador tenga derecho a una pensión por las mismas. Lo que no es óbice para que la empresa pueda proceder, en su caso, al despido por ineptitud sobrevenida, con el abono de la correspondiente indemnización (en los términos que se han expuesto en esta lección).

Tras la Ley 2/2025, la declaración de incapacidad permanente ya no conlleva un despido automático para el trabajador. La empresa, si el trabajador ha manifestado su voluntad de mantener la relación laboral, tendrá antes que analizar el caso y explorar la posibilidad de adaptar el puesto o reubicar al trabajador para permitirle continuar trabajando. De suerte que solo podrá despedir válidamente cuando no sea posible realizar ajustes razonables (por constituir una carga excesiva para la empresa) o no exista un puesto de trabajo vacante y disponible, acorde con el perfil profesional y compatible con la nueva situación de la persona trabajadora; o cuando a pesar de existir dicha posibilidad el trabajador rechace el cambio de puesto de trabajo.

Para determinar si la carga es excesiva se tendrá particularmente en cuenta el coste de las medidas de adaptación en relación con el tamaño, los recursos económicos, la situación económica y el volumen de negocios total de la empresa. La carga no se considerará excesiva cuando sea paliada en grado suficiente mediante medidas, ayudas o subvenciones públicas. Sin perjuicio de lo anterior, en las empresas que empleen a menos de 25 personas trabajadoras se considerará excesiva la carga cuando el coste de adaptación del puesto de trabajo, sin tener en cuenta la parte que pueda ser sufragada con ayudas o subvenciones públicas, supere la cuantía mayor de entre las siguientes:

1.ª La indemnización que correspondiera a la persona trabajadora en virtud de lo establecido en el artículo 56.1 ET.

2.ª Seis meses de salario de la persona trabajadora que solicita la adaptación.

La empresa dispondrá de un plazo máximo de tres meses, contados desde la fecha en que se le notifique la resolución en la que se califique la incapacidad permanente, para realizar los ajustes razonables o el cambio de puesto de trabajo, o, si lo anterior no es posible, proceder a la extinción del contrato. En todo caso, la decisión deberá motivarse y comunicarse por escrito al trabajador.

10. EXTINCIÓN POR MUTUO ACUERDO

El "mutuo acuerdo de las partes" es causa extintiva del contrato (art. 49.1.a ET). La validez de dicho acuerdo requiere la inexistencia de vicios (error, violencia, intimidación o dolo) o de causa ilícita.

La extinción del contrato por mutuo acuerdo no requiere finalidades específicas. En la práctica, el mutuo acuerdo suele reflejarse en el llamado "recibo de finiquito" o de "saldo y finiquito". Como se vio (lección 3ª) en dicho documento suelen contenerse dos declaraciones: de un lado, que se han saldado las deudas con el trabajador y que éste no tiene nada más que reclamar (lo que podía plantear problemas en relación al principio de indisponibilidad de derechos, del art. 3.5 ET); de otro lado, que la relación queda extinguida (por mutuo acuerdo, precisamente; aunque también puede reflejar la extinción por voluntad del trabajador o por despido del mismo).

Al respecto, existe abundante jurisprudencia que valora si el recibo refleja claramente la voluntad extintiva del trabajador en función de las circunstancias y la actuación coetánea de las partes. O si, por el contrario, solamente contiene una liquidación de deudas, pero no un mutuo acuerdo extintivo.

Por lo demás, dos normas inciden sobre el recibo de finiquito. En primer lugar, el art. 49.2 ET, que reconoce al trabajador el derecho a solicitar la presencia de un representante legal en el momento de la firma del recibo, debiéndose hacer constar en el mismo dicha presencia o que el trabajador no ha hecho uso de tal posibilidad; el trabajador puede también hacer constar que el empresario ha impedido la presencia del representante. En segundo lugar, el art. 64.4.b) ET establece que el comité de empresa (o los delegados de personal) tiene derecho a conocer los "modelos" relativos a la terminación del contrato, entre los que figuraría precisamente el modelo utilizado de recibo de finiquito (es frecuente que los convenios colectivos pacten un determinado modelo de recibo).

11. EXTINCIÓN POR CAUSAS PACTADAS

El contrato de trabajo se podrá extinguir "por las causas consignadas válidamente en el contrato salvo que las mismas constituyan abuso de derecho manifiesto por parte del empresario" (art. 49.1.b ET). No pueden configurarse como cláusulas extintivas las que posean un encaje en otras categorías extintivas, como la pérdida de un cliente o la ineptitud sobrevenida (STS 17 septiembre 2014, rec. 2069/2013).

Al celebrar el contrato, pues, cabe pactar una condición resolutoria del mismo. Es decir, condicionar la continuidad del contrato a un "suceso futuro e incierto", el cual, de producirse, causaría la extinción del mismo.

Tal condición no puede ser abusiva, considerándose tales las llamadas "cláusulas potestativas" que dejen a la decisión discrecional del empleador la extinción del contrato, sin causa objetiva que justifique la extinción. Por el contrario, se admite como válido el condicionar la extinción a decisiones administrativas (subsistencia de un permiso, renovación de un carnet) o similares (alcanzar el rendimiento pactado, obtención de una titulación).

La extinción por la causa pactada se estima que requiere, en todo caso, la denuncia de alguna de las partes; es decir, la comunicación por una de las partes a la otra del cumplimiento de la condición y de la extinción del contrato.

12. EXTINCIÓN DE CONTRATOS TEMPORALES

En el caso de contratos temporales válidamente celebrados, la relación laboral se extinguirá "por expiración del tiempo convenido o realización de la obra o servicio objeto del contrato" (art. 49.1.c ET). Dicha extinción quedó suficientemente analizada respecto de cada una de las modalidades de contratación temporal (lección 11ª).

Únicamente cabe aquí poner de relieve tres cuestiones.

a) En primer lugar, que el trabajador tiene legalmente (art. 49.1.c ET) derecho a una indemnización por finalización del contrato, excepto en los contratos formativos y el contrato de duración determinada por causa de sustitución, diferente trato que finalmente no ha sido considerado contrario a la cláusula 4 del Acuerdo marco sobre el trabajo de duración determinada (Directiva 1999/70) y los formativos. La indemnización prevista es de 12 días por año de servicio o parte proporcional o la prevista en la normativa específica de aplicación.

b) En segundo lugar, que en el supuesto de que el contrato temporal celebrado sea ilegal o fraudulento, la comunicación de terminación del mismo por expiración del tiempo convenido constituirá, en realidad, un despido. El ejercicio de la acción para recurrir judicialmente frente a la resolución empresarial extintiva caducará a los 20 días hábiles siguientes al de producción de la resolución del contrato temporal. De ser, efectivamente, ilegal o fraudulento el contrato temporal, el Juzgado considerará y declarará la extinción como despido improcedente.

c) En tercer lugar, que es posible que se produzca el despido del trabajador temporal (ya sea despido disciplinario, ya sea despido objetivo) antes de la expiración del tiempo convenido o antes de la realización de la obra o servicio objeto del contrato.

En este supuesto, si el despido es declarado improcedente, es factible que, al tiempo de la sentencia que declare tal improcedencia, el contrato ya se haya extinguido por expiración del tiempo convenido. En tal caso, los muy eventuales salarios de tramitación (puesto que, como vimos, se reducen ahora a los supuestos de despido improcedente de representante o de despido nulo) quedarían limitados al momento de extinción del contrato temporal. Pero, por lo que respecta a la indemnización por la improcedencia del despido, esta procedería plenamente (como obligación alternativa a la de readmitir, que resultaría imposible por la extinción del contrato).

Lección 18ª

Derecho de la Seguridad Social

1. CONCEPTO DE SEGURIDAD SOCIAL

Se entiende por Seguridad Social las técnicas específicas de protección de las personas frente a situaciones de necesidad provocadas por determinados riesgos o contingencias (ver art. 2.2 LGSS).

En efecto, toda persona está expuesta a determinados acontecimientos, denominados *"contingencias"* (enfermedad o accidente; maternidad, paternidad, riesgo durante el embarazo o lactancia; vejez; muerte; cargas familiares; pérdida del empleo) (ver arts. 155-160), las cuales ocasionan *"situaciones de necesidad"* por incremento del gasto (asistencia sanitaria, ayuda de terceros, cargas familiares) o por disminución de los ingresos de las personas afectadas (incapacidad temporal o permanente para el trabajo; suspensión del contrato por las causas antes aludidas; jubilación; muerte y supervivencia; hijos a cargo; desempleo) (ver art. 42.1 LGSS).

La protección frente a esas contingencias puede ser inespecífica (es decir, no concebida específicamente para las mismas): la caridad o beneficencia, el ahorro, el aseguramiento voluntario. Esas técnicas inespecíficas resultan insatisfactorias porque dependen de la voluntad y/o capacidad de financiación de los individuos.

Por ello surge, ya como técnica específica de protección, a finales del s. XIX, en Alemania, la técnica de los "seguros sociales obligatorios". Sus rasgos principales son la obligatoriedad, su carácter profesional, la financiación con cargo al empresario en buena medida y su limitación a determinadas situaciones de necesidad concretas. Se instauran siendo canciller BISMARCK.

Con posterioridad, a partir sobre todo de los informes del economista BEVERIDGE, a principios de la década de los cuarenta, se abre camino la idea de un "sistema de seguridad social", es decir, de protección de todos los ciudadanos frente a cualquier situación de necesidad, financiado mediante impuestos.

Todo ello lleva a que quepa distinguir, en la actualidad, dos modelos de Seguridad Social. De un lado, un modelo "bismarckiano" de Seguridad Social profesional (para trabajadores subordinados y autónomos), contributiva (financiada por cuotas de empresarios y trabajadores), para un número limitado de situaciones de necesidad (las antes señaladas). De otro lado, un modelo "beveridgeano" de Seguridad Social universalista (para todos los ciudadanos), no contributiva o asistencial (financiada por impuestos), para cualquier situación de necesidad.

Naturalmente, son frecuentes los modelos o sistemas mixtos de Seguridad Social, en parte contributivos y en parte asistenciales. Tal es el caso español en la actualidad.

A la tendencia hacia sistemas de Seguridad Social universalistas se une, hoy en día, la crisis provocada por el aumento de beneficiarios (envejecimiento de la población, alto desempleo), el incremento del gasto (asistencia sanitaria y farmacéutica) y las dificultades de financiación (incremento de costes si se aumentan las cuotas empresariales, políticas de reducción del déficit público).

2. EL DERECHO ESPAÑOL DE LA SEGURIDAD SOCIAL

2.1. Orígenes del sistema español

Los orígenes se sitúan en la Ley de Accidentes de Trabajo de 1900, aunque se limitó a declarar la responsabilidad objetiva (sin necesidad de culpa) del empresario en caso de accidente laboral. Realmente el primer seguro obligatorio, en 1919, fue el llamado Retiro Obrero. A éste le siguieron posteriormente, durante la Dictadura de Primo de Rivera y en la Segunda República, el de maternidad y el de accidentes de trabajo. Fue después de la Guerra Civil cuando se generalizaron los seguros obligatorios: de enfermedad (SOE), de vejez e invalidez (SOVI), de enfermedad profesional, subsidios familiares, de desempleo, etc.

Estos seguros sociales evolucionan hacia un sistema de Seguridad Social, a partir de la Ley de Bases de 1963 y su texto articulado o Ley de Seguridad Social de 1966, que entró en vigor el día 1 de enero de 1967. Esta Ley sufre reformas importantes en 1972, dando lugar al texto refundido de Ley General de Seguridad Social de 1974, seguido por el de 1994, antecedente del actual de 2015.

En todo caso, se trataba de un sistema que contemplaba la protección de una amplia serie de situaciones de necesidad, pero claramente profesional (trabajadores por cuenta propia y ajena, con alguna asimilación) y contributivo o financiado por cuotas (en 1980, por ejemplo, la aportación estatal a la financiación del sistema suponía solamente el 9,4%).

2.2. Normas constitucionales

La CE sienta las bases del modelo de Seguridad Social y regula la distribución de competencias en esa materia.

A) Modelo de Seguridad Social

La base de la legislación vigente es el **art. 41 CE** Conforme al mismo "Los poderes públicos mantendrán un régimen público de Seguridad Social para todos los ciudadanos, que garantice la asistencia y prestaciones sociales suficientes ante situaciones de necesidad, especialmente en caso de desempleo". A lo que se añade que "La asistencia y prestaciones complementarias serán libres".

Se trata de una norma que, por su ubicación, constituye un principio programático, a desarrollar o configurar legalmente.

a) En términos generales, para ese desarrollo legal, el art. 41 establece un marco muy flexible, que "impide hablar de un modelo único de seguridad Social como conforme" al mismo (STC 37/1994).

En todo caso, el art. 41 exige un nivel no contributivo, por el que se atiendan cualesquiera situaciones de necesidad, superando el modelo tradicional contributivo en que solamente se atendían contingencias concretas (ver SSTC 103/1983, 65/1987, 134/1987 y 184/1990).

La *universalización* ("para todos los ciudadanos" y "ante situaciones de necesidad") se ha buscado mediante la introducción en 1990 de prestaciones no contributivas (de invalidez, de vejez, por hijos a cargo) y mediante un sistema sanitario público que abarca a casi todos los ciudadanos (en último término, a los de recursos limitados). Tal universalidad era, no obstante, limitada, sobre todo en el caso del desempleo: hay dos niveles de protección (contributivo y asistencial), pero ambos exigen normalmente una mínima cotización, por lo que una protección de corte más universal se establecía más puntualmente a través de otras prestaciones como la denomina "renta activa de inserción".

Cabía, pues, concluir en que se había producido una cierta universalización respecto a toda persona sin recursos, pero siempre en relación a contingencias concretas, no de modo amplio frente a cualquier situación de necesidad. Pero nuevos desarrollos, en el caso de la Atención a la Dependencia[1] y, sobre todo, mediante la regulación del Ingreso Mínimo Vital, permiten referirse ya a un claro nivel no contributivo universal.

b) Al mismo tiempo se han mantenido las tradicionales prestaciones contributivas, con lo que nuestro sistema se configura realmente como un *sistema mixto con tres niveles*: nivel público contributivo, nivel público no contributivo y nivel complementario voluntario privado.

La cuestión, entonces, es si ese modelo mixto de Seguridad Social con tres niveles es, no solo compatible con el art. 41 CE (lo que no plantea dudas: el art. 41 "no constriñe el establecimiento de un único sistema prestacional fundado en principios idénticos" STC 184/1983), sino si ese es precisamente el modelo exigido por la CE o si, por el contrario, el legislador podría configurar un modelo totalmente distinto del actual, en concreto, un modelo estrictamente con un nivel público no contributivo y con un nivel complementario privado, suprimiendo el tradicional nivel público contributivo.

Al respecto cabe mantener que, conforme a la doctrina constitucional, hay, respecto de cualquier institución (como lo es la Seguridad Social) "un núcleo o reducto indisponible para el legislador" (STC 32/1981), el cual debe identificarse con aquellos rasgos de la institución de que se trate "recognoscibles para la imagen que de la misma tiene la conciencia social en cada tiempo y lugar" (SSTC 26/1987 y 76/1988).

En suma, el legislador tiene que mantener, al configurar el modelo de Seguridad Social, "los rasgos que la hacen recognoscible en el estado actual de la conciencia social" (STC 37/1994). En otras palabras: Seguridad Social es lo que la sociedad española entiende por Seguridad Social y, en ese sentido, la sociedad española entiende por tal un sistema que permita, en situaciones de necesidad, obtener unas prestaciones similares a las rentas de activo; al contrario, no reconocería como tal un sistema que solamente otorgara unas prestaciones mínimas.

Así parece entenderlo el TC: "La situación de necesidad a que alude el art. 41… ha cristalizado en nuestra normativa legal en un sistema de

---

1 En este sentido, la Ley 39/2006, de 14 de diciembre, de Promoción de la Autonomía Personal y Atención a las personas en situación de dependencia, aunque se basa más bien en los arts. 49 y 50 CE y constituye un sistema propio: SAAD (Sistema para la Autonomía y Atención a la Dependencia).

Seguridad Social que no se basa ("solamente", habría que añadir) en la protección frente a la pobreza" (STC 253/1988).

c) Pese a entender, como se acaba de decir, que el legislador está obligado a mantener un régimen publico contributivo, sin embargo no tiene necesariamente que mantener una regulación determinada: el art. 41 no pretende el "mantenimiento incólume del régimen establecido en la vigente LSS" (STC 37/1994). Por ello, el legislador, dispone de un amplio margen de configuración legal[2], para establecer unos "derechos sociales de prestación" que dependen de las posibilidades económicas[3].

B) Distribución de competencias

Conforme al art. 149.1.17ª CE, el Estado tiene competencia exclusiva sobre "Legislación básica y régimen económico de la Seguridad Social, sin perjuicio de la ejecución de sus servicios por las Comunidades Autónomas".

Como puede observarse, a diferencia de lo que sucede en materia laboral (lección 2ª), las CCAA pueden asumir competencias no solo ejecutivas, sino también normativas, aunque todo lo referido al régimen económico (no solamente la legislación básica al respecto) corresponde al Estado, lo que reduce sustancialmente las competencias de las CCAA en materias que incidan directa o indirectamente en la amplia esfera económica de la Seguridad Social (Cfr., entre otras, SSTC 124/1989, 239/2002, 51/2006 y 158/2021).

---

2 El sistema de Seguridad Social se configura "como un régimen legal en el que tanto las aportaciones de los afiliados como las prestaciones a dispensar, sus niveles y condiciones, vienen determinados, no por un acuerdo de voluntades, sino por reglas que se integran en el ordenamiento jurídico y que están sujetas a las modificaciones que el legislador introduzca" (STC 65/1987) (las cursivas son del autor).

3 Los derechos de Seguridad Social son "derechos sociales de prestación que implican una carga financiera, son de contenido legal y requieren ineludiblemente una intermediación legislativa. Corresponde al legislador en función de las situaciones de necesidad existentes y de los medios financieros disponibles determinar la acción protectora a dispensar por el régimen público de Seguridad Social y las condiciones para el acceso a las prestaciones y para su pérdida. Esta caracterización de derechos prestacionales que requieren una base financiera sólida y una administración de recursos escasos permiten al legislador una amplia libertad de configuración" (STC 126/1994).

2.3. Normativa vigente

Amén del vigente texto refundido de la **Ley General de la Seguridad Social** de 2015, aprobado por RDLeg. 8/2015, de 30 octubre, que ha codificado el derecho de la Seguridad Social; su estructura es la siguiente: el Título I, artículos 1 a 135, relativo a las normas generales del sistema de Seguridad Social; Título II, arts. 136 a 261, relativo al Régimen General de la Seguridad Social; Tít. III, arts. 262 a 304 regula protección por desempleo; Tít. IV, arts. 305 a 326, regula el Régimen Espacial de los Trabajadores por Cuenta Propia o Autónomos; Tít. V, arts. 327 a 350, relativo a la protección por cese de actividad; y Tít. VI, arts. 351 a 373, relativo a las prestaciones no contributivas; además de una serie de disposiciones adicionales y transitorias. Existe también una extensa *normativa reglamentaria de desarrollo* (algunos reglamentos aún proceden de 1966; otros, muy importantes como el que regula la inscripción de empresas y la afiliación, altas y bajas de trabajadores[4], o el que regula la cotización[5], son ya de 1995-96; incluso de 2004 —el que regula la recaudación[6]—).

Aparte, hay que señalar la importancia de la *normativa comunitaria* (en especial, los Reglamentos de coordinación 883/2004 y 987/2009) y de la *normativa internacional* (especialmente, el Convenio OIT nº 102).

Son importantes los Reglamentos comunitarios citados, que se inspiran en los principios de igualdad de trato, de totalización de los períodos de cotización, y de exportación de las prestaciones, claramente orientados a garantizar las libertades europeas de circulación y establecimiento (STJUE 22 de febrero 2024, asunto C-283/21).

En fin, hay que tener presente asimismo la abundante jurisprudencia y doctrina legal tanto de los tribunales españoles como del TJUE.

La de Seguridad Social es una legislación inabarcable y en constante revisión. Desde 1985 se han sucedido las reformas que persiguen el objetivo de garantizar la viabilidad financiera del sistema. Recientemente (RDL 2/2023, de 16 de marzo) se ha puesto énfasis en el aumento de los ingresos, incrementado el esfuerzo contributivo mediante cotización adicional de solidaridad (art. 19 bis LGSS) y el Mecanismo de Equidad Intergeneracional (art. 127 bis LGSS), con sus correspondientes periodos transitorios (DT 42ª y DT 43ª LGSS).

---

4 RD 84/1996, de 26 enero.

5 RD 2064/1995, de 22 diciembre.

6 RD 1415/2004, de 11 junio.

3. EL CAMPO DE APLICACIÓN DEL SISTEMA DE SEGURIDAD SOCIAL

3.1. Sujetos protegidos

Conforme al art. 7 LGSS, hay que distinguir entre la protección contributiva y la no contributiva.

A) En cuanto a la modalidad contributiva, abarca a todos los trabajadores (por cuenta ajena y por cuenta propia) y asimilados, así como los familiares a su cargo, incluyendo a los no nacionales que residan o se encuentren legalmente en España. Se incluye a personas que no son trabajadores, tales como estudiantes. Aunque se prevé, en la práctica no hay exclusiones por la marginalidad del trabajo. Los españoles no residentes no quedan incluidos, pero el Gobierno ha establecido medidas de protección social (art. 7.4 LGSS y RD 8/2008, de 11 enero).

B) En cuanto a la modalidad no contributiva, abarca igualmente a los nacionales y extranjeros residentes legales (art. 7.2 LGSS) y más extensamente la asistencia sanitaria: Los extranjeros no registrados ni autorizados como residentes tienen derecho en las mismas condiciones que las personas con nacionalidad española siempre que no tengan la obligación de acreditar la cobertura obligatoria de la asistencia sanitaria por otra vía, no exista un tercero obligado al pago y no puedan exportar el derecho desde su país de origen o procedencia (art. 3 ter Ley 16/2003). Asimismo, es requisito de acceso al ingreso mínimo vital, "tener residencia legal y efectiva en España y haberla tenido de forma continuada e ininterrumpida durante al menos el año inmediatamente anterior" a la solicitud (art. 10.1.a) Ley 19/2021, de 20 de diciembre, LIMV).

3.2. Estructura del sistema

El sistema se articula en varios Regímenes (arts. 9-10 LGSS): El llamado Régimen General, y los denominados Regímenes Especiales (del Mar, de Trabajadores Autónomos, de Funcionarios, de Estudiantes, de la Minería del Carbón). Otros regímenes especiales anteriores se han integrado en el General, si bien conservando especialidades en materia de encuadramiento, afiliación, cotización y recaudación (son los llamados "sistemas especiales")[7].

---

7 Así, los autónomos agrarios (SETA) se integraron en el RETA (se rigen por los arts. 323-326 LGSS), y los trabajadores por cuenta ajena agrarios, en el R. General se

Sus ámbitos de aplicación vienen a ser los siguientes:

A) Régimen General. (art. 136 LGSS) Se encuadran en él los trabajadores por cuenta ajena de la industria y de los servicios[8], socios trabajadores de las sociedades laborales que no posean el control efectivo de la sociedad, realicen funciones de dirección y gerencia y sean retribuidos, y los asimilados a ellos (consejeros y administradores de sociedades de capital que no posean el control efectivo, sean retribuidos por ello o por su condición de trabajadores y no ejerzan funciones de dirección y gerencia, su inclusión es a tiempo completo, STS 15 julio 2004, Rec. 2746/2003). Pero también se encuadran ciertos funcionarios[9], determinados cargos públicos[10] y sindicales[11], y determinados consejeros o administradores de sociedades mercantiles capitalistas. Además, el Gobierno puede encuadrar a otros colectivos, asimilándolos a trabajadores por cuenta ajena[12], como ha sido el caso de los alumnos que realicen prácticas formativas o prácticas académi-

---

rigen por los arts. 252-256 y DT 17ª LGSS). En último lugar el de Empleados del Hogar, que con efectos de 1 de enero de 2012 ha quedado integrado en el Régimen General (actualmente se rigen por los arts. 250 y 251, DA 24ª y DT 16ª LGSS).

8 Se incluye expresamente los socios trabajadores de sociedades mercantiles capitalistas, aun cuando sean miembros de su órgano de administración, si el desempeño de este cargo no conlleva funciones de dirección y gerencia de la sociedad, ni poseen su control (ver art. 305.2.b LGSS); a los conductores de vehículos de turismo al servicio de particulares; al personal civil no funcionario de organismos, servicios o entidades del Estado, o de organismos o entidades de la Administración Local; a los laicos o seglares que presten servicios retribuidos en establecimientos o dependencias de entidades o instituciones eclesiásticas; a las personas que presten servicios retribuidos en entidades o instituciones de carácter benéfico-social; al personal contratado al servicio de Notarías, Registros y oficinas o centros similares.

9 Funcionarios en prácticas de Cuerpos o Escalas que no estén sujetos al Régimen de clases pasivas; funcionarios de nuevo ingreso de las CCAA; funcionarios del Estado transferidos a las CCAA que hayan ingresado o ingresen voluntariamente en Cuerpos o Escalas propios de las mismas; funcionarios del Estado ingresados a partir de 1 de enero de 2011, incluidos a efectos de pensiones.

10 Altos cargos de las AAPP que no sean funcionarios; miembros de las Corporaciones Locales y otros entes locales que desempeñen sus cargos con dedicación exclusiva o parcial.

11 Cargos representativos de sindicatos que desempeñen funciones sindicales de dirección, con dedicación exclusiva o parcial, y perciban retribución.

12 Los supuestos son numerosos. Por ejemplo: Clérigos diocesanos de la Iglesia Católica y ministros de otras iglesias o confesiones religiosas (Evangélicas, Adventistas, Israelitas, imanes y otros dirigentes religiosos islámicos, Iglesia Ortodoxa Rusa), deportistas profesionales (ciclistas, balonmano, incluidos en la relación laboral especial), ciertos beneficiarios de becas, etc.

cas externas (DA 52ª LGSS, añadida por art. Único.34. RDL 2/2023). Y, por el contrario, no se encuadran en él los trabajadores por cuenta ajena de la minería del carbón, ni los trabajadores que sean socios de la sociedad titular de la empresa y tengan su control efectivo (art. 136.2.b) LGSS).

B) Del Mar[13]. Incluye a trabajadores por cuenta ajena y a autónomos titulares de embarcaciones que realicen actividades marítimo-pesqueras, u otras actividades (mariscadores, buceadores, rederos, prácticos...).

C) De Trabajadores Autónomos (RETA)[14]. Abarca a los trabajadores por cuenta propia (incluyendo todos los agrarios), que realicen de forma habitual, personal y directa una actividad económica a título lucrativo. Se presume tal condición en quienes ostenten la titularidad de un establecimiento abierto al público. Tienen tal condición de autónomos los socios de sociedades civiles, de sociedades colectivas o comanditarias, e incluso de capitalistas que dispongan de su control efectivo. Se incluye a los profesionales colegiados (aunque en algunos casos pueden optar por la Mutualidad de su Colegio).

D) De Funcionarios. El Régimen especial de Seguridad Social de los funcionarios viene realmente integrado por dos mecanismos de cobertura: el Régimen del Mutualismo Administrativo regulado por una serie de leyes de Seguridad Social especiales[15] y el Régimen de Clases Pasivas[16].

---

[13] Ley 47/2015, de 21 octubre, reguladora de la protección social de las personas trabajadoras del sector marítimo-pesquero.

[14] Arts. 305-326 LGSS. Ver, además, lo dispuesto en el Estatuto del Trabajo Autónomo (LETA). Respecto de los autónomos agrarios, algunos de ellos integran dentro del RETA un Sistema Especial para Trabajadores por Cuenta Propia Agrarios (muy resumidamente: si obtienen de las actividades agrarias unos ciertos porcentajes y dedican a ellas la mayor parte de su tiempo de trabajo, aparte otros requisitos).

[15] Para funcionarios civiles de la Administración General del Estado, RD Leg. 4/2000, de 23 junio; para funcionarios militares, RDLeg. 1/2000, de 9 junio; para funcionarios de la Administración de Justicia, RDLeg. 3/2000, de 23 junio. A través del Mutualismo Administrativo se cubren una serie de prestaciones; entre otras, las de asistencia sanitaria, subsidio por incapacidad temporal, servicios sociales y asistencia social.

[16] RDLeg. 670/1987, de 30 abril. A través de Clases Pasivas, se cubren, amén de otras, las pensiones ordinarias de jubilación o retiro (forzosa, voluntaria o por incapacidad permanente), las pensiones ordinarias a favor de familiares (viudedad, orfandad, a favor de los padres) y las pensiones extraordinarias equivalentes cuando se produzcan por acto de servicio o como consecuencia del mismo. Ha quedado reservado a los funcionarios de la Administración del Estado ingresados antes de 1 de enero de 2011 (ver art. DA 3ª LGSS).

3.3. Relaciones entre los distintos Regímenes

Cabe indicar dos cuestiones.

A) De un lado, que se prevé la máxima homogeneidad posible de los Especiales respecto del General en cuanto a la protección (art. 10.4 LGSS), aunque la regulación actual todavía establece diferencias.

B) De otro lado, que una misma persona puede estar en alta en varios Regímenes, ya sea a la vez (es lo que se denomina "pluriactividad"), ya sea sucesivamente. De este modo, habrá cotizaciones a varios regímenes, ya sea superpuestas, ya sea sucesivas. Por ello, básicamente puede suceder:

— Que se computen independientemente las cotizaciones a cada Régimen, generando las prestaciones correspondientes, si se cumplen los requisitos exigidos en cada uno de ellos[17]. En principio, las prestaciones de distintos Regímenes (por ejemplo, las pensiones) son compatibles entre sí (cfr. art. 122.1 LGSS).

— Que se computen recíprocamente, totalizándola en uno de ellos y prorrateando entre todos la prestación que eventualmente se reconozca. Solo cabe aquí señalar la existencia de varias normas al respecto[18], así como que, en general, solo se totalizarán (solo com-

---

17 En todo caso, si se ha cotizado a varios regímenes y no se causa pensión en uno de ellos ni pueda causarse en el futuro (STS de 13 noviembre 2019, rec. 2270/2017), las cotizaciones superpuestas acreditadas en éste se podrán acumular a las del Régimen en que se causa la pensión, pero exclusivamente para determinar la base reguladora de la misma, art. 49 LGSS.

18 La normativa propia de los diversos regímenes especiales contiene reglas sobre cómputo recíproco de cotizaciones; además, el Decreto 2957/1973, de 16 noviembre, generaliza el cómputo recíproco entre todos los Regímenes Especiales que coincidan en tenerlo con el General.
Establece, como regulación, que la pensión deberá reconocerla el Régimen en que se acrediten más cotizaciones, pero si no se reúne el mínimo de cotización exigido en éste, y sí en alguno de los otros que se totalizan, la debe otorgar este último.
– Asimismo, el RD 691/1991, de 12 abril, regula el cómputo recíproco entre el Régimen de Clases Pasivas y los demás, diferenciando entre pensiones derivadas de contingencias comunes y profesionales. A) Respecto de las primeras, establece que se podrán totalizar los períodos de cotización a solicitud del interesado, siempre que no se superpongan, para la adquisición de la pensión y para determinar el porcentaje aplicable. B) Respecto de las pensiones por contingencias profesionales (o causadas en acto de servicio), se aplicará la normativa del Régimen correspondiente a la actividad relacionada con el accidente, enfermedad o acto de servicio, sin totalización. Por ello, si en otro Régimen se acreditan cotizaciones,

putarán recíprocamente) los períodos cotizados que no se superpongan (ver, en general, art. 9.2 LGSS; y las normas citadas en la nota anterior).

4. GESTIÓN DE LA SEGURIDAD SOCIAL

La gestión del sistema público se lleva a cabo por las llamadas Entidades Gestoras, pero se contempla también la colaboración privada (Mutuas, empresas), No obstante, se ha encomendado al Gobierno la creación de la Agencia Estatal de la Administración de la Seguridad Social (DF 3ª de la Ley 21/2021, de 28 de diciembre).

4.1. Entidades Gestoras y Servicios Comunes

Se encuentran reguladas en los arts. 66 y ss. LGSS.

Se trata, en primer lugar, del Instituto Nacional de la Seguridad Social **(INSS),** que administra y gestiona las prestaciones económicas, salvo las no contributivas de jubilación e invalidez y las de desempleo, pero sí la renta activa de inserción (art. 22 RDL 20/2020, d 29 mayo). También ha asumido la gestión de las prestaciones económicas del Régimen de Clases Pasivas (DF 1ª y DT 2ª del RDL 15/2020, de 21 de abril, que incurren en inconstitucionalidad según STC 111/2021, de 13 mayo). A partir de 1 de enero de 2022 la gestión de Clases Pasivas será ejercida por la DG de Ordenación de la Seguridad Social (DT 3ª Ley 22/2021, de PGE/2022 y DT 2ª RD 501/2024, de 21 mayo) hasta que culmine el proceso de asunción de la gestión por el INSS.

En segundo lugar, el Instituto Nacional de Gestión Sanitaria **(INGESA)**, que administra y gestiona los servicios sanitarios. Pero en 2002 ya ha sido transferido a la totalidad de las Comunidades Autónomas, donde ha asumido las denominaciones correspondientes; como tal INGESA solamente es competente en Ceuta y Melilla.

En tercer lugar, el Instituto de Mayores y Servicios Sociales **(IMSERSO)** que gestiona las prestaciones no contributivas de invalidez y jubilación y otros servicios complementarios del sistema.

---

puede reconocer una pensión por contingencias comunes, sin totalizar los períodos cotizados al Régimen de la contingencia profesional.

En cuarto lugar, el Servicio Público Estatal de Empleo **(SEPE)**, **realmente es un organismo autónomo** dependiente de la Administración General del Estado, que gestiona las prestaciones por desempleo. Otras de sus funciones (colocación, formación) se han transferido a las Comunidades Autónomas. Sus funciones serán asumidas por la Agencia Española de Empleo (arts. 18 a 22 de la Ley 3/2023, de 28 de febrero, **Ley de Empleo (LE)** cuando se regulen por RD las condiciones de transformación (DA 1ª LE).

En fin, ciertos Regímenes cuentan con entidades gestoras propias (Instituto Social de la Marina —ISM—, Mutualidades de funcionarios...). En cuanto a los **servicios comunes,** son entidades que cumplen funciones complementarias de gestión sobre la totalidad del sistema. Son: la Tesorería General de la Seguridad Social **(TGSS)** regulada por RD 2318/1978, de 15 septiembre, gestiona los actos de encuadramiento (inscripción de empresas; afiliación, altas y bajas de trabajadores), así como las funciones financieras y recaudatorias; el Servicio Jurídico de la Administración de la Seguridad Social (RD 947/2001, de 3 agosto y DA 1ª RD 501/2024, de 21 mayo) y la Gerencia de informática (art. 74 bis LGSS y RD 1600/2004, de 2 julio y DA 2ª RD 501/2024).

4.2. Colaboración en la gestión

Colaboran en la gestión las *Mutuas Colaboradoras con la Seguridad Social,* y las propias empresas.

En cuanto a las **Mutuas** (arts. 80 y ss. LGSS; RD 1993/1995, de 7 diciembre), colaboran sobre todo en la protección de contingencias profesionales (prestaciones por accidentes de trabajo y prestación económica de IT, período de observación en enfermedades profesionales, y prestaciones de signo profesional: riesgos durante embarazo y lactancia y cuidado de menores con cáncer). La colaboración se puede extender también a la incapacidad temporal por contingencias comunes.

Al respecto, el empresario puede optar por formalizar la protección en la EG o en una Mutua. Si opta por una Mutua, en todo caso la cotización se ingresa en la TGSS, pero se transfiere parcialmente a la Mutua.

Además, las Mutuas cumplen otras funciones: respecto de autónomos, prevención de riesgos, etc.

En cuanto a las **empresas** (art. 102 LGSS), efectúan una *colaboración obligatoria* (abonan las prestaciones por incapacidad temporal —salvo en caso de jubilación parcial— y desempleo parcial, compensándose luego en sus cotizaciones a la entidad gestora). Pero también pueden asumir una *cola-*

boración voluntaria, previa autorización, prestando directamente la asistencia sanitaria y recuperación profesional y las prestaciones por incapacidad temporal derivadas de contingencias profesionales. Si asumen esta colaboración, tienen una reducción en las cotizaciones.

5. CONSTITUCIÓN DE LA RELACIÓN JURÍDICA DE SEGURIDAD SOCIAL

El aseguramiento conlleva una serie de "actos de encuadramiento" (arts. 15 y ss. y 138 y ss. LGSS), que recaen sobre el empresario como sujeto responsable, el cual debe cumplir estas obligaciones (inscripción de empresa, afiliación, altas, bajas y variación de datos de los trabajadores) mediante el sistema de remisión electrónica de datos (Sistema RED, regulado por O.ESS/484/2013, de 26 marzo).

5.1. Inscripción de empresas

Toda empresa debe inscribirse antes de iniciar sus actividades. La inscripción, que es única para todo el sistema y para todo el territorio nacional, se practica por la TGSS, asignando al empresario un número de identificación (denominado CCC: Código Cuenta Cotización).

5.2. Afiliación

Se debe afiliar a toda persona que, por primera vez, vaya a realizar una actividad determinante de la inclusión en el ámbito de aplicación del sistema. Es única para toda la vida y para todo el sistema, asignándosele un número de afiliación y un documento de afiliación.

La solicitud de afiliación es obligatoria para el empresario, antes del inicio de la actividad. Si el empresario incumple, puede instarla el trabajador o practicarla de oficio la EG lo que no exime de responsabilidad al empresario.

Si se trata de un autónomo, la obligación recae sobre él, aparte la posible afiliación de oficio.

5.3. Altas y bajas

Procede el alta cada vez que el trabajador inicie una actividad y la baja cuando cese en ella. Caben varias altas a lo largo de la vida profesional, que pueden ser simultáneas en el mismo Régimen (pluriempleo) o en distintos (pluriactividad), o sucesivas a lo largo de la vida.

Los sujetos obligados son los mismos que para la afiliación: el empleador y, en caso de incumplimiento por éste, puede instarla el trabajador o practicarse de oficio.

En cuanto a los plazos y efectos de altas y bajas:

A) La solicitud de *alta* debe presentarse antes del inicio de los servicios.

- *Si se solicita fuera de plazo,* en principio el alta no tiene efectos retroactivos, aunque sí los tiene: a) según reglamento, si se han ingresado las cuotas en plazo, desde su ingreso; b) según jurisprudencia, si se ingresan las cuotas anteriores a la formalización del alta con los recargos correspondientes.
- *Si se practica de oficio,* como consecuencia de la actuación de la Inspección, los efectos se retrotraen asimismo a la fecha de dicha actuación o de la denuncia, queja o petición que la haya promovido.

B) La solicitud de *baja* dispone de un plazo de tres días desde el cese de los servicios. Conviene precisar que la obligación de cotizar solamente se extingue si se solicita en plazo y forma la baja, aunque asimismo desde que la TGSS conozca el cese.

Interesa mucho señalar que la legislación contempla situaciones asimiladas, en que, pese a no existir actividad, al trabajador se le sigue considerando en alta (situación *"asimilada" al alta*). Normalmente, son situaciones temporales (huelga, cierre, incapacidad temporal, períodos de inactividad de trabajos de temporada, inscripción permanente en la oficina de empleo, etc.), aunque algunas pueden ser muy largas o permanentes (caso de la suscripción de un "convenio especial" [19] y la situación asimilada al alta de las personas trabajadoras desplazadas al extranjero al servicio de empresas

---

[19] Cfr. OTAS/2865/2003, de 13 octubre. Entre otros muchos, pueden suscribir el convenio especial los trabajadores que causen baja en el Régimen de que se trate, con el requisito normalmente de tener cubierto un período de 1.080 días de cotización. Como ya se indicó (lección 17ª) hay obligación de financiar un convenio especial cuando un despido colectivo incluya a trabajadores de 55 o más años. Conforme a la DA 13ª LGSS las cotizaciones abarcarán desde la fecha entre el cese en el trabajo (o la extinción de la obligación de cotizar por desempleo) y la fecha en que el trabajador cumpla la edad de jubilación. Las cotizaciones serán a cargo del empresario hasta que el trabajador cumpla 63 años (61, si el despido es por causas económicas). A partir de esa edad, a cargo del trabajador.

que ejerzan sus actividades en territorio español[20]). En algunas de estas situaciones se mantiene la obligación de cotizar (convenio especial, a cargo del trabajador).

También importa señalar que, para ciertas prestaciones (derivadas de accidente de trabajo y enfermedad profesional, desempleo; asistencia sanitaria por enfermedad común, maternidad y accidente no laboral), aunque el trabajador no se encuentre en alta por incumplimiento del empresario, se le considera en situación de *"alta presunta" o "de pleno derecho"*, con el consiguiente derecho a prestaciones (automaticidad de las prestaciones) (art. 166.4 LGSS).

6. LA OBLIGACIÓN DE COTIZAR

Limitándonos al Régimen General, la obligación de cotizar corresponde al empresario y al trabajador. Pero el empresario debe ingresar ambas cotizaciones, para lo que debe descontar la cuota del trabajador en el momento de abonar el salario. Si no lo hace así, quedará obligado a pagar ambas cuotas. Por lo demás, recuérdese sobre todo la existencia de responsabilidad solidaria en caso de contratas y subcontratas de la propia actividad (art. 42 ET) y de responsabilidad subsidiaria si no la hay solidaria (art. 168.1 LGSS) (lección 10ª), así como la previsión de bonificaciones en múltiples supuestos (lección 11ª).

6.1. Determinación de las cuotas

Las cuotas se determinan en función de unas bases de cotización, a la que se aplican unos tipos (ver la LPGE de cada año y la correspondiente Orden de cotización. La Ley 31/2022, de 23 de diciembre, de PGE 2023, ha fijado los tipos de cotización y el tope máximo de la base de cotización. En 2025 y hasta que se apruebe la LPGE, el RDL 1/2025 ha establecido que las bases mínimas, según categorías profesionales y grupos de cotización, se incrementarán automáticamente en el mismo porcentaje que lo haga el SMI incrementado en un sexto (el incremento del SMI ha sido en 2025 de un 4,4 % ex RD 87/2025). Las bases máximas de cada categoría profesional y el tope máximo de las bases de cotización se fijarán aplicando el porcentaje previsto para la revalorización de las pensiones (2,8 %, según el RD 316/2025) al que se sumará el establecido en la DT 38ª LGSS (1,2

---

20 O.ISM/835/2023, de 20 de julio.

puntos porcentuales adicionales cada año desde 2024 a 2050). Estas reglas se han desarrollado por O.PJC/178/2025.

Bases. En cuanto a la base de cotización *por contingencias comunes,* comprende todo el salario del trabajador, excluyendo las horas extraordinarias (que cotizan, pero aparte; se prevé que el MISSM pueda establecer su cómputo). También se incluyen las percepciones extrasalariales, excepto las asignaciones para gastos de locomoción del trabajador que se desplace fuera de su centro habitual de trabajo, cuando utilice medios de transporte público y justifique el importe con factura o documento equivalente y las asignaciones para gastos de locomoción no comprendidos entre los anteriores y para gastos de manutención y estancia en municipio distinto del lugar de trabajo habitual, en la cuantía y alcance previstos en la normativa del IRPF; tampoco las indemnizaciones por traslados, suspensiones y despidos (art. 147.2 LGSS). Por otro lado, como ya se ha dicho, juegan ciertos límites máximo y mínimos, que se fijan anualmente (el tope máximo para cualquier categoría profesional, en 2025 es de 4.909,50 euros/mes o de 163,65 euros/día (arts. 2 y 3 O.PJC/178/2025), las bases mínimas por categorías profesionales oscilan entre 46,04 euros/día o 1.381,20 euros/mes y 1.929,00 euros/mes (art. 3 O.PJC/178/2025). En cuanto a la base *por contingencias profesionales,* incluye las horas extraordinarias, pero también con el límite mínimo y el máximo.

En ambos casos, las pagas extraordinarias o de vencimiento superior al mes, se prorratean mensualmente.

La base para la *cotización adicional por horas extras* se forma con la cuantía de las mismas.

La base *para desempleo, formación profesional y fondo de garantía salarial* es la misma que para contingencias profesionales.

Tipos. Los tipos de cotización se fijan por la LPGE. Para el año 2025 y en tanto se apruebe la LPGE, se aplican los siguientes: (ver O.PJC/178/2025)[21].

---

[21] Para los contratos para la formación y aprendizaje y los contratos formativos en alternancia se establece una cuota única cuando la base de cotización por contingencias comunes no supere la base mínima mensual de cotización: para 2025 son 67,13 euros para contingencias comunes (55,97 empleador; 11,16 trabajador), 7,71 euros para contingencias profesionales (empleador), 4,25 euros para Fogasa (empleador) y 2,36 euros por formación profesional (2,09 empleador y 0,27 trabajador); por el MEI 0,80% (0,67% empleador y 0,13% trabajador). Por desempleo se aplica el tipo normal (7.05, del que 5,5 al empleador y 1,55 al trabajador) a la base mínima por contingencias profesionales. Cuando la base de cotización

(téngase en cuenta que hay reglas especiales no solo para los Regímenes Especiales, sino también para los Sistemas Especiales dentro del General y diversas situaciones):

- Contingencias comunes: 28,30% (23,60%, empresario; 4,70%, trabajador).
- Horas extras por fuerza mayor: 14% (12% y 2%, respectivamente).
- Otras horas extras: 28,30% (23,60% y 4,70%).
- Desempleo, en contrato indefinido: 7,05% (5,50% y 1,55%).
- Desempleo, en contrato temporal a tiempo completo: 8,30% (6,70% y 1,60%).
- Desempleo, en contrato temporal a tiempo parcial: 8,30% (6,70% y 1,60%).
- Formación profesional: 0,70% (0,60% y 0,10%).
- Fondo de Garantía Salarial: 0,20% (solo empresario).
- Para el mecanismo de equidad intergeneracional, la cotización tendrá efectos entre 2023 y diciembre de 2050, consistirá en el 1,2 por ciento aplicable a la base de contingencias comunes, del que 1,00 por ciento será a cargo de la empresa y el 0,2 por ciento, a cargo del trabajador (art. 127 bis añadido por RDL 2/2023), pero se aplica progresivamente hasta 2029 (DT 43ª LGSS). En 2025 el tipo es el 0,80 por ciento, del que el 0,67 será a cargo de la empresa y el 0,13 a cargo del trabajador.
- Contingencias profesionales: los porcentajes fijados en la DF 4ª Ley 42/2006 oscilan entre un 0,90% y un 7,15% (a cargo exclusivo del empresario); se contemplan reducciones para empresas que hayan contribuido a la disminución y prevención de la siniestralidad (ver RD 231/2017, de 10 marzo; reducciones actualmente suspendidas por la LGPE de 2023).
- Cotización adicional de solidaridad para el importe de las retribuciones que supere el importe de la base máxima (Art. 19 bis, DT 43ª LGSS y DF 10ª RDL 2/2023). A estos efectos habrá tres tramos: desde la base máxima hasta el 10% adicional (tipo 5,5%), desde el 10% adicional hasta el 50% (tipo 6%), retribuciones superiores al

---

mensual supere la base mínima del régimen que corresponda, a la diferencia se le aplicarán los tipos ordinarios.

50% adicional (tipo 7%). Los tipos se distribuirán entre empresario y trabajador en la misma proporción que el tipo por contingencias comunes; su aplicación transitoria será progresiva, así en 2025:

— El 0,92% a la parte de la retribución comprendida entre 4.909,51 euros y 5.400,45 euros (0,77% empresa y 0,15% trabajador).

— El 1% a la parte de la retribución comprendida entre 5.400,46 euros y 7.364,25 euros (0,83% y 0,17%).

— El 1,17% a la parte de la retribución que supere los 7.364,25 euros (0,98% y 0,19 %).

Caso práctico: Cotización a la Seguridad Social

D. Manuel es trabajador fijo, titulado de grado, al servicio de la empresa de vigilancia y seguridad. En el mes de mayo de 2025 sus devengos han sido: salario base 1.510,79; antigüedad 70,09; y plus transporte 129,90. El convenio establece tres gratificaciones extraordinarias al año, por un importe cada una de ellas de una mensualidad de salario base, más antigüedad y peligrosidad, en su caso. Calculad la aportación del trabajador a la Seguridad Social.

Remuneración: 1.510,79+70,09+129,90 =	**1.710,78**
Prorrata Gratif. Extr: (1510,79+70,09) 3/12 =	395,22
Total	2.106,00
Contingencias comunes: 2.106,00 x 4,7% =	98,98
Equidad Intergeneracional: 2.106,00 x 0,13% =	2,73
Desempleo: 2.106,00 X 1,55% =	32,64
F Profesional: 2.106,00 x 0,10% =	2,10
Total	**136,45**
Líquido (pendiente retención IRPF)	1.574,33

6.2. Nacimiento y extinción de la obligación de cotizar

Nace con el comienzo de la prestación laboral, aunque no se dé de alta. Se extingue con el cese en la actividad, si se da de baja.

Recuérdese que en muchos supuestos de suspensión de la actividad, se mantiene la obligación de cotizar, señaladamente en caso de incapacidad temporal (con reducción del 75 por ciento de las cuotas empresariales por contingencias comunes de los trabajadores mayores de 62 años), nacimiento y cuidado de menor y riesgo para el embarazo (pero también que, si los trabajadores/as son sustituidos mediante un contrato de interinidad, se bonifica al 100% la cotización empresarial tanto de los sustitutos como de los sustituidos: ver lección 11ª).

Las cuotas ingresadas fuera de plazo, siempre que sea antes del hecho que causa la situación protegida, surten efecto y determinan que responda la EG.

6.3. Recaudación

El ingreso se debe realizar en el mes siguiente al del devengo de la cotización, trasmitiendo por medios electrónicos las liquidaciones, o aportando los documentos de cotización incluso si no se realiza el pago. Estos documentos se deben conservar durante 4 años (que es también el plazo de prescripción de la obligación de cotizar). Este es el actual sistema de autoliquidación por el sujeto responsable, que se sustituirá progresivamente por el sistema de liquidación directa por la TGSS, por cada trabajador, a solicitud del sujeto responsable, cuando los datos que éste facilite permitan realizar el cálculo de la liquidación (arts. 22 y 29 LGSS).

Transcurrido el período de pago reglamentario, las cuotas impagadas se reclamarán mediante "reclamación de deuda"[22], expedida por la TGSS, o mediante "acta de liquidación"[23], expedida por la Inspección de Trabajo y Seguridad Social (ITSS).

Además, la cotización ingresada en periodo voluntario sufre un recargo, entre el 10% y el 35%, lo que depende también de que se hayan presentado o no los documentos de cotización o transmitido los datos (art. 30 LGSS).

En todo caso, el pago se puede aplazar, salvo la aportación del trabajador y las cuotas por ATEP, con garantía suficiente y devengo de interés legal del dinero. Aparte moratorias por circunstancias excepcionales.

Una vez firme la reclamación o el acta[24], si no se han ingresado las cuotas se iniciará mediante "providencia de apremio" la recaudación en vía

---

22 Art. 33 LGSS y art. 62 RGR: Básicamente cuando se trate de falta de cotización respecto de trabajadores dados de alta, pero no se hubieren presentado en plazo los documentos o contengan errores que resulten de los mismos; o se trate de trabajadores dados de alta que no consten en los documentos presentados en plazo; o se trate de diferencias de importe debidas a errores que resulten de los documentos presentados.

23 Art. 34 LGSS y art. 65 RGR: Básicamente cuando se trate de falta de afiliación o alta, o de diferencias de cotización que no resulten directamente de los documentos presentados), o de derivación de responsabilidad (responsables solidarios o subsidiarios).

24 Pero también procede la providencia de apremio, sin previa reclamación de deuda o acta de liquidación, en algún caso (como falta de ingreso respecto de traba-

ejecutiva, devengándose intereses de demora (art. 31 LGSS). La providencia tiene la misma fuerza ejecutiva que las sentencias judiciales. Contra la misma cabe recurso de alzada en algunos supuestos (art. 86 RGR), pero, una vez firme, se ejecutarán las garantías existentes o se procederá al embargo de bienes y derechos del responsable.

7. LA ACCIÓN PROTECTORA (I): CONTINGENCIAS PROFESIONALES Y CONTINGENCIAS COMUNES

Algunas situaciones de necesidad reciben una mejor protección si se derivan de "contingencias profesionales" (accidente de trabajo y enfermedad profesional): no se requiere cotización previa, las prestaciones se aproximan al salario que se percibía, se causan aunque no haya alta (automaticidad absoluta).

7.1. Accidente de trabajo

El concepto de **accidente de trabajo** (art. 156 LGSS), que procede de la ley de 1900, es el de toda "lesión corporal" que el trabajador sufra "con ocasión o por consecuencia del trabajo" que ejecute por cuenta ajena. La propia LGSS construye un concepto amplio.

En primer lugar, en cuanto al elemento *lesión,* que incluye también las enfermedades comunes cuya causa sea el trabajo pero "no listadas" como enfermedades profesionales (art. 156.2.e) como el contagio por COVID-19 (art. 9 y DT 3ª RDL 19/2020, de 26 mayo), las enfermedades preexistentes "agravadas" por el accidente (art. 156.2.f) o las enfermedades "intercurrentes" sufridas durante el proceso patológico derivado del accidente (art. 156.2.g).

En segundo lugar, también se construye ampliamente el *nexo causal entre trabajo y accidente.* La causalidad puede ser directa, por consecuencia (golpe, caída, quemadura...), como indirecta, con ocasión. La causalidad indirecta es la que ha tenido mayor virtualidad expansiva, de modo que se incluye el accidente llamado "in itinere", entre el domicilio y el lugar de trabajo (art. 156.2.a); el acaecido como consecuencia de tareas ordenadas por el empresario o realizadas espontáneamente en interés de la empresa (art. 156.2.c); o en actos de salvamento o análogos conectados con el tra-

---

jadores dados de alta e incluidos en los documentos, cuando la cuota esté correctamente liquidada) (art. 85 RGR).

bajo (art. 156.2.d); y el acaecido al realizar tareas de representación del personal (art. 156.2.b). Asimismo, se consideran accidente de trabajo el producido por imprudencia profesional (art. 156.5.a), o por culpa de un tercero pero que guarde relación con el trabajo (art. 156.5.b), o el acaecido por fuerza mayor si guarda relación con el trabajo (pero no se entiende por fuerza mayor la insolación, el rayo o fenómenos análogos) (art. 156.4.a).

En tercer lugar, se presume accidente laboral el que sufra el trabajador durante el tiempo y en el lugar de trabajo, salvo prueba en contrario (art. 156.3). Así, por ejemplo, se considera AT el infarto en vestuario habiendo fichado (STS de 22 diciembre 2020, rec. 719/2010), pero no en caso contrario (STS de 22 mayo 2024, rec. 3911/2021). Aunque el infarto se haya producido en tiempo y lugar de trabajo, decae la presunción si quedan acreditados hechos que desvirtúan el nexo causal, como es el caso del trabajador que pocas horas antes de iniciar la prestación laboral presentó molestias centro-torácicas por las que acudió al centro de salud, indicándosele allí que debía acudir al hospital, lo que no hizo (STS de 3 febrero 2025, rec. 2707/2022).

7.2. Enfermedad profesional

En cuanto a la **enfermedad profesional**, se considera tal la contraída a consecuencia del trabajo y que esté listada como tal reglamentariamente (sistema de lista, aunque el elenco de actividades no es cerrado). Por eso, las que no están listadas se entienden como accidente de trabajo, son las enfermedades del trabajo.

El vigente cuadro de enfermedades profesionales y la lista complementaria de enfermedades cuyo origen profesional se sospecha, se encuentra en el RD 1299/2006, de 10 noviembre.

8. LA ACCIÓN PROTECTORA (II): PRESTACIONES

Nuestro ordenamiento contempla una amplia serie de prestaciones en especie (asistencia sanitaria, prestaciones recuperadoras) o en metálico (indemnizaciones, prestaciones periódicas: pensiones vitalicias o subsidios temporales). Las prestaciones periódicas se pagan, como regla general, en catorce pagas anuales (art. 46 LGSS).

Unas prestaciones son de cuantía fija, pero lo habitual es que sean de cuantía variable, en función del tiempo cotizado e importe de las bases de cotización. La cantidad concreta se determina aplicando un porcentaje (fijo o variable) a la base reguladora (bases por las que se haya cotizado en el periodo que corresponda).

Las prestaciones contributivas se financian mediante cuotas profesionales y cumplen una función de sustitución de las rentas de activo; las no contributivas se financian mediante aportaciones del Estado y su función es garantizar mínimos de subsistencia. Ambas se enumeran en el art. 109.3 LGSS.

8.1. Régimen jurídico de las prestaciones

A) Reglas generales

Cabe resaltar los aspectos siguientes:

A) Garantías. No se puede transigir sobre los derechos de Seguridad Social (art. 27 LGSS), y las prestaciones no pueden ser objeto de retención, cesión, compensación o descuento, salvo por obligaciones alimenticias a favor del cónyuge e hijos o de obligaciones contraídas dentro de la Seguridad Social (art. 44.1 LGSS) Pero son embargables conforme a LEC (ídem) y están sujetas a tributación (art. 44.1).

B) Incompatibilidad. Las pensiones del Régimen General son incompatibles cuando coincidan en un mismo beneficiario, salvo disposición contraria (art. 163 LGSS). Iremos concretando las diversas situaciones de compatibilidad o incompatibilidad, ya sea respecto de otras pensiones, ya sea respecto del salario.

En todo caso, cabe decir que: a) Son incompatibles las pensiones del Régimen General que protejan una misma situación de necesidad; b) Son compatibles las pensiones para una misma situación de distintos Regímenes. Recuérdese que el trabajador puede cotizar a varios (pluriactividad), tanto simultánea como sucesivamente. Puede, entonces, generar varias pensiones (con el límite de que, si se accede a la pensión desde una situación no de alta, para causar pensión en el Régimen General y en otro u otros, será necesario que las cotizaciones acreditadas en cada uno se superpongan, al menos, durante 15 años).

C) Prescripción y caducidad. Las prestaciones no regidas por el principio de oficialidad (IT cuando no se discuta la realidad de la relación laboral, STS de 7 julio 2015, rec. 703/2014) deben solicitarse como regla general, incluso por vía electrónica (arts. 130 LGSS), pudiendo adoptarse resoluciones de forma automatizada de la totalidad del procedimiento

(Res. INSS de 23 febrero 2016 que establece las aplicaciones), o actuaciones del mismo (Res. DG del INSS de 14 de enero de 2022, BOE del 26); las solicitudes deben ser resueltas en el plazo establecido para cada una de ellas (RD 286/2003, de 7 marzo); transcurrido el plazo sin que haya recaído resolución, se entenderá desestimada por silencio administrativo (art. 129.3 LGSS). Asimismo, el derecho al reconocimiento de las prestaciones prescribe a los 5 años del hecho causante (art. 53.1 LGSS). Pero hay plazos más breves (por ejemplo, en desempleo). O no los hay: en caso de jubilación, y de prestaciones de muerte y supervivencia (salvo auxilio de defunción); pero los efectos económicos se retrotraen solamente a los 3 meses anteriores a la solicitud de la prestación. No obstante, en caso de reclamación de diferencias en la prestación, su estimación tiene efectos desde el inicio de la prestación y no desde los tres meses anteriores a la solicitud de las diferencias, pues lo que se discute es el importe y no el reconocimiento de la prestación (STS de 8 abril 2025, rec. 634/2023).

Una vez reconocida una prestación, el derecho al percibo de cada mensualidad caduca al año de su respectivo vencimiento (art. 54 LGSS).

D) Revisión de reconocimiento de derechos y reintegro de prestaciones indebidas. En general, la revisión de los actos declarativos de derechos no se puede efectuar directamente por la EG, sino por la Jurisdicción Social (art. 146.1 LJS), pero esta acción prescribe a los cuatro años desde la fecha de reconocimiento de la prestación de que se trate (STS de 29 septiembre 2021, rec. 1087/2018). Sí puede la EG cuando se trate de errores materiales o aritméticos o la percepción indebida se deba a omisiones o inexactitudes en las declaraciones del beneficiario (art. 146.1.a LJS); y también directamente en el caso del desempleo (art. 295 LGSS).

La reclamación de las cantidades indebidamente percibidas prescribe a los 4 años, sea cual sea la causa de la indebida percepción (art. 55.3 LGSS y STS de 2 febrero 2023, rec. 502/2020). Pero la jurisprudencia ha inaplicado la norma interna en caso de reintegro debido a error de la Administración (STS de 29 abril de 2024, rec. 1092/2023).

E) Téngase en cuenta el límite *máximo* para el reconocimiento y revalorización de las pensiones públicas: en 2025, es 3.267,20 euros mensuales o 45.746,40 euros anuales (art. 3 RD 316/2025). Téngase asimismo en cuenta que hay *mínimos* para las distintas pensiones (art. 78.3 y Anexo I RD 316/2025), que son incompatibles con la percepción de rentas en la cuantía que cada año se fije y no pueden superar la cuantía de las pensiones no contributivas de jubilación e invalidez (establecida en 7.905,80 euros/año en 2025); así como que se prevé su **revalorización** y mantenimiento del poder adquisitivo de las pensiones, de forma que se revalorizarán al comienzo de cada año en el porcentaje equivalente al valor medio de las tasas de variación interanual expresadas en tanto por ciento del IPC de los doce meses previos a diciembre del año anterior, pero si hubiera sido negativo no variará el importe (art. 58 LGSS). En este sentido, en 2024 se han incrementado las pensiones en un 2,8 por ciento (art. 6 RD 316/2025).

Asimismo, para garantizar la suficiencia de las pensiones, las cuantías mínimas de las pensiones contributivas y no contributivas no podrán ser inferiores a partir de enero de 2027 al umbral de pobreza o a un determinado porcentaje del mismo, correspondiendo la determinación de su cuantía a la LPGE de cada año (DA 53ª LGSS, añadida por RDL 2/2023).

F) Complemento de pensiones contributivas para la reducción de la brecha de género (art. 60 LGSS). Las mujeres que causaron pensión de jubilación, viudedad o incapacidad permanente a partir de 1 enero 2016, percibían adicionalmente un complemento por su aportación demográfica a la Seguridad Social, concretado en un porcentaje en función de los hijos (biológicos o adoptados) habidos antes del hecho causante: 5% por 2 hijos, 10% por 3 hijos y 15% por 4 o más hijos. Pero la exclusión de los varones que se encuentren en las mismas condiciones se ha considerado que constituye discriminación directa por razón de sexo (STJUE de 12-12-2019, asunto C-450/18)[25]. Por ello, el RDL 3/2021, de 3 de febrero, ha dado nueva redacción al art. 60 LGSS suprimiendo el anterior complemento por maternidad, que sus beneficiarias pueden seguir percibiendo, por el complemento para reducir la brecha de género; que se aplica a las pensiones contributivas de jubilación, incapacidad permanente y de viudedad.

Se define la brecha de género como "el porcentaje que representa la diferencia entre el importe medio de las pensiones de jubilación contributiva causadas en un año por los hombres y por las mujeres"; este complemento se mantendrá en tanto que la brecha de género de las pensiones de jubilación causadas en el año anterior sea superior al 5 por ciento (nueva DT 37ª LGSS); actualmente la brecha se sitúa en torno al 28,1 por ciento.

El complemento se reconoce a las mujeres que hayan tenido uno o más hijos o hijas y que sean beneficiarias de las pensiones contributivas

---

25 STJUE de 14-9-2023, asunto C-113/22: la negativa del INSS a cumplir la anterior sentencia es discriminación procedimental que debe ser indemnizada: STS de 15 noviembre 2023, rec. 5542/2022, fijando la indemnización en 1.800 euros. En la misma línea, entre muchas otras, STS de 25 marzo 2025, rec. 2467/2023.

de jubilación —pero no en la modalidad parcial, aunque actualmente no se excluye la jubilación total anticipada—, incapacidad permanente o viudedad; también puede reconocerse a los hombres (fallecimiento del otro progenitor o haber interrumpido o visto afectada su carrera profesional con ocasión del nacimiento o adopción).

Cada hijo o hija dará derecho al reconocimiento de un complemento, con el límite de cuatro, nacidos con vida o adoptados antes del hecho causante de la pensión correspondiente. El importe del complemento no será tenido en cuenta en la aplicación del límite máximo de las pensiones; su cuantía es, durante 2025, de 35,90 euros mensuales por hijo o hija, pagaderos 14 veces al año (art. 12 RD 316/2025).

La STJUE de 25 mayo 2025 (asuntos C-623/23 y C-626-23) ha entendido que la vigente regulación del complemento por brecha de género es también discriminatoria por razón de sexo, pues, aunque puede ser percibido por los hombres, a estos se les exige unos requisitos adicionales respecto a las mujeres. Por consiguiente, es muy probable que en breve se produzca una nueva intervención normativa reconfigurando el complemento.

B) Condiciones generales para causar las prestaciones

A) Afiliación y alta. Se causa derecho a prestaciones cuando se reúna el requisito general de estar afiliado y en alta (o situación asimilada al alta) al sobrevenir la contingencia o situación protegida (art. 167.1).

Recuérdese, no obstante, la situación de "alta presunta o de pleno derecho": a efectos de *accidente de trabajo y enfermedad profesional*, de *desempleo*, y de *asistencia sanitaria por* enfermedad común, maternidad y accidente no laboral.

Además, actualmente no se precisa estar en alta para determinadas situaciones, como veremos luego (invalidez permanente, jubilación, muerte y supervivencia).

B) Cotización previa. Normalmente se exige también una cierta cotización previa (el mal llamado "período de carencia"), excepto cuando se trate de accidente (laboral o no) o de enfermedad profesional.

Por lo demás, téngase en cuenta que determinados períodos sin cotización real se cuentan como de cotización efectiva: el de excedencia por cuidado de hijos o familiares (o 15 o 18 meses, si se trata de familia numerosa) (ver lección 16ª), beneficios por cuidado de hijos o menores acogidos (Cap. III RD 1716/2012), o los días de IT no agotados al pasar a IP, o el período de suspensión del contrato hasta 18 meses por violencia de género (ver lección 16ª), y otros.

Hay reglas específicas para los trabajadores a tiempo parcial (art. 247 LGSS), que en su redacción actual es respetuoso con la jurisprudencia del TJUE (Sentencia de 8 de mayo de 2019, C-161/18) y del TC (STC 155/2021, de 13 septiembre y en caso de contratos temporales de duración igual o inferior a 30 días (arts. 151 y 249 bis LGSS).

C) Responsabilidad respecto de la acción protectora

Si se han cumplido los requisitos exigidos, responsable de las prestaciones debidas lo es la EG (o entidad colaboradora: Mutua, empresa) correspondiente (art. 167.1 LGSS).

En caso contrario, es responsable el empresario incumplidor, amén de posibles responsables solidarios o subsidiarios (en caso de subcontratación, sucesión de empresa, cesión ilegal, ETTs, ver lección 10ª) (art. 168.2 LGSS).

El tema es importante, sobre todo en caso de pensiones, en que el empresario responsable tendrá que capitalizar el coste debido (art. 110.3 LGSS).

No obstante, ténganse en cuenta tres cuestiones:

1ª) De un lado, lo ya indicado respecto de los efectos retroactivos del alta fuera de plazo, cuando se han ingresado las cuotas, y respecto de que las cuotas ingresadas fuera de plazo —siempre que se ingresen antes del hecho causante— surten efecto trasladando la responsabilidad a la EG.

2ª) De otro lado, que la EG anticipará las prestaciones aunque no haya habido alta en los supuestos ya dichos de "alta presunta o de pleno derecho" (es lo que se denomina "automaticidad absoluta") y posteriormente se dirigirá frente al responsable; del mismo modo que anticipará las prestaciones en caso de falta de cotización, siempre que el trabajador esté en alta, o no se requiera ésta, en el momento del hecho causante ("automaticidad relativa": prestaciones de IT, maternidad, jubilación, en invalidez, viudedad y orfandad por contingencias comunes). Aunque hay límites cuantitativos para estas anticipaciones (ver art. 167.3 LGSS).

3ª) También se prevé cierta responsabilidad subsidiaria de las entidades gestoras en caso de insolvencia del sujeto responsable (empresario u otro responsable) (art. 167.3 LGSS).

4ª) *Recargo en caso de AT y EP* (art. 164 LGSS). Cuando la lesión se deba a la carencia de los dispositivos de precaución reglamentarios, o estén inutilizados o en malas condiciones, o no se hayan observado las medidas de seguridad e higiene en el trabajo, o las elementales de salubridad o adecuación personal a cada trabajo, las prestaciones económicas por AT y EP sufrirán un recargo de entre el 30 y el 50%. La responsabilidad recae sobre el empresario infractor (STS de 18 septiembre 2018, rec. 144/2017) y no puede ser objeto de seguro alguno. El derecho prescribe a los cinco años. El procedimiento para su imposición se regula en la OM 18-1-1996. En caso de impugnación judicial, la sentencia sobre reclamación de daños y perjuicios por el mismo suceso dañoso surte efecto positivo de cosa juzgada sobre el recargo (STS de 14 febrero 2018, rec. 205/2016) y en sentido contrario cuando la sentencia firme precedente es la del recargo (STS de 26 abril 2023, rec. 1865/2020). Y también debe tenerse en cuenta a la hora de valorar la procedencia o no del recargo, la sentencia dictada en proceso sobre infracción y sanción administrativa (LISOS) en materia de prevención de riesgos laborales por los mismos hechos (SSTS de 8 junio 2021, rec. 3771/2018 y de 5 junio 2024, rec. 793/2021).

8.2. Asistencia sanitaria

Se regula por las normas que más adelante se citan y por los arts. 98 y ss. TRLGSS-1974. Como se señaló, tienen derecho a la asistencia sanitaria pública prácticamente casi todos los ciudadanos (básicamente, trabajadores afiliados y en alta, pensionistas y perceptores de prestaciones periódicas, familiares a su cargo menores de 26 años o con discapacidad igual o superior al 65%, quienes hayan agotado la prestación o subsidio por desempleo y figuren inscritos en la oficina de empleo como demandante, y, en general, las personas —de nacionalidad española, de la UE, del EEE o de Suiza que residan en España y los extranjeros residan o no legalmente— que no superen el límite establecido de ingresos reglamentariamente)[26]. Las personas que residan en España y no tengan la condición de aseguradas ni de beneficiarias pueden suscribir un criterio especial (RD 576/2013, de 26 de julio). Las personas que no tengan derecho a la asistencia sanitaria a cargo de fondos públicos pueden suscribir un convenio especial (RD 576/2013, de 26 julio).

---

[26] Art. 3 Ley 16/2003; esta cantidad se fija en cien mil euros anuales, art. 2.1.b) RD 1192/2012, pero este límite ha sido declarado inconstitucional (STC 139/2016, de 21 julio). Respecto de las personas sin recursos, cfr. RD 1088/1989, de 8 septiembre. Los extranjeros no registrados ni autorizados recibirán asistencia sanitaria en las mismas condiciones que los españoles (art. 3 ter Ley 16/2003).

En caso de asistencia sanitaria transfronteriza, los asegurados deben abonar los gastos por abonados en otro Estado; en caso de que el Estado de afiliación sea España, se reembolsarán los gastos siempre que la asistencia sanitaria recibida figure entre las prestaciones que el asegurado tiene derecho según la cartera común de servicios del Sistema Nacional de Salud o, en su caso, la cartera complementaria de la Comunidad Autónoma correspondiente (art. 10 RD 81/2014, de 7 febrero).

Conforme al art 7.1 Ley 16/2003, el catálogo de prestaciones del Sistema Nacional de Salud comprende las prestaciones correspondientes a salud pública (art. 11), atención primaria (art. 12), atención especializada (art. 13), atención sociosanitaria (art. 14), atención de urgencias (art. 15), la prestación farmacéutica (art. 16), la ortoprotésica (art. 17), de productos dietéticos (art. 18) y de transporte sanitario (art. 19).

Para hacer efectivas las prestaciones sanitarias se establece una cartera común de servicios, articulada en tres modalidades: básica, común y de servicios accesorios (art. 8.2). Las CCAA, incluyendo la cartera común de servicios, podrán aprobar sus respectivas carteras de servicios (art. 8 quinquies).

Por lo que a la prestación farmacéutica se refiere, el art. 102 del TR Ley garantías y uso racional de los medicamentos (RDLeg. 1/2015) regula la aportación de los beneficiarios en la prestación farmacéutica ambulatoria de modo proporcional al nivel de rentas: a) un 60% para usuarios y beneficiarios cuya renta sea igual o superior a 100.000 euros; b) un 50% para aquellos cuya renta sea superior a 18.000 euros; c) un 40% para los no incluidos en los apartados anteriores; d) un 10% para pensionistas, con excepción de los del apartado a. Se fijan topes máximos mensuales para pensionistas y sus beneficiarios: 8,23 euros (renta inferior a 18.000), 18,52 euros (renta entre 18.000 y 100.000) y 61,75 euros (renta superior a 100.000), aparte de tratamientos de carácter crónico y de ciertas exenciones.

Las prestaciones sanitarias del SNS únicamente se facilitarán por el personal legalmente habilitado, en centros y servicios, propios o concertados, salvo en situaciones de riesgo vital, cuando se justifique que no pudieron ser utilizados los medios de aquél (art. 9 Ley 16/2003). El recurso a servicios médicos ajenos al sistema sanitario público, por no poder utilizar oportunamente éstos, se admite en caso de asistencia urgente, inmediata y de carácter vital (art. 4.3 RD 1030/2006). En otro sentido, cabe señalar que el beneficiario debe observar las prescripciones de los facultativos, pudiendo negarse solo por motivos razonables (tratamiento quirúrgico o especialmente penoso), pudiendo en caso contrario quedar liberada la Seguridad Social de sus obligaciones por incapacidad (ver art. 102 LGSS de 1974).

8.3. Incapacidad temporal (IT), nacimiento y cuidado de menor, ejercicio corresponsable del cuidado del lactante, riesgo durante el embarazo o lactancia natural y cuidado de menores afectados por cáncer u otra enfermedad grave

A) La situación de *incapacidad temporal* (arts. 169-176 LGSS) se produce mientras el trabajador reciba asistencia sanitaria y esté impedido para el trabajo, con una duración máxima de 365 días prorrogables por otros 180 más[27]. En caso de enfermedad profesional, se incluyen los períodos de observación de hasta 6 meses, prorrogables por otros tantos.

Aparte de los requisitos generales de afiliación y alta, se requiere específicamente un período previo de cotización de 180 días en los últimos cinco años, si es por enfermedad común, excepto en las situaciones especiales de menstruación incapacitante secundaria, interrupción del embarazo (art. 172.a) LGSS).

La prestación consiste en un subsidio, que se calcula aplicando a una base reguladora (la base de cotización del mes anterior al inicio de la IT, dividida por 30 si el salario es mensual o por los días del mes si el salario es por día trabajado; más promedio de horas extras si es por contingencias profesionales) un porcentaje del 60% (del 4° día al 20°) y, el resto, del 75%. Si es por contingencia profesional, desde el primer día siguiente a la baja y del 75%.

Caso práctico: prestación por IT
Como continuación de la práctica de cotización (vid. epígrafe 6 de esta misma lección), D. Manuel no pudo acudir a trabajar durante todo el mes de junio de 2025 por enfermedad común, justificándolo debidamente con los partes de baja y confirmación, es su primera baja en este año 2025. Calculad importe de la prestación. Base reguladora:2.06,00:30= 70,2 € Días 1 a 3 = 0 € Días 4 a 15: 60 % de la BR= 42,12 x 12= 505,44 € a cargo del empresario Días 16 a 20: 60% de la BR= 42,12 x 5= 210,6 € a cargo EG, pero lo anticipa la empresa. Días 21 a 30: 75% de la BR: 52,65 x 10= 526,5 € a cargo EG, pero lo anticipa la empresa. Total .... 1.242,54 €

27 Agotados los 12 meses, el INSS —a través de los órganos competentes para evaluar la IP— es el único competente para la prórroga, o para la iniciación de expediente de IP, o para emitir alta médica. En caso de alta médica se contempla un procedimiento en caso de discrepancia del interesado. Si emite el alta médica cesa la colaboración obligatoria de la empresa.

La responsabilidad del pago, si es por contingencia común, corresponde al empresario entre los días 4° y 15°. A partir del 16°, a la entidad gestora o colaboradora (ver epígrafe 4.2).

El derecho al subsidio lo reconoce la entidad que lo gestione, pero al INSS le corresponde la determinación de la contingencia (art. 6 RD 1430/2009). Los partes médicos de baja y de confirmación se extenderán en función de la duración estimada del proceso, para lo cual los médicos dispondrán de unas tablas de duración óptima de los distintos procesos patológicos y del grado de incidencia en las distintas actividades laborales (art. 2.3 RD 625/2014). Los partes médicos de alta en los procesos derivados de contingencias comunes los emite el facultativo del servicio público de salud, del INSS o ISM; la Mutua puede formular propuestas motivadas de alta. En los procesos derivados de contingencias profesionales el parte médico de alta lo expedirá el facultativo del servicio público de salud, del INSS-ISM y por el médico de la empresa colaboradora o de la Mutua que gestione el proceso (art. 5 RD 625/2014). El alta pone fin a la situación de IT, ya sea sin curación —iniciando el proceso de calificación de la incapacidad permanente— o por curación, expedido por el facultativo del servicio público de salud o de la Mutua. El facultativo que expida los partes de baja, confirmación o alta entregará copia a la persona trabajadora y el servicio público de salud, mutua o empresa colaboradora que remitirán los partes al INSS por vía telemática, de manera inmediata y, en todo caso, en el primer día hábil siguiente a su expedición; el INSS comunicará los datos identificativos de los partes a las empresas, como máximo, en el primer día hábil siguiente a su recepción (art. 7.1 y 2 RD 624/14, reformado por RD 1060/2022, de 27 diciembre) por medios electrónicos (art. 10 Orden ESS/1187/2015). El interesado puede iniciar ante la EG el procedimiento administrativo de revisión del alta (art. 4 RD 1430/2009).

El derecho al subsidio se extingue por transcurso del plazo máximo (365 días prorrogables por otros 180), examinándose en el plazo de 3 meses el estado del interesado a efectos de su calificación como incapaz permanente. No obstante, cuando continúe el tratamiento médico por expectativa de recuperación o mejora y fuera aconsejable demorar la calificación, se podrá retrasar hasta los 730 días.

B) Nacimiento y cuidado de menor: Se regula en los arts. 177 a 182 LGSS, parcialmente reformados por art. 4.Uno RDL 6/2019, que configuran esta nueva prestación que sustituye a las anteriores de maternidad y paternidad. Se consideran situaciones protegidas el nacimiento, la adopción, la guarda con fines de adopción y el acogimiento familiar siempre que, en este último caso su duración no sea inferior a un año, durante los periodos de descanso que por tales situaciones disfruten (arts. 48.4 a 6 ET y 49.a), b) y c) EBEP).

Los beneficiarios del subsidio por nacimiento y cuidado de menor deben cumplir los requisitos generales exigidos en el art. 165.1 LGSS y además un período mínimo de cotización según cuál fuera su edad en la fecha del parto o en la de la decisión administrativa o judicial de acogimiento (que oscila desde la inexigencia de tal período de cotización si el trabajador es menor de 21 años, 90 días cotizados dentro de los siete años anteriores al inicio del descanso si se encuentra entre los 21 y 26 años y si su edad es superior, 180 días cotizados dentro de los siete años anteriores o 360 días cotizados durante toda su vida laboral (art. 178.1 LGSS y art. 5 RD 295/2009, de 6 de marzo).

En cuanto a la duración, es de 16 semanas. La suspensión por adopción guarda con fines de adopción o acogimiento, tendrá una duración de 16 semanas para cada adoptante. En caso de discapacidad del hijo o hija en el nacimiento, adopción, guarda o acogimiento, el permiso tendrá una duración adicional de dos semanas, una para cada progenitor (art. 48.6 ET).

Es obligatorio el disfrute a tiempo completo de las seis semanas posteriores al nacimiento, adopción, guarda o acogimiento, pudiendo fraccionarse las restantes por periodos semanales, comunicándolo a la empresa con 15 días de antelación, hasta que el hijo o hija cumpla doce meses.

La STC 140/2024, de 6 de noviembre, declaró la inconstitucionalidad de los arts. 48.4 ET y 177 LGSS, por discriminatorios por razones familiares, al no prever la posibilidad de que los progenitores de familias monoparentales puedan ampliar su permiso por nacimiento y cuidado de hijo más allá de 16 semanas, disfrutando del permiso y correspondiente prestación económica de Seguridad Social que se reconocería al otro progenitor, en caso de existir, por lo que, desde entonces, procede dicha ampliación.

La cuantía de la prestación económica por nacimiento y cuidado de menor es el 100 por 100 de la base reguladora, equivalente a la establecida para la prestación de IT por contingencias comunes (art. 179.1 LGSS). En caso de parto múltiple, adopción o acogimiento de más de un menor de forma simultánea, se reconoce un subsidio especial hijo o menor acogido a partir del segundo, igual al que corresponda percibir por el primero, durante el período de seis semanas inmediatamente posteriores al parto o decisión administrativa o judicial de acogimiento o resolución judicial por la que se constituya la adopción (art. 6 RD 295/2009).

Debe tenerse en cuenta que también se prevé un **subsidio por nacimiento de naturaleza no contributiva.** Las trabajadoras por cuenta ajena o por cuenta propia que, en caso de parto, reúnan todos los requisitos para acceder a la prestación por nacimiento excepto el período mínimo de cotización, tienen derecho a una prestación del 100 por 100 del IPREM vigente en cada momento —salvo que la base reguladora calculada conforme a las reglas generales de la prestación por maternidad fuese de cuantía inferior, en cuyo caso se estará a ésta— arts. 15 y 16 Real Decreto 295/2009, de 6 marzo. La duración de la prestación es de 42 días naturales a contar desde el parto (art. 181 y art. 182 TRLGSS/2015). Dicha duración se incrementará en 14 días naturales en los casos de nacimiento de hijo en una familia numerosa o en la que, con tal motivo, adquiera dicha condición, o en una familia monoparental, o cuando la madre o el hijo estén afectados de discapacidad en un grado igual o superior al 65 por 100. El incremento de la duración es único, sin que proceda su acumulación cuando concurran dos o más circunstancias de las señaladas. (arts. 16 y 17 RD 295/2009). El subsidio lo gestiona directamente el INSS.

C) Ejercicio corresponsable del cuidado del lactante (arts. 183 a 185 LGSS). El art. 4.Nueve RDL 6/2019, de 1 de marzo, ha incorporado esta nueva prestación en la acción protectora de la Seguridad Social. Se considera situación protegida la reducción de la jornada de trabajo en media hora (art. 37.4 ET) llevada a cabo con la misma duración y régimen los dos progenitores, guardadores con fines de adopción o acogedores con carácter permanente, cuando ambos trabajen, para el cuidado del lactante desde que cumpla nueve meses hasta los doce meses de edad (STS de 7 mayo 2020, rec. 3806/2017). No se protege, por tanto, a las familias monoparentales, ni cuando uno de los progenitores, adoptantes, etc. no trabaje, ni cuando la jornada se reduzca en una hora de ausencia. Según el art. 37.4 ET ambos progenitores, adoptantes, etc. pueden reducir la jornada en media hora hasta que el menor cumpla doce meses, con derecho al salario; si ambos mantienen la reducción de jornada entre los nueve y doce meses, ahora sin remuneración, esta prestación suple la reducción salarial pero solo a uno de ellos. Por ello quedan excluidos los funcionarios, porque el permiso por lactancia de los funcionarios alcanza hasta que el menor cumpla doce meses (art. 48.f) EBEP). La prestación consistirá en un subsidio equivalente al 100 por ciento de la base reguladora del subsidio de IT por contingencias comunes en proporción a la media hora de reducción de la jornada que se protege. La prestación se extingue cuando el menor cumpla doce meses (art. 185.2 LGSS). Los beneficiarios deben acreditar los mismos requisitos exigidos para la prestación por nacimiento y cuidado de menor (art. 184.1 LGSS).

D) En cuanto al *riesgo durante el embarazo y lactancia natural* (arts. 186-187 y 188-189 LGSS y RD 295/2009, de 6 mayo), el subsidio consiste en un porcentaje del 100% de la base reguladora y se satisface por la EG o Mutua que gestione las contingencias profesionales.

La situación protegida es, en caso de riesgo durante el embarazo, aquella en que se encuentra la trabajadora embarazada durante el período de suspensión del contrato de trabajo en los supuestos en que la evaluación de riesgos en la empresa hubiera determinado la presencia de procedimientos o condiciones que pudieran influir negativamente en la salud de la trabajadora o del feto, cuando no hubiera sido posible la adaptación del puesto ni el cambio a puesto exento de riesgo (art. 26.3 LPRL y 186 LGSS); situación similar se produce en caso de riesgo durante la lactancia natural (art. 26.4 LPRL y 188 LGSS).

E) Respecto de la reducción de jornada por cuidado de menores afectados por cáncer u otra enfermedad grave (art. 190 LGSS reformado por DA 28ª.3 Ley 22/2021, de PGE 2022); el listado de enfermedades se contiene en el anexo del RD 1148/2011, de 29 julio), que requiera hospitalización de larga duración (o acudir de manera periódica y continuada a un centro por razón del tratamiento de larga duración, STS de 3 diciembre 2024, rec. 1254/2022), supone un subsidio del 100% de la base reguladora para IT por contingencias profesionales en proporción a la reducción de la jornada, que es al menos de un 50%, durante la hospitalización y tratamiento continuado de la enfermedad. El subsidio se extingue por reincorporación plena al trabajo, por curación o mejoría del menor, por fallecimiento o por cumplir éste 23 y, en su caso, 26 años (art. 192 LGSS y art. 7 RD 1148/2011, de 29 julio). La O.TMS 103/2019, de 6 febrero, actualiza la lista de enfermedades y aprueba el modelo de declaración médica.

8.4. Incapacidad permanente (IP)

Se encuentra regulada en los arts. 193 y ss. LGSS. La situación de IP consiste en la disminución o anulación de la capacidad laboral, por reducciones anatómicas o funcionales graves, una vez que el trabajador ha sido dado de alta médica o ha terminado la situación de IT.

Actualmente (DT 26ª LGSS), los "grados" de la incapacidad permanente siguen siendo la *parcial* (disminución no inferior al 33% del rendimiento normal), *total* (inhabilitación para todas o las fundamentales tareas de la profesión habitual), *absoluta* (para toda profesión u oficio) y *gran invalidez* (cuando el incapacitado requiere asistencia para los actos más esenciales de la vida). Está prevista una determinación listada de los grados de incapacidad, aún no aprobada. Se contemplan, además, "lesiones permanentes no incapacitantes" (art. 201-203 LGSS).

Los *requisitos* son los generales de afiliación y alta (pero no se requiere alta si hay un período de cotización previo de 15 años distribuido de cierta manera) y tener un período mínimo de cotización (que varía, sobre todo, en función de la edad)[28], si se trata de enfermedad común. Pero, además, si la incapacidad deriva de contingencias comunes, no se puede acceder a la pensión de incapacidad si se tienen 65 años y se cumplen los requisitos para tener una pensión de jubilación.

Las *prestaciones* son las siguientes:

a) Para lesiones permanentes no incapacitantes, cantidades a tanto alzado (O.ISM/350/2023);

b) Para incapacidad parcial, 24 mensualidades de la base reguladora de IT;

c) Para los grados superiores, resumidamente, una pensión vitalicia del 55% de la base reguladora para la total (que se puede incrementar en un 20%, para la denominada "total cualificada"[29]; y se puede cambiar por una prestación a tanto alzado si el trabajador es menor de 60 años), y del 100% para la absoluta. Si el incapacitado es gran invalido, tiene derecho a la pensión anterior incrementada con un complemento para remunerar a la persona que lo atienda[30].

---

28 Básicamente: si el trabajador tiene menos de 31 años, un tercio del tiempo transcurrido entre la fecha en que cumplió 16 años y el día del hecho causante; si tiene cumplidos 31 años, un cuarto del tiempo transcurrido entre la fecha en que cumplió 20 años y el hecho causante, con un mínimo de 5 años (y la quinta parte del período dentro de los 10 años anteriores al hecho causante). Hay reglas especiales para incapacidad parcial y para acceso desde situaciones de alta, o alta asimilada, sin obligación de cotizar.

29 Cuando por la edad, falta de preparación general o especialización y circunstancias sociales y laborales del lugar de residencia, se presuma la dificultad de obtener empleo en actividad distinta de la habitual anterior (art. 196.2 LGSS). Es incompatible con la prestación por desempleo (STS de 26 octubre 2022, rec. 4256/2019).

30 El importe de dicho complemento se fija por el art. 196.4 LGSS. En ningún caso puede ser inferior al 45% de la pensión percibida sin el complemento.

La *base reguladora* varía:

— para enfermedad común, es el resultado de dos operaciones: en primer lugar, dividir por 112 las bases de cotización de los 96 meses anteriores al hecho causante (art. 197 LGSS)[31]; y, en segundo lugar, a ese resultado se le aplica un porcentaje en función de los años cotizados (como en jubilación, pero sin computar "días-cuota" por pagas extraordinarias), pero en todo caso se consideran cotizados los años que resten hasta la edad ordinaria de jubilación y al menos se aplicará un porcentaje del 50%;

  — para accidente común, dividir por 28 la suma de 24 meses de cotización consecutivos elegidos dentro de los 7 años anteriores;

— para contingencias profesionales, se aplican reglas que aproximan el cálculo al salario real dejado de percibir[32].

Las prestaciones son compatibles con la realización de otras actividades, incluso las de incapacidad absoluta si son compatibles con el estado del inválido y no representan un cambio en su capacidad a efectos de revisión (ver art. 198 LGSS).

Están previstas **prestaciones no contributivas** (arts. 363 y ss. LGSS)[33], para personas entre 18 y 65 años, residentes legales y durante 5 años en territorio español (de ellos 2 inmediatamente anteriores a la invalidez), con una discapacidad del 65% o más (conforme a baremo), y que carezcan de ingresos superiores a los legalmente previstos por la Ley de Presupuestos (el límite es el de la cuantía que se dice a continuación).

La cuantía es de 7.250,60 euros anuales (Art. 78.5 RDL 8/2023) con un complemento de 525 euros/año (si carecen de vivienda en propiedad

---

31 Los últimos 24 meses se toman en su valor nominal, los anteriores se actualizan en función de la evolución del IPC.

32 Ver Reglamento de Accidentes de 1956 (arts. 60 y ss.), DA 11ª RD 4/1998 y STS de 15 febrero 2022, rec. 4528/2018.

33 Por su parte, la Ley 39/2006 prevé, para las personas en situación de dependencia (ver art. 2.2), una serie de prestaciones y servicios (arts. 4.1 y 14). Se establece un catálogo de servicios (art. 15): de prevención (art. 21), de teleasistencia (art. 22), de ayuda a domicilio (art. 23), de centro de día y de noche (art. 24), y de atención residencial (art. 25); y se prevén prestaciones económicas: vinculadas al servicio (art. 17), para cuidados en el entorno familiar y apoyo a cuidadores no profesionales (art. 18) y de asistencia personal (art. 19).

y residen en una alquilada por quien no sea pariente hasta 3° grado, RD 1191/2012).

8.5. Jubilación

Se regula en los arts. 204 y ss. LGSS. Se protege la situación de las personas que, cumplida la edad establecida, cesen o hayan cesado en el trabajo. Se trata de la prestación central del Sistema de Seguridad Social.

La pensión puede causarse tanto desde una situación de alta como no (art. 205.1.b), pero hay *requisito de edad*: normalmente, 65 años si se ha cotizado durante 38 años y 6 meses, o 67 años en caso contrario. El requisito de los 67 años (o la alternativa de 65 con 38 y ½ años cotizados), es de implantación progresiva entre 2013 y 2027 (DT 7ª LGSS). El requisito de edad se reduce para ciertas actividades excepcionalmente penosas, peligrosas, etc. (art. 206 LGSS)[34] y para personas con discapacidad (art. 206 bis LGSS)[35].

Se contempla la **jubilación anticipada** con importante reducción de la prestación, si se cumplen ciertos requisitos: se establecen dos modalidades de jubilación anticipada. En primer lugar, por cese en el trabajo por causa no imputable al trabajador (art. 207 LGSS). Se requiere tener cumplida una edad inferior en cuatro años, como máximo, a la edad ordinaria de jubilación que resulte aplicable; que el cese en el trabajo no sea imputable a la voluntad del trabajador (despido colectivo; despido objetivo asimismo por causas económicas, etc.; extinción del contrato conforme a la Ley Concursal; muerte, jubilación o incapacidad del empresario o extinción de la personalidad jurídica del contratante; fuerza mayor; extinción del contrato por voluntad del trabajador por las causas de los arts. 40.1, 41.3 y 50 ET y extinción por voluntad de la trabajadora víctima de violencia de género); se requiere, en fin, inscripción en oficina de empleo durante 6 meses inmediatamente anteriores y cotización efectiva durante 33 años.

---

34 El procedimiento vigente para reconocer estas actividades y establecer los coeficientes reductores se estableció por RD 1698/2011, de 18 noviembre; se han incluido actividades como bomberos, Ertzaintza, mossos d´esquadra, policías locales, etc. En estos casos se ha de ingresar una cotización adicional del 10,60 por ciento (art. 30 O.PCM/244/2022, de cotización/2022).

35 A partir de 1 enero 2012, 56 años para personas afectadas en un grado igual o superior al 45% por una discapacidad de las enumeradas en el art. 2 del RD 1851/2009 (art. 3 del mismo). Véase también el RD Real 1539/2003, de 5 de diciembre, por el que se establecen coeficientes reductores de la edad de jubilación a favor de los trabajadores que acrediten un grado de discapacidad igual o superior al 65%.

En segundo lugar, en caso de cese por voluntad del interesado (art. 208 LGSS), a una edad inferior en dos años como máximo a la que resulte ordinaria de jubilación aplicable, acreditando cotización efectiva durante 35 años y que el importe de la pensión resultante sea superior a la mínima correspondiente con 65 años.

En ambos casos con coeficientes reductores según los meses de adelanto de la jubilación y el periodo cotizado, que se aplican sobre la cuantía de la pensión resultante de aplicar a la base reguladora el porcentaje que corresponda por meses de cotización. Ahora bien, en caso de jubilación por voluntad del interesado, si la pensión fuera superior al tope máximo de la cuantía inicial de las pensiones, los coeficientes reductores se aplicarán sobre el indicado límite o tope (art. 210.3 LGSS), si bien esta regla reductora de la cuantía de la pensión entró en vigor el 1 de enero de 2024 y se aplicará de forma gradual durante 10 años (DT 34ª.2 LGSS). En caso de jubilación anticipada por causas no imputables al trabajador y en el supuesto contemplado en el art. 208.3 LGSS, los coeficientes reductores se aplicarán sobre el importe de la pensión resultante de aplicar a la base reguladora el porcentaje que corresponda por meses de cotización, sin que el importe resultante pueda ser superior a la cuantía resultante de reducir el tope máximo de pensión en un 0,50 por ciento por cada trimestre o fracción de anticipación. En fin, las anteriores reglas no se aplican a las jubilaciones anticipadas por discapacidad o peligrosidad de la actividad (art. 210.5 LGSS).

El cese en el trabajo es normalmente total, aunque cabe la **jubilación parcial** compatible con el trabajo. A ésta puede se puede acceder a la edad ordinaria de jubilación, si se tiene derecho a la misma y sin que sea obligatorio celebrar un contrato de relevo. En caso de contrato de relevo para sustituir al jubilado parcial (ver lección 11ª), cabe también esta jubilación parcial de forma anticipada de los trabajadores a una edad que se diversifica teniendo en cuenta los años de cotización (mínimo 33, o 25 en caso de personas con discapacidad) y que se eleva progresivamente hasta 2027 que será de 63 o 65 años (art. 215 y DT 10ª LGSS); se requiere 6 años de antigüedad en la empresa, reducir la jornada entre un 25% y un 50%, o del 75% cuando se contrate un relevista por tiempo indefinido y jornada completa; empresa y trabajador deben cotizar sobre la base que hubiera correspondido de seguir trabajando a jornada completa, si bien se aplica de forma gradual (DT 10ª.3 LGSS).

El cese por jubilación es voluntario, con estímulos al retraso de la edad de jubilación (arts. 152 y 210.2 LGSS, ver infra), entendiéndose causada la pensión en la fecha indicada por la persona interesada en su solicitud, si cumple los requisitos para ello (art. 3.1 RD 453/2022, de 14 junio). La actual redacción de la DA 10ª ET sigue contemplando la posibilidad de que los convenios colectivos prevean la extinción forzosa del contrato, sin derecho a indemnización, cuando el trabajador cumpla 68 años, tenga derecho al 100 por cien de la pensión y la medida se vincule a objetivos coherentes de política de empleo expresados en el convenio colectivo. Excepcionalmente, esta extinción forzosa puede establecerse al cumplir la edad ordinaria de jubilación en las actividades en que la tasa de ocupación femenina sea inferior al 20 por ciento de las personas ocupadas, en cuyo caso cada extinción debe llevar aparejada la simultánea contratación por tiempo indefinido y a tiempo completo de una mujer en la mencionada actividad.

Volviendo a la regulación de la prestación de jubilación ordinaria, la misma queda condicionada a un *requisito de cotización previa*: 15 años, sin computar días por pagas extraordinarias, 2 de los cuales deben estar comprendidos en los 15 anteriores (o en los 15 anteriores al momento en que cesó la obligación de cotizar, si se accede desde situación de alta o asimilada sin tal obligación).

La *base reguladora de la prestación* es el cociente de dividir por 350 las bases de cotización durante los 300 meses (25 años) anteriores a la jubilación[36], si bien a partir de 1 de enero de 2026 será, progresivamente, el cociente de dividir entre 378 la suma de 324 bases de cotización (27 años), aunque con elección de las 324 bases de mayor importe dentro de entre las últimas 348 (29 años) (art. 209.1 y DT 40ª LGSS).

El *porcentaje* que se aplica a la base va desde un 50% (por 15 años) hasta un 100%; a partir del año decimosexto, por cada mes adicional de cotización se genera un porcentaje adicional de pensión (art. 210.1 LGSS), variando dicho porcentaje progresivamente, hasta concluir en 2027 (DT 9ª LGSS). Hay reglas específicas para los trabajadores a tiempo parcial (art. 248.3 LGS).

Pero si se accede a la **jubilación demorada**, es decir, después de cumplir la edad ordinaria que corresponda, se puede añadir un 4% por cada año completo (o un 2% por cada periodo superior a 6 meses a partir del segundo año de demora) cotizado entre la fecha en que cumplió esa edad y la del hecho causante de la pensión, pudiéndose superar el tope máximo de la pensión, aunque con límites. También cabe la posibilidad de sustituir estos porcentajes de incremento por el derecho a una cantidad a tanto alzado,

---

36 Como en incapacidad permanente, los últimos 24 meses se toman en su valor nominal y los anteriores se actualizan en función de la evolución del IPC.

o una combinación de ambas soluciones (art. 210.2 LGSS y RD 371/2023, de 16 mayo). Además, durante el trabajo en el periodo de demora, las empresas y trabajadores quedan exentos de cotizar por contingencias comunes (salvo incapacidad temporal, cotizándose un 1,55%; 1,30 a cargo de la empresa y 0,25 a cargo del trabajador, art. 32 O.PJC/178/2025) y por desempleo, FOGASA y formación profesional (art. 152 LGSS).

La pensión es incompatible con el trabajo, suspendiéndose en caso de trabajo a tiempo completo; tampoco es compatible con un puesto de trabajo en el sector público (art. 213.2 LGSS). Pero puede ser **compatible jubilación y trabajo**:

— De un lado, como ya se ha mencionado, con un trabajo a tiempo parcial, minorándose la pensión (art. 213.1 LGSS y RD 1132/2002, de 31 octubre): esto es, la denominada jubilación parcial o "flexible".

— Con trabajos por cuenta propia que no superen el SMI en cómputo anual (art. 213.4 LGSS).

— Cabe, asimismo, la pensión de jubilación compatible con el trabajo, por cuenta propia o ajena, a tiempo completo o parcial, a través de la denominada jubilación activa (arts. 214 LGSS), que se supedita a haber accedido a la pensión al menos un año después de haber cumplido la edad ordinaria de jubilación que resulte aplicable. La pensión compatible con el trabajo será equivalente a un porcentaje del importe de la pensión calculado en función del número de años que se haya demorado el acceso (desde el 45% de la pensión, hasta la posibilidad de percibir el 100% de la pensión si se demora el acceso 5 o más años; art. 214.2 LGSS). En el caso de que la actividad se realice por cuenta propia y se acredite la contratación de un trabajador por cuenta ajena a tiempo indefinido y con sujeción a determinadas condiciones, se prevé un porcentaje inicial de la pensión superior (75%; art. 214.3 LGSS). Durante la realización del trabajo compatible, los empresarios y trabajadores solo cotizan por incapacidad temporal y por contingencias profesionales, si bien quedan sujetos a una cotización especial de solidaridad (7% empresario y 2% trabajador) no computable para las prestaciones (art. 153 LGSS).

— Con el desempeño de una actividad de creación artística por la que perciban ingresos derivados de los derechos de propiedad intelectual, incluidos los generados por la transmisión a terceros, con obligación de ingresar una cotización de solidaridad del 8% (art. 2 RD 302/2019, de 26 abril).

Existe igualmente una **prestación no contributiva** (arts. 369-372 LGSS), con los siguientes requisitos: 65 años, residencia en territorio español, límite de rentas fijado anualmente por la ley de presupuestos. Además, haber residido legalmente en España durante 10 años entre los 16 años y la fecha de la jubilación, de ellos dos consecutivos e inmediatamente anteriores. El límite de rentas y la cuantía es como en la no contributiva de invalidez.

8.6. Muerte y supervivencia

Se regulan en los arts. 216 y ss. LGSS. La muerte del sujeto causante da lugar, sobre todo, a situaciones de viudedad y de orfandad (pensión y prestación), aunque hay otras prestaciones (gastos de sepelio, prestaciones a familiares).

En cuanto a la **viudedad**, los requisitos son los de *alta* del causante, y una *cotización previa* de 500 días en los cinco años anteriores (salvo que el fallecimiento sea por accidente, laboral o no, o por enfermedad profesional). También aunque el causante no esté en alta, pero con una cotización de 15 años. Si se superpusieron las cotizaciones durante al menos 15 años en dos regímenes, se causará derecho a pensión en ambos (art. 223.1 LGSS).

Además, si deriva de enfermedad común preexistente al matrimonio, se requiere éste con un año de antelación (o convivencia —STS de 26 octubre 2022, rec. 2059/2019— y matrimonio que hubieran superado los dos años) o existencia de hijos comunes. Pero se prevé una prestación temporal de viudedad si no se cumple este requisito, con una duración de 2 años e igual cuantía que la pensión.

Beneficiario es el "cónyuge" superviviente, pero también quien se encontrase unido al causante formando "pareja de hecho". Se considera pareja de hecho la formalmente constituida, con análoga relación de afectividad a la conyugal, por quienes, no hallándose impedidos para contraer matrimonio, no tengan vínculo matrimonial con otra persona y acrediten, mediante certificado de empadronamiento, una convivencia estable y notoria con carácter inmediato al fallecimiento del causante y con una duración ininterrumpida no inferior a cinco años, salvo que existan hijos en común. La existencia de pareja, además, ha de acreditarse mediante inscripción en registro específico o mediante documento público en el que conste su constitución, en todo caso dos años antes del fallecimiento (art. 221.2 LGSS).

En caso de separación o divorcio o nulidad matrimonial, son beneficiarios también los que hayan sido cónyuges legítimos, si no han contraído nuevas nupcias o constituido pareja de hecho (si bien la jurisprudencia ha entendido que procede el reconocimiento de la prestación aunque se haya constituido una posterior pareja de hecho cuando la convivencia fruto de la misma no ha superado los 5 años, por analogía a lo previsto en el art. 221 LGSS. Vid. STS 1 de abril 2025, rec. 2729/2023), en cuantía proporcional al tiempo de convivencia con el fallecido, pero se garantiza el 40% al cónyuge superviviente o la pareja que conviviera con el causante; en caso de fallecimiento del excónyuge, la viuda recupera la pensión íntegra (STS de 9 febrero 2022, rec. 4823/2018). Deben reunir los mismos requisitos que el cónyuge y alguno más (relacionados con la percepción de las pensiones compensatorias en los arts. 97-98 CC). Cuando la unión de hecho se extinga por voluntad de uno de ellos, solo se podrá causar pensión de viudedad si el superviviente no ha constituido otra unión de hecho o matrimonio y sea acreedor de pensión compensatoria que se extinga con la muerte del causante, cuya cuantía limita el importe de la pensión, o porque sea mujer víctima de violencia de género (art. 221.3 LGSS). El actual art 221 LGSS ha suprimido el requisito de dependencia económica del superviviente, que en muchos casos impidió el reconocimiento del derecho a pensión.

La prestación consiste en un 52% de la base reguladora, y en un 60% para los mayores de 65 años que no perciban otra pensión pública (DA 44ª Ley 6/2018, de PGE). La base reguladora se calcula dividiendo por 28 las bases de cotización de 24 meses ininterrumpidos dentro de los 15 años anteriores; para contingencias profesionales, la base es el salario real. El porcentaje se amplía al 70% cuando la pensión es la única o principal fuente de ingresos (art. 31 RD 3158/1966).

Cuando el cónyuge o la pareja de hecho sobreviviente no pueda acceder a la pensión vitalicia de viudedad porque su matrimonio con el causante no hubiera tenido una duración de un año o por la inexistencia de hijos comunes, o que su inscripción como pareja de hecho no se hubiera producido con una antelación de dos años respecto a la fecha de fallecimiento del causante y reúna los demás requisitos, tendrá derecho a una prestación temporal de viudedad de cuantía igual a la de la pensión de viudedad que le hubiera correspondido y con una duración de dos años (art. 222 LGSS).

No pueden ser beneficiarios de prestaciones por muerte y supervivencia los condenados por delito de homicidio, cuando la víctima sea el sujeto causante y su reconocimiento puede ser revisado de oficio en cualquier momento. Cabe la suspensión cautelar antes de dictarse condena, si hubiese resolución judicial de la que se deriven indicios racionales del delito, pero garantizando las obligaciones de alimentos a favor de los beneficiarios de pensión de orfandad o en favor de familiares (arts. 232 LGSS).

En cuanto a la pensión de **orfandad**, tienen derecho a ella cada uno de los hijos e hijas del causante o de la causante fallecida, cualquiera que sea la naturaleza de su filiación, siempre que en el momento de la muerte sean menores de 21 años o estén incapacitados para el trabajo y siempre que el causante se encontrara en alta o situación asimilada al alta o fuera pensionista (art. 224.1 LGSS). La pensión consiste en un 20% de la base reguladora por hijo (misma que en viudedad), hasta que el beneficiario cumpla 21 años, aunque no hay límite de edad si está incapacitado para el trabajo (es decir, IP absoluta o gran invalidez).

El límite de edad se amplía hasta los 25 años, si el huérfano no ejercita un trabajo lucrativo o no alcanza rentas superiores al SMI; si cursa estudios y cumpliera los 25 durante el curso escolar, la percepción se mantiene hasta el día del mes inmediatamente posterior al del inicio del siguiente curso académico (art. 224.3 LGSS; vid. STS de 23 enero 2020, rec. 4202/2017). Este límite es de aplicación inmediata en caso de orfandad absoluta (cuando no sobrevive ninguno de los progenitores)[37] o el huérfano presenta una discapacidad igual o superior al 33%[38]. Si la orfandad es simple, el límite se amplía asimismo hasta los 25 si el huérfano no ejercita un trabajo lucrativo o no alcanza rentas superiores al SMI.

En caso de no reconocimiento de pensión de viudedad por delito de homicidio, los hijos del mismo que sean titulares de pensión de orfandad tendrán derecho al incremento por orfandad absoluta (art. 233 LGSS). En estos casos la pensión de orfandad no será abonada a la persona condenada (art. 234 LGSS).

Asimismo, tendrán derecho a una prestación de orfandad las hijas e hijos de la causante fallecida, cualquiera que sea su filiación, como consecuencia de violencia contra la mujer en los términos establecidos por la ley o por los tratados internacionales ratificados por España, siempre que se hallen en circunstancias equiparables a una orfandad absoluta (es decir,

37 En ese supuesto de orfandad absoluta, si estuviese cursando estudios y cumpliera los 25 años durante el curso escolar, la prestación se prolonga hasta el día primero del mes inmediatamente posterior al siguiente curso académico.

38 La pensión de orfandad se extingue por cumplir las edades indicadas, pero también por adopción o por contraer matrimonio (salvo que esté afectado por IP absoluta o gran invalidez). Pero, si al extinguirse, aún no se han devengado 12 mensualidades, se entregará de una vez la cantidad restante.

que el causante de la muerte sea el padre o que, siendo el causante un tercero, la fallecida fuera la progenitora supérstite o el único progenitor conocido o se acredite el abandono del hogar por el otro progenitor), y siempre que no reúnan los requisitos necesarios para causar una pensión de orfandad (arts. 216.3 y 224.1 LGSS). En este caso, la cuantía de dicha prestación es el 70% de la base reguladora siempre que los rendimientos de la unidad familiar de convivencia, dividido por el número de miembros, no supere el 75% del SMI vigente excluida la parte proporcional de las pagas extras (art. 224.1 LGSS).

Hay otras prestaciones por supervivencia, como son la indemnización especial a tanto alzado de 6 meses de la base reguladora en caso de muerte por accidente de trabajo o enfermedad profesional (art. 277 LGSS) y prestaciones en favor de familiares, dependientes económicamente del causante y que acrediten prolongada dedicación a su cuidado (art. 226 LGSS).

8.7. Cargas familiares

Se prevén prestaciones contributivas (arts. 235 y ss. LGSS) y no contributivas (arts. 351 y ss. LGSS).

La *contributiva* consiste en considerar como período de cotización efectiva (a efectos de jubilación, incapacidad permanente, muerte y supervivencia y maternidad) los tres años de excedencia por cuidado de hijo o menor acogido (ver lección 16ª). Solo se considera el primer año si la excedencia es por cuidado de otros familiares. Hay otros supuestos: Las cotizaciones efectuadas durante los dos primeros años de reducción de jornada por cuidado de menor, se computarán incrementadas hasta el 100% (art. 237.3 LGSS); asimismo, se computan 270 días como cotizados por extinción de la relación laboral o finalización del cobro de prestación o subsidio por desempleo entre los 9 meses anteriores al nacimiento y la finalización del 6º año posterior a esta situación (Cap. II RD 1716/2012), así como 112 días de cotización asimilados por parto (más 14 días por cada hijo a partir del segundo (art. 235 LGSS).

Las *no contributivas* consisten en:

a) Una asignación económica por cada hijo, menor de 18 años afectado por un grado igual o superior al 33% de discapacidad o, cuando siendo mayor, tenga reducido un grado de discapacidad igual o superior al 65%, así como por los menores acogidos. En el ingreso mínimo vital se integra la asignación por hijo menor sin discapacidad o cuando sea inferior al 33% (DT 7ª RDL 20/2020, de 29 mayo).

b) Una prestación económica de pago único por nacimiento o adopción de hijo, en supuestos de familias numerosas, monoparentales o en los casos de madres o padres con discapacidad.

En los casos de nacimiento o adopción de hijo en España en una familia numerosa —se estará a la Ley 40/2003, de 18 de noviembre— o que, con tal motivo, adquiera dicha condición, en una familia monoparental —la constituida por un solo progenitor con el que convive el hijo nacido o adoptado y que constituye el sustentador único de la familia— o en los supuestos de madres o padres que tengan reconocido un grado de discapacidad igual o superior al 65 por ciento se tendrá derecho a esta prestación económica (art. 357.1 LGSS) consistente en un único pago de 1000 euros (art. 358.1 LGSS).

Los beneficiarios han de residir legalmente en territorio español, no tener derecho a prestaciones de esta misma naturaleza en cualquier otro régimen público de protección social y que no perciban ingresos anuales, de cualquier naturaleza, superiores a la cuantía que establezca la LPGE.

c) Una prestación económica de pago único por parto o adopción múltiples.

El padre o la madre, o quien reglamentariamente se establezca, serán beneficiarios de la prestación por parto o adopción múltiples —cuando el número de nacidos o adoptados sea igual o superior a dos— producidos en España. Percibirán una prestación única consistente en un determinado número de veces del SMI en función del número de nacidos o adoptados, siempre que sea igual o superior a dos (arts. 359-360 LGSS). Esta prestación no queda sujeta a requisitos vinculados a los ingresos del beneficiario, a diferencia de las anteriores.

8.8. Ingreso mínimo vital

El RDL 20/2020, de 29 de mayo, amplió la acción protectora de la Seguridad Social, incluyendo una nueva prestación, denominada ingreso mínimo vital, de naturaleza no contributiva (art. 42.1.c) LGSS), prestación ahora regulada por la Ley 19/2021, de 20 de diciembre, financiada mediante aportaciones del Estado (arts. 2.2 y 35 RDL 20/2020). Su objeto es prevenir el riesgo de pobreza y exclusión social de las personas que vivan solas o integradas en una unidad de convivencia, mediante una prestación de naturaleza económica que garantiza un nivel mínimo de renta a quienes se encuentren en una situación de vulnerabilidad por carecer de recursos económicos suficientes para la cobertura de sus necesidades básicas.

Son beneficiarios de la prestación (art. 4.1.b LIMV) las personas de al menos 23 años que no se integren en una unidad de convivencia, siempre que no estén unidas a otra por vínculo matrimonial o como pareja de hecho salvo que hayan iniciado los trámites de separación o divorcio.

No se exige el requisito de edad en los supuestos de mujeres víctimas de violencia de género o de trata. Tampoco a las personas entre 18 y 22 años que provengan de centros de protección de menores dentro de los tres años anteriores a la mayoría de edad, o sean huérfanos absolutos, siempre que vivan solos o provengan de un centro penitenciario por haber sido liberados de prisión habiendo permanecido privados de libertad más de 6 meses.

Igualmente lo son (art. 4.1.a LIMV) las personas integrantes de una unidad de convivencia en los términos que la ley establece: tener una edad mínima de 23 años o ser mayores de edad o menores emancipados en caso de tener hijos o menores en régimen de guarda o huérfanos absolutos cuando sean los únicos miembros de la unidad y ninguno alcance la edad de 23.

El art. 6 LIMV define la unidad de convivencia: personas que convivan en un mismo domicilio y unidas por vínculo matrimonial, como pareja de hecho, por vínculos de parentesco hasta segundo grado o en virtud de guarda. No rompe la convivencia la separación transitoria por estudios, trabajo, tratamiento médico o rehabilitación o similares.

La LIMV contempla asimismo situaciones especiales (art. 7) y supuestos especiales de domicilio (art. 8), y de convivencia sin vínculos de parentesco (art. 9).

En fin, pueden ser beneficiarias las personas temporalmente usuarias de una prestación de servicio residencial de carácter social, sanitario o socio-sanitario; incluso permanente en el caso de mujeres víctimas de violencia de género o de trata de seres humanos y explotación sexual.

Entre los requisitos de acceso cabe señalar: a) tener residencia legal y efectiva en España y haberla tenido de forma continuada e ininterrumpida durante al menos el año inmediatamente anterior a la solicitud, pero hay excepciones, entendiéndose también que existe residencia habitual pese a ciertas estancias en el extranjero; y b) encontrarse en situación de vulnerabilidad económica por carecer de rentas, ingresos o patrimonio suficientes (art. 7). A estos efectos se tomará en consideración la capacidad económica de la persona solicitante beneficiaria individual o, en su caso, de la unidad de convivencia en su conjunto, computándose los recursos de todos sus miembros, determinándose su cuantía según las reglas sobre cómputo de ingresos y de patrimonio (art. 20 LIMV).

La cuantía de la prestación económica que se fijará y se hará efectiva mensualmente y vendrá determinada por la diferencia entre la cuantía de la renta garantizada, y el conjunto de todas las rentas e ingresos de la persona beneficiaria o de los miembros que componen esa unidad. El hecho causante de la prestación se entenderá producido en la fecha de presentación de la solicitud (art. 5 RD 453/2022, de 14 junio). Se considera renta garantizada en el caso de persona beneficiaria individual, el 100 por ciento del importe de las pensiones no contributivas vigente, con un incremento del 22 por ciento en caso de discapacidad igual o superior al 65 por ciento; en caso de unidad de convivencia, la cuantía mensual de la renta garantizada se incrementará en un 30 por ciento por cada miembro adicional a partir del segundo, hasta un máximo del 220 por ciento y, en su caso, un complemento de monoparentalidad del 22 por ciento, o por discapacidad igual o superior al 75 por ciento del algún integrante de la unidad de convivencia, más un complemento de ayuda para la infancia (art. 13 LIMV). Se percibirá mientras subsistan los motivos que dieron lugar a su concesión y se cumplan los requisitos y obligaciones previstos (art. 20 LIMV). En el caso de una persona beneficiaria individual, la cuantía mensual de renta garantizada ascenderá al 100 por ciento del importe anual de las pensiones no contributivas fijada anualmente en la ley de presupuestos generales del estado, dividido por doce. La percepción del IMV es parcialmente compatible con los incrementos de ingresos procedentes de rentas de trabajo o de la actividad económica por cuenta propia de la persona beneficiaria individual o, en su caso, de uno o varios miembros de la unidad de convivencia con el fin de que su percepción no desincentive la participación en el mercado laboral; consiste en la aplicación de un importe exento del cómputo de los ingresos y rentas que se hayan de tomar en consideración para la determinación de la situación de vulnerabilidad económica de la persona beneficiaria individual o, en su caso, de la unidad de convivencia (RD 789/2022, de 27 de septiembre).

La competencia para el reconocimiento y el control de la prestación corresponde al INSS, si bien las CCAA y entidades locales podrán iniciar el expediente administrativo. También las CCAA de régimen foral asumirán con referencia a su ámbito territorial, las funciones y servicios correspondientes al INSS (DA 5ª LIMV). Para eliminar cargas administrativas a las personas que agoten los subsidios por desempleo sin haberse reinsertado en el mercado laboral y previo consentimiento de los interesados, el SEPE remitirá a la EG del IMV los datos requeridos para que reconozca esta prestación (DA 12ª LIMV).

8.9. Desempleo

Los arts. 262 y sigs. LGSS y el RD 625/1985, de 2 abril, regulan las prestaciones por desempleo, que son de nivel contributivo y de nivel asistencial. Pero también hay subsidio o renta agraria para ciertos eventuales agrarios y un programa de renta activa de inserción.

A) **Sujetos protegidos y situación legal de desempleo**. Quedan protegidos los trabajadores por cuenta ajena del Régimen General, también las personas trabajadoras al servicio del hogar familiar (RDL 16/2022, de 6 de septiembre), el personal contratado en régimen de derecho administrativo y los funcionarios interinos y personal eventual de las AAPP, que tengan previsto cotizar por esta contingencia; los cargos sindicales representativos que ejerzan funciones sindicales de dirección con dedicación exclusiva o parcial y perciban una retribución; a los miembros de Corporaciones locales que desempeñen su cargo con dedicación exclusiva o parcial; y a los Altos cargos de las AAPP con dedicación exclusiva, percibiendo retribuciones y que no sean funcionarios públicos; los trabajadores por cuenta ajena de sistemas especiales que protejan dicha contingencia (hay peculiaridades para los eventuales agrarios, como veremos luego), y los liberados de prisión (art. 264 LGSS). Todos ellos, siempre que se encuentren en situación legal de desempleo.

La situación legal de desempleo (art. 267 LGSS) viene constituida por toda pérdida involuntaria del empleo, lo que incluye las que dependen de la voluntad del empresario (despidos; extinción por muerte, jubilación o incapacidad del empresario), las que dependen de ambas partes pero que hayan sido acordadas por el empresario (denuncia de contrato temporal, rescisión en período de prueba) y las decididas por el trabajador por causa justificada (en caso de traslado, de ciertas modificaciones sustanciales, ante incumplimiento del empresario).

Se incluyen asimismo las suspensiones o reducciones temporales de jornada (entre un 10% y un 70%, siempre que el salario sea objeto de análoga reducción) (art. 262.3 LGSS), así como los períodos de inactividad de los fijos discontinuos.

El desempleo puede ser total (ya sea temporal —por suspensión o reducción de la jornada por días completos—, ya sea definitivo) o parcial (por reducción temporal de la jornada) (art. 262.2 y 3 LGSS).

B) Se prevé, en primer lugar, un **nivel contributivo**. El requisito fundamental (art. 266 LGSS), aparte de la afiliación y el alta, es el de un período previo de cotización de 360 días en los 2.160 anteriores (art. 269 LGSS). El desempleado debe solicitar la prestación en los 15 días siguientes a la situación de desempleo; de no hacerlo en plazo pierde los días que medien entre la situación y la solicitud. Se requiere la inscripción como demandante de empleo en el servicio público competente.

a) La *base reguladora* es el promedio de las bases de cotización de los últimos 180 días, excluyendo las horas extraordinarias (art. 270.1 LGSS).

b) La *cuantía* de la prestación se obtiene aplicando a esa base un porcentaje del 70% (primeros 180 días) y del 60% siguientes días (art. 270.2 LGSS).

Hay mínimos en función del número de hijos (el mínimo oscila entre el 80% y el 107% IPREM, incrementado en 1/6 parte); y hay máximos, por lo mismo (el máximo oscila entre el 175% y el 220%-225% IPREM, ídem.).

c) La *duración* (art. 269 LGSS) oscila entre 120 días (habiendo cotizado entre 360 y 539 días) y 720 (habiendo cotizado 2.160 o más). Es decir, aproximadamente (puesto que es por tramos) entre un tercio y algo más de un cuarto del período cotizado. Los beneficiarios deben mantener la inscripción como demandante de empleo, suscribir un compromiso de actividad y participar en las políticas activas de empleo (art. 300 LGSS y art. 41 LE).

d) Protección por desempleo en caso de reducción de jornada o suspensión del contrato por causas ETOP o por fuerza mayor (art. 47 ET).

La reducción de jornada o suspensión del contrato por las causas establecidas en el art. 47 ET constituyen situación legal de desempleo protegido según las reglas generales (art. 267.1.b) y c) LGSS).

Adicionalmente, las personas trabajadoras afectadas por expedientes de regulación temporal de empleo (ERTE) por fuerza mayor autorizados con base en lo previsto en el art. 47.5 y 6 ET gozan de una protección específica: tienen derecho a prestación contributiva por desempleo aun sin acreditar la carencia mínima, su cuantía es del 70 por ciento de la BR durante toda la vigencia de la medida y no consume las cotizaciones previamente efectuadas, ni se considerará consumido de la duración de futuros accesos a la protección por desempleo (DA 46 LGSS añadida por DF 1ª RDL

2/2022, de 22 febrero). La empresa ha de ingresar la aportación empresarial y el SEPE la del trabajador (art. 153 bis LGSS). No obstante, las empresas pueden acogerse voluntariamente si cumplen los requisitos exigidos, a las exenciones en la cotización a la Seguridad Social, obligándose en unos casos a cumplir acciones formativas y, en todo caso, a mantener en el empleo a las personas trabajadoras afectadas durante los seis meses siguientes a la finalización del periodo de vigencia del ERTE, debiendo reintegrar las cuotas con recargo e intereses por demora según sea la obligación incumplida (DA 44ª LGSS).

e) Como alternativa a la percepción mensual de la prestación, cabe percibirla en un *único pago* en ciertos supuestos (para entrar en o constituir una cooperativa de trabajo asociado o una sociedad anónima laboral, para constituirse como autónomo —incluso sin discapacidad—, para el retorno voluntario de trabajadores extranjeros a su país de origen (RDL 4/2008), y otros supuestos (ver art. 296.3 LGSS y art. 10 Ley 5/2011, y art. 34 Ley 31/2015).

f) Aparte de la prestación señalada, la EG asume la *cotización empresarial* durante la situación de desempleo (excluyendo las cuotas por desempleo, AT y EP, Fogasa y formación profesional); descuenta de la cuantía de la prestación la aportación del trabajador. Si se trata de suspensión o reducción de la jornada, la empresa ingresa su aportación y la EG la del trabajador, una vez descontada (art. 273 LGSS).

g) La prestación *se suspende* (art. 271 LGSS), entre otros supuestos, en caso de realización de un trabajo por cuenta ajena de duración inferior a 12 meses o por cuenta propia de duración inferior a 60 meses.

h) La prestación *se extingue* (art. 272 LGSS), entre otros supuestos, por cumplir la edad ordinaria para causar derecho a la pensión contributiva de jubilación y por realización de un trabajo por cuenta ajena de duración superior a 12 meses o por cuenta propia de duración superior a 60 meses o 24 meses con alta en Mutualidad alternativa al RETA y por transcurso de 6 años desde la fecha de baja sin haber reanudado el derecho. Pero cuando el trabajador tenga derecho a una nueva prestación por la pérdida del nuevo trabajo, puede optar por reabrir la prestación anterior.

i) Requisito para la protección es la *disponibilidad* para buscar activamente empleo y participar en acciones de mejora de la ocupabilidad (ver arts. 299-301 LGSS; también art. 3.g) LE). Por ello, el derecho se suspende o incluso se extingue cuando se rechace una "colocación adecuada".

Colocaciones adecuadas lo son la profesión demandada, la profesión habitual o la que se ajuste a sus aptitudes físicas y formativas, debiendo implicar la oferta en los dos últimos casos un salario equivalente al establecido en el sector en el que se ofrezca el puesto. Finalmente, en el marco de un acuerdo de actividad voluntariamente aceptado, será colocación adecuada la convenida dentro del itinerario de inserción, incluida la colocación temporal o a tiempo parcial; solamente en este marco será adecuada la colocación ofrecida en localidad que no sea la residencia de la persona trabajadora.

C) Protección social de las personas trabajadoras afectadas por la aplicación del Mecanismo RED de flexibilidad y estabilización del empleo (art. 47 bis ET). Una vez activado el Mecanismo RED y que las empresas afectadas hayan obtenido autorización para su aplicación, los periodos de reducción de jornada o suspensión de contrato acordados en periodo de consultas o en virtud de resolución de la autoridad laboral, se protegen mediante la prestación regulada en la DA 41ª LGSS, que si bien no se califica como prestación por desempleo ni se ha incluido en el catálogo de prestaciones del Sistema (art. 42 LGSS), es similar a la establecida para los afectados por ERTE del art. 47.5 y 6 ET: no es necesario acreditar un periodo mínimo de cotización, la base reguladora es el promedio de las bases de cotización por ATEP en los 180 días inmediatamente anteriores, la cuantía es el 70 por ciento (con el tope del 225 por ciento del IPREM incrementado en una sexta parte), durará hasta la aplicación del Mecanismo RED y no implica consumo de cotizaciones ni minorará la duración prestación que se pueda causar en el futuro. La empresa deberá formular la solicitud al SEPE y el acceso a la prestación por los beneficiarios requiere su inscripción en el servicio público competente (DA 41ª LGSS). Igual que en caso de los ERTE del art. 47. 5 y 6 ET, el SEPE y la empresa han de ingresar las cuotas correspondientes a personas trabajadoras y empresa (art. 153 bis LGSS), pero esta puede voluntariamente acogerse a las exenciones en la cotización con las consiguientes obligaciones y responsabilidades por incumplimiento (DA 44ª LGSS). El desarrollo reglamentario del art. 47 Bis ET se ha producido por RD 608/2023, de 11 julio.

D) Aparte lo anterior, se prevé un **nivel asistencial, que exige con carácter general un requisito de carencia de rentas en los términos previstos en el art. 275 LGSS. Cumpliéndose tal requisito,** serán beneficiarios los desempleados que se encuentren en alguna de las siguientes situaciones:

a) Hayan agotado la prestación por desempleo; en caso de menores de 45 años sin responsabilidades familiares se exige, además, que la prestación agotada tuviera una duración igual o superior a 360 días (art. 274.1.a) LGSS).

b) Se encuentren en situación legal de desempleo (SLD) sin derecho a prestación contributiva por no acreditar la ocupación cotizada requerida, habiendo cotizado al menos 90 días. Si en los 6 meses anteriores a la solicitud se acreditasen varias SLD, a efectos del reconocimiento de este subsidio se totalizarán todas las cotizaciones. Además, es compatible con mantener uno o varios contratos a tiempo parcial, cuando la suma de las jornadas sea inferior a la jornada completa (art. 274.1.b) LGSS).

c) Siendo mayores de 52 años y acrediten todos los requisitos, salvo la edad, para acceder a la pensión contributiva de jubilación y haber cotizado por desempleo en España al menos 6 años a lo largo de su vida laboral.

d) Se trate de trabajadores españoles que acrediten su condición de emigrantes retornados mediante Certificado expedido por la Delegación o Subdelegación del Gobierno de la provincia donde hayan fijado su residencia en España y cumplan los demás requisitos: desempleados sin derecho a prestación, carecer de rentas, etc. (DA 57ª y DT 44ª LGSS).

e) Sean víctimas de violencia de género o sexual y cumplan los requisitos exigidos: no tener derecho a prestación contributiva, no haber sido beneficiarias de tres derechos al programa RAI, carecer de rentas… (DA 58ª y DT 44ª LGSS).

La duración del subsidio varía en función de los diversos supuestos antes enumerados:

a) La duración se determinará en función de la edad de la persona en la fecha de agotamiento de la prestación y su duración y la acreditación de responsabilidades familiares: entre 6 y 30 meses (art. 277.1 LGSS).

b) La duración se determinará en función del periodo de ocupación cotizada y la acreditación de responsabilidades familiares: entre 3 y 21 meses (art. 277.2 LGSS), y se reconocerá por periodos trimestrales prorrogables hasta agotar su duración máxima (art. 277.3 LGSS).

c) El subsidio para mayores de 52 años se extinguirá cuando el beneficiario cumpla la edad ordinaria exigida para causar derecho a la pensión contributiva de jubilación (arts. 272.d) y 280.6 LGSS).

d) La duración máxima del subsidio de emigrantes retornados será de 18 meses (DA 57ª.4 LGSS).

e) El subsidio para las personas víctimas de violencia de género o sexual tendrá una duración máxima de 30 meses, salvo que la beneficiaria hubiera percibido con anterioridad uno o dos derechos del programa RAI, en cuyo caso la duración será de 20 y 10 meses, respectivamente (DA 57ª.7 LGSS).

Pero agotados los subsidios por desempleo sin reinserción en el mercado laboral, el SEPE remitirá a la EG del Ingreso Mínimo Vital los datos requeridos para que reconozca esta prestación (DA 12ª LIMV).

La cuantía es igual a los siguientes porcentajes del IPREM: el 95% durante los 180 primeros días, el 90% desde el día 181 al 360, y el 80% a partir del día 361. No obstante, la cuantía del subsidio para mayores de 52 años será del 80%, en cuyo caso la EG cotizará por jubilación tomando como base el 125% de la base mínima del RG vigente en cada momento (arts.278 y 280.4 LGSS).

Tanto la prestación del nivel contributivo como esta de nivel asistencial son incompatibles con el trabajo por cuenta propia, aunque no implique inclusión obligatoria en algunos de los regímenes de la Seguridad Social, salvo en actividades esporádicas agrícolas destinadas al autoconsumo; pero se podrá compatibilizar la percepción de la prestación contributivo con el trabajo por cuenta propia cuando así lo establezca un programa de fomento al empleo destinado a los colectivos con dificultad de inserción en el mercado de trabajo (art. 282.1 y 7 LGSS). La prestación por desempleo es, en principio, incompatible con el trabajo por cuenta ajena, salvo cuando se realice a tiempo parcial y se haya solicitado la compatibilidad por el trabajador, en cuyo caso se deducirá la parte proporcional al tiempo trabajado (art. 282.2 LGSS). En cambio, con carácter general, los subsidios asistenciales por desempleo se pueden compatibilizar con el trabajo por cuenta ajena, a tiempo completo o parcial, percibiendo el trabajador, en vez del subsidio, el denominado complemento de apoyo al empleo, dependiendo su cuantía de la jornada laboral pactada al inicio de la compatibilización y del trimestre en que se encuentre el perceptor respecto al inicio del subsidio (vid. tabla en art. 282.3 LGSS). Asimismo, también las prestaciones contributivas de desempleo, cuyo periodo de derecho sea superior a 12 meses pueden ser compatibles, a partir del décimo mes de duración de la prestación, con el trabajo a tiempo completo o parcial en condiciones similares a los subsidios asistenciales (DA 59ª.1 LGSS). En este caso, la cuantía y duración del complemento de apoyo aplicable, esto es, lo que se percibe en concepto de prestación, se determina en la DA 59ª.3 LGSS. Durante su percepción se consumen igual número de días del subsidio; su duración máxima es de 180 días. El complemento tiene naturaleza de prestación del nivel contributivo y solo cotiza la EG cuando se compatibiliza con un trabajo a tiempo parcial, reduciendo la base de cotización de forma proporcional al tiempo trabajado (DA 59ª 6 y 7 LGSS).

La prestación contributiva y el subsidio asistencial son compatibles con la percepción de cualquier tipo de rentas mínimas, salarios sociales o ayudas análogas de cualquier Administración y con la percepción de prestaciones económicas no contributivas de la Seguridad Social, excepto la de jubilación. También serán compatibles con la realización de prácticas formativas, prácticas académicas externas incluidas en programas de formación profesional o programas de formación en el trabajo. Pero son incompatibles con la protección social del Mecanismo RED y de los ERTES (art. 282. 4 a 6 LGSS).

E) Respecto a los **trabajadores eventuales agrarios**, hay que tener en cuenta lo siguiente (art. 286 LGSS):

a) El RD 5/1997 regula un subsidio de desempleo para aquellas CCAA donde el paro estacional de los eventuales agrarios sea superior a la media nacional y donde su número sea superior a otras zonas agrarias (art. 288.2 LGSS).

Los requisitos para el subsidio son: carencia de rentas, domicilio en el ámbito geográfico protegido, haber cotizado por 35 jornadas en los 12 meses anteriores (art. 2 RD) (no para los mayores de 52 años, que deben reunir otros requisitos), no tener la edad mínima para la jubilación. La cuantía es el 75% del SMI, excluidas pagas extras.

b) Por RD 426/2003, de 11 abril, se regula una *renta agraria*, para los eventuales agrarios por cuenta ajena en Andalucía y Extremadura. Se exige en este caso tener cubierto un mínimo de 35 jornadas reales, cotizadas en los 12 meses anteriores al desempleo (y otros requisitos, tales como residencia y empadronamiento en esas Comunidades durante 10 años, e inscripción en el SEARG durante ciertos períodos de tiempo en función de la edad). Con facilidades adicionales para los trabajadores mayores de 35 años o menores con responsabilidades familiares (DA 6ª RD, añadida por DF 9ª RDL 2/2024, de 21 mayo). La cuantía, en función de las jornadas cotizadas, puede llegar al 100% del SMI. La duración oscila, normalmente, entre 180 y 300 días.

No obstante, los trabajadores eventuales agrarios incluidos en el Sistema Especial de Trabajadores por Cuenta Ajena Agrarios y residan en Andalucía o Extremadura podrán ser beneficiarios del anterior subsidio y de la renta agraria, aunque no acrediten el número mínimo de jornadas reales cotizadas, si tienen cubierto un mínimo de diez jornadas reales en los 12 meses anteriores a la situación legal de desempleo (DA 5ª RDL 2/2024, de 21 mayo).

c) Aparte de los anteriores subsidio y renta agraria, en el art. 287 LGSS se establece también para estos eventuales la *protección por desempleo de nivel contributivo*, similar a la del resto de trabajadores por cuenta ajena, pero si reúne los requisitos para obtener protección del nivel contributivo o asistencial y para el subsidio establecido por el RD 5/1997 o la renta agraria regulada en el RD 426/2003, podrá optar por uno de los dos derechos.

9. MEJORAS VOLUNTARIAS

La acción protectora que otorga el Sistema de Seguridad Social no puede ser objeto de la negociación colectiva, salvo en caso de establecimiento de mejoras voluntarias (art. 43 LGSS). En el Régimen General, las mejoras pueden efectuarse a través de mejora directa de las prestaciones o establecimiento de tipos de cotización adicionales (art. 238 LGSS). A instancia de los interesados puede el MISSM aprobar cotizaciones adicionales mediante el aumento de los tipos de cotización, con destino a la revalorización de las pensiones u otras prestaciones ya causadas o para mejorar las futuras (art. 241 LGSS).

La mejora directa será costeada por las empresas, pero cabe establecer aportación a cargo de los trabajadores, previa aprobación del MISSM, y siempre que los mismos estén facultados para acogerse voluntariamente a las mejoras. Aunque su implantación es voluntaria, cuando un trabajador cause un derecho, no puede ser anulado o disminuido, si no es de acuerdo con la normativa que regula su reconocimiento (art. 239 LGSS). La gestión corresponde a las empresas, Fundaciones Laborales, etc. (art. 240 LGSS). No obstante, la mejora de las prestaciones suele pactarse en convenio colectivo y su gestión encomendada a compañías de seguros, mediante pólizas de seguro colectivo, de forma que el empresario solo responde en caso de falta de aseguramiento. Por el contrario, cuando las mejoras tienen por objeto compromisos por pensiones, resulta obligatoria la externalización a través de contratos de seguro o planes de pensiones (RD 1588/1999, de 15 octubre), planes que pueden ser de promoción privada o pública (RDLeg. 1/2002, de 29 noviembre, modificado por Ley 12/2022, de 30 junio).

Bibliografía y fuentes

Es imprescindible recoger aquí, en atención a quienes deseen profundizar sus conocimientos, al menos los muchos y excelentes manuales existentes sobre las disciplinas de Derecho del Trabajo y Derecho de la Seguridad Social. Normalmente se actualizan de forma periódica.

A) Derecho del trabajo

AA.VV. (GOERLICH PESET, J. M.,Director), Derecho del Trabajo, Tirant.

ALEMÁN PÁEZ, RODRÍGUEZ CRESPO y otros: *Curso de Derecho del Trabajo I,* Tecnos.

ALONSO OLEA, CASAS BAAMONDE: *Derecho del Trabajo,* Thomson-Civitas.

ARRIETA IDIAKEZ: *Bases para el estudio del Derecho del Trabajo,* Gomilex.

BORRAJO DACRUZ: *Introducción al Derecho del Trabajo,* Tecnos.

CRUZ VILLALÓN: *Compendio de Derecho del Trabajo,* Tecnos.

GARCÍA MURCIA, MARTÍN VALVERDE Y OTROS: *Tratado Práctico de Derecho del Trabajo y de la Seguridad Social (3 vols.),* Aranzadi.

GARCÍA NINET, VICENTE PALACIO Y OTROS: *Derecho del Trabajo,* Thomson-Aranzadi.

GARCÍA-PERROTE ESCARTÍN, I.: *Manual de Derecho del Trabajo,* Tirant.

GÓMEZ ABELLEIRA: *Handbook on spanish employment law,* Tecnos.

GONZÁLEZ SÁNCHEZ: *Derecho del Trabajo,* Ediciones Cinca.

MARTÍN VALVERDE, RODRÍGUEZ-SAÑUDO GUTIÉRREZ, GARCÍA MURCIA: *Derecho del Trabajo,* Tecnos.

MARTÍNEZ ABASCAL-HERRERO MARTÍN: *Curso de Derecho del Trabajo,* Tecnos.

MARTÍNEZ GIRÓN, ARUFE VARELA, CARRIL VÁZQUEZ: *Derecho del Trabajo,* Netbiblo.

MARTÍNEZ GIRÓN, ARUFE VARELA: *Derecho crítico del Trabajo,* Netbiblo.

MERCADER UGUINA: *Lecciones de Derecho del Trabajo,* Tirant.

MOLERO MANGLANO, SÁNCHEZ-CERVERA VALDÉS, LÓPEZ ÁLVAREZ, MATORRAS DÍAZ-CANEJA: *Manual de Derecho del Trabajo,* Thomson-Civitas.

MONEREO PÉREZ y otros: *Manual de teoría de las relaciones laborales,* Tecnos.

MONEREO PÉREZ y otros: *Manual de política y derecho del empleo,* Tecnos.

MONEREO PÉREZ, MOLINA NAVARRETE, MORENO VIDA: *Derecho Sindical,* Comares.

MONEREO, MORENO, MOLINA: *Manual de Derecho del Trabajo,* Comares.

MONTOYA MELGAR: *Derecho del Trabajo,* Tecnos.

NAVARRO NIETO: *Manual de Derecho de la Unión Europea,* Tecnos.

OJEDA AVILÉS: *Compendio de Derecho Sindical,* Tecnos.

PALOMEQUE LÓPEZ, *Derecho del Trabajo e ideología,* Tecnos.

PALOMEQUE LÓPEZ, ÁLVAREZ DE LA ROSA: *Derecho del Trabajo,* Editorial Universitaria Ramón Areces.

PALOMEQUE LÓPEZ, KAMALE TRUJILLO: *Derecho Sindical,* Centro de Estudios Financieros.

RAMÍREZ MARTÍNEZ, GARCÍA ORTEGA, GOERLICH PESET, PÉREZ DE LOS COBOS, SALA FRANCO: *Curso de Derecho del Trabajo,* Tirant.

RAMÍREZ, GARCÍA, GOERLICH, PÉREZ DE LOS COBOS, SALA (traductor Arrieta Idiakez, F. J.): *Lan-zuzenbidearen igaskaiak,* Deustuko-Universitatea.

SAGARDOY BENGOECHEA, DEL VALLE VILLAR, GIL Y GIL: *Prontuario de Derecho del Trabajo,* Thomson-Civitas.

SARAGOSSÀ I SARAGOSSÀ: *Derecho del Empleo.*

VARIOS (dirs. Navarro, Rodríguez-Piñero y Gómez): *Manual de Derecho Social de la Unión Europea,* Tecnos.

VELASCO PORTERO, MIRANDA BOTO (dirs.): *Derecho del Trabajo y de la Seguridad Social para titulaciones no jurídicas,* Tecnos.

B) Otros materiales y lecturas

ALBIOL ORTUÑO: *Todo Social,* Tirant.

ALEMÁN PÁEZ (Director): *Casos Prácticos de Derecho del Trabajo y de la Seguridad Social.*

ALONSO OLEA, CASAS BAAMONDE: *Introducción al Derecho del Trabajo,* Civitas.

BAYLOS: *Modelos de Derecho del Trabajo y cultura de los juristas,* Bomarzo.

BAYLOS, FLORENCIO, GARCÍA: *Diccionario internacional del Derecho del Trabajo y de la Seguridad Social.*

CABEZA PEREIRO, CARDONA RUBERT: *Políticas sociolaborales,* Civitas.

CALVO, CORELLI, OJEDA: *Diccionario jurídico laboral,* Comares.

LOY: *El Derecho del Trabajo según Sancho Panza,* Cinca.

SALA FRANCO: *Relaciones Laborales,* Tirant.

C) Seguridad Social

ROQUETA BUJ. R., GARCÍA ORTEGA, J., (Directores): *Derecho de la Seguridad Social,* Tirant lo Blanch.

ALARCÓN CARACUEL, GONZÁLEZ ORTEGA: *Compendio de Seguridad Social,* Tecnos.

ALONSO OLEA, TORTUERO PLAZA: *Instituciones de Seguridad Social,* Thomson-Civitas.

BALLESTER, SIRVENT: *Lecciones y prácticas de Seguridad Social.* Ediciones Cinca.

BLASCO LAHOZ, LÓPEZ GANDÍA: *Curso de Seguridad Social,* Tirant.

DEL VALLE, RABANAL, USHAKOVA: *Derecho de Seguridad Social,* Ediciones Cinca.

GARCÍA MURCIA, MARTÍN VALVERDE: *Tratado práctico de Derecho de la Seguridad Social,* Aranzadi.

GARCÍA NINET, GARCÍA VIÑA, VICENTE PALACIO (directores): *Manual Básico de Seguridad Social.* Atelier.

GONZÁLEZ ORTEGA, BARCELÓN COBEDO: *Introducción al Derecho de la Seguridad Social,* Tirant.

GORELLI HERNÁNDEZ y otros: *Lecciones de Seguridad Social,* Tecnos.

MARTÍNEZ GIRÓN, ARUFE VARELA, CARRIL VÁZQUEZ: *Derecho de la Seguridad Social,* Netbiblo.

MONEREO PÉREZ, MOLINA NAVARRETE, QUESADA SEGURA: *Manual de Seguridad Social,* Tecnos.

MONTOYA MELGAR Y OTROS: *Curso de Seguridad Social,* Thomson-Civitas.

VILLA GIL Y OTROS: *Derecho de la Seguridad Social,* Tirant.

VILLA GIL, DESDENTADO BONETE: *Manual de Seguridad Social,* Aranzadi.

VIQUEIRA PÉREZ: *Materiales de Derecho del Trabajo, Seguridad Social y Procedimiento Laboral,* Tirant.

D) Revistas especializadas

Aranzadi Social, Aranzadi.

Cauces, Consejo Económico y Social.

Ciudad del Trabajo. Actualidad iuslaboralista.

Cuadernos de Relaciones Laborales, Universidad Complutense.

Derecho de las Relaciones Laborales, Grupo Lefebvre.

Documentación Laboral, AEDTSS y Ediciones Cinca.

Gaceta Sindical, Comisiones Obreras.

IUS Labor, Universitat Pompeu Fabra.

Labos, Universidad Carlos III de Madrid

Lan harremanak, Universidad del País Vasco.

Lex Laborum, Asociación Judicial Francisco de Vitoria

Lex Social, Universidad Pablo de Olavide.

Lex Social. Revista de Derechos Sociales

Nueva Revista Española de Derecho del Trabajo, Aranzadi.

Revista Crítica de Relaciones Laborales, Laborum

Revista de Derecho de la Seguridad Social, Laborum.

Revista de Derecho Social, Bomarzo.

Revista de Información Laboral, Lex Nova.

Revista del Ministerio de Trabajo y Economía Social, MITES.

Revista General de Derecho del Trabajo y de la Seguridad Social, Iustel.

Revista Internacional del Trabajo, OIT.

Revista Internacional y Comparada de Relaciones Laborales y Derecho del Empleo, Adapt University Press.

Revista de Trabajo y Seguridad Social, Centro de Estudios Financieros.

Revista Universitaria de Ciencias del Trabajo, Universidad de Valladolid y Lex Nova.

Spanish Labour Law and Employment Relations Journal, Universidad Carlos III.

Temas Laborales, Consejo Andaluz de Relaciones Laborales.

Trabajo, Universidad de Huelva.

Trabajo y Derecho, Wolters Kluwer.

Trabajo y Empresa, Tirant lo Blanch.

Transfer. European Review of Labour and Research, ETUI.

La crisis de 2008 trajo consigo la desaparición de revistas prestigiosas (Actualidad Laboral, Justicia Laboral, Relaciones Laborales, Tribuna Social...), pero los números publicados durante tantos años pueden consultarse con provecho en las hemerotecas.

E) Miniguía de webs de interés laboral

Se ofrece una selección de portales de interés, con alguna breve indicación sobre su contenido.

1) Dada la actual estructura ministerial hay que indicar dos sitios.

De un lado, *www.mites.gob.es.* Es el portal del Ministerio de Trabajo y Economía Social.

Entre otra información, se puede acceder a la Guía Laboral, a la Revista del Ministerio, a la Revista de Actualidad Internacional Socio-Laboral, y otras publicaciones, así como información estadística.

Hay enlaces externos a, entre otros, los sitios del Servicio Público Estatal de Empleo (*www.sepe.es*) (con información y documentación sobre modalidades contractuales y sobre desempleo), del Fondo de Garantía Salarial *(http://mites.gob.es/fogasa)*, de la Comisión Consultiva Nacional de Convenios Colectivos *(www.mitramiss.gob.es/es/sec_trabajo/ccncc/)* (se pueden consultar numerosas publicaciones sobre negociación colectiva, amén de los convenios colectivos de ámbito estatal y, por enlace a las diversas CCAA, de ámbito inferior), del Instituto Nacional de Seguridad y Salud en el Trabajo *(www.insst.es)*, y de la Inspección de Trabajo *(www.mites.gob.es/itss).*

De otro lado, www.inclusion.gob.es. Es el portal del Ministerio de Inclusión, Seguridad Social y Migraciones.

Dentro de él, la Secretaría de Estado de la Seguridad Social ofrece enlace a estadísticas y publicaciones, y a los portales asociados del Instituto Nacional de la Seguridad Social (www.seg-social.es) y a la denominada Revista Seguridad Social (https://revista.seg-social.es) con información varia.

2) *Consejo Económico y Social*

www.ces.es

Entre otra documentación, ofrece la Memoria anual sobre la Situación Socioeconómica y Laboral de España.

Ofrece enlaces a los Comités o Consejos económicos y sociales autonómicos, al Comité Económico y Social comunitario, y a órganos similares de otros países de la Unión Europea.

Particularmente interesante el enlace a la Fundación Europea para la Mejora de las Condiciones de Vida y Trabajo (directamente: *www.eurofound.europa.eu*). Sus Observatorios (European Monitoring Center on Change, EMCC; European Observatory on Quality of Life, EurLIFE; European Observatory on Working Life, EurWORK) ofrecen abundante información y estudios, amén de un Diccionario sobre Relaciones Industriales, tanto general como por países. Proporciona, a su vez, enlaces a numerosas instituciones.

3) Organización Internacional del Trabajo (OIT)

www.ilo.org

Ofrece abundante documentación, con numerosas bases de datos. Cabe resaltar la que ofrecen ILOLEX y NATLEX.

En la primera, se encuentra completa información sobre normas de la OIT: Constitución, Convenios, Recomendaciones, sus ratificaciones, informes de la Comisión de expertos, de la Comisión de aplicación de normas, etc.

En la segunda, información sobre la normativa de los países miembros. Proporciona perfiles por países y perfiles nacionales (algunos). Y otra información: una guía de legislación laboral, enlaces a páginas de derecho laboral y Ministerios, pactos sociales en países europeos, digesto sobre terminación del contrato, etc.

4) Sitios generales para consulta de normativa y jurisprudencia

Boletín Oficial del Estado: *www.boe.es* (con enlace a diarios oficiales autonómicos y al de la Unión Europea).

Congreso de Diputados: *www.congreso.es*

Senado: *www.senado.es*

Tribunal Constitucional: *www.tribunalconstitucional.es*

Poder Judicial: *www.poderjudicial.es*

5) Organizaciones internacionales

https://europa.eu, el portal de la Unión Europea. Para consulta de la normativa, entrar en eur-lex.europa.eu y, una vez allí, en Derecho de la UE/Actos jurídicos. Para jurisprudencia, en el mismo sitio, en Jurisprudencia de la Unión/Repertorio de jurisprudencia

www.coe.int, el portal del Consejo de Europa permite acceder a información sobre la Carta Social Europea y el control sobre su aplicación por el Comité Europeo de Derechos Sociales, y sobre el Convenio Europeo de Derechos Humanos y el correspondiente Tribunal (directamente para este: www.echr.coe.int).

www.oecd.org, el portal de la OCDE

6) Organizaciones españolas. Por su interés cabe indicar:

www.aedtss.com

El portal de la Asociación española de Derecho del Trabajo y de la Seguridad Social ofrece documentación de algunos de sus congresos.

www.aesss.es

El sitio de la Asociación Española de Salud y Seguridad Social.

www.juecesdemocracia.es

Aparte de numerosos enlaces, ofrece la Revista Jurisdicción Social y algún artículo de la Revista Jueces para la Democracia. Así como una ventana a los congresos de esta asociación.

www.1mayo.ccoo.es. *Ver sobre todo sus secciones informativas y su amplio fondo de estudios.*

www.atass.org

Portal de la Asociación Profesional del Cuerpo Superior de Técnicos de la Administración de la Seguridad Social.

7) *Sindicatos y asociaciones empresariales más representativas:*

www.ccoo.es (Comisiones Obreras)

www.ugt.es (Unión General de Trabajadores)

www.galizacig.com (Confederación Intersindical Galega)

www.ela-sindikatua.org (Euskal Langileen Alkartasuna)

www.lab-sindikatua.org (Langile Abertzaleen Batzordeak)

www.ceoe.es (Confederación Española de Organizaciones Empresariales)

www.cepyme.es (Confederación Española de la Pequeña y Mediana Empresa)

www.etuc.org *El sitio de la Confederación Europea de Sindicatos*

www.businesseurope.eu *El sitio de la organización patronal europea (antes UNICE)*

8) *Una incompleta selección de sitios de otros países puede ser la que sigue:*

www.adapt.it/ Información y comentarios sobre actualidad laboral en varios países, varios idiomas.

www.ladocumentationfrancaise.fr (con informes públicos y dossiers). Ahora es www. vie-publique.fr/emploi-travail.

www.legifrance.gouv.fr (textos legales, incluso en español).

www.anact.fr (Agence Nationale pour l'amelioration des conditions de travail).

www.cnel.it (Consiglio Nazionale per l'Economia e il Lavoro).

https://warwick.ac.uk/fac/soc/wbs/research/irru (sitio de la Industrial Relations Research Unit de la Business School de la Universidad de Warwick). Se pueden consultar varias de sus publicaciones.

www.worker-participation.eu (especializada en la temática de la participación).

www.ewcdb.eu (base de datos sobre comités de empresa europeos, del European Trade Union Council, ETUI).

www.boeckler.de (portal de la Fundación Boeckler, también para participación, con la revista Mitbestimmung que ofrece artículos, también en inglés).

www.ilr.cornell.edu/library/collections/digitalcollections.html (web de la Industrial and Labor Relations School de la Universidad de Cornell).

www.insightweb.it. Free thinking for global social policy. Interesante información laboral, en varios idiomas.

www.tress-network.org Ofrece abundante información sobre normativa y jurisprudencia de seguridad social en la Unión Europea y Estados miembros.

www.medelnet.org Sitio de Magistrats européens pour la démocratie et les libertés.

9) *Algunos blogs laboralistas:*

baylos.blogspot.com

conjaimecabeza.blogspot.com

eduardorojoblog.blogspot.com

favorlaborisblog.wordpress.com

ignasibeltran.com

japariciotovar.blogspot.com

jesuscruzvillalon.blogspot.com.es

lopezbulla.blogspot.com

manuelcarlospalomeque.blogspot.com.es

wilfredosanguineti.wordpress.com

ANEXOS

ANEXO I

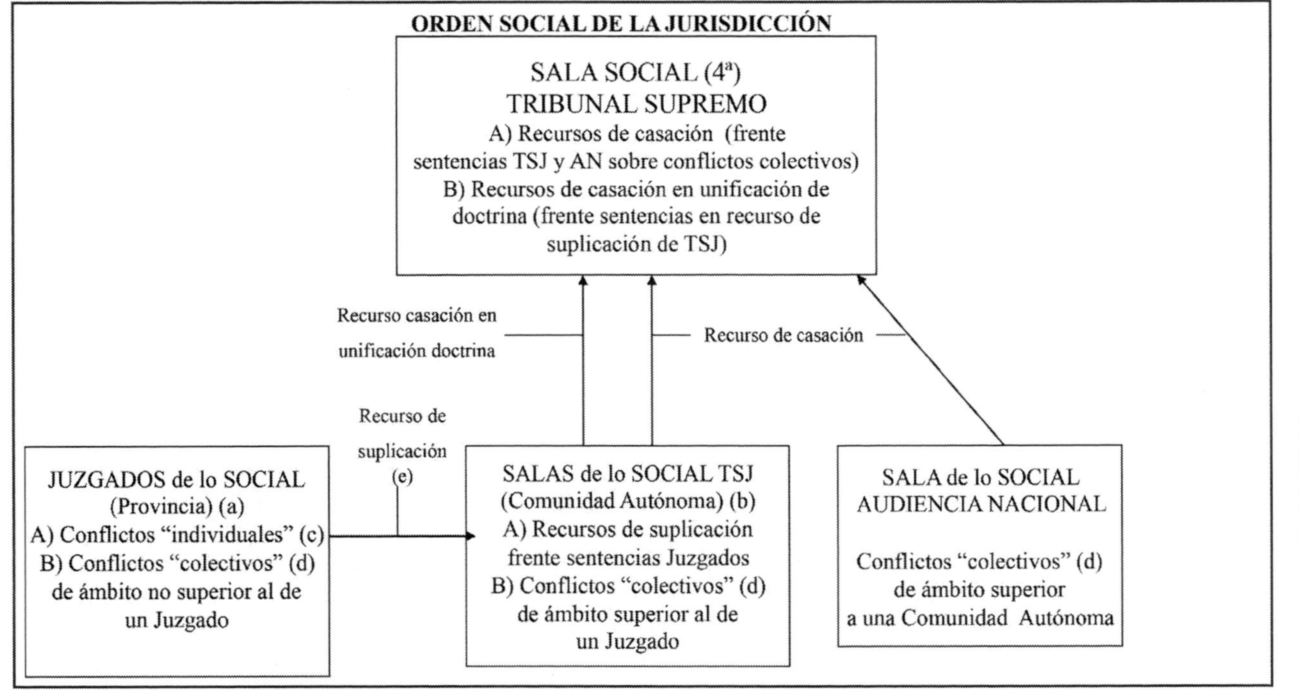

a) Juzgados de lo Social: Normalmente su ámbito territorial es provincial; en ocasiones, puede ser inferior (por ejemplo, Elche o Benidorm; o Avilés o Gijón).

b) TSJ: En Andalucía hay tres sedes (Granada, Málaga, Sevilla); en Canarias, dos (Las Palmas, Sta. Cruz de Tenerife); en Castilla y León, dos (Burgos, Valladolid)

c) Conflictos "individuales": entre empresarios y trabajadores como consecuencia de contrato de trabajo, en materia de Seguridad Social, contra el Fondo Garantía Salarial, etc. (ver art. 2 LRJS)

d) Conflictos "colectivos": sobre constitución sindicatos e impugnación de sus estatutos, funcionamiento interno y relaciones con sus afiliados, constitución de asociaciones empresariales e impugnación de sus estatutos, tutela de la libertad sindical, impugnación de convenios colectivos, proceso de conflicto colectivo (ver art. 2, apartados f, g, h, j, k y l LRJS) (ver también arts. 7 y 8 LRJS).

e) Recursos de suplicación: En algunas materias no cabe recurso de suplicación (por ejemplo: vacaciones, materia electoral, clasificación profesional, etc.) (ver art. 191 LRJS). Cabe contra autos y sentencias de los jueces de lo mercantil en material laboral (ver art. 190 LRJS, art. 64.8 LC)

ANEXO II

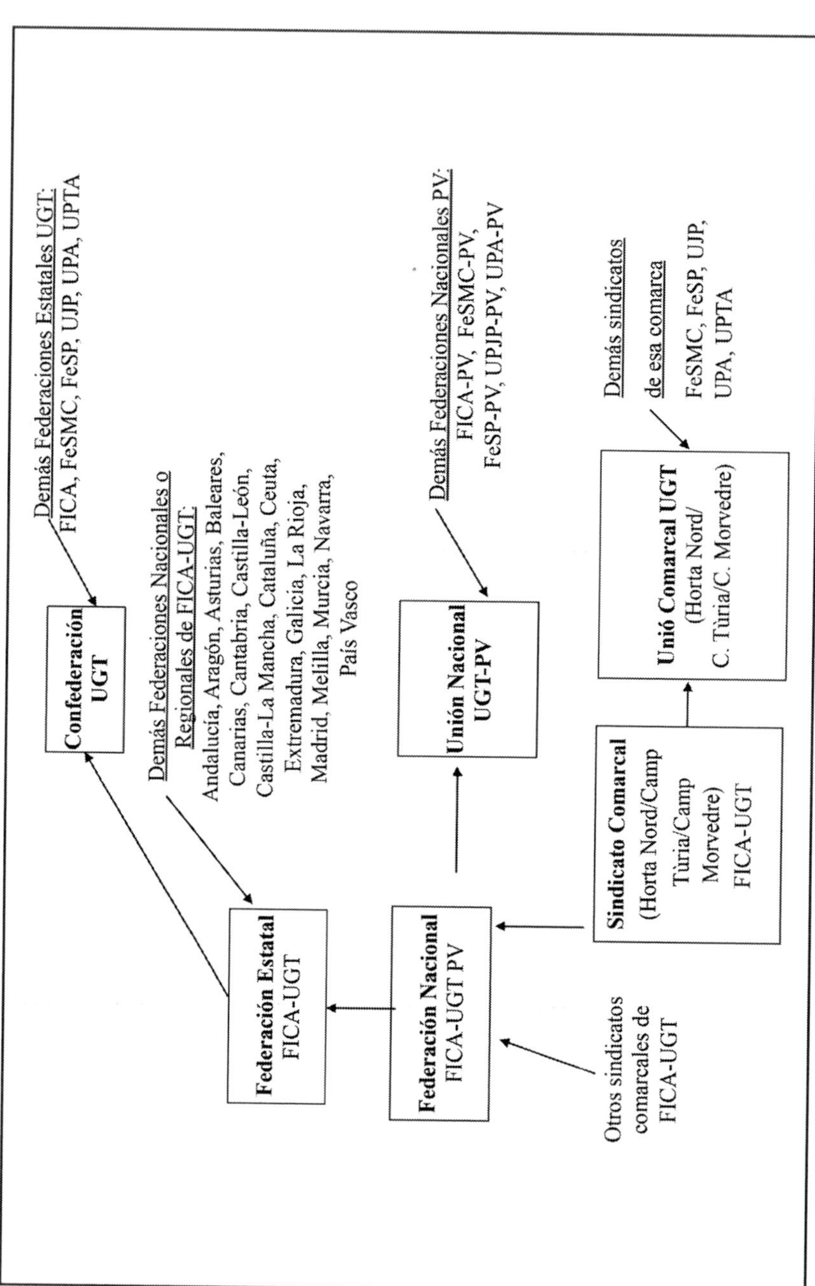

Federaciones FICA: Industria, Construcción y Agro; FeSMC: Servicios, Movilidad y Consumo; FeSP: Servicios Públicos; UJP: Jubilados y Pensionistas; UPA: Agricultura y Ganadería (o Pequeños Agricultores); UPTA: Unión Profesional Trabajadores Autónomos

Comarcas en la Comunidad Valenciana: Comarques del Nord; Horta Nord-Camp del Turia i Camp de Morvedre; Valencia Sud-Interior; La Ribera-La Safor-La Vall d'Albaida-La Costera-La Canal de Navarrés; L'Alacantí-La Marina; Muntanya-Vinalopó-Vega Baixa.

En otras Comunidades Autónomas, en vez de sindicatos comarcales la organización es por sindicatos provinciales; igualmente, en vez de Federaciones Nacionales, lo es por Federaciones Regionales.

ANEXO III

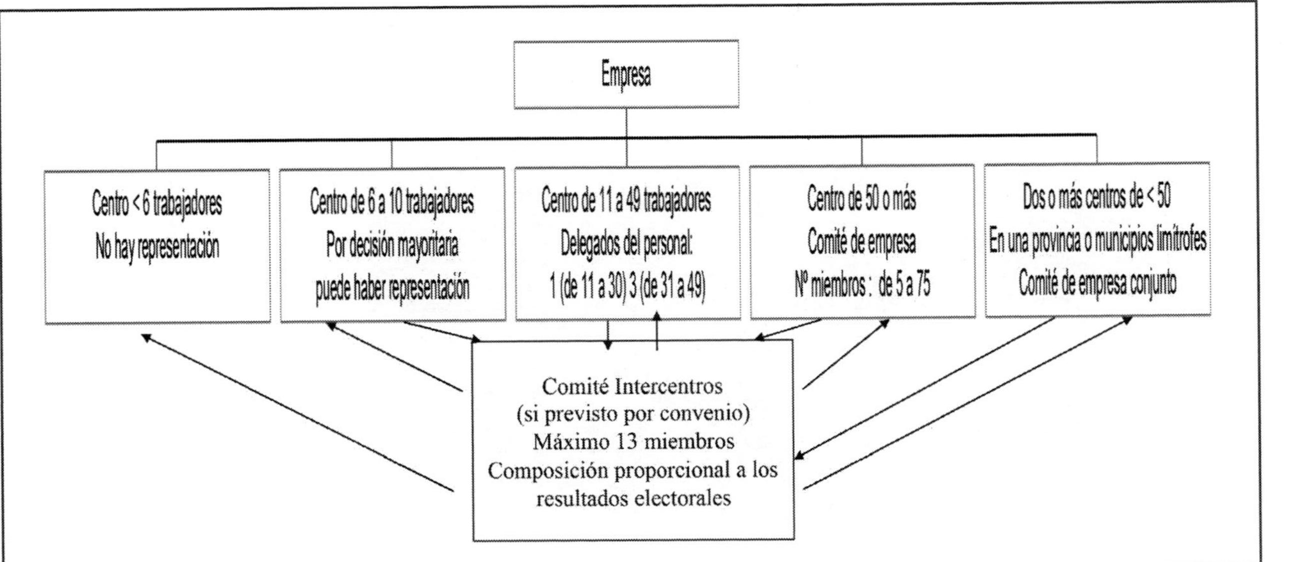

COMITÉ PROVINCIAL CONJUNTO (art. 63.2 ET). Se agrupan necesariamente para elegirlo los centros con 11-49 trabajadores; no se agrupan los centros con < 6 trabajadores; no se agrupan los centros con 6-10, que pueden tener delegado propio (STS 20 febrero 2008). No cabe la agrupación para elegir delegados de personal provinciales conjuntos (SSTS 31 enero y 19 marzo 2001).

COMITÉ INTERCENTROS. El art. 63.3 ET establece que los miembros del Comité Intercentros (un máximo de 13) "serán designados de entre los componentes de los distintos comités de centro". Por eso hemos dibujado una flecha que va de los centros con comité al cuadro del Comité Intercentros.

Cuando se trata de centros con delegados (no con comité) podría parecer dudoso si esos delegados son designables para el C.I (y, por tanto, si éste representa a esos centros), dada la literalidad del art. 63.3 ET. Pero la jurisprudencia (ver, principalmente, STS 3 octubre 2001, Rec. 3566/2000) ha entendido que la composición del C.I., que es un órgano de representación de segundo nivel, debe ser proporcional a la composición de la representación de primer nivel, teniendo en cuenta a "los miembros de los distintos comités de centro y a los delegados de personal".

La flecha que va del cuadro del Comité Intercentros a cada uno de los centros indica que el Comité los representa, aunque con más exactitud habría que estar a lo que dijera el convenio que previó la creación de dicho Comité. Pero lo normal será que el convenio conceda al C.I. funciones representativas sobre todos los centros de la empresa.